História do Movimento
LGBT NO BRASIL

CONSELHO EDITORIAL

Ana Paula Torres Megiani
Eunice Ostrensky
Haroldo Ceravolo Sereza
Joana Monteleone
Maria Luiza Ferreira de Oliveira
Ruy Braga

História do Movimento
LGBT NO BRASIL

James N. Green // Renan Quinalha
Marcio Caetano // Marisa Fernandes
(orgs.)

Copyright © 2018 James N. Green, Renan Quinalha, Marcio Caetano, Marisa Fernandes (orgs.)

Grafia atualizada segundo o Acordo Ortográfico da Língua Portuguesa de 1990, que entrou em vigor no Brasil em 2009.

Edição: Haroldo Ceravolo Sereza
Editora assistente: Danielly de Jesus Teles
Assistente acadêmica: Bruna Marques
Projeto gráfico, diagramação e capa: Danielly de Jesus Teles
Revisão: Alexandra Colontini
Arte da capa: Laerte

CIP-BRASIL. CATALOGAÇÃO NA PUBLICAÇÃO
SINDICATO NACIONAL DOS EDITORES DE LIVROS, RJ

H58

História do Movimento LGBT no Brasil / organização James N. Green, Renan Quinalha, Marcio Caetano, Marisa Fernandes. - 1. ed. - São Paulo: Alameda, 2018.
  536 p. ; 23 cm.

  ISBN: 978-85-7939-582-6

  1. Identidade de gênero - Aspectos sociais - Brasil. 3. Movimentos sociais - Aspectos políticos - Brasil - História. I. Green, James N.

18-53733　　　　　　　　CDD: 306.760981
　　　　　　　　　　　　CDU: 316.346.2-055.3

Editora filiada à Liga Brasileira de Editoras (LIBRE) e à Aliança Internacional dos Editores Independentes (AIEI)

ALAMEDA CASA EDITORIAL
Rua Treze de Maio, 353 – Bela Vista
CEP: 01327-000 – São Paulo – SP
Tel.: (11) 3012-2403
www.alamedaeditorial.com.br

Sumário

Apresentação
40 anos do movimento LGBT brasileiro (*Organizadores*)
9

Uma ditadura hetero-militar: notas sobre a política sexual do regime autoritário brasileiro (*Renan Quinalha*)
15

Identidades homossexuais e movimentos sociais urbanos no Brasil da "Abertura" (*Edward McRae*)
39

Forjando alianças e reconhecendo complexidades: as ideias e experiências pioneiras do Grupo Somos de São Paulo (*James N. Green*)
63

Repressão policial aos LGBTs em São Paulo na ditadura civil-militar e a resistência dos movimentos articulados (*Rafael Freitas Ocanha*)
79

Ações lésbicas (*Marisa Fernandes*)
91

A confraria gay: um estudo sobre a trajetória da Turma OK (*Thiago Barcelos Soliva*)
121

Somos o quê mesmo? (*João Silvério Trevisan*)
137

Pederastas e meretrizes: trabalho, crime e cotidiano nos jornais de Manaus (1967-1972) (*Michele Pires Lima e Patrícia Melo Sampaio*)
157

GAAG Duque de Caxias: a emergência de um ativismo homossexual em terras fluminenses (*Rita de Cassia Colaço Rodrigues*)
177

Pecado, doença e direitos: a atualidade da agenda política do grupo Triângulo Rosa (*Cristina Câmara*)
193

O Imprescindível GGB, Grupo Gay da Bahia (*Luiz Mott*)
211

A invenção do ativismo LGBT no Brasil: intercâmbios e ressignificações (*Ronaldo Trindade*)
227

A imprensa gay do Brasil (*Jorge Caê Rodrigues*)
237

Do protesto de rua à política institucional: a causa homossexual nas eleições de 1982 (*Rodrigo Cruz*)
255

Do caos re-emerge a força: AIDS e mobilização LGBT (*Marcio Caetano, Claudio Nascimento e Alexsandro Rodrigues*)
279

"João ama Pedro! Por que não?": a trajetória de um militante socialista em tempos de redemocratização (*Benito Bisso Schmidt*)
297

Múltiplas identidades, diferentes enquadramentos e visibilidades: um olhar para os 40 anos do movimento LGBT (*Regina Facchini*)
311

Lésbicas negras (re)existindo no movimento LGBT (*Ana Cristina Conceição Santos*)
331

Travestis: visibilidade e performatividade de gênero no tempo farmacopornográfico (*Elias Ferreira Veras*)
347

Violência e dissidências: um breve olhar às experiências de repressão e resistência das travestis durante a ditadura militar e os primeiros anos da democracia (*Helena Vieira e Yuri Fraccaroli*)
357

Travessia: caminhos da população trans na história (*Jaqueline Gomes de Jesus*)
379

Transmasculinos: invisibilidade e luta (*João W. Nery*)
393

"Homens do Futuro": o movimento de homens trans no Brasil sob o olhar de Xande Peixe (*Alexandre Peixe e Fábio Morelli*)
405

O surgimento das Parada LGBT no Brasil (*Moacir Lopes de Camargos*)
421

A participação social nos 40 anos do Movimento LGBT brasileiro (*Cleyton Feitosa*)
435

Mobilização judicial pelos direitos da diversidade sexual e de gênero no Brasil (*Paulo Roberto Iotti Vecchiatii*)
449

Negociações, disputas e tensões na arena LGBT brasileira entre os anos 2010 e 2014 (*Bruna Andrade Irineu*)
471

Um *impeachment*, algumas *tretas* e muitos *textões*: notas sobre o movimento LGBT brasileiro pós-2010 (*Lucas Bulgarelli*)
487

ABEH: uma história de resistência e de produção do conhecimento (*Luma Nogueira de Andrade*)
501

Impactos e/ou sintonias dos estudos queer no movimento LGBT do Brasil (*Leandro Colling*)
515

APRESENTAÇÃO
40 anos do movimento LGBT brasileiro

*Para Marielle Franco
e João W. Nery*

O ano de 2018 tem marcado uma série de efemérides importantes para a história política brasileira. Foi em 1888, 130 anos atrás, que se deu a abolição da escravatura. Há exato meio século, em 1968, tivemos o famoso "ano que não terminou", com mobilizações de resistência à ditadura civil-militar e, como reação, o famigerado Ato Institucional n. 5. Neste mesmo ano, Paulo Freire lançava a primeira edição do livro *Pedagogia da Oprimido* e dez anos após, em 1978, fundava-se o Movimento Negro Unificado – MNU. Transcorreram-se, também em 2018, três décadas da recente *Constituição de 1988*, que selou o fim do regime autoritário instaurado pelo golpe de 1964 e que hoje está sob ataque das forças conservadoras.

Essas datas têm sido rememoradas e seus legados vêm sendo discutidos em inúmeros eventos, mesas de debates e publicações por todo o país. No entanto, um evento histórico central para as lutas por diversidade e democracia ainda tem sido pouco lembrado neste concorrido calendário de celebrações: os 40 anos do hoje chamado movimento LGBT brasileiro.

O longo e duradouro processo de transição política, que se intensificou no final da década de 1970 e no início dos anos 1980, foi caracterizado por uma crescente busca de visibilidade e cidadania. Diversos movimentos sociais e organizações da sociedade civil eclodiram na cena pública e desempenharam um papel fundamental na mudança de regime político, lutando pelas liberdades públicas, por participação política, por justiça social e pelo reconhecimento de suas identidades particulares.

Em especial, o ano de 1978 representou um marco fundamental na redemocratização do Brasil e na história do movimento LGBT. Isso porque, dentre as forças políticas que se engajaram nessas lutas democráticas, merece destaque o então chamado "movimento homossexual brasileiro" (MHB).

Foi em maio de 1978 que ocorreu, na cidade de São Paulo, a primeira reunião de um grupo que logo assumiria o nome "Somos – Grupo de Afirmação Homossexual". Foi o coletivo pioneiro na articulação do MHB, que logo se espraiaria Brasil afora com o surgimento de diversos grupos em outros estados da Federação. Além disso, um mês antes, em abril de 1978, havia começado a circular o jornal mensal *Lampião da Esquina*, considerado a primeira publicação de circulação nacional, claramente engajada nas lutas políticas travadas pela imprensa alternativa e feita por homossexuais para homossexuais.

Se, em outros países do mundo inclusive da América Latina, o espírito juvenil rebelde de 1968 inspirou a eclosão de um movimento homossexual ainda no final da década de 60, a ditadura brasileira retardava os efeitos domésticos dessa onda internacional de libertação, contracultura e desbunde, criando obstáculo concretos para a organização das pessoas LGBT no Brasil.

Isso porque, de um lado, questões comportamentais tornaram-se objeto da razão do Estado depois do golpe de 1964 e, sobretudo, após 1968. A sexualidade passou a ser, em certa medida, tema pertinente à segurança nacional para os militares. Os desejos e afetos entre pessoas do mesmo sexo também foram alvo do peso de um regime autoritário com pretensão de sanear moralmente a sociedade e forjar uma nova subjetividade à imagem e semelhança da família nuclear, monogâmica, patriarcal e heterossexual.

De outro, verificava-se também, no final dos anos 1960 e início da década de 1970, uma outra tendência que escapava ou afrontava as tentativas de interdito e proibição estatais. Boates, bares, espaços de pegação e sociabilidade entre homossexuais masculinos, lésbicas e pessoas trans cresciam e conviviam com a repressão do Estado nos lugares públicos. O inchaço dos grandes centros urbanos, junto com o aumento das camadas médias no período pós-Milagre Econômico, permitiu novas vivências e perspectivas para homossexuais que estavam já cansados do armário.

Sob este contexto ambíguo de regulação complexa do sistema sexo-gênero é que se deram as condições de surgimento do grupo Somos (SP) e do Lampião da Esquina, que são, em certa medida, mitos fundacionais da luta LGBT no país.

É evidente e já bem documentado que houve, no Brasil, diversas outras iniciativas anteriores de associativismo, de meios de comunicação e de ação política de pessoas LGBT (antes mesmo da sigla existir). Aliás, pode-se afirmar, sem sombras de dúvidas, que a mera existência pública de corpos e de desejos contrários às normas-padrão de gênero e de sexualidade sempre foi um ato político da maior grandeza. Nesse sentido, seria injusto politicamente e equivocado, do ponto de vista histórico, desconsiderar as diversas iniciativas pregressas de lutas e de resistência da comunidade LGBT.

No entanto, nem toda forma de ação política coletiva é um movimento social em sentido técnico. Tomando como referência o vasto campo da sociologia política, pode-se afirmar que movimento social consiste em um tipo específico de ação política coletiva, datada historicamente e com características próprias de repertório, mobilização de recursos e estrutura de oportunidades, variando os contornos mais precisos do conceito a depender das teorias e perspectivas adotadas pela análise.

De qualquer modo, independentemente da definição escolhida e sem invisibilizar as iniciativas anteriores, o importante é destacar que, nessa acepção sociológica e com acento mais institucional, o ano de 2018 marca quatro décadas de luta coletiva e organizada do movimento social LGBT brasileiro.

Desde então, o movimento homossexual tornou-se LGBT, sofrendo diversas transformações e contribuindo também para promover importantes mudanças na sociedade e no Estado brasileiros.

Proliferaram-se os coletivos e grupos organizados, diversificaram-se as identidades, aumentaram as tensões internas, multiplicaram-se as formas de luta, conquistaram-se direitos, construíram-se políticas públicas, travaram-se diálogos com outros atores políticos, realizaram-se os maiores atos de rua desde as Diretas Já com as Paradas do Orgulho LGBT e ocuparam-se as redes sociais e as tecnologias com novos ativismos.

O livro que o leitor e a leitora têm agora em mãos não pretende fazer uma história política ou social das homossexualidades ou das transgeneridades no

Brasil. Tampouco se trata de uma obra que pretenda ser exaustiva examinando os incontáveis eventos, fases, encontros, grupos, vitórias e desafios que marcaram o surgimento, a consolidação e a diversificação do movimento LGBT no país.

Antes e mais modestamente, o presente projeto tem por objetivo reconstruir alguns temas e momentos privilegiados da história de quatro décadas deste importante ator político do Brasil contemporâneo, dando destaque para alguns grupos pioneiros e respeitando a diversidade de sua composição e de perspectivas.

Para refletir e representar esse complexo mosaico que é o movimento LGBT hoje bem como os estudos acadêmicos sobre o tema, foram convidados pesquisadores e pesquisadoras dos mais diversos campos disciplinares e regiões do país para abordar contexto de surgimento, grupos, acontecimentos históricos, padrões de mobilização política e legal, bandeiras e reivindicações, lutas por cidadania e visibilidade, aids, questões internas dos coletivos organizados, dentre outros assuntos relevantes nessa trajetória.

Nos últimos anos, tem-se intensificado significativamente a produção sobre a história e as memórias do movimento LGBT brasileiro. Seria impossível reunir todos esses trabalhos e reflexões de um país de dimensão continental em um único livro. Felizmente, nossa história é maior do que caberia neste livro.

Por essa razão, deve-se ressaltar que nossas escolhas ao organizar esta obra são apenas um recorte e um modo possível, dentre vários outros, de contar a história do movimento LGBT brasileiro.

Esperamos que outras publicações e escritos venham suprir deficiências e lacunas que um projeto desta natureza, inescapavelmente, carrega consigo. Nossa história precisa ser contada desde outros olhares e localidades e ficaremos satisfeitos se este livro servir para estimular novos trabalhos e despertar novas perspectivas para pensar o movimento LGBT brasileiro.

Apesar dos limites desta obra, temos a convicção de que o esforço de reunir vozes plurais de mais de 30 autores e autoras, ativistas e/ou pesquisadores e pesquisadoras de diferentes gerações, regiões do país (ainda que com maior presença do eixo Rio-São Paulo), identidades e perspectivas políticas não é uma tarefa fácil e já seria uma contribuição relevante para os estudos sobre gênero, sexualidade e ativismo LGBT no Brasil.

No entanto, a presente obra adquire uma importância ainda maior no nosso país, sobretudo, após o golpe jurídico-parlamentar-empresarial de

2016. Desde então, passamos por um momento em que juízes proíbem peças de teatro sob único fundamento de haver uma atriz travesti ou, ainda, em que magistrados retomam discursos patologizantes para permitir que se ressuscitem terapias psicológicas de "reconversão ou reorientação sexual". Exposições artísticas e performances em museus são perseguidas e canceladas apenas porque tematizam, de modo livre – como deve ser a arte –, questões humanas como gênero e sexualidade. Patrulhas morais invadem escolas e buscam retirar de docentes a liberdade de cátedra e de ensino, tentando impor um obscurantismo que só vem ganhando mais força com o crescimento das bancadas fundamentalistas religiosas nas casas legislativas por todo o país. Isso sem falar na persistência dos índices alarmantes de LGBTfobia, que colocam o Brasil no topo dos rankings internacionais como o país que mais mata LGBTs no mundo. Apenas em 2017, segundo levantamento do Grupo Gay da Bahia (GGB), foram 445 assassinatos por motivação de ódio.

Assim, mesmo reconhecendo os avanços significativos materializados no reconhecimento do casamento entre pessoas do mesmo sexo e na garantia dos direitos de identidade de gênero das pessoas trans, esta não é apenas uma obra para festejar o quadragésimo aniversário do Somos e do Lampião da Esquina. Antes, trata-se de fazer um balanço crítico das estratégias de luta, das vitórias e dos inúmeros desafios ainda presentes em uma conjuntura de enormes retrocessos e ofensiva contra direitos LGBT.

Em nossa perspectiva, esta efeméride é uma oportunidade privilegiada para aguçar o senso crítico das análises e para sofisticar a leitura de conjuntura com o objetivo de nos fortalecer para as lutas atuais. Porque somente conhecendo o passado será possível enfrentar o futuro.

Uma ditadura hetero-militar: notas sobre a política sexual do regime autoritário brasileiro[1]

Renan Quinalha[2]

Verdade e homossexualidades

No dia 29 de março de 2014, no final de semana que marcou o aniversário de 50 anos do golpe civil-militar que depôs o presidente João Goulart e instaurou um regime autoritário que se arrastaria por mais de 20 anos, realizou-se uma histórica audiência pública sobre um tema ainda pouco discutido no Brasil: os modos de existência das homossexualidades[3] durante a ditadura.

Intitulada "Homossexualidades e a ditadura no Brasil", o referido encontro foi organizado pela Comissão Nacional da Verdade (CNV) em conjunto com a Comissão da Verdade do Estado de São Paulo "Rubens Paiva",

---

1   O presente artigo é uma adaptação dos textos de introdução e conclusão de minha tese de doutorado, defendida junto ao IRI/USP em 2017, intitulada *Contra a moral e os bons costumes*: a política sexual da ditadura brasileira (1964 – 1988)e que sairá publicada na forma de livro pela editora Companhia das Letras em 2019.

2   Professor de Direito da Unifesp, advogado e ativista no campo dos direitos humanos, especialmente na temática da diversidade sexual.

3   "Homossexualidades" era o termo utilizado até começo dos anos 1990 para se referir ao conjunto de orientações sexuais e identidades de gênero consideradas não normativas ou dissidentes. Assim, naquele momento da ditadura, as travestilidades e transgeneridades eram compreendidas nessa designação mais ampla de "homossexualidades", inclusive por travestis, daí o seu uso no plural para sinalizar essa abrangência.

com o objetivo de contribuir para uma análise interdisciplinar das relações entre a ditadura brasileira (1964-1985) e a homossexualidade. Em especial, pretendeu-se discutir de que maneiras a ditadura dificultou tanto os modos de vida de gays, lésbicas, travestis e transexuais, quanto a afirmação do movimento LGBT no Brasil durante os anos 1960, 1970 e 1980.

Foi bastante simbólico que o antigo prédio do DEOPS, onde funcionou um dos mais importantes órgãos repressivos da ditadura e que hoje sedia o Memorial da Resistência, tivesse reservado a disputada data da efeméride do cinquentenário do golpe para pautar a discussão de um tema até então pouco prestigiado, tanto nas pesquisas acadêmicas, como nas políticas públicas de verdade, memória e justiça em relação aos crimes estatais do passado recente. Mais expressivo ainda é a constatação de que o tal prédio se localiza no coração da Boca do Lixo,[4] região central paulistana com enorme frequência de pessoas LGBTs e prostitutas e que foi particularmente afetada pelas violências das forças de segurança à época.

No auditório totalmente cheio, com mais de 200 pessoas, encontravam-se diversos militantes, de diferentes gerações, do movimento LGBT brasileiro, demonstrando um interesse até então pouco evidente do ativismo por sua própria memória e história. As poucas pesquisas que abordavam aspectos específicos em torno da repressão a estes segmentos, bem como relatos da resistência empreendida por eles, foram expostas e debatidas naquela tarde.[5]

Tal iniciativa, que contava com representantes de duas das principais Comissões da Verdade do país, a Nacional e a estadual paulista, além de Secretários de Estado da Cultura e da Justiça, marcou simbolicamente um compromisso destes órgãos estatais perante a comunidade LGBT e a sociedade em geral. Selou-se, ali, naquele momento uma espécie de acordo no sentido de que a história, até então oficialmente invisibilizada, viria à tona com o relatório final destas comissões.

Tudo isto foi fundamental para que, tempos depois, tal ajuste viesse a ser cumprido. A CNV incluiu em seu reporte um capítulo específico, localizado

---

4   Também conhecida como "Quadrilátero do Pecado", a Boca do Lixo era o apelido para a área compreendida entre as ruas e avenidas Duque de Caxias, Timbiras, São João e Protestantes, no bairro da Luz.

5   Foram apresentados trabalhos desenvolvidos pelos seguintes pesquisadores: Benjamin Cowan, James N. Green, Jorge Caê Rodrigues, Marisa Fernandes, Rafael Freitas, Renan Quinalha e Rita Colaço.

na seção de "Textos Temáticos" do livro II, denominado "Ditadura e homossexualidades", feito sob responsabilidade do comissionado Paulo Sérgio Pinheiro com "pesquisas, investigações e redação" por James N. Green e por mim.[6]

Por sua vez, a Comissão da Verdade do Estado de São Paulo "Rubens Paiva", presidida pelo Deputado Estadual Adriano Diogo, foi pioneira ao realizar sua 98ª audiência pública em 26 de novembro de 2013, a primeira dedicada exclusivamente ao tema. Os convidados James N. Green e Marisa Fernandes, ambos ativistas importantes no começo do movimento homossexual e atualmente pesquisadores, conversaram sobre "Ditadura e homossexualidade: resistência do movimento LGBT", compartilhando tanto relatos pessoais do que eles próprios viveram nos anos 1970 e 1980, como análises daquele momento histórico.[7]

Outro órgão oficial que dedicou um capítulo particular à temática foi a Comissão da Verdade do Estado do Rio de Janeiro, intitulado "Homossexualidades, repressão e resistência durante a ditadura", escrito pelos colaboradores James N. Green e por mim com o objetivo de iluminar questões específicas do território fluminense.[8]

Contudo, apesar dos significativos avanços representados por tal resultado, diversos fatores comprometeram a qualidade da abordagem da temática nas Comissões da Verdade. Primeiro, ao contrário da maior parte dos outros assuntos tratados pelas Comissões da Verdade, sobre os quais já havia uma quantidade razoável de material produzido pela academia e pelos próprios ex-perseguidos na reconstrução das memórias do período em relação às homossexualidades na ditadura, não se verificava, até então, um grande número de pesquisas feitas ou mesmo depoimentos em primeira pessoa que poderiam servir de ponto de partida. Depois, por ter-se constituído, durante muito tempo, como um tabu dentro e fora do mundo universitário, a homossexualidade não era vista como um tema sério de pesquisas e tampouco como um recorte pertinente para a reflexão acerca da ditadura.

---

6   Relatório Final da CNV, Livro II, p. 300 – 311. http://www.cnv.gov.br/images/pdf/relatorio/Volume%202%20-%20Texto%207.pdf

7   http://comissaodaverdade.al.sp.gov.br/relatorio/tomo-i/parte-ii-cap7.html

8   Relatório Final da Comissão da Verdade do Estado do Rio de Janeiro, p. 149 – 159, disponível em http://www.cev-rio.org.br/site/arq/CEV-Rio-Relatorio-Final.pdf

O mesmo se passava no universo da militância pelos direitos humanos, que reproduzia a estigmatização social das sexualidades dissidentes ou mesmo a indiferença em relação ao tema. Inclusive porque os herdeiros mais credenciados na produção das memórias, os ex-presos políticos e os familiares de desaparecidos, não pautavam esta dimensão das políticas repressivas da ditadura, ainda que muitos deles a tenham apoiado com grande entusiasmo no período mais recente.

Nas Comissões, da mesma forma, a relevância da discussão não era algo pacífico, bastando mencionar, a título de exemplo, que na CNV houve uma discussão entre os membros, a ponto de um dos comissionados interrogar "por que esse tema de *viados*" (sic) deveria constar no relatório.[9] As resistências geradas, sobretudo pelo preconceito e pela falta de sensibilidade que alguns comissionados demonstraram para aceitar que tal tema frequentasse os trabalhos de investigação histórica, foram significativas.

Um terceiro fator que restringiu o alcance das investigações foi o prazo curto e a deficiência de infraestrutura que, em geral, caracterizaram as Comissões da Verdade. Ademais, questões comportamentais e morais, tal qual a sexualidade e o gênero, não eram identificadas como prioritárias ou mesmo tão importantes dentre um conjunto enorme de outras agendas e reivindicações, ficando relegadas a segundo plano. Com efeito, considerando o atraso do Estado brasileiro para esclarecer os casos tidos como mais graves, como as mortes e desaparecimentos forçados, as Comissões da Verdade tiveram de concentrar seus recursos e energias escassos com essas demandas históricas do movimento por memória, verdade e justiça. Para que se tenha uma ideia das dificuldades encontradas, mesmo com todo o encaminhamento feito e com o trabalho pronto, até as vésperas da entrega do material para o relatório final, não se sabia ainda se o tema das homossexualidades mereceria um capítulo específico ou se acabaria restrito a algumas páginas de uma única seção junto com outros temas identitários, como raça e gênero. Esta questão só foi definida nos últimos dias, já na fase de preparação e edição do relatório final, que foi entregue à Presidenta Dilma Rousseff no dia 10 de dezembro de 2014.

---

9   Essa colocação foi feita em uma reunião da CNV sobre o relatório e presenciada por um de seus assessores que pediu para não ser identificado.

Outro elemento que prejudicou a profundidade das contribuições das Comissões foi que estas não constituíram grupos de trabalho específicos para a temática, procedimento adotado para outros assuntos considerados prioritários. Ao contrário disso, elas apenas incumbiram, já na fase final de seus respectivos prazos de funcionamento, colaboradores externos, para levantar material, realizar as pesquisas e redigir os referidos textos de abrangência nacional e regionais (SP e RJ), com pouco suporte efetivo das Comissões para levar a cabo tais tarefas. Neste sentido, um certo voluntarismo militante foi o determinante para abrir esta frente de trabalho em meio a outras tantas agendas e preocupações consideradas mais centrais na busca da verdade.

Além disso, como o mandato legal destes órgãos era, basicamente, esclarecer as circunstâncias das "graves violações de direitos humanos", indicando, quando possível, a autoria das mesmas, o tipo de estrutura e linguagem, o parâmetro de tamanho e o objetivo impostos por este formato tão peculiar de relatório reduziam, significativamente, as potencialidades do texto enquanto uma escrita da história mais livre e minuciosa das diversas formas de repressão dos corpos marcados por sexualidade ou identidade de gênero dissidentes.

De qualquer modo, é necessário reconhecer que, sem dúvidas, este primeiro esforço mais sistemático de visibilização e de reconhecimento foi fundamental e contou com a valiosa colaboração de grupos do movimento LGBT. Isto, contudo, mostrou-se um esforço bastante limitado pelas diversas circunstâncias acima pontuadas, demonstrando-se mais como um ponto de partida, ainda bastante embrionário, isto é, com o objetivo de abrir um campo para novas investigações, do que um ponto final com revelações mais definitivas. De forma geral, prevaleceram, nos relatórios oficiais, análises de casos pontuais e particulares, que já eram mais conhecidos ou sobre os quais havia algum material previamente levantado.

Este trabalho, de algum modo, decorre dessas brechas abertas desde as Comissões da Verdade. Buscando superar as deficiências e limites acima apontados para dar cabo a uma "versão oficial" deste capítulo de nossa história recente, nosso objetivo principal aqui é construir uma narrativa mais aberta a partir das distintas dimensões e facetas da política sexual concebida e implementada pela ditadura por meio de suas agências de controle e apontar os esforços de resistência e oposição ao controle autoritário.

Uma ditadura hétero-militar?

A repressão contra o comunismo e outras formas de subversão estritamente política, especialmente os grupos que pegaram em armas para resistir à ditadura, encontraram maior espaço já nas pesquisas acadêmicas, na literatura de testemunhos e nas políticas públicas oficiais de reparação das violências cometidas neste período. Com efeito, abundam trabalhos, sobretudo nos últimos anos, dedicados ao estudo dos pilares básicos do "projeto repressivo global", quais sejam: espionagem, polícia política, censura da imprensa, censura de diversões públicas, propaganda política e julgamento sumário de supostos corruptos).[10]

Contudo, em menor quantidade, são os escritos que não reduzem a história de 1964 a 1985 à história apenas do embate político entre ditadura e oposições, seja em sua dimensão parlamentar ou armada. De modo geral e com raras exceções, temas comportamentais, discussões de gênero e questões sexuais, considerados assuntos de ordem moral, não receberam a devida atenção ou, quando muito, foram analisados como fenômenos sem estatuto próprio.

Assim, apesar dos fartos elementos que sugerem ser promissora a reflexão sobre o cruzamento entre regimes autoritários e regulação das sexualidades, a literatura sobre a ditadura brasileira concentrou-se em destacar aspectos mais traumáticos e clandestinos da repressão estatal contra dissidentes estritamente políticos. Tal postura pode ser compreendida considerando a gravidade das práticas de violência estatal durante o período, mas acabou, muitas vezes, reforçando uma representação do Estado como instituição fortemente monolítica e centralizada. Por outro lado, contribuiu, ainda, para a construção de uma narrativa da convivência de uma repressão política dura e um controle moral brando, a emergência da contracultura ou do "desbunde", deixando uma impressão de que a ditadura teria sido tolerante ou condescendente com a evolução dos costumes e com a liberdade sexual que se impuseram naquele momento.[11]

---

10   FICO, Carlos. Espionagem, polícia política, censura e propaganda: os pilares básicos da repressão. In: FERREIRA, Jorge; DELGADO, Lucília de Almeida Neves (Orgs). *O tempo da ditadura*: regime militar e movimentos sociais em fins do século XX. 2. ed. Rio de Janeiro: Civilização Brasileira, 2007, p. 167-201.

11   Por exemplo, o filósofo Renato Janine Ribeiro chegou a afirmar que a repressão foi bastante leve – ou mesmo tolerante – no que dizia respeito ao sexo, a costu-

No entanto, esse tipo de argumentação não se sustenta mais atualmente. Diante das fontes mais recentes e, sobretudo, dos novos olhares marcados pela preocupação com esse recorte da sexualidade, tem-se aberto a possibilidade de descortinar, com maior profundidade, dimensões específicas da repressão outrora ignoradas ou negligenciadas.

De qualquer modo, resta por ser escrita uma bibliografia mais específica que explore a dimensão sexo-gênero na elaboração das tecnologias repressivas e dos dispositivos disciplinares voltados aos setores considerados moralmente indesejáveis.[12] Ainda que o Estado não seja o único responsável por normatizar os discursos e práticas sexuais, sem dúvidas, durante a ditadura, ele se tornou um *locus* privilegiado de irradiação de regras proibitivas e licenças permissivas em relação às sexualidades, ajudando a definir as condutas classificadas como inaceitáveis.

É evidente que padrões de moralidade pública não invadiram o espaço da política somente com o início da ditadura brasileira. Não foi esta que inaugurou o peso da discriminação sobre as populações vulneráveis que, há tempos, já marcava a cultura brasileira. As tentativas de enquadramento e normalização das sexualidades dissidentes remontam a períodos muito anteriores à formação do Estado brasileiro. Discursos religiosos, médicos, legais, criminológicos e de diversas outras ordens se intercalavam e se combinavam de modo a produzir uma regulação específica das sexualidades em cada momento histórico.[13]

No entanto, constatar que sempre houve homofobia e transfobia entre nós é um truísmo que, em verdade, pouco explica, uma vez que não leva em

---

mes, a sentimentos. Cf.: RIBEIRO, Renato Janine. A política dos costumes. In: Novaes, Adauto (Org.). *Muito além do espetáculo*. São Paulo: Senac, 2005, p. 138. No mesmo sentido, ver GOLDBERG, A. *Feminismo e autoritarismo*: a metamorfose de uma utopia de liberação em ideologia liberalizante. Dissertação (Mestrado em História), Universidade Federal do Rio de Janeiro, Rio de Janeiro, 1987.

12 Alguns trabalhos mais recentes têm explorado este novo campo, tais como GREEN, James N. e QUINALHA, Renan (orgs.). *Ditadura e homossexualidades: repressão resistência e a busca da verdade*. São Carlos; Editora da UFSCar, 2014 e LOPES, Fábio Henrique. Travestilidades e ditadura civil-militar brasileira: apontamentos de uma pesquisa. *Revista Esboços*, Florianópolis, v. 23, n. 35, p. 145-167, set. 2016, p. 145-167.

13 Ver, por exemplo, a história da homossexualidade masculina no Brasil escrita por James N. Green. GREEN, James. *Além do Carnaval*: A homossexualidade masculina no Brasil do século XX. São Paulo: Editora da UNESP, 2000.

conta as distintas formas históricas de manifestação de um poder regulador de "desvios" sexuais e suas determinações particulares em cada conjuntura histórica. É fundamental, portanto, compreender não apenas as estruturas de continuidade e de permanência que marcam a cultura do preconceito, mas também o que há de específico, as mudanças e os deslocamentos relativos à violência empreendida em cada contexto histórico.

No Brasil, desde o Código Criminal do Império, de 1830, a prática homossexual não se encontra expressamente criminalizada para civis.[14] Sem embargo, diversos outros dispositivos legais e contravencionais, tais como "ato obsceno em lugar público", "vadiagem" ou violação à "moral e aos bons costumes", foram intensamente mobilizados para perseguir as sexualidades desviantes.

Conforme apontou a Comissão Nacional da Verdade, durante a ditadura civil-militar, de forma mais intensa e com maior concentração do poder político, do que em outros períodos da nossa história, o autoritarismo de Estado também se valeu de uma ideologia da intolerância materializada na perseguição e tentativa de controle de grupos sociais tidos como uma ameaça ou perigo social. A criação da figura de um "inimigo interno" valeu-se de contornos não apenas políticos de acordo com a Doutrina da Segurança Nacional, mas também morais, ao associar a homossexualidade a uma forma de degeneração e de corrupção da juventude.[15]

Desse modo, qualquer análise que pretenda explorar os contornos e contradições da política sexual implementada pela ditadura brasileira passa pelo reconhecimento da centralidade da moralidade conservadora na ordenação do regime e pelo exame da complexa e multifacetada estrutura

---

14 Para militares, contudo, a pederastia era criminalizada até recentemente. O art. 235 do Código Penal Militar previa o crime de pederastia ou ato de libidinagem nos seguintes termos: "Praticar, ou permitir o militar que com ele se pratique, ato libidinoso, homossexual ou não, em lugar sujeito à administração militar". Dentre as 29 recomendações da Comissão Nacional da Verdade, a de número 23 prescrevia justamente a "supressão, na legislação, de referências discriminatórias das homossexualidades", citando, como exemplo, o referido artigo do Código Penal Militar. Somente em 28 de outubro de 2015, ao julgar a Arguição de Descumprimento de Preceito Fundamental (ADPF) n. 291, o Supremo Tribunal Federal (STF) declarou como não recepcionados pela Constituição Federal os termos "pederastia ou outro" e "homossexual ou não", expressos no dispositivo do CPM.

15 Relatório Final da CNV, Livro II, p. 300-311. http://www.cnv.gov.br/images/pdf/relatorio/Volume%202%20-%20Texto%207.pdf

repressiva, bem como pelas resistências social e cultural que se articularam em oposição ao controle autoritário.

Ainda que a manifestação do poder de caráter negativo e proibitivo seja a mais conhecida das formas de controle sexual, segundo Foucault,[16] o poder, no campo da sexualidade, não pode ser visto apenas como interdição, mas também ser entendido como algo positivo e produtivo. Em outras palavras, o poder não apenas reprime e silencia, mas estimula e até compele a profusão de determinados discursos sobre a sexualidade, pautando padrões de normalidade e, portanto, de exclusão, ainda mais quando o poder político é menos compartilhado democraticamente.

Trata-se, assim, de compreender não apenas as proibições e interdições, mas como a ditadura brasileira traçou uma linha de classificação das condutas sexuais consideradas legítimas e aceitáveis com discursos positivos.

"Os ideais superiores da Revolução"

A retórica moralidade pública e dos bons costumes foi central na construção da estrutura ideológica que deu sustentação à ditadura de 1964. A defesa das tradições, a proteção da família, o cultivo dos valores religiosos cristãos foram todos, a um só tempo, motes que animaram uma verdadeira cruzada repressiva contra setores classificados como indesejáveis e considerados ameaçadores à ordem moral e sexual então vigente.[17]

As diversas manifestações da Marcha da Família com Deus pela Liberdade, ocorridas entre março e junho de 1964, foram um prenúncio revela-

---

16   FOUCAULT, Michel. *História da Sexualidade: a vontade de saber*. Rio de Janeiro: Graal, 1985. v. 1.

17   O clássico de Comblin sobre a segurança nacional já chamava atenção para a centralidade da agenda moral nas ditaduras latino-americanas: "Quanto mais ditatorial e violento for um Estado, mais ele tratará a nação como inimiga, e quanto mais proclamar pretensões de moralidade, mais edificante, moralista e espiritual será sua linguagem – a tal ponto que qualquer aula de moral vinda de um Chefe de Estado desperta imediatamente uma sensação de medo. Sob este ponto de vista, os discursos dos generais latino-americanos batem todos os recordes. A se acreditar neles, suas ditaduras não têm outra meta senão restaurar a moralidade da nação". COMBLIN, Joseph. *A ideologia de Segurança Nacional*. O poder militar na América Latina. Rio de Janeiro: Civilização Brasileira, 1978, p. 222/223.

dor do que estaria por vir.[18] Católicos conservadores, grupos femininos de direita, moralistas de ocasião, grandes proprietários rurais e outros ramos do empresariado, bem como outras camadas das classes médias insufladas pelo discurso do combate à "corrupção" e à "ameaça comunista", ocuparam as ruas de diversas cidades brasileiras contra o governo João Goulart clamando por uma intervenção redentora das Forças Armadas e, a partir de abril, efetivamente em apoio ao golpe civil-militar.

A agenda de valores conservadores destes setores que realizavam algumas das maiores manifestações públicas de nossa história política, de certo modo, mobilizava anseios antigos, mas também atualizava uma reação contra as mudanças atravessadas pela sociedade brasileira daquela época. Com efeito, para além das políticas progressistas e nacionalistas propostas pelo governo Goulart, tais como as Reformas de Base, desde a década de 1930 estavam em curso transformações culturais mais profundas decorrentes do processo de urbanização e modernização no Brasil que desestabilizavam as relações tradicionais em diferentes planos. Os costumes e as sexualidades não passavam incólumes aos agitados anos 1960.

Assim, as elites militares que capitanearam o golpe, com o apoio decisivo de setores civis, não demoraram a catalisar esse sentimento reacionário difuso em um discurso coeso capaz de justificar ideologicamente o novo regime em perfeita sintonia com as demandas por mais segurança, solidez das tradições e respeito à ordem que se estava perdendo ao longo do tortuoso caminho do desenvolvimento. O discurso marcadamente anticomunista, em prol da segurança nacional, apresentou-se em perfeita congruência histórica com a ânsia conservadora pela preservação da família e dos valores cristãos.[19]

Os Atos Institucionais surgiram, assim, como instrumentos legais de enorme relevância na montagem da nova institucionalidade, materializando, desde o início, um atrelamento estrutural entre moral e política constitutivo

---

18   Ver PRESOT, Aline. Celebrando a 'Revolução': as marchas da família com Deus pela liberdade e o Golpe de 1964. In: ROLLEMBERG, Denise; QUADRAT, Samantha Viz. (Org.). *A construção social dos regimes autoritários: legitimidade, consenso e consentimento no Século XX – Brasil e América Latina*. Rio de Janeiro: Civilização Brasileira, 2010, p. 71-96. Ver também SIMÕES, Solange de Deus. *Deus, pátria e família: as mulheres no golpe de 1964*. Petrópolis: Vozes, 1985.

19   Sobre esta articulação entre segurança nacional e moralidade conservadora, destaca-se o excelente trabalho: COWAN, Benjamin A. *Securing Sex: Morality and Repression in the Making of Cold War Brazil*. Chapel Hill. University of North Carolina Press, 2016.

da ordem autoritária. O AI-1, de 9 de abril de 1964 – que veio à tona para "fixar o conceito do movimento civil e militar" que tomou o poder –, esclarecia, de partida, a tarefa de "reconstrução econômica, financeira, política e moral do Brasil", bem como "toma[va] as urgentes medidas destinadas a drenar o bolsão comunista, cuja purulência já se havia infiltrado não só na cúpula de governo como nas suas dependências administrativas". Já o AI-2, de 27 de outubro de 1965, reforçava o caráter "revolucionário" e originário do novo regime, destacando a aspiração de "erradicar uma situação e um Governo que afundavam o País na corrupção e subversão".

Esse dispositivo reforçava os já enunciados "propósitos de recuperação econômica, financeira, política e moral do Brasil", bem como o desafio de "preservar a honra nacional". Em seu artigo 12, o Ato Segundo modificava a redação do parágrafo 5° do art. 141 da Constituição, passando a vigorar com a seguinte redação: "não será porém tolerada propaganda de guerra, de subversão, da ordem ou de preconceitos de raça ou de classe". Já o AI-3, no seu preâmbulo, pontuava a necessidade de se "preservar a tranquilidade e a harmonia política e social do País": um lema constante para os "revolucionários" de 1964.

Por sua vez, o mais duro dos atos, o AI-5, outorgado em 13 de dezembro de 1968, em seus "considerandos", já anunciava a necessidade de preservação de uma "autêntica ordem democrática, baseada na liberdade, no respeito à dignidade da pessoa humana, no combate à subversão e às ideologias contrárias às tradições do nosso povo, na luta contra a corrupção". Acrescentando, ainda, que o governo da ocasião, responsável "pela ordem e segurança internas, não só não pod[ia] permitir que pessoas ou grupos anti--revolucionários contra ele trabalh[assem], tram[assem], ou [agissem], sob pena de estar faltando a compromissos que assumiu com o povo brasileiro".

Mesmo com a nova Constituinte ensaiada com o AI-4, "atos nitidamente subversivos, oriundos dos mais distintos setores políticos e culturais, comprova[vam] que os instrumentos jurídicos, que a Revolução vitoriosa outorgou a Nação para sua defesa, desenvolvimento e bem-estar de seu povo, est[avam] servindo de meios para combatê-la e destruí-la". Concluindo, posteriormente, que "se torna[va] imperiosa a adoção de medidas que impe[dissem] [fossem] frustrados os ideais superiores da Revolução, preservando a ordem, a segurança, a tranquilidade, o desenvolvimento econômico e cultural e a harmonia política e social do País comprometidos por processos subversivos e de guerra revolucionária". Afinal, "fatos perturbadores da ordem [eram] contrários aos ideais e à consolidação do Movimento de março de 1964".

A partir desta breve exegese legal, é possível notar, claramente, um discurso que consagra uma "ordem", inspirada pelos "ideais superiores da Revolução" e pela "honra nacional", que devia ser defendida contra qualquer ameaça de "subversão" e de "corrupção", seja ela "política", "cultural" ou "moral". A "democracia" não era apenas ocidental e capitalista, mas também cristã, e precisaria estar permanentemente alerta contra os riscos criados e alimentados por conspiradores de fora e de dentro das fronteiras nacionais.

O uso recorrente de conceitos como "ordem" e seu oposto "subversão" no topo da pirâmide regulatória do novo regime é reflexo direto da Doutrina de Segurança Nacional, que traçava uma linha divisória entre os que estão integrados ao regime e aqueles que seriam desajustados e que, portanto, deveriam ser neutralizados em sua diferença, ou mesmo eliminados. A imposição de uma ordem estabilizada, segura e unitária, coerentemente homogênea, que repeliria qualquer tipo de perturbação, dissenso ou presença incômoda, foi uma marca característica da ditadura.

Tratou-se de uma verdadeira "utopia autoritária",[20] com pretensões de totalidade e de alcance absoluto de todas as dimensões da vida social. Um regime ditatorial, em verdade, não é apenas uma forma de organização de um governo orientado para a supressão de direitos e liberdades como um fim em si mesmo, mas se abate sobre os corpos social, político e individual como um verdadeiro laboratório de subjetividades para forjar uma sociedade à sua própria imagem. Quaisquer obstáculos a serem trilhados, neste sentido, para realizar a vocação de grandeza do Brasil, deveriam ser removidos, eliminados.

Contudo, para lograr êxito ao longo da empreitada pretensiosa de "utopia autoritária, era necessário estruturar um aparato complexo e funcional, que não se limitava apenas à difundida ideia de "porões da ditadura" isolados e afastados dos centros de poder para levar a cabo o trabalho "sujo" da repressão. Atualmente se sabe que as violações de direitos humanos foram concebidas enquanto políticas públicas oficializadas com envolvimento di-

---

20 A expressão foi proposta originalmente por Maria Celina D'Araujo, Celso Castro e Gláucio Ary Dillon Soares. Cf.: D'ARAUJO, M. C. et al. (Org.) *Visões do golpe*: a memória militar sobre 1964. Rio de Janeiro: Relume-Dumará, 1994, p. 9

reto das altas autoridades em uma estrutura de comando institucionalizada.[21] Por isto é importante que qualquer discussão sobre o controle moral executado pela ditadura brasileira passe pelo exame de sua estrutura repressiva.

As dimensões do aparato repressivo

O controle da sociedade e, especialmente, dos elementos "subversivos" que se opunham à ditadura começa logo após o golpe de 1964 com a estruturação de um amplo e complexo aparato de repressão e perseguição a dissidentes. Mas, apesar do elevado grau de centralização de poder durante a ditadura, não houve um organismo único ou uma agência estatal responsável isoladamente pela política de "saneamento" da sociedade, de modo a expurgar os elementos tidos como indesejáveis. Pelo contrário, a estrutura do aparato repressivo foi sendo progressivamente construída a partir de diferentes vértices, conjugando organismos de controle moral preexistentes com outras agências criadas sob inspiração da "doutrina de segurança nacional" do regime. Além disso, o complexo aparato foi se modificando conforme as necessidades conjunturais de cada momento e, assim, assumindo distintas formas institucionais durante os anos da ditadura, a depender dos embates e negociações travados dentro do conjunto das elites civis e militares que capitanearam a edificação do regime autoritário.

Polícias políticas e judiciárias, comunidade de segurança, sistemas de espionagem e vigilância, órgãos de censura e de propaganda política, além do julgamento sumário dos supostos corruptos foram algumas das principais estruturas de que se valeu a burocracia estatal para conformar o já referido "projeto repressivo global". O fato de não haver um único órgão capaz de centralizar o controle dos dissensos acabou levando a uma multiplicidade de organismos e agências estatais dedicados a essas tarefas. Um grande desafio, para a continuidade do regime, passava necessariamente por articular esses órgãos repressivos de modo a diminuir as tensões entre eles e potencializar as ações conjuntas.

Na comunidade de informações e segurança, não raro houve casos de disputas entre os órgãos pelos créditos e reconhecimento das ações repressivas exi-

---

21   Ver, por exemplo, o primeiro volume do relatório da Comissão Nacional da Verdade: http://www.cnv.gov.br/images/pdf/relatorio/volume_1_digital.pdf

tosas, com alguns deles, por exemplo, reivindicando a detenção de determinados prisioneiros para obtenção de informações sob tortura e até mesmo retendo as descobertas sem compartilhá-las com os demais organismos. No campo da censura comumente emergiam posicionamentos distintos entre os censores, o que configurava um casuísmo cuja racionalidade é de difícil compreensão.

A relativa autonomia destes órgãos, muitas vezes, desafiava a harmonia e a consistência que seriam esperadas na atuação de um Estado autoritário. Por mais centralizado que este tenha sido em determinados momentos da ditadura, especialmente após 1968, a multiplicidade de fontes de poder civil e militar comprometia a pretensão de uma instituição pública total e monolítica dotada de uma lógica repressiva inteiramente unitária e coerente. No caso da repressão às sexualidades dissidentes, esta característica central do aparato repressivo parece ser potencializada devido à relação intrínseca entre moral e política no regime.

Sendo assim, as diferentes camadas em que se desdobrava a repressão política e moral, em cada momento e contexto específico, assumiram contornos próprios em uma combinação sempre peculiar entre razões superiores de Estado, um sem número de atos legais esparsos e convicções pessoais dos agentes que implementavam as políticas públicas. Reconhecer tal sobreposição de fatores e motivações, de modo algum, significa diluir responsabilidades ou ignorar as forças centrípetas quase irresistíveis que asseguraram uma linha política identificável e com eficácia mínima. Antes, trata-se de dar conta da complexidade e profundidade das políticas que amalgamaram e mobilizaram diferentes dimensões do Estado para atingir os objetivos programados no âmbito da Doutrina de Segurança Nacional.

Desse modo, é possível afirmar que a organização política, a partir de diversas instâncias, interesses, agências e setores, confere a relativa pluralidade que se materializa, muitas vezes, em embates institucionais dentro das próprias instituições públicas, manifestando o caráter heterogêneo do Estado com maior clareza.

Mas, a despeito destes atritos recorrentes, emerge nitidamente um traço marcante da verdadeira órbita repressiva que organizou a experiência da ditadura brasileira: um fio condutor que, se não unificou, foi capaz de articular, de forma coesa, as diversas iniciativas repressivas. Um exemplo claro disto é que muitas das violências institucionais eram planejadas e executadas em conjunto, demonstrando uma unidade de ação capaz de dotar de coerência aquela difusa rede repressiva.

Carlos Fico considera que a centralização e coerência mínimas foram alcançadas graças à atuação da comunidade de informações como "porta-vozes especialistas" sob o influxo da comunidade de segurança. Segundo ele, a partir do final da década de 1960, a "'utopia autoritária', que inspirava, de maneiras diversas, os diferentes grupos militares, passou a ser interpretada segundo a chave dos setores mais extremados da linha dura, penetrando os diversos escalões governamentais e sendo aceita por concordância ou medo".[22] Este teria sido o "cimento ideológico" que deu sustentação ao regime.

Neste sentido, as chamadas "comunidades de segurança e informações, instituídas de modo mais autônomo nos primeiros anos da ditadura, encontraram, a partir de 1968, uma centralização bastante marcada. O Sistema Nacional de Informações, criado em 1964, tinha propósitos mais modestos quando se converteu, a partir de 1967, no ponto de centralização e comando de uma ampla rede de espionagem. A vitória da chamada linha-dura, "representada pela decretação do AI-5, fez com que a espionagem passasse a atuar a serviço dos setores mais radicais, divulgando as avaliações que justificavam a escalada e a manutenção da repressão".[23] Isso é bastante visível no caso das informações produzidas sobre atentados à moral e aos bons costumes, sempre acompanhadas do clamor por mais censura e por atuação mais rigorosa dos órgãos de segurança.

A ideologia e o aparato repressivos dão concretude, portanto, à preocupação marcada da ditadura brasileira com a pornografia, o erotismo, as homossexualidades e as transgeneridades, fenômenos classificados como temas e práticas ameaçadores não apenas contra a estabilidade política e a segurança nacional, mas também contra a ordem sexual, a família tradicional e os valores éticos que, supostamente, integravam a sociedade brasileira.

---

22   FICO, Carlos. *Além do golpe*: versões e controvérsias sobre 1964 e a Ditadura Militar. Rio de Janeiro: Record, 2004, p. 81.

23   FICO, Carlos. *Além do golpe*: versões e controvérsias sobre 1964 e a Ditadura Militar. Rio de Janeiro: Record, 2004, p. 81.

A sexualidade como questão de Estado

Cid Furtado, relator do projeto de emenda constitucional que legalizava o divórcio, argumentou, em seu parecer contrário à proposta na Câmara Federal, que "desenvolvimento e segurança nacional não se estruturam apenas com tratores, laboratórios ou canhões. Por detrás de tudo isso está a família, una, solidária, compacta, santuário onde pai, mãe e filhos plasmam o caráter da nacionalidade".[24] Esta frase do deputado arenista na discussão sobre o divórcio talvez seja uma das mais perfeitas sínteses da política sexual da ditadura. Sua indignação com o divórcio, na verdade, remetia a preocupações muito mais profundas com a revolução dos costumes, com a liberação sexual, com a maior presença da mulher no mundo do trabalho e no espaço público, com a entrada em cena de homossexuais e travestis, com cada vez menos pudores de assumir suas identidades sexuais ou de gênero.

A vida privada, a esfera íntima, o cotidiano, e o que se fazia entre quatro paredes foram também objeto da ânsia reguladora e do controle autoritário da ditadura brasileira. Pessoas eram vigiadas e, em seus dossiês produzidos pelos órgãos de informações, registrava-se, como uma mácula, a eventual suspeita, ou mesmo a certeza categórica de se tratar de um "pederasta passivo", como se isso diminuísse ou desqualificasse a integridade e o caráter da pessoa perseguida. Por ser homossexual, ela era menos humana e, portanto, considerada menos respeitável em sua dignidade. Publicações com material erótico ou pornográfico eram monitoradas e, muitas vezes, apreendidas e incineradas por violar o código ético da discrição hipócrita que grassava em uma sociedade que consumia vorazmente este tipo de conteúdo.

Músicas, filmes e peças de teatro foram vetadas e impedidas de circular por violarem, em suas letras, a moral e os bons costumes, sobretudo quando faziam "apologia ao homossexualismo". Na televisão, telenovelas e programas de auditório sofreram intervenção direta das giletes da censura, que cortavam quadros e cenas com a presença de personagens "efeminados" ou "com trejeitos" excessivos e que, portanto, com sua simples existência, afrontava o pudor e causava vergonha perante os espectadores.

---

24 Folha de S. Paulo, 11 de abril de 1975.

Travestis, prostitutas e homossexuais presentes nos cada vez mais inchados guetos urbanos eram também uma presença incômoda para os que cultivavam os valores tradicionais da família brasileira. Por esta razão, passaram a ser perseguidos, presos arbitrariamente, extorquidos e torturados pelo fato de ostentarem, em seus corpos, os sinais de sexualidade ou de identidade de gênero dissidentes.

Editores e jornalistas que se dedicavam aos veículos da imprensa gay foram indicados, processados e tiveram suas vidas devastadas, muitas vezes com o apoio do sistema de justiça, porque tematizavam e mostravam as homossexualidades fora dos padrões de estigmatização e ridicularização que predominavam até então.

Estes exemplos apontam como as questões comportamentais tornaram-se objeto também da razão do Estado. A sexualidade passou a ser tema de segurança nacional para os militares. Os desejos e afetos foram alvo do peso de um regime autoritário com pretensão de sanear moralmente a sociedade e criar uma nova subjetividade.

Não que a ditadura tivesse inventado ou inaugurado o preconceito e a mentalidade conservadora que embalaram uma parcela significativa da população brasileira. O que ocorreu é que o golpe de 1964, ao estruturar um aparato de violência complexo e funcional para seus objetivos, proveu aos síndicos da moralidade alheia os meios de que precisavam para levar a cabo um projeto de purificação, desde as agências estatais. Isto fez com que estes padrões morais, outrora particulares e restritos a determinados grupos que, ainda que influentes, fossem então alçados ao status de políticas públicas e acabassem, por extensão, dotados da mesma legitimidade com que conta o Estado.

É neste sentido que se pode falar em uma ditadura hetero-militar, em que houve uma política sexual oficializada e institucionalizada para controlar manifestações tidas como "perversões" ou "desvios", tais como o erotismo, a pornografia, as homossexualidades e as transgeneridades.

A complexidade das políticas sexuais

No entanto, um olhar mais detido sobre as fontes da época demonstra que não havia uma, mas diversas políticas oficiais da ditadura em relação aos temas morais. Mais complexa ainda se torna essa questão ao se constatar que diversas agências, com competências distintas, implementavam medidas variadas de normatização no campo da sexualidade, com enfoques específicos e a partir de suas órbitas de influência e esferas de atuação.[25]

Algumas vezes, as motivações e discursos que justificavam a repressão levada a cabo por cada um desses órgãos eram muito parecidos e até coincidiam. Por exemplo, todos os órgãos examinados demonstravam preocupação com a corrupção das instituições familiares e da juventude considerada frágil e facilmente influenciável para as tentações mundanas. Mas isto nem sempre acontecia e não era raro que os órgãos divergissem entre si em torno da gravidade das condutas e comportamentos tidos como inaceitáveis. Tal modo de compreensão fica claro quando se nota que alguns censores encaravam a homossexualidade como algo repugnante e reprovável, mas prefeririam liberar uma peça de teatro porque o eventual veto poderia resultar em maior projeção e divulgação, tendo o efeito contrário ao que se pretendia. Se o conteúdo avaliado fosse mesmo considerado nocivo e deletério, não faria sentido opinar pela liberação por uma conveniência e acabar negociando com o descumprimento das próprias regras morais e legais impositivas.

Percebe-se, ainda, que era recorrente, em diversos documentos, sobretudo naqueles produzidos pela comunidade de informação, que a pornografia, o erotismo e as homossexualidades representavam uma ameaça à segurança nacional e à ordem política, reduzindo-as a uma estratégia perversa e despudorada do movimento comunista internacional. Tal compreensão destituía os "desvios" sexuais de um estatuto próprio como modo de vida e território de organização dos desejos, tornando-os apenas um apêndice ou um acessório da luta política "maior", que buscava efetivar transformações mais amplas na sociedade ou no capitalismo. As "perversões" sexuais estariam, assim, meramente a serviço da política e da "guerra psicológica adversa" para minar as instituições ocidentais.

Outras vezes, contudo, a livre expressão da sexualidade era compreendida em um marco mais estritamente moral, ou seja, como uma afronta, em si mesma, aos valores tradicionais cultivados pelas famílias católicas brasileiras que, supostamente, representavam a média da consciência ética nacional

---

25   Analisei em profundida e com lastro documental essa complexidade em minha tese de doutorado. Cf. QUINALHA, Renan. *Contra a moral e os bons costumes*: a política sexual da ditadura brasileira (1964-1988). Tese de Doutorado. IRI/USP, 2017.

que deveria ser resguardada pelo Estado. Os ataques contra a moral e os bons costumes até poderiam ser instrumentalizados e aproveitados, de forma oportunista, pelos opositores políticos que queriam derrubar o regime, mas isto não era o fundamental para compreender a dinâmica própria deste universo das sexualidades dissidentes. Pecado, falta de vergonha, anormalidade, degeneração, e até doença, eram as chaves mais tradicionais desta visão que prestigiava a situação específica do sexo em uma sociedade que passava por profundas mudanças nos costumes.

É importante ressaltar que estes dois polos não são tão puros e sequer opostos entre si. Se as breves descrições servem como tipos ideais capazes de ilustrar os traços específicos mais marcantes de cada um destes discursos, não se deve incorrer na tentação de separar de modo estanque, ou até mesmo opostos. Ambas, na prática, muitas vezes, se combinavam, e as políticas da ditadura oscilavam entre seus extremos, sempre mobilizando todo o arsenal de armas disponíveis para deslegitimar e desqualificar as experiências sexuais não normativas. Ordem política, de um lado, e ordem sexual, de outro, sobrepuseram-se na tutela moral que o regime autoritário tentou impor à sociedade.

Os meios variaram e passaram desde práticas aparentemente mais sutis de pedagogia das massas, com a censura e a veiculação de propagandas em defesa da família, até agressões físicas e outros tipos de violências diretamente praticadas contra travestis e homossexuais nas ruas. Interditar certas práticas, expulsar do espaço público certos corpos, impedir o fluxo de afetos e desejos, modular discursos de estigmatização, foram ações bem combinadas do aparelho repressivo, sobretudo nos campos da censura, das informações e das polícias. O fato de o circuito de controle das sexualidades dissidentes não ter seguido o mesmo padrão e forma da repressão política em sentido estrito não significa que não houve uma política sexual específica e de caráter oficial.

Também se nota que o fluxo repressivo variou nos diferentes momentos da ditadura. De certa maneira, pode-se afirmar que a repressão no campo moral refletiu tendências mais gerais do endurecimento do regime e da escalada de violências verificadas no final da década de 1960. No entanto, a relativa abertura do final da década de 1970, paradoxalmente, já não significou o abrandamento das violências e da censura contra estes segmentos. Ao contrário, a liberalização do sistema político com a permissão de uma oposição organizada conviveu com frequentes espasmos autoritários de fechamento da regulação no campo dos costumes. A popularização da televisão, enquanto meio de comunicação em massa e, sobretudo, a revolução sexual que se arrastou durante toda a década de 1970, serviram de pretexto para alimentar um pânico moral em diversos setores da sociedade que não conseguiam assimilar a velocidade com que tais mudanças ocorriam.

Assim, de um lado, é possível afirmar que a repressão moral oscilou conforme as inclinações mais gerais das políticas de fechamento e de abertura do regime, refletindo as variáveis mais globais. Por outro, percebe-se que havia determinantes e fatores específicos que influenciavam o comportamento particular da política sexual. Se é verdade que havia, como apontamos, um marco legal, ele era dotado de elevado grau de abstração e generalidade, o que fazia com que a universalidade destes padrões fosse comprometida pela aplicação seletiva e arbitrária das regras aos casos concretos.

Em última instância, acumulavam-se, assim, uma razão de Estado conservadora, consagrada em atos normativos e administrativos, com as concepções pessoais e de foro íntimo dos agentes públicos que eram responsáveis pela atividade censória ou de policiamento moral. Em diversos pareceres da censura moral, por exemplo, as opiniões particulares sobressaíam com tanta – ou até mais – importância do que a fundamentação legal da conclusão ali exposta.

Endurecimento moral e classes populares na abertura política

É notória a dificuldade de encontrar documentação uniformemente distribuída durante todo o período que vai de 1964 a 1988, bem como outras fontes adequadas que permitam uma análise mais detalhada da movimentação do controle moral deste período. Em especial, são mais raros documentos relativos ao intervalo de 1970 a 1974, que permitiriam entender melhor como o endurecimento que se seguiu ao AI-5 teria se refletido nesta política sexual.

Além disso, no que se refere à perseguição nas ruas, há registros de ações repressivas logo após 1964, em 1968 e 1969 e, posteriormente, a partir de 1978, já na abertura. Isto indica que o golpe, ou o "golpe dentro do golpe", como alguns soem chamar o AI-5, aumentaram a arbitrariedade e ampliaram a margem de ação dos agentes públicos, inclusive políticas civis estaduais, que combatiam a presença de homossexuais, prostitutas e travestis nos pontos de prostituição e de sociabilidade LGBT.

No contexto de abertura, as ofensivas se intensificaram provavelmente porque, desde meados da década de 1970, aumentou o número de pessoas com poder aquisitivo e condições econômicas para pagar por sexo e, em paralelo, houve um crescimento expressivo no número de pessoas trans com as primeiras cirurgias e tratamentos de saúde disponíveis para esses segmentos. A visibilidade crescente desses segmentos a partir de meados da década de 1970 refletiu, por um lado, novos ares trazidos pela ainda incipiente abertura política, com promessas de maior tolerância moral e, por outro, os frutos da expansão econômica advinda do período de 1968 a 1973, conhecido como "Milagre Econômico".

Contudo, esta concentração nas regiões dos guetos parece ter provocado a reação indignada das camadas médias, que cresciam e assumiam uma importância política cada vez maior, passando a cobrar medidas mais enérgicas de limpeza moral das cidades. Este foi o combustível necessário para dar sobrevida a um aparato repressivo que se reinventava e experimentava uma mudança em suas funções habituais. Com a derrota imposta aos grupos de luta armada, já em meados da década de 1970, os aparatos da ditadura foram ficando cada vez mais ociosos e passaram a se concentrar no "cuidado" dos setores moralmente "indesejáveis", ajudando a concretizar o ideal de moralidade sexual propagado pelos segmentos mais conservadores e com cada vez mais eco dentro do Estado.

A noção de impunidade que imperava em relação aos graves crimes de Estado durante as décadas de 1960 e 1970 alimentou a violência que se intensificou, a partir dos primeiros passos da transição política, sobre as pessoas LGBT e outras "minorias". A Lei n. 6.673 de 1979, conhecida como Lei de Anistia, cumpriu também um papel importante para selar a garantia de impenitência destes setores. Aprovada com uma redação ambígua em seu texto, este diploma legal ainda hoje vem sendo interpretado pelo Poder Judiciário, de modo a beneficiar os violadores de direitos humanos, contribuindo desde aquela época para que agentes estatais pudessem praticar atos arbitrários de violência contra a população.

É sintomático que, ao menos em São Paulo, onde há mais fontes disponíveis, a ação do Estado tenha se abatido sobre uma região frequentada pelo público homossexual pertencente aos extratos mais carentes da população. As rondas de Richetti, por exemplo, funcionaram como um vetor de gentrificação e adotaram um flagrante recorte de classe, atingindo as "bichas" pobres que ficaram de fora da ilusão do crescimento econômico do período do chamado "Milagre". Assim, ao atender o reclamo de uma classe média decadente nas regiões do Arouche e da Vieira de Carvalho, a polícia parecia tentar dar uma resposta moral para a crise econômica vivida por estes grupos que não queriam conviver, no mesmo espaço, com as "minorias" estigmatizadas.

Foram os homossexuais e travestis pertencentes às classes populares que sentiram mais intensamente o peso da ação repressiva da ditadura em seus corpos e desejos. Enquanto que alguns homossexuais, geralmente enrustidos e com a vida dupla, integravam-se à cidadania pela via do mercado de consumo e pelo acesso a empregos formais no mercado de trabalho, LGBTs pobres que não tinham a mesma sorte eram enquadrados como "vadios", mesmo que portassem carteira de trabalho, sem qualquer direito de defesa.

A "dessexualização" dos espaços públicos

Apesar dessas constatações, verifica-se também, no final dos anos 1960 e início da década de 1970, uma ambiguidade fundamental. Boates, bares, espaços de pegação e sociabilidade entre homossexuais cresciam e conviviam proporcionalmente à repressão do Estado. Enquanto se mantivessem nas sombras do anonimato dos armários ou nos guetos em que se escondiam, os homossexuais podiam existir e fazer o que quisessem com seus corpos. O problema era quando vinham à luz e ocupavam o espaço público, reivindicando uma existência e um lugar político na sociedade.

Deste modo, o cerne da política sexual da ditadura não era exterminar fisicamente estes grupos vulneráveis do mesmo modo como se fez com a subversão política. Antes, o objetivo era reforçar o estigma contra os homossexuais, "dessexualizar" o espaço público expulsando estes segmentos e impelir, para o âmbito privado, as relações entre pessoas do mesmo sexo. A função da ditadura era atirar, para a invisibilidade, corpos e coletivos que insistiam em reivindicar o reconhecimento de seus direitos e liberdades. Sem sombra de dúvidas, a ditadura deixou um terreno fértil para que práticas de abusos e violências contra homossexuais fossem cometidas por agentes públicos, dado a falta de limites e até mesmo a presença de estímulos a tal.

Vale ressaltar que a estratégia repressiva malfadada, tramada pela ditadura contra as sexualidades dissidentes, não quer dizer que ela não tenha existido, como alguns parecem sugerir. É evidente que a "utopia autoritária" tinha pretensão totalizante, mas isto era impossível em se tratando de desejos e de afetos, que sempre se fazem valer em uma conjuntura de franca ascensão dos movimentos sociais identitários em contextos de abertura política de regimes opressores.

Analisar, assim, se a ditadura sustentou, de modo consistente, uma política oficial de perseguição às sexualidades dissidentes, não é apenas aferir a quantidade de documentos nos arquivos que atestem a violência estatal como uma repressão negativa. Antes, é preciso compreender como a moralidade sexual da ditadura impôs, a partir das agências de controle social e das comunicações, bem como dos aparatos de divulgação, uma profusão de discursos que normatizaram a sexualidade dentro do campo da tradição, da moral e dos bons costumes. Assentou-se, naquele período de formação da identidade homossexual, uma representação negativa graças à ação repressora do Estado. Mais do que interditar e silenciar as homossexualidades, a ditadura modulou uma série de discursos positivamente normativos que decantavam socialmente determinadas representações dos homens que amavam outros homens e das mulheres que amavam outras mulheres.

Ademais, para apurar esta questão, não se pode utilizar como fontes somente a versão consagrada nos documentos oficiais do Estado ditatorial, que registrou aspectos importantes, mas escondeu tantos outros que não queria assumir claramente. As denúncias feitas e reiteradas diversas vezes, sobretudo pelo nascente movimento homossexual e por seus veículos de comunicação, como o *Lampião da Esquina*, também indicam diversos elementos da perseguição então existente aos homossexuais, desde os órgãos estatais.

Assim, a visão da ditadura sobre essas "perversões" também se desloca a partir da afirmação da homossexualidade como uma identidade política e um suporte para a militância organizada contra o autoritarismo. Neste sentido, a homossexualidade mudou e influenciou a renovação da mirada repressiva da ditadura. Quando deixou de ser apenas uma prática sexual repulsiva e passa a ser um movimento social de contestação da ordem e de reivindicação de igualdade e direitos, colocou em questão as estruturas autoritárias e excludentes do regime.

Dentre os diversos legados da ditadura no campo dessa política sexual, pode-se destacar a deseducação política da sociedade, a moralização das sexualidades, a regulação ostensiva dos comportamentos e dos desejos, intervenção excessiva na vida privada, barreiras para a politização e a ação livre e coletiva dos homossexuais, incentivo a uma economia do consumo com acomodação dos setores mais favorecidos, reforço de uma clivagem de classe dentro da comunidade LGBT, censura a publicações e espetáculos envolvendo a temática da sexualidade, dentre outras tantas frustrações a projetos pessoais e coletivos que o autoritarismo ajudou a abortar.

Essa política sexual da ditadura, ao consagrar oficialmente a estigmatização cultural das sexualidades dissidentes, marcou profundamente o imaginário social em torno dos grupos "minoritários". A ditadura os rotulou como sócios menores do movimento comunista internacional. Outras vezes os classificou como agentes de ruptura da moralidade social. Outras tantas, ainda, carimbaram-nos com as marcas da classe social que portavam. Não à toa, os movimentos identitários surgiram ou ressurgiram no final da ditadura, em uma rica experiência de alianças e trocas interseccionais entre raça, gênero, classe e sexualidade.

Esperamos que este trabalho possa contribuir, de algum modo, para despertar algumas inquietações quanto ao alcance da repressão moral da ditadura brasileira. Até o momento, a política sexual do regime autoritário não recebeu a atenção merecida nas análises, nas críticas e nem nas políticas de reparação voltadas à ditadura. Isto se deve, sobretudo, ao fato de que o olhar que dirigimos ao passado é forjado por uma democracia específica do presente, e esta nunca se mostrou efetivamente comprometida com a diversidade sexual e de gênero, ou mesmo com os direitos humanos. A proposta de conduzir e mudar o olhar para o passado diz respeito também ao desejo de olhar para o presente, a fim de buscar meios para que a moral e os bons costumes não voltem a ter o mesmo peso que tiveram há tão pouco tempo, entre nós. Em uma conjuntura como a atual, romper com esse passado é ainda mais importante.

Identidades homossexuais e movimentos sociais urbanos no Brasil da "Abertura"[1]

Edward MacRae[2]

A contestação cultural do sistema ditatorial e a "abertura democrática"

No final da década de 1970, os brasileiros começavam a respirar ares mais otimistas. Para muitos, a nação estava no limiar de uma nova era, mais justa e mais humana. A reorganização da sociedade civil, juntamente com a suposta decisão do regime ditatorial civil-militar de conter o aparato de repressão, pareciam anunciar grandes transformações. Trabalhadores, empresários, intelectuais e estudantes se organizavam e manifestavam seus protestos contra o regime ditatorial, também chamado de "sistema", pelo país afora.

Em maio de 1978, os metalúrgicos encenaram uma grande greve na região da Grande São Paulo. Esta demonstração vigorosa do poder do movimento sindicalista servia de exemplo para outras categorias fazerem suas reivindicações. Os sociólogos Sebastião C.V. Cruz e Carlos E. Martins apontam como a greve no ABC e o movimento que a precipitou abriram

---

[1] Texto originalmente publicado em inglês em "The Making of Social Movements in Latin America", organizado por Arturo Escobar e Sonia E. Alvarez, Boulder, Westview Press, 1992 pp. 185-203.

[2] Professor associado de antropologia na Universidade Federal da Bahia-UFBA e pesquisador associado do Centro de Estudos e Terapia do Abuso de Drogas - CETAD/UFBA.

um espaço enorme no campo das ideias e no imaginário político. De repente, o reino do possível parecia expandido e o novo começava a brotar.[3] Política salarial e legislação antigreve, pilares mestres do regime desde 1964, eram colocados em questão. O governo se mostrava disposto a abdicar da sua tutela sobre a relação entre empresários e trabalho. Preparava-se o cenário para o surgimento de um novo partido dos trabalhadores.

Em junho de 1978, o presidente Ernesto Geisel anunciou novas reformas que eliminaram os instrumentos mais claramente arbitrários da legislação draconiana e autoritária em vigor. Apesar disso, cuidou de não enfraquecer significativamente as forças de segurança e de inteligência que, no final dos anos 1960 e início dos anos 1970, haviam levado à derrota os movimentos democráticos legalistas e os grupos de guerrilha.

A maneira de contestar o *status quo* também começava a mudar. Discursos antigos sobre "o povo" e "sua luta" eram deixados de lado. Jovens, estudantes e intelectuais começavam a enfatizar questões relacionadas com a subversão dos valores e o comportamento dos próprios contestadores. Assuntos como a sexualidade, o uso de drogas, a imprensa alternativa e a psicanálise entravam nas discussões. Os valores e as práticas tradicionais da esquerda passavam a ser vistos como conservadores. Optar pela marginalidade veio a ser considerado importante forma de ataque ao sistema. Heloisa Buarque de Holanda comenta como o uso de drogas, a bissexualidade e o comportamento descolonizado eram vividos e percebidos como perigosos gestos ilegais, legitimando-os como importantes formas de contestação política.[4]

Quando o movimento estudantil começou a se reorganizar no final dos anos 1970, suas reuniões eram fóruns importantes para a discussão de novas posições. Os estudantes questionavam os antigos ideais de unidade da oposição, colocando em questão a tradicional noção da esquerda de que a unidade seria essencial para a "luta geral" ao enfatizar a necessidade de se discutir temas específicos a certos setores da população, até então considerados como secundários. Muitos dos temas que começavam a ser apontados

---

3   CRUZ, Sebastião C.V.; MARTINS, Carlos E. "De Castello à Figueiredo: uma incursão na pré-história da 'Abertura.'". In: B. Sorj; M. H. Tavares de Almeida. (orgs). *Sociedade e política no Brasil Pós-64*. São Paulo: Brasiliense, 1983, p. 59.
4   HOLANDA, H. B. *Impressões da viagem*. São Paulo: Brasiliense, 1980, p. 68.

fundamentariam posteriormente as preocupações e práticas de movimentos que logo viriam a surgir, como os das feministas e dos homossexuais. Relações de poder, tomado em um sentido genérico, eram criticadas e condenadas onde quer que aparecessem, fosse na forma institucional, de agências governamentais e na estrutura dos partidos políticos, fosse nas relações do dia-a-dia entre indivíduos. Denunciava-se o uso do poder nas relações entre pais e filhos, professores e estudantes, proprietários e empregados, casais estabelecidos ou até entre simples amantes.

Contra os ditames do poder, o prazer do indivíduo era considerado o bem maior. Sempre que o prazer estivesse ausente, eram detectados efeitos do "autoritarismo" (também chamado de "fascismo", "racismo", ou "machismo", quase indiscriminadamente). Como resultado, uma das acusações mais graves que poderiam ser niveladas contra qualquer assembleia política, como as do movimento estudantil, por exemplo, era a de que ela se havia se tornado burocrática e tediosa.

O moralismo da esquerda ortodoxa era um dos principais alvos desta nova crítica. Os grupos e partidos da esquerda tradicional ainda custavam a assimilar as novas posturas da juventude, especialmente aquelas relativas à nova liberdade sexual, possibilitada por fatores como o advento da pílula anticoncepcional entre outros. Relações sexuais extraconjugais, juntamente com a homossexualidade e uso de drogas, ainda eram severamente criticados e reprimidos dentro dessas organizações. Militantes que se engajavam nesse tipo de atividade corriam o risco de expulsão de suas organizações. Até mesmo uma preferência por ritmos musicais estrangeiros, como o soul, o funk e o rock, era criticada como "alienígena" ou "suspeita" pelos esquerdistas da velha guarda.

Esses debates eram estimulados pela liberalização política do regime, que começava a permitir que as várias organizações clandestinas de esquerda se manifestassem de maneira mais aberta, assim como o fim da censura da imprensa. O ideal de unidade entre as forças da oposição, imperante durante os piores anos da repressão, mostrava-se cada vez mais difícil. Divisões clássicas entre marxistas ressurgiam, e novos grupos com reivindicações mais específicas também faziam suas aparições. Os movimentos negro e feminista chamavam uma atenção especial. As questões levantadas por eles, assim como seus métodos de ação coletiva, extrapolavam os limites da política clássica. Ambos levantavam questões que até então eram desprezadas como "culturais" ou restritas às vivências individuais dos militantes políticos. Entendiam, como de importância crucial, as relações hierárquicas estabelecidas entre as raças, entre homens e mulheres, e mesmo entre os líderes políticos e a "massa" nas organizações esquerdistas.

Os negros, assim como as mulheres, tinham longas histórias de luta reivindicatória dos plenos direitos de cidadania que lhes têm sido sistematicamente negados. No entanto, nos anos pós-guerra e especialmente após 1964, suas campanhas haviam se dissipado e as suas lutas eram ignoradas, não só pela elite no poder, como também pelos grupos de oposição. Mas as transformações ocorridas na sociedade a partir da década de 1970 levaram esses setores a retomar suas velhas demandas, ao mesmo tempo em que também formulavam novas reivindicações. Encontrando pouco apoio na maioria dos grupos políticos existentes, os negros e as mulheres começavam a elaborar novas teorias e estratégias autônomas de ação. Suas demandas e formas de organização apresentavam muitos pontos de similaridade às dos homossexuais que também começavam a militar por seus próprios interesses. Dessa forma, as organizações dos negros e das mulheres tornaram-se seus principais interlocutores e aliados, reivindicando a relevância de demandas específicas que não poderiam se consideradas secundárias devido ao seu status de suposta "minoria". Sua nova valorização de questões "específicas" acabaria por afetar os próprios grupos de esquerda que até então só se ocupavam da "luta de classes".

O movimento homossexual

Com a relativa flexibilização da censura ocorrida no fim da década de 1970, foi possível editar o primeiro jornal homossexual do Brasil, o *Lampião da Esquina, melhor conhecido como Lampião.* Este era editado no Rio de Janeiro por jornalistas, intelectuais e artistas homossexuais e *distribuído por todas* as bancas do país. Seus editores pretendiam originalmente não só lidar francamente com a homossexualidade, como também forjar alianças com outras "minorias" com reivindicações específicas, como os negros, feministas, índios e representantes do movimento ecológico. Embora essa aliança acabasse não se materializando plenamente e os interesses da publicação se tornassem menos abrangentes, o

Lampião certamente se mostrava de grande importância, na medida em que abordava sistematicamente aspectos políticos, existenciais e culturais da homossexualidade de forma positiva, recusando os antigos enfoques pejorativos, até então hegemônicos.

Mas, em 1979, a polícia do Rio lançou um inquérito contra os editores do jornal, apesar do relaxamento da censura à imprensa, e da homossexualidade nem sequer ser mencionada no código penal brasileiro. Eles foram acusados de violar a legislação da imprensa e de ir contra a "moral e os bons costumes." Antes dessas ações policiais e jurídicas serem finalmente arquivadas, após longos e complicados processos jurídicos, os editores do *Lampião sofreram meses* de intimidação e humilhação. O resultado positivo foi em grande parte devido ao apoio que receberam do Sindicato dos Jornalistas, que colocou seus advogados em defesa do jornal. Tal apoio já era um sinal claro de que a homossexualidade deixava de ser objeto de desprezo geral e que a legitimidade das demandas dos homossexuais começava a ser reconhecida.

Assim, o ano de 1978 foi marcado pela constituição do chamado Movimento Negro Unificado, pelo pleno florescimento do movimento feminista, e a aparição simultânea de diversos grupos de militância homossexual pelo Brasil afora.

Logo após o lançamento de *Lampião*, um grupo de artistas, intelectuais e profissionais liberais, descontentes com sua vida social restrita a bares em "guetos homossexuais", havia começado a se reunir semanalmente em São Paulo. Inicialmente planejando discutir as implicações sociais e pessoais de sua orientação sexual, esses indivíduos, profissionais de classe média e de nível universitário, fizeram sua primeira manifestação pública através de uma carta aberta endereçada ao Sindicato dos Jornalistas, protestando contra a forma difamatória com que "a imprensa amarela ou marrom" apresentava a homossexualidade.

Em fevereiro de 1979, os membros deste grupo, que havia adotado o nome *Somos- Grupo de Afirmação Homossexual*, apareceram em público por ocasião de um debate sobre as "minorias" realizado na Universidade de São Paulo. Lá, eles estabeleceram contato com outros grupos que também começavam a discutir a questão da homossexualidade e falaram sobre a ideia de criar um movimento homossexual de abrangência nacional. O debate foi muito importante, ao estabelecer o movimento homossexual como um interlocutor legítimo na discussão de políticas mais amplas. Em termos pessoais, foi uma experiência catártica que alimentou a autoconfiança dos participantes, dando impulso à formação de outros grupos semelhantes, em São Paulo e outras cidades.

O exemplo do Grupo Somos de São Paulo e a influência do *Lampião* logo produziram resultados. Durante o verão de 1980, foi realizada em São Paulo uma reunião de vários grupos homossexuais de diversos estados. Visava promover a militância e, entre os temas discutidos, destacavam-se: a questão da identidade homossexual, as relações entre os membros do movimento homossexual com os partidos políticos, assim como temas relacionados aos seus procedimentos e organização. Embora houvesse uma abundância de polêmicas e diferenças de ponto de vista, era evidente a antipatia generalizada por qualquer forma de autoritarismo, fosse dentro dos partidos políticos (da direita e da esquerda), nas relações entre homens e mulheres, ou entre pessoas do mesmo sexo. As soluções propostas enfatizavam a autonomia do movimento homossexual em relação aos partidos políticos e o apoio ao feminismo na luta contra o machismo. Em uma veia similar, a reprodução do machismo em relações homossexuais era também objeto de fortes críticas. Contra a dicotomia "ativo/passivo", "dominador/dominado", os participantes propunham uma nova identidade homossexual, baseada em relações sexuais/afetivas essencialmente igualitárias.

Não se podia também esquecer o então chamado "gueto homossexual",[5] também apelidado por alguns de "movimentação homossexual". Este era o contexto geral em que se dava a militância política e envolvia diretamente um número muito maior de pessoas. O gueto existia em algumas das grandes metrópoles, como o Rio de Janeiro e São Paulo e consistia tipicamente numa área central onde certos bares, saunas, discotecas, banheiros públicos e parques serviam como pontos de encontro para homossexuais. Além desta área central, haviam outras áreas de aglomeração e paquera homossexual, menores e localizadas tanto em bairros de classe alta como em regiões mais populares.

O *Lampião* e o movimento homossexual difundiam novas visões que divergiam dos antigos estereótipos que representavam os homossexuais

---

5   Este termo atualmente em desuso, era usado corriqueiramente por todos e será mantido neste texto por apontar para o ambiente semiclandestino e marginalizado em que se davam as vivências da homossexualidade na época.

masculinos genericamente como homens efeminados e as lésbicas como mulheres masculinizadas. Na década de 1960, nas áreas do gueto, novos termos começavam a circular para nomear figuras sociais cada vez mais comuns e aceitas, como *entendido e entendida ou gay*. Designavam pessoas que mantinham relações sexuais com pessoas do mesmo sexo, sem necessariamente manifestar os atributos estigmatizados atribuídos comumente às *bichas* e *às sapatonas*. Esta nova terminologia inovava também em não ser de natureza pejorativa.

O surgimento desse novo modelo de relações homossexuais parece ter ocorrido nos finais da década de 1960, inicialmente em São Paulo e em outros grandes centros urbanos quando homossexuais e grupos de boêmios politizados frequentavam as mesmas áreas, geralmente no centro das cidades, levando a um maior contato entre eles. Os grupos "boêmios" eram formados por artistas, intelectuais e estudantes, opositores da ditadura civil-militar e frequentemente se envolviam em diferentes modalidades de resistência cultural, visando subverter o sistema através da contestação dos valores hegemônicos, conservadores, autoritários e antidemocráticos.

O encontro dessas duas populações marginalizadas propiciou um processo de influência mútua. Os contestadores culturais encontraram um novo campo para atuar, ao perceber a importância de se dissolver a rigidez das normas que governavam os papéis de homens e mulheres em sua sociedade. Já os homossexuais entenderam a importância de estabelecer relações sexuais e afetivas mais democráticas e, mais adiante de pensarem em termos de organização política. Resultados importantes desse encontro foram a consolidação da figura do *entendido*, o homossexual que procurava relações sexuais igualitárias, e a valorização da *androginia* no que dizia respeito a posições políticas. A força contestadora deste último era potencializada pelos rigores da censura ainda em vigor, que predispunha o público a procurar mensagens cifradas nas ambiguidades dos espetáculos teatrais e musicais apresentados.

Em termos do entendido (ou gay,[6] como ele é mais conhecido hoje), a ênfase anterior em papéis, determinados pelo comportamento sexual (quem penetra quem), foi deslocada para uma visão mais complexa das relações se-

---

6   Na época, o uso desse termo era frequentemente criticado pelos militantes, devido a sua origem anglo-saxã. O Lampião até tentou aportuguesá-lo para "guei".

xuais e afetivas. Deixava-se de definir os indivíduos como "ativos" ou "passivos", preferindo-se classificações como "heterossexual" ou "homossexual" e questionando a pertinência de funções sexuais preestabelecidas. Os entendidos começavam a manifestar uma recusa ao desempenho de papéis sociais rígidos. Em comparação com a antiga hierarquia expressa em expressões como "ativo/passivo" ou *bofe/bicha,* onde apenas o último sofria estigmatização, por servir ao seu "macho", a nova categorização sexual era essencialmente igualitária. Ambos os parceiros eram considerados igualmente "homens" e merecedores de todo o respeito e direitos da cidadania masculina.[7]

Porém a adoção do modelo *gay ou entendido* não se deu de forma homogênea. O mundo homossexual continuava e continua muito diverso; o modelo hierárquico persiste e a dicotomia ativo/passivo ainda é corrente no gueto e é muito difundida pela mídia. Mesmo em ambientes homossexuais, a *bicha pintosa* e as travestis continuam a ser discriminadas. Surgem diferenças muitas vezes relacionadas às classes sociais. Enquanto nos setores mais populares continuam a se manter as classificações antigas, na classe média começa a predominar o modelo igualitário e os homens que se veem como *gays* frequentemente se empenham em destacar características tradicionalmente consideradas masculinas, em suas maneiras de se comportar e na sua ostentação de músculos desenvolvidos, bigodes e barbas, por exemplo.

Além dos homossexuais que frequentam o gueto, há outros homens indivíduos adeptos de práticas sexuais com parceiros do mesmo sexo, mas que agem de forma mais discreta e, muitas vezes até furtiva. Muitos desses aderem à categorização tradicional e hierárquica da homossexualidade ou até mesmo se consideram heterossexuais.[8] Isso ocorre com frequência, por exemplo, entre os prostitutos masculinos que repudiam a identidade homossexual, em parte, devido às demandas de sua clientela, que desejam ver neles a encenação dos ideais tradicionais da "virilidade". Como as travestis, estes expoentes do modelo hierárquico de categorização sexual também sofrem o desprezo de outros homossexuais, incluindo os seus clientes, tanto

---

7   FRY, Peter. *Para o Inglês ver.* Rio de Janeiro: Zahar, 1982, p. 87.
8   Com o advento da Aids, programas de prevenção sentiram a necessidade de criar a categoria "homens que fazem sexo com homens-HSH", para incluir esses indivíduos.

devido ao seu "enrustimento" quanto pela sua condição marginal que muitas vezes os leva a roubar ou atacar seus clientes. Em muitos casos, o próprio risco que representam é um importante elemento na atração que exercem.[9]

Atualmente devido à generalização da informação disponível sobre o mundo homossexual, até os homossexuais "enrustidos" podem se manter inteirados a respeito dos novos desenvolvimentos e valores do gueto sem frequentá-lo pessoalmente. No entanto, este continua a ser um centro de grande importância para o questionamento de padrões tradicionais, a elaboração de práticas sexuais inovadoras e o desenvolvimento de diferentes formas de conceber a sexualidade.

A diversidade continuou a imperar entre os homossexuais. Os novos grupos que constituíram o movimento homossexual tendiam a rejeitar a palavra *entendido, por exemplo. Descartando os anseios por respeitabilidade associados ao emprego desse termo, prefeririam se rotularem como bichas.* Ao propor um novo personagem a *bicha*, representada como militante e consciente, buscavam esvaziar a palavra, bem como o conceito, de suas conotações negativas. Classificar-se como *bicha* tornou-se uma forma de assumir uma homossexualidade considerada mais "consciente" do que a dos entendidos e uma forma de obrigar a opinião pública a reconsiderar suas atitudes em relação à homossexualidade em geral. Outros apontavam para os aspectos marginais e estigmatizantes do termo, concebendo a sua adoção como mais uma maneira de afrontar os valores hegemônicos. Mais adiante, outros grupos optariam por outras estratégias, como no caso do Grupo Gay da Bahia, que fugindo do modelo predominante, se organizava em torno da liderança assumidamente personalista do fundador do grupo e não sentia nenhuma restrição em adotar o termo anglo saxão *gay* no seu nome.

As lésbicas se mostraram especialmente preocupadas com o que concebiam como a reprodução machista dos papeis sexuais entre homossexuais. Esta questão as tocava de perto, por duas razões. Primeiramente, a dicotomia "ativa/passiva" *(franchona/lady) era* extremamente acentuada dentro do chamado gueto lésbico, onde esses papeis sexuais mais rígidos eram alvos constantes de críticas e tentativas de transformação pelas militantes. Em segundo lugar, a opressão exercida sobre as mulheres pelos homens era muito

---

9   PERLONGHER, N. *O negócio do michê*. São Paulo: Brasiliense, 1987.

real. O feminismo já vinha criticando os papéis de gênero desde meados da década de 1970 e exercia importante influência nesse sentido entre algumas militantes. Assim, as lésbicas lutavam em duas frentes: contra relações de dominação entre os sexos e contra a reprodução dos papéis de dominador e dominado no ambiente homossexual.

Desde os debates realizados na Universidade de São Paulo em fevereiro de 1979, um pequeno segmento de mulheres tinha sido atraído para os grupos homossexuais, mesmo que neles se constituíssem em minoria. Devido à ideologia de total igualdade entre os membros, prevalente no movimento homossexual, as lésbicas não pleitearam inicialmente nenhum tipo de tratamento especial devido à sua condição feminina. Porém, logo começaram a sentir a necessidade de formarem ao menos um subgrupo que fosse composto exclusivamente por mulheres, onde ficariam mais à vontade para discutir seus problemas específicos em maior profundidade. Questões pertinentes somente às mulheres eram difíceis de abordar em reuniões onde os homens predominavam e a percepção disso acabou por incentivar as ativistas lésbicas a procurarem se aproximar dos grupos feministas, existentes em São Paulo desde meados da década de 1970.

Houve um estranhamento inicial entre as militantes de diferentes orientações sexuais devido ao receio das heterossexuais de serem consideradas homossexuais, uma acusação a que se expunham costumeiramente ao questionar o protagonismo masculino na sociedade e nas relações sexuais em geral. Porém, passado um tempo, essas preocupações foram deixadas de lado e o contato ajudou a promover uma sensibilidade mais aguçada, entre as lésbicas do movimento homossexual, a respeito das sutilezas do machismo.

Em decorrência, apesar da ideologia de igualdade dominante no Somos, elas começaram a criticar a maneira como as discussões e decisões grupais costumavam ser dominadas pelos homens. Além disso, as mulheres queixavam-se da misoginia mal disfarçada nas piadas e no tratamento que lhes era dado por eles. Irritavam-se especialmente com o uso frequente do termo pejorativo *rachada* para designar qualquer mulher, bem como o hábito de muitos homens de tratar uns aos outros no feminino. As tensões aumentaram com o tempo e quando surgiu uma forte disputa envolvendo principalmente os homens, em maio de 1980, as militantes aproveitaram o ensejo para deixar o Somos e formar um grupo completamente autônomo, o Grupo de Ação Lésbica-Feminista - GALF.

Nessa época, um delegado de polícia de São Paulo, José Wilson Richetti, iniciava uma cruzada moralista visando "limpar" o centro da cidade, removendo as prostitutas e os homossexuais da região. Os métodos empregados eram os mesmos de sempre - blitzes em locais de reunião, prisões ilegais para a suposta investigação de antecedentes criminais ou políticos, mesmo no caso de pessoas cujos documentos estavam em ordem, e o uso de uma brutalidade extrema, especialmente com prostitutas e travestis. O movimento homossexual reagiu, e, ativando seus contatos com os movimentos feminista, negro e estudantil, promoveu uma marcha sem precedentes pelo centro da cidade. Quase 1000 pessoas atenderam ao chamado para protestar. Os manifestantes incluíam prostitutas, alguns membros do movimento negro, estudantes, feministas, e, acima de tudo, um grande contingente de homossexuais, que davam o tom do evento com suas palavras de ordem satíricas e "fechativas."[10]

Introduziram-se, então o recurso à zombaria e ao escárnio, no cenário político contestatório, até então limitado a posturas mais "sérias" e comedidas. Enfrentando críticas de setores mais tradicionais da oposição, os militantes homossexuais sustentavam que o uso da "fechação" e da zombaria refletiam a natureza profundamente subversiva e libertária da experiência homossexual, colocando em questão e ridicularizando valores tidos como sagrados, tanto pela esquerda, quanto pela direita.

Esta marcha representou uma espécie de apoteose da militância homossexual em São Paulo. Depois disso, os militantes tiveram que enfrentar diversos problemas graves, como a extinção do jornal *Lampião*, a fragmentação de vários grupos homossexuais e o desaparecimento de outros. Embora *Lampião* nunca tivesse se colocado formalmente como porta-voz do movimento e sempre insistisse na autonomia total de sua linha editorial, o jornal servia como um ponto de referência central e divulgador das atividades dos grupos por todo o país. Quando deixou de ser publicado, um clima de

---

10 Comportamento "fechativo" ou "fechação" são expressões de gíria homossexual referentes a maneiras de se apresentar propositalmente escandalosas, geralmente consistindo em exacerbações de posturas referentes ao estereótipo da "bicha louca", adotados de forma satírica e zombeteira.

desânimo e desconfiança se instaurou; o projeto transformador inicial do movimento homossexual parecia tornar-se menos viável, e os militantes se sentiam desnorteados, sem ideia do curso de ação a seguir.

Devido à influência de seus fundadores, muitos com fortes inclinações ultralibertárias e individualistas, o Somos, desde o início, colocou-se contra qualquer tipo de estrutura hierárquica. Enfatizava, em vez disso, uma igualdade utópica entre os seus membros, ignorando quaisquer diferenças entre eles, como já vimos, até entre as condições dos homossexuais masculinos e das lésbicas. Isso, porém ensejou a consolidação de uma estrutura de poder informal, baseada em certas qualidades pessoais, como maior disponibilidade de tempo para dedicar à causa, melhor educação, maiores habilidades de oratória, mais "beleza" ou popularidade.

Já que a própria existência dessa elite parecia contradizer os ideais professados pelo grupo, a existência desse grupo e seu poder sobre os rumos tomados pelo Somos costumavam ser ignorados ou negados. O grupo dirigente informal era inicialmente composto pelos fundadores do Somos. Mas depois de algum tempo, sua influência começou a ser desafiada por outros membros de ingresso mais recente. Estes novatos reuniam-se ao redor de um dos fundadores originais do grupo, que discordava das posturas ultralibertárias e militava também em um grupo trotskista, a Convergência Socialista. Sentindo-se ameaçados, em suas posições de comando, membros da liderança informal estabelecida acusaram-no de tentar "atrelar" o Somos à Convergência Socialista, com o intuito de influenciar politicamente a população homossexual, como um todo. Segundo alegavam, o plano estaria sendo executado através de um setor daquela organização política, criada para esse fim e autointitulada de Fração Gay da Convergência Socialista. Para essa fração, as reivindicações homossexuais não seriam concebidas como uma prioridade, mas subordinadas às demandas de uma luta de classes mais geral.

As disputas fizeram as tensões existentes entre os membros da Somos se intensificarem ainda mais. As divergências se manifestaram de maneira aguda durante o Encontro de Grupos Homossexuais Organizados (1º EGHO), realizado pouco depois, por grupos homossexuais de todo o Brasil. Foi ao término desse encontro que as mulheres formalizaram sua separação do Somos, juntamente com um grupo de homens que também se posicionou em dissidência. Estes alegavam desejar restabelecer os princípios originais do grupo, que estariam sendo distorcidos devido a uma suposta influência excessiva dos militantes marxistas e trotskistas. Uma série de acusações e brigas se seguiu e notícias a respeito foram vazadas para a imprensa. O clima de animosidade estabelecido entre as diferentes facções que se constituíam acabou afetando o movimento homossexual como um todo.

A atenção dada às dissenções no Somos acabou por estimular os conflitos existentes nos vários outros grupos homossexuais que haviam se formado por todo o país, roubando-os de sua capacidade de estimular e atrair novos seguidores. Muitos destes também entraram em crise e se desintegraram; os poucos que sobreviveram geralmente eram os que se restringiam a atuações voltadas a questões pontuais, deixando de lado aspectos mais amplos da questão homossexual.

Talvez um dos desenvolvimentos mais bem sucedidos nesse sentido foi a campanha para eliminar o código número 302,0 usado pelo Instituto Nacional de Assistência Medica e Previdência Social - INAMPS, que classificava a homossexualidade como um "desvio e transtorno mental" constituindo um dos únicos exemplos de discriminação formal contra a homossexualidade no Brasil. Mais do que uma simples medida burocrática, o movimento para abolir esse código visava discutir e eliminar a conotação patológica geralmente atribuída à homossexualidade.

Grupos homossexuais circularam por todo o país uma petição contra essa disposição do INAMPS, angariando o apoio não só dos homossexuais, mas também de muitas outras pessoas, incluindo numerosas personalidades importantes das esferas científicas, artísticas e políticas. Para tanto contribuía o acirrado clima de contestação cultural que reinava então de maneira muito forte na sociedade brasileira. Declarações de apoio à empreitada também foram obtidas a partir de associações científicas, como a Sociedade Brasileira de Antropologia. Apesar das dificuldades, o propósito de repensar a identidade homossexual e combater o preconceito em todos os seus aspectos, tornando a homossexualidade mais visível para a população em geral, foi bem-sucedida.

Movimento, Comunidade e Identidade

Durante a década de 1970, surgiram, em várias partes do mundo, variados movimentos que buscavam uma "terceira via" na atividade política. Abandonando a dependência dos partidos tradicionais – de direita tanto quanto de esquerda – novos movimentos sociais emergiram, com demandas imediatas para a solução de problemas específicos.

A Europa Ocidental foi palco da atuação de movimento pela paz, pela defesa da natureza e pela preservação de determinadas comunidades perante os abusos da especulação imobiliária, entre outros. Na América Latina, organizações trabalhistas surgiam, organizadas de maneira independente, ou mesmo em oposição aos tradicionais sindicatos e partidos políticos. Associações urbanas e rurais eram organizadas com o apoio de grupos radicais da Igreja Católica, reivindicando o direito à moradia e à terra. Havia movimentos identitários congregando negros ou indígenas, associações femininas, grupos feministas, comitês de direitos humanos, todos determinados a se fazerem ouvir e a atuar politicamente. Esses movimentos tendiam a ter um caráter expressivo, desenvolvendo formas de experiência e participação "vividas" como positivas em si mesmas.

Tilman Evers chama a atenção para certos aspectos comuns a todas essas manifestações políticas, argumentando que elas sempre buscam novos tipos de relação, nas esferas do "público" e do "privado". Tais movimentos se propõe a humanizar a vida pública, no sentido de fazê-la funcionar segundo as normas e valores mais geralmente encontrados na vida privada. Eles procuram valorizar o "privado", para acentuar a sua importância como um tema "político" a ser discutido e pensado em pé de igualdade com o outro, mais "geral". Como diz o sociólogo, tudo isso constitui muito mais um "estado de espírito" e tendências do que uma prática real. No entanto, seus efeitos sobre a prática organizacional são bastante evidentes. Os novos movimentos tentam formar pequenos grupos baseados em relações interpessoais e se empenham em tornar os debates acessíveis e claros a todos os membros do grupo. Novas formas de democracia de base são experimentadas, tais como o mandato imperativo, a representação rotativa, e decisões por plebiscito. Esses movimentos rejeitam qualquer tipo de estrutura grandiosa, anônima e burocrática, como o Estado, por exemplo.[11] Várias dessas características eram evidentes nos grupos homossexuais e feministas brasileiros.

---

11 EVERS, Tilman. "De costas para o Estado, longe do Parlamento." *Novos Estudos CEBRAP* 2, nº 1: p. 25-39, 1983, p. 34.

O *Lampião* e os militantes homossexuais brasileiros professavam valores similares, tanto na sua negação das relações comerciais intrínsecas ao consumismo como na rejeição dos "esquemas prontos" da esquerda tradicional. Ao invés, o jornal e os grupos homossexuais buscavam ressaltar a importância dos sentimentos e ações no nível individual. Assim, numa aparente contradição, apesar do seu repúdio à comercialização das relações humanas, o *Lampião* se dispunha a defender a prostituição, descartando implicitamente a sacralidade geralmente atribuída à atividade sexual. Para os editores do jornal, era preferível investigar como, de fato, ocorriam as relações sexuais comercializadas, tentando destacar também seus aspectos prazerosos. Dessa forma focava mais uma vez as experiências individuais e não as personificações, outra característica que Evers atribui aos movimentos sociais.

As novas formas de relacionamento e de participação política que se desenvolvem dentro dos movimentos sociais contemporâneos representam esforços para estabelecer uma prática igualitária que normalmente está implícita na noção de "comunidade". Como Ruth Cardoso apontou, a construção dessa comunidade igualitária não se dá por causa da possessão de atributos positivos comuns, mas sim através de uma "falta", carência ou opressão compartilhada. Isso contribui para que a comunidade seja percebida como uma experiência de igualdade e que se procure deixar de lado as diferenças que venham a existir entre os participantes, tais como as diferenças de classe ou de gênero.[12]

Era nesse sentido que o Somos exigia, de maneira radical, que todos os seus membros apresentassem uma mesma identidade de discriminação. Em várias ocasiões, as pessoas que não se identificavam primariamente como homossexuais foram até obrigados a deixar as reuniões grupais. A igualdade promovida no seio do grupo era tida como um valor fundamental em todos os aspectos da vida dos seus membros e sempre se tentava neutralizar qualquer diferença mais importante que emergisse entre eles.

No intento, nem sempre bem-sucedido, de combater a consolidação de qualquer tipo de hierarquia em seu seio adotavam-se expedientes ob-

---

12   CARDOSO, Ruth. Movimentos sociais urbanos: balanço crítico. In: *Sociedade e política no Brasil pós-64*. B. Sorj; M. H. Tavares de Almeida. (orgs.) São Paulo: Brasiliense, 1983, p. 32.

viamente ineficazes, como a adoção do princípio da rotatividade dos coordenadores dos subgrupos. Em comum com outros movimentos sociais, um dos métodos utilizados pelo Somos, para promover o sentimento de comunidade e de igualdade na carência, era a criação de subgrupos de sensibilização, ou de "reconhecimento", como eram chamados. Aqui, as experiências de vida dos integrantes, relacionadas à sua homossexualidade, eram discutidas publicamente em grande detalhe, com o objetivo declarado de promover uma melhor compreensão de seu significado político. Esse processo socializava experiências individuais, ajudando a integrar o que antes era fragmentado e fechado nos limites da vida privada.[13] Como resultado, os participantes estabeleciam relações muito intensas e emocionais entre si, criando uma forte identificação entre os membros do grupo, frequentemente acompanhada por sentimentos de euforia e até mesmo de fraternidade universal, ou *communitas*.[14]

Encontrando dificuldades em desenvolver um sentido de sua própria identidade, devido à heterogeneidade existente entre os homossexuais, os participantes do movimento optavam por uma postura mais fácil apontando um inimigo comum que serviria como seu contraponto. Apropriavam-se para tanto dos conceitos feministas de "machismo". Nomeando como seus antagonistas comuns os "machistas" ou "machões", os homossexuais erigiam para si uma identidade complementar: a de *bichas*. Como o "macho" também era um contraponto de "feminista", as mulheres militantes, especialmente as lésbicas feministas, também eram percebidas como especialmente próximas dos homossexuais. Essa identificação daria origem, porém, ao costume, muito criticado posteriormente pelas lésbicas, de englobar todos os militantes do grupo na categoria de "bichas", qualquer que fosse seu gênero.

No entanto, certas diferenças não poderiam permanecer ignoradas por muito tempo, e a noção de uma igualdade absoluta, decorrente da condição

---

13 DURHAM, Eunice Ribeiro. Movimentos sociais: a construção da cidadania. *Novos Estudos Cebrap*, 10, p. 24-30, 1984.

14 Communitas é um conceito elaborado pelo antropólogo Victor Turner referente a sentimentos intensos de companheirismo e pertencimento. Ocorre em certos momentos, entre pessoas que se encontram em condições de liminariedade que as colocam "fora" da sociedade. TURNER, V. *The ritual process*: structure and anti-structure. Londres: Pelican, 1974.

homossexual, logo viria a ser abalada pela noção de "dupla discriminação", como aquela que afetava indivíduos que eram homossexuais, mas também mulheres ou negros. Isto serviu para catalisar a formação de novos, grupos mais específicos, como o Grupo de Ação Lésbica Feminista - GALF e o grupo baiano de negros homossexuais Adé *Dudu*. Essa segmentação também era trespassada por grupos de afinidade. Esses novos grupos também eram ligados por amizades pessoais, muitas vezes baseados na participação conjunta em grupos de sensibilização ou em outras características compartilhadas, como orientação política, nível de educação, prática sexual preferida etc. Mas, assim como as organizações originais de onde derivavam, estas também eram permeados por desigualdades e tensões.

Da mesma forma que as diferenças entre os gêneros, as existentes em nível de relações raciais também permaneciam encobertas. Embora essas diferenças raramente fossem discutidas em São Paulo, em Salvador, uma cidade em grande parte negra, a situação era outra. Lá, diferenças raciais acabariam por levar à criação do grupo negro autônomo, o Adé Dudu, que pretendia atuar dentro do movimento homossexual tanto quanto no movimento negro, visando combater o racismo manifestado pelo primeiro e o machismo endêmico no último.

Um grupo como Somos, que colocava grande ênfase na ideia de que o "privado" também era "político" e devia ser discutido em público era especialmente vulnerável à desagregação. Esta ameaça era reforçada pela dificuldade em mediar disputas internas devido à inexistência de qualquer instância de poder formal que pudesse assumir essa função.

A ruptura do sentimento de pertencimento a uma mesma comunidade incentivava o surgimento de dissensões e a criação de novos agrupamentos. Novas alianças poderiam então ser estabelecidas com antigos rivais e velhos aliados rechaçados. Assim, a saída das lésbicas do Somos deve ser vista não somente como uma afirmação de diferenças políticas, mas também como um realinhamento de grupos com afinidades similares. Mais uma vez despontava a importância das relações afetivas entre os militantes nos processos internos de diferenciação e identificação.

Assim, em 1980, o Somos encontrava-se recortado por uma série de clivagens que delineavam diferentes grupos de interesses políticos e afinidades pessoais. A instabilidade do grupo era reforçada devido à ausência de um antagonista objetivo ou mais específico no Brasil, para o homossexual militante. Em contraste com a situação nos Estados Unidos, aqui não havia uma legislação a ser enfrentada e a repressão policial contra os homossexuais era de natureza esporádica e pouco sistemática, não atingindo a todos igualmente.

Na ausência de um grande inimigo externo, claramente definido, contra quem lutar, o campo de disputa entre grupos homossexuais acabava se limitando às relações inter e intragrupais. Os inimigos externos mais perceptíveis para esses grupos eram os partidos políticos institucionalizados e outras organizações de inspiração marxista leninista. Apesar de muitas vezes serem simpáticos à causa homossexual, estes últimos tinham práticas organizacionais e métodos diferentes e, por atuarem no mesmo campo de oposição, em muitos casos, competiam diretamente com os novos movimentos alternativos, como aponta Evers. No caso em estudo, este conflito ocorria de forma marcada em relação à Convergência Socialista e especialmente com a sua Fração Gay, que procurava aplicar o esquema leninista mais tradicional à mobilização dos homossexuais e continuava com seu foco principal na luta de classes.

A aderência rígida a uma vaga "identidade homossexual", por parte de seus militantes, era importante para a delimitação do chamado "movimento homossexual", estabelecendo uma diferenciação em relação a outros grupos de libertação que também visavam mudar a forma como no Brasil se lidava tradicionalmente com a sexualidade. A comunidade e os fortes laços afetivos estabelecidos entre eles, embora fossem importantes para a união dos militantes homossexuais também contribuíam para separá-los do resto da população de práticas homossexuais. Isso acontecia apesar dos "homossexuais conscientes" – como os militantes se concebiam – ser pouco mais do que uma versão politizada do "entendido", então frequentador costumeiro do gueto e que também rejeitava a classificação tradicional hierárquica dos homossexuais como "ativos" ou "passivos" *(bofes* ou *bichas),* optando por conceitos mais igualitários.

O *Lampião* mantinha uma posição ambígua quanto à natureza da homossexualidade, se inata ou adquirida. Em certos momentos, o jornal defendia a sua legitimidade, reivindicando plenos direitos de cidadania e plena integração na sociedade para os homossexuais; em outros, elogiava os aspectos contestadores decorrentes de sua marginalidade.

A ênfase ultralibertária de militantes do Somos e de editores do *Lampião,* com sua ênfase numa suposta individualidade irredutível de cada um, dificultava a construção de uma identidade homossexual coletiva. Mas, por outro lado, era considerado importante enfatizar que o homossexual seria dotado de uma preferência sexual predefinida como base para o estabelecimento de um campo em que uma identidade coletiva pudesse ser construída. Como corolário de sua marginalidade social, o homossexual era idealizado como eminentemente antiautoritário. Unindo-se às feministas em sua rejeição das insuficiências da teoria marxista para explicar as questões sexuais, os militantes homossexuais, embora ainda tivessem pouco conhecimento sobre a teoria feminista, manifestavam-se a seu favor e adotavam para si alguns dos seus métodos organizacionais e certos de seus conceitos, como o do "machismo" e do "patriarcado". Mesmo assim, o individualismo exacerbado nunca deixou de ser a característica mais marcante do seu ideário.

Um importante aspecto do individualismo hedonista dos homossexuais era a valorização da sua permanente disponibilidade sexual. Esta característica, encontrada especialmente entre os homossexuais masculinos, mas também presente entre muitas lésbicas, era refletida em artigos do *Lampião* e na atitude casual com que as relações sexuais eram tratadas dentro do Somos. Colocando em questão qualquer tipo de autoritarismo ou de reprodução de papéis, os integrantes do grupo rejeitavam a monogamia, e incentivavam o sexo casual, visto como uma boa maneira de manter distantes sentimentos possessivos ou de ciúmes. Esta visão do sexo era, de fato, mais acentuada dentro do grupo do que no gueto, onde a fidelidade era um requisito em muitas relações que pretendiam ser estáveis. Estas, porém, eram relativamente raras, e os homossexuais militantes, bem como os "do gueto", geralmente concebiam a possibilidade de ter múltiplos parceiros como um dos aspectos mais importantes da sua liberdade sexual. Quanto a essa pouca valorização da fidelidade em relação ao parceiro sexual, no Brasil, os homens homossexuais não diferiam muito dos heterossexuais. Lésbicas, por outro lado, muitas vezes pareciam dar mais importância à monogamia, mesmo assim, ao ingressarem no movimento homossexual, muitas também desenvolviam comportamentos sexuais menos comprometidos. Isso, por outro lado, fazia com que as lésbicas do gueto considerassem as militantes como "galinhas".

Mesmo nos primeiros dias, quando Somos ainda tinha a intenção de educar o público, difundindo uma imagem "normal" dos homossexuais, havia muito espaço para a zombaria a respeito da questão dos papéis de gênero e recorria-se constantemente à "fechação", tanto na promoção da solidariedade grupal quanto na contestação política. Na verdade, a ridicularização da tradicional rigidez dos papeis de gênero era tamanha que até certos militantes (geralmente recém recrutados ao grupo) criticavam o que consideravam uma representação estereotipada da homossexualidade. No entanto, depois de assistir às reuniões grupais durante algumas semanas e de participar das discussões sobre sexualidade, esses mesmos indivíduos costumavam adotar atitudes mais tolerantes em relação ao enorme espectro de possíveis variações no papel homossexual. Este era outro diferencial entre os militantes mais recentes e aqueles que costumavam frequentar o gueto, onde ainda prevaleciam padrões mais tradicionais de comportamento, expressos tanto em comportamentos efeminados, considerados por alguns mais apropriados aos "passivos" quanto nas tentativas de outros de manter posturas recatadas, supostamente mais masculinas, dignas e prudentes.

Como se tem visto, os militantes do Somos formavam um grupo bastante *sui generis*, diferente dos frequentadores do gueto e de outros militantes políticos. Sua maneira de organização ultralibertária também os diferenciava de outros homossexuais com experiências de militância em grupos de oposição mais tradicionais. Estes estranhavam a "anarquia" das reuniões do Somos, o desrespeito com eram tratados conceitos considerados quase sagrados pela esquerda tradicional (como a luta de classes, por exemplo) e a total falta de precisão em relação aos objetivos do grupo ou às maneiras pelas quais deveriam ser alcançados. Diferenças desse tipo eram especialmente evidentes entre os membros da Somos e aqueles da Fração Gay da Convergência Socialista, por exemplo.

Muitos frequentadores do gueto, acostumados a considerar a abertura de novos estabelecimentos comerciais para atender ao público homossexual como "vitórias para a causa", também não entendia as reservas que os militantes do Somos expressavam contra a integração dos homossexuais na sociedade de consumo. Pois enquanto os militantes concebiam a questão homossexual como um possível detonador de uma revolução social mais ampla, os outros homossexuais preferiam pensar em conquistar seus direitos civis dentro da estrutura social existente.

Assim como acontecia com outros movimentos sociais, apesar do Somos declarar, como seu principal objetivo, a eliminação de determinadas opressões e carências, na prática seus integrantes muitas vezes dedicavam seus maiores esforços à simples manutenção da existência do grupo. Igualmente com a ênfase dada aos aspectos privados da vida dos militantes nesses movimentos, para os quais a participação em suas atividades seria vista como uma forma de enriquecimento ou de realização pessoal, em contraste com a "massificação" que supostamente ocorreria no mundo externo.

Quanto à reivindicação de novos direitos, foi muito importante a noção, promovida pelo Somos, de que todos teriam o direito ao prazer e à gratificação sexual, independentemente de sua orientação sexual. Nesse sentido, o Somos se empenhou na campanha para que o Estado reconhecesse o Grupo Gay da Bahia e o grupo Triângulo Rosa do Rio de Janeiro, como entidades jurídicas abertamente homossexuais. Também se fizeram grandes esforços em prol do reconhecimento da homossexualidade, como uma expressão sexual legítima, e da revogação de sua classificação como "desvio e transtorno mental", no código de doenças do INAMPS, ambos bem-sucedidos. Até a maneira caricata como a imprensa apresentava a homossexualidade foi repensada. Em atenção às exigências dos militantes homossexuais o código de ética dos jornalistas passou a proibir que aqueles profissionais de participar de "práticas de perseguição ou de discriminação, por razões de natureza social, política, religiosa, racial, sexual ou de orientação sexual." Infelizmente, esse dispositivo nunca foi plenamente implementado, de fato.

Embora certos movimentos sociais como as Comunidades Eclesiais de Base e as associações de moradores devam o seu poder político ao seu grande número de integrantes, outros, com menos seguidores, como o movimento feminista e o dos homossexuais, para exercerem influência sobre a vida política e social devem recorrer a instituições ou grupos com inserção na estrutura dominante, como os partidos políticos, aos meios de comunicação e às organizações culturais.

Atualmente, a discussão da homossexualidade é generalizada no Brasil, baseada numa compreensão mais informada e menos preconceituosa. Mas não há dúvida de que em certos momentos, a difusão de novas atitudes e práticas depende em grande parte de haver indivíduos ou organizações dispostas a enunciá-las. Sem interlocutores desse tipo, que serviram como catalisadores para as novas tendências, a grande imprensa, por exemplo, teria tido mais dificuldade em lidar com a questão homossexual de maneira positiva. Da mesma forma, nas universidades, onde o assunto vem atraindo muito interesse, a nova abordagem social foi fortemente legitimada pela inclusão da luta homossexual no tema mais geral dos movimentos sociais urbanos e pelas numerosas palestras, debates e eventos promovidos por intelectuais e artistas homossexuais. No caso em questão, quando o assunto ainda era visto com desconfiança e desdém, o antropólogo Peter Fry desempenhou importante papel ao abordar de maneira corajosa e inovadora a questão homossexual, usando o seu prestígio acadêmico para abrir espaço na universidade e legitimar futuras pesquisas, assim como para dar apoio à criação e defesa do *Lampião*.

Os grupos militantes foram eficazes de muitas maneiras. Talvez a principal tenha sido a construção de redes de amizade, servindo para agregar e promover um novo tipo de homossexual, que não era dominado por sentimento de culpa e que não se considerava doente ou anormal. Mesmo no início dos anos 1980, quando a militância dos grupos homossexuais organizados se arrefeceu momentaneamente, essas redes de afinidade sobreviveram, e continuaram centrais na vida de muitos de seus participantes, influenciando suas escolhas de moradia, trabalho, atividades de lazer e opções políticas.

Quando surgiu o trágico surto de aids, que afetou principalmente os homossexuais, a importância dessas redes e da nova identidade homossexual ficaram evidentes e se mostraram essenciais para a administração humanitária e democrática da crise sanitária. Assim, quando a síndrome começou a se manifestar no Brasil e especialmente em São Paulo, em 1983, alguns dos antigos militantes voltaram a se reunir para debater as medidas a serem tomadas para combater o que era então apresentado como uma "peste gay". Na nova administração governamental, instalada quando a ditadura perdia seu poder, eles conseguiram contatar e influenciar as autoridades médicas. Sua mobilização enfatizava a importância da nova identidade gay que se desenvolvia nas grandes cidades e a necessidade de se preservar as conquistas dos últimos anos, como a maior tolerância por parte da sociedade e os novos espaços onde a homossexualidade podia ser vivida mais abertamente. Também ajudaram a discutir as mudanças que se mostravam necessária aos seus hábitos sexuais, tal como a adoção do uso da camisinha.[15]

Graças a suas iniciativas, estabeleceu-se o primeiro programa oficial de prevenção e tratamento da aids no país, sob a direção de profissionais comprometidos com posicionamentos respeitosos e simpáticos à população com práticas homossexuais. Essa maior aceitação era também devida às ações dos militantes, que haviam tornado a homossexualidade mais respeitável e legítima, abrindo assim caminho para que as autoridades políticas, médicas ou acadêmicas pudessem manifestar o seu apoio, livres de maiores restrições moralistas.

Para concluir, podemos dizer que, apesar de se voltar a um segmento minoritário da população, cujas aspirações e modo de vida eram severamente estigmatizados em quase todos os setores da sociedade, o Somos era muito parecido, em termos organizacionais, com diversos outros movimentos sociais que visavam promover mudanças na sociedade e na política. Como outros, o Somos também exibia importantes deficiências: um número reduzido de militantes e uma falta generalizada de experiência política, que dificultavam sua atuação, especialmente em níveis mais amplos, menos relacionados com suas demandas específicas. O sistema ditatorial favorecia um maniqueísmo simplista, onde as forças políticas eram divididas entre o regime existente e a oposição, mas a instalação gradual de uma ordem mais pluralista no final da década de 1970, trouxe novas dificuldades para todos estes movimentos. A reorganização do sistema partidário se deu de maneira a promover muitas divisões entre os antigos membros da oposição, gerando, por exemplo, cisões em nível inter e intergrupais[16] (CARDOSO, 1983).

Por sua parte, o Somos, como outras manifestações do movimento homossexual brasileiro, enfrentou suas maiores dificuldades e desafios justamente por causa de sua aspiração de construir uma sociedade mais igualitária. O movimento homossexual esperava expandir os limites da tolerância para a diversidade e colocava em questão as noções geralmente aceitas a

---

15   SILVA, L. L. "AIDS e a Homossexualidade em São Paulo.". Dissertação. Mestrado da Pontifícia Universidade Católica de São Paulo – PUC, 1986.

16   CARDOSO, 1983

respeito da sexualidade e dos papéis de gênero. Enfatizando a zombaria e uma atitude inconformista, o movimento questionou a naturalidade das relações sociais e celebrou a soberania do indivíduo, promovendo, explicitamente, em suas demandas, bem como implicitamente, em seus ideais de organização não-hierárquica, a liberdade do indivíduo para determinar o seu modo e rumo de vida.[17]

---

17 Os relatos e argumentos deste artigo podem ser encontrados de forma mais desenvolvida em MACRAE, E. A. *Construção da igualdade*: política e identidade homossexual no Brasil da "abertura". Salvador: EDUFBA, 2018.

Forjando alianças e reconhecendo complexidades: as ideias e experiências pioneiras do Grupo Somos de São Paulo

James N. Green[1]

Lançar um olhar crítico ao passado, quando o historiador é um dos protagonistas dos eventos analisados, é um processo complicado e cheio de subjetividades. É possível manter uma distância apropriada das próprias ações do investigador que estava envolvido nos acontecimentos quando ele ou ela pretende estudar "objetivamente" um período distante repleto de conflitos? Será que as memórias que uma pessoa guarda sobre debates, brigas e diferenças, ou mesmo momentos de euforia e alegria, refletem

---

[1] Professor de história do Brasil na Brown University em Providence, Rhode Island, Diretor do Brazil Inititive da Brown University e Diretor Executivo da Brazilian Studies Association (BRASA). Green é autor do livro *Além do carnaval: a homossexualidade masculina no Brasil do século XX* (Editora da UNESP, 2000) e *Apesar de vocês*: a oposição à ditatura brasileira nos EUA, 1964-85 (Companhia das Letras, 2009). Editou vários livros em português entre eles, *O homossexualismo em São Paulo e outros escritos* com Ronaldo Trindade (Editora da UNESP, 2005); *Frescos trópicos:* fontes sobre a história de homossexualidade no Brasil com Ronaldo Pólito (José Olimpio, 2006) e *Ditadura e homossexualidades*: repressão, resistencia e a busca da verdade com Renan Quinalha (Editora da UFSCar, 2014). Em 2018, a Editora Civilização Brasileira vai publicar o livro *Revolucionário e Gay*: a vida extraordinária de Herbert Daniel, uma biografia sobre Herbert Eustáquio de Carvalho, mineiro, estudante de medicina, guerrilheiro, exilado, candidato gay a deputado estadual no Rio de Janeiro e militante do movimento de pessoas vivindo com HIV/AIDS.

algo mais de que recuperações parciais e incompletas dos peripécias que foram fundamentais no desenvolvimento dos primeiros passos do movimento LGBT brasileiro? Não existe riscos de que um ativista que tenha sido participante nos episódios estudados possa fazer releituras destorcidas destes "tempos perdidos" para justificar o presente ou a sua participação nas ocorrências do passado?

Não há respostas simples para estas questões. Todos nós temos perspectivas singulares que são produto das construções de nossas vidas individuais. Elas são coloridas por nosso posicionamento na sociedade e influenciadas por um infinito número de fatores. Além disso, as memórias se misturam e falham. Algumas pessoas mantêm rancores e ressentimentos persistentes (e até restos de amores não correspondidos) que afetam suas interpretações de momentos longínquos. Os documentos preservados em arquivos pessoais ou em depósitos oficiais podem ter várias interpretações ou oferecer versões fragmentárias e incompletas. Podem, inclusive, mentir, como no caso de um relatório encontrado nos arquivos do Serviço Nacional da Inteligência de um informante que alegava: "JIM GREEN, certamente pseudônimo do conhecido intelectual paulista [Fernando] Gabeira, dirigente da Convergência Socialista do Estado do Rio, sendo um dos organizadores da força homossexualista do País, escreve sobre os debates havidos no I Encontro Brasileiro de Grupos Homossexuais Organizados."[2] É verdade eu era militante da Convergência e escrevi e assinei uma carta que foi publicada no jornal *Lampião da Esquina* em 1980, mas Gabeira é mineiro e não paulista, e até onde sei ele não se identificava como gay ou participava da Convergência Socialista (CS). Ou seja, o acadêmico sério tem que manter um olhar crítico quando utiliza registros do passado ou depende das suas próprias lembranças destes momentos. É preciso ter consciência da sua própria subjetividade na produção de conhecimentos, mesmo quando o seu envolvimento não está explícito, o que tampouco é o caso deste ensaio sobre os momentos originários do movimento LGBT.[3]

---

2   SERVIÇOS NACIONAL DE INTELIGÊNCIA, "Convergência Socialista em BH e o Homossexualismo," Informe No. 1083 / 300 / 80, 20 de julho de 1980.

3   GREEN, James N. "More Love and More Desire: The Building of the Brazilian Movement," In *The Global Emergence of Gay and Lesbian Politics: National Imprints of a Worldwide Movement*, org. Barry Adam, Jan Willem Duyvendak, and André

Existem outras armadilhas de pessoas dotadas de talentos literários, que conseguem inventem ou imaginar um passado que nunca existia e eventos que nunca aconteceram, ou que ocorrem de outra maneira. Em geral a disciplina de história exige fontes, notas pé de páginas e provas para as afirmações do historiador. E se não existem, o historiador apresenta as dúvidas, as possibilidades e as improbabilidades sem afirmações definitivas, pois reconhece as dificuldades de aproximar uma reconstituição do passado.

Ciente destes desafios metodológicos, muitos antropólogos e alguns historiadores apresentam as suas subjetividades, quase como um ritual, no começo de qualquer texto para alertar o leitor da sua parcialidade. Seguindo esta tradição, vou oferecer uma pequena biografia antes de entrar na essência deste trabalho, que é uma análise da importância das ideias que circulavam no Grupo Somos no alvorecer do movimento LGBT brasileiro até os dias de hoje.[4]

Militei na ala esquerda do movimento de gays e lésbicas nos Estados Unidos quase desde o mesmo dia em que assumi a minha homossexualidade, em janeiro de 1973. Aliás, imediatamente depois de minha primeira reunião no *Gay Activists Alliance* em Filadélfia, participei de uma "ação" na frente de uma boate gay, que barrava a entrada de travestis, *antes* mesmo de entrar nestes espaços misteriosos e deliciosos do gueto gay nos anos 1970s. Ao mesmo tempo, eu fazia parte de um pequeno grupo de ativistas, clérigos progressistas e brasileiros exilados que denunciavam a tortura no Brasil e o apoio do governo norte-americano à ditadura militar brasileira.[5] Conheci João Silvério Trevisan em Berkeley, California, em 1975 e foi ele quem me convidou, em setembro de 1978, para participar do então *Núcleo de Ação para os Direitos dos Homossexuais*, que no começo de 1979 adotou o nome *Somos: Grupo de Afirmação Homossexual*.

Krouwel. Philadelphia: Temple University Press, 1999, p. 91-109; SIMÕES, Júlio, FACCHINI, Regina. *Na trilha do arco-íris: do movimento homossexual ao LGBT.* São Paulo: Fundação Persu Abram, 2009; TREVISAN, João S. *Devassos no paraíso: a homossexualidade no Brasil, da colônia à atualidade.* Rio de Janeiro: Record, 2011.

4   GREEN, James N. "'Abaixo a repressão, mais amor e mais tesão': uma memória sobre a ditadura e o movimento de gays e lésbicas de São Paulo na época da abertura," Revista *Acervo,* 27:1 (jan./junho 2014), pp. 53-82.

5   GREEN, James N. *Apesar de vocês: oposição à ditadura militar nos EUA, 1964-85.* São Paulo: Companhia das Letras, 2009.

Durante os próximos três anos, eu seria um membro ativo do Grupo Somos. (Fiquei ausente do grupo apenas em março e abril de 1979, quando voltei para os EUA para consiguir um novo visto de estudante para começar o mestrado em Ciências Sociais na Universidade de São Paulo). Em uma reunião do subgrupo de Atuação em junho de 1979, fui eu quem propus a campanha de defesa do jornal *Lampião da Esquina*, cujos editores foram investigados pela Polícia Federal Militar por possivelmente violar a Lei da Imprensa. Sugeri também a nossa participação no ato do Dia do Zumbi, em 20 novembro de 1979, na frente ao Teatro Municipal de São Paulo e preparei a nossa faixa que proclamava "Contra a discriminação racial," assinado "Somos: Grupo de Afirmação Homossexual." No I Encontro de Grupos de Homossexuais Organizados, apresentei a ideia de organizar um Dia Nacional de Lutas Homossexuais, que seria em 28 de junho, para coincidir com as paradas LGBTs internacionais.[6]

Estive presente na reunião na casa de Alan, o irmão de Edward MacRae, na qual formamos a *Comissão de Homossexuais Pró-1° de Maio*, que mobilizou 50 gays e lésbicas para participarem da passeata em favor da greve geral, que ocorreu em 1980, no ABC, quando Lula foi preso e enquadrado pela Lei de Segurança Nacional. Carreguei, junto com outros militantes, as duas faixas, agora famosas, que afirmavam "Contra a Intervenção nos Sindicatos do ABC" e "Contra a Discriminação do/a Trabalhador/a Homossexual". Quando estávamos preparando as faixas, eu insisti em escrever "do/a" e "trabalhador/a", apesar da insistência de alguém que me explicava, naquela ocasião, que não era necessário. Com esta formulação de inclusão da diversidade de gênero na língua portuguesa, fui um precursor ao tentar inventar um símbolo como @ para significar o masculino e o feminino. Comprei os panos vermelhos para as faixas na rua 25 de Maio e as pintei na sede da Convergência Socialista, perto do Parque D. Pedro. Uma vez escrevi a palavra "homosexual" com um só "s" e tive que correr a uma loja para comprar outro pano.

Também fui militante da Convergência Socialista, entrando na organização semi-clandestina *depois* de participar quase *seis* meses no *Núcleo de*

---

6   GREEN, James N. "A luta pela igualdade: desejos, homossexualidade e a esquerda na América Latina", *Cadernos Edgard Leuenroth, Homossexualidade: Sociedade Movimentos e Lutas.* 18/19, (2003), p. 13-39.

Ação para os Direitos dos Homossexuais. A minha atuação inicial na CS, bastante precária, estava no jornal alternativo *Versus*. Em junho de 1979, com o apoio de Maria José Lourenço, a Zezé, uma das fundadoras da Liga Operária, uma organização trotskista clandestina que se transformou na Convergência Socialista durante o processo da abertura lenta, gradual e restrita dos governos dos generais Geisel e Figueiredo, organizei a Facção Homossexual da Convergência Socialista. Minha ideia era reunir os membros gays e lésbicos da CS e pressionar a organização a adotar uma posição progressista sobre questões de gays e lésbicas, enquanto ao mesmo tempo continuava minha participação no Núcleo de Ação para os Direitos dos Homossexuais.

A Facção foi composta de militantes da CS de distintas áreas de atuação política – secundaristas, bancários, estudantis e artistas. No seus primeiros dois anos de sua existência, crescemos de cinco para 25 pessoas, entre elas muitos secundaristas. Também participei, nesse período, do movimento estudantil e da fundação do PT quando estava estudando na USP.[7]

Consegui "captar", como costumávamos dizer na esquerda daquela época, apenas uma pessoa do Grupo Somos para a CS. Ele ficou na organização durante um ano, mais ou menos, e depois saiu desapontado com uma atitude de um líder da CS que ele considerou homofóbica. Também conversei muito com outra pessoa que acabou aderindo a outra organização trotskista. Apesar do fracasso em ganhar pessoas para as minhas ideias socialistas, eu tinha certo peso dentro do grupo Somos, acho eu, por minha firmeza política e personalidade expansiva, mas também porque defendia uma perspectiva feminista e apoiava a autonomia das lésbicas na organização. As alegações de que eu fazia "política de cama", outra expressão da época para referir-se às pessoas que supostamente ganhavam pessoas para organizações da esquerda por vias sexuais e depois manipulavam os novos membros para seguirem as suas ideias políticas, são curiosas, dados os resultados pobres das meus esforços em captar pessoas para a CS. Como era a cultura do grupo e do meio gay numa época pré-aids, eu transava com as pessoas que me davam

---

[7] GREEN, James N. "O Grupo SOMOS, a esquerda e a resistência à ditadura", em *Homossexualidade e a ditadura brasileira: Opressão, resistencia e a busca da verdade*. In: GREEN, James N; QUINALHA, Renan (orgs.). São Carlos: Editora da Universidade Federal de São Carlos, 2014, pp. 177-200.

tesão e falávamos muito pouco sobre a política quando compartilhávamos uma cama. Estávamos, nesses momentos, preocupados com outros assuntos.

Saí do Brasil em dezembro de 1981 para ir a Los Angeles, onde segui com minhas atividades políticas e sindicais durante toda a década de 80. Deixei de lado o trotskismo e a minha atuação partidária dentro da esquerda marxista apenas em 1989. Mesmo assim, continuei participando em atividades LGBTs no movimento sindical até 1993, quando voltei à universidade para fazer o doutorado em história do Brasil e seguir uma carreira acadêmica. Cheguei a ser o fundador e co-coordenador da primeira agrupação LGBT do sindicato de servidores públicos na Califórnia e também organizei e dirigi o primeiro grupo LGBT da Associação de Estudos Latino Americanos (LASA) em 1992.

Durante os primeiros anos do movimento LGBT no Brasil, eu militava tanto em uma organização socialista quanto no Grupo Somos. Chamávamos isso de "dupla militância" e creio que ela representava a multiplicidade das minhas identidades. Para mim, era evidente que uma pessoa filiada e militante do PT poderia, ao mesmo tempo da vida partidária, assumir o papel de dirigente no sindicato de sua categoria. Ou, dando um exemplo norte-americano mais recente, uma pessoa que participa de uma ONG qualquer e, ao mesmo tempo, colabora com a campanha de Bernie Sanders. Temos múltiplas identidades e subjetividades. Pensar em abandonar as minhas ideias de esquerda quando eu participava de uma reunião do Somos teria sido tão prejudicial para mim como se eu tivesse de deixar minha identidade gay na porta quando eu entrava em uma reunião da Convergência Socialista em São Paulo ou em uma reunião sindical nos Estados Unidos. A minha luta pessoal nos anos 1970 foi no sentido de integrar as minhas identidades e perspectivas e não de segregá-las. Por isso, a minha insistência para que uma organização da esquerda tivesse de enfrentar a homofobia e repensar as suas ideias sobre gênero, sexualidade e comportamento. Assim como eu lutava para que o movimento homossexual pensasse em como fazer política, com quem e com quais objetivos estratégicos na relação com outros movimentos de transformação social.

Olhando para trás, eu entendo as razões pelas quais outras pessoas influentes no Grupo Somos tinham uma resistência ferrenha contra as esquerdas brasileiras nas décadas de 1960 e 1970. Cito apenas o exemplo de Herbert Eustáquio de Carvalho, conhecido como Herbert Daniel, um estudante de medicina e membro de uma organização que adotou a estratégia da luta armada para derrubar a ditadura militar.[8] Ele sentia o clima pesado da heterossexualidade compulsória dentro das esquerdas quando começou a participar do movimento estudantil em 1966 e optou por reprimir a sua (homo)sexualidade para conformar às normas de sua organização e aos padrões de gênero e sexualidade da esquerda e da sociedade em geral. Durante cinco anos, ele se manteve em celibato enquanto se apaixonava por outros militantes de sua organização e sofria porque pensava que não podia concretizar o amor e desejos que sentia.

As organizações que se opuseram a ditadura em geral eram muito conservadoras, senão reacionárias, sobre questões de sexualidade e comportamentos não-normativos. Nos anos da abertura, entre 1974 e 1985, muitas pessoas que apostavam nas possibilidades de transformações sociais em relação à questão da discriminação aos homossexuais não conseguiram entender que, justamente neste momento do ocaso da ditadura, as esquerdas também faziam parte deste processo socio-cultural e também viviam processos de transformação.

Para repensar como podemos avaliar a experiência do Somos, especialmente as ideias inovadoras do grupo sobre a questão complexa de alianças, vale a pena começar com o jornal *Lampião*. Há, literalmente, dezenas de monografias sobre esse mensário, escritas por estudantes universitários de todo o país que são fascinados por este período e que enfrentam problemas para conseguir outras fontes que permitam uma análise mais profunda sobre a homossexualidade. Hoje em dia, em uma época de internet, esses jovens pesquisadores e outros acadêmicos mais estabelecidos aproveitam o acesso fácil aos números do jornal, graças à atuação do *Grupo Dignidade* de Curitiba, para garimpar dentro dos artigos e para escrever sobre diversos assuntos, desde o olhar nordestino sobre a vida gay nesta época até a análise do retrato dos negros nas páginas do jornal. Sem dúvida, Aguinaldo Silva e João Silvério Trevisan, entre outros editores, merecem enorme reconhecimento por terem mantido a publicação do jornal durante quase três anos.

O editorial inicial do jornal, "Saindo do gueto", que suponho ter sido escrito por Aguinaldo Silva, apontava um rumo importante para um movimen-

---

8   GREEN, James Naylor. *Revolucionário e gay: a vida extraordinária de Herbert Daniel*. Rio de Janeiro: Editora Civilização Brasileira, 2018.

to ainda embrionário: "Nós pretendemos, também ir mais longe, dando voz a todos os grupos injustamente discriminados – dos negros, índios, mulheres..."[9] Apesar de uma matéria de capa que falava do incipiente Movimento Negro Unificado e artigos sobre mulheres e índios, os editores de *Lampião* enfocavam basicamente os homossexuais masculinos. Havia apenas uma mulher, Leila Míccolis, dentre os colaboradores e a linha editorial dava relativamente pouco espaço para as lésbicas.[10] Mesmo assim, o primeiro editorial do jornal revelava um caminho interessante de alianças com outros setores da sociedade brasileira que também sofriam discriminação, marginalização e preconceito. Mas qual seria a maneira concreta de fazer isso?

Ao longo dos três anos do jornal, Silva e outros membros do Conselho Editorial em volta dele se distanciaram do ativismo no Rio de Janeiro e brigaram com líderes dos dois grupos mais importantes daquela cidade – Somos/Rio e Auê. Em São Paulo, desde sua fundação, a atuação dos participantes do Grupo Somos também oferecia várias possibilidades para pensar como conseguir transformar a sociedade que divergiam das perspectivas dos editores de *Lampião*. O próprio nome original do grupo, Núcleo de Ação pelos Direitos Homossexuais, mesmo sendo uma formulação um pouco desajeitada, combinava conceitos importantes. A denominação do grupo assinalava um projeto incipiente (núcleo) que seria mais que um grupo social, mas uma entidade voltada a um desempenho (ação) para conquistar a igualdade materializada nos direitos dos homossexuais. Esta última noção de direitos inerentes, com origem na Declaração de Independência dos Estados Unidos e nos manifestos da Revolução Francesa, correspondia às reivindicações do momento no Brasil. Se, em 1968, os estudantes tomaram as ruas para gritar "Abaixo a ditadura", uma década depois, a consígnia "Pelas Lutas Democráticas", afirmava o desejo do fim de um regime arbitrário que não garantia os direitos dos cidadãos. O nome do Núcleo expandia este conceito de lutas democráticas para incluir os homossexuais. Ou seja, o projeto inicial do primeiro grupo do movimento LGBT brasileiro foi profundamente político, com uma pauta democrática e um método voltado ao ativismo.

---

9   CONSELHO EDITORIAL, "Saindo do gueto", *Lampião da Esquina,* (Rio de Janeiro) n° 0, abril de 1978. p. 2.

10   MÍCCOLIS, Leila. Entrevista com James N. Green, 10 de dezembro de 2010, Rio de Janeiro.

O grupo também vivia precariamente. A maioria dos membros pertenciam a classe media baixa, com poucos recursos, casas próprias ou lugares para sediar uma reunião. A rotatividade constante dos encontros em diversos apartamentos refletia uma pobreza de recursos. Foi muito difícil encontrar espaços para as reuniões gerais, que ocorriam uma vez por mês. Às vezes, um diretor de teatro oferecia o seu prédio para uma reunião, raras vezes donos dos boates. Inclusive, logar alugar uma sede na Rua da Abolição no segundo semestre de 1980 foi um grande vitória para o grupo, que carecia espaços de sociabilidade amplo sem os problemas com vizinhos homofóbicos.

A primeira ação do grupo foi justamente enfrentar a ideologia anti-homossexual, cujas manifestações discursivas mais agressivas apareciam na imprensa marrom, especificamente no caso de São Paulo nos retratos estereotipados de homossexuais nas páginas do jornal *Notícias Populares*. Embora a carta enviada aos diretores deste jornal sensacionalista não mudasse a sua linha editorial, a orientação do grupo representava uma tentativa de sensibilizar a sociedade e os meios de comunicação.

Outra prática comum do grupo, que evoluiu ao longo dos próximos dois anos, foi um processo interno de discussões sobre os efeitos da discriminação nas vidas dos participantes. Adotando métodos que circulavam nos movimentos sociais internacionais que emergiram neste período, especialmente entre grupos feministas e de gays e lésbicas, havia pequenos grupos de conscientização que partiam da experiência individual para refletir sobre a dimensão socialmente compartilhada do preconceito. Em determinada altura, tal formato assumiu o nome de "Grupo de Reconhecimento". Essas reuniões eram o pilar de integração dos novos membros do Núcleo e, mais tarde, do Grupo Somos. Este processo dialético e dialógico entre o particular e o universal ou entre o pessoal e o social partia dos mesmos fundamentos, embora não explicitamente assumidos no momento, da conscientização-ação ou reflexão-ação-reflexão, que estava na base do trabalho feito por setores da esquerda, como a pedagogia inspirada no pensamento de Paulo Freire e a ala progressista da igreja católica. Referidos grupos não substituíam a importância de espaços públicos de sociabilidade gay e lésbica – bares, restaurantes, discotecas, festas, etc. –, que cresciam durante os anos

1970. Ao contrário, esta atuação complementava outras formas de afirmação homossexual características do gueto.[11]

Um convite feito por André Singer, atualmente um professor de Ciência Política na FFLCH/USP, e pela corrente estudantil "Vento Novo" para participar de um ciclo de debates sobre as "minorias" na USP em fevereiro de 1979 provocou um debate interno sobre o nome do grupo. Alguns sentiam que a palavra "homossexual" no nome dava muita bandeira em um momento no qual o grupo ainda era pequeno e sem muito apoio externo. A decisão de adotar o nome "Somos: Grupo de Afirmação Homossexual" foi um compromisso entre os que achavam que o nome original era muito audaz e aqueles que pensavam que a palavra "Somos" implicitamente oferecia uma mensagem mais positiva. Argumentavam que esta palavra afirmativa, mas ambígua, poderia ser usada para referir-se ao grupo de uma maneira discreta, mas a outro parte do nome explicitamente declarava os objetivos do grupo. O fato de que "Somos" era o nome da revista da *Frente de Liberación Homosexual de Argentina*, que desapareceu em 1976 quando foi instalada a ditadura naquele país, representava um gesto de internacionalismo e de identificação com o movimento homossexual vizinho. O novo nome, de fato, significava uma nova etapa na vida do grupo.

O histórico debate sobre a homossexualidade na USP em fevereiro de 1979, que foi retratado em um artigo no jornal *Lampião*,[12] serviu para promover o Somos nacionalmente e inspirar a fundação de grupos em outras cidades. Sendo a única fonte escrita sobre este evento produzida na época, a versão do debate do jornalista Eduardo Dantas consagrou-se como história oficial. Contudo, a descrição feita sobre a discussão calorosa não capturava a complexidade do debate, pelo menos de acordo com minha memória dos acontecimentos. Alguns ativistas do movimento estudantil que assistiram ao encontro argumentavam que (1) existia uma luta geral contra a ditadura e por uma nova sociedade e (2) a questão da discriminação dos homossexuais e dos outros grupos, ditos minoritários, só dividia este movimento. Membros

---

11 GREEN, J.N. *Além do Carnaval: a homossexual masculina no Brasil do século XX*. São Paulo: Editora da UNESP, 2000, especialmente capítulo 6.

12 DANTAS, Eduardo. "Negros, mulheres, homossexuais e índios nos debates da USP." *Lampião da Esquina* 10, março de 1979, 9.

do grupo Somos e outros responderam que a esquerda não dava conta da questão de discriminação contra gays e lésbicas e que era homofóbica (com outras palavras, pois esse termo não era usado ainda). Existia outras vozes no debate que se recusavam a reproduzir uma bipolaridade entre a esquerda e o movimento homossexual. Porém, na época não circulava uma teoria sobre as interseccionalidades das identidades e lutas ou sobre as relações e conexões entre o movimento sindical e os movimentos de feministas e de negr@s ou outros processos de lutas democráticas, o que poderia ter oferecido uma outra visão para fugir de um debate de acusações estéreis. Ou seja, não havia uma perspectiva bem articulada neste momento no Brasil no sentido de que uma pessoa poderia ser homossexual *e* operário ou lésbica *e* negra. As novas identidades que eram reforçadas neste período de organização política separavam as pessoas em categorias distintas. Naquele momento também foi difícil imaginar que qualquer luta democrática contra a discriminção, marginalização ou opressão enfrentava as políticas autoritárias e anti-democráticas do regime militar. Poucas pessoas argumentavam que a luta pelos direitos dos homossexuais implicava uma luta contra a ditadura e as suas políticas sociais.

A perspectiva que eu levava para o Somos combinava uma análise marxista-trotskista com conceitos das novas esquerdas norte-americanas e europeias. Sustentei o argumento de que os participantes do movimento deveriam forjar conexões, laços e até alianças com outros movimentos sociais representantes de "setores oprimidos" – negros, mulheres e índios – que se organizavam de modo mais visível durante o processo de abertura gradual, mas ainda insegura. E, eventualmente, também o movimento homossexual devia elaborar uma política para a classe trabalhadora. Afinal, a homossexualidade existia em todas as classes sociais, eu insistia.

A primeira oportunidade de experimentar a possibilidade de construir alianças com outros setores progressistas aconteceu durante o esforço para defender o jornal *Lampião* quando os seus editores foram indiciados e processados por supostamente violar a Lei da Imprensa. A ideia me ocorreu depois de uma conversa com Cristina Portella, jornalista e militante da CS, que me perguntou porque o grupo não procurava apoio da imprensa alternativa. Apresentei, no Grupo de Atuação do Somos, a proposta de uma campanha para coletar as assinatura dos editores de outros jornais alternativos para protestar contra esta medida autoritária do regime militar. A proposta obrigou alguns do veteranos de Somos a desenvolver um apelo democrático para conseguir solidariedade das publicações produzidas pelos diversos grupos da esquerda. A atividade também rompia com um certo tabu sobre a impossibildade de desenvolver conexões com setores progressistas. Ao mesmo tempo, obrigou os dirigentes destes jornais a pensarem como a ditadura tentava reprimir todas as expressões alternativas e democráticas nos anos da abertura.

Talvez mais impactante no processo de constuir pontes para outros movimentos foi a participação no protesto do Dia da Consciência Negra, no 20 de novembro de 1979 em frente ao Teatro Municipal, para onde o Somos levou uma faixa enorme contra a discriminação racial. De novo, a ideia de propor a participação do grupo no dia do Zumbi veio de uma conversa com um argentino socialista, exilado em São Paulo. Eu estava contando para ele o trabalho que estávamos fazendo e ele perguntou porque o grupo não aliava--se com os movimentos sociais, já que o jornal *Lampião* falava em aglutinar vários sectores sociais que sofreram discriminação. Para mim, ele tinha razão.

Um panfleto que distribuíamos na ocasião afirmava: "Como os homossexuais, chegou a hora do negro impor seus valores e fazer valer os seus direitos contra a discriminação racial."[13] Eu não me lembro quem do grupo escreveu o texto, que tem um tom um tanto paternalista, mas a recepção no evento foi curiosa. A minha impressão da época foi de uma aceitação ambígua, pois o Movimento Negro ainda estava em formação e contava com pouco apoio das esquerdas. Dava a impressão de que alguns militantes aceitavam a solidariedade enquanto outros ficavam indiferentes. Ao mesmo tempo, a questão do racismo e das ideologias que defendiam a democracia racial ainda eram poucos discutidos dentro do grupo Somos. De qualquer maneira, a participação no evento representava uma tentativa de implementar a política de unir os novos movimentos sociais.

A presença de 50 lésbicas e gays no 1° de maio de 1980 durante a greve geral no ABC paulista e o racha do Somos duas semanas depois já foram bem documentados em outros textos. Quem critica a nossa atuação na passeata pelas ruas de São Bernardo e nossa presença no Estádio Vila Euclides devaloriza a capacidade de gays e lésbicas pensarem por si mesmos, como

---

13   GRUPO SOMOS DE AFIRMAÇÃO HOMOSSEXUAL, sem título, 20 de novembro de 1979. Arquivo do autor.

se fôssemos homossexuais alienados incapazes de tomar decisões políticas. Creio que foi o único socialista dentro do Grupo Somos naquele momento e argumentei pela nossa participação naquele dia histórico no crepúsculo da ditadura, mas não foi difícil convencer os outros. Inclusive a metade dos participantes do Primeiro Encontro de Grupos de Homossexuais Organizados concordaram com a proposta.

Desde o primeiro número do jornal *Lampião* houve um tensão entre a afirmação do gueto e a tentative de sair do gueto. A faixa contra a discriminação dos/das trabalhadores/as homossexuais registra até hoje um momento absolutamente inédito. Quando os nove membros de Somos, que assinaram a declaração de ruptura com o grupo, saíram, houve certo alívio pois diminuiu o discurso sobre a disputa pelo poder pelas pessoas que constantemente insistiram em impor a sua visão sobre o poder dentro do grupo. Inclusive, o racha deu um impulse para o grupo Somos, que cresceu, realizou uma festa celebrando dois anos do grupo na Boate Mistura Fina, desempenhou um papel importante nas mobilizações contra o delegado Richetti em junho de 1980 e publicou seis números do boletim O *Corpo*, entre muitos outras atividades em 1980 e 1983.[14]

Como mencionei anteriormente, a conquista de um sede na Rua da Abolição foi fundamental para a continuação do grupo Somos durante os próximos três anos. Pela primeira vez, não era necessária lutar para conseguir um espaço para as reuniões. As festas mensais organizados para pagar o aluguel, foram momentos de convivência fora das boates e aglutinavam novos membros para o grupo. O espaço facilitava debates sobre vários assuntos e um Cine Clube para assistir filmes sobre temáticas que interessavam o grupo. Foi um lugar livre para o movimento LGBTT.

As tentativas pioneiras para iniciar um diálogo com o movimento operário e as atividades contra a repressão policial colocaram novos desafios para o Grupo Somos no esforço de criar conexões com o movimento feminista e setores sindicais em transformação e abertos a novas perspetivas. Algumas das pessoas que saíram do Somos para formar o "Outra Coisa: Ação Homossexualista" se juntaram com dois outros grupos para criar o

---

14   TOLEDO, Eduardo. Entrevista com o autor, 19 de setembro de 1993, São Paulo, gravação.

Movimento Homossexual Autônomo. Suas preocupações em manterem-se totalmente alheios aos grupos da esquerda acabaram levando a uma armadilha ideológica. Negando qualquer possibilidade de aceitar pessoas nos seus grupos que não compartilhavam com os seus receios sobre as esquerdas, reforçaram uma ideia de pessoa LGBT uni-identitária. Em uma coletânea de textos sobre a questão, Luiz Antônio, do Grupo Eros, argumentava:

> Comenta-se também que a opressão do homossexual é parte de uma opressão maior. Acreditamos ser muito difícil mensurar comprimentos ou pesos de opressão, por mais que se queira fazer concursos do tipo "o mais oprimindo". Oprimidas, a maioria das pessoas são. Cada um – homossexual, mulher operários, negro, índio, etc – tem sua opressão repressão específica, e cada um deles, e só eles poderão, através de suas próprias análises, estabelecer a luta contra a discriminação e a defesa de sua felicidade. É do específico de cada um, na soma de todas as lutas, que se pode encaminhar uma grande mudança social. Isso não significa a perda de um contexto político-ideológico mais amplo, mas sim viabiliza essa perspectiva, no contato mais profundo de cada um com sua especificidade.[15]

A princípio, o argumento parece similar com as estratégias do Grupo Somos, ou seja, de partir do reconhecimento da opressão específica do homossexual para forjar alianças com outros setores oprimidos. Entretanto, esta construção ideológica não considera as multiplicidades de identidades e ideologias possíveis e as possibilidades de trabalhadoras lésbicas, gays negros, índios transgêneros e viados vermelhos.

As pessoas que ficaram dentro do Somos, juntos com o Coletivo Alegria Alegria, Grupo de Ação Lésbica-Feminisa e a Facção Homossexual da Convergência Socialista, realizaram o Primeiro Encontro de Grupos de Homossexuais Organizados no 25 de abril de 1981 para traçar um plano de ação em comun. Propuseram um ato público em frente ao Teatro Municipal no dia 13 de junho para comemorar a passeata do ano anterior contra a repressão polícial. Também afirmavam:

> Importância da união com os outros setores oprimidos como as mulheres e os negros;

---

15   LUÍS ANTÔNIO, "Autonomia: uma questão de liberdade," *MHA: Caderno de Textos*, p. 4.

> Possibilidade da realização de debates contra a discriminação ao homossexual nas escolas, sindicatos e demais entidades;
>
> Importância do gueto como mais um espaço de interação nas lutas contra a repressão, discriminação e a violência em geral contra nós, homossexuais.
>
> Procurar efetivar trabalhos conjuntos contra a repressão e discriminação, respeitando as diferenças dos grupos (...)[16]

Se, de um lado, as propostas de aliar-se com outros setores oprimidos pareciam parecidas às ideias pregadas pelos dissidentes do Grupo Somos, ao menos em seu discurso, o reconhecimento da importância de organizar debates em sindicatos, junto com a prática do ano anterior de participar no 1º de maio, apontava para outras metas mais audazes na prática. Isso porque afirmávamos que o gueto era um espaço fundamental para a sociabilidade e a luta, mas procurávamos também sair do gueto para dialogar com a sociedade.

Os anos 1980 e a transição para a democracia ofereceram novos desafios para os movimentos sociais que surgiram no processo de abertura. Com a dissolução dos dois partidos imposto pela ditadura – o MDB e a Arena – e a formação de novos agrupações políticas, entre eles o Partido dos Trabalhadores, setores do movimento LGBT, ainda pequena e precária, consideravam as possibilidades de uma atuação partidária. Não sei porque alguns alegam que o Grupo Somos se dissolveu dentro do PT, pois o grupo nunca se alinhou com qualquer partido político. É certo que entre 1979 e 1981, eu fui membro da CS do Grupo Somos, mas o grupo manteve a sua autonomia política. Inclusive, em junho de 1980 aprovamos um documento que afirmava o direito de cada um manter as suas próprias ideias políticas e afiliações partidárias, porém o grupo afirmava a sua independência.[17]

Eu saiu do Brasil em dezembro de 1981, mas uma década depois gravei uma entrevista com Eduardo Toledo, que acompanhou o grupo até se dissolveu em 1983. Segundo ele, o grupo terminou por uma série de fatores, que acredito influenciaram o fim de Alegria Alegria, Outra Coisa e os demais grupos pelo Brasil afora na mesma época. Depois de participar ativa-

---

16 I ENCONTRO PAULISTA DE GRUPOS HOMOSSEXUAIS ORGANIZADOS, 25 de abril de 1981, arquivo do autor.

17 "PONTOS DO PRINCÍPIO DO GRUPO SOMOS", mimeografado, junho de 1980. Arquivo do autor.

mente no grupo durante dois ou três anos, as pessoas se cansaram e voltaram a terminar os seus estudos ou priorizar o seu emprego e a sua vida particular. Também Brasil vivia uma recessão brava em 1982-83, que afetava as camadas sociais mais vulneráveis, que frequentavam as reuniões de Somos. E surgiu aids. Alguns membros do grupo enfocaram nas resposta a esta doença. Outros fugiram de ativismo e do gueto com medo de ser infectado.[18]

Quarenta anos depois, qual será o balanço que podemos fazer das perspectivas defendidas pelo Somos? Demoram para aparecer os resultados do esforço de dialogar com o movimento sindical para defender os direitos de trabalhadoras/os homossexuais. Mas, ao longo dos anos 1990 e na primeira década do século XXI, quando o movimento LGBT ganhou força, a interação com as esquerdas e com o movimento sindical começou a transformar as visões de sindicalistas e de pessoas de esquerda sobre a agenda LGBT. Outro marco desta primeira onda do movimento LGBT foi a iniciativa de ir para as ruas para protestar contra a repressão policial, ou seja, de cobrar da sociedade o direito de ocupar os espaços da cidade. Por fim, a proposta de construir conexões com os movimentos negro e de mulheres apontava uma orientação de abraçar ideias feministas e uma pauta anti-racista. São legados importantes que o Grupo Somos deixou para as gerações que se seguiram.

E a minha própria avaliação da minha participação no Grupo Somos e os primeiros anos do movimento LGBT brasileiro? Gostaria de ter tido o carisma e a influência que alguns atribuem a mim. Acho que apontei o movimento na direção certa. Fui, certamente, menos bem sucedido na minha capacidade de ganhar pessoas para as ideias socialistas, mas mantenho laços de carinho com os veteranos e as veteranas do movimento que sobreviveram. Há muito tempo fiz análise e não guardo ressentimentos pelas pessoas que insistem em repetir versões do passado que representem suas fantasias. Inclusive, quando convidei os outros organizdores para fazer esta coletânea, insisti em incluir autores com quem eu não compartilho as suas reconstruções do passado. Teria sido mais fácil simplesmente não convidá-los. De modo geral, penso que tinha razão na minha atuação quarenta anos atrás, como acho que mantenho uma participação importante e digna na resistência hoje em dia contras as forças reacionárias no Brasil e no resto do mundo.

Repressão policial aos LGBTs em São Paulo na ditadura civil-militar e a resistência dos movimentos articulados

Rafael Freitas Ocanha[1]

Em meio à ditadura civil-militar, ocorreram mudanças significativas na noite da cidade de São Paulo. Foram abertas boates, saunas e bares especializados no público LGBT. No Largo do Arouche e na avenida Vieira de Carvalho, áreas nobres da região Central, foram instalados novos estabelecimentos voltados para a clientela gay. Lésbicas também ganharam espaço na noite e começam a ocupar diversos bares da rua Martinho Prado. A noite LGBT dos anos 1970 foi imortalizada no filme *São Paulo em Hifi*, de Lufe Steffen, que mostra o luxo, o glamour, o aumento da sociabilidade e o mercado em crescente expansão neste período. Não só a noite estava propiciando mais sociabilidade. No final da década, surgiram o jornal alternativo *Lampião da Esquina* e o primeiro grupo organizado do Movimento Homossexual Brasileiro (MHB), o SOMOS em 1978.

Mas nem tudo eram flores nestes tempos de chumbo. Polícia, políticos conservadores, comerciantes e moradores estavam incomodados com a

---

1 Mestre em História Social pela PUC-SP (2014), pesquisador bolsista pela CAPES, com a dissertação *Amor, feijão, abaixo camburão: imprensa, violência e trottoir em São Paulo (1979-1982)*. Cursa atualmente o Doutorado em História na PUC-SP também como bolsista pela CAPES. Especializado em História Contemporânea, publicou artigos sobre a repressão a homossexuais no período nazista, a história da prostituição em São Paulo e o jornalista Percival de Souza. Bacharel e licenciado em História pela PUC-SP (2011), atualmente trabalha como professor de História na Prefeitura do Município de São Paulo.

maior liberdade conquistada pela população LGBT. Relacionar-se homoafetivamente não é crime perante o Código Penal. Portanto, qual instrumento jurídico poderia ser usado para reprimir a população LGBT? A resposta legal utilizada era o artigo 59 da Lei das Contravenções Penais, mais conhecidas como vadiagem: "Entregar-se alguém habitualmente à ociosidade, sendo válido para o trabalho, sem ter renda que lhe assegure meios bastantes de subsistência, ou prover a própria subsistência mediante ocupação ilícita: Pena – prisão simples, de 15 (quinze dias a 3 (três) meses".[2]

Esta contravenção abria caminho para a polícia obter o poder de escolher quem deveria ser preso, quais seriam seus alvos entre os milhões de desempregados paulistanos que amargavam a crise do fim do "milagre econômico" e o choque do petróleo no final dos anos 1970. Travestis que até então só eram vistas em boates, começaram a praticar o *trottoir*, a prostituição de rua em grandes avenidas de São Paulo. Em meio a esta crise, a prostituição de michês também havia tomado várias ruas do centro e da região da avenida Paulista.[3]

Em 1976, a Polícia Civil de São Paulo designou uma equipe especial chefiada pelo delegado Guido Fonseca para realizar um estudo de criminologia sobre as travestis e a contravenção penal de vadiagem na região do 4º Distrito Policial – Consolação. Entre 14 de dezembro de 1976 e 21 de julho de 1977, 460 travestis foram sindicadas para o estudo, sendo lavrados 62 flagrantes, contabilizando 13,5% do total. O resultado mostrou que 398 travestis foram importunadas com interrogatório sem serem vadias e obrigadas a demonstrar comprovação de renda com mais exigências que a população, já que a Portaria 390/1976 da Delegacia Seccional Centro estabelecia que travestis deviam apresentar RG e carteira de trabalho acompanhada de xerocópia, a qual era destinada a um arquivo reservado a travestis. Aquelas que não estivessem portando a documentação exigida eram detidas para averiguações. Se consideradas vadias, aguardavam a formulação de inquérito, que remetido ao Judiciário se tornaria processo por vadiagem.[4]

---

2   BRASIL, Decreto-Lei nº 3.688, de 3 de outubro de 1941.
3   PERLONGHER, N. *O negocio do Michê*: a prostituição viril em São Paulo. São Paulo Fundação Perseu Abramo, 2008.
4   FONSECA, G. *Historia da prostituição em São Paulo*. São Paulo: Resenha Universitária, 1982.

Esta prática vulgarizou as prisões pela cidade e possuía uma estrutura carcerária estabelecida para seu funcionamento. A prisão temporária com o argumento de averiguações contém elementos clássicos da instituição prisional descrita por Michel Foucault. Nessa ação a população LGBT que frequentava o centro de São Paulo entrou em contato com a dimensão física e psíquica do ambiente, o que Foucault chamou de "o espírito da prisão".[5] A situação ficou ainda pior depois da Lei nº 6416, de 24 de maio de 1977, que proibiu o pagamento de fiança para soltura dos que respondessem inquérito por vadiagem.

A advogada Alice Soares, do Centro Acadêmico XI de Agosto, prestava atendimento gratuito a travestis que eram presas neste tipo de operação. Ela descreve em entrevista ao jornal *Lampião da Esquina* as perseguições no período em que o coronel Erasmo Dias era secretário de Segurança (1976-1979) e Sérgio Paranhos Fleury, diretor do DEIC. Alice Soares contou que o próprio Erasmo participou das rondas e que um dia chegou a receber um tapa de uma travesti. Segundo ela, neste episódio ocorreu uma rebelião de travestis no 4º Distrito, e muitas delas cortaram os pulsos para serem soltas. Houve ainda um incêndio provocado pela queima de colchões. Em 1978, durante o secretariado de Erasmo Dias, duas travestis relataram ao jornal *Lampião da Esquina* que a polícia se utilizava de cachorros e investigadoras em suas rondas de perseguição à prostituição de travestis. Elas adotaram como resistência a estratégia de bater nos policiais, para que na confusão algumas delas conseguissem fugir e chamar o Centro Acadêmico XI de Agosto para negociar a libertação.[6]

Pouco tempo depois em março de 1980, o jornal *O Estado de S. Paulo* publicou uma série de reportagens do assassinato de um antiquário por travestis na avenida República do Líbano. A publicação trazia o título "Perigo a invasão dos travestis". Dois dias depois, as polícias civil e militar lançaram um plano conjunto para retirar as travestis das ruas. Além disso, pretendiam criar uma zona de confinamento e um presídio apenas para travestis.[7] O plano elaborado pelo então delegado da Seccional Sul Paulo Boncristiniano e

---

5   FOUCAULT, M. *Vigiar e punir*. Petrópolis: Vozes, 2011.
6   *Lampião da Esquina*, dezembro de 1979, p.6.
7   *O Estado de S. Paulo*, 1º de abril de 1980, p.20.

o coronel da polícia militar Sidney Palacios ficou no papel. Mas era um indício de que a polícia estava atenta ao aumento da prostituição de travestis.

Em maio de 1980, o delegado José Wilson Richetti assumiu a Delegacia Seccional Centro, órgão responsável por todas as delegacias da área central de São Paulo. Richetti já havia trabalhado no 3º Distrito Policial da Rua Aurora, no início dos anos 1970. Este distrito era o responsável pela região conhecida como Boca do Lixo, naquela época uma das maiores zonas de prostituição e de produtoras de cinema da América Latina. Quando estava à frente do 3º Distrito, Richetti foi jurado de morte por membros do Esquadrão da Morte, caso prendesse Fininho, um ex-investigador de polícia que estava foragido e circulando pela Boca do Lixo. Richetti foi afastado do centro de São Paulo por não prender Fininho e circulou por diversas delegacias de menor prestígio na região metropolitana de São Paulo.[8] Antes de voltar ao 3º Distrito, estava em Guarulhos, e liderou um movimento de delegados contra o secretario Erasmo Dias, realizando grampos telefônicos para investigá-lo. Também foi um dos líderes da negociação do aumento de salários dos delegados de polícia. Quando Erasmo Dias deixa a pasta da Segurança Pública, Richetti retorna para o centro de São Paulo como delegado seccional, transferência que tem um tom de volta por cima, já que saiu de lá desmoralizado.

Dois dias depois de sua posse, em 22 de maio de 1980, foi anunciada a Operação Cidade. Um tipo de operação de rondas, também chamada de rondão, em que são realizadas blitz inesperadas em lugares considerados suspeitos. Esta operação tinha o objetivo de prender assaltantes e traficantes de drogas que frequentavam o centro da cidade de São Paulo. Era composta por 20 delegados e 100 investigadores, que atuavam 24 horas por dia. A operação durou somente um dia e teve seu resultado anunciado pela *Folha de S. Paulo*: 172 presos, segundo o delegado Richetti: "homossexuais, prostitutas, travestis e um indivíduo com posse ilegal de arma".[9] Além disso, um hotel foi totalmente destruído pelos policiais, e Richetti justificou. "Vou provar que o dono Hotel é um bandido, vou processá-lo por corrupção de menores, aquele hotel é um cortiço, um antro de homossexuais.".[10]

---

8   *O Estado de S. Paulo*, 06 de março de 1970, p.12.
9   *Folha de S. Paulo*, 23 de maio de 1980, p.9.
10 Idem.

Em 27 de maio, Richetti muda o nome para Operação Limpeza, e mais de 700 pessoas são presas. A maioria era prostitutas, travestis e homossexuais, segundo a *Folha de S. Paulo*. Richetti afirmou à época que não pararia enquanto não limpasse o centro da cidade, e citou o suposto envolvimento de travestis e prostitutas com traficantes e marginais para justificar as prisões para averiguações.[11] Dois dias depois, em 29 de maio, quando iniciou a terceira operação – chamada de Rondão –, Richetti perdeu a ajuda da Secretaria de Segurança Pública. Ele passou a contar com apenas 30 investigadores, anteriormente eram cem. Ele declarou ao jornal *Folha de S.Paulo* que haviam sido feitos ajustes e que não era necessário um número tão grande de policiais. Na mesma reportagem, a Secretaria anunciou que as rondas estavam em fase de experimento e que não havia a certeza de que continuariam.[12]

No dia 31 de maio, a Secretaria de Segurança Pública emitiu uma nota oficial sobre as operações policiais: "Delegado Richetti é o comandante de uma guerra sem quartel em toda a área central da cidade, não esperando a queixa do cidadão se apresentar, mas indo nos locais suspeitos ou sabidamente condenáveis [...]".[13] A nota tinha o caráter de legitimar a autoridade do delegado perante a população, e também acirrava o clima de medo, pois foi um sinal de que as operações policiais não tinham data para acabar. Deputados do PDS,[14] partido do governador Paulo Maluf, também usaram a tribuna para legitimar as rondas do delegado Richetti. Um deles, Manoel Sala, chegou a declarar na tribuna que o governador lhe disse em uma reunião que apoiava as rondas de Richetti.[15] Por mais que Maluf nunca tenha se declarado publicamente, seu partido e seus apoiadores não mediam esforços para defender as rondas.

---

11 *Folha de S. Paulo*, 27 de maio de 1980, p.11.
12 *Folha de S. Paulo*, 29 de maio de 1980, p.11.
13 *Folha de S. Paulo*, 31 de maio de 1980, p.12.
14 Partido Democrático Social, sucessor da antiga ARENA e base de apoio do regime militar.
15 *Diário Oficial do Estado de São Paulo*, 9 de julho de 1980, p.126.

O Movimento de resistência à Richetti

No dia 09 de junho, os deputados estaduais Eduardo Suplicy, Irma Passoni e Fernando Morais do MDB tentaram entrar na carceragem do 3° Distrito, para inspecionar o tratamento dado aos detidos. Foram impedidos de entrar, mas conseguiram reunir sete prostitutas que sofreram violência física e extorsão, para prestar depoimento no teatro Ruth Escobar. Destas mulheres, somente uma, chamada Marli, se identificou e identificou os investigadores que a agrediram, extorquiram e roubaram seu relógio. Com os depoimentos das sete, os deputados formularam uma denúncia contra Richetti e encaminharam cópias ao então delegado geral Rubens Liberatori, a Hélio Bicudo, que ocupava o cargo de promotor do Ministério Público, e ao Conselho Parlamentar de Direitos da Pessoa Humana da ALESP.[16] Também nesta reunião, no teatro Ruth Escobar, diversos grupos do MHB, dos movimentos feminista e negro, partidos de esquerda, deputados, a atriz Ruth Escobar e o artista plástico Darci Penteado se uniram para realizar um ato público em frente ao Teatro Municipal, no dia 13 de junho.

Na data marcada, leram uma carta conjunta nas escadarias do Teatro Municipal. Uma cópia do documento foi apreendida pelo DEOPS-SP,[17] e graças a ela podemos verificar os 12 grupos participantes: Grupo SOMOS de Afirmação Homossexual; Movimento Negro Unificado; Ação Lésbica-Feminista; Núcleo de Defesa à Prostituta; Associação de Mulheres; Grupo Feminino 8 de Março; Convergência Socialista; Grupo de Mulheres do Jornal O Trabalho; Departamento Feminino da USP – DCE Livre; Grupo Eros; Ação Homossexualista; e Nós Mulheres. A lista de participantes sugere uma articulação entre movimentos sociais com bandeiras distintas, mas que estavam empenhados na causa comum de frear Richetti. Esta manifestação e as articulações que foram feitas demonstram a importância do MHB neste período da redemocratização, e que por mais que o próprio movimento estivesse em processo de rachas internos, na hora de lutar contra Richetti teve forças para se articular.

---

16   Assembleia Legislativa do Estado de São Paulo.
17   Departamento de Ordem Política e Social do Estado de São Paulo.

Depois da leitura da carta, o ato saiu em manifestação pelas ruas de São Paulo, e o sociólogo Edward Macrae registrou diversas palavras de ordem que foram ditas:

> "Arroz, feijão, abaixo a repressão", "Amor, feijão, abaixo o camburão", "O guei unido Jamais Será Vencido, "Abx, libertem os travestis", "Lutar, vencer, mais amor e mais prazer", "O Arouche é nosso", " Abaixo o sub-emprego, mais trabalho para os negros", "Um, dois, três, Richetti no xadrez", "Richetti enrustida, deixa em paz a nossa vida", "Ada, ada, ada, Richetti é despeitada", "Richetti é louca, ela dorme de touca", "Au, au, au, nós queremos muito pau", "Agora já nos queremos é fechar", "Um, dois, três, quatro, cinco mil, queremos que o Richetti vá pra fora do Brasil", "Homem com Homem, Mulher com mulher, Bicha com Bicha, Richetti não quer", "Libertem nossas bichas", "Libertem os travestis" e "Nós Somos as bichinhas do SOMOS levando a vida a militar, de tarde nós discutimos à noite vamos panfletar".[18]

João Silvério Trevisan descreveu no jornal *Lampiao da Esquina* que o ato ocorreu sem grandes problemas, sendo seguido o tempo todo pela polícia. Enquanto passavam pela Avenida São João, os manifestantes foram prestigiados por prostitutas e travestis que acenavam das janelas do edifício Século XX. O ato seguiu pelo Largo do Arouche, que estava com seus bares vazios pelo medo da repressão policial, e pela Rua Bento Freitas, a chamada Boca do Luxo, que concentra até os dias de hoje a prostituição de rua de travestis. Quando estava nas proximidades da Avenida Ipiranga, no antigo hotel Hilton, houve uma confusão, e dispersou os manifestantes que temiam uma ação da polícia.[19] Este temor era justificado pela proibição de realização de atos e manifestações públicas desde 1968, quando entrou em vigor o AI-5.

No dia 24 de junho, Richetti foi convocado oficialmente pelo presidente da ALESP para depor no Conselho Parlamentar de Direitos da Pessoa Humana. O delegado apresentou a tese de que o movimento foi forjado por Ruth Escobar, e afirmou que tinha novos depoimentos de prostitutas desmentindo as agressões e arbitrariedades. Richetti utilizou como sua tes-

---

18 MACRAE, E. *A construção da igualdade: identidade sexual e política no Brasil da "abertura"*. Campinas: Editora Unicamp, 1990, p.376-377.

19 *Lampião da Esquina*, julho de 1980, p. 20.

temunha o radialista Afanásio Jazadji, que cobria suas operações com exclusividade. Ao final da sessão do conselho, os deputados deveriam votar se instaurariam uma moção contra o delegado. No entanto, os deputados da oposição se ausentaram da votação, deixando a maioria do conselho para o PDS, que retirou a moção e qualquer menção ao nome de Richetti na ata que foi publicada em diário oficial.[20]

Analisando os jornais um dia antes do depoimento de Richetti, é possível perceber que o delegado estava ameaçando processar a atriz Ruth Escobar por calúnia e difamação. No dia 29 de junho, O Estado de S. Paulo publicou um Termo de Declarações em que a prostituta Marli mudava o depoimento que havia declarado aos deputados. Ela ressaltou que estava alcoolizada e que havia resistido à prisão, razão pela qual havia algumas escoriações em seu corpo. O dinheiro que deu a polícia já não representava mais uma extorsão, e sim o pagamento de fiança por desacato a autoridade.[21] Possuir um documento como este era uma arma legal que desmontava as acusações contra Richetti, uma vez que Marli foi a única a dar depoimento expondo seu nome e de duas testemunhas. Não se sabe por que Marli mudou seu depoimento, mas este foi, provavelmente, o motivo pelo qual os deputados abandonaram a denúncia na hora da votação.

Cabe ressaltar que os deputados do conselho evitaram o envolvimento com a questão LGBT, e que seus discursos estavam voltados para a questão das prostitutas, assim como os depoimentos que embasavam a denúncia. Além disso, não colheram depoimentos de travestis, gays ou lésbicas que sofreram violência ou foram detidos pelas rondas de Richetti. Entretanto, a queda de braços na ALESP escancarou os apoiadores do delegado, o deputado Ricardo Izar do PDS expôs esta complexa rede de pessoas e instituições que colaboraram com as perseguições à população LGBT: os lojistas Elbi e Delbi Marinho, que tinham uma loja de roupas na rua Vieira de Carvalho e fizeram um abaixo-assinado que reuniu centenas de assinaturas de apoio a Richetti; a Madame Touna, proprietária do famoso restaurante francês Le Casserole; o Sindicato dos Hotéis, Restaurantes, Bares e Similares de São

---

20   Diário Oficial do Estado de São Paulo. 2 de Julho de 1980, p.89.
21   O Estado de S. Paulo. 29 de junho de 1980, p.37.

Paulo; o Sindicato dos Lojistas de São Paulo; e a União dos Comerciantes do Centro de São Paulo.[22]

E, assim, encerrava-se na ALESP a tentativa de conter a violência policial das rondas de Richetti. As táticas de resistência dos deputados do CDPDPH e dos movimentos sociais não conseguiram alcançar seus objetivos de frear as operações de rondão. A única saída que restava para a população LGBT era solicitar ao poder Judiciário um habeas corpus preventivo,[23] com a expedição de um documento denominado salvo-conduto, instrumento jurídico utilizado para garantir a liberdade de indivíduos visados pela polícia. O Centro Acadêmico XI de Agosto não dava conta da demanda, e um mercado jurídico havia se formado em torno da permanente situação de vulnerabilidade da população LGBT.

Em dezembro de 1980, o jornal *Lampião da Esquina* publicou uma nota dizendo que Richetti voltava a atacar, desta vez o alvo eram os grupos de lésbicas que frequentavam os bares da rua Martinho Prado, onde desde os anos 1970 lésbicas frequentavam o Ferro's Bar. No feriado de 15 de novembro de 1980, quando Richetti realizou a Operação Sapatão, havia, além do Ferro's, o Bixiguinha, o Cachação, o Canapé e o Último Tango. A ação deteve todas as frequentadoras destes estabelecimentos, inclusive as que portavam carteira de trabalho assinada. Mais de 200 pessoas foram detidas e levadas ao 4º Distrito, e algumas denunciaram ao *Lampião da Esquina* que só conseguiram ser soltas no dia seguinte depois do pagamento de propina para a libertação.[24] Um mês depois da operação, o repórter Omar Cupini Jr., do jornal *Reportagem*, visitou a rua Martinho Prado e encontrou os bares vazios. Ele descreveu que desde a operação de Richetti as lésbicas estavam evitando frequentar a região.[25]

Como ressalta o antropólogo Néstor Perlongher, que viveu a onda de repressão e também escreveu sobre ela na obra de *O Negócio do Michê*,

---

22   *Diário Oficial do Estado de São Paulo*, 10 jul.1980, p.129.

23   OCANHA, R. F. As rondas policias de combate à homossexualidade. In: GREEN, J.;QUINALHA, R. *Ditadura e Homossexualidades*. São Paulo: Editora UFSCAR, 2014.

24   *Lampião da Esquina*, dezembro de 1980, p.16.

25   CUPINI, O. Operação Sapatão. São Paulo: *Revista Repórter*, nº 37, Jan.1981.

as travestis foram o alvo principal de Richetti, e também as que tiveram maior cobertura da grande imprensa, mas todos os outros segmentos LGBTs também foram afetados.[26] A última política de segurança pública contra a população de travestis e transexuais da gestão de Paulo Maluf foi o lançamento de um grupo especial de investigadoras, inicialmente chamadas de Panteras e, depois, de Liberetes, por serem as queridinhas do à época diretor do DEGRAN[27] Rubens Liberatori.[28] O argumento utilizado para a utilização de mulheres era a de que elas gozavam de respeito entre a população de travestis, evitando incidentes de resistência às prisões. Assim como todas as outras operações de rondão, as Panteras também tiveram no início uma imagem positiva e, depois, acabaram caindo em descrédito perante a imprensa e a população.[29]

No final de agosto de 1982, o baixo salário de investigadores continuava latente, e Francisco José Godinho, à época presidente da Associação dos Funcionários da Polícia Civil, declarou como reivindicação: "Os investigadores de Polícia precisam de um incentivo, melhor remuneração e, principalmente, trabalhar na investigação e não nas rondas perseguindo prostitutas e travestis".[30] As rondas não foram aceitas passivamente dentro da organização policial, e durante muitos anos pode-se perceber que investigadores eram incitados dentro da polícia a ter que extorquir prostitutas e travestis como forma de compensação ao baixo salário. Pode-se perceber que neste período, em diferentes momentos, ocorreram as greves brancas, um tipo de movimento em que os investigadores vão trabalhar mas recusam-se em realizar alguns serviços em protesto aos baixos salários. Em 1980, as greves brancas evitaram que muito mais LGBTs fossem presos arbitrariamente, além de terem sido alvo de queixa constante naquele período.[31]

---

26   PERLONGHER, N. *O negocio do Michê: a prostituição viril em São Paulo.* São Paulo Fundação Perseu Abramo, 2008.
27   Departamento de Polícia da Grande São Paulo.
28   *O Estado de S.Paulo.* 05 fevereiro de 1981, p.16.
29   *Folha de S. Paulo.* 7 de Fevereiro de 1981, p.2.
30   *Folha de S. Paulo.* 28 ago. 1982, p.10.
31   *O Estado de S. Paulo.* 24 de Agosto de 1980, p.30.

A vida profissional de Richetti e a memória construída sobre ela demonstram a perpetuação da violência policial sobre o *trottoir*. Nos primeiros dias do governo estadual de José Maria Marin, em março de 1982, Richetti foi referendado pelo Conselho da Polícia Civil como delegado de classe especial e chegou, assim, ao topo da carreira à frente da Delegacia Seccional Centro. Passados 11 anos das rondas que o deixaram nacionalmente conhecido, em 1991, Richetti é homenageado pelo deputado de direita Afanázio Jazadji, que instituiu seu nome como denominação do prédio da Delegacia Seccional Centro. A lei que o homenageia ressalta positivamente suas práticas autoritárias contra a população de travestis:

> Trabalhou em vários distritos policias de São Paulo, culminando sua luminosa trajetória à frente da Delegacia Seccional Centro, ininterrupto trabalho à frente da Delegacia, no ininterrupto trabalho de combate aos trombadinhas, exploradores de lenocínio, prostitutas e travestis que infestavam o centro da cidade de São Paulo. Nessa oportunidade sua atuação chegou a ser comentada e elogiada pela imprensa de Nova Iorque e Paris, que o consideraram "policial modelo" no combate àqueles tipos de infrações penais.[32]

A passagem para a democracia permitiu a perpetuação das violações aos direitos humanos por parte da polícia, não só na memória construída sobre Richetti, mas também na continuidade das rondas. Em 1987, em meio ao auge da epidemia da Aids, o prefeito Jânio Quadros, com o apoio das polícias Civil e Militar, iniciou a Operação Tarântula. Novamente, o objetivo era atacar a população de travestis e transexuais com o pretexto de combater a doença. Em contrapartida, a grande novidade de Jânio Quadros foi utilizar a Guarda Civil Municipal, para prender travestis que realizam o *trottoir*, e o Corpo de Bombeiros, para jogar jatos d´água. Além disso, o prefeito proibiu por decreto municipal a participação de homossexuais na Escola Municipal de Bailado.[33] Esta situação foi retratada no documentário *Temporada de caça*, dirigido e produzido por Rita Moreira em 1987. No filme, um Guarda Civil, que havia se demitido, denuncia a participação

---

32   SÃO PAULO (Estado). ALESP – Assembleia Legislativa do Estado de São Paulo. Projeto de lei 0368/1990. São Paulo, 1990.
33   *O Estado de S. Paulo*. 16 de julho de 1987, p. 20.

de membros da Guarda no assassinato de travestis. Pouco tempo depois é promulgada a Constituição de 1988 e implantada a Defensoria Pública, com isso o argumento da contravenção penal de vadiagem perde força.

Ainda hoje ocorrem ações conjuntas entre governo e polícia para reprimir a prostituição. Em março de 2017, a prefeitura de São Paulo, sob o comando de João Dória Jr., lançou um projeto de requalificação do Largo do Arouche, elaborado pelo escritório de arquitetura franco-brasileiro Triptyque. O projeto, em parceria com o consulado francês de São Paulo, visa requalificar o local com a criação de um bulevar francês integrado ao mercado de flores, visando atrair o setor de serviços com um espaço gourmet e elitista. Conforme denúncia do Coletivo Arouchianos, no dia 05 de outubro, um grupo da Polícia Militar, liderado pelo Sargento Pires, abordou e levou para a delegacia nove travestis que circulavam pela Praça da República, alegando prostituição e desacato. Elas permaneceram detidas quase o dia inteiro para averiguações no 3º Distrito Policial da rua Aurora (denominado José Wilson Richetti).[34] Décadas depois das operações de rondão, o Largo do Arouche continua em disputa, e ainda é necessário um movimento LGBT combativo e independente do Estado como na época da ditadura civil-militar.

---

34 GUITZEL,Virgínia. Polícia Militar relembra *Operação Tarântula* com prisão de 9 travestis no Largo do Arouche. 06 out. 2017. Disponível em http://www.esquerdadiario.com.br/Policia-Militar-relembra-Operacao-Tarantula-com--prisao-de-9-travestis-no-Largo-do-Arouche. Acessado em 28/08/2018.

Ações Lésbicas

Marisa Fernandes[1]

Haja "hoje" para tanto "ontem"
Paulo Leminski

Apresentação

As lésbicas iniciaram sua organização quando começaram a participar, a partir de fevereiro de 1979, do SOMOS - Grupo de Afirmação Homossexual, o primeiro organizado no Brasil. Esse grupo surgiu em São Paulo no ano de 1978 inicialmente composto só por gays e já existia há oito meses quando elas chegaram.

Na medida do possível, os acontecimentos são expostos neste texto em núcleos cronológicos, abrangendo mais São Paulo do que outras regiões. O relato não tem a pretensão de ser uma verdade única e acabada, pois são interpretações. Por vezes, foi dada voz ou foram feitas citações de algumas lésbicas, em evidente homenagem a elas.

---

[1] Mestre em História Social pela USP. Cofundadora dos Grupos LF - Lésbico Feminista (1979), do GALF - Grupo de Ação Lésbica Feminista (1980/1989) e do CFL - Coletivo de Feministas Lésbicas (1990 até hoje). Publica artigos que percorrem a História do Movimento de Lésbicas no Brasil. Atua desde 1977 como defensora dos Direitos Humanos pelas liberdades democráticas e por pessoas LGBT+, encarceradas e as mulheres.

O Brasil vivia um regime ditatorial contra o qual a população LGBT, com muita coragem, energia e resistência, estabeleceu uma agenda inédita, progressista e transformadora, lutando por visibilidade, respeito, combate à homolesbitransfobia e pela redemocratização do país.

Após a retomada da democracia, avanços significativos foram alcançados para as pessoas LGBTs, mas o momento atual que estamos vivendo no Brasil é de fortalecimento de um pensamento político reacionário, ligado à ascensão do fundamentalismo religioso que deseja preservar a hierarquização da "natureza" dos sexos, do racismo, de um crescimento do autoritarismo e de retrocessos nas políticas sociais e inclusivas. A intervenção militar do Rio de Janeiro e as práticas de violência e repressão do Estado se dirigem contra os movimentos sociais. Exemplos disso foram a brutal execução da vereadora Mariele Franco com o objetivo de silenciar aquela mulher negra, lésbica, feminista, criada em favela e o genocídio das populações indígenas, negras, pobres, jovens, faveladas, LGBTs, pelo crescente feminicídio e, sobretudo, pela vergonhosa impunidade destas ações.

Diante deste contexto ameaçador, ressurgem mobilizações de lutas por justiça, liberdade, manutenção de direitos e defesa da democracia. Foi tudo isso o que Mariele Franco fez em sua vida. Assim, este artigo é dedicado a ela.

O Começo

O Grupo SOMOS era constituído por gays, quando na reunião de 17 de fevereiro de 1979, foram surpreendidos com a chegada de lésbicas, oito dias após eles terem participado na USP do debate sobre Minorias, no qual fizeram a sua primeira aparição pública.

Interessados em publicar, pela primeira vez no *Jornal Lampião da Esquina*, uma matéria sobre lésbicas, eles convidaram as lésbicas do SOMOS para escreverem sobre o assunto. Era o mês de março e a reportagem sairia na edição de maio. Convite aceito, durante todo o mês de abril, um coletivo de 25 lésbicas se reuniu para elaborar uma matéria séria para um jornal sério a partir de vozes lésbicas.

Com o encerramento da matéria, elas reconheceram o quanto foi agradável e importante trabalhar juntas, mas também que ainda tinham o que conversar, debater, descobrir e criar juntas e assim continuaram unidas. Passados apenas três meses de atividades com os gays, elas perceberam a existência de atitudes machistas e discriminatórias dos companheiros de militância. A palavra usada para identificar tanto os gays quanto as lésbicas era *"bicha"*, mas as mulheres do SOMOS queriam ser chamadas de lésbicas, uma palavra à qual se tinha imputado uma conotação pejorativa e agressiva, então era preciso usá-la para esvaziar seu conteúdo violento. Ao se referirem às mulheres em geral, os gays usavam os termos *"racha"* ou *"rachada"*, o que para as lésbicas era impossível de se admitir.

Dentro do SOMOS algumas lésbicas faziam parte dos grupos de identificação, outras do de atuação e outras ainda do grupo de estudos. Os gays eram em maior número e as lésbicas ficavam diluídas nestes subgrupos de duas em duas. Desta forma, elas mal conseguiam falar e, quando lhes davam a oportunidade, era sempre para facilitar que os gays superassem os preconceitos que tinham contra as lésbicas.

Influenciadas pelo feminismo, elas sabiam que suas especificidades como mulheres – e não apenas como homossexuais femininas – geravam dupla discriminação. Como lésbicas e feministas, decidiram então atuar como um subgrupo autônomo dentro do SOMOS, que não seria só de identificação, pois reconheciam que esse processo já estava esgotado. Resolveram que a singularidade desse novo grupo seria a de uma atuação lésbico-feminista.

Foi com esta tomada de decisão que, na reunião geral do SOMOS do dia 07 de julho/1979, elas se colocaram à frente de todas as pessoas e afirmaram que, a partir daquele momento, passariam a atuar dentro do SOMOS como subgrupo, com posicionamento político de independência frente à centralização do poder masculino e como de atuação feminista. Surgia assim o *Grupo Lésbico Feminista* ou apenas *LF*. Vale registrar que não eram todas as lésbicas do SOMOS que estavam no *LF*, mas foram as do *LF* que decidiram: encaminhar a discussão sobre machismo e feminismo no SOMOS; ter um grupo de acolhimento e afirmação da identidade só para lésbicas; apresentar um temário específico para ser debatido por todos; responder toda a correspondência enviada por mulheres para o SOMOS e buscar alianças com o movimento feminista.

Nesta reunião, as *"LFanas"*, como elas mesmas passariam a se designar, foram hostilizadas e chamadas de "histéricas" e "divisionistas" dentro do grupo pioneiro do movimento LGBT. Felizmente, receberam apoio de alguns gays do SOMOS mais abertos às questões de gênero.

Esta primeira fase de luta de se organizar como lésbicas feministas não foi fácil, pois elas se depararam com empecilhos que não haviam imaginado. As lésbicas do *LF* começaram sem nenhuma referência e experiência organizativa. Os 15 anos de ditadura já tinham efetivado um apagamento de tudo o que poderia ser novo e transformador, assim o que elas tinham era a potencialidade revolucionária dos discursos sobre o desejo, o prazer sexual e a possibilidade de subverter uma realidade imposta, a heterossexualidade compulsória.

O cenário de dificuldades não impediu o crescimento do *LF*, que se subdividia em Grupos de Reconhecimento (visando à afirmação da homossexualidade), de Reflexão (dedicado a debates sobre temas relacionados a feminismo e homossexualidade) e de Agitação/Atuação (grupo de trabalho e debates públicos). Em 1980, formou-se até mesmo um núcleo de criação de fotografia e audiovisual, o *LF Artes*.

As integrantes do *LF* eram plurais, de etnias, credos, escolaridade e classes sociais diferentes, desde empregada doméstica até programadora de software, todas mulheres que não vinham da Academia, mas dos "armários" e do "gueto". O ponto comum entre elas era apenas a lesbianidade. O *LF* possibilitava o encontro de mulheres fora dos ambientes de badalação dos guetos e era um lugar seguro para as garotas do "armário", que ficavam sabendo do *LF* pela mídia.

O grupo inibia o confinamento e chegou a ter mais de 30 lésbicas. As reuniões do *FL* eram ilustradas por teorias feministas, pelo combate à reprodução dos estereótipos dos papéis de gênero, bem como o fim da monogamia, com o incentivo das relações amorosas abertas como forma de fugir da opressão da mulher de ser propriedade privada, gerada pelo ideal do amor romântico no qual os abusos suportados não eram entendidos como violências, mas como provas de amor. No entanto, faltava um devido amadurecimento para tratar esta questão no grupo, que tocava no ponto fraco dos casais de lésbicas, além de haver pouca experiência de organização de grupo e de não se saber trabalhar bem com as diferenças culturais, de classe, raça e pessoal.

A realidade de muitas das recém-chegadas ao *LF* estava em aceitar-se como homossexual e superar as repressões vividas. A desigualdade de linguagens e necessidades tornava difícil a convivência, que se tornava até mesmo conflitiva.

O fato é que se aparecesse uma *"sapatão"* estereotipada, só não ficava pior porque ela quase não entendia ou não acreditava na linguagem militante que ouvia. As lésbicas do "gueto" se denominavam *"entendidas"* e reproduziam nos seus relacionamentos amorosos as relações de gênero heterossexuais. Em um casal, a masculinizada era a *"fanchona"* e a feminina era a *"lady"*. "O que havia de tão incompreensível nas linguagens?", perguntavam-se frequentemente as "veteranas". A resposta para esta inquietude era simples: as veteranas se percebiam mais entendidas no assunto do que as entendidas do "gueto". *"Gueto era um nome que já usávamos para os bares e boates frequentados por gays, lésbicas e travestis. Era lá, no gueto das lésbicas, que nós do LF buscávamos montar nossa pauta e apoio"*, diz Alice Oliveira, ativista lésbica.

"E eu não sou uma mulher?"

O *LF* foi convidado para integrar as Coordenações Organizadoras do II e III *Congresso da Mulher Paulista*, que aconteceram respectivamente no mês de março de 1980 e 1981. Considerando que o movimento homossexual tinha um potencial revolucionário, as lésbicas acreditavam que as Coordenações de Congressos só de mulheres também possuíam o poder de subverter, mudar e transformar as práticas patriarcais. Com estas experiências, elas descobriram como eram ingênuas. A primeira e organizada aparição do *FL* em público foi um escândalo, mesmo para as feministas.

Nesses Congressos, as lésbicas do *LF* defendiam que as mulheres lutassem pelo prazer e pela sua sexualidade como um direito; que rompessem com o círculo de opressão e subordinação masculina, que não aceitava a igualdade da mulher; e que tomassem conhecimento de que heterossexualidade é imposta e transformada em norma, uma convicção moral que oprime, fragiliza e promove submissões, bem como impede o reconhecimento de realidades, existências e sexualidades plurais.

Essas ideias não eram bem aceitas pela maior parte do movimento de mulheres e pelas feministas. O discurso das lésbicas soava como algo muito radical.

O clima nas Coordenações Organizadoras era sempre muito tenso entre as feministas que reconheciam que as mulheres deveriam se organizar de forma autônoma, priorizando sua luta por aquilo que lhe é próprio e, de outro lado, as que afirmavam que as mulheres só poderiam livrar-se da opressão quando todo o povo conseguisse isso, negando o específico em favor da "luta maior". Com as divergências se aprofundando, em uma reunião na sede do Sindicato dos Jornalistas, homens portando correntes invadiram o local. As lésbicas, para serem aceitas pelo movimento feminista e de mulheres, se colocaram na frente para fechar a porta e impedir a invasão. Foi preciso chamar a polícia para acalmar os ânimos.

O II Congresso foi organizado por 52 entidades, dentre elas apenas 09 eram feministas. Contou com mais de 3000 participantes e 600 crianças, para 10 creches improvisadas. Os gays do SOMOS cuidaram das crianças nessas creches, permitindo às mães maior e melhor participação no evento. Com esta atitude, efetivamente os gays deram apoio, força moral e afetiva para o *FL*, o que colaborou para reduzir a resistência às lésbicas, mas não impediu que atitudes discriminatórias acontecessem contra elas. Exemplo disso foi a destruição de seus dois painéis e a recusa de ler, na plenária final, o documento elaborado e distribuído pelo LF *"Mulheres Violentadas"*, o primeiro no movimento feminista a abordar a questão do estupro e da violência contra as mulheres, citando também as violências específicas sofridas pelas lésbicas. A gênese deste documento fora o estupro sofrido por uma ativista do *FL*, no final do ano de 1979. Dos dois paineis destruídos, um tinha dois textos: *"E eu não sou uma Mulher?"* escrito por de Sojourner Truth (negra, nascida por volta de 1797, abolicionista afro-americana e ativista dos direitos das mulheres). Ao participar de um encontro de mulheres, ela percebeu que sequer ali ela foi vista, notada, visualizada, sentida, considerada. Ela era invisível a todas que ali se encontravam. O outro texto era a matéria *"Amor entre Mulheres"*. O segundo painel continha fotos sensuais, quase eróticas, de algumas integrantes do *LF*.

Nas reuniões preparatórias do III Congresso da Mulher Paulista, as lésbicas se viram diante de uma nova forma de violência: a de nível político. A integrante do grupo MR-8, que após o fim do bipartidarismo em 1979 ingressou nas fileiras do MDB, Márcia Campos questionava: *"como pode uma mulher da periferia aceitar que o seu movimento seja dirigido por lésbicas, como querem as mulheres de classe média do movimento? A lésbica nega a sua própria condição de mulher, não pode fazer parte de um movimento feminino"*. Para Isabel Cleto de Souza, presidente da *Associação das Empregadas Domésticas*, *"a mulher livre é a que se define no trabalho e não a que quer ser homem"*. Publicamente estas mulheres duvidavam da representatividade da Coordenação, por nela conter *"sapatonas"*. Direito ao corpo e ao prazer era demais para as companheiras e camaradas da época.

Wilminha expressou bem a intenção do FL: *"Ora, se nossa principal questão era é visibilidade, que nos vissem. Trazíamos uma postura sexual diferente e mal conhecida, um inusitado discurso sobre a sexualidade e uma determinação em discuti-la. Éramos lésbicas assumidas no Brasil dos anos 80 e queríamos discutir lesbianismo não mais como assunto privado, mas como questão política".*

Para a lésbica feminista Miriam Botassi, o fato da presença das lésbicas no movimento feminista impactou profundamente a discussão sobre sexualidade junto às mulheres de baixa renda, pois deu início ao desmonte da crença de que a mulher pobre não estava interessada em debater sexualidade, mas somente as desigualdades econômicas. Além disso, o assunto não ficou mais reduzido ao uso de contraceptivos, mas envolveu a liberdade de eleger sua/seu parceira/o de cama e de vida.

Era evidente a necessidade de afinar o discurso entre as lésbicas e as feministas progressistas, assim aconteceu, em junho de 1980, o I *Encontro de Grupos Feministas*. Nele, muitas feministas se deram conta de que discriminavam outras mulheres apenas por sua orientação sexual.

GALF: *Agora tudo no feminino*

O I *Encontro Brasileiro de Homossexuais* – EBHO aconteceu em abril de 1980, em São Paulo, com mais de 200 participantes de diferentes Estados e com uma presença majoritária de gays. O *FL* esteve presente com 20 integrantes que tiveram uma participação muito intensa. Elas chegaram ao Encontro já com seus posicionamentos tomados, favoráveis ou contrários para a discussão de cada tema proposto. Falaram das questões lésbicas, machismo, papeis sexuais e feminismo, em um debate que atraiu o maior número de participantes, setenta e uma pessoas, sendo 36 gays e 35 lésbicas, cuja conclusão foi que as lésbicas, que participavam de grupos mistos deveriam se juntar em um coletivo específico, para garantir o espaço de reflexão sobre suas especificidades.

Elas também foram as responsáveis por conseguir o local, para a primeira fase do evento, graças a Alice que ainda foi a coordenadora da Comissão de Segurança. Distribuíram vários impressos e, com materiais consignados montaram uma banca de venda de publicações homossexuais, cartazes, pôster, revistas e cadernos feministas. Ao término do Encontro havia no Caixa

Cr$ 4.030,00 (cruzeiros), uma porcentagem ficou para o *LF* e o restante foi repassado para os autores.

Dentro do Grupo SOMOS, após a participação de algumas lésbicas e gays, na passeata do 1º de maio de 1980, em São Bernardo do Campo, uma divisão irreconciliável instalou-se dentro do Grupo. O *LF* reconheceu que não fazia o menor sentido continuar brigando dentro do SOMOS e, em 17 de maio, o *LF* se retirou de forma definitiva do Grupo. O que elas fizeram foi tornar pública uma situação que já havia de fato, pois a autonomia do *FL* em relação ao SOMOS era anterior à saída do grupo. O nome do *LF* foi então alterado para *Grupo de Ação Lésbica Feminista-GALF*, só que agora, tudo no feminino.

Com a saída do SOMOS, o GALF passou a dividir uma sede com o grupo feminista Brasil Mulher e, para arcar com as despesas, em parceria com boates lésbicas, organizavam shows exclusivamente femininos e jogos de bingo. Dentro do gueto vendiam boletins, bônus e pôster e também divulgavam as atividades do Grupo e panfletavam folhetos de conscientização da discriminação e violência contra as lésbicas.

O GALF atuou fortemente contra a onda de prisões arbitrárias, de torturas e de extorsão comandadas pelo delegado José Wilson Richetti, a partir de abril de 1980, ainda sob a ditadura militar. Mais de 1500 pessoas foram presas indiscriminadamente, os alvos da violência estatal eram homossexuais, travestis, prostitutas, negros, portadores de carteiras profissionais assinadas e os desempregados. Grupos homossexuais organizados, o Movimento Negro Unificado e coletivos feministas divulgaram uma carta aberta à população repudiando essa violência e chamando todos para um Ato Público no dia 13 de junho na frente do Teatro Municipal. Não estava previsto, mas no final do Ato, saiu uma passeata pelo centro da cidade. As lésbicas se colocaram na frente da passeata, de braços dados formando uma barreira e carregavam duas faixas: *PELO PRAZER* LÉSBICO e *CONTRA A VIOLÊNCIA POLICIAL*. Esse evento político se configurou como a primeira passeata LGBT da cidade de São Paulo.

Ao chegar o mês de novembro, no sábado dia 15, o mesmo aparato policial fez uma operação de prisão das lésbicas que estavam nos bares *Cachação, Ferro's Bar e Bixiguinha*, que foram levadas com o argumento: "você é sapatão". Encaminhadas para a 4ª delegacia de polícia, foi constatado que os policiais recebiam dinheiro para libera-las, e as que não pudessem pagar lá permaneciam.

O primeiro ano da década de 1980 foi muito intenso para as lésbicas, que ainda enfrentaram um grave processo de crise interna dentro do GALF, com divergências e disputas de egos, que não foram meramente intelectuais, mas também financeiras e que remontavam a uma intensa crise emocional. Essa crise levou a um "racha" do GALF, com a saída de muitas de suas integrantes. Entre as que saíram, umas fundaram em outubro, o Grupo *Terra Maria-opção lésbica,* que veio enriquecer o movimento, com ótimas reflexões e ações. Algumas migraram para o SOS Mulher e outras ainda desistiram do ativismo. O GALF esvaziou, voltando a crescer a partir de março de 1981.

Em janeiro de 1981 foi impresso em gráfica, o primeiro jornal de lésbicas no Brasil, com o sugestivo e ousado nome *ChanacomChana*. Foi uma edição independente, que trouxe duas matérias, uma entrevista exclusiva com Angela RoRo, feita por 6 ativistas do GALF e outra, escrita por Maria Carneiro da Cunha, feminista e heterossexual, que explica os caminhos e descaminhos da discriminação. As integrantes do GALF sabiam que as edições futuras não teriam aquele formato de jornal impresso em gráfica, pois não haveria recursos financeiros. Aquela edição independente foi possível graças a Teca, a ativista lésbica feminista que integrou o LF e o GALF, que para além do brilhantismo dos seus discursos, ideias e inteligência, foi de fato quem garantiu que as inúmeras reuniões feitas por aquelas ativistas pudessem acontecer em um lugar seguro, no seu apartamento, que ela colocava inteira e generosamente à disposição das primeiras lésbicas organizadas deste país. A ela, as lésbicas daquele período sempre deverão seus agradecimentos.

Em março de 1981, dentro do III Congresso da Mulher Paulista, o GALF lançou, em caráter experimental, o número zero do *ChanacomChana*, mas efetivamente, foi em janeiro de 1983 que o número um do Boletim foi publicado, existindo até o ano de 1987. O *ChanacomChana* foi um importante instrumento do movimento de lésbicas. A sua circulação alcançou nível nacional, propiciando a quebra do isolamento, aproximando e informando lésbicas de todo o país.

Com a volta do crescimento do GALF, nele ingressaram duas importantes ativistas lésbicas feministas: Vange Leonel e Rosely Roth.

Vange Leonel tinha apenas 17 anos de idade e, a partir do GALF, iniciou uma frente de trabalho que jamais abandonou. Sua vida e obra foram dedicadas à visibilidade lésbica. Em 2005, como colunista do Mix, Vange escreveu o artigo *"Elas Levantam Bandeiras"*, onde agradece às lésbicas ativistas de sua vida. *"Cada uma delas me ensinou um pouco sobre a importância de gritar alto para reivindicar alguns de nossos direitos mais básicos [...] Elas contribuem para que tenhamos cada vez mais liberdade de sermos quem somos sob a luz do sol sem sermos (muito) importunadas. Elas trabalham dia a dia para que nós, mulheres e lésbicas, sejam mais respeitadas. Elas lutam contra a violência dirigida às mulheres, contra a homofobia, pela legalização do aborto, contra a opressão com base no gênero, pela livre sexualidade e pela cidadania plena de gays, lésbicas, trans e bissexuais."* Vange, além de ativista lésbica foi cantora-compositora, cronista, romancista, dramaturga, jornalista, blogueira.

Rosely Roth tem uma biografia admirável, mas entre tantas outras importantes ações que ela promoveu, uma tem especial simbolismo. Ela foi a mentora e articuladora de um significativo episódio de resistência lésbica, a invasão do *Ferro's Bar*, que era um dos lugares de sociabilidade mais frequentados por lésbicas na noite paulistana. Na noite de 23 de julho de 1983, integrantes do GALF vendiam o *ChanacomChana* e foram proibidas pelo dono do *Ferro's* de entrarem naquele lugar e vender seu Boletim. Diante deste autoritarismo, Rosely promoveu um ato político que foi articulado com lésbicas, gays, feministas, defensores de direitos humanos, políticos e com a grande imprensa, para que na noite de 19 de agosto o *Ferro's* fosse ocupado. A invasão causou grande tumulto com cobertura da mídia e presença da polícia e o dono do *Ferro's* voltou atrás da sua decisão. Esta vitória é um marco fundamental na história do movimento de lésbicas brasileiro. Em homenagem a Rosely, a partir do ano de 2003, na data de 19 de agosto, celebra-se em São Paulo, o Dia do Orgulho Lésbico.

Em 1982 o Grupo feminista SOS Mulher realizou um Seminário sobre violência contra a mulher, no auditório do Sindicato dos Jornalistas. As integrantes do GALF entraram no local mascaradas e distribuíram um documento clamando pela urgente necessidade das feministas no Brasil romperem com a reprodução do discurso machista, para que todas as questões referentes a todas as mulheres fossem igualmente prioritárias, *"porque a lésbica também é negra, também é mãe, também é dona de casa, é prostituta, operária, está na periferia e, calar a respeito dessas múltiplas opressões também nos torna Cúmplices da Violência".*

Sandra Mara Herzer, vulgo Bigode em 1982, com apenas 20 anos de idade se jogou do Viaduto do Chá, no Centro de São Paulo. Bigode era um transexual, poeta e escritor, que viveu entre fugas, castigos, torturas, amizades e amores, dentro da FEBEM, atual Fundação Casa. Bigode se tornou famoso na FEBEM e nos guetos das lésbicas, da noite paulistana. Ele escreveu o livro *"A Queda para o Alto"*, que foi publicado depois da sua morte, a história acabou virando o filme de cinema, *"Vera"*, que conta sua história.

A vida dos transexuais masculinos e de muitas "sapatões" do gueto daquela época pode ser mais bem compreendida por meio do depoimento dado por Lyu. *"Eu disputei com a Bigode, no Bixiga, uma "família". Eu, recém--chegada do interior, não sabia onde estava pisando. Bigode era a dona do pedaço e me encostou na parede junto com a sua gangue exigindo minha "rendição". Ela, não sabia que eu tinha um canivete automático no bolso e eu virei o jogo, por pura sobrevivência e a mantive como refém. Ela segurou a gangue e perguntou qual era a minha, se eu era lady ou sapatão. Eu já havia sacado que lady fazia programa e apanhava de sapatão, então respondi que era sapatão. Ela exigiu que eu formasse uma "família" e eu adotei uma "esposa", que era uma puta muito amiga e que adorou a adoção, pois não precisava me dar dinheiro, nem trepar comigo e nem apanhar"*. Anos mais tarde, Lyu se tornou ativista lésbica feminista, organizando e contribuindo em inúmeros eventos ocorridos no Brasil.

As lésbicas brasileiras só realizavam os seus encontros dentro dos Encontros Feministas Nacionais ou dos latino-americanos e caribenhos. Quando em 1985 o Brasil sediou o III Encontro Feminista Latino Americano e do Caribe em 1985, com mulheres provenientes de 13 países, as participantes do evento foram surpreendidas com a decisão da nossa Comissão Organizadora, em sua maioria composta de lésbicas, de colocar no temário oficial do Encontro, pela primeira vez no movimento feminista, o tema lesbianismo, o que levou as mais de mil participantes discutirem o assunto. Nele, aconteceu uma reunião só com as lésbicas, na qual se discutiu a necessidade da realização de encontros só de lésbicas, fora dos Encontros Feministas. Nesta reunião, Rosely Roth afirmou que, neste ano de 1985, o GALF se retirava do movimento feminista, porque era evidente que, para serem aceitas, elas há anos estavam prestando serviços àquele movimento, que verdadeiramente nunca as apoiava. Informou que os trabalhos do GALF agora estariam voltados apenas para lésbicas criando um movimento lésbico feminista, fazendo com isso uma política diferente da que reproduz a política tradicional do heterofeminismo. O entendimento das participantes desta reunião foi que manter alianças era possível, mas ceder na execução das suas prioridades, nunca, porque o movimento feminista não abordava a questão lésbica, nem a heterossexualidade imposta para todas as mulheres.

O GALF deixou de existir no ano de 1989. O primeiro grupo de lésbicas no Brasil teve duração de 10 anos, com ações ininterruptas. Elas iniciaram sua luta em espaços de legitimação junto aos gays e às heterofeministas para depois, de forma autônoma figurar como sujeito político na busca por seus direitos. Elas partiram do lugar de onde falavam, com base apenas nas suas vivências concretas, de nunca terem sido vistas como mulheres, por serem inomináveis e invisíveis. Suas lutas e resistências foram contra as ordens estabelecidas de exclusão, violências e discriminação, que atingem as lésbicas de uma maneira distinta das experiências de outras mulheres. Elas sempre reivindicaram dos feminismos que enfrentassem a discussão da lesbifobia e da heteronorma, porque reconheciam que o machismo, o sexismo e homolesbitransfobia são pilares estruturantes das opressões sobre todas as mulheres.

As ações destas pioneiras transformaram muitas vidas e abriram caminhos para garantir um espaço em que as lésbicas pudessem falar de seus problemas e, assim, encontrar um caminho na busca de suas identidades.

O 10º Encontro Nacional Feminista foi em Bertioga, em 1989 e teve grande presença de lésbicas, que passaram invisibilizadas durante todo evento. Nesta ocasião, no Brasil, não havia nenhum grupo de lésbicas. No último dia do Encontro, elas decidiram realizar uma reunião na qual ficou evidente a necessidade da formação de grupos de lésbicas, capazes não só de impulsionar a visibilidade, mas também garantir espaços de reflexão, mobilização e, principalmente, para difundir e manter ativo os conceitos teóricos de um pensamento feminista próprio, o feminismo das lésbicas, como posicionamento político, revolucionário e subversivo contra o poder da dominação masculina, dando a conhecer, o motivo pelo qual a vivência lésbica é apagada e negada pela sociedade dominada por valores heteropatriarcais.

As lésbicas são mulheres que não dependem dos homens nem econômica, emocional ou materialmente, elas não aceitam as determinações dos homens de como uma mulher deve agir, aparentar, viver e sentir, rejeitam a subordinação, a opressão e a 'natureza' inexistente da heteronorma, que de forma cruel retira das mulheres suas potencialidades, apenas pelo fato de ser mulher.

A partir deste 10º Encontro, o movimento das feministas negras expandiu-se em todo Brasil. A ativista lésbica feminista Rosangela Castro, em 2012 fez uma análise do feminismo negro, entendendo ser ele também heterofeminista e heteronormativo, pela ausência dos debates sobre lesbianidade e sexualidades de mulheres negras. Para ela, só haveria empoderamento das lésbicas negras, *"se todas as mulheres negras assumissem o compromisso intransigente da defesa do respeito à livre orientação sexual, na medida em que confrontar a lesbofobia é responsabilidade do movimento de mulheres negras lésbicas e heterossexuais, senão não se tem um feminismo negro"*. Sua conclusão é que *"o feminismo negro pode fazer a diferença se abordar a racialização da sexualidade"*, tendo como ponto de partida *"a existência de mais de uma fonte de opressão, proveniente das discriminações de gênero, raça, orientação sexual e classe"*.

A articulação nacional das lésbicas

Durante a década de 1990, novos grupos de lésbicas surgiram por todo o país, cujas ações e lutas desenvolvidas foram significativas para que o movimento de lésbicas se colocasse em outro patamar no novo século.

Em 1993, aconteceu o VII Encontro Brasileiro de Homossexuais – EBHO, que contou com a presença significativa de 22 lésbicas de um total de 56 participantes. Nesse EBHO elas conseguiram duas grandes conquistas, uma delas foi mudar o título dos Encontros Nacionais, incluindo a palavra lésbica. Assim o Encontro Brasileiro de Homossexuais passou a ser Encontro Brasileiro de Gays e Lésbicas – EBGL. A outra conquista foi haver paridade de gays e lésbicas em todas as instâncias nacionais do Movimento Brasileiro de Gays e Lésbicas. Deste Encontro, saiu uma resolução de articulação nacional do movimento, com a criação de uma *Comissão Nacional de Direitos Humanos de Gays e Lésbicas*- CBDHGL. A criação desta Comissão seria aprofundada em uma reunião específica para estabelecer o seu funcionamento, com Estatuto e Regimento Interno. Esta reunião aconteceu em Curitiba em 1994, ficando o grupo Dignidade/PR e o Arco-Íris/RJ responsáveis por elaborar a minuta de uma Carta de Princípios e de um Estatuto para a CBDHGL. Estes documentos foram enviados a todos os grupos brasileiros em agosto de 1994, para análise e sugestões, cujas propostas recebidas e sistematizadas formaram um Estatuto, que foi votado na plenária final do VIII Encontro Brasileiro de Gays e Lésbicas, em janeiro de 1995. O Estatuto evidenciava uma Associação Nacional, que incluía, dentre outras, uma Secretaria para Assuntos de Defesa dos Direitos Humanos. Dele, não constava nada sobre saúde das lésbicas, não previa paridade entre lésbicas e gays para a composição da Diretoria Executiva ou em qualquer outra instância daquela Associação e nem para os eventos nacionais do Movimento Brasileiro de Gays e Lésbicas. O fato é que alguns Grupos e gays e lésbicas independentes não aprovavam aquele documento e na plenária final do VIII EBGL, as opiniões estavam divididas, mas nada foi impedimento para o nascimento da ABGLT, uma organização que moldava um novo ativismo LGBT, com formato centralizador, de postura reivindicatória perante o Estado e de representante e porta-voz oficial do movimento LGBT brasileiro.

A ativista lésbica feminista Rosana Zaiden registrou no texto *"Pela liberdade do movimento"*, suas impressões sobre o surgimento da ABGLT e nele relembrou um episódio que revela o descontentamento de alguns participantes. *"A plenária final do Encontro foi atropelada, e em seu lugar, se deu a formalização da fundação da Associação, em um recinto fechado. Na primeira tentativa de entrar naquele recinto fomos barradas, depois deste ilegal obstáculo, o Grupo Nuances, de Porto Alegre e o Coletivo de Feministas Lésbicas de São Paulo, junto com ativistas independentes invadimos o local, amordaçados, em sinal de protesto"*. Relata que a criação da Comissão de Direitos Humanos de Gays e Lésbicas foi inexplicavelmente *"tratorada"* e que o tema central do Encontro, "naturalmente" passou a ser a fundação de uma associação nacional de peso, que moldava um novo ativismo LGBT, burocrático, de objetivos estratégicos, dirigido por "especialistas" gays. Ela conclui que *"a institucionalização manipulada do movimento é um grande entrave que vem construindo uma distância entre o ser homossexual e a política homossexual, que hoje não as difere em nada da heterossexual, que é cópia da política falida do patriarcado. A luta pelos direitos de lésbicas, gays, travestis, transexuais e bissexuais, se dá pela violação dos direitos humanos desta população, que cotidianamente sofre discriminação e violência, e que, portanto não pode ficar atrelada a interesses financeiros e ao grande "barato" de ser constelação num universo ainda tímido, em usar todas suas cores"*.

Com o passar dos anos a ABGLT se firmou como uma organização androcêntrica, dentro da qual os questionamentos do feminismo das lésbicas contra as relações de poder classistas, racistas e heterocêntricas perderam a centralidade.

É indiscutível que o protagonismo das lésbicas não decolou dentro desta Associação, reconhecidamente a maior rede LGBT da América Latina, mas dentro da qual sempre houve fortes tensionamentos relativos à igualdade de gênero. Dentro da ABGLT, os cargos que as lésbicas ocuparam, tanto na composição da diretoria executiva quanto em alguma secretaria, foram de adjuntas, logo, subalternos. Em abril de 2008, as lésbicas, mulheres bissexuais, travestis e transexuais reunidas na cidade do Rio de Janeiro, fundaram o *Coletivo Feminista de Mulheres da ABGLT*. Em 2010, nenhuma mulher foi eleita para as Secretarias Regionais. Apenas em 2017, a travesti Symmy Larrat se tornou presidente da ABGLT e para a vice-presidência foi eleita Heliana Hemetério, lésbica, negra e idosa.

A XVII Conferência Mundial da ILGA - *Internatioal Lesbian and Gay Association* aconteceu em 1995 na cidade do Rio de Janeiro. Na programação oficial do evento, cinco organizações lésbicas brasileiras realizaram oficinas, lançamento de livro e a exposição internacional *"Visibilidade Lésbica"*, com produções artísticas de lésbicas de vários países.

Nesta Conferência o COLERJ-Coletivo de Lésbicas do Rio de Janeiro, organização constituída por lésbicas negras, realizou o Workshop *"Lesbianismo e Negritude"* e foi eleito para ocupar a Secretaria de Mulheres da ILGA.

Os mesmos problemas do passado ainda se impunham. O movimento de lésbicas feministas no Brasil já existia há 17 anos e suas pautas não encontravam apoio real junto aos movimentos feminista e homosexual. Para elas era urgente a criação de um espaço próprio, autônomo, de abrangência nacional, para repensar suas individualidades e aperfeiçoar os posicionamentos políticos e as estratégias de combate ao patriarcado, à heterossexualidade compulsória, ao racismo e à lesbifobia.

É assim que surge o *SENALE – Seminário Nacional de Lésbicas*, o espaço mais importante de junção política e de deliberação do movimento de lésbicas e bissexuais. Em agosto de 1996, o COLERJ e o CEDOICOM – Centro de Documentação e Informação Coisa de Mulher realizam o I SENALE, no Rio de Janeiro, com a participação de 100 lésbicas de vários

Estados. *Dentre as deliberações, o dia 29 de agosto, início do I SENALE, passou a ser o Dia Nacional da Visibilidade Lésbica; a criação de uma rede nacional de lésbicas; o aprofundamento das discussões sobre racismo e a continuidade do SENALE, ficando marcado que o II aconteceria em 1997, em Salvador/BA com organização do Grupo Lésbico da Bahia, o que foi efetivado.*

A partir da realização do I SENALE, cresceram as organizações lésbicas e foram realizados encontros de lésbicas municipais, estaduais, regionais e internacionais. Os *eventos do Dia Nacional da Visibilidade Lésbica são realizados em diversos Estados e Municípios do país.* Os SENALE acontecem em Estados das diferentes regionais do país e, ao todo já foram realizados 09 Seminários, cada um com um tema específico.

Os cinco primeiros SENALE tiveram características distintas dos que os sucederam. A Comissão Organizadora era composta por grupos de lésbicas e por lésbicas independentes do Estado que se dispunha a sediar o evento. Nestes primeiros SENALE, foi natural que se discutissem temas básicos como sexualidade, violência, preconceitos, discriminação, invisibilidade, machismo dos gays, indiferença das heterofeministas, casamento igualitário e a ausência de políticas públicas de atenção à saúde das lésbicas. Isso não tornou menor a importância daqueles SENALE, pois é imprescindível considerar que temas básicos são tão políticos quanto qualquer outro.

A partir do VI SENALE, no Recife novas práticas foram adotadas, apoiadas em um discurso de que a partir daquele evento se inaugurava um diferencial para o movimento de lésbicas, *"por sua interlocução e desafio das pautas em conjunto, além do processo eficiente de sistematização dos dados, como não havia acontecido anteriormente".* A sistematização dos dados, agora "eficientes", alterou o formato dos Relatórios de Seminários, passando a ter um aspecto assemelhado aos Relatórios de Propostas Aprovadas em Conferências. A Comissão Organizadora, agora se denomina Comissão Política Executiva que, além dos grupos locais que sediam o Seminário, também é composta pelas redes nacionais de lésbicas. A comissão local também tem a responsabilidade por toda a infraestrutura do evento.

Em 2014, aconteceu em Porto Alegre o VIII SENALE, com o nome de Seminário Nacional de Lésbicas e Mulheres Bissexuais, mas a sigla SENALE ainda permaneceu. A plenária final deste Seminário deliberou duas significativas mudanças, uma é a garantia da participação de mulheres transexuais e de travestis que sejam lésbicas ou bissexuais. A outra foi a alteração do nome SENALE para SENALESBI em reconhecimento à contribuição e participação das mulheres bissexuais desde a primeira edição do evento. O novo nome passou a ser utilizado a partir da IX edição, no Piauí em 2016. Em 2018, o X SENALESBI está previsto para acontecer em Salvador/BA.

No IX SENALESBI, a Carta de Teresina reafirma o Pacto de Construção Coletiva entre lésbicas e mulheres bissexuais e de organização compartilhada, dos espaços de seminários nacionais ou regionais. Aponta para a necessidade da unidade no movimento de lésbicas e mulheres bissexuais do Brasil representado pelo compromisso com a criação de uma Frente Nacional de Lésbicas e Mulheres Bissexuais pela Democracia e pela reafirmação do SENALESBI como espaço legítimo e autônomo de planejamento, articulação e deliberação dos movimentos de lésbicas e bissexuais.

No último ano da década de 1990, chegou a vez do Brasil sediar a quinta edição do maior e mais importante Encontro de Lésbicas Feministas. O ELFLAC Encontro Lésbico Feminista da América Latina e do Caribe. A organização foi dos Grupos CEDOICOM, COLERJ e Movimento D'Ellas, todos do Rio de Janeiro, onde o V ELFLAC aconteceu, com a presença de 180 participantes de diferentes países que discutiram Saúde, Visibilidade e Estratégias de Organização das Lésbicas da região.

No Relatório Final deste V ELFLAC, consta o entendimento das organizadoras do evento sobre os financeiros governamentais e internacionais para a organização e realização de grandes eventos que envolvem alto custo, como transporte aéreo ou terrestre de longa distância, hospedagem e alimentação entre outros. Afirmam não haver ingenuidade sobre os motivos que levam o poder público nacional e as fundações internacionais financiarem as ações lésbicas. Entendem que a sociedade branca, machista, heterocêntrica e lesbifóbica tem uma dívida com pessoas historicamente desassistidas e que as riquezas dos países são construídas sobre a exploração das populações: negra, das mulheres, crianças, pobres, subempregados, LGBT, indígenas, sem moradia, sem terras, imigrantes e pelo trabalho análogo a escravidão, portanto, o financiamento nada mais é do que uma reparação por danos sofridos pela ausência de políticas efetivas para estas pessoas.

Obstáculos podem ser superados com rebeldia e desobediência

Na busca por visibilidade e respeito dentro do movimento LGBT, as lésbicas reivindicaram de paridade a cotas de participação em eventos nacionais do Movimento LGBT. No VII EGHO em 1993, foi aprovada a participação paritária de gays e lésbicas, nos EBGL. Como isso não aconteceu, no X EBGL em 2001, pediram apenas 30% de representação. Na I Conferência Nacional LGBT em 2008, encaminharam uma cota mínima de 30% nas inscrições, emissões de passagens aéreas, hospedagem e alimentação. Em quatro décadas, tais reivindicações nunca foram concretizadas, o que demonstra a manutenção de posturas de poder machista e patriarcal dentro deste movimento.

Nos eventos nacionais LGBT realizados, as reivindicações das lésbicas não foram apenas de paridade e cotas presenciais, mas também no sentido de que porcentagens dos repasses financeiros recebidos para aqueles eventos fossem repassados a elas para que garantissem suas atividades específicas. Exigiram ainda a presença de lésbicas em todas as mesas temáticas programadas nos eventos. Era usual que os gays compusessem as mesas de temas gerais como educação, trabalho, saúde, habitação, segurança pública, cultura e outros, constando sempre no programa apenas uma mesa sobre *"lésbicas"*. Esta era composta só por lésbicas, levando-as a falar para elas mesmas, já que compareciam neste debate apenas lésbicas presentes no evento. A postura de só se convidar gays para a composição das mesas com temas de interesse do conjunto do movimento LGBT era desconsiderar as demandas e vivências específicas das lésbicas em todos os outros assuntos. Hoje, as mesas temáticas são compostas por lésbicas, travestis, gays, transexuais e bissexuais.

Durante o processo de organização da I Conferência LGBT, em 2008 decidiu-se que as delegações da sociedade civil, obrigatoriamente seriam compostas por 50% de pessoas com identidade de gênero feminina (lésbicas, mulheres bissexuais, travestis e mulheres transexuais) e 50% de identidade masculina. A LBL-Liga Brasileira de Lésbicas apresentou uma proposta mais sensata, segundo a qual as delegações fossem formadas por 20% de lésbicas, gays, bissexuais, transexuais e travestis, respectivamente. Caso um segmento não completasse suas vagas, o número remanescente seria repassado igualitariamente para os demais. A CANDACE-BR – Coletivo Nacional de

Lésbicas Negras Feministas Autônomas, em conjunto com o movimento negro encaminhou à comissão organizadora uma orientação ressaltando o retrocesso político e histórico imposto por aquela comissão que vetava a adoção de cotas para a comunidade LGBTT negra. Os dois encaminhamentos destas redes nacionais de lésbicas não foram atendidos.

A I Conferência Nacional LGBT teve como tema *"Direitos Humanos e Políticas Públicas: o caminho para garantir a cidadania de gays, lésbicas, bissexuais, travestis e transexuais"*. Esta Conferência foi inédita no Brasil e no mundo. Foi a partir desta Conferência Nacional realizada trinta anos depois do surgimento do movimento GLBT, que após um polêmico debate, se decidiu posicionar a letra L à frente do G, com o intuito de dar maior visibilidade às lésbicas e reconhecer as intersecções gênero e orientação sexual, mas também porque essa prática já era adotada no movimento internacional. A partir desta data o movimento no Brasil passou a ser LGBT.

A visibilidade política das lésbicas, não foi alcançada dentro do movimento heterofeminista e também nas Paradas do Orgulho LGBT de São Paulo que, até o ano de 2003, denominava-se Parada do Orgulho Gay. Desde 1997 se pedia a alteração do nome que invisibilizava os segmentos de lésbicas, travestis, transexuais e bissexuais. As lésbicas até tentaram algumas alternativas para vencer a sua invisibilidade nas Paradas. Foi assim que em 2001 quando aconteceu a V Parada do Orgulho *"Gay"*, as lésbicas tomaram uma atitude bizarra e saíram com um Trenzinho de 02 vagões. Vange Leonel e Cilmara Bedaque, na Coluna *"Bolacha Ilustrada"*, do *Mix Brasil* escreveram: *"Enquanto os gays se unem e viajam pela internet, pela fibra ótica, via satélite, as lésbicas adotam o trem como veículo de imagem. Gays, nunca é demais lembrar, são homens. E lésbicas são mulheres, eles são donos do mercado e das boates que encheram as ruas com seus veículos superequipados [...] Não é de espantar, portanto, que as imagens que circulam na mídia sejam de homens, ainda que abrangentes em sua diversidade, gogoboys, montadas, musculosos a granel, fortões, turbinados. Mas cadê as mulheres"?*

Após anos de cobranças das lésbicas para que a Associação responsável pelas Paradas, a APOGLBT, tomasse alguma atitude favorável à visibilidade lésbica já que de forma crescente elas participavam das Paradas, somente no ano de 2002 os organizadores escolheram o segmento de lésbicas para dar visibilidade, mas o tema geral não lhes dizia respeito, pois foi *"Educando para a Diversidade"*. Esta V Parada prestou homenagem a Cássia Eller e a Cassandra Rios, o *"abre-alas"* foi feito por motoqueiras lésbicas e destinaram um Trio elétrico só para elas.

Em 2001 surgiu A *AMAM-Associação de Mulheres que Amam Mulheres,* que decidiram por um novo caminho de luta pela visibilidade das lésbicas dentro das Paradas. Muito conscientes e ousadas tinham como regra a autonomia e de forma autofinanciada, elas colocaram nas ruas de São Paulo, da V até a VIII Parada, o Trio Elétrico da AMAM, com as mesmas condições de igualdade que os empresários gays.

O Trio da AMAM era seguido por uma multidão, que dançava ao som das *DJ* que tocavam músicas nacionais e internacionais interpretadas apenas por mulheres. Senhoras com perfil de professoras universitárias, jovens estudantes, motoqueiras com jaquetas de couro ou *darks*, saíam em torno do Trio.

A AMAM cumpriu o objetivo de dar visibilidade às lésbicas, sendo citada pelos jornais, o que é incomum, pois não costumam registrar a presença das lésbicas. Após a sua primeira aparição, a Folha de São Paulo publicou em sua capa, uma foto do Trio da AMAM. Na VIII Parada, em 2005 jornais e revistas destacaram a importante presença do Trio da AMAM cujas manchetes eram sobre a ampla presença feminina. A Mana, uma das dirigentes da AMAM afirmou nunca ter visto uma Parada com tamanha participação de mulheres. *"Talvez já sejamos maioria."*

Para demarcar a visibilidade social e política das lésbicas, em 2003 o grupo Umas & Outras e o Mo.Le.Ca, organizaram a *I Caminhada de Lésbicas e Simpatizantes* que surge como uma manifestação política de tomar as ruas e se fazer visível, reivindicar seus direitos, mostrar suas pautas e proferir suas palavras de ordem. A Caminhada é um espaço criado por mulheres e acontece no sábado que antecede a Parada, mas de forma alguma é um evento pré-Parada.

O nome *Caminhada de Lésbicas e Simpatizantes* foi alterado em 2013 para *Caminhada de Mulheres Lésbicas e Bissexuais*. Desde o ano de 2003 já ocorreram 15 Caminhadas Lésbicas acontecendo neste ano de 2018 a sua XVI edição. Em cada ano a Caminhada sai às ruas com um tema próprio.

Organizar as Caminhadas não é uma tarefa fácil, seja pelo processo cada vez mais autônomo, pela inconstância da presença das lésbicas que se envolvem no processo organizativo ou, ainda, por eventos oficiais nas mesmas datas.

Em virtude da copa do mundo de futebol de 2006, as organizadoras da IV Caminhada enfrentaram muitos problemas, pois foram golpeadas com a informação da Prefeitura de São Paulo de que ela não seria realizada no horário tradicional, já divulgado pelas organizadoras, no período da tarde do sábado, 17 de junho. Naquele ano a Prefeitura de São Paulo exigiu que a X Parada do Orgulho, excepcionalmente acontecesse naquele mesmo sábado, já que no domingo haveria jogo do Brasil na Copa. Para contornar a situação dos dois eventos na mesma data e horário, foi proposto às lésbicas que saíssem de "abre-alas" da Parada. Esta proposta de servir de comissão de frente de pronto foi recusada, já que objetivo principal da Caminhada é constituir-se em um ato político autônomo. A única saída viável foi reagendar o horário da Caminhada, para as 10 horas da manhã. Esta alteração casou dois danos: um foi o encerramento antecipado de dois importantes Seminários de LGBT negras e negros que aconteciam na cidade, o outro foi uma menor presença de lésbicas naquela Caminhada.

O problema da XII Caminhada, em 2014 foi bem mais grave, pois envolveu um conflito interno entre as ativistas lésbicas. Historicamente as Caminhadas Lésbicas e as Paradas LGBT ocorrem respectivamente no sábado e no domingo, do feriado de Corpus Christi, que em 2014 seria nos dias 21 e 22 de junho. Neste ano o Brasil sediou a Copa do Mundo e a APOGLBT solicitou oficialmente a antecipação da XVIII edição da Parada para o domingo 04 de maio, feriado prolongado do Dia do Trabalho, contudo não chamou as lésbicas que organizam a Caminhada, para a tomada desta decisão. Esta atitude causou reprovação das lésbicas, que consideraram que a APOGLBT compactua com a sociedade machista, patriarcal e violenta a quem convém à invisibilidade lésbica.

Tomadas pela indignação, discriminação, falta de respeito e desconsideração para com a Caminhada, que já existia há 11 anos, em uma reunião do Organizativo da Caminhada, de forma intempestiva elas decidiram pela alteração da data definindo que as Caminhadas seriam realizadas em um dia próximo ao Dia Nacional da Visibilidade Lésbica, que se celebra em 29 de agosto.

Esta determinação inesperada e sem aprofundamento causou inconformismo entre as lésbicas de muitas partes do Brasil, porque a Caminhada Lésbica é um evento bem sucedido em termos de visibilidade, adesão e repercussão e que, a sua realização no sábado antes da Parada já é conhecida, enquanto o Dia Nacional da Visibilidade Lésbica não tem a mesma representação, havendo diferenças profundas entre os dois eventos.

Estas lésbicas chamaram as integrantes do Organizativo para uma reunião, para expor os seus argumentos, com o intuito de reverter àquela decisão. Na reunião foram duas integrantes do Organizativo que mantiveram a alteração da data, chegando a expressar que quem não acatasse estaria *"rachando"* o movimento de lésbicas. Não havendo consenso entre as partes e com medo de perder aquele espaço de visibilidade lésbica, algumas ativistas resolveram organizar a XII Caminhada no sábado, dia 03 de maio. Formaram um coletivo constituído por lésbicas de dois grupos organizadas e várias independentes. O Organizativo ao saber desta decisão, voltou atrás da alteração, com o argumento *"se elas vão fazer, nós faremos também"*, mas não informaram esta decisão e nem se juntaram ao outro coletivo O resultado foi duas comissões organizadoras, duas concentrações, dois temas diferentes. Esta situação foi muito embaraçosa para o movimento de lésbicas no Brasil. As duas Caminhadas, ao deixarem a Avenida Paulista, se encontraram no início da Rua Augusta e juntas realizaram o restante do percurso até o seu encerramento no Largo do Arouche, que contou com um show com artistas lésbicas, com cantora de ópera, samba, *hap* e *punk rock* feminista.

O Organizativo da Caminhada de Mulheres Lésbicas e Bissexuais de São Paulo, continuou organizando as Caminhadas seguintes, mantendo-as aos sábados antes das Paradas. No ano de 2017, para a XV Caminhada, somou-se ao Organizativo, a Coletiva Luana Barbosa (no feminino mesmo). O tema desta Caminhada foi *"Luanas e Katianes. Quantas mais? Resistiremos!"*. Luana Barbosa e Katiane Campos de Gois, duas lésbicas assassinadas por lesbifobia e racismo. As reuniões organizativas das Caminhadas são feitas de forma itinerante, acontecendo nas áreas periféricas da cidade.

E as lésbicas negras?

As lésbicas negras, na busca por espaço próprio onde pudessem refletir suas representações em uma sociedade racista, sexista, branca, heteronormativa e lesbifóbica, bem como para articularem uma política específica, que incorporasse suas múltiplas opressões, baseadas em classe, raça e orientação sexual, decidiram realizar o I *Seminário Nacional de Lésbicas Negras*, *"Afirmando Identidades"*, que aconteceu em São Paulo, em junho de 2006, com 60 participantes, de 15 Estados. O Seminário foi organizado pelos Grupos de lésbicas negras, Minas de Cor e o Coletivo de Lésbicas Elizabeth Calvet/RJ, antigo COLERJ.

Simultaneamente ao Seminário *"Afirmando Identidades"* aconteceu no mesmo hotel, o *I Seminário Regional de Articulação entre Movimento LGBTT e Juventude Negra*, organizado pelos grupos Minas de Cor, CORSA e Articulação da Juventude Negra, todos de São Paulo. Deste Encontro participaram aproximadamente 100 jovens objetivando uma pauta única, o combate à homofobia dentro do movimento negro e o combate ao racismo dentro do movimento LGBT.

O ponto marcante destes dois Encontros foi o ineditismo, pois eventos desta natureza nunca haviam acontecido no país. Os resultados propiciaram, de forma crescente e efetiva, que as atividades antirracismo governamentais e não governamentais passaram a abordar a racialização na orientação sexual e identidades de gênero, enfrentando suas fontes de opressão e os estigmas, preconceitos e discriminações sofridas por negras e negros LGBT.

As lésbicas negras do Seminário *"Afirmando Identidades"* participaram da IV Caminhada Lésbica, enegrecendo aquela Caminhada, que teve à sua frente, durante todo o percurso, ritmos africanos dos tambores e do corpo de danças do *Ilú Obá de Min*, formado por mulheres negras na sua maioria.

Em 2007 foi lançado o vídeo documentário *"Meu Mundo é Esse"*, dirigido por Marcia Cabral, que apresenta depoimentos de lésbicas negras brasileiras de várias regiões do país, que relatam suas estórias reais, do que representa ser lésbica e negra, em uma sociedade racista, heteronormativa e sexista.

O *II Seminário Nacional de Lésbicas Negras e Bissexuais, SENALE Negras*, teve como tema *"Afirmando Identidades para a Saúde Integral"* e aconteceu em 2015, em Curitiba e mobilizou cerca de 150 mulheres, oriundas de todo o país. O Seminário abordou temas estruturantes numa trama de intersecções entre o combate ao racismo, sexualidade e as relações de gênero, além de um cotidiano de cuidados com si mesma e com as outras. Em 2018 o *III SENALE Negras*, acontecerá na Paraíba.

Atualmente o ativismo das lésbicas negras, sem dúvida constitui o mais atuante, inovador e consistente movimento de lésbicas do Brasil.

As redes nacionais lésbicas

No *III Fórum Social Mundial*, em Porto Alegre/RS, de 23 a 28 de janeiro de 2003, aconteceu a *Oficina de Visibilidade Lésbica*, com a presença de aproximadamente 70 lésbicas, de várias partes do Brasil que, insatisfeitas com a reinante hegemonia dos gays, como porta-vozes de toda a diversidade do movimento LGBT, criaram uma rede nacional de articulação política, constituída exclusivamente por lésbicas e mulheres bissexuais. Surgia a *LBL-Liga Brasileira de Lésbicas*, que visa garantir e ampliar direitos, fomentar políticas públicas e promover a visibilidade de lésbicas e mulheres bissexuais na sociedade brasileira. Durante o *V SENALE*, em São Paulo, em 2003 com aproximadamente 200 lésbicas e mulheres bissexuais, a LBL foi oficializada por ser este o espaço de discussão coletiva e decisão do movimento de lésbicas do Brasil.

A Articulação Brasileira de Lésbicas - ABL foi fundada em 2004 integrada por lésbicas e mulheres bissexuais e transexuais, que tem como objetivo instrumentalizar e qualificar politicamente novas lideranças, promovendo a criação e manutenção de grupos ou núcleos de mulheres ou de grupos mistos, que juntos com a ABL, possam lutar por direitos desta população.

Em 2005, aconteceu o 1º *Encontro de Ativistas LGBT Afrodescendentes*, foi a primeira vez que negras e negros LGBT se reuniram, em nível nacional, para discutir políticas públicas com recorte racial. Nele foi fundada a Rede Nacional de Negras e Negros LGBT, também conhecida como Rede Afro LGBT que tem como objetivos fortalecer, mobilizar e integrar lésbicas, gays, bissexuais, travestis e transexuais de todo o país. Atualmente a Rede Nacional de Negras e Negros LGBT está representada em todas as regiões brasileiras.

A Rede Nacional de Lésbicas e Bissexuais Negras Feministas Autônomas-CANDACES-BR, foi fundada em 2007 por lésbicas negras de diferentes regiões do Brasil, com o objetivo de dar visibilidade, letramento e empoderamento para as lésbicas negras, fortalecendo seu protagonismo em seus diversos espaços de atuação.

SAPATÁ é uma Rede Nacional de lésbicas e bissexuais negras para promoção em saúde e controle social de políticas públicas, que surgiu em 2007. É constituída por lésbicas, mulheres bissexuais e transexuais e/ou de organizações e movimentos, bem como de povos de comunidades tradicionais de diferentes orientações sexuais.

Antes do surgimento das redes nacionais lésbicas, o Programa Nacional de DST/Aids do Ministério da Saúde, convidou para uma reunião em

Brasília, em março de 2002, sete grupos de lésbicas e três lésbicas de grupos mistos, para pensar políticas públicas de saúde para a população lésbica.

As redes nacionais constituídas por lésbicas, como ferramenta de ativismo para a inserção política na esfera pública, na luta por seus direitos, alcançaram as principais conquistas na área da saúde. O governo federal, em 2005 chamou as lésbicas para discutir políticas públicas específicas para elas A pauta central da reunião foi buscar estratégias e formas, entre governo e sociedade, de implementar o Plano Nacional de Políticas paras as Mulheres e o Programa Brasil sem Homofobia, no que se refere às lésbicas. O diálogo aconteceu no dia 29 de agosto, em comemoração ao Dia da Visibilidade Lésbica. Naquela oportunidade a Ministra Nilcéa Freire, da Secretaria Especial de Políticas para Mulheres, pediu às principais lideranças lésbicas do país que encaminhassem à Secretaria, uma proposta conjunta, para que o segmento de lésbicas tivesse representação no Conselho Nacional dos Direitos da Mulher – CNDM.

A primeira Conselheira representante do Movimento LGBT brasileiro, pela LBL no *Conselho Nacional de Saúde*, para o mandato de 2006 a 2010, foi à lésbica feminista Carmen Lúcia Luiz.

Em 1º de dezembro de 2011, o Ministério da Saúde instituiu a *Política Nacional de Saúde Integral para LGBT*, considerada um marco histórico de reconhecimento das demandas da população LGBT. Entre outros pontos fundamentais, contempla as lésbicas e mulheres bissexuais, no que se refere à prevenção de novos casos de cânceres ginecológicos (cérvico-uterino e de mamas) e ampliação do acesso a um tratamento qualificado.

As lésbicas e bissexuais reivindicavam um material educativo e informativo que abordasse suas especificidades e a importância da participação social, na conquista de direitos e cidadania e que sensibilizasse gestores e profissionais de saúde. No ano de 2013, o Ministério da Saúde publicou com uma tiragem de 30 mil exemplares, a Cartilha *"Mulheres Lésbicas e Bissexuais: direitos, saúde e participação social"*, com a proposta de compartilhar informações e refletir sobre o que é ser mulher lésbica ou bissexual, promovendo maior visibilidade a este público, e sensibilizando gestores e profissionais de saúde para um acolhimento adequado à saúde dessas mulheres. A Cartilha aborda as interfaces entre a Política Nacional de Atenção Integral à Saúde da Mulher e a Política Nacional de Saúde Integral de LGBT.

Em Brasília, de 23 a 25 de abril de 2014, a Secretaria de Políticas para as Mulheres e o Ministério da Saúde, realizaram a Oficina *Atenção Integral à Saúde de Mulheres Lésbicas e Bissexuais*. Participaram desta Oficina, as redes lésbicas nacionais, ABL, CANDACES, LBL, SAPATÁ e lésbicas de grupos organizados de diferentes Estados brasileiros.

Quando a Ministra Eleonora Menicucci assumiu em 2012, a Secretaria de Política para as Mulheres ela criou na estrutura, a *Coordenação Geral da Diversidade*, um ponto de referência na SPM para os segmentos prioritários de mulheres: com deficiência, lésbicas, bissexuais e transexuais, indígenas e idosas, acompanhando também as políticas públicas para negras, quilombolas e jovens. O eixo de atuação referente às Lésbicas, Mulheres Bissexuais e Transexuais foram às demandas de cidadania, saúde, enfrentamento ao sexismo, a violência e a lesbofobia. Desde o início, Lurdinha Rodrigues foi a Coordenadora Geral da Diversidade, ela era lésbica, feminista histórica, lutou contra a ditadura militar, uma das fundadoras da LBL e defensora dos direitos humanos, principalmente da população LGBT.

Para além das redes nacionais para o ativismo pelos direitos de lésbicas, encontramos também um grande número de redes sociais de participação em fóruns e listas de discussão e de *blogs*. Atualmente estas ferramentas são indispensáveis, para a organização dos movimentos sociais, mobilização política, desenvolvimento de campanhas, *advocacy*, intercâmbio de informação, educação e capacitação, além de serviram como canais diretos de denúncias de violações de direitos humanos.

Alguns desafios

As jovens lésbicas e bissexuais reclamam a existência de grupos organizados de lésbicas e mulheres bissexuais nas cidades brasileiras. Elas argumentam que nos grupos e só neles é possível superar os silêncios e silenciamentos, os estigmas sociais, o preconceito, a discriminação, encontrar acolhimento, a escuta, o desenvolvimento da criatividade e a mobilização política, além de que as redes nacionais políticas e as redes sociais não dão conta destas práticas. Diante destas falas é importante que se retome o incentivo e a orientação à formação de grupos específicos.

Um desafio importante para as lésbicas feministas é considerar que ao longo de 40 anos elas romperam com palavras com as quais não se sentissem incluídas ou não se identificassem, como brigaram para ser tratadas por lésbicas e não por homossexuais.

O mesmo ocorre com os termos homofobia e homofóbico, que é aceitável usar quando dirigidos à situações generalizantes, como dizer que a grande maioria da sociedade brasileira é homofóbica. No entanto, quando as individualidades LGBT, fazem referência à sua identidade política usam os seus próprios termos, bifobia, transfobia e até mesmo gayfobia. Quando são juntadas as siglas, a fobia é usada como LGBTfobia e há ainda o uso homolesbitransfobia.

A maioria das ativistas lésbicas continua usando o termo lesbofobia, que vem sendo rejeitado por muitas lésbicas que não se identificam com essa denominação, porque nunca foram *"lésbocas"*, então para elas o correto é lesbifobia.

Não faltou firme decisão na hora do movimento mudar o nome das Caminhadas de Lésbicas para Caminhadas de Lésbicas e Mulheres Bissexuais, bem como para alterar o nome de SENALE, para SENALESBI, para que assim mulheres bissexuais fossem incluídas. É com este mesmo entendimento, que os termos mais adequados sejam lesbifobia e lesbifóbico. O argumento de que a questão é semântica deve ser superado, pois se está falando de afirmação de identidades.

Uma pauta para o conjunto do movimento LGBT, sobretudo para as redes nacionais, é assumir como bandeira de luta que as pessoas LGBT idosas devem ser reconhecidas como sujeitos de dignidade e direitos. Uma primeira atitude é reconhecer que o movimento LGBT ainda não conversa, de forma suficiente, sobre o envelhecimento e que também é preciso entender e agir. Conhecer, por meio de diálogos, as realidades e as necessidades desses idosos e então agir, para que o governo assuma o compromisso de políticas públicas pelo envelhecimento digno de LGBT do Brasil.

No Plano Nacional de Promoção da Cidadania e Direitos Humanos, resultado das Conferências Nacionais, em suas diretrizes e ações é possível constatar que as palavras crianças, adolescentes, jovens e juventude aparecem de forma bem visível, já o termo idoso é mais raro, ficando diluído na expressão recorte geracional.

A maioria da população LGBT tem uma longa história de negação da sua condição humana – segregação, violência física e psicológica, maus tratos, abandono e exclusão. Então é preciso rejeitar esses padrões excludentes, agindo para assegurar que possam terminar suas vidas com dignidade e mínimo sofrimento.

Os gestores públicos responsáveis por políticas públicas para idosos só querem falar de doença, como a prevenção das DST/HIV/Aids, mas envelhecer não é doença, são ausências também, de proteção, segurança, seguridade social, saúde, acolhimento, respeito e sociabilidade. No entanto, os idosos têm sido vistos como grandes consumidores de gastos públicos, mas indiscutivelmente é necessária a garantia de uma renda mínima aos que não contribuíram com o sistema público de previdência social, pois enfermidades e a dependência funcional surgirão na última fase da vida.

Poucos LGBT, notadamente lésbicas, travestis e transexuais poderão custear, com a real renda média dos idosos, cuidadores particulares ou abrigos privados. Uma agenda pública desafiadora é o atendimento da dependência funcional com a perda da autonomia e a redução do bem-estar, situação que impacta os serviços de cuidados de longa duração para o apoio das atividades diárias.

Será preciso que o Estado intervenha no campo da proteção social e garanta respostas públicas ao problema da dependência, seja na organização, financiamento ou provisão dos cuidados de longa duração. Uma solução é a ampliação da oferta pública ou o estabelecimento de parcerias com entidades privadas com ou sem fins lucrativos.

O simples fato de ser velho não abranda o preconceito de ninguém. Os idosos LGBT que já vivem em heteroasilos são levados a passar os últimos anos de suas vidas na clandestinidade, perdendo a vontade de viver, com depressão e se sentindo sozinhos, pois são discriminados, ridicularizados e ofendidos pelos outros idosos e por funcionários. Haverá uma solução para isso?

Conclusão

O movimento de lésbicas feministas surgiu com um discurso em torno do direito ao prazer, ao desejo sexual dissidente, à liberdade e pelo direito de ser respeitada por ser mulher e por ser lésbica. Esse era o principal instrumento de transformação e o potencial revolucionário daquele movimento. Foi essa a linguagem que elas levaram para dentro do movimento homossexual, o de feministas e para a sociedade em geral, como forma de dissipar o machismo, o sexismo e a homofobia.

O tempo transformou a linguagem, as "bandeiras" e as práticas do movimento de lésbicas no Brasil, que passou a focar prioritariamente na luta por conquista de direitos, que são necessários para a proteção da cidadania, mas que isoladamente não serão capazes de transformar a homolesbitransfobia da sociedade.

O fato das sexualidades, dos corpos e dos prazeres não serem refletidos politicamente, em nada contribuirá para que mudanças ocorram especialmente no combate ao preconceito, à violência nas famílias, na educação das crianças, nas relações heterossexuais e para libertar as mulheres.

É preciso analisar os passos já dados e procurar onde deixamos o feminismo das lésbicas, aquele que ainda hoje não penetrou no movimento LGBT, onde o machismo é dominante, bem como pouco sensibilizou os feminismos hegemônicos, que fazem referência às lésbicas afirmando-as como mulheres e abordam a existência delas como algo defensável, mas o sentido é limitado e o intuito é se resguardar de não ser denominado de antilésbica ou de ser considerado politicamente incorreto.

Com o processo de estabelecimento de um caráter institucional do movimento LGBT, surgiu um conjunto de condições que se tornaram práticas, como a exclusão de opositoras, a desqualificação do trabalho das outras, o surgimento de um ativismo burocrático, hierarquizado, com concentração de poder, com decisões tomadas por meio de votos e não por consenso, não respeitando as várias verdades existentes, as diferentes identidades e realidades de cada lésbica e mulheres transexuais e bissexuais. Perdeu-se a prática de se aprender umas com as outras, o radicalismo, a ousadia e a rebeldia.

A permanência de certas práticas faz com as cores do triângulo invertido lilás e as do arco-íris desbotem sob a impossibilidade de discordar, de ser ouvida, respeitada e do domínio de uma ideia ou ação sobre outra. É preciso defender a liberdade e a descentralização, porque o movimento de lésbicas é um movimento político autônomo.

Felizmente já é possível assistir a formas renovadas de ativismo de lésbicas feministas. Um exemplo é o surgimento da *Coletiva Luana Barbosa*, formada por ativistas em prol da visibilidade e protagonismo da mulher lésbica e bissexual negra periférica. A *Coletiva* realiza diversas ações culturais pela cidade, promovem a *Sarrada do Brejo*, uma festa mensal para arrecadar recursos, que são destinados às ações da Coletiva, além de ajuda financeira às outras companheiras e para que as mães participem das atividades, elas montam o *"Brejinho do Pijama",* uma quase creche onde podem deixar os seus filhos.

Outras lésbicas feministas desenvolvem ações com apelo cultural, utilizando-se de linguagens como o *hip hop*, bandas de *rock hardcore* e fanzines, com capacidade de atingir distintos públicos.

A nós cabe ficar atentas às estratégias renovadas por um novo ativismo.

A confraria gay: um estudo sobre a trajetória da Turma OK

Thiago Barcelos Soliva[1]

Apresentação

A Turma OK é um grupo formado majoritariamente por "homens homossexuais"[2] com mais de 60 anos cuja fundação data da década de 1960.

---

1 Doutor em Ciências Humanas (Antropologia Cultural), PPGSA-IFCS-UFRJ, Professor do Centro de Ciências da Saúde, Universidade Federal do Recôncavo da Bahia.

2 Categoria nativa. Atualmente, os sujeitos que participam das atividades da Turma OK se percebem como "homossexuais" e "gays", mas nem sempre foi dessa forma. Nas décadas de 1960 e 1970, a expressão que mobilizava significados às experiências desses sujeitos era a noção de "bicha", forma ainda corrente na fala de Anuar Farah, Agildo Guimarães e José Rodrigues, trajetórias focalizadas neste artigo. Falar de subjetividades e formas de classificação em "tempos que não são o presente" (PASSAMANI, 2015) constitui tarefa difícil. Passamani (2015) fala de "rupturas" e "permanências" em relação a essas formas de classificação que não atendem as percepções mais atuais sobre o que se entende por "orientação sexual" e "identidade de gênero". Dada a essa difícil inteligibilidade, todo uso de expressões com ambições de explicar essa diversidade de experiências é sempre algo contingente e momentâneo. Em função dessas contingências, neste artigo adoto as aspas para se referir a essas formas de classificação. Cf. PASSAMANI, Guilherme. 2015. *Batalha de Confete no "Mar de Xarayés"*: condutas homossexuais, envelhecimento e regimes de visibilidade. Tese (Doutorado em Ciências Sociais). Universidade Estadual de Campinas.

Atualmente, este grupo possui sua sede na Lapa, bairro boêmio do Rio de Janeiro. Seu espaço congrega um conjunto variado de atividades que incluem festas, reuniões, concursos e, principalmente, os shows de "artistas--transformistas", itens emblemáticos desse grupo.

Os dados para a construção deste texto foram obtidos em trabalho de campo realizado entre os dias 08 de outubro de 2010 a 28 de agosto de 2011. Durante esse período, a Turma OK entrou em recesso duas vezes, nas festas de Fim de Ano e no Carnaval. O recesso durou, para cada festividade, um final de semana. O objetivo deste artigo é compreender a trajetória desse grupo à luz das tensões entre diferentes identidades e classificações sexuais construídas e reconstruídas pelas turmas de "bichas" nas décadas de 1960 e 1970. Busco compreender também como essa associação passa de um grupo de sociabilidade de "bichas" da Zona Sul do Rio de Janeiro que fazem reuniões em apartamentos para um espaço de shows e encontros que pretende se afirmar como um "patrimônio da Lapa".

Escolhi a Turma OK para a pesquisa por se tratar de um dos "grupos gays" mais antigos ainda em funcionamento no Brasil. O estudo também se justifica em função da exiguidade de trabalhos que desvendem a vida social relacionada às sexualidades dissidentes na segunda metade do século XX. Outro dado que chamou minha atenção para esse grupo se relaciona à forma como seus sócios interagem entre si, evocando a ideia de "família" para representar a sua adesão e laços de amizade.

Neste estudo, as histórias de vida e as entrevistas em profundidade foram técnicas importantes que, associados à observação participante, produziram um rico material de pesquisa. Construí a trajetória de vida de três sócios fundadores da Turma OK, Agildo Guimarães, Anuar Farah e José Rodrigues. Os três sócios fizeram parte do período que meus interlocutores classificam como "Primeiro Período" da Turma OK (década de 1960), quando esses homens com condutas homossexuais se reuniam em seus apartamentos para fins de diversão. Através dessas trajetórias, consegui recompor um contexto ainda pouco explorado pelas pesquisas que tratam da história da diversidade de gênero e sexualidades no Brasil.

Esta pesquisa analisa dados de fontes documentais, orais e de observação participante. Também reuni fotografias de eventos importantes promovidos pelo grupo, como os registros dos concursos Lady OK, Mister OK,

Rainha OK, Rainha da Primavera e Musa OK. Essas imagens combinam-se ao meu material etnográfico, assim como às anotações do caderno de campo. Destaco ainda a análise de documentos da instituição, como o Estatuto da Turma OK, o Regimento Interno e as atas das Assembleias Mensais de Sócios, que ofereceram dados para entender a estrutura da associação. Em relação às fontes orais, a realização de entrevistas em profundidade, assim como as histórias de vida forneceram materiais importantes para compor o "esqueleto", a "carne" e o "sangue" dessa pesquisa.

A Turma OK: "uma confraria gay"

A Turma OK foi fundada em 13 de janeiro de 1961.[3] Esse momento é chamado pelos sócios mais antigos de "Primeiro Período". A ideia de organizar um grupo formado por "bichas" surgiu de um conjunto de amigos que se reuniam periodicamente nos seus apartamentos. De acordo com Agildo Guimarães, a formação da Turma OK não foi intencional, mas algo espontâneo que ocorreu ao longo do tempo.[4] Essas reuniões ocorriam semanalmente, ou no máximo de 15 em 15 dias. Muitos desses amigos eram moradores da Zona Sul do Rio de Janeiro, mas também haviam moradores de outras regiões da cidade.

Participavam dessa primeira configuração as seguintes pessoas, acompanhados dos seus respectivos nomes femininos: Antonio Peres (Condessa de Varsóvia); Nyhlmar Amazonas Coelho (Nini, a imperatriz do Lins, depois Nini Wanderbilt III); Itamar Dias Soares (Didi ou Divina); Lisandro de Matos Peixoto (Lili Bofélia, posteriormente Lili Bombom); Osny José (Dama Antiga); Carlos Chagas (Carlota); Leo Acyr Teixeira (a fabulosa Léa); Renê Patino (Renesita); Djalma Alves de Souza (Vick Lester) e Francisco de Assis (Yma Sumak).

Muito desses homens eram funcionários públicos, comerciantes ou de profissões ligadas ao mundo da arte e do entretenimento (maquiadores, cabeleireiros, figurinistas, etc.). De acordo com Agildo, algumas mulheres

---

3   Essa data consta no Estatuto da Turma OK.
4   Não se sabe precisamente em qual ano essas Turmas começaram a se reunir em apartamentos. É consenso entre os sócios mais antigos da Turma OK que isso aconteceu entre fins da década de 1950 e início da década de 1960.

também participavam desses encontros, como Marlene Filardi (Miss Buracolina) e Maria Amélia (Tia Mame). Muitas dessas mulheres eram lésbicas, e frequentavam as reuniões com seus "casos", conta José Rodrigues. Elas serviam, de certa forma, para encobrir as atividades realizadas por esses homens. A inserção de mulheres nas atividades parecia tornar o grupo mais heterogêneo, evitando comentários que poderiam existir quanto à presença somente de homens dentro desses apartamentos.

Um dos anfitriões mais famosos desses encontros foi Antônio Peres, um boliviano que abria as portas de seu apartamento no 9º andar do Edifício Varsóvia, situado na Rua Almirante Tamandaré, 41, no bairro do Flamengo. Das reuniões no apartamento de Antônio Peres surgiu a ideia de formar um grupo cujo nome, "Tudo OK", foi sugerido por Nyhlmar Amazonas Coelho. A alcunha era como uma senha que só fazia sentido entre os associados. Essa senha servia como uma estratégia para ocultar o verdadeiro motivo de se reunirem: a "homossexualidade". A partir daí os membros do "Tudo OK" começaram a ser conhecidos como "Turma OK". Segundo Agildo, desde seus primeiros anos de existência, a Turma OK já contava com uma estrutura burocrática que tinha presidente, vice-presidente e tesoureiro. O grupo também registrava suas atividades em atas.[5]

Nas reuniões eram lidos jornais sobre temas variados, eram feitas brincadeiras como "salada mista" e "jogo da verdade". A bebida mais usual era a Cuba Livre. Havia ainda pequenas apresentações, nas quais homens "vestidos do outro sexo" exibiam roupas e faziam dublagem de importantes cantoras do momento. Essas apresentações eram aplaudidas com os estalar dos dedos[6] em função do receio de serem descobertos pelos vizinhos e denunciados às instituições responsáveis pela repressão no período da ditadura. Esse episódio é ainda lembrado pelos sócios mais antigos da Turma OK. Anuar, Álvaro, Benito, lembram desse período com muito orgulho, símbolo da resistência deles e de tantos outros que sofreram com a falta de liberdade.

---

[5] Perguntei aos sócios mais antigos sobre a existência dessas atas, eles me responderam que elas se perderam com o tempo. Acredito que tenham se perdido com a mudança de sede.

[6] Esses homens se referiam a essa técnica como "castanholar de dedos".

Em 1962, o grupo reforçou seu quadro social com a entrada de sujeitos que participavam de outras Turmas da Zona Sul carioca. Eles vieram principalmente do Grupo do Snob. Na ocasião, aderiram à Turma OK, Carlos Miranda (Ceeme), Agildo Guimarães, Zozô, José de Assis, Sérgio Fernando e outros. Alguns, como Agildo Bezerra Guimarães, seriam futuramente eleitos presidentes da Turma.

Agildo Guimarães, que entrou para a Turma OK um ano depois de sua fundação, revela que "a essência do grupo era para reunir, conversar e rirmos entre nós... para que a gente existisse como gay/homossexual". Diante de uma sociedade com poucos espaços onde podiam "ser eles mesmos", a possibilidade de "existir" como desejavam era o que estimulava a convivência entre os sujeitos dessa primeira formação. Essa possibilidade facultou criar entre eles o sentimento de estarem sociados, ou seja, de compartilharem da ideia de que sua sexualidade era um valor que os tornava agregados. Era a sexualidade não convencional que fornecia o "impulso de sociabilidade" para que essas interações ocorressem.[7] Essa necessidade de viver abertamente a sexualidade transgressora gerou uma "interação entre iguais", sobrepujando as diferenças sociais que poderiam existir entre eles. Nessas reuniões ocorria ainda mais do que o encontro de indivíduos que se reconheciam em função de suas preferências sociais, ali se aprendia a ser "bicha", assim como, mais tarde, em reuniões semelhantes, aprendeu-se a ser "militante homossexual", como destaca MacRae[8] em estudo sobre o grupo Somos em São Paulo.

O relato de Agildo quando dos 40 anos da Turma OK resume a importância dos jornais e dos encontros íntimos nos apartamentos para a formação da associação.

> Tudo isso foi importante em nossa existência, principalmente na formação da vida social e política do "homossexual", pois através dos jornais nanicos, como eram chamados, existíamos como seres humanos. Por sua vez a Turma OK teve uma importância maior, pois se nos jornais falavam da nossa existência, na OK existíamos de

---

7   SIMMEL, George. "Sociabilidade – um exemplo de sociologia pura e formal". In: MORAES FILHO, Evaristo (Org.). *Georg Simmel:* sociologia. (Grandes Cientistas Sociais). São Paulo: Ática, 1983, p. 165-181.
8   MACRAE, Edward. *A construção da igualdade:* identidade sexual e política no Brasil da "abertura". 1ª ed. Campinas: Editora Unicamp, 1990. 321 p.

verdade. Era e é um lugar onde nós somos e sempre seremos seres humanos, com trejeitos ou não, com sofrimentos e alegrias, desejos, amores e mesmo raiva (OKZINHO, ano 18, n. 01, p. 05).[9]

Assim como outros grupos que se reuniam no período da ditadura militar, esses amigos trocavam de casa a cada encontro, tendo por objetivo despistar a fiscalização da polícia. Para Anuar, durante a ditadura "não existiu gay. Quem era gay deixou de ser, pois tinha que ter muito cuidado na rua, sair, com quem falar". Anuar lembra que muitas "bichas" sumiram e nunca mais apareceram para contar o que tinha acontecido. Agildo acrescenta que ser "bicha" era um problema até mesmo na hora de alugar um apartamento. As dificuldades, entretanto, não impediram que esses homens continuassem mantendo contato. A maior dificuldade, lembra Agildo, era manter a discrição para que ele e os seus amigos não despertassem a curiosidade alheia.

> Olha a grande dificuldade, primeiro, a época ainda era muito cedo. Podemos até dizer que nós éramos 'desbravadores', porque realmente era muito cedo para fazer reuniões. Tanto é que depois de... nós fazíamos reuniões primeiro nas residências que a gente morava e depois nos clubes, porque a coisa foi crescendo muito. Agora, atravessamos muitas dificuldades com isso, sabe. Porque primeiro você não podia, assim, é... Ainda bem que tinha aquelas mulheres como associadas, porque encobria a coisa, sabe. Não podia-se bater palma, palma [Agildo nesse momento bate com as mãos para mostrar o ato], a gente batia palma assim [estala os dedos], entendeu. Uma série de coisas que a gente enfrentou e fomos levando até hoje.

A fiscalização nas ruas era constante. Aqueles considerados suspeitos de práticas consideradas subversivas eram parados e levados para a delegacia. De acordo com Anuar, um chefe de polícia da época tinha o costume de colocar um limão dentro das calças daqueles que usavam roupas mais justas ao corpo. Se caísse, o indivíduo era liberado, pois estava usando uma calça compatível com os padrões de masculinidade legitimados. Mas se ficasse retido no corpo, significava que a calça estava muito apertada, portanto, não poderia um "homem de verdade" usá-la. Essas "atitudes suspeitas" iam

---

9   Vários autores. 40 anos da Turma OK. *OKZINHO*, Rio de Janeiro, Edição especial de aniversário, Janeiro, Ano 18, n. 01, 2001.

desde frequentar espaços conhecidos pela presença constante de "bichas", até o uso de roupas consideradas inadequadas para um homem, como a calça mais justa. Na delegacia, esses homens eram submetidos a árduas tarefas domésticas como lavar banheiro e faxinar as celas. Muitas "bichas" quando presas, acrescenta Anuar, se cortavam com lâminas para serem liberadas da humilhante expiação que esses serviços representavam.

A ênfase dada a esses relatos está associada à forma como esses personagens experienciaram esse período. Vale ressaltar, contudo, que a ditadura brasileira não estruturou uma política específica de combate às sexualidades dissidentes. A preocupação dedicada a esse grupo foi residual e episódica. A repressão às "bichas" se manifestou antes em função da atuação de uma polícia fortemente orientada por valores morais associados à manutenção das relações de gênero. Algumas "bichas" também eram militantes de esquerda, fato que acentuaria as chances de sofrerem repressão e outros tipos de violência.[10]

Diante desse contexto, a Turma OK foi obrigada a diminuir suas atividades. Durante cerca de 20 anos o grupo ficou sem se reunir. Contudo, as amizades entre os membros desse grupo inicial foram mantidas. Nesse momento, revela Anuar, a atividade com os jornais se intensificou. Foi somente com o processo de abertura política que as atividades retornariam efetivamente. A chegada da década de 1970 trouxe novo fôlego à Turma OK. Se no "primeiro momento" as reuniões e atividades desenvolvidas pelo grupo eram associadas a uma certa espontaneidade, no "segundo momento" elas se ampliam, consolidando um espaço institucionalizado e cada vez mais especializado na feitura de concursos de "beleza transformista".

No Brasil, manifestações artísticas, principalmente na música popular, começam a adotar um comportamento contestador das convenções de gênero. Personagens andróginos como Ney Matogrosso (Secos e Molhados), Caetano Veloso (Doces Bárbaros) e o grupo Dzi Croquettes começaram a se destacar na cena pública brasileira, levando milhares de pessoas ao delírio. Seus fãs não admiravam apenas suas performances artísticas, mas ainda seu estilo de vida, que envolvia a adoção de valores comunitários, o uso de drogas, liberdade sexual etc.

---

10   GREEN. James N. "Mais amor e mais tesão": a construção de um movimento brasileiro de gays, lésbicas e travestis. *Cadernos Pagu*, Campinas, n. 15, p. 271-295, 2000.

Nesse contexto de florescimento cultural, José Luiz Ferreira Bahiana (o paizinho), um dos sócios que aderira ao grupo quando do fim do seu "primeiro período", vislumbrou a possibilidade de realizar novos encontros, aproveitando-se da relativa abertura no regime autocrático. José Luiz Ferreira Bahiana se constituiu como mediador nesse processo de reestruturação do grupo, sendo inclusive confundido como um "sócio fundador" em razão de sua proeminente participação nessa tarefa. Sua primeira iniciativa foi a de começar a receber os antigos amigos da Turma OK em sua casa. A partir desse momento esses homens passaram novamente a se encontrar com regularidade. Ele chamou para esses encontros Agildo Guimarães e Anuar Farah. A Turma OK passou a ter uma atividade intensa, atraindo cada vez mais pessoas interessadas em suas agendas.

Os apartamentos ficaram pequenos para receber o número crescente de amigos que começaram a frequentar as reuniões. Os encontros passaram então a acontecer nas dependências do Clube 1° de Maio, no bairro do Caju. Por meio da amizade que mantinha com o proprietário do Cabaré Casa Nova (boate na Lapa) Anuar conseguiu trazer para esse clube as reuniões da Turma, que passaram a ser realizadas todas as segundas-feiras. Essas reuniões traziam benefícios ao dono desse espaço, já que era uma oportunidade de vender bebidas e guloseimas do bar aos frequentadores. Nesse espaço, os "okeis" permaneceram por três anos, mudando para uma sede própria que conseguiriam alugar também na Lapa, em 2008.

Na década de 1980, uma nova página passaria a ser escrita na história dos homens com condutas homossexuais. O advento da AIDS provocaria uma ruptura definitiva na forma como a história das sexualidades dissidentes vinha sendo escrita. A dinâmica da sociabilidade da Turma OK foi bastante abalada pelo surgimento da doença. José Rodrigues lembra com tristeza desse período.

> E quando tudo parecia que estávamos no sétimo céu, eis que as garras cruéis da "peste negra" começaram a decepar cabeças. Foi uma tristeza só. Amigos, artistas geniais, companheiros inesquecíveis começaram a desaparecer, um após outro, deixando uma tremenda lacuna e uma imensa saudade. Morreram muitas pessoas, muito amigos nossos, muita gente boa, maravilhosa. Para você ter uma ideia, tinha semanas que morriam duas, três pessoas, assim, na fase braba mesmo da AIDS.

Falava-se muito sobre o assunto, revela Anuar, muitos homens optavam por se "retrair sexualmente", afirma, com medo de serem contaminados pela doença desconhecida para muitos desses sujeitos. Anuar revela que muitos não acreditavam que iriam pegar, já que confiavam que a doença só poderia ser transmitida através do sangue.

O surgimento da doença evocou uma série de estereótipos negativos sobre as práticas sexuais entre homens e os seus sujeitos, as "bichas". Do ponto de vista religioso, muitos acreditavam que a doença seria uma espécie de castigo imputado aos transgressores pelos seus pecados contra a natureza. Já no plano científico, o "homossexual", como tipo social, passaria de uma patologia, amplamente estudada pela ciência, para a condição de um agente patogênico, principal grupo identificado como transmissor da nova doença.[11] Paralelamente, a epidemia possibilitou a "remoção do véu que cobria as sexualidades", como lembra Trevisan,[12] tornando pública a discussão sobre a sexualidade no Brasil. A violência com que essa doença atingiu a sociedade marcou ainda novas possibilidades de inserção política dos "homossexuais", visto que os grupos de "militância homossexuais" foram os pioneiros a elaborarem respostas político-sociais às vítimas da doença.

De acordo com Agildo, esse período foi marcado pelo desconhecimento das "bichas" em relação ao vírus, ideia compartilhada por Anuar. Muitos foram os amigos e conhecidos que morreram, incluindo um presidente da Turma OK. Agildo atribui à sorte ter passado pelo período sem ter sido contaminado. Segundo ele, toda vez que se apaixonava por um "bofe" esse não correspondia às suas investidas, e logo depois descobria que esse mesmo rapaz tinha "morrido de AIDS".

A Turma OK participou ativamente de campanhas que tinham por objetivo esclarecer as pessoas acerca da doença, ainda que não se identificasse como um grupo de combate à AIDS. Segundo Anuar, a Turma OK foi uma pioneira nesse tipo de iniciativa, realizando no início da década de 1980 palestras nas quais médicos, como Eduardo Cortez, falavam sobre o vírus e

---

11 DANIEL, Herbert & MÍCCOLIS, Leila. *Jacarés e lobisomens:* dois ensaios sobre homossexualidade. Rio de Janeiro: Achiamé, 1983, 136 p.

12 TREVISAN, João Silvério. *Devassos no paraíso:* a homossexualidade no Brasil, da colônia à atualidade. Rio de Janeiro: Record, 2000, 586 p.

suas formas de contágio. Chegou-se mesmo a convidar um médico para ir à sede da Turma OK para coletar sangue de alguns dos sócios para ser testado. O resultado era entregue ao sócio, sendo mantido o sigilo do seu diagnóstico. Na ocasião, Pedro Paz,[13] que também tinha inserção no movimento antiaids, teve importância fundamental, visto que pôde fazer a ligação da Turma OK com os grupos que lutavam contra a doença.

A aproximação da Turma OK com outros movimentos gays organizados do Rio de Janeiro como o "Triângulo Rosa,"[14] o "Somos/RJ" e o "Auê" foi eventual e episódica. Essa ligação ocorreu em função do combate a um inimigo comum, a AIDS. A mobilização em torno do combate à doença fez com que os sócios da Turma OK e os participantes dos outros movimentos dialogassem em uma arena comum. Esse diálogo acontecia de diferentes maneiras: na assistência direta aos infectados pela doença ou pelo empréstimo da sede da Turma OK para que esses movimentos que não possuíam sede própria se reunissem, como era o caso do "Triângulo Rosa".[15] Alguns ativistas que participavam desses movimentos passaram a frequentar também as reuniões da Turma OK, como o já mencionado Pedro Paz que conhecera o grupo por intermédio de Agildo Guimarães, sócio da Turma OK que também se reunia com o "Triângulo Rosa".[16]

Em 1987, os debates em torno da constituinte movimentaram a sociedade brasileira. Os "novos movimentos sociais"[17] foram chamados a falar de

---

13   Trata-se de um nome fictício.

14   Em seu estudo sobre o Triângulo Rosa, Cristina Câmara revela que a preocupação principal desse grupo era com a defesa dos direitos dos "homossexuais", em detrimento ao combate à AIDS, como o era em outros "grupos homossexuais" que existiam no período. A rejeição da AIDS como bandeira política se relacionava à ideia de que a luta antiaids reforçava a discriminação contra os "homossexuais", que passaram a ser associados à doença. CÂMARA, Cristina. *Cidadania e orientação sexual:* a trajetória do Triângulo Rosa. 1ª ed. Rio de Janeiro: Academia Avançada, 2002, 182 p.

15   *Ibidem.*

16   Agildo Guimarães conta que participava do Triângulo Rosa por conta própria. A participação nesses grupos não era algo que contava com a total adesão dos sócios da Turma OK.

17   Esses movimentos além de debaterem a questão da moradia, das relações de trabalho, consideradas tradicionais e primordiais para o movimento operário, evidenciavam a existência de múltiplas relações de poder estruturadas nas desi-

si, na tentativa de incorporarem as suas demandas ao texto constitucional. Na ocasião, o movimento homossexual vivenciava o esvaziamento de seus quadros provocado pela fragmentação política ocorrida ainda em sua "primeira onda.[18]" Essa crise foi acentuada em função do afluxo dos ativistas em um momento em que os "homossexuais" são responsabilizados pelo surgimento e disseminação da AIDS.[19] Diante de tal situação, o movimento homossexual, diferente dos movimentos de mulheres e negro, encontrava-se sem um devido preparo para negociar posições junto ao estado. A tentativa mal-sucedida de incluir a "orientação sexual" no Parágrafo 1° da Constituição de 1988 foi o reflexo mais imediato desse despreparo.

Ao analisar a situação, Cristina Câmara mostra que somente um grupo estava diretamente engajado nesse certame jurídico, o Triângulo Rosa. Mesmo assim, esse grupo encontrava-se internamente dividido entre aderir ao movimento antiaids ou manter as reivindicações por direitos civis. A segunda postura saiu vitoriosa em função dos esforços de um de seus mais destacados membros, João Antônio Mascarenhas. Esse homem representaria o movimento homossexual nos debates da constituinte em Brasília. A luta por direitos implicou um reposicionamento teórico frente à "homossexualidade", incitando discussões em relação à validade explicativa e política da expressão "orientação sexual". A Turma OK foi uma das treze organizações gays que participaram das discussões sobre o uso político da expressão "orientação sexual". Depois de ser consensualmente escolhida por esses grupos, a expressão foi enviada a um conjunto de intelectuais para ser ana-

---

gualdades de Gênero e na discriminação em função da cor da pele. CÂMARA, Cristina. *Cidadania e orientação sexual:* a trajetória do Triângulo Rosa. 1ª ed. Rio de Janeiro: Academia Avançada, 2002, 182 p.

18   Segundo Regina Facchini, a "primeira onda" do Movimento Homossexual Brasileiro teria se iniciado com o lançamento do jornal *O Lampião da Esquina* em 1978 e, posteriormente, com a fundação do grupo Somos em São Paulo em 1978. A proposta desses primeiros núcleos de militância era mostrar que os "homossexuais" eram capazes de se realizarem a partir da afirmação de uma identidade homossexual. FACCHINI, Regina. *Sopa de letrinhas?* Movimento homossexual e produção de identidades coletivas nos anos de 1990. 1ª ed. Rio de Janeiro: Garamond, 2005. 304 p

19   GÓIS, João Bosco Hora. *Vestígios da força das palavras:* escritos sobre a AIDS. 1999. Tese (Doutorado em Serviço Social). Pontifícia Universidade Católica de São Paulo.

lisada de forma que seu uso fosse legitimado. Esse debate, apesar de não ter tido um desfecho favorável para os "homossexuais", contribuiu efetivamente para a construção de uma percepção pública desse grupo como sujeitos demandantes de direitos.

Na década de 1990, a Turma OK continuou afastada do tipo de ativismo adotado pelo Movimento Homossexual Brasileiro (MHB).[20] Esse afastamento se acirrou durante a "segunda onda" do MHB, quando ocorre a "ongnização" do ativismo em função da aproximação deste com o movimento de luta contra a AIDS. Para Anuar, esse movimento, que começa a acumular capital político, teria se tornado um mero captador de recursos desviando-se da "solidariedade pura" perseguida pela Turma OK. Para Anuar, essa era a principal diferença entre a Turma OK e aquele movimento que acabara de ressurgir, posto que a associação continuava mantendo sua assistência às vítimas da AIDS sem angariar, para tanto, recursos junto ao Estado. Entretanto, a distância entre a Turma OK e o MHB pode ser explicada de outras maneiras. Para Pedro Paz, a não-adesão da Turma OK ao MHB pode ser compreendida em função do caráter clandestino pelo qual muitos sócios ainda mantinham sua sexualidade. Para esses homens, não era interessante ter uma identificação aberta com a "causa homossexual", tal como aquela proclamada pelos "grupos homossexuais" organizados, já que ela poderia revelar seus "segredos" mais íntimos.

No plano interno, a década de 1980 marcaria a institucionalização da Turma OK, incluindo nesse processo a instalação em uma sede própria e a criação do seu estatuto. A Turma OK passaria então a viver o seu "Segundo Período". Em 1984, assumiria a presidência da Turma Anuar Augusto Farah y Jaber. A gestão de Anuar seria marcada pela realização dos grandes concursos de "beleza transformista" promovidos pelos "okeis". Segundo Anuar, foi durante a década de 1980 que os concursos promovidos pela associação deixariam de ser realizados nos apartamentos e passariam a ser feitos em clubes de grande porte e conhecidos pela sociedade mais ampla, como o Sírio-libanês.

---

20 Apesar do distanciamento político em relação ao MHB, a Turma OK manteve relações amistosas com este movimento e com a sua agenda. Um exemplo dessa relação foi sua participação no VI Encontro Brasileiro de Homossexuais (VI Ebho), realizado no Rio de Janeiro, entre os dias 29 a 31 de maio de 1992 (FACCHINI, 2005).

Na gestão de Anuar, a Turma OK alugou sua sede. O casarão que era conhecido como "Sobradão das artes", e servia de ateliê a José Antônio Santa Rosa, sócio da Turma, fora o espaço escolhido para esse fim. Ele localizava-se na Rua do Rezende, 43. Como a Turma OK ainda não possuía existência jurídica, o contrato da nova sede teve que ser firmado por José Luiz Adolpho Bahiana (chamado "Paizinho"), que junto com Agildo Guimarães e José Antonio Santa Rosa passaram a responsabilizar-se pelas obrigações contratuais decorrentes da locação do imóvel. Na segunda gestão de Anuar Farah, a Turma OK conquistou sua personalidade jurídica. A partir de então, pôde firmar seu primeiro contrato de aluguel, em 1º de outubro de 1988. No início, o grupo ocupava um andar, depois foram apropriados os outros três andares do prédio. Anuar lembra com saudades dessa sede, que contava com amplos espaços, como o salão de estar onde se organizava uma recepção. Nas paredes desse espaço eram coladas as fotos e os diplomas que contavam a história da Turma OK.[21]

Por razões profissionais,[22] Anuar se manteve afastado da Turma por 10 anos. Nesse ínterim, vários outros sócios comandaram os destinos da associação, como José Luiz Adolpho Ferreira Bahiana (o paizinho), José Rodrigues de Souza, Gilberto Costa Ribeiro, Agildo Bezerra Guimarães, Roberto Andrade, Adalberto Fonseca Filho, muitos dos quais pertencentes à antiga formação da Turma. Somente em 1998 Anuar voltaria a compor o quadro de sócios da Turma, ocupando novamente o cargo de presidente, do qual só se despediria em outubro de 2006. Anuar ocupou seis mandatos de presidente na Turma OK, além de cargos administrativos como Diretor Social em outras gestões.

Em 2008, a Turma OK se mudou para o número 42 na mesma Rua do Rezende. Anuar conta que nesse momento passaram a pagar um aluguel mais caro por um espaço menor. A mudança foi o reflexo de uma série de problemas financeiros e de ordem administrativa pelos quais o grupo vinha

---

21 Com a mudança para a nova sede na Rua do Rezende, 42 em 1984, essas fotos e diplomas foram colocados em um pequeno quarto junto ao camarim, sem qualquer tipo de tratamento adequado para a sua preservação.

22 Anuar não foi explícito em relação a esse ponto. Contudo, como ele esteve envolvido com eventos de moda, acredito que este seja um dos motivos que o teriam levado a se ausentar da Turma OK nesse período.

passando. No momento, presidia a associação Luiz Augusto, apelidado de Mimosa Kerr, filho de José Luiz Adolpho Ferreira Bahiana (o paizinho), a quem se atribui o ressurgimento da Turma OK na década de 1970. Segundo Mimosa Kerr, os problemas financeiros começaram na última gestão de Anuar Farah. As inúmeras festas e concursos, assim como a inadimplência de alguns sócios teriam deixado uma herança de dívidas à Turma OK. Anuar saiu sob a acusação de desvio de dinheiro, o que o deixou extremamente magoado. Ele diz que tentou se defender, mas alguns "okeis" não queriam ouvir o que ele tinha para falar, fato que teria provocado o seu afastamento definitivo da associação.

Na gestão de Mimosa Kerr as desavenças entre os sócios ficaram ainda mais acirradas. As obras de recuperação da sede causaram grande discussão entre os sócios da Turma OK. Muitas reclamações foram dirigidas ao tipo de material comprado para fazer os reparos, considerado muito caro. Segundo Álvaro Marques, atual vice-presidente, o piso colocado no camarim foi uma das principais razões para as queixas, por ser um piso caro e pesado, causando o rebaixamento do teto no andar inferior (área do palco), o que demandou mais obras de reparo. Nesse momento, as brigas nas assembleias se tornaram mais frequentes e violentas. Algumas dessas brigas terminavam com tapas e ameaças entre os sócios. Mimosa Kerr saiu do cargo acusada de má-administração e responsabilizada pela dilapidação do patrimônio da Turma OK. Alguns sócios, como Ilona de Martini, contaram que depois da gestão de Mimosa Kerr muitas fotos e outras memórias da Turma OK desapareceram.

Depois desse período turbulento, novas eleições foram convocadas, sendo eleito por unanimidade Benito Falbo, presidente na ocasião da pesquisa. De acordo com Anuar, que mesmo fora da associação apoiou e mobilizou amigos para votarem em Benito, a escolha do novo presidente atendeu a uma demanda por controle das finanças. Benito Falbo, para Anuar, é um homem de comprovada experiência comercial e poderia fazer a Turma OK arrecadar dinheiro e sair da crise na qual se encontrava.

Em janeiro de 2011, a Turma OK fez 50 anos. Para as comemorações do seu Jubileu de Ouro foi realizada uma missa na Igreja de São Crispim e São Crispiniano e uma pequena recepção nas dependências da associação para sócios e amigos. Anuar lamenta a pouca pompa com que foi comemorado o aniversário do grupo. De acordo com ele, uma festa de gala deveria ser realizada para celebrar a longevidade da Turma, "uma das mais antigas do mundo", diz. Com Benito na presidência, a casa vem conseguindo manter as contas equilibradas, mas parece que esse controle está vinculado à diminuição das festas que fizeram, nas décadas de 1980 e 1990, a Turma OK ficar famosa no cenário carioca, o que vem causando insatisfação em muitos sócios, sobretudo os mais antigos.

Considerações finais

O surgimento Turma OK na década de 1960 esteve intimamente relacionado ao processo de consolidação de identidades coletivas relacionadas à diversidade de gênero e sexualidade no Rio de Janeiro. A percepção corrente entre os seus membros de que o grupo era uma "família" permitiu criar uma rede social baseada em laços de amizade. Essa rede foi responsável pela integração desses homens em uma intensa vida social. Ao mesmo tempo, permitiu "inventar" formas de vir-a-ser relacionadas às sexualidades dissidentes em um período marcado pela falta de liberdade.

Os shows de artistas-transformistas, concursos e outras apresentações são as principais atividades organizadas pela Turma OK. Em torno dessas atividades estão hoje "homens homossexuais" e "gays", muitos dos quais envelheceram junto com a Turma OK, outros foram incorporados mais tarde. No passado esse grupo foi um símbolo de resistência frente ao modelo de sociedade desenhado pela ditadura. Hoje, tenta se afirmar como "patrimônio cultural" da Lapa, na busca de receber um público cada vez mais diversificado interessado em apreciar sua principal criação: a arte transformista.

Durante a pesquisa, nos eventos em que estive presente, e acredito que ocorre algo semelhante nos outros, sempre há um momento reservado à recordação do passado. Em todos esses eventos, esses homens fazem questão de lembrar o "mito de origem" da Turma OK, ou seja, quando eles ainda se encontravam nos apartamentos e aplaudiam seus shows com os dedos. Acredito que essa iniciativa tem o objetivo de celebrar os laços de amizade a partir de uma memória afetiva comum. A memória de um passado de poucas liberdades, mas ainda de conquistas de homens que ousaram. Esse "mito de origem" passa de boca em boca, foi transmitido a mim em uma das primeiras conversas que tive com Álvaro Marques. Através desses eventos ele é revivido, sendo reproduzido pelas novas gerações que frequentam o casarão.

Somos o quê mesmo?

João Silvério Trevisan [1]

Início com cara de final

Desde sua fundação em 1978, antes mesmo de ser batizado como *Somos,* o projeto básico do primeiro grupo ativista brasileiro na área LGBT implicava propostas muito contundentes. Considerando o contexto daquele momento político, havia dificuldades consideráveis para elaborar alguma consistência conceitual, graças à inexperiência e pioneirismo de um debate sobre direitos LGBTs, então desconhecido no campo da esquerda em que buscávamos espaço. Mencionei essas dificuldade no meu livro *Devassos no Paraíso*: "Para gente ainda ligada ao movimento estudantil, era difícil compreender que aquele grupo informe e inquieto encontrava-se assim [inseguro] justamente porque estava fermentando novas ideias sobre práxis política. Quanto a isso, havia uma crescente preocupação de contestar o ativismo como forma de busca e

---

[1] Escritor de literatura ficcional, ensaística e infanto-juvenil, tem 12 livros publicados, entre ensaios, romances e contos. O mais recente é sua primeira obra autobiográfica: PAI, PAI (Ed. Alfaguara, 2017). Realizou trabalhos como roteirista e diretor de cinema, dramaturgo e jornalista. Ativista na área de direitos humanos, fundou em 1978 o "Somos", primeiro Grupo de Liberação Homossexual do Brasil, e foi um dos editores-fundadores do mensário "Lampião da Esquina", o primeiro jornal voltado para a comunidade homossexual brasileira, ainda na década de 70.

exercício de poder. Mesmo às tontas, o então incipiente grupo buscava contestar a própria questão do poder, ciente de que nossa sexualidade (nossa *terra de ninguém*) estava sofrendo um controle social inerente a *qualquer* forma de poder disputado e conquistado. Para um período que ainda obedecia aos ecos da revolução de estilo comunista, tal proposta soava muito atrevida, quando vinda de companheiros esquerdistas, pois contestava a legitimidade das autodenominadas vanguardas de esquerda tomarem o poder 'em nome do povo'. Queríamos ser plenamente responsáveis por nossa sexualidade, sem ninguém falando em nosso nome. E, na época, isso não era pouco. Mas, durante todo o primeiro ano de vida do grupo, nosso apelo não parecia exercer muito encanto, nem entre homossexuais. Éramos um bando de solitários, atacados pela direita e abastardados pela esquerda, tateando em busca de uma linguagem mais adequada às dimensões recém-descobertas do nosso desejo. Sentíamos o gosto da impotência e da frustração."

Foi só após o famoso debate público em fevereiro de 1979, na Faculdade de Ciências Sociais da Universidade de São Paulo, então um dos polos do progressismo oficial, que o grupo adquiriu alguma maturidade para se articular minimamente. Na verdade, com o crescimento em representatividade de participantes e enriquecimento do debate político interno, só então definimos seu nome oficial: *Somos – Grupo de Afirmação Homossexual*. A elaboração do seu projeto político era ambiciosa a começar pelo nome: altaneiro, propositivo e abrangente, reivindicando nosso direito de sermos o que éramos. Mas era também um nome de natureza palindrômica: nosso estado de *ser* se afirmava com tal determinação que até mesmo quando lido ao contrário continuava *sendo aquilo que* é. Assim, nem o espelho da ideologia, que naquele momento se interpunha entre nós e nossa realidade, poderia nos iludir: mesmo pelo avesso, o reflexo sempre refletiria o que *somos*. Os objetivos políticos do grupo podiam ser resumidos em dois pilares: a absoluta autonomia da nossa voz excluída e a solidariedade fundamental para que essa autonomia se consolidasse. Acredito que esses dois propósitos fundacionais até hoje podem servir de referência para o debate em segmentos sociais que lutam por sua liberdade e seu papel político na sociedade brasileira.

Visando tal escopo de cunho politicamente inovador, durante um ano, pelo menos, o grupo articulou sua estrutura de forma rigorosamente horizontalizada, evitando qualquer concentração de poder e lideranças centralizadoras, o que criaria excluídos dentro do próprio coletivo. Ou seja, cada qual tinha direito a ser ouvido com sua própria voz, mesmo que reticente e pouco articulada. Afinal, nossos debates começavam do zero, a partir do parco conhecimento colhido no ativismo LGBT de outros países e nas atividades feministas, já bem mais articuladas e ativas no Brasil, inclusive com uma linha conceitual própria. No *Somos*, éramos rigorosamente contrários à centralização que constituía a base da práxis política da esquerda autoritária de então – e tantas vezes permanece intocada até hoje. Nosso rigor autonomista começava pela ausência de endereço fixo, para não criar centralização do grupo. As reuniões se revezavam nas casas dos/as participantes, de modo que contávamos apenas com uma Caixa Postal para os contatos e correspondência. A preocupação maior, no entanto, foi em criar um colegiado gerenciador. Para evitar hegemonias, esse "centro" se renovava a cada três meses, formado por representantes escolhidos/as dentro de cada subgrupo, em que se inseriam em torno de 100 participantes. De fato, havia vários sub grupos em diferentes áreas, responsáveis pela recepção aos novatos (chamados "grupos de reconhecimento"), atuação externa, serviços burocráticos, atuação lésbico-feminista, divulgação externa, estudos na área homoerótica, atividades artísticas. Quem entrava escolhia em qual preferia atuar.

    Num curto prazo de tempo, os rachas – tão comuns à esquerda da época – acabaram ocorrendo também no *Somos* a partir da derrocada de ambas as implicações fundacionais. O processo começou a ruir quando a *Fração Gay da Convergência Socialista* entrou no *Somos*. Éramos um grupo democrático, e não havia motivo para impedir essa entrada – assim como já integrávamos o *Grupo Lésbico Feminista*. A Convergência Socialista, grupo de tendência supostamente trotskista, era representada no *Somos* pelo americano James Green, que chegara ao Brasil alguns anos antes. Nós nos conhecêramos em Berkeley, por volta de 1975, e chegamos a ter uma curta amizade (não apenas platônica). Sua rápida passagem inicial pelo *Somos* configurava-se por duas evidências. Primeiro, sua óbvia dificuldade com a língua portuguesa, que mal começara a aprender. Mas o motivo determinante para seu afastamento, conforme ele mesmo me confidenciou, fora a discordância com seu namorado brasileiro (que mais tarde se tornaria um conhecido radialista). Também integrante da Convergência Socialista, o namorado desaprovava sua participação por condenar os movimentos de "minorias" sob o velho pretexto esquerdista de dividirem a "luta maior" do proletariado. Bem mais tarde, quando a Convergência se aproximou do *Somos*, era óbvio que alguma coisa tinha mudado na perspectiva do grupo. E James Green, evidentemente, tornou-se o braço homossexual da CS. Com inexpressiva presença no movimento LGBT brasileiro até então, Green só integrou o *Somos* no propósito expresso de se contrapor ao nosso escopo de autonomia frente aos partidos políticos. Ou seja, ao criar uma Fração Gay, a CS pretendia integrar (ou dissolver) o *Somos* no seu grupo partidário, sob a liderança de James Green. Seria como trazer a mosca para o mel. Através desse movimento sub-reptício, vimos a velha esquerda entrar em cena no nascente (e titubeante) ativismo homossexual brasileiro, trazendo vícios políticos típicos do melhor stalinismo, que se mostrou vivíssimo num grupo trotskista supostamente crítico ao autoritarismo de Stalin. A partir daí foi-se preparando o golpe, num movimento que stalinistas (assumidos ou não) sabiam fazer bem: conspirar.

A CS se preocupava em criar "áreas próximas" – expressão com que o movimento estudantil do período se referia aos simpatizantes da sua causa. Como líder da Fração Gay da Convergência, James Green escolheu alguns participantes do *Somos* considerados mais afeitos ao projeto de centralização partidária. Mesmo que não integrado aos quadros da CS, esse grupo passou por um curso de marxismo tosco e imediatista, do tipo *prêt-à-porter*, que tinha sido montado dentro do *Somos* de modo clandestino – já que ninguém mais sabia do curso além dos próprios participantes. Começava aí o projeto conspiratório para tomar o poder ou, em termos mais corriqueiros, o pontapé inicial de um típico arrivismo político. Curiosamente, essa conquista de espaço político adaptou ao clima homoerótico do *Somos* os métodos proselitistas típicos do movimento estudantil, que implicavam conchavos, manipulação e hipocrisia. Assim, a aproximação aos jovens ativistas homossexuais nem sempre visava escolhas políticas definidas, nem se dava apenas através da doutrinação explícita. No nº 26 do jornal *Lampião da Esquina*, de julho de 1980, publiquei um artigo ironizando aquilo que passamos a chamar de "política da cama", prática peculiar de seduzir rapazes para, concomitantemente, obter informações do grupo adversário e criar novos simpatizantes às posições da Convergência Socialista. Ali eu satirizava uma "revolução" na teoria da libido sublimada: "ao invés de desviar sua energia sexual para outros setores, você passa a gozar e ejacular *em favor do seu partido* (sic)." A tática era simples quando se sabia que bichinhas mais desamparadas poderiam ser permeáveis a movimentos de sedução erótica explícita, ou seja, uma cantada reforçada pelo charme de cabelos loiros e olhos verdes.

E foi assim que, dentro do *Somos*, esse grupo político mais coeso tornou-se uma só voz, a cada vez que havia debates e votações. Através de uma distorção esperta do processo democrático, as votações pendiam sempre para as pautas alinhadas a um manual que a Convergência criara e fizera circular (também de modo clandestino). Depois de previamente combinadas as decisões, o pequeno grupo convergente votava e acabava pesando na decisão majoritária final. Todo o senso de solidariedade entre oprimidos passou a ser atropelado pelo arrivismo político visando a tomada do poder: o mais forte dava a última palavra. Os autonomistas dentro do *Somos* – também chamados pejorativamente de anarquistas – ainda não conheciam processo semelhante ocorrido na tomada do jornal alternativo *Versus*, fundado em 1975 por Marcos Faerman, quem me contou a história do golpe em 1978, quando apareceram militantes da CS votando em massa para tirá-lo do posto de editor, e conseguiram. Mas já era de conhecimento geral o mesmo *modus operandi* aplicado no I Encontro Brasileiro de Homossexuais, ocorrido em São Paulo em abril de 1980, quando repentinamente apareceram pessoas alheias ao movimento LGBT para votar posições majoritárias já definidas pela CS e simpatizantes. Lembro que, estarrecidos pela manobra suja, decidimos tirar a prova dos nove: passar a mão na bunda como teste de resistência. Não deu outra: ao serem apalpados, os alienígenas machões protestavam e davam saltos de horror.

A hegemonia pretendida pela Convergência Socialista dentro do *Somos* se fizera notar já desde o esforço propagandístico, em busca de maior visibilidade. Nos protestos públicos contra o delegado Richetti, em junho de 1980, uma faixa enorme e sobranceira ostentava o nome "Fração Gay da Convergência Socialista" – mensuradamente erguida para se tornar a mais visível. Mas o estopim (ou pretexto) da ruptura foi a decisão de participar ou não da comemoração do 1º de maio de 1980, no Estádio de Vila Euclides, em São Bernardo do Campo. Nós, autonomistas, sabíamos que o *Somos* funcionaria ali apenas como acessório para que a Convergência Socialista se destacasse no cenário da esquerda (reunida no local) como uma agrupação política diferenciada, ou seja, a mais avançada, com uma inédita proposta pró homossexuais. E foi exatamente o que aconteceu: um grupo de homossexuais masculinos e femininas desfilando debaixo de uma faixa dominante da Convergência Socialista. Esse fato polêmico, já narrado por mim desde a 1ª edição de *Devassos no Paraíso*, determinou a divisão definitiva dentro do *Somos*, já que não era mais possível conviver num ambiente de desconfiança, em que todo o grupo tinha que seguir a linha determinada previamente por James Green e sua turma. Sei que meu distanciamento do *Somos* foi determinante para o racha. Terrivelmente ocupado com o jornal *Lampião da Esquina*, do qual eu era um dos editores/fundadores, a partir de determinado ponto eu diminuí minha participação sistemática nas reuniões do grupo. Mas continuei mantendo contato direto, seja através do próprio jornal (participantes ajudavam na distribuição e elaboração de matérias do *Lampião*), seja através do meu namorado de então, um dos fundadores do *Somos*, junto comigo. Mas não só. Por ter mais experiência, eu estava incomodado com minha liderança e a influência que podia exercer nos debates do grupo, o que contrariava nossa proposta inicial de dar voz a cada participante. Essa ausência foi crucial para o lugar de liderança tomado por James Green, que costumava fazer afirmações em meu nome. A tal ponto que precisei divulgar uma carta dentro do *Somos*, alertando que ele estava longe de ser meu porta-voz.

Um crescente clima de mal estar foi se instalando entre antigos companheiros de luta, agora tornados adversários. A padronização revolucionária começou a se impor em níveis até então inimaginados. Foi assim que, emblematicamente, o grupo hegemônico passou a manifestar incômodo com as bichas efeminadas, cujo padrão afetado podia escandalizar a seriedade das lideranças proletárias (lembrar que, na época, o líder metalúrgico Lula negava, em entrevista ao jornal *Lampião da Esquina*, a existência de homossexuais na classe operária). Num debate sobre o tema, causou furor quando Zezé, uma das bichas mais pintosas dentro do *Somos*, apareceu provocadoramente de batom, unhas pintadas e sapatos de salto alto. No desenlace que não demorou a acontecer, os autonomistas perderam a maioria, de modo que tanto o direcionamento político quanto o nome *Somos* ficaram com a Convergência Socialista. Sem espaço, o grupo divergente foi obrigado a se retirar, meio às tontas, inclusive em busca de um nome que o caracterizasse e que, enigmaticamente batizado de *Outra Coisa*, acabou não durando muito. Aproveitando a confusão, as participantes lésbicas do *Somos* decidiram também se separar, sob pretexto de que se tratava de uma disputa entre homens, e criaram à parte o *Grupo de Ação Lésbica-Feminista* (GALF). Todos nós que sonhávamos com uma experiência de renovação da esquerda, para um projeto autonomista e não autoritário, choramos lágrimas nada metafóricas, por nosso imenso desconsolo ao ver um sonho que ruía. Posso dizer que foi um dos momentos mais amargos da minha vida. Com perdão antecipado pelo jogo de palavras, a partir daí o *Somos*, primeiro grupo de ativismo homossexual do Brasil, tornou-se um lamentável *Fomos*. E não estou exagerando na ênfase, como se verá.

Logo após esse golpe, a Convergência Socialista decidiu se integrar ao recém fundado Partido dos Trabalhadores, e levou consigo o *Somos*, de modo que pela primeira vez o grupo teve um endereço fixo e centralizado. Emblematicamente, para não deixar nenhuma dúvida sobre seu alinhamento, o que sobrou dos participantes passou a se reunir numa sala do sobrado que abrigava o diretório do PT no bairro do Bixiga, centro de São Paulo.

Como não era fato incomum no caso dessas pequenas dissidências ideológicas, a própria Convergência Socialista deixou às traças o que restava do grupo *Somos*, tão logo o entregou nas mãos do Partido dos Trabalhadores. O mesmo já ocorrera com o jornal *Versus*, que depois de tomado pela CS em 1978, encerrou as atividades no ano seguinte. Atente-se para a incongruência da luta intestina, considerando que o *Versus* era um jornal de tendência igualmente trotskista, que fazia dura oposição à ditadura militar, além de abrigar grupos feministas e o Movimento Negro Unificado. Tudo indica que, mais importante do que levar adiante um empreendimento politicamente construtivo, o objetivo era tomar espaço para impedir que um grupo adversário o fizesse, resultando numa luta autofágica.

No caso do *Somos*, uma vez realizada a integração, a máscara caiu: não era mais necessário um grupo específico de homossexuais dentro de um "partido revolucionário". Tempos depois, de tropeço em tropeço, o *Somos* se dissolveu no PT e seus participantes ou foram embora ou se tornaram prioritariamente militantes do partido – projeto já previsto nos parâmetros impostos pela CS desde os primeiros movimentos para tomar o *grupo*.

Do tropeço à dissolução

No processo crepuscular do *Somos* entrou em cena, curiosamente, a figura singular e emblemática de Néstor Perlongher, que esteve presente também na pré-história do grupo. Néstor foi um poeta e acadêmico argentino, radicado no Brasil, que veio a falecer em São Paulo, no ano de 1992. Logo depois que voltei do meu auto exílio nos Estados Unidos e México, em 1976, conheci Néstor durante uma de suas vindas ao Brasil, país que ele passou a amar até o ponto de se mudar para cá, fugindo da ditadura argentina, ainda no final da década de 1970. Néstor era um jovem intelectual inquieto, com propostas politicamente atrevidas que me fascinavam. Mesmo antes de sua mudança para o Brasil, nós nos tornamos amigos e interlocutores, trocando figurinhas sobre as necessárias implementações libertárias dentro da esquerda, com os novos grupos que se integravam às lutas emancipatórias. Foi ele, aliás, quem me deu um jornalzinho (que guardo até hoje) chamado *Somos*, boletim da Frente de Liberação Homossexual então existente na Argentina – cujo nome usamos para batizar o nascente grupo brasileiro.

Lembro que, na primeira tentativa de criar um inédito grupo liberacionista homossexual no Brasil, ainda em 1977, eu não sabia por onde começar, para dar alguma consistência ao debate capenga que iniciávamos. O grupo de jovens homossexuais que consegui reunir era pouco afeito a ideias que não fossem estritamente ligadas ao socialismo e à resistência contra a ditadura em vigor. Propus a discussão de temas pouco veiculados no Brasil, como sexismo e machismo, aproveitando um artigo que encontrei nesse jornalzinho trazido pelo Néstor. Ali no grupo, ninguém entendia nada e, muito frequentemente, as pessoas sequer concordavam com aquelas minhas ideias absurdas que, segundo eles, poderiam rachar a unidade do movimento proletário na luta por uma sociedade socialista. Foi um desastre. Nem eu estava pronto para me comunicar de modo eficiente, nem o grupo estava interessado em perder tempo fora do seu mundinho político tradicional. Cheios de culpa, os rapazes sentiam que eu estava forçando a barra ideológica estrita que orientava a esquerda de então. E eu não tinha consistência suficiente para enfrentar e conduzir essa ruptura, apesar de trazer uma boa bagagem de experiência advinda do meu contato com as ideias do movimento homossexual americano, tal como conhecera em Berkeley, na California, onde eu vivera. Acho que não passamos da terceira reunião, bastante esvaziada.

Só no ano seguinte iriam aparecer as condições mínimas para reunir um grupo mais representativo, embrião do futuro *Somos*, mas carente das mesmas bases conceituais. O terreno novo em que pisávamos continuou ideologicamente pantanoso. Para a esquerda majoritária e heteronormativa, nossa luta se definia como uma das tantas lutas menores que apareciam com os novos tempos. Estávamos não apenas incorporados mas vigiados pela tal "luta maior", sobranceira e onipresente. Lembro de um dos participantes acidentais que costumava vir à minha casa reclamar de suas crises de enxaqueca, toda vez que transava com outro homem. Pouco tempo depois, eu me deparei com ele, na famosa assembleia do centro acadêmico das ciências sociais da USP. Agora, ele acusava publicamente o grupo de ativistas homossexuais de estarmos (ufa!) dividindo o movimento proletário – convenientemente esquecido de suas dores de cabeça provocadas pela culpa que o levava a se manter fiel ao proletariado. Ainda meu amigo e interlocutor, Néstor sempre esteve no fundo desse cenário, mas estranhamente não se sentiu à vontade para integrar o grupo, mesmo depois que se mudou para o Brasil.

Não muito depois da implosão do *Somos*, eclodiu a Aids, então conhecida apenas pelo nome de uma de suas doenças oportunistas: Sarcoma de Kaposi, um câncer de pele que vinha atacando mundialmente a comunidade homossexual masculina. Em 1983, quando ainda não se tinha descoberto o vírus da Aids, as notícias eram alarmantes, e São Paulo já contava o maior número de infectados no Brasil. Nem dentro nem fora do governo, ninguém sabia com exatidão do que se tratava ou o que fazer. Entre militantes LGBT de São Paulo, o racha do *Somos* lançara estilhaços de ressentimento que provocaram espantosa desmobilização, até quase o caos político dentro do incipiente ativismo. Na mídia, os médicos mais conservadores instauravam um clima de terror e perseguição à comunidade homossexual. Foi então que li num jornal uma rara entrevista positiva, sem deixar de ser alarmante, do oncologista Dr. Humberto Torloni. Recém chegado dos Estados Unidos, após estagiar num hospital de Miami, ele conhecera não só o impacto da doença quanto as primeiras articulações da comunidade homossexual americana para enfrentar o drama anunciado. E deixava claro: não havia motivos para homossexuais se sentirem culpados. Decidi procurá-lo no antigo Hospital do Câncer (hoje A.C.Camargo) onde clinicava. Terno e compreensivo, ele ficou radiante com o meu contato. Conversamos com muita franqueza: eu, perplexo com a situação e ele preocupadíssimo. Me fez então um apelo dramático: tratava-se de um problema muito grave e era preciso que eu o ajudasse a alertar a população homossexual para se organizar diante do terremoto que estava por vir. Chegou, inclusive, a me pedir sugestão de nomes que pudessem estar à frente de um Serviço Estadual para combate à doença. E sugeriu uma reunião urgente na Secretaria de Saúde para criar estruturas de enfrentamento. Saí à cata de pessoas com alguma possibilidade de mobilização dentro da comunidade homossexual. Entre outros, falei com o pintor Darcy Penteado, meu ex-colega do jornal *Lampião da Esquina*, que tinha livre trânsito em áreas da elite paulistana, inclusive governamental. Ao fim, conseguimos articular uma reunião na Secretária Estadual de Saúde, a partir da qual se articulou o primeiro Setor de Atendimento no país, embrião do serviços de Aids no governo federal.

Foi nessa perspectiva que engoli em seco e decidi procurar alguém do *Somos*, à frente do encontrei, para minha surpresa, justamente meu antigo amigo Néstor Perlongher. Naquele momento, estávamos em polos opostos no espectro político do ativismo LGBT ainda polarizado pelo racha. Não achamos lugar mais neutro para nosso encontro senão a rua. Lembro perfeitamente do local onde acabamos por conversar, no centro de São Paulo: uma pracinha no cruzamento entre as ruas Consolação, Martins Fontes, viaduto Nove de Julho, viaduto Major Quedinho e avenida São Luís. Com certeza, era uma metáfora da encruzilhada de difícil escolha em que nos encontrávamos, sem saber que rota seguir nesse momento especialmente crítico. Quando coloquei o problema e fiz a proposta da reunião, ouvi de Néstor uma resposta que me chocou: "O *Somos* está resolvendo grandes problemas internos, e não pode perder tempo com essa doença de bichas burguesas, que têm dinheiro pra frequentar as saunas de Nova York." Eu já soubera que a crise estava instalada no que restara do *Somos*, depois que os antigos ativistas do golpe tinham se desinteressado, largando a carcaça agonizante no diretório do PT, em pleno Bixiga paulistano. Apesar de ouvir detalhes esparsos desses estertores, não tinha conhecimento do processo de dissolução. O ingresso de Néstor no grupo se deu por sua aproximação ao então recente partido político – daí minha surpresa, já que ele nunca se integrara ao *Somos* nos seus primórdios. Com sua cabeleira desgrenhada, Néstor me pareceu um xamã tentando exorcizar o grupo em crise agônica e completamente isolado. Mas nunca entendi por que tamanha preocupação, até o ponto de dar importância ao moribundo grupo *Somos* em detrimento à emergência da misteriosa doença que se tornaria a Aids. Vinda do Néstor que eu conhecera anos antes, a arrogância aí implícita me pareceu um mal entendido histórico, na infantil suposição de que a luta de classes filtrava uma nova doença de origem desconhecida, tão obrigatoriamente até o ponto de determinar sua incidência classista. Esse caso particular tornou-se, para mim, emblemático da alienação como forma de negar a realidade, que pode ocorrer na prática política tomada pela fé voluntarista. A preocupação de Néstor com a estruturação do grupo *Somos* petista ocorria na medida exata do descaso ante uma tragédia anunciada para a comunidade homossexual, que deveria ser o objetivo primordial do seu liberacionismo. No final das contas, tal descaso se embasava numa proposta de manual revolucionário para uso imediato: em se tratando de uma "doença burguesa", seus problemas não interessavam aos grandes projetos políticos – dos quais, portanto, a comunidade homossexual não fazia parte. Tínhamos regredido à tese da "luta menor". Como corolário, o racha do *Somos* evidenciava suas desastrosas consequências ao romper um movimento natimorto.

Depois disso, Néstor se tornou mais distante, mesmo que anos depois tenhamos nos reencontrado para que o ajudasse a traduzir um dificílimo poema seu ao português. Mais tarde, eu soube que ele tinha ficado doente numa viagem a Paris, de onde precisou voltar às pressas. Certa vez eu o vi no fundo de uma livraria, já muito magro e frágil. Quando pensei me aproximar, ele se esquivou e sumiu por entre os livros. Em 1992, quase dez anos depois da nossa rápida conversa no centro de São Paulo, Néstor veio desgraçamente a falecer em consequência da Aids, a mesma "doença burguesa" que renegara. Foi muito triste e chocante, com certeza, em meio ao terremoto que já estava em curso, quando a Aids desabou feito peste, dizimando parte da comunidade homossexual. Ficou claro que o vírus não era privilégio de nenhuma classe.

Do episódio, resultou para mim um alerta. O preconceito político--ideológico pode gerar uma fé irracional que equaciona de maneira supostamente racional (ou científica) uma suposta crença revolucionária. Portanto, articula-se um emaranhado de desastres da razão, criado em nome da própria razão. Ao desaguar numa tragédia real de dimensões catastróficas, esse pequeno mal entendido ideológico que testemunhei mostra como manuais de ciência política não conseguem acompanhar nem captar o ritmo trepidante e tantas vezes imprevisível da História. Ou seja, manuais podem facilmente incorrer no risco de disfarçar, distorcer ou ocultar a realidade. O princípio é o mesmo da fé religiosa: você acredita naquilo que é dito em nome de uma autoridade superior, ainda que possa ir contra os fatos. É também o princípio de toda autocracia política, especialmente quando centrada em lideranças carismáticas. Mais cedo ou mais tarde, a receita está fadada ao fracasso histórico. Além de adentrar o terreno das *fake news* (muito mais antigas do que imaginaríamos), essa fé cega induz a uma perda parcial, quando não total, de contato com a realidade. Mais ainda: os fatos interessam menos do que as interpretações sobre eles.

Ora, nas sociedades modernas cada vez mais complexas e de difícil apreensão, as teorias revolucionárias do passado se revelaram escorregadias e duvidosas. Ao invés de fazer perguntas pertinentes, é mais cômodo encontrar interpretações que, mesmo quando não convincentes, são hipnóticas por sua aparente capacidade lógica. Isso facilita a vida, pois pensar os fatos do presente imediato pode se tornar uma tarefa demasiadamente aflitiva. Assim, melhor ouvir o que está sendo dito por especialistas. Não apenas religiosos bíblicos praticam a exegese em busca da verdade absoluta. A especialização numa ordem de pensamento político ou num ramo do saber lógico cria quase automaticamente exegetas que são muitas vezes tentados a desvendar o Absoluto, ou seja, inventar dogmas. Enquanto especialistas, esses seres privilegiados ganham seguidores fiéis que absorvem seu pensamento como regra a ser seguida. Um dos motores dessa lógica do especialista político é a paranoia. Diz-se que a realidade é muito mais paranoica do que paranoicos clássicos poderiam admitir. Mas esse é exatamente o terreno ficcional em que inúmeras vezes os especialistas mergulham, sem admitir a ficção em que estão surfando. Ou seja, surfam numa Verdade que seu sistema paranoico inventou ou, no mínimo, propôs como Absoluta.

Em que pé ficamos?

A partir do racha nunca cicatrizado do *Somos*, há 40 anos, ainda hoje se pode fazer uma pergunta num contexto mais geral: por que grupos de oprimidos escamoteiam com tanta facilidade o conceito de solidariedade e, ao entrarem em feroz competição interna, acabam reproduzindo o mesmo projeto opressor que combatem? Tudo isso, bem entendido, por disputa do seu pequeno poder – aquele mesmo que se almejaria conquistar solidariamente. Para mim, há um equívoco imbricado exatamente nessa ideia de luta pelo poder, em que vale tudo para se chegar ao objetivo de um grupo hegemônico, na contramão de um poder que deveria ser diluído entre todos/as. Na inevitável fragmentação dos rachas resultantes, não é de secundária importância a perda do senso de solidariedade, que deveria ser a argamassa da resistência dos setores oprimidos.

Mas há também uma pergunta de teor mais específico: por que isso aconteceu em pleno florescimento de um movimento social de teor inédito na cultura brasileira? A farta abordagem histórica das circunstâncias de surgimento do *Somos – Grupo de Liberação Homossexual*, em São Paulo, 1978, praticamente passou ao largo de uma análise de cunho político mais legítimo e instigante, quando se atenta para os detalhes. Pareceria óbvio estudar qual o sentido, na vida brasileira, da eclosão e imediata implosão desse núcleo fundador da luta pelos direitos de uma camada que ainda é excluída até a invisibilidade, na população brasileira contemporânea. Uma das possíveis respostas é que, apesar de óbvio, buscar os sentidos desse incidente político pontual correria risco de ser incômodo ao ponto de provocar mal estar em determinadas áreas políticas poderosas.

Pois bem, estou aqui peitando tal incômodo. E não me é nada fácil escrever sobre isso.

Antes da guinada histórica do surgimento do *Somos* (acoplado à criação do jornal *Lampião da Esquina*) homossexuais só existiam publicamente nos relatos policiais e na crônica midiática mais rasteira, como motivo de perseguição, calúnia, humilhação e ataque moralista. Quando menciono acima um "cunho político legítimo e instigante" entendo uma abordagem sobre os sentidos e consequências, na vida brasileira, do despertar dessa população para a cidadania – ainda que atrasado e lento, comparativamente a várias outras democracias ocidentais. Em geral, o que nossos estudos acadêmicos têm abordado são os efeitos dentro do próprio segmento homossexual – com os paulatinos desdobramentos identitários que, de tantos, logo deverão abranger todas as letras do alfabeto e, a meu ver, estão antecipando o risco da fragmentação no horizonte de solidariedade entre oprimidos. O aspecto compartimentalizado dessas abordagens acadêmicas reforça o sentido de gueto em que sempre viveram milhões de cidadãos/cidadãs homossexuais e gênero-identitários, primeiro dentro do armário e, após a deflagração do processo de conquista de direitos, fora do armário mas dentro de uma gaveta sociopolítica e ideológica firmemente delimitada.

O mais óbvio aspecto, esquecido ou desdenhado nessas análises, é o nascimento e quase imediata diluição do primeiro grupo de liberação homossexual dentro do então recém fundado Partido dos Trabalhadores, por obra do condomínio político da Convergência Socialista, que foi se diluir dentro desse partido. Vocacionado para ser uma versão modernizada dos partidos comunistas nos regimes do socialismo real, o PT importou deles certas convicções fundacionais. Uma delas afirmava que, uma vez no poder, o Partido representaria todos os interesses da classe proletária e assim contemplaria os anseios populares. Na realidade, ao compor as bases do PT, os movimentos sociais libertários passavam a ser braços do Partido em setores específicos da sociedade. Daí, sua essência e identidade perdiam a razão de ser, dentro de um corpo político mais amplo.

Fato até então inédito na política brasileira, a verdade é que o PT integrou em sua base os mais diversos tipos de movimentos sociais então existentes – em diferentes colorações políticas de centro esquerda, da igreja católica aos comunistas, stalinistas e trotskistas. Assim se pode entender como boa parte deles passou a se comportar de acordo com a pauta petista, às vezes dando mesmo a impressão de serem correias de transmissão do Partido. A maneira errática como ocorreu a integração do *Somos* ao recém fundado Partido dos Trabalhadores é um fato desconhecido quando não até menosprezado por acadêmicos e estudiosos, inclusive nas áreas de diversidade e gênero. Pela especificidade das circunstâncias em que ocorreu, trata-se de um elemento importante no estudo da gênese dos movimentos sociais brasileiros. Ao ser levado para dentro do PT, a peculiaridade do *Somos* é que não houve uma integração a partir de dentro do grupo, mas uma imposição de fora, através de uma manobra articulada artificial para chegar a esse objetivo. A circunstância peculiar é que o *Somos* não constava antecipadamente das bases petistas, pelo simples fato de não haver qualquer movimento social organizado em torno dos direitos LGBT.

Tal fato me parece indicar como a tomada do grupo *Somos* atesta a inauguração de algo que se poderia chamar de cooptação dos novos movimentos populares, por parte do Partido dos Trabalhadores, num *modus operandi* aparentemente inédito até então. Não creio que seja pouca coisa para aprimorar e aprofundar um estudo sobre movimentos sociais brasileiros e as contradições no percurso do PT em relação a eles. Parto especialmente do momento em que o Partido toma o poder em Brasília e coloca em postos de mando burocratas, intelectuais e sindicalistas alinhados a métodos políticos mais adequados para a manutenção do poder. Ora, isso corre em detrimento da representatividade real dos movimentos sociais, que muitas vezes tiveram papel meramente virtual, através da participação de seus líderes no núcleo do poder. Em resumo, a chegada ao poder cria uma pauta hegemônica do Partido que o coloca acima das pautas da diversidade dos movimentos sociais.

Em outras palavras, o método a fórceps com que a integração do grupo *Somos* ocorreu, através de um golpe, ilustra de maneira emblemática a fricção entre os interesses de um legítimo movimento de representação civil/popular inédita e as prioridades de um partido que se propunha, na melhor das hipóteses, a ser seu representante. Na pior das hipóteses, nem sempre visível a olho nu, isso implicou uma diluição do recém nascido movimento popular, ao ser cooptado pelas forças de esquerda mais ortodoxas e firmemente arraigadas na sua gramática de conquista do poder, sob qualquer custo "revolucionário", mesmo ao arrepio do respeito fundamental aos oprimidos.

O que me interessa analisar na eclosão do movimento pelos direitos LGBT, então inédito no horizonte das esquerdas do Brasil moderno, é a maneira como se processou sua diluição partidária através de uma estratégia típica dos mais clássicos e antiquados métodos de ampliação de "área de influência" e "criação" de novos quadros. Mais importante ainda: trata-se de um movimento de cooptação cuja metodologia se impôs até os dias de hoje. Longe do saudosismo melancólico de quem perdeu uma batalha, eu me preocupei em esmiuçar os detalhes históricos dessa eclosão pontual de (frágil) poder popular. O propósito é examinar os tropeços da representação partidária progressista para repensar uma esquerda contemporânea que se insira de fato e de direito no escopo de uma sociedade democrática organicamente estruturada a partir de um projeto de governo do povo, para o povo e com o povo.

No momento político brasileiro atual de confronto e dilaceramento, é mais do que oportuno integrar ao campo da esquerda a convicção de que, por mais progressista que se pretenda, nenhuma representatividade parlamentar, *ipso facto*, será suficiente para representar a extraordinária diversidade da população. Essa me parece uma proposta de especificidade com que a esquerda possa se apresentar como alternativa real a todas as instâncias da direita, cada vez mais bem articulada neste país, inclusive no seu aspecto teórico, como se vê atualmente. Os episódios de dilaceramento de uma utopia aparentemente ingênua, como o primeiro estágio do grupo *Somos* de São Paulo, podem oferecer preciosos subsídios a um projeto de legítima utopia fincada nas necessidades democráticas da realidade brasileira, para além das mistificações progressistas que douraram as sucessivas formas de autoritarismo e dogmatismo, exercidas infelizmente em nome da justiça e do povo.

O corolário desta análise foi e continua sendo claro, para mim: não se brinca com os movimentos sociais e populares. Eles são a força propulsora das transformações sociais. Sem eles, as representações políticas arriscam tornar-se ineficazes, inférteis e arbitrárias. Em outras palavras: um blefe. A esquerda precisa aprender essa lição da história, repetida vezes sem conta, sempre que as tais "lideranças revolucionárias" tomaram a frente para "mobilizar" tais movimentos populares, quer dizer, manipulá-los. A esquerda precisa abandonar essa prática que já se tornou um cacoete. Trair os movimentos populares em nome de alguma ideia de revolução passadista é um erro histórico de consequências gravíssimas – que cobram seu preço histórico ao colocar em cheque a própria ideia de "ser esquerda".

Vislumbro uma aproximação entre o gesto isolado (para não dizer "desesperado") de Néstor Perlongher e a prática dos partidos de esquerda que recriam fantasiosamente a realidade: confunde-se o princípio da realidade com o princípio do prazer. Para camuflar a evidência de uma realidade indigesta ou adversa, prefere-se transformar a práxis política em mero gozo escapista, desviando-se para as mais diversas fantasias conspiratórias e até mesmo paranoicas – que afastam ainda mais do real. Cria-se uma bolha que gira em torno de si mesma. Assim acontece com as sistemáticas recusas em reconhecer equívocos do passado, sejam na base ideológica ou na práxis política. Por exemplo: ter um governo popular sensível aos excluídos sociais não autoriza nenhum grupo a desviar dinheiro para se manter no poder. Tapando o sol com a peneira, muita gente se recusa a assumir que o campo da esquerda fez alianças oportunistas, na contramão do seu ideário de correção ética, e se envolveu em corrupção, até o ponto de buscar o aumento do patrimônio pessoal. Mesmo sem admitir, parte-se do pressuposto de que a esquerda seria incorruptível, dona da verdade e, portanto, perfeita. Ora, aceitar essa premissa certamente fica a um passo do autoritarismo religioso.

No outro lado da moeda, continuou vigorando no horizonte ideológico de muitos movimentos sociais a fé na primazia partidária. Ainda hoje permaneceu eficaz uma versão *light* da velha dicotomia entre "luta maior" e "lutas menores". A "primazia proletária" de antanho ressurge na figura do "partido popular" que exerce hegemonia sobre as (antigamente chamadas) "lutas menores", enquanto estas se comportam com fidelidade e obediência. Se a referência primordial é o Partido dos Trabalhadores, não é prioridade dele o sonho de se criar um guarda-chuva partidário que resulta pequeno demais para abrigar tantas correntes diversificadas e grupos com direções muitas vezes conflitantes. Bastaria um só, entre tantos exemplos: dentro do PT, a insolúvel oposição entre católicos progressistas e feministas, na questão quase intransponível do aborto.

Integrar-se a esse estreito guarda-chuva tem seu preço, obviamente. Pode chegar (e muitas vezes chegou) às raias da submissão e subserviência. Para a esquerda ortodoxa – aquela que cultiva um passado utópico – isso não importa. E ortodoxos hoje são em número muito maior do que se imaginaria, inclusive pelo fato de que a ortodoxia adora slogans e clichês, levada por um sentimento coletivo de "rebanho". Através de um surrado lugar comum, argumenta-se que, do ponto de vista de custo-benefício, no resultado final os grupos minoritários saem ganhando, pelo apoio que podem receber quando apoiam seu Partido no poder. Como já ouvi muitos militantes dizerem: "sem um partido revolucionário não existe revolução". E eu começaria pela pergunta básica: a qual revolução estão querendo se referir? Têm noção do significado possível do conceito de revolução nos dias de hoje? Não sei se a revolução que ainda se brande incluiria o projeto democrático em curso, algo que no passado se chamava, não sem menosprezo, de "democracia burguesa". Ou talvez se pretenda manter o desprezo ao processo democrático – imperfeito por natureza, já que democracia de fato deve estar em permanente devir e evolução. Pelas amostragens nesse festival de *revival* político visto nas redes sociais, parece que voltar ao passado seria um ato revolucionário em si. Diante dos fatos, infelizmente sou obrigado a suspeitar que a esquerda ortodoxa esteja tornando o passado um fetiche – através de exegetas donos da verdade, além dos heróis, mártires e mestres messiânicos. Então pergunto, não sem certa ingenuidade: é possível existir esquerda aferrada ao passado como a um mito? Até onde sei, não é uma prioridade da direita eleger a tradição como sua espinha dorsal e mantê-la como referência? Em outras palavras: a esquerda estaria imitando, inconscientemente ou não, a direita? O possível quadro apocalíptico que se apresenta diante dos nossos olhos é este: por um lado, uma esquerda à direita, a despeito de si mesma. E, do outro lado, uma direita assumida que se tornou totalmente histérica – como temos visto nos eventos recentes em que o fanatismo reacionário partiu para o ataque em várias frentes. A histeria se apresenta não apenas nos protestos agressivos e retrógrados para fechar exposições, mas também nos ataques diretos à filósofa Judith Butler, em São Paulo. Ou no atropelo ao projeto de convívio democrático, quando se disparam tiros na caravana lulista. E, no limite, a histeria chega à eliminação física de promissores líderes populares, como no infame assassinato da vereadora carioca Marielle Franco. Tudo isso, é claro, sob o beneplácito de partidos que compactuam com seu silêncio, de políticos evangélicos fundamentalistas ou da bancada militarista que aplaude Bolsonaro, o perigoso mentor da linha dura cujo máximo sonho democrático é "arma para todos". Mais ainda, convém lembrar que, revolução por revolução, o passadismo chegou até os caminhoneiros e seus patrões, quando articularam a greve de maio de 2018, cujo pedido-corolário foi a volta da ditadura militar.

Conclusão

Se abordei aqui casos particulares, como os episódios que vivi com o grupo *Somos* e Néstor Perlongher, foi na tentativa de elucidar este contexto de equívocos políticos muito mais amplo em que nos encontramos, 40 anos depois. Através desta análise direta e sem filtros, minha intenção está longe da difamação para desonrar memórias – mesmo porque o afeto envolvido em vivências intensas e em antigas amizades antes faz doer do que regozijar-se pelos mal entendidos do passado e seus desenlaces amargos. Trata-se, portanto, de resgatar fatos, mesmo que incômodos, para analisar em que pontos, como e quando nos equivocamos – eu, inclusive. Só assim, acredito, será possível continuar o processo de aprimoramento da práxis política democrática. É algo que a esquerda hegemônica esquece ou menospreza, sempre que se nega a rever seu passado e corrigir rotas, resvalando tantas vezes no conformismo. Ao contrário, creio que as lições da História permitem um importante aprendizado para mentes e corações dispostos à incansável decifração da realidade, essa nossa Esfinge maior. Por isso, na condição de velho guerreiro, perplexo ante o quadro político da atualidade, deixo uma grave pergunta, na intenção de decifrar o enigma: transcorridos estes 40 anos, será que a esquerda brasileira teria abandonado seu projeto fundacional enquanto *Somos*, para mergulhar na mediocridade passadista de um *Fomos*?

Pederastas e Meretrizes trabalho, crime e cotidiano nos jornais de Manaus (1967-1972)

Michele Pires Lima[1]
Patrícia Melo Sampaio[2]

Doce de Côco aguardava, com muita expectativa, a chegada do Carnaval de 1971. Estava preparando sua fantasia há meses e já havia gasto muitos "milhares de cruzeiros". Sua casa, no Beco Tarumã na Praça 14 de Janeiro, era também seu lugar de trabalho. Ali, nas horas vagas, bordava o belo traje que, certamente, brilharia na avenida quando desfilasse pela Escola de Samba Acadêmicos do Conjunto Castelo Branco. A casa onde vivia pertencia a Mococa, seu amigo desde que veio de Porto Velho para Manaus em 1965 com 15 anos. Eles se conheceram na Escola de Corte e Costura e lá formaram "sólida amizade". Além deste, Doce de Côco fez outro curso de cabelereiro e especializou-se em montar perucas, atividade que os sustentava nos últimos anos. Mococa era o responsável pelas encomendas e Doce de Côco, pela sua confecção.[3]

---

1   Bolsista de Iniciação Científica/CNPQ/UFAM, graduanda em História pela Universidade Federal do Amazonas (UFAM) e membro da Associação de Travestis e Transexuais do Amazonas – ASSOTRAM.
2   Professora Titular do Departamento de História da Universidade Federal do Amazonas (UFAM), bolsista de Produtividade/CNPq e membro do Conselho Fiscal do MANIFESTA LGBT+.
3   "Dor e luto no submundo", *Jornal do Comércio*, n. 20.633, Manaus/Amazonas, 21/02/1971, p. 1

As perucas eram uma fonte de renda e de muitos problemas. Em junho de 1970, os dois foram parar na Delegacia por conta disso. As clientes insatisfeitas eram Lindomar Rodrigues, Florize Rocha e Safira Santiago que reclamavam suas perucas ou seu dinheiro de volta. Não era a primeira vez que isso acontecia. O comissário Geraldo Dias, velho conhecido, resolveu deter os dois "cascos finos" ameaçando-os de processo por "roubo e abuso de confiança de respeitosas madames". Mococa concordou com a devolução do dinheiro, mas Doce de Côco pensava diferente: "Poxa, Comissário, tá pensando que ganho na vida fácil, é? Não vou poder restituir o dinheiro dessas bichas antipáticas não! Não pago, não pago, não pago!". A petulância custaria caro daquela vez. Recolhidos ao xadrez, os dois só foram soltos quando se comprometeram a devolver o dinheiro.[4]

Mesmo depois da passagem pela Delegacia, as perucas continuavam não sendo entregues no prazo. Em novembro, foi Mococa que encontrou mais uma freguesa insatisfeita Jovina Gonçalves tinha adiantado dinheiro e material e nada de receber sua peruca nova. Um dia, avistando Mococa na Avenida Eduardo Ribeiro, foi tirar satisfações. Não funcionou. Teve discussão e uma tentativa de agressão. Jovina foi à delegacia denunciar Mococa que foi chamado a se explicar mais uma vez.[5]

Afinal, chegou 1971. Já passava das 22 horas daquela Sexta-Feira Gorda, 19 de fevereiro. Maria Antonieta Pereira de Souza, meretriz, estava trabalhando na Avenida 7 de Setembro quando encontrou Doce de Côco. O atraso na entrega de sua peruca foi exatamente o motivo da conversa. Os dois se desentenderam. Discutiram. Ela o chamou de ladrão; ele lhe deu uma bofetada que a fez rolar pelo chão. Quando levantou, o canivete que guardava no decote foi parar no peito de Doce de Côco. Mococa chegou com um grupo de amigos e tentou segurar Maria. Ela conseguiu fugir enquanto Doce de Côco era levado para o pronto-socorro. Tudo em vão. Ele morreu no táxi. Tinha 22 anos. Maria foi presa por volta das 3 horas da madrugada no bairro de Educandos. Tinha 20 anos.

---

4   "Enxutos em novas falcatruas no DRF", *A Crítica*, n. 7.120, Manaus/Amazonas, 29/06/1970, p.16.
5   "Mococa de furto". *Jornal do Comércio*, n. 20.560, 25/11/1970, p. 6

Astrid, Fininho e Mococa lamentaram profundamente a morte do companheiro. Estava tudo planejado e eles iriam "botar prá quebrar" naquele Carnaval. A fantasia de Doce de Côco ainda estava inacabada sobre a mesa. Diziam que haviam sido "traídos pelo destino" e que o Carnaval "morrera para eles". No enterro, "uma multidão compacta se fazia presente, em sua maioria, taxistas de quem a vítima era bastante conhecida". Entre os amigos que lamentavam a morte de Doce de Côco, estava Pelé, "conhecido pederasta", que teve uma vertigem quando o caixão baixou à cova. Outras "bonecas presentes também não suportaram e, em poucos segundos, o cemitério se transformou em um verdadeiro pandemônio de gritos histéricos."[6]

A história de Edson Buzaglo Cordovil ocupou enorme espaço na imprensa amazonense com foto e chamada na primeira página – *Dor e luto no submundo* –, meia página na Seção de Polícia com mais duas fotografias; uma delas é da bela fantasia. Ainda que marcada por um tom mordaz e desqualificador, a matéria do *Jornal do Comércio* faz uma descrição das circunstâncias da vida/morte de Doce de Côco, revelando dimensões de sua trajetória e de suas redes de sociabilidade. Deste modo, abre uma janela que permite vislumbrar o cotidiano de homossexuais, travestis e prostitutas em Manaus entre os anos de 1967 a 1972. A proposta deste texto é tomar como ponto de partida a "dor e o luto" e lançar luz sobre o "submundo", espaço que lhes era atribuído por definição, tendo como referência o modo como a imprensa retratava estes grupos na cidade.

Este texto nasceu de um projeto de iniciação científica financiado pelo CNPq e interessado em analisar o mundo do trabalho sexual em Manaus durante os anos de 1967-1970. O período escolhido é significativo porque foi um momento de mudanças importantes na cidade em decorrência da implantação da Zona Franca de Manaus - ZFM a partir de 1967. Houve todo um reordenamento da área central da cidade para acomodar as novas lojas de produtos importados e isso incluiu a desmontagem da "Cidade Flutuante", gigantesco bairro que existia sobre as águas do rio Negro próximo a esta área central, bem como o reforço do controle policial já que esta era a região preferencial de atuação de prostitutas e travestis. Nesta reorganização

---

6   "Bonecas verteram lágrimas na morte de Doce de Côco". *Jornal do Comércio*, n. 20.633, 21/02/1971, p. 6.

dos espaços de trabalho e moradia, o mundo do trabalho sexual estava fora de contexto e sua permanência era indesejada. Tais intervenções obrigaram a um sem-número de rearranjos nos "submundos" de Manaus gerando tensões e conflitos que se somaram ao recrudescimento da repressão a estes grupos sociais em função do contexto da Ditadura Militar no Brasil (1964-1985).[7]

Foi assim que mapeamos seus lugares de atuação e as relações que mantinham com outros personagens que transitavam nestes territórios do "baixo-meretrício", buscando vislumbrar embates e resistências diante da repressão policial. Ao escolher os jornais como fonte, também pretendíamos recuperar uma determinada "gramática de identificação", isto é, as palavras/ expressões utilizadas pela imprensa para designar prostitutas e travestis. Os resultados revelaram muito mais do que esperávamos e parte das questões suscitadas serão, de modo preliminar, abordadas neste texto. De alguma maneira, o assassinato do "pederasta" Doce de Côco pela "meretriz" Maria Antonieta nos permite acessar estes mundos e dar a conhecer uma pequena parte de histórias que ainda não foram contadas pela historiografia.[8]

---

[7] LIMA, Michele Pires & SAMPAIO, Patrícia Melo. *Entre Mundanas e Travestis: o mundo do trabalho sexual em Manaus a partir dos jornais (1967-1970)*. Relatório de Pesquisa (PIBIC/CNPq). Universidade do Amazonas, 2017. A Zona Franca de Manaus foi criada pelo Decreto-Lei n .3.173, de 06/06/1957, e implementada pelo Decreto-Lei n. 288 de 28/02/1967, sob a supervisão da SUFRAMA. Para uma leitura mais detalhada, ver SERÁFICO, José & SERÁFICO, Marcelo. A Zona Franca de Manaus e o capitalismo no Brasil, *Estudos Avançados*, São Paulo, 19 (54), 2005, pp. 99-113. Sobre a Cidade Flutuante, ver SOUZA, Leno José Barata. "*Cidade Flutuante" Uma Manaus sobre as águas. (1920-1967)*. Tese (Doutorado em História Social). Pontifícia Universidade Católica de São Paulo- PUC--SP. São Paulo, 2010.

[8] Um esclarecimento necessário. Optamos por indicar os nomes civis dos personagens aqui citados porque verificamos que o uso exclusivo de seus nomes sociais não colaborava na continuidade da pesquisa pela imprensa. Um exemplo é o que acontece com Mococa (Antônio Souza de Lima), nome que será utilizado por outras pessoas em anos posteriores e que só foi possível diferenciar de nosso personagem por conta do nome civil. Também seguimos a sugestão de James Green e Renan Quinalha chamando a atenção para o anacronismo do uso dos termos Pessoas Trans ou LGBT neste período da história brasileira, denominações recentes e resultantes do avanço do movimento social. Quando pertinente, recorremos à expressão *homossexualidades*, tal como utilizam estes autores. GREEN, James N & QUINALHA, Renan. *Ditadura e Homossexualidades: repressão, resistência e a busca da verdade*. São Paulo: EDUFSCAR, 2015, p.11.

As cidades possíveis: Manaus no plural

Na década de 1960, a capital do estado do Amazonas já era uma cidade importante na região amazônica, contudo, a Zona Franca marca um ponto de inflexão. Concebida como parte de uma estratégia desenvolvimentista do Estado para a Amazônia, a proposta era criar um pólo industrial, comercial e agropecuário capaz de alavancar a economia regional. Para isso, foi criada uma área de livre comércio de importação/exportação e estabelecidos generosos incentivos fiscais para implantação de projetos com este perfil. A primeira fase de implementação da ZFM (1967-1976) foi o momento da liberação de produtos importados e, em Manaus, caracterizou-se pela ampliação da atividade comercial, do fluxo turístico doméstico de consumo, da expansão do setor terciário para atender esses novos contingentes de turistas e migrantes e pelo início da atividade industrial.

Quando Doce de Côco chegou à cidade em 1965, a Zona Franca era um projeto em construção. Na visão das elites locais, como bem aponta Patrícia Rodrigues da Silva, Manaus estava nascendo de novo e o êxito da ZFM era parte essencial para a consecução deste ideal de progresso e modernização da cidade. Justifica-se, portanto, a crescente chegada de migrantes esperando ser incorporados a este mundo do trabalho que se abria na Amazônia. Os dados demonstram que Manaus cresceu de modo espetacular entre as décadas de 1960/1970 registrando taxas de crescimento da ordem de 79,71%. Em 1960, a cidade tinha 173.703 habitantes e, em 1970, já somavam 312.160 pessoas. Nascido em Rondônia e recém-chegado à capital, é razoável considerar que Doce de Côco possa ser contado entre estes números.[9]

Outro elemento essencial para entender as novas dinâmicas urbanas a partir da ZFM diz respeito à questão da moradia e a ação do Estado será fundamental. A construção de conjuntos habitacionais para atender às demandas de habitação popular em Manaus vai ser efetivada por meio do Banco Nacional de Habitação – BNH, criado em 1964. A Companhia de

---

9   SILVA, Patrícia Rodrigues. *Disputando espaços, construindo sentidos: vivências, trabalho e embates na área da Manaus Moderna (Manaus/AM, 1967-2010)*. Manaus: EDUA, 2016, p. 159-160. Sobre as taxas de crescimento de Manaus, ver FONSECA, Vânia; CORREA, Cleusa M. A evolução da população de Manaus- 1950 a 1970. I - Evolução da população e dos padrões de mortalidade. *Acta Amazônica*, Manaus, v. 2, n. 3, dez. 1972, p. 59-73.

Habitação do Amazonas – COHAB/AM será responsável pela execução desta política e, dentre os conjuntos construídos em Manaus a partir de então, estão os conjuntos de Flores (Flores) e o Costa e Silva (Raiz), destinados a abrigar os moradores da Cidade Flutuante, e o conjunto Castelo Branco (Parque 10), área de balneários e chácaras. Este último era a sede da Escola de Samba onde desfilavam Doce de Côco e seus amigos.[10]

Neste período, a cidade expandiu-se territorial e demograficamente, reordenando suas formas de moradia e de trabalho, ao mesmo tempo em que definiu o tipo de ocupação e de personagem que deveria estar na cena pública. À luz do dia, o morigerado e ordeiro perfil dos trabalhadores diurnos, como comerciários, industriários, trabalhadores braçais e um sem--número de prestadores de serviços. À noite, era a vez dos indesejados, isto é, mulheres e homens de comportamento indecoroso habituados a práticas criminosas, os habitantes do submundo. Os jornais revelam o centro de Manaus como um lugar de intensas disputas de espaço e de sentido. Inserido nas dinâmicas da cidade, o mundo onde se realizava o trabalho sexual era heterogêneo, incluindo prostitutas, travestis, maconheiros e vadios que construíram intrincadas redes de relações sociais para existir e resistir nestes mundos hierarquizados. Em 1968, já eram evidentes as restrições desses indesejados quando a repressão se dedicava a bani-los desta parte da cidade e em reservar as "praças centrais para as famílias" não mais permitindo o "abuso que vem ocorrendo por parte das 'mariposas'."[11]

A imprensa lançará um determinado tipo de luz sobre esse mundo. Como nos sugeriu Beatriz Marocco, os jornais vão atuar como importantes agentes de controle social na medida em que, por meio de suas páginas, vão aproximar a "boa sociedade" da realidade de grupos sociais desqualificados na cidade. Ao mesmo tempo, esta estratégia de dar visibilidade ao grupo heterogêneo de indesejados desembocava em uma forma de monitoramento das instituições e agentes responsáveis pela manutenção da ordem urbana,

---

10   OLIVEIRA, José Aldemir e COSTA, Daniela. A análise da moradia em Manaus (AM), como estratégia para compreender a cidade. *Revista Electrónica de Geografía Y Ciencias Sociales*. Universidad de Barcelona. Vol. XI, n°. 245 (30), 2007. Disponível em: http://www.ub.edu/geocrit/sn/sn-24530.htm

11   "Vara procura mercadores de menores e a polícia em combate à prostituição", *A Crítica*, n. 5.345, 27/05/1968, p. 8.

ou seja, quanto mais estes "elementos perigosos" apareciam nos jornais, mais se demandava repressão. Desta maneira, fica plena de novos sentidos a manifestação feita em 1967 pelo Delegado do Distrito de Educandos,Tenente Orlando da Cruz, quando se comprometeu com a melhoria da ordem e da tranquilidade social daquele bairro, "se porventura, continuar por mais tempo à frente desta Delegacia Geral de Polícia e contando sempre com o apoio de todos os funcionários desse conceituado matutino A Crítica".[12]

O centro da cidade não será o único espaço em disputa. Inúmeras campanhas de "higienização" de várias áreas da cidade serão protagonizadas pela imprensa local e vão encontrar eco nas ações do poder público. Sob o expressivo nome de "Operação Limpeza", as medidas de controle do dito delegado Orlando Cruz sobre os "marginais" no bairro de Educandos prosseguiram ao longo de 1968, tal como prometido, e a imprensa fez sua parte manifestando apoio em várias ocasiões. Em 1969, *A Crítica* dava destaque à "campanha de moralização" para "elevar o nível moral e de civilização da cidade" promovida pelo Chefe de Polícia Moacyr Alves e os estabelecimentos dos Educandos continuavam sendo território preferencial da repressão, mas já se indicava sua expansão para outras áreas já que a polícia declarava ter feito um levantamento de "todos os inferninhos da cidade". Em 1971, o tom permaneceu o mesmo e foi a vez do *Jornal do Comércio* noticiar a ação da Delegacia de Ordem Política e Social – DOPS no mesmo bairro. O texto não deixava dúvidas quanto ao seu caráter disciplinador e higienista. O objetivo era "manter a cidade em completa tranquilidade sem a presença de meretrizes e pederastas que vinham dando uma tonalidade triste na noite amazonense infestando nossas praças."[13]

Nesta cidade em expansão, o conflito estava posto no cotidiano e a imprensa desempenhou um papel essencial na identificação (e desqualificação) destes e de outros diferentes tipos sociais. Neste sentido, a notícia passa a ser um "instrumento de controle social que pode gerar a coesão social em torno da norma (que marginaliza o outro infrator) ou dar conta dos proce-

---

12 MAROCCO, Beatriz. *Prostitutas, jogadores, pobres e vagabundos no discurso jornalístico*, Rio Grande do Sul, Século XIX. São Leopoldo: Editora Unisinos, 2004, p. 84. A declaração de Cruz está em *A Crítica*, nº 5.192, 23/11/1967, p. 8.

13 "Polícia persegue prostitutas e pederastas enquanto onda de assaltos aumenta dia a dia", *Jornal do Comércio*, n. 20.709, 28/5/1971, p. 6 e "Polícia faz campanha de moralização na cidade", *A Crítica,* nº. 6.912, 17/10/1969, p. 5.

dimentos técnicos de coação dos corpos dos mais perigosos, incluindo-os no discurso para visibilizar a sua exclusão da sociedade."[14]

Um bom exemplo destas novas circunstâncias é a ação disciplinar noticiada no Parque 10 de Novembro, área com vários balneários, recém urbanizada e já mencionada neste texto. A matéria *Polícia devolve a segurança ao P. 10* registrou a presença ostensiva da polícia civil como estratégia para evitar a presença de "mundanas, arruaceiros e bêbados" nos logradouros públicos. Anunciava-se que as famílias frequentadoras tinham garantidas a segurança e a tranquilidade necessárias para usufruir daqueles espaços de lazer sem a presença inoportuna de tais tipos: "Com revezamentos de seis em seis horas, mais de duas dezenas de policiais foram empregados na operação, que, ao final de seu primeiro dia, foi encerrada com êxito absoluto." Anunciava-se também que a ação policial ainda alcançaria outros banhos públicos como a praia da Ponta Negra, Ponte da Bolívia e Tarumã. Sob o olhar da imprensa, revela-se o progressivo loteamento da cidade por meio do discurso da exclusão de determinados indivíduos que não faziam parte da norma dominante. O controle sobre os usos dos espaços urbanos e seu rigoroso regramento passa a ser ordem do dia.[15]

Bonecas, pederastas, travestis e homossexuais: ser e estar nos submundos da cidade

Em abril de 1968, o estabelecimento de Expedito Ozório da Silva foi, finalmente, fechado pela polícia. As notícias anteriores revelavam que a casa dirigida por Expedito, "conhecido homossexual", era um local de prostituição onde se promoviam "bacanais" e se constituía como uma fonte permanente de distúrbios naquele bairro. Localizado no Beco da Jaqueira, no bairro dos Educandos, o "cabaré" vinha sendo alvo de intensa repressão desde 1967.[16]

---

14   MAROCCO, Beatriz & BERGER, Christa. A notícia como forma de controle social. *Contracampo*, Niterói, v. 14, 2006, p 10. Disponível em: http://www.contracampo.uff.br/index.php/revista/article/view/510/353

15   "Polícia devolve a segurança ao P. 10". *A Crítica,* nº 5.769, 19/09/1967, p. 8

16   "Polícia declara guerra à prostituição em Manaus", *A Crítica,* nº 5.284, 4/04/1968, p. 8.

Neste momento, a chamada "Cidade de Educandos" era um populoso bairro sob a jurisdição de uma delegacia geral que se estendia por toda a área dos Educandos ("desde sua estrada pela ponte até a Avenida Beira Mar e Porto de Catraias, becos e adjacências") e alcançava a Colônia Oliveira Machado e o Morro da Liberdade. O empenho do delegado Orlando da Cruz era melhorar a "tranquilidade pública, principalmente no que diz respeito à prostituição, maconheiros, larápios, elementos vadios, etc., cuja ramificação já estava tomando conta dos quatro cantos deste bairro". A campanha de moralização do bairro havia se iniciado no momento em que Cruz assumiu a delegacia, em novembro de 1967, se intensificaria ao longo de 1968 e atingindo, de modo particular, as casas onde se praticava a prostituição.[17]

No mesmo momento em que a animada casa de Expedito era fechada, outro personagem começa a aparecer com frequência incomum nas páginas policiais também ligado à prática do lenocínio: tratava-se do "*colored* enxuto", Flávio Pereira da Silva, o Pelé, que vai protagonizar um rumoroso e longo processo no decorrer de 1970 denunciado também por tráfico de "bolinhas".

Pelé circulava no centro da cidade (Praças da Matriz, da Saudade, Oswaldo Cruz e do Congresso) e as primeiras notícias apareceram em maio de 1968 dando conta das suas conexões com o aliciamento e exploração de menores na prática da prostituição: "Ganha cinco por cento de quem encomenda e cinco por cento da quantia que a garota vai receber depois do 'serviço'." Sua clientela parecia ser bastante importante porque a matéria sublinhava que "os figurões interessados no 'trabalho' de Pelé incitarão inúmeras intrigas e problemas para desmoralizar sua ação [daVara de Menores] e evitar a prisão do mercador de mulheres".[18]

De fato, o processo desencadeado por conta das denúncias de tráfico de "bolinhas" vai mobilizar a imprensa porque Pelé, também denunciado por aliciamento de menores, promete, em várias ocasiões entregar os nomes de seus abastados clientes envolvidos com as meninas que recrutava. O processo se iniciou em fevereiro de 1970, quando a meretriz Alaíde Cássio da Silva denunciou Pelé pelos dois crimes. Rapidamente, a investigação passou

---

17 "Depravação não vem de fora diz Orlando", *A Crítica*, n° 5.192, 23/11/1967, p. 8.
18 Vara procura mercadores de menores e a polícia em combate à prostituição", *A Crítica*, n. 5.345 27/05/1968, p. 8.

à alçada de Geraldo Amorim Dias, titular da DOPS e ganhou as páginas dos jornais. Até março daquele ano, quando foi finalizada a tumultuada investigação, foram ouvidas mais de 40 (quarenta) pessoas, entre "comerciantes, comerciários, pederastas e meretrizes". Pelé, a esta altura denominado "Rei das Bolinhas", era o mais implicado no caso, mas havia "gente grossa" envolvida que não podia ser mencionada.[19]

As reportagens feitas sobre estes casos são reveladoras de um mundo bastante complexo onde o trabalho sexual se misturava a um conjunto de outras práticas ilegais. Homossexuais e prostitutas compartilhavam vários aspectos deste cotidiano. Expedito e Pelé atuavam no ramo da prostituição agindo de modo distinto e em zonas bem diferentes da cidade. Expedito mantinha casa aberta e Pelé era um agenciador de trabalho sexual, mas recorria a casas já estabelecidas. Um destes lugares era a boate Floresta que aparece no inquérito como um centro de distribuição das drogas de Pelé e de prostituição. Era onde trabalhava Alaíde Silva, a autora da denúncia que declarou à polícia que Pelé controlava mais de 40 meninas entre 13 e 17 anos.[20]

Entre as idas e vindas da investigação, somos informados da imensa rede da qual Pelé fazia parte. Alaíde foi agredida fisicamente pelas mulheres do Floresta em função das denúncias feitas contra Pelé. O comissário Geraldo Dias recebeu várias ameaças pelo telefone feitas por alguém de "voz afeminada". Os contatos de Pelé eram variados e, entre seus clientes, figuravam "comerciantes, gerentes de bancos e industriais", os principais "corruptores de menores da cidade". Além da boate Floresta, Pelé também frequentava o Piscina Clube, outro estabelecimento na mira da polícia pela mesma razão. Foi lá que Pelé passou o Carnaval de 1970, fantasiado de pierrô. Pelé estava no enterro de Doce de Côco.[21]

---

19 "Bolinhas vão para Justiça", *A Crítica*, n.7.022, 02/03/1970, p.4. As "bolinhas" eram medicamentos conhecidos como *Reativan* e *Preludin* que continham substâncias de efeito estimulante.

20 "Polícia apura o tráfico de bolinha no Floresta". *A Crítica*, n. 7.005, 07/02/1970, p.4.

21 Sobre as ameaças, ver "Passa, bicha, passa", *A Crítica*, n. 7.013, 19/02/1970, p. 4 e "Comissário das bolinhas ameaçado pelo telefone". *A Crítica,* n. 7.012, 18/02/1970, p.4. A matéria esclarece que depois de "passar a noite em claro e fumar dois maços de cigarro", o comissário "contratou dois capangas e se armou até os dentes esperando os autores das ameaças."; "Dor de fígado transferiu acareação das bolinhas". *A Crítica,* n. 7.014, 20/02/1970, p. 4.

As atividades ilegais dão o tom das notícias associadas ao mundo das homossexualidades em Manaus. É pelas páginas policiais que emergem inúmeros personagens envolvidos em outros tipos de crime. Em 1969, Francesinha (Paulo Pinheiro de Souza), "punguista dos mais felinos do submundo amazonense", já era procurado como fugitivo da penitenciária central e estava sendo procurado pelos policiais da Delegacia de Roubos e Falsificações. Sua fuga, junto com Montezuma, tinha um toque especial. Eles tinham angariado tal confiança de seus carcereiros que eram os responsáveis pela compra diária do pão para os detentos. Em um domingo, saíram cedo e não mais voltaram. Alguns dias depois, uma batida policial no centro da cidade captura 5 pessoas. Entre os prisioneiros, estava Parazinha (Adelson Borges Cardoso) que denunciou o paradeiro de Francesa o que permitiu que este fosse também capturado em plena Praça Oswaldo Cruz, quando esperava passar uma chuva no Pavilhão Universal.[22]

Em março de 1970, Mococa, companheiro de Doce de Côco, foi preso junto com Arroz e Ziloca, acusados de agredir uma viúva por conta de mais uma das famosas perucas que nunca foram entregues. A cliente indignada desferiu-lhe umas tantas bolsadas e os amigos vieram em socorro de Mococa. No final, quem acabou tomando uma surra foi a senhora. O que chama atenção nesta detenção é o fato de que os três receberam "mais de 200 visitas" na cadeia, entre estas, a "bicha Mariozinho" que pagou a fiança e a esposa de um vereador da cidade que lá foi pedir a liberação deles porque eram seus costureiros e a senhora, de viagem marcada para o Rio de Janeiro, não podia ficar sem seus vestidos: "Tão logo foram liberados, "Mococa", "Arroz" e "Ziloca" abraçaram-se aos beijos ao travesti Mariozinho, um "frango" de pouco mais de 15 anos. Os quatro trajavam pantalonas em cores diferentes e "Mococa" apresentava uma blusa psicodélica."[23]

---

22 "Fugitivos da penitenciária fazem arrombamento". *A Crítica*, n. 6.700, 10/04/1969, p. 4. Sobre a prisão de Francesa, registra-se que "não conseguiu concluir seu depoimento porque foi tomado por forte acesso de nervos." Ver "Polícia consegue prender seis bandidos no centro da cidade". *A Crítica*, n. 6.702, 16/04/1969, p. 4.

23 "Bonecas agridem viúva e ficam presas na Central", *A Crítica*, n. 7.042, 25/03/1970, p. 4. Além de todos estes episódios com as perucas, Mococa também aparecerá nas páginas policiais em 1972, apontado como um dos envolvidos em um assassinato de um estudante do colégio Benjamin Constant. "Pede-

Estar na rua já podia ser considerado um delito suficientemente grave para ser detido pela polícia. Em 1969, são várias as notícias de batidas policiais no centro da cidade para "banir os desocupados". Durante o dia, os alvos são os "camelôs e marreteiros que perturbam o comércio" e aqueles que não apresentassem documentos deveriam ser fichados por vadiagem. Durante a noite, "as buscas se estenderão nas diversas praças à caça de meretrizes e pederastas que pervertem a ordem da cidade." Os resultados da caçada eram festejados:[24]

> "É vontade do Delegado Manoel Gouveia Freire, de Ordem Política e Social, iniciar fiscalização continua nas demais praças públicas exatamente onde se aglomeram os desocupados, maconheiros e pederastas. "Ora... se as maninhas não podem dar ponto, que as bichas sejam também afastadas do centro", enfatizou o comissário Wagner de Freitas. A Delegacia de Ordem Política e Social dará batidas todas as noites nas praças onde se concentram as meretrizes, e todo cabeludo que falar fino será metido nas grades."[25]

A repressão só recrudesceria ao longo dos anos seguintes. A ação disciplinar se amplia de modo notável incluindo as festas populares (arraiais, quermesses e festas de caridade) e até mesmo os papagaios de papel; todos na mesma notícia policial. Nada de festa sem autorização, de vadiagem, de empinar papagaios, de jogo de azar, de maconheiros nas ruas. Festas, só as realizadas em clubes autorizados e considerados de "utilidade pública". Cadeia para maconheiros, vadios empinadores de papagaio, prostitutas e homossexuais. O recado estava dado nas ruas e na imprensa. A "limpeza" dos espaços urbanos compartilhados é evidente: "quem não portar documentos e cair nas raias de suspeito será levado em cana". Do mesmo modo, seguiria firme a repressão às casas suspeitas de prostituição. As notícias de 1970 reiteravam que, mais uma vez, havia homossexuais envolvidos com lenocínio e aliciamento de menores. Depois do rumoroso caso de Pelé, é um reforço importante no modo como se escolhia lançar luz ao mundo das homossexualidades. Olhando retrospectivamente, não há como negar que a maior

---
rastas envolvidos em crime do estudante". *Jornal do Comércio*, 01/12/1972, p.6.
24 "DOPS & Vadios", *A Crítica*, n. 6.811, 23/08/1969, p. 2.
25 "Enxutos e prostitutas vão deixar as praças". *A Crítica*, n. 6.932, 6/11/1969, p. 4.

parte da cidade estava em estado de sítio: "Toda e qualquer estância de mulher solteira, ou de qualquer espécie será visitada pela polícia".[26]

"Nós temos que viver": meretrizes, mundanas e mariposas

As mulheres que se dedicavam ao trabalho sexual em Manaus recebiam muitas denominações na imprensa. Em 111 registros, colhidos entre 1967 e 1970, "meretriz" é a palavra mais utilizada com 48 ocorrências (43%), seguida de "mundana" com 31 ocorrências (28%) e "mariposa" com 22, representando cerca de 19%.

Maria Antonieta, a "meretriz assassina", morava nos Educandos, bairro já nosso conhecido. Naquela madrugada do Sábado de Aleluia de 1971, foi presa na casa da irmã, localizada em uma "estância" na Rua Macurany. Conta-se que ela veio do interior com pouco menos de 15 anos quando foi "seduzida, deflorada e abandonada". Expulsa de casa, "enveredou pelo caminho da prostituição'. Aos 18, conheceu Pedro com quem passou a dividir o teto e a vida. Contudo, ao descobrir a gravidez de Maria, Pedro a abandonou. Ela perdeu o bebê. Perturbada com todos estes acontecimentos, foi internada no Hospício Eduardo Ribeiro. Quando deixou o hospital, alguns meses depois, Maria retornou às ruas até aquela madrugada em que se encontrou com Doce de Côco.[27]

As trajetórias dos dois guardavam outras similaridades. Ambos chegaram a Manaus na mesma época como parte do intenso fluxo de pessoas para a cidade, em busca de outras oportunidades. Assim, ajudam a compor o novo perfil demográfico que a cidade assumiria a partir da década de 1960. Maria, tal como Doce de Côco, enfrentou nas ruas o reordenamento dos espaços de trabalho e o recrudescimento da repressão policial. Naquela noite, ela estava trabalhando em uma das avenidas centrais de Manaus e, provavelmente, já habituada a encontrar meios de escapar da polícia.

---

26   "Meretrizes, homossexuais e vagabundos na mira da DOPS". *A Crítica*, 05/12/1969, p. 4; "DOPS investiga casas que exploram lenocínio". *A Crítica*, n. 7.034, 21/03/1970, p. 4.

27   "Bonecas verteram lágrimas na morte de Doce de Côco". *Jornal do Comércio*, n. 20.633, 21 de fevereiro de 1971, p. 6.

Talvez não estivesse presente, mas é quase certo que Maria Antonieta tomou conhecimento da reunião convocada pelo Chefe de Polícia em 17 de agosto de 1968. Estavam presentes mais de 50 (cinquenta) prostitutas na Central de Polícia. A notícia a ser dada era terrível: elas seriam retiradas das ruas Itamaracá, Frei José dos Inocentes e Henrique Antony, seus locais de uso tradicional. Tinham que deixar as pensões e as ruas naquele mesmo dia. Para exercer sua atividade, só "nas cercanias da cidade." Estavam sendo banidas. A reação das mulheres foi imediata. Não faltou indignação, revolta e desespero: "Não é possível. Nós temos que viver. Algumas têm filho para sustentar. Onde vamos morar? De que vamos viver?". Depois de muito tumulto e negociação, o prazo fatal foi estendido até o dia 31 de agosto.[28]

A reunião tinha outro objetivo: realizar o cadastramento das trabalhadoras para emissão de um atestado de saúde, documento que passaria a ser exigido de todas. O tal atestado de saúde já vinha sendo anunciado há 3 meses pela imprensa. As mulheres deveriam se submeter a exames médicos periódicos para comprovar que não eram "portadoras de moléstias."

O fluxo das notícias sinaliza para a adoção de medidas cada vez mais sistemáticas de controle social. Não se trata, apenas, da ação isolada deste ou daquele agente da lei, mas de uma integração de setores da esfera pública dedicados a reassumir o controle das áreas tradicionais de prostituição, fazendo forte campanha na imprensa de indiscutível tom moralizador, agora com a participação da Secretaria de Saúde: "Com o atestado, elas poderão frequentar os salões. No começo, entretanto, sofrerão uma busca indiscriminada de uma comissão composta por elementos da Polícia Civil e Secretaria de Saúde, que farão batidas noturnas, em todos os inferninhos da cidade."[29]

Este atestado de saúde era um bom exemplo disso na medida em que incluía uma nova dimensão da ação do Estado que seria responsável pela

---

28   "Vida fácil cada vez mais difícil", *A Crítica*, n. 5.403, 17/08/1968, p.8. Uma análise mais sistemática sobre estes estabelecimentos, sua trajetória, diversidade e frequentadores está em PEREIRA FILHO, Raimundo Alves. *Lupanares e Puteiros*: Os últimos suspiros do *Rendez-Vous* na sociedade manauara (1959/1969). Dissertação (Mestrado em História) - Universidade Federal do Amazonas – UFAM, 2014. Uma outra leitura importante sobre o tema está em SOUZA, Leno José Barata. *Evas, vadios e moleques*. In: *Canoa do Tempo*, Manaus, n 1°, 2007.

29   "Meretriz vai portar identidade e atestado de saúde", *A Crítica*, n. 5.340, 22/05/1968, p. 8.

sua emissão e controle. As mulheres cadastradas deveriam, obrigatoriamente, portar esta nova "carteira de identidade" e, não por acaso, era "idêntica às que são utilizadas pelas prostitutas de Paris, e, recentemente, no Rio e São Paulo.". Além de mencionar, de modo explícito, o controle do meretrício, a expectativa era que o dito cadastro oferecesse informações para uma "pesquisa social sobre o problema". Afinal, no verso da carteira/atestado se registrariam várias informações: "a profissão anterior, filiação, existência de sinais particulares, alguma anomalia, antecedentes e porque decaiu na vida livre".[30]

O cadastramento das prostitutas ganharia novas dimensões com o anúncio do banimento do centro da cidade. Importante lembrar que, naquela área, o trabalho sexual era realizado nas ruas já mencionadas, mas as pensões ali localizadas eram, a um só tempo, espaço de moradia e de trabalho. As ações de repressão vão atingir a zona central e se espraiam pelas ruas de Educandos e pela Bola da João Coelho: "Nesses locais, a Polícia proibirá o chamado *trottoir* visando confinar a prostituição para os redutos distantes da Cidade, onde funcionam os lupanares regularmente".

As medidas de banimento provocaram outras reações. Deputados na Assembleia Legislativa do Amazonas manifestaram-se contra a ordem de retirada das mulheres e as ações de repressão. A sessão foi tumultuada. Com palavras duras, o deputado João Braga Júnior se manifestou contra a ação dos policiais chamando-os de "escória" e "marginais" em razão do tratamento dado às meretrizes. O que chamou a atenção da imprensa na fala dura do parlamentar foi o fato de que ele pertencia à base de apoio do governo estadual e que foi aparteado, também de forma incisiva, por seus correligionários arenistas. Nas galerias, estavam "algumas meretrizes e donas de pensão" assistindo a sessão e ouvindo, entre outras coisas, o deputado João Braga afirmar que "elas não se constituíam em problema da polícia e sim problema social" e a réplica do deputado Sérgio Pessoa Neto assegurando que a "ação da Polícia surge agora como salvaguarda do respeito do decoro público quando o serviço social carece de recursos para efetuá-lo".[31]

---

30 "Meretriz vai portar identidade e atestado de saúde", *A Crítica*, n. 5.340, 22/05/1968, p. 8.
31 "Meretrício causa briga na ARENA", *A Crítica*, n. 5.405, 20/08/1968, p. 8. A discussão ainda se estenderia por um tempo e o deputado arenista João Bosco pediu que Braga retirasse as ofensas à Polícia do Estado.

Pouca valia teve o debate acalorado na Assembleia. Os meses seguintes revelam o recrudescimento da ação policial e as prostitutas estão cada vez mais sitiadas. As batidas se tornam frequentes, com grandes efetivos invadindo casas e prendendo casais. A força da Polícia foi tão longe que, em determinado momento, foi possível às mulheres presas acusadas de gerenciar casas de lenocínio obter *Habeas Corpus* porque o juiz considerou que as casas não estão funcionando de modo irregular. Amparou sua decisão no entendimento de que os ditos estabelecimentos funcionavam em uma reconhecida zona de meretrício e, por isso, não havia crime. Além disso, o magistrado considerava que a polícia era seletiva na escolha das casas para efetivar as operações de fechamento de umas enquanto outras nem policiamento recebiam. Com esta decisão, ganharam a liberdade Josefa Rodrigues, Maria Carvalho Torres, Paulina Feitosa e Maria José Araújo.[32]

Encontrar com a polícia se tornaria algo cada vez mais frequente. A ação policial permanece forte nos anos seguintes, mas já se notam algumas diferenças no modo como a imprensa as registra. Ainda que reconhecendo sua necessidade para a moralização da cidade, há um forte questionamento quanto à sua eficácia. Para começar, a estratégia de fechamento dos estabelecimentos fez aumentar a presença das prostitutas nas praças. Em segundo lugar, logo fica claro que há uma certa seletividade por parte da polícia já que algumas casas são fechadas e outras não. São tão reiteradas essas referências que as reportagens passam a destacar os lucros fabulosos obtidos pelos estabelecimentos que estão, de algum modo, a salvo do controle policial. Entre essas casas, estavam o Floresta e o Piscina Clube, "os maiores cabarés da cidade".[33]

Ações similares de banimento também serão empreendidas no bairro de Educandos. Em junho de 1970, mais de 40 mulheres "da perseguida vida fácil" vão à Central de Polícia para protestar contra a decisão do Delegado José Matias, conhecido como "o Terror do Meretrício", de bani-las da "Cidade Alta". Elas conseguiram apresentar suas demandas ao Chefe de Polícia

---

32 "Polícia fecha lupanares e vai em cima do 'bicho". *A Crítica*, n. 5.436, 25/09/1968, p. 8; "Juiz manda libertar mulheres por ver má intenção da Polícia", *A Crítica*, n. 5.439, 28/09/1969, p. 8.

33 "Rosa de Maio na lista negra: Polícia", *A Crítica, s/ n.*, 5/05/1970, p.4; "Medida da DOPS favorece uns e prejudica outros" *A Crítica*. n. 112, 20/06/1970, p. 16. "Delegado não dá vez aos três lupanares". *A Crítica*, n. 7.120, 29/06/1970, p. 16.

Moacyr Alves e denunciaram as restrições à sua mobilidade naquela área da cidade mesmo durante o dia, explicitando os abusos a que estavam expostas.[34]

Acompanhar tais notícias nos indica que a perseguição policial seria intensa e sistemática. Contudo, não menos importante é a leitura a contrapelo que se pode fazer nestas mesmas condições: a recorrência dessas notícias nos esclarece que a retirada das mulheres e de todos os outros indesejados da cidade não era tarefa simples. Eles e elas continuavam ali, existindo e resistindo naqueles que eram seus territórios na cidade.

"A vida é assim, cheia de retas e curvas"

Maria foi a júri popular pelo assassinato de Doce de Côco em 27 de fevereiro de 1973. Não conseguimos descobrir se as circunstâncias finais de seu processo, mas chama atenção o fato de que estava presa desde fevereiro de 1971. Tal como já havíamos sublinhado com relação à associação entre o mundo do crime e as homossexualidades, as prostitutas também vão aparecer associadas a outras atividades ilegais e a inúmeros casos de violência similares a este, contudo, é preciso destacar que, vários deles, envolvem reação das mulheres a clientes mau pagadores.[35]

Em janeiro de 1969, a "mundana" Marly Boaventura esfaqueou "o jovem" Milton de Lima depois de uma discussão na Estância da Guilhermina, na Rua Frei José dos Inocentes. Abriu-se inquérito policial porque o comissário Salum Omar, da Delegacia de Segurança Pessoal – DESP, "não deu muita importância à versão levantada no local do desfecho de que Milton tentara ludibriar a mariposa". Em setembro do mesmo ano, em situação similar, estava Darcy Conceição de Souza, "uma das certinhas do travesti Pelé", que reagiu, com uma gilete, em um outro cliente mau pagador, Joel Moreno, que ficou "todo recortado pela cara, braços e no peito."[36]

---

34   "Matias diz que não persegue as mulheres", *A Crítica,* n. 7.105, 12/06/1970, p. 16; "Mulheres protestam contra a desocupação dos quartos", *A Crítica,* n. 7.110, 18/06/1970, p. 16.

35   "Assassina do pederasta será julgada hoje", *Jornal do Comércio,* N. 21. 215, 27/02/1973, p. 6.

36   "Vítima de facada passa mal no Pronto Socorro", *A Crítica,* n. 5.627, 13/01/1969, p. 8; "Um bife do Joel", *A Crítica,* n. 6.892, 24/09/1969, p. 4.

Enfrentamentos com a polícia, neste clima de forte repressão, também eram motivo de registro. A "mundana" Epifânia da Mota enfrentou os policiais do Bairro de Santa Luzia a ponta da faca, desobedecendo a ordem de prisão. Foram precisos dois agentes para dominá-la "depois de levar muitos sopapos". Foi presa e seria processada por desacato e agressão aos policiais. Epifânia andava armada com uma peixeira para evitar os maus pagadores e outras tentativas de abuso. Com 55 anos de idade e 40 de "perdição e vida fácil", a experiência tornou-a uma mulher prevenida: "Com a mamãe aqui o papo é mais embaixo, e ninguém passa a bicha velha pra trás".[37]

As disputas entre mulheres também fazem parte desta lista. Em novembro de 1969, no *Mon Petit*, uma "mundana arrancou metade da orelha da outra com violenta dentada" e o ciúme foi a razão dada para agressão. Rixas de motivos pouco esclarecidos também davam margem a encontros violentos. Foi assim que Lucimar e Maria da Costa se enfrentaram nos Educandos e Lucimar acabou sendo esfaqueada no braço. Maria era balconista no Copacabana Bar e Lucimar estava bebendo quando a discussão começou.[38]

Do mesmo modo que as disputas entre mulheres faziam parte do cotidiano, conflitos entre "meretrizes" e "pederastas" também tinham seu lugar. O episódio de Maria e Doce de Côco não era nada incomum. Em fevereiro de 1974, Paulinho (Paulo Nascimento Rodrigues) foi cobrar uma dívida de Raimunda Nonata Trindade na "estância" onde morava em Petrópolis. Raimunda recusou-se a pagar. Começou uma forte discussão e Paulinho agrediu Raimunda. As amigas Zulia, Guiomar e Wilma saíram em sua defesa e "só não mataram o elemento de pancada em face da intervenção dos homens da Rádio Patrulha".[39]

A violência era parte inseparável deste cotidiano compartilhado pelos indesejados, mas o estabelecimento de redes de suporte e um certo sentido de comunidade também emergem das páginas dos jornais como parte

---

37 "Meretriz de meio século engrossa com policiais", *A Crítica*, n. 6.922, 23/10/1969, p. 4.

38 "Arrancou a dentada a orelha da rival", *A Crítica*, n. 6.937, 13/11/1969, p. 3; "Mundanas brigam e uma sai esfaqueada", *A Crítica*, n. 6.941, 20/11/1969, p. 4.

39 "Pederasta agride e leva uma surra de quatro meretrizes", *Jornal do Comércio*, n. 21.494, 03/02/1974.

essencial desse modo de ser/estar nos submundos da cidade. A "multidão compacta" reunida no enterro de Doce de Côco incluía a comunidade de "bonecas" e um numeroso grupo de taxistas "de quem a vítima era bastante conhecida."[40]

Arroladas em inquéritos policiais, as prostitutas se defendiam das perseguições, dos que tentavam enganá-las, assediá-las, ultrapassando os limites impostos às mulheres, fazendo da sua liberdade o seu modo de sobrevivência diante dos obstáculos forjados pela ordem. Entre elas, é possível perceber, em pelo menos duas ocasiões, uma articulação coletiva em defesa de direitos comuns. A primeira, em 1968, quando do processo de banimento do centro da cidade, em que se rebelam contra a ordem de saída imediata e conseguem um prazo maior para deixar as "estâncias". A outra, em 1970, quando vão em grande grupo queixar-se das arbitrariedades do Delegado de Educandos ao Chefe de Polícia, ambos episódios referenciados neste texto.

Naquele mesmo contexto, vale a pena recuperar as (poucas) falas das mulheres registradas pela imprensa. Morar na mesma "estância", a despeito de todas as possibilidades de disputas e conflitos, também aponta para a formação de comunidades com ampla maioria feminina que implicava em expressões de solidariedade como fizeram as amigas de Raimunda Nonata quando esta foi agredida por Paulinho. Redes de proteção poderiam ser essenciais como no caso de Raimunda Balbina, a "mundana" que tentou suicídio e foi encontrada desacordada pelos vizinhos naquela manhã de domingo, no bairro de Santa Luzia.[41]

Por fim, pensando em redes mais ampliadas, também é digno de nota o fato de que elas estavam presentes nas galerias naquela sessão da Assembleia Legislativa em que os deputados arenistas falaram em sua defesa. Parece bastante razoável deduzir que elas procuraram ajuda e proteção diante da expectativa da sua retirada daquela área. Também não eram parecem desprezíveis as boas relações que Mococa e Doce de Côco tinham com algumas clientes de maior proeminência social, como foi o caso da esposa do vereador que por eles intercedeu para livrá-los da cadeia por conta das malfa-

---

40 "Bonecas verteram lágrimas na morte de Doce de Côco", *Jornal do Comércio*, n. 20.633, 21/02/1971, p. 6.
41 "Ônibus atropela no Boulevard Amazonas", *A Crítica*, n° 5.718, 21/08/1967, p.8.

dadas perucas ou mesmo as mais de 200 (duzentas) visitas que receberam naquela passagem pela delegacia.[42]

Ainda há muito a ser dito sobre estes personagens indesejados. Por ora, resta-nos assegurar que suas formas de ser/estar na cidade foram essenciais para garantir a ocupação e a manutenção daquelas áreas que consideravam como seus territórios. Sua luta e resistência por se manter em tais espaços, para além da força da lei e da ordem, tem impactos importantes no tempo presente. Afinal, a verdadeira caçada contra meretrizes, homossexuais e travestis propalada pelos jornais durante todos estes anos não obteve êxito substancial na sua retirada dos espaços públicos. Suas vidas só podem ser iluminadas, de modo fugaz, pela virulência das páginas policiais, sempre lidos como infratores contumazes. A imprensa fez um esforço consistente em desumanizá-los, mas ainda assim, é possível enxergar beleza e ousadia em vários desses momentos. No fundo, todos sabiam bem o quanto viver era mesmo muito perigoso.

---

42 "Meretrício causa briga na ARENA", *A Crítica,* n. 5.405, 20/08/1968, p. 8. Oportuno sublinhar que o prédio onde funcionava a Assembleia Legislativa localizava-se na mesma região baixo-meretrício que seria alvo da "limpeza". Sobre as visitas de Mococa e a intervenção da esposa do vereador, ver "Bonecas agridem viúva e ficam presas na Central", *A Crítica,* n° 7.042, 25/03/1970, p. 4

GAAG Duque de Caxias: A emergência de um ativismo homossexual em terras fluminenses

Rita de Cassia Colaço Rodrigues[1]

Considerações prévias

Este texto trata da experiência do Grupo de Atuação e Afirmação Gay (GAAG). Ele surge na Baixada Fluminense, em julho de 1979, no curso do adensamento das ações de ativismo homossexual que, segundo os registros até agora conhecidos, remontam à década de 1960. Resulta de pesquisa realizada em 2003 e apresentada em 2004, como trabalho de conclusão de curso no bacharelado em História Social da Universidade Federal Fluminense. Integra-se à corrente da história vista de baixo e contribui para os estudos dos chamados novos movimentos sociais e da história das homossexualidades, sem que necessite se apartar de suas dimensões pessoal e afetiva.[2]

É sabido que a familiaridade do pesquisador com o seu objeto implica, por um lado, o acesso potencialmente mais fácil (às vezes determinante) a certos universos sociais, aos seus informantes e a certas sutilezas do tema em

---

1   Doutora em história e mestre em política social pela UFF e graduada em Ciências Sociais e jurídicas pela UFRJ. Principia suas pesquisas e escrita sobre homossexualidades no Brasil em 1984. Após longo intervalo, retorna a elas em 2003. Tem experiência como docente e palestrante. Possui artigos publicados em revistas e coletâneas.

2   ARAÚJO, Maria Paula Nascimento. *A utopia fragmentada*: as novas esquerdas no Brasil e no mundo na década de 1970. Rio de Janeiro: FGV, 2000.

pesquisa.³ Mas também impõe a ele maior rigor na objetivação, atenção aos riscos de contágio com suas próprias fantasias e projeções em sua leitura.⁴ Tais premissas, entretanto, não desconsideram o fato de que, por maior que seja esse esforço de objetivação, o produto final sempre será forçosamente localizado e transitório. Pela óbvia historicidade do pesquisador; pela eterna possibilidade da descoberta de novos dados; e porque, como nos recorda John Gagnon, o arcabouço teórico que serve de moldura à leitura do mundo constitui um sistema ideal de crença, provisoriamente reconhecido e validado por uma comunidade, cujos atores exploram seus pontos de contato com o mundo. Representa um mapa que objetiva transformar o mundo, mas segue sendo apenas um mapa.⁵

Ao trabalhar a partir de uma única informante, partilho do ponto de vista do historiador Carlo Ginzburg, defendendo e demonstrando a legitimidade de se estender "às classes mais baixas o conceito histórico de indivíduo"; de reconhecer nelas a igual capacidade de produzir personalidades individuais representativas, capazes de fornecer ricas informações sobre "um estrato social inteiro num determinado período histórico". Sem que se esqueça, por óbvio, que tanto os atores quanto as coletividades foram constituídos historicamente.⁶

Introdução

Com a publicação do jornal *Lampião da Esquina*, o primeiro periódico de que se tem notícia com circulação nacional, veiculado através de bancas de jornais e assinaturas, voltado para homossexuais, verifica-se a afluência no desejo de ativismo homossexual que se verifica no país pelo menos desde fins da década de 1950.⁷ Embora o Lampião apresentasse como pro-

---

3   BOURDIEU, Pierre. Compreender. In: _____ (org.). *A miséria do mundo*. 5ª edição. Petrópolis: Vozes, 2003, p. 693-732.

4   BOURDIEU, Pierre. Introdução a uma sociologia reflexiva. In: _____. *O poder simbólico*. Rio de Janeiro, Bertrand Brasil, 2001, p. 16-58.

5   GAGNON, John H. O uso explícito e implícito da perspectiva da roteirização nas pesquisas sobre a sexualidade. In: _____. *Uma interpretação do desejo*: ensaios sobre o estudo da sexualidade. Rio de Janeiro: Garamond, 2006, p. 211-268.

6   GINZBURG, Carlo. *O queijo e os vermes*. O cotidiano e as ideias de um moleiro perseguido pela inquisição. São Paulo: Companhia das Letras, 2003, p. 24-25.

7   RODRIGUES, Rita C. C. De Daniele a Chrysóstomo – quando travestis, bo-

posta dar voz aos diversos segmentos descapitalizados e alvo de processos de estigmatização – como os negros, as mulheres, as populações indígenas, as prostitutas e os homossexuais –, na prática terminou se constituindo no "porta-voz" desses últimos. Tornou-se um veículo informativo, formativo, amplificando a ruptura da atomização que já vinha sendo praticada pelas várias iniciativas anteriores, a maioria de caráter artesanal. Como destacou Leila Míccolis, colaboradora e ativista, "O Lampião foi o primeiro [jornal] a tratar questões sexuais com enfoque político. Daí a sua importância".[8] Hoje, com o avançar nas pesquisas, poder-se-ia dizer que foi talvez o primeiro a tratar de forma mais intensiva as questões sexuais sob um viés político, haja vista que tal tratamento pode ser encontrado em problematizações presentes em vários números dos jornais artesanais, desde pelo menos 1969.[9] Indubitavelmente, porém, Lampião tem o mérito de levar tais questionamentos a um outro patamar, mais amplo e aprofundado.

Através de suas páginas foi divulgada a experiência, em São Paulo, do Grupo Somos: Em março de 1979, na página 9, seu número dez publica a reportagem de Eduardo Dantas "Negros, mulheres, homossexuais e índios nos debates da USP: Felicidade também deve ser ampla e irrestrita". Ali é noticiada a participação desse grupo no debate promovido pelos alunos da Universidade do Estado de São Paulo, USP, sobre "O Caráter dos movimentos de Emancipação", ocorrido na noite do dia 08 de fevereiro.[10] Em maio, o número doze traz o texto "Grupo Somos: uma experiência", assina-

---

necas e homossexuais entram em cena. [Tese] Doutorado em História Social. Instituto de Ciências Humanas e Filosofia. Departamento de História. Universidade Federal Fluminense. Niteroi, 2012; MORANDO, Luiz. Uma proto-história do movimento LGBTQIA em Belo Horizonte (1950-1996). Comunicação apresentada ao GT 23, do VII Encontro de Pesquisa em História da UFMG, 10 de maio de 2018.

8   MÍCCOLIS, Leila. O movimento homossexual brasileiro organizado - esse quase desconhecido. In: _____. e DANIEL, Herbert. *Jacarés & Lobisomens*: dois ensaios sobre a homossexualidade. Rio de Janeiro: Achiamé-Socii, p. 96-111, p. 97.

9   RODRIGUES, Rita C. C. *Mitos, problemas e sinais*: a imprensa gay, a provisoriedade da história e o ativismo antes de 1978, 2018. Inédito.

10   DANTAS, Eduardo. Negros, mulheres, homossexuais e índios nos debates da USP: Felicidade também deve ser ampla e irrestrita. In: *Jornal Lampião da Esquina*. nº 10, março de 1979, p. 9.

do pelo próprio grupo.[11] Em setembro do mesmo ano, o número dezesseis exibe chamada de capa com letras destacadas: "Homossexuais se organizam". Na página 6, a chamada "Eles estão ousando dizer seu nome", onde é divulgada a existência de três grupos: "O pessoal do Somos (um debate)"; "O pessoal do Libertos (um balanço)"; "O pessoal do GAAG (uma carta)".[12]

Diferentemente do que se consagrou na literatura, o Grupo Somos é pioneiro ao conseguir ocupar o espaço público vocalizando enquanto coletivo. Em 1979, no contexto das lutas pela redemocratização do país, ele faz uso da palavra na primeira pessoa do plural. Já não se trata mais do protagonismo individual – embora a fala da travesti Daniele, em 1972, quando da tentativa de organização do Congresso de Homossexuais em Caruaru, pelo padre da Igreja Ortodoxa Italiana, faça referência a existência de grupos de ativismo na Bahia.[13] Tampouco de referências na terceira pessoa, como nas notícias veiculadas em jornais, majoritariamente sob o viés da ridicularização, dando conta dos diversos esforços para de se organizar coletivos e congressos: Seja na experiência relatada pelo Diário de Minas, de 07 de outubro de 1966, a respeito das movimentações para se constituir, em Belo Horizonte, a *Liga dos Libertados do Amor*, sob a inspiração de entidade holandesa, formada por travestis.[14] Ou nas demais iniciativas para a realização de congressos, como divulgadas pelo professor e pesquisador Luiz Morando: em setembro de 1966, o "I Congresso Nacional do Terceiro Sexo", em Niterói, RJ; e, em 1968, as várias tentativas de se realizar o "Congresso de Travestis": em março, em Petrópolis, RJ; em maio, em João Pessoa, Paraíba; e em junho, em Fortaleza, Ceará, ainda que em meio ao recrudescimento do regime ditatorial.[15] Mesmo algumas dessas iniciativas apresentando agenda política consistente e ousada para os padrões da época,[16] foi após a liberação

---

11   Jornal Lampião da Esquina. n° 12, maio de 1979, p. 2-3.
12   Jornal Lampião da Esquina. n° 16, setembro de 1979, p. 7.
13   Jornal Tribuna da Bahia, 06 de maio de 1972, pág. 4. Um congresso proibido, um mundo marginal. Eles, os homossexuais.
14   Jornal Diário de Minas, 07 de outubro de 1966. Agradeço ao professor e pesquisador Luiz Morando a cessão dessa fonte.
15   MORANDO, Op. Cit.
16   Para o de João Pessoa havia uma agenda com quatro itens para debate: "a) reconhecimento do terceiro sexo; b) permissão para casamento e divórcio entre

da censura e o surgimento de publicações como Entender, Mundo Gay e Lampião que esses coletivos puderam se multiplicar pelos vários cantos do país[17] – fatores que Daniele já percebia necessários e para os quais pensava lutar, ainda em 1972.[18]

O GAAG

Embaladas pelos mesmos desejos e necessidades, quatro lésbicas, residentes em Duque de Caxias (a maioria), São João de Meriti e Nova Iguaçu, decidem também se constituir como coletivo. Desejam discutir questões de sua subjetividade e participar das ações pelo direito à não discriminação. Batizado com o nome de Grupo de Atuação e Afirmação Gay (os vetores do ativismo de então), ele se constitui em primeiro de julho de 1979. Tinha por "pontos interessantes a salientar", ter sido o primeiro constituído majoritariamente por lésbicas,[19] das camadas populares e "afro-brasileiras" – embora esse não fosse um dado problematizável entre elas.[20] Foi o terceiro a aparecer nas páginas do Jornal Lampião.[21]

Sua pauta de discussões seguia parcialmente o padrão praticado pelo Somos, tributário do movimento feminista: críticas à reprodução dos papéis de gênero, bissexualidade, mecanismos sociais de repressão à sexualidade; identidade deteriorada; processos de estigmatização; estratégias de esvazia-

---

homossexuais; c) reivindicação de melhor tratamento por parte da sociedade; d) fundação do Clube dos Enxutos, que deverá ter funcionamento livre, onde quer que seja implantado" (MORANDO, *Op. Cit.*). Daniele, em 1972, já reivindicava a assistência médica, psicossocial e a inserção no mercado de trabalho para homo e transexuais ("que ao contrário do que se costuma pensar não são homossexuais"), incluindo os jovens expulsos de casa (*Tribuna da Bahia*, 06/05/1972, p. 4).

17   COLAÇO, Rita. *Uma conversa informal sobre homossexualismo*. Rio de Janeiro: Edição do autor, 1984.
18   *Jornal Tribuna da Bahia, Op. Cit.*
19   O Grupo de Ação Lésbica-feminista, dissidência do grupo Somos/SP apenas se constituirá em dezembro de 1979 (COLAÇO, *Op. Cit.*, p. 64).
20   MÍCCOLIS, *Op. Cit.*, p. 99; RODRIGUES, R. C. C. Ação e reflexão de um ativismo homossexual na Baixada Fluminense: a experiência do GAAG – Grupo de Atuação e Afirmação Gay, 1979-1980 (Trabalho de conclusão de curso]. Bacharelado em História Social. UFF, dezembro de 2004; _____. *Op. Cit.*, 2012.
21   Jornal *Lampião da Esquina*, n° 16, setembro, 1979, p. 7.

mento dos conteúdos desqualificatórios presentes nas palavras utilizadas pela sociedade ampliada para designá-los; formas de atuação no espaço público. Mais as especificidades do recorte de classe e origem. Discriminação na família e entre os ativistas; a necessidade de construir mecanismos para uma vida autônoma em relação à família de origem; a ausência de opções de lazer nas regiões de moradia; a escassez de recursos econômicos para o lazer, demandando gastos adicionais para o deslocamento até o município do Rio de Janeiro, eram alguns dos temas abordados.

A região denominada Baixada Fluminense era, na ocasião, representada no imaginário dos formadores de opinião da capital do Rio de Janeiro apenas como "famosa pelo seu alto índice de criminalidade, pobreza e descaso governamental", constituindo-se no dormitório da mão de obra proletária do Estado do Rio de Janeiro.[22] O que não deixava de ser verdadeiro. Essa moldura, contudo, desconsiderava os aspectos positivos, vibrantes, de sua população.

Quase não dispunha de praças, equipamentos culturais e saneamento. O fornecimento de água tratada ganha impulso somente em 1982, muito embora o abastecimento da capital do estado fosse (como ainda é) garantido pelas águas captadas em diversos mananciais da Baixada (São Pedro, 1877; Rio D'Ouro, 1880; Tinguá, 1893; Xerém, 1907; Guandu, 1949).[23] Embora Duque de Caxias contasse com duas instituições de ensino superior (privadas), somente em uma única banca de jornais era possível se adquirir diários como *Jornal do Brasil, O Globo, Tribuna da Imprensa* e as revistas semanais IstoÉ e Veja. Essa banca, de nome Marabô, ficava no shopping horizontal ainda hoje existente no terminal rodoviário, no centro do município. Dos jornais alternativos, apenas *O Pasquim* era ali comercializado. Ausência que motivou carta ao jornal *Lampião da Esquina*, solicitando fosse a sua distribuição estendida àquela cidade.[24] Não haviam livrarias.[25] Também inexistiam bibliotecas públicas nos bairros ou nas escolas. Para toda Duque de Caxias

---

22   MÍCCOLIS, *Id, Ibid.*

23   http://www.cedae.com.br/Portals/0/historia_abastecimento.pdf. Acesso em 23/03/2018.

24   Jornal *Lampião da Esquina*, n° 3, 25 de julho a 25 de agosto de 1978, p. 14, "Rumo à Baixada Fluminense".

25   Em todos os municípios da região somente eram comercializados livros didáticos e paradidáticos, através de papelarias

existia apenas uma, na sede da Câmara Municipal, e os usuários não tinham acesso direto ao acervo.

No entanto, em que pese tais representações e condições materiais, as transformações então em curso nos campos político, artístico, do conhecimento e dos costumes contagiavam os seus jovens. Na mesma Duque de Caxias de apenas uma única biblioteca pública, existiam dois teatros – o da Câmara de Vereadores (Teatro Procópio Ferreira) e o do Shopping Center (Teatro Municipal Armando Mello). Neste, no início da década de 1970 é inaugurado o primeiro projeto de formação de atores e oferecidos cursos de música e artes plásticas.[26] Em 1977, o grupo teatral caxiense Teatro de Abertura Lúdica (Grupo TAL) arrebatara a maior premiação do teatro nacional – o Molière, distinguido na categoria especial, com o texto *Sacos e Canudos*, de autoria de David de Medeiros, que abordava com irreverência a tragicomédia da vida na região.[27] Em São João de Meriti, o SESC local, inaugurado em 1978, atuava como grande catalizador. Seu teatro de quatrocentos lugares e perfeitas condições técnicas recebeu em sua estreia precisamente a montagem do texto *Sacos e Canudos*, emplacando temporada de dois meses de duração, assistida por algo como doze mil espectadores. Um acontecimento notável, principalmente levando-se em consideração que a imensa maioria de seus moradores jamais havia tido oportunidade sequer de entrar em um teatro.

Essa representação territorial inferiorizante produzia a desqualificação social dos seus habitantes, que se tornavam contaminados, além da poeira, lama, lixo e esgoto a céu aberto, pelas projeções das camadas médias e alta da sociedade. Seus moradores eram vistos e muitos viam a si mesmos como pessoalmente responsáveis pela precariedade das condições de vida impostas pelo descaso governamental, pela ausência de políticas públicas de saneamento, urbanização, educação, cultura, lazer, habitação, saúde e segurança. O que, no caso de homossexuais, implicava dinâmicas de estigmatização adicionais, postas em operação inclusive entre homossexuais, como a vivenciada pelos representantes do GAAG presentes ao "Encontro Nacional do Povo Guei", em 16 de dezembro de 1979, na sede da Associação Brasileira de Imprensa

---

26   MENDONÇA, s.d. Disponível em http://www.ipahb.com.br/cultura.php. Acesso em 06/10/2006.

27   http//www.ipahb.com.br/cultura.php. Acesso em 06/10/2006.

(ABI) – para cuja realização o GAAG formulara sugestão, por meio de cartas ao Grupo Somos/SP, datadas de 04 de junho e 02 de julho de 1979:

> Lúcia e Walter, do Grupo de Atuação e Afirmação Gay – GAAG/ Caxias, ocuparam a mesa (...) para rejeitar qualquer tentativa de estigmatizá-los como 'representantes da Baixada': segundo eles, a Baixada não é uma região especial, nem mesmo quanto à violência; eles disseram, também, que o grupo, embora de homossexuais, se preocupa não apenas com a liberação homo, mas com a liberação sexual; (...) e rejeitaram com firmeza o comentário feito por alguém no auditório, para quem 'o problema é que quem mora na Baixada está a fim de sair de lá'.[28]

Curiosamente, em 2003, em seu trabalho de memória, Lúcia, a única integrante cujo depoimento foi possível colher, já não reconhecia mais a discriminação que ela mesma ajudara a denunciar, registrada por Aguinaldo Silva em sua reportagem: "Não, não, não concordo, não. Se ele falou em discriminação é... Um a um, nível a nível. Não. Eu discordo. Eu discordo porque eu nunca fui discriminada."[29] Logo em seguida, porém, indagada se havia algum estranhamento de parte dos homossexuais das camadas médias da capital em relação aos das regiões periféricas do estado, responde: "Ah, sempre houve; até hoje há." E reproduz as frases usualmente empregadas: "Mora no fim do mundo"; "mora mal..."

Gleniewicz *et al*, em trabalho apresentado à disciplina Dialetologia Portuguesa no mestrado em Letras, na Pontifícia Universidade Católica do Rio de Janeiro, em 1979, registrou os termos dotados de visões desqualificadoras em relação à classe e origem social, presentes no discurso praticado pelos "entendidos".[30] Segundo eles, a existência "de termos especiais denominando pessoas dos subúrbios e do nordeste indica certo preconceito contra esses indivíduos. Isto, porém, não é particular aos homossexuais." Em sua pesquisa de campo em boates gays eles registraram o emprego do termo "paraiba", seja

---

28   SILVA, Aguinaldo. Seis horas de tensão, alegria e diálogo: é a nossa política. *Jornal Lampião da Esquina*, n° 20, janeiro de 1980, p. 8.
29   Depoimento pessoal à autora concedido em 03/02/2004.
30   Termo nativo, tanto identitário quanto palavra-código. RODRIGUES, R. C. C., *Op. Cit.*, 2012; *Idem*.In: COLLING, Ana Maria; TEDESCHI, Losandro Antonio (orgs.). Dicionário crítico de gênero. Dourados, MS: Ed. UFGD, 2015, p. 193-196.

para nordestinos em geral, para suburbanos ou "pessoa mal vestida, mostrando a falta de status sofrida pelo suburbano ou nordestino". Eles também registraram expressões discriminatórias, como: "Além-tunel, s. – Um homossexual suburbano; Pititinga, s. – Homossexual pequeno e pobre.[31]

Como destacou Leila Míccolis, pioneira no esforço de recuperação da história do movimento, "a prática homossexual deveria ser um abrir de fronteiras, inclusive para um maior autoconhecimento. Mas nem sempre é. Há fortes misoginias e misantropias, sexismos de todas as espécies, porque qualquer relação de poder gera mais ódio e rancor do que amor e afeto."[32]

O GAAG era formado em sua maioria por mulheres, na faixa dos vinte anos de idade, estudantes (secundário e superior). Haviam atravessado, portanto, a infância e a adolescência no contexto de um regime político autoritário, com censura em diversos temas e níveis. Nenhuma delas participara dos movimentos sociais então emergentes – eclesial de base, estudantil, de bairro, contra a carestia, feminista, negro... Walter, o único homem com participação assídua, também não. A maioria cumulava os estudos (noturnos) com jornada de trabalho integral de quarenta, quarenta e quatro horas semanais. Apenas uma não residia com os pais. Duas gastavam três, quatro horas diárias no deslocamento casa-trabalho-estudo-casa. Não dispunham de local fixo para as reuniões. Se encontravam nos jardins do Museu de Arte Moderna, MAM, no Aterro do Flamengo (Parque Lota Macedo Soares), na cidade do Rio de Janeiro; em praças e, nos últimos tempos, na casa de Lúcia – um quarto com banheiro em uma vila, no centro de São João de Meriti. Na fase de reuniões em espaços públicos era costume após as discussões irem juntos assistir algum espetáculo de teatro ou música.

Faziam parte do grupo: 1) Lúcia, dezenove anos, negra, separada, sem filhos. Auxiliar de escritório, com jornada semanal de 44 horas, cursava ensino secundário e residia sozinha em São João de Meriti. Relata uma infância "normal": criada por pais adotivos em Ipanema, Zona Sul carioca, apenas

---

31   GLENIEWICZ et al. *A linguagem de discotecas gueis do Rio de Janeiro*. Rio de Janeiro: PUC. Mestrado em letras [trabalho apresentado à disciplina Dialetologia portuguesa, 1979, 1979.

32   MÍCCOLIS, Leila. Diário de bardo. In: MÍCCOLIS, Leila e DANIEL, Herbert. *Jacarés e Lobisomens*, dois ensaios sobre a homossexualidade. Rio de Janeiro: Achiamé-Socii, p. 95.

conheceu seus irmãos biológicos quando eles já estavam com nove, onze e quinze anos, respectivamente. Foi por essa época que ela veio para a Baixada Fluminense, viver com a mãe biológica, após o falecimento de seus pais de criação. Casou-se aos dezesseis anos de idade com um jovem que conheceu logo após ter ido viver com a mãe biológica, por força da cobrança familiar e social. Um ano depois a união "se desintegrou completamente". Lúcia achava que havia alguma coisa errada com ela. A consumação do casamento lhe deixou muito confusa. Passou a suspeitar fosse homossexual: "Tenho que saber se é isso mesmo, se eu sou isso mesmo", pensava. O casamento acabou sem conflitos ou traumas: "Somos amigos até hoje". Seus irmãos nunca interferiram em suas escolhas. Gozava de autonomia financeira, trabalhava desde os dezesseis anos. Quando de seu depoimento, em 2004, Lúcia trabalhava como autônoma numa barraca de comida afro-brasileira. Era chefe religiosa (*Mãe de Santo*) em terreiro de candomblé, em Nova Iguaçu, onde constituíra família por afinidade com os seus *filhos de santo*. Mantinha um relacionamento lésbico sem coabitação, com encontros esparsos. Sua namorada colocava "em primeiríssimo plano" a sua família biológica, com o que Lúcia concordava, aduzindo "Família é tudo". Seguia residindo na Baixada Fluminense, em outro município, porém.

2) Walter, secundarista, branco, escritor. Participava intensamente das reuniões e atividades do grupo. Se matou ingerindo veneno em 1982. Segundo noticiado pela imprensa, por não poder realizar o sonho de cursar a faculdade de Comunicação, curso ofertado apenas no horário diurno, e ele precisava trabalhar. Deixou bilhete, entre outras coisas, pedindo que enterrassem o seu corpo ao som de *Aos nossos filhos*, canção de Ivan Lins e Victor Martins, imortalizada na interpretação de Elis Regina.

3) Florice, vinte e quatro anos de idade, "morena".[33] Residia com os pais em um bairro periférico (hoje tratado como "comunidade"), próximo ao centro do município. Recém havia concluído o curso superior em Ciências Contábeis na faculdade da Associação Fluminense de Educação, AFE, hoje Unigranrio, em Duque de Caxias, através do programa de Crédito Educativo instituído pelo regime militar. A partir do time de handebol feminino da faculdade se constituiu a rede de sociabilidade lésbica, de onde

---

33   Assim eram designadas e se designavam as hoje denominadas afro-descendentes.

sairam várias integrantes do GAAG. Ela trabalhava como auxiliar de escritório no bairro da Penha, RJ. Aproximadamente dez anos depois de encerrado do grupo, gerou um filho com um amigo também homossexual. Retornou para a casa dos pais, em busca de melhor suporte nos cuidados com a criança. Seguiu exercendo funções de nível médio em escritórios no município do Rio de Janeiro. Não foi possível fazer contato quando da pesquisa.

4) Solange, negra, estudante de letras na AFE, não exercia atividade laboral. Morava com os pais, no mesmo bairro que Florice. Contactada por telefone com o pedido de entrevista, negou conhecer a pesquisadora e a experiência de participação no grupo. Diante da insistência e do fornecimento de detalhes e nomes, negou-se, apesar das garantias de anonimato oferecidas. Alegou falta de tempo (trabalhava com assessoria política de vereador em Duque de Caxias, candidato à reeleição), com uma frase introdutória sobre seu atual estilo de vida: viúva e mãe de dois filhos, um com quase vinte anos. Disse ter trocado de curso, se graduando em História, profissão que não exerceu. Contactada outras vezes meses depois, não atendeu o telefone.

5) Rita, branca, 19 anos, secundarista em São João de Meriti no mesmo colégio que Lúcia. Era Datilógrafa em instituição técnico-educacional na Zona Sul carioca, com jornada de quarenta horas semanais. Residia na periferia de Nova Iguaçu, com a mãe e o irmão, que sabiam de sua orientação sexual. A "descoberta", como era usual, implicou crises e traumas, a mãe chegando a considerar ora interná-la, ora lhe "dar veneno". Décadas depois, octogenária, tendo revisto seus conceitos, participou espontaneamente da Parada do Orgulho LGBT de Copacabana e, aos noventa, do alto do carro de som, por duas vezes.[34] Uma das quais declarou, numa entrevista:"Maravilhosos são vocês que estão mudando o mundo".[35] Rita, assim como Lúcia, trabalhava desde os dezesseis anos. Conheceu a maioria das integrantes do grupo na rede de sociabilidade lésbica em torno do time de handebol da AFE. Tomou conhecimento do jornal *Lampião da Esquina* em uma banca na Praça Mauá, ainda no número um, interessando-se por fazer a sua assinatura. Anos depois participou do grupo carioca Triângulo Rosa, fundado por João Antônio Mascarenhas.

---

34   https://www.facebook.com/MemoriaHistoriaMhbMlgbt/posts/293304120790975.

35   https://memoriamhb.blogspot.com.br/2018/05/maravilhosos-sao-voces-que--estao.html.

7) Paulo Nobre, artista plástico morador em Jacarepagua, de aproximadamente trinta anos de idade, costumava vir às reuniões acompanhado de um amigo. Conheceu o GAAG quando da reunião para constituição do grupo Somos/RJ, ocorrida no apartamento onde residiam Leila Míccolis e seu marido Marcelo, psicólogo, na Rua Teodoro da Silva, em Vila Isabel, RJ. Paulo optou por se integrar ao grupo da Baixada. Por força de sua atividade artística, dividia-se entre o Brasil e os Estados Unidos. Quando estava no Rio residia com os pais e fazia questão de participar das reuniões. Apreciava, ao seu término, sair em companhia de Lúcia, sua cicerone nas incursões culturais que faziam pelos botequins, rodas de partidos-alto, terreiros de candomblé – local de sociabilidade homossexual por excelência na época. Não foi possível obter a sua localização quando da pesquisa.

Além desses houve outros integrantes que foram chegando depois, com graus variados de assiduidade e comprometimento nos debates. Eram os chamados "membros flutuantes". Havia quem se aproximasse apenas com o interesse de encontrar namorada, fenômeno comum aos demais grupos.

Segundo Lúcia, foi dez o total de integrantes do grupo, assemelhando-se, nesse ponto, às experiências do Auê e Triângulo Rosa.[36] A especificidade de a maioria ser mulher teria sido casual, em sua opinião. Consequência do desinteresse mostrado pelos homens de suas relações, convidados a participar. A questão de gênero não estava colocada para o GAAG, ao contrário do que ocorria com as mulheres do Somos/SP que posteriormente fundaram o GALF. De maneira semelhante, a questão étnica também não aparecia como um dado problematizável. Talvez devido o cerne das discussões ser ainda muito primário, abordando os grandes temas comuns - repressão à sexualidade, processos de estigmatização e estratégias de enfrentamento, auto-aceitação, identidade sexual, família. Talvez pelo diminuto do grupo. Talvez pela sua brevidade. Talvez por tudo isso.

Em sua opinião o espaço de discussão possibilitado pelo grupo funcionou como provedor da consciência dos aspectos sociais e políticos da vivência pessoal. Um ambiente capaz de fornecer suporte, pertencimento, identificação, apesar dos conflitos que também surgiam:

---

36   MÍCCOLIS, Leila. Entrevista à autora, via emeio, em 22 de outubro de 2007; CÂMARA, Cristina. Cidadania e orientação sexual: a trajetória do grupo Triângulo Rosa. Rio de Janeiro: Academia avançada, 2002.

> A gente poderia falar o que você sentia, o que você realmente é. ( ) Naquela época, em 1979 [na Baixada Fluminense], ser gay significava ser fora da lei. ( ) Cada um ouvia o seu depoimento, a sua história, e cada um ia pra casa aliviado, como se a sua história acontecesse com várias pessoas. ( ) O GAAG foi tipo a libertação. [Mas também] Havia muita polêmica. As pessoas saíam aborrecidas, às vezes, por não ter sido interpretada (sic) da maneira que gostaria que fosse; mas todos eram ouvidos."

Lúcia destacou que, devido ao estigma, ao silenciamento e à invisibilização, o homossexual terminava por se isolar, carregando culpas e sentimento de inadequação: "Eles se sentiam à vontade dentro do grupo, não com a família. ( ) Dos dez [integrantes do GAAG], dois haviam se revelado para a família, oito não (...)". Relatou que antes dessa vivência no grupo tinha dificuldades em lidar com a própria homossexualidade. Falou das implicações que acarretavam o ato de "se assumir" publicamente, recordando discriminação vivida:"Meu gerente, sentado na mesa, disse assim: – Olha, eu sei que você é gay assumida, por esse motivo você não pode gerenciar uma das lojas...". Ela também fez referência ao clima opressivo existente à época:

> Havia um clima assim... [pesado]. Ninguém se assumia a não ser dentro do grupo; [a gente] se certificava bem pra ver se as portas estavam fechadas, e se os vizinhos não estavam a escutar a reunião.

Leila Míccolis, na reportagem que escreveu sobre o Encontro Nacional do Povo Guei, destacou que Walter também mencionara o medo da repressão: "O maior problema de um movimento na Baixada era a pouca vontade das pessoas de se agruparem, por acomodação e medo da repressão do sistema."[37]

A mesma percepção era partilhada pelo fundador do Grupo Gay da Bahia, o etno-historiador Luiz Mott, em relação a cidade do Salvador, no ano de 1980:

> "(...) Com medo de divulgar publicamente [o local das reuniões do GGB]. Isso foi em 1980, ainda com muita violência... o regime mili-

---

37 MÍCCOLIS, Leila. Seis horas de tensão, alegria e diálogo: é a nossa política. *Jornal Lampião da Esquina*, n° 20, janeiro de 1980, p. 8-9.

tar ainda era fortíssimo! Nunca fiz uma profunda reflexão sobre a relação do momento histórico com a questão do regime militar (...)[38]

Mesmo com uma prática mais voltada para discussões internas, basicamente em torno das vivências e sentimentos pessoais, o GAAG tentou estabelecer contatos com outros grupos, no Brasil e no exterior. Solange ficou encarregada de, com o auxílio de uma professora, regidir e traduzir a correspondência em ingles. Outra ficava incumbida do espanhol, o que possibilitou conhecer o movimento na Colômbia. Walter assumiu parte da responsabilidade com a correspondência nacional.

Talvez por integrarem os meios populares, os membros do GAAG entendiam que era necessário à militância nacional se voltar para as especificidades do contexto sociocultural brasileiro: as implicações decorrentes de tantos anos de ditadura militar; a forte tradição autoritária e conservadora presente no país, organizada em torno de duas ordens morais (uma de fachada e outra, do cotidiano, mas sempre dissimulada, ocultada); a escassa produção de capital social;[39] pouca experiência em participação política (resultado direto dos anos sob ditadura). Assim, quando convidado para participar do I Encontro Brasileiro de Homossexuais Organizados (I EBHO ou *Congresso de Homossexuais*, nome originalmente proposto), o GAAG, apresentou como proposta para a sua fala discutir essas questões.[40]

No entanto, as condições materiais de vida de suas integrantes, a inexperiência política, a escassez de recursos financeiros (eram elevados para o

---

38 SILVA, Cláudio Roberto da. *Reinventando o sonho*: História oral de vida política e homossexualidade no Brasil Contemporâneo. [Dissertação] Mestrado em História Social. Faculdade de Filosofia, Letras e Ciências Humanas, Universidade de São Paulo, 1998, p. 455-483. Disponível em: http//geocities.yahoo.com.br/luizmottbr/autobio.html, acesso em 28/12/2003. Para maiores informações sobre o regime militar e os homossexuais, ver: GREEN, James e QUINALHA, Renan (orgs.) *Ditadura e homossexualidades*: repressão, resistência e a busca da verdade. São Carlos: EdufSCar, 2014.

39 Emprego o conceito de *capital social* para referir o acervo de vínculos participativos horizontais moldados através do compromisso, da confiança e da cooperação recíproca, visando o bem coletivo. Cf. PUTNAM, Robert. *Comunidade e democracia*: a experiência da Itália moderna. 4ª edição. Rio de Janeiro: Fundação Getúlio Vargas, 2005; D'ARAUJO, Maria Celina. *Capital social*. Rio de Janeiro: Jorge Zahar, 2003.

40 Jornal *Lampião da Esquina*, nº 24, maio de 1980, p. 4.

grupo os gastos com a correspondência, por exemplo), a falta de espaço adequado para as reuniões e os desgastes decorrentes das divergências internas, levaram o GAAG ao esgarçamento. O grupo então declinou de sua participação no I EBHO, realizado na cidade de São Paulo, de 4 a 6 de abril de 1980. E se dissolveu. Não chegou a completar um ano de existência.

Se de alguns de seus pares de ativismo mereceu palavras de desqualificação, também houve quem reconhecesse a sua singularidade, face as características de suas integrantes.[41]

Conclusão

A emergência dos homossexuais de ambos os sexos como atores políticos, demandando em nome próprio, decorreu de um processo e trouxe as dificuldades comuns ao seu ineditismo – não havia modelos, instituições que lhes legitimasse a luta, a exemplo dos demais movimentos sociais surgidos no perído.[42] Dos esforços verificados na década de 1960, infelizmente não se conhecem ainda registros de suas dinâmicas, à excessão das reflexões presentes nos jornais artesanais da época. Por outro lado, o país exibia baixa produção de capital social e apenas principiava a sair de um grave período repressivo. Os conflitos, as incertezas, o nervosismo, a pouca clareza sobre o próprio processo, o peso da vivência de intensos processos de estigmatização, o medo das possíveis consequências (pessoais e profissionais) de se expor, o autoritarismo introjetado, a parca experiência em militância política, eram traços característicos comuns dos ativismos do Movimento Homossexual Brasileiro nessa fase.[43]

O GAAG atuava de forma horizontal. No curso das reuniões, suas integrantes também iam sendo confrontadas com as incertezas, indefinições, inexperiência, pouca clareza a respeito do lugar de chegada e das suas possibi-

---

41   Jornal *Lampião da Esquina*, n° 24, maio de 1980, p. 4.
42   SADER, Eder. *Quando novos personagens entraram em cena*. Rio de Janeiro: Paz e Terra, 1988, p. 168.
43   Jornal *Lampião da Esquina*, n° 12, maio de 1979, p. 2-3; MÍCCOLIS, Leila. O movimento homossexual brasileiro organizado – esse quase desconhecido. In: MÍCCOLIS, Leila. Diário de bardo. In: MÍCCOLIS, Leila e DANIEL, Herbert. *Jacarés e lobisomens, dois ensaios sobre a homossexualidade*. Rio de Janeiro: Achiamé--Socii, p.96-119.

lidades concretas de intervenção no espaço público. Mas a simples possibilidade de, embora marcadas pela abjeção, pela clandestinidade de seu desejo e, não raro, pela culpa, poderem se reunir fora do gueto para discutir esses e outros aspectos de suas vidas, teve importância inestimável para pelo menos duas de suas integrantes. Tanto forneceu meios para a restauração da identidade deteriorada, quanto elementos para a construção de uma autoimagem saudável. Fomentou valores como consciência e participação política, associativismo, relações sociais baseadas na confiança recíproca e no apoio mútuo. Além de também fazer surgir e fortalecer laços de identificação e pertença. Compôs, dessa forma, verdadeiro mecanismo de proteção social.[44]

---

44   Por proteção social entendo ações de cuidado recíproco, espontâneas e horizontalmente organizadas, tendentes à preservação da vida humana em seus aspectos biopsicossocial, objetivando minimizar os impactos decorrentes tanto de contextos vulnerabilizantes quanto da incompletude intrínseca do humano. RODRIGUES, R. C. C. Os efeitos da estigmatização e a importância estratégica de incentivo à formação de grupos de convivialidade como geradores de proteção social e valores comunitários, a partir do depoimento de uma ex-fundadora do GAAG, Grupo de Atuação e Afirmação Gay, de Duque de Caxias/RJ (1979-1980). Comunicação apresentada ao II ENUDS, setembro de 2004, UFPE.

Pecado, doença e direitos: a atualidade da agenda política do grupo Triângulo Rosa

Cristina Câmara[1]

O grupo carioca Triângulo Rosa teve um papel importante no Movimento Homossexual Brasileiro (MHB), antecedendo-se em questões que repercutem desde os anos 80. Destaco alguns aspectos com o intuito de contribuir com a história de quarenta anos de enfrentamentos levados adiante por militantes e ativistas Lésbicas, Gays, Travestis e Transexuais (LGBT). Reafirmo o lugar de sujeito dos movimentos sociais para evitar leituras que reduzam as relações de poder à dicotomia opressão-submissão. Considerar indivíduos e movimentos sociais como sujeitos políticos traz à tona repertórios alternativos às concepções de crime, pecado e doença, que historicamente tentam explicar práticas que não cabem na heteronormatividade.

A trajetória do Triângulo Rosa foi analisada em estudo anterior.[2] Para situar a problemática, cabe registrar que o grupo foi atuante e singular no contexto dos anos 1980. De modo geral, é referido por sua atuação durante a Assembleia Nacional Constituinte (ANC), em 1987, com a demanda de

---

[1] Socióloga, Doutora em Ciências Humanas pelo Programa de Pós-Graduação em Sociologia e Antropologia da Universidade Federal do Rio de Janeiro e Consultora independente.

[2] CÂMARA, C. *Cidadania e orientação sexual*: a trajetória do grupo Triângulo Rosa. Rio de Janeiro: Academia Avançada, 2002.

inclusão da não discriminação por orientação sexual na Constituição Federal de 1988.[3] Parceiros e aliados foram importantes na escolha da expressão "orientação sexual", entre outras. A consulta a intelectuais, principalmente antropólogos, e o conhecimento da legislação internacional a respeito foram imprescindíveis. Como bem registrou Howes, João Antônio de Souza Mascarenhas, fundador e primeiro presidente do grupo: "Tinha correspondentes em muitos países e dedicava um apreço especial às democracias liberais avançadas que estavam na vanguarda da realização dos direitos humanos dos homossexuais, tais como a Holanda, Dinamarca, Suécia, Noruega e Canadá."[4]

Era necessário conquistar o reconhecimento social, enfrentando contrapontos internos ao movimento e de interlocutores conservadores via religião e política. Antes mesmo da criação do grupo, João Antônio S. Mascarenhas, ativista gay com formação em direito, desde os anos 1970 atuava junto a grupos paulistas e, nos anos 1980, com o Grupo Gay da Bahia (GGB). Este último, importante parceiro que, em 1981, liderou a campanha para excluir o Código 302.0 da Classificação Internacional de Doenças, da Organização Mundial da Saúde, cujo Capítulo V – "Transtornos Mentais" qualificava a homossexualidade como "desvio e transtorno sexual". A campanha reuniu ativistas de todo o país e contou com o apoio de vários grupos da sociedade civil, políticos, entidades científicas e internacionais.[5] A mobilização fez o Conselho Federal de Medicina (CFM) tornar tal código sem efeito, em território nacional. No Brasil, a homossexualidade não era crime e deixou de ser considerada doença, desde aquela data.

Em 1984, foram traçadas estratégias para incluir a "expressa proibição de discriminação por orientação sexual" no Código de Ética do Jornalista, o que ocorreu no final de 1986, durante o XXI Congresso Nacional de Jornalistas. O Triângulo Rosa foi criado em 1985, articulado a essa campanha e desenvol-

---

3   Ver a Constituição Federal de 1988.

4   HOWES, R. João Antônio Mascarenhas (1927-1998): pioneiro do ativismo homossexual no Brasil. *Cad. AEL*, Campinas, v. 10, n. 18/19, p. 293, 2003. Disponível em: <bit.ly/2spuq39>. Acesso em: 24 mai. 2018.

5   MAcRAE, E. *A construção da igualdade*: identidade sexual e política no Brasil da "abertura". Campinas: Ed. Unicamp, 1990. O autor contextualiza a campanha no MHB. Ver também a decisão do CFM em resposta ao GGB: CFM. *PC/CFM/Nº 05/1985*. Disponível em: <bit.ly/2IZhJH7>. Acesso em: 24 mai. 2018.

vendo ações de incidência política voltadas aos direitos de gays e lésbicas. Naquele momento, a presença de travestis e transexuais no MHB era incipiente.[6]

Além do processo da ANC ser um momento ímpar na história brasileira, após a abertura política havia a necessidade de valorizar e ocupar o Legislativo. A agenda trazida do exílio por Herbert de Souza, Herbert Daniel, Fernando Gabeira e Liszt Vieira, entre outros, agregava uma visão abrangente sobre a política e o fazer política, a democracia e o exercício da cidadania, dialogando com o cenário internacional. Temáticas como meio ambiente, racismo, feminismo e homossexualidade e a aposta na reconstrução democrática reavivaram a ideia de representação política no parlamento e na sociedade. Desde as candidaturas a cargos políticos (as úteis e as com chances de vitória), a escuta de representantes de movimentos sociais, até a busca de organicidade com os novos mandatos para compor o Congresso Nacional. Nos anos 1980, o MHB trazia questões mais estruturadas e/ou a serem institucionalizadas do que na década anterior.[7,8]

O objetivo do presente artigo é abordar pré-conceitos que estavam na agenda política do Triângulo Rosa e que se mantêm no cenário político, especialmente no Congresso Nacional. Durante a ANC, a presença do Triângulo Rosa no Legislativo foi o ápice da dissonância pública, ao mesmo tempo em que foi o *locus* da evidência do contínuo pecado-doença-direitos, apropriado pela política *stricto sensu* e atualizados de forma a instrumentalizá-la. Especialmente pela bancada evangélica.

Há virtudes democráticas nas conquistas do movimento de gays e lésbicas no Brasil. Nem por isso simples ou unânimes. Ao longo de sua

---

6   Sobre o movimento de travestis e transexuais, ver: CARVALHO, M.; CARRARA, S. Em direção a um futuro trans? Contribuição para a história do movimento de travestis e transexuais no Brasil. *Sex., Salud Soc.*, Rio de Janeiro, n. 14, p. 319-351, dossiê n. 2, ago. 2013. Disponível em: <bit.ly/2GUWOiE>. Acesso em: 24 mai. 2018.

7   FACCHINI, R. Movimento homossexual no Brasil: recompondo um histórico. *Cad. AEL*, Campinas, v.10, n.18/19, p. 81-125, 2003. Disponível em: <bit.ly/2LgzYVW>. Acesso em: 24 mai. 2018.

8   CRUZ, R. *Do protesto as urnas*: o movimento homossexual brasileiro na transição política (1978-1982). Dissertação. (Mestrado em Ciências Sociais), Universidade Federal de São Paulo, Escola de Filosofia, Letras e Ciências Humanas, São Paulo, 2015. Disponível em: <bit.ly/2ktuUS3>. Acesso em: 24 mai. 2018.

trajetória, divergências políticas, ideológicas e partidárias são parte de seu processo de construção. Os debates políticos e a proliferação de estudos e políticas sociais com foco na diversidade, nos direitos sexuais e na valorização de movimentos sociais como interlocutores e sujeitos nessa dinâmica histórico-política, consolida o lugar de fala e de liberdade para LGBT. Na esfera pública, em espaços e sob abordagens diferenciados, o movimento ganhou visibilidade e legitimidade, além de mudar o status atribuído a pessoas LGBT e às relações homoafetivas.

No período da abertura política, as agendas das minorias pulsavam e eram trazidas à tona nas manifestações de rua, na imprensa alternativa e, obviamente, no debate partidário. O tema da homossexualidade encontrava resistência, por ser visto como uma questão residual, individualista e restrita à vida privada. Como afirma Green: "A homossexualidade passou a ser associada com a classe alta e à "decadência burguesa", e essa ideologia permeava o movimento comunista internacional."[9] Por sua vez, desde o início dos anos 80, o debate sobre a homossexualidade punha novas questões em jogo. Por um lado, trazidas pelo histórico de movimentos de minorias, por outro, com o surgimento da epidemia de aids. Logo os primeiros grupos organizados na luta contra a aids seriam criados, agregando ex-militantes do MHB e contribuindo para que outros se tornassem militantes ou ativistas.

De acordo com Santos,[10] desde a década de 1970, militantes homossexuais atuavam em grupos partidários e, em 1980, vários contribuíram para a fundação do Partido dos Trabalhadores (PT).[11] Também, foi em 1978, com a criação do Grupo Somos de Afirmação Homossexual, que o MHB começou a construir sua organicidade.[12] A Convergência Socialista, organi-

---

9   GREEN, J. A luta pela igualdade: desejos, homossexualidade e a esquerda na América Latina. *Cadernos AEL*, Campinas, v. 10, n. 18/19, p. 18, 2003. Disponível em: <bit.ly/2xvvoRb>. Acesso em: 24 mai. 2018.

10   SANTOS, G.G.C. Movimento LGBT e partidos políticos no Brasil. *Contemporânea* – Revista de sociologia da UFSCar, São Carlos, v. 6, n. 1, jan./jun. 2016. Disponível em: <bit.ly/2xjCh82>. Acesso em: 24 mai. 2018.

11   SANTOS, G.G.C. Movimento LGBT e partidos políticos no Brasil. *Contemporânea* – Revista de sociologia da UFSCar, São Carlos, v. 6, n. 1, p. 179-212, jan./jun. 2016. Disponível em: <bit.ly/2xjCh82>. Acesso em: 24 mai. 2018.

12   MAcRAE, E. *A construção da igualdade*: identidade sexual e política no Brasil da

zação trotskista, foi a primeira referência à esquerda a incluir comissões de gays e lésbicas em sua estrutura e a adotar pontos antidiscriminação em seu programa.[13] Em 1981, realizou a I Conferência Nacional dos Homossexuais da Convergência Socialista, em São Paulo.[14]

No PT, que havia contado com a Comissão de Militantes Homossexuais Construindo o PT,[15] somente em 1992, foi criado o Núcleo de Gays e Lésbicas do PT.[16] Em 2010, o setorial nacional e, em 2012, havia setoriais petistas em 18 estados. Em 1994, foi criado o setorial do Partido Socialista dos Trabalhadores Unificado (PSTU), no momento de sua fundação. As primeiras experiências com os partidos de esquerda iniciam o MHB na institucionalidade política.

Após 2006, surgiram setoriais em outros partidos. Segundo Santos (2016), provavelmente, devido a institucionalização da causa LGBT no Brasil. O autor resgata as demandas apresentadas pelo GGB, em 1982, bem como a atuação do Triângulo Rosa durante a ANC, mas ressalta que a institucionalização LGBT se intensificou a partir da eleição do Presidente Luiz Inácio Lula da Silva (2003-2011). O fato é que alguns partidos de esquerda criam setoriais LGBT vinculados a sua estrutura partidária, como: em 2011, Partido Socialismo e Liberdade (PSOL); em 2012, o Partido Socialista Brasileiro (PSB); e, em 2013, o Partido Verde (PV) criou o "PV Diversidade". Ainda em 2011, apesar de não ser um setorial, o Coletivo LGBT foi criado no Partido Comunista do Brasil (PCdoB). Os partidos associados à esquer-

"abertura". Campinas: Ed. Unicamp, 1990. e FACCHINI, R. Movimento homossexual no Brasil: recompondo um histórico. *Cad. AEL*, Campinas, v.10, n.18/19, p. 81-125, 2003. Disponível em: <bit.ly/2LgzYVW>. Acesso em: 24 mai. 2018..

13 DE LA DEHESA, R. *Queering the public sphere in Mexico and Brazil*: sexual rights movements in emerging democracies. Durham, North Carolina: Duke University Press, 2010.

14 OKITA, Hiro. *Homossexualismo*: da opressão à libertação. São Paulo: Proposta Editorial, 1980. Certas palavras com a imprensa alternativa brasileira. Jornal Convergência Socialista.

15 OKITA, Hiro. *Homossexualismo*: da opressão à libertação. São Paulo: Proposta Editorial, 1980.

16 GREEN, J. A luta pela igualdade: desejos, homossexualidade e a esquerda na América Latina. *Cadernos AEL*, Campinas, v. 10, n. 18/19, p. 18, 2003. Disponível em: <bit.ly/2xvvoRb>. Acesso em: 24 mai. 2018.

da tendem a ser mais explícitos na nominação dos setoriais "LGBT" ou de "lésbicas e gays" e estão mais próximos de movimentos sociais.

Do mesmo modo, foram identificados setoriais em partidos de centro e de direita, não associados diretamente a LGBT, mas nominados pela "diversidade", de forma mais genérica. Em 2006, foi criado o grupo "Diversidade Tucana", no Partido da Social Democracia Brasileira (PSDB), apesar de, desde 1994, haver grupos LGBT atuantes nas campanhas eleitorais. Em 2009, o "Movimento Diversidade PMDB", no Partido do Movimento Democrático Brasileiro (PMDB). Em 2010, foi a vez do "Diversidade PTB", do Partido Trabalhista Brasileiro (PTB).[17]

A proximidade e influência do MHB no âmbito de atuação dos partidos políticos contribui para levar sua causa adiante e para construir canais de acesso no parlamento. Percebe-se uma "ocupação do campo partidário", para usar a expressão cara a De la Dehesa.[18] Uma maneira de atuar organicamente e/ou buscando uma interlocução entre movimento e partido, com vistas a incidir sobre a agenda e o programa partidários. Por sua vez, a participação no processo eleitoral pode gerar futuros aliados nos poderes Executivo e Legislativo, atendendo à mobilização e estimulando protestos e ações mais institucionalizadas.[19]

Em 1996, ao menos dez candidaturas foram lançadas para vereador, assumindo a defesa dos direitos humanos e da cidadania para gays, lésbicas e travestis.[20] Em 2018, há 93 candidaturas conhecidas para as eleições majoritárias.[21] As candidaturas assumidamente gays são significativas, mas não raro

---

17 SANTOS, G.G.C. Movimento LGBT e partidos políticos no Brasil. *Contemporânea* – Revista de sociologia da UFSCar, São Carlos, v. 6, n. 1, p. 179-212, jan./jun. 2016. Disponível em: <bit.ly/2xjCh82>. Acesso em: 24 mai. 2018.

18 DE LA DEHESA, R. *Queering the public sphere in Mexico and Brazil*: sexual rights movements in emerging democracies. Durham, North Carolina: Duke University Press, 2010.

19 CRUZ, R. *Do protesto as urnas*: o movimento homossexual brasileiro na transição política (1978-1982). Dissertação. (Mestrado em Ciências Sociais), Universidade Federal de São Paulo, Escola de Filosofia, Letras e Ciências Humanas, São Paulo, 2015. Disponível em: <bit.ly/2ktuUS3>. Acesso em: 24 mai. 2018.

20 GIACOMINI, P. Gays pedem voto contra preconceito. *Folha de São Paulo*, São Paulo, 15 jul. 1996. Disponível em: <bit.ly/2J4jMFS>. Acesso em: 24 mai. 2018.

21 AMENDOLA, G. Candidatos LGBT em busca de afirmação política. *O Estado de São Paulo*, São Paulo, 18 mar. 2018. Disponível em: <https://bit.ly/2xIeVsC>.

encontram barreiras no percurso, seja durante as eleições, seja no Legislativo. Contudo, é também no percurso que se adquire experiência política. De acordo com Cruz:[22] "(...) a experiência política acumulada no confronto eleitoral [1982] foi fundamental para a construção de um novo perfil público do ativismo homossexual no Brasil na segunda metade dos anos 1980." Passa-se a ocupar o espaço público, a ver no Estado seu principal interlocutor e a perceber a necessidade de articulações no campo político, bem como a de buscar, não somente reconhecimento, mas legitimidade pública.

A primeira experiência com a dinâmica eleitoral marcou o início do *advocacy* parlamentar LGBT. Desde então, ativistas gays e lésbicas adentram as instituições políticas e passam a construir alianças com políticos, futuros legisladores.[23] O receio de que a incidência política junto ao Legislativo aproximasse as linguagens do movimento homossexual e a da política estatal e, consequentemente, distanciasse os ativistas de suas bases é pertinente.[24] Entretanto, a necessidade de atuar por dentro do Legislativo, de acordo com suas regras, requer um investimento direcionado. Pressupõe interesse e habilidades pessoais e exige a renovação e a atualização constantes de ativistas que possam agir naquele espaço, monitorando de perto as atividades legislativas e a dinâmica do Congresso Nacional, incluindo a "Frente Parlamentar Mista pela Cidadania LGBT".[25]

Acesso em: 24 mai. 2018.

22   CRUZ, R. *Do protesto as urnas*: o movimento homossexual brasileiro na transição política (1978-1982). Dissertação. (Mestrado em Ciências Sociais), Universidade Federal de São Paulo, Escola de Filosofia, Letras e Ciências Humanas, São Paulo, 2015. Disponível em: <bit.ly/2ktuUS3>. Acesso em: 24 mai. 2018.

23   DE LA DEHESA, R. *Queering the public sphere in Mexico and Brazil*: sexual rights movements in emerging democracies e CRUZ, R. *Do protesto as urnas*: o movimento homossexual brasileiro na transição política (1978-1982). Dissertação. (Mestrado em Ciências Sociais), Universidade Federal de São Paulo, Escola de Filosofia, Letras e Ciências Humanas, São Paulo, 2015.

24   FACCHINI, R.; DANILIAUSKAS, M.; PILON, A.C. Políticas sexuais e produção de conhecimento no Brasil: situando estudos sobre sexualidade e suas conexões. *Revista de Ciências Sociais*, Fortaleza, v. 44, n. 1, p. 161-193, jan./jun., 2013. Disponível em: <bit.ly/2IQr5oD>. Acesso em: 24 mai. 2018.

25   A última notícia no site da Câmara dos Deputados data de 2017, intitulada "Reinstalada Frente Parlamentar Mista pela Cidadania LGBT", mas reproduz matéria de 2011. A Frente LGBT não consta na lista atual de Frentes Parlamentares, nem a Frente Parlamentar Evangélica.

Na Câmara dos Deputados, o número de Frentes Parlamentares é grande. Para o senso comum, são grupos de interesse ou corporativistas, inclusive sendo assim destacado em jornais.[26] As Frentes Parlamentares devem ser formalmente criadas a partir de um requerimento, por parte do parlamentar que liderou o grupo e/ou que será seu presidente naquela legislatura. As Frentes precisam ser reativadas a cada legislatura. Às vezes ficam em silêncio, gerando especulações sobre sua inatividade, se falta de liderança, condições de funcionamento ou ausência de pressão política.

De fato, as Frentes Parlamentares possuem caráter suprapartidário e constituem espaços de poder. Facilitam articulações internas e externas e podem desempenhar um papel de monitoramento e fiscalização sobre o tema em questão. Podem canalizar as demandas de organizações e movimentos sociais, assim como acompanhar a elaboração e a execução de políticas. O papel da sociedade civil é gerar demandas e impulsionar a atuação da Frente Parlamentar. Note-se, entretanto, que as Frentes Parlamentares também podem trazer interesses que são frutos da intervenção de agentes políticos.[27]

A exemplo da "Frente Parlamentar Mista pela Cidadania LGBT" no Congresso Nacional, em um determinado momento, as Frentes Parlamentares estaduais e/ou municipais foram incentivadas pela Associação Brasileira de Lésbicas, Gays, Bissexuais, Travestis e Transexuais (ABGLT).[28] Nem sempre, a tentativa de grupos locais é bem vista e aceita. Em 2015, por dois votos, a Assembleia Legislativa de Pernambuco rejeitou a criação da "Frente pela Cidadania LGBT", como resultado de um embate entre os parlamentares favoráveis e a bancada evangélica. Em 2017, nova tentativa, mas a criação da Frente foi adiada mais uma vez, por falta de quórum, e finalmente, aprovada na semana seguinte.[29]

---

26   CORADINI, O.L. Frentes parlamentares, representação de interesses e alinhamentos políticos. *Rev. sociol. polít.*, v.18, n.36, p. 241-256, 2010. Disponível em: <bit.ly/2ANanPF>. Acesso em: 27 abr. 2018.

27   *Idem*

28   GRUPO DIGNIDADE – Pela cidadania de gays, lésbicas e trans. *Guia de advocacy no Legislativo para lésbicas, gays, bissexuais, travestis e transexuais (LGBT)*: teorias e ações práticas nos níveis municipal, estadual e federal. Curitiba: Grupo Dignidade, 2007. Disponível em: <bit.ly/2kt3wn9>. Acesso em: 24 mai. 2018.

29   APROVADA FRENTE PARLAMENTAR LGBT, *Câmara Municipal do Recife*, 23 out. 2017. Disponível em: <bit.ly/2xihME8>. Acesso em: 24 mai. 2018.

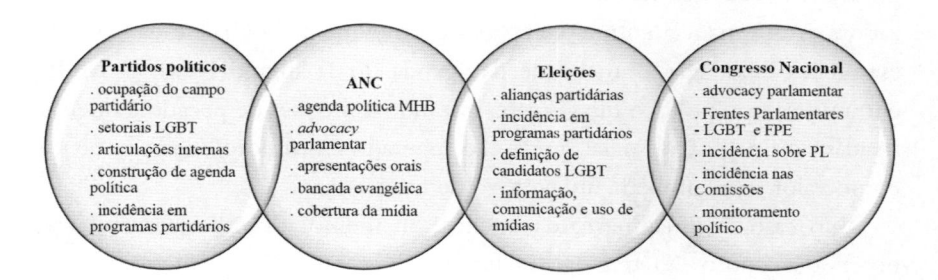

Partidos políticos	ANC	Eleições	Congresso Nacional
. ocupação do campo partidário . setoriais LGBT . articulações internas . construção de agenda política . incidência em programas partidários	. agenda política MHB . *advocacy* parlamentar . apresentações orais . bancada evangélica . cobertura da mídia	. alianças partidárias . incidência em programas partidários . definição de candidatos LGBT . informação, comunicação e uso de mídias	. advocacy parlamentar . Frentes Parlamentares - LGBT e FPE . incidência sobre PL . incidência nas Comissões . monitoramento político

O valor atribuído ao voto é central na atuação de todos os parlamentares. Portanto, a atuação nos partidos, os períodos eleitorais e as legislaturas no Congresso Nacional estão intrinsecamente relacionados.

Após a consolidação da CF88, entre 1993 e 1994, a tentativa de inclusão da "expressa proibição de discriminação por orientação sexual" foi retomada na Revisão Constitucional e novamente rejeitada. Em 1999, o então deputado federal Marcos Rolim (PT/RS) apresentou a Proposta de Emenda à Constituição nº 67, que incluiria a "orientação sexual" nos artigos 3º e 7º da CF88. Apesar de, em 2001, a PEC 67-A/99 ter recebido parecer favorável na Comissão de Constituição e Justiça e de Redação, em 2003, foi arquivada nos termos do artigo 105 do Regimento Interno da Câmara dos Deputados (término da legislatura).

Desde a ANC, a bancada evangélica tem se apresentado como o grande adversário do movimento LGBT. Em 2003, ela se reestrutura, ressaltando seu "caráter mais científico" e recorre a assessorias especializadas, antecipando-se a determinados cenários. Em 2013, a Frente Parlamentar Evangélica (FPE) aparecia na mídia como a terceira maior no Congresso Nacional.[30][31] Ao lon-

---

30 VITAL, C.; LOPES, P.V.L. *Religião e política*: uma análise da atuação de parlamentares evangélicos sobre direitos das mulheres e de LGBTs no Brasil. Rio de Janeiro: Fundação Heinrich Böll; Instituto de Estudos da Religião, 2013. Disponível em: <bit.ly/2LUSHa6>. Acesso em 26 abr. 2018.

31 Em abril de 2018, as três páginas mais curtidas no *Facebook* foram as dos parlamentares Irmão Lázaro (PSC/BA), Jair Bolsonaro (PSL/RJ) e Marco Feliciano (Podemos/SP). ALMEIDA, R.; ZANLORENSSI, G.; MAIA, G. Deputados federais no Facebook: tamanho das páginas, atividade e engajamento. *Nexo Jornal*

go dos anos seu crescimento é visível, mas sua agenda parece menos mobilizadora. A dissonância entre concepções do movimento LGBT e da bancada evangélica evidencia a atualidade da agenda do Triângulo Rosa. O MHB entra no campo político quase materializando as noções de pecado e doença fixadas no imaginário social, ainda não superado em função de sua presença como valor, mas, também, útil ao jogo de interesses.

No caso do imaginário da doença, ou melhor dizendo, das doenças, observa-se como são tratadas de formas diferentes. No primeiro caso, o homossexualismo como desvio e transtorno mental, que levou à campanha contra o código 302.0. Independentemente desse código ter sido tornado sem efeito, ignora-se o debate científico, desconhecido do grande público, e a conotação negativa é reificada. Enquanto, por pressão do MHB, o homossexualismo-doença começa a ruir, no início dos anos 80, a aids atinge desproporcionalmente homens que fazem sexo com homens (HSH), dificultando o rechaço do 'desvio' e reforçando o enunciado da 'peste gay'. A aids chega trazendo o medo, especialmente para gays e HSH, cria tensão entre e nos grupos homossexuais e algumas rupturas.

No cenário político, que diferença faz considerar o homossexualismo como transtorno mental ou os homossexuais como vetores da aids? Na prática, busca-se a patologia original ou o pecado destruidor da moralidade e da família, ambos acionados no jogo político. Durante a ANC, além do pecado remeter à lenda de Sodoma e Gomorra e São Paulo ser citado para afirmar que a aids seria a recompensa por seu erro desviante, também, de forma híbrida, o pecado era associado a concepções de doença referidas como "anormalidade", "má formação congênita" e "desvio da natureza". O deputado evangélico Eliel Rodrigues (PMDB/PA) foi quem mais se empenhou contra a demanda do MHB e o primeiro a falar sobre homossexualismo e aids na ANC. Segundo o deputado:

> (...) a origem dessa enfermidade resulta de um inteiro desvirtuamento dos princípios naturais e salutares, estabelecidos por Deus, para o relacionamento sexual da raça humana./Tão sério é esse desvio do comportamento normal humano, em suas origens, que Deus, já nos primórdios da História, teve de intervir, destruindo, entre outras, as

Ltda., 25 abr. 2018. Disponível em: <bit.ly/2J2f7Es>. Acesso em 26 abr. 2018.

cidades de Sodoma e Gomorra, por suas extremadas devassidões./ Detectada a origem do mal, a Constituição deveria conclamar certas restrições ao "homossexualismo" e ao "sexo livre" pelos males que trazem em seu bojo, entre eles a terrível Aids.[32]

A concepção religiosa do deputado, e da bancada evangélica, prevalecia sobre o debate jurídico-político. Quando as explicações do saber médico contradiziam as religiosas, a última palavra era sempre a de Deus.

O Legislativo pode ser um canal de possível afirmação de direitos, mas também é um campo de competições e embates. Além da obstrução a possíveis Projetos de Lei (PL), setores mais conservadores passaram a elaborar proposições de legislação que restringem direitos. Na atualidade do século XXI, busca-se e/ou produz-se o saber médico que melhor atende a seus interesses, inclusive ignorando sociedades e conselhos profissionais. Não se atribui confiança à ciência, ao contrário, nega-se conclusões científicas que gerem evidências a subsidiar a tomada de decisões contrárias. As ofensivas contra normativas éticas da psicologia, além da reinvindicação por uma "psicologia cristã" são explícitas. Um paradoxo em termos, visto que no primeiro caso subjaz o pressuposto de uma neutralidade científica não observada e, no segundo, ainda que a especificidade cristã não exclua a necessidade de uma neutralidade axiológica, no sentido weberiano, traz explicitamente um viés na contraposição a resultados pouco úteis, ou mesmo danosos a seus interesses. Um exemplo é o PDC 234/11, do deputado João Campos (PSDB/GO), prevendo o tratamento da homossexualidade por psicólogos.[33] O projeto foi aprovado na Comissão de Direitos Humanos sob a presidência do deputado e pastor Marco Feliciano (Podemos/SP). Ambos da FPE, pedem a extinção da Resolução 001/99 do Conselho Federal de Psicologia.[34] Nesse cenário, os Conselhos de Psicologia se projetaram como

---

32 *Diário da Assembleia Nacional Constituinte*. 10 de março de 1987 apud Câmara, 2002, p. 124.

33 CÂMARA DOS DEPUTADOS. PDC 234/2011 – Projeto de Decreto Legislativo. Susta a aplicação do parágrafo único do art. 3º e o art. 4º, da Resolução do Conselho Federal de Psicologia nº 1/99 de 23 de março de 1999, que estabelece normas de atuação para os psicólogos em relação à questão da orientação sexual. Brasília, 2 jun. 2011. Disponível em: <bit.ly/2LinM6p>. Acesso em: 24 mai. 2018.

34 CFP – CONSELHO FEDERAL DE PSICOLOGIA. Resolução CFP Nº

sujeitos, não somente no campo da ciência, mas também da política. Atentos aos debates políticos e alvos da atuação fundamentalista.[35]

Há anos, em especial dois PL vêm tramitando no Congresso Nacional. Primeiro, o PL nº 1151/95, da ex-deputada e atual senadora Marta Suplicy (PT/SP) que disciplina a parceria civil registrada entre pessoas do mesmo sexo. Em 1996, este PL teve substitutivo aprovado na Comissão Especial (Cesp) e, em 1997, publicado no *Diário da Câmara dos Deputados*.[36] O PL deveria ter ido à votação no plenário da Câmara, o que nunca ocorreu. Entretanto, por ter sido aprovado na Comissão, a princípio não foi arquivado ao final da legislatura. No Senado Federal, este projeto aparece somente em um aditamento à pauta de "Convocação Extraordinária do Congresso Nacional para o período de 04 a 29 de janeiro de 1999". Por sua vez, a senadora Marta Suplicy apresentou um novo projeto. O PLS nº 612/11 sobre o reconhecimento legal da união estável entre pessoas do mesmo sexo.[37] Após uma longa tramitação, desde 21 de fevereiro de 2018, o PLS está pronto para a deliberação do plenário, dependendo de um cenário político favorável.

O segundo projeto, o PL nº 5003/01 da ex-deputada Iara Bernardi (PT/SP), versa sobre a criminalização da homofobia. Em 2006, o PL foi aprovado em votação simbólica no plenário da Câmara dos Deputados e remetido ao Senado Federal. Como PLC nº 122/06, sofreu oposição de

---

001/99, de 22 de março de 1999. Estabelece normas para a atuação dos psicólogos em relação à questão da Orientação Sexual. Brasília, 22 mar. 1999. Disponível em: <bit.ly/2ypzOVM>. Acesso em: 24 mai. 2018.

35 LIONÇO, T. Psicologia, democracia e laicidade em tempos de fundamentalismo religioso no Brasil. *Psicol. cienc. prof.*, Brasília, v. 37, n. spe, p. 208-223, 2017. Disponível em: <bit.ly/2J6Gr4D>. Acesso em: 24 mai. 2018. O artigo oferece um panorama sobre as ações do sistema de conselhos de psicologia e a sincronia com grupos sociais e referenciais políticos em defesa da democracia.

36 CÂMARA DOS DEPUTADOS. Substitutivo adotado pela Comissão – Projeto de Lei º 1.151 de 1995. Disciplina a parceria civil registrada entre pessoas do mesmo sexo e dá outras providências. *Diário da Câmara dos Deputados*, Brasília, ano LII, n. 10, p. 01831-6, 21 jan. 1997. Disponível em: <bit.ly/2xIpsEy>. Acesso em: 24 mai. 2018.

37 SENADO FEDERAL. PLS – Projeto de Lei do Senado nº 612 de 30 de setembro de 2011. Altera os arts. 1.723 e 1.726 do Código Civil, para permitir o reconhecimento legal da união estável entre pessoas do mesmo sexo. *Diário do Senado Federal*, Brasília, 30 set. 2011. Disponível em: <bit.ly/2JtTQqy>. Acesso em: 24 mai. 2018.

senadores da FPE e teve sua tramitação encerrada ao final da legislatura, de acordo com o art. 332 do Regimento Interno do Senado Federal (RISF).[38]

Parlamentares da FPE acompanham minuciosamente as políticas favoráveis à população LGBT, inclusive utilizando as redes sociais para monitorar suas ações. Por meio do Programa Nacional da Cidadania LGBT, vigiam as ações previstas. Também, utilizam suas moedas de troca, como foi o caso do programa "Escola sem Homofobia", barganhado pelo impedimento à instalação da Comissão Parlamentar de Inquérito sobre escândalos envolvendo o então ministro Antonio Palocci.[39]

Na época da votação do PLC nº 122/06, grandes juristas o avaliaram para a FPE e apontaram 16 vícios constitucionais que poderiam ser questionados. Parlamentares evangélicos, membros da Comissão de Seguridade Social e da Comissão de Constituição e Justiça da Câmara dos Deputados, consideram-nas como as "principais comissões que levam a cabo essas leis" – incluindo a da criminalização da homofobia".[40] A intenção é barrar os PL nas comissões. Se não conseguirem, trabalham para jogá-lo para a votação no plenário e se mobilizam para garantir a maioria.

No entanto, a criminalização da homofobia continua um tema vivo no Senado Federal, ainda que, por enquanto, silencioso. Em 2016, o cidadão Gustavo Don, de São Paulo, por meio do e-Cidadania apresentou uma "ideia legislativa": "Criminalização da discriminação por orientação sexual e identidade de gênero, equiparando ao crime de Racismo". Em quatro meses de votação, o "Sim" ultrapassou o limite exigido de 20 mil apoios e a ideia foi transformada na Sugestão nº 5 de 2016. Desde de 7 de julho de 2016, está

---

38   CÂMARA DOS DEPUTADOS. PLC – Projeto de Lei da Câmara nº 122 de 2006 (criminaliza a homofobia). Altera a Lei nº 7.716, de 5 de janeiro de 1989, que define os crimes resultantes de preconceito de raça ou de cor, dá nova redação ao § 3º do art. 140 do Decreto-Lei nº 2.848, de 7 de dezembro de 1940 – Código Penal, e ao art. 5º da Consolidação das Leis do Trabalho, aprovada pelo Decreto-Lei nº 5.452, de 1º de maio de 1943, e dá outras providências. Brasília, 12 dez. 2006. Disponível em: <bit.ly/2Jfb7E1>. Acesso em: 24 mai. 2018.

39   VITAL, C.; LOPES, P.V.L. *Religião e política*: uma análise da atuação de parlamentares evangélicos sobre direitos das mulheres e de LGBTs no Brasil. Rio de Janeiro: Fundação Heinrich Böll; Instituto de Estudos da Religião, 2013. Disponível em: <bit.ly/2LUSHa6>. Acesso em 26 abr. 2018.

40   A primeira frase entre aspas é do deputado Marco Feliciano, em entrevista para a pesquisa de Vital e Lopes, 2013.

em tramitação na Comissão de Direitos Humanos e Legislação Participativa (CDH), com o relator, senador Paulo Paim (PT/RS), cujo voto foi favorável para que a mesma seja transformada em um Projeto de Lei do Senado.[41]

Compreender como a FPE age é central para o movimento LGBT. Primeiro porque, de seus eleitores cristãos aos parlamentares evangélicos, tomam o referencial da moralidade como acima da política. Segundo, consideram o movimento LGBT seu principal adversário.[42] Como mencionado, desde a Constituinte reificam as noções de pecado e doença, ainda que com nuances em seus argumentos, se comparado ao período da ANC.

Os parlamentares da FPE sabem como influenciar um amplo contingente populacional, ainda que, de acordo com Prandi e Santos (2017), suas posições sejam totalmente independentes e defasadas com relação às opiniões de seu eleitorado. Em geral, pensam mais como políticos do que como evangélicos, estando mais de acordo com o Congresso do que com as posições de seu eleitorado, religioso ou não. Segundo Prandi e Santos (2017, p.194): "A despeito do ativismo evangélico, a intolerância à homossexualidade vem declinando no Brasil."

Para a legislatura 2015-2019, foram eleitos 75 deputados federais e três senadores evangélicos. A bancada evangélica tende a votar coesa, especialmente sobre "certas questões morais." Em determinadas ocasiões, juntam-se a parlamentares católicos, na bancada da bíblia. A pesquisa de Prandi e Santos versa sobre vários temas, incluindo, evidentemente, a rejeição à homossexualidade. De acordo com os autores, trata-se de um tema diferenciado para os evangélicos. Os grupos mais contrários à criminalização da homofobia são os evangélicos pentecostais (24,5%) e os não pentecostais (21,2%). Por sua vez, apenas 15,9% dos católicos, 10,6% dos kardecistas e 9,6% dos fiéis das religiões afro-brasileiros são contrários.

No que se refere à rejeição à legalização do casamento e adoção por casais gays, os evangélicos são os que apresentam maiores índices de rejeição.

---

41   SENADO FEDERAL. Atividade legislativa. *Sugestão n° 5 de 2016*. Disponível em: <bit.ly/2HhPXQI>. Acesso em: 24 mai. 2018.
42   PRANDI, R.; SANTOS, R.W. Quem tem medo da bancada evangélica? Posições sobre moralidade e política no eleitorado brasileiro, no Congresso Nacional e na Frente Parlamentar Evangélica. *Tempo soc.*, São Paulo, v. 29, n. 2, p. 187-214, ago. 2017. Disponível em: <bit.ly/2L1zKBd>. Acesso em: 24 mai. 2018.

Rejeitam o casamento entre pessoas do mesmo sexo, 63,3% pentecostais e 68,2% não pentecostais e a adoção, respectivamente, 66,0% e 73,5%. Na população em geral, 27,4% da população considera que a homossexualidade deva ser desencorajada, 43,3% são contrários à união civil entre homossexuais e 48,5% são contrários à adoção de crianças por casais gays.[43]

No caso dos parlamentares, em sintonia com a população em geral, 14,4% têm uma visão negativa da homossexualidade, mas sobe para 46,2% na bancada evangélica, demonstrando ser o tema que mais mobiliza os eleitores e, principalmente, os parlamentares evangélicos. Os autores observam que há divergências entre religiões sobre algumas das questões pesquisadas e preocupam-se em mostrar que "(...) a religião de hoje dá tratamento privilegiado às coisas da intimidade em detrimento das coisas do governo da nação: o indivíduo é que ocupa o centro de sua preocupação." (Prandi e Santos, 2017, p. 188). O que nos remete à análise de Beck e Beck-Gernsheim (2003)[44] sobre a individualização ou o individualismo institucionalizado, diferenciando-o do individualismo ético e altruísta dos Iluministas da "modernidade simples".

A individualização é entendida como um fenômeno da "modernidade reflexiva", que faz com que o indivíduo deixe de ser um "dado" para ser uma "tarefa", uma construção em um fluxo constantemente mutável. A questão é como desmistificar a natureza desse indivíduo, que se posta ao centro com suas escolhas pessoais universalizáveis, já que são as que realmente lhe importam. Para o objeto do presente artigo, interessa considerar que a individualização corrói e desintegra a cidadania porque fragiliza o coletivo e a política, se se limita a indivíduos institucionalizados que se veem como os únicos legítimos no espaço público. Do mesmo modo, a individualização minimiza a separação entre a análise subjetiva e objetiva, entre consciência e classe, tornando-se a unidade básica da reprodução social.

---

43 Dados da pesquisa nacional Datafolha de 2013, com a população de 16 anos ou mais, utilizados por Prandi e Santos, 2017. Comparados com a pesquisa Datafolha 1997, observou-se que a rejeição diminuiu.

44 BECK, U.; BECK-GERNSHEIM, E. *La individualización*: el individualismo institucionalizado y sus consecuencias sociales y políticas. Barcelona: Paidós, 2003. Os autores diferenciam a modernidade em "simples" e "reflexiva", a segunda caracterizada pela individualização.

Ainda que, no contexto global, novas desigualdades ponham em evidência experiências coletivas e diferenças de classe. A FPE enfatiza a individualização globalizada.

Considerações finais

O Triângulo Rosa, a partir da luta pela expressa proibição da discriminação por orientação sexual, no percurso histórico-político, levou a homofobia ao centro do debate sobre a cidadania LGBT. O embate durante a ANC assentou um marco histórico para o movimento LGBT. A luta simbólica acirrou o contraste entre, por um lado, o crescimento gradativo da interseção entre os campos religioso e político, por outro, uma moralidade laica que reúne o civil, direito do cidadão a ser garantido pelo Estado, ao cívico, no associativismo.

O movimento LGBT vem amadurecendo e a produção científica a respeito é crescente e se espraia por todos os espaços. Para além dos debates fundamentalistas e de atualização da "cura gay", que construíram uma simbiose entre o pecado e a doença "homossexualidade", a reafirmação constante das identidades LGBT fortaleceram os direitos individuais intrínsecos à plataforma dos direitos humanos. Abriu-se um leque de possibilidades no âmbito cultural, no sentido antropológico e artístico.

O papel da mídia mudou. Na arena política, questionamentos sobre o jornalismo da grande mídia, vem exigindo mais atenção por parte de quem fala e na utilização da informação jornalística como fonte. Simultaneamente, há um crescimento expressivo de uma mídia alternativa de qualidade. Novos veículos de comunicação e expressão, especialmente online, mas não somente. Desde o meu ponto de vista, se por um lado é importante que os ativistas falem e ocupem espaços, por outro, é estratégico saber com quem e para quem falar.

As agendas política e da sociedade civil se diferenciam, estando ora mais próximas ou mais distantes. Sobre as candidaturas LGBT, penso que há uma questão que poderia ser mais debatida e/ou evidenciada: Como as candidaturas LGBT podem fortalecer a agenda política do movimento transversalizando partidos, programas e ideologias diferentes? Seria interessante que se pensasse em voz alta, através de entrevistas, enquetes, histórias de vida que apresentassem famílias gays, adoções, estatísticas a respeito etc.

acessíveis ao grande público. As relações homoafetivas dizem respeito à vida em sociedade e a seu constante redesenho.

Igrejas de diferentes orientações religiosas se dirigem a população em geral. Influenciam o imaginário social, fazendo com que suas ideias e ideais repercutam. Não por acaso, desde o final dos anos 80, várias igrejas compraram e ocuparam cadeias de rádio e televisão aberta, alcançando a população com menos capitais social e cultural. Há recursos financeiros para isso, mas também uma visão estratégica do uso das mídias. Por sua vez, o espaço perene na TV aberta que propicia debates referentes ao universo LGBT, salvo engano, é o programa "Estação Plural" na TV Brasil. Vários grupos LGBT e ONG/Aids desenvolvem trabalhos valiosos, com blogs, vídeos, etc., que fortalecem a autoestima, criam espaços institucionais e geram debates políticos, mas seu alcance é circunscrito.

Por último, mas não menos importante, as questões relacionadas ao HIV/Aids seguem sendo pertinentes ao movimento LGBT, especialmente às novas gerações que, com raras exceções, não sabem quem foi Herbert Daniel e de Cazuza só conhecem as músicas. Os avanços científicos e tecnológicos em torno do HIV/aids devem ser apropriados pelo movimento LGBT. Além da atenção aos estigmas que se mantêm e muitas vezes trazem à tona interseções complexas entre vários tipos de estigma. No campo político, também há muito a ser compartilhado.

O imprescindível GGB, Grupo Gay da Bahia

Luiz Mott[1]

Há os que lutam um dia e por isso são bons; Há aqueles que lutam muitos dias e por isso são muito bons; Há aqueles que lutam anos e são ainda melhores; Porém há aqueles que lutam toda a vida, esses são os imprescindíveis.

Brecht

O Grupo Gay da Bahia não foi o primeiro, mas tornou-se o "decano", o mais antigo grupo em funcionamento ininterrupto e com história inigualável dentro do movimento LGBT do Brasil e da América Latina. Foi a primeira ONG homossexual a ser registrada como sociedade civil e de utilidade pública municipal, liderou a fundamental campanha vitoriosa pela despatologização do "homossexualismo" no Brasil (1985), resgatou a biografia inédita de centenas de sodomitas luso-brasileiros perseguidos pela Inquisição e de

---

[1] Luiz Mott (★SP, 1946), Etno-historiador, Prof. Titular Ap. da UFBA, Decano no Movimento Gay Brasileiro, luizmott@oi.com.br;https://luizmottblog.wordpress.com/sobre/ Ofereço esse artigo a Marcelo Cerqueira, Presidente do GGB, meu ex-companheiro por 18 anos, que por sua garra mantem e manterá acesa a chama de nossa militância.

outro tanto de lésbicas e trans Vips de nossa história, iniciou a prevenção da Aids junto à população gay, aos deficientes visuais e ao povo de santo nos candomblés, introduziu entre nós o termo homofobia e o uso do feminino para se referir às travestis e transexuais, publicou dezenas de livros e centenas de artigos, folders e cartazes, mantem o maior banco de dados sobre assassinatos de LGBT+ do mundo, participou diretamente da fundação e capacitação de uma dezena de grupos e lideranças LGBT, é a ONG que mais ocupou e continua ativa na mídia nacional e internacional. Mereceu de Caetano Veloso essa simpática declaração de amor: "o GGB e seu fundador são o orgulho da Bahia!" Realidade incontornável: cabotinismo à parte, ahistória e sucesso do GGB são indissociáveis de seu fundador e autor dessas linhas.

Em 1978, quando é fundado o primeiro grupo homossexual do Brasil, o Somos/SP, compartilhava eu a mesma sala com o professor Peter Fry no Departamento de Antropologia da Unicamp. Peter era gay assumido, um dos editores de O Lampião, e ao anunciar-lhe de primeira mão que após cinco anos casado com uma nissei, duas filhas, tinha decidido divorciar-me e assumir minha homossexualidade, seu primeiro comentário foi "que loucura!" Confesso que esperava quando menos solidariedade mecânica do colega membro dessa "raça maldita" (Proust): nenhum gesto de arregimentação do neófito para a confraria secreta, nenhuma cumplicidade ou transmissão de uma semente de consciência e auto-afirmação gay.

Durante minha infância em São Paulo, nos anos 50, não me recordo ter visto ou conhecido sequer um gay ou travesti, e ao sair do seminário dominicano, em 1964, aos 18 anos, ainda era virgem. Reconhecia porém, secretamente, uma persistente "tendência homossexual", sem qualquer convivência e informação sobre "o amor que não ousava dizer o nome" (Wilde). Segui o mesmo roteiro da quase totalidade dos homoeróticos da época: casei-me, tive duas filhas, vivendo na clandestinidade essa constrangedora tendência. Não sabia sequer se homossexualidade se escrevia com um ou dois ss.

Divorciei-me e aos 33 anos e em 1979, já gay assumido na família, universidade e vizinhança, mudei-me para Salvador, *à la recherche du temps perdu*... E numa tarde de verão, contemplava discretamente o pôr do sol atrás do Farol da Barra ao lado de meu novo companheiro, Aroldo Assunção, 18 anos, quando um homófobo desconfiando que éramos gays, deu-me um bofetão na cara. Tentamos contatar algum policial em vão. Nunca havia apanhado por ser identificado como gay e essa agressão despertou minha consciência para a necessidade urgente de enfrentamento da homofobia.

Já havia publicado artigo no jornal *Lampião* sobre homossexualidade indígena e divulguei então esse anúncio no tabloide: *"Bichas baianas: rodem a baiana tudo bem! mas deixem de ser alienadas. Venham formar um grupo gay para lutarmos por nossos direitos."* O convite foi exitoso: recebi diversas cartas e telefonemas e aos 29 de fevereiro de 1980, realizamos a reunião inaugural do novo grupo com a presença de 17 homossexuais. Foi a primeira ONG brasileira, quiçá latino-americana, a adotar o nome *gay* como identidade: Grupo Gay da Bahia. Nossas primeiras reuniões foram no meu apartamento no bairro da Federação e depois, por mais de um ano, nos reuníamos todos os domingos na sede do *Grupo Anarquista Inimigo do Rei*, no centro de Salvador, espaço gentilmente oferecido por três dos nossos fundadores anarquistas, cuja ideologia marcou indelevelmente o *modus actuandi* do nosso grupo desde sua fundação.

Nestes 39 anos de existência, o GGB cumpriu sem trégua nem férias seus quatro objetivos estatutários:

> 1. Defender os interesses da comunidade homossexual (LGBT) da Bahia e do Brasil, denunciando todas as expressões de homofobia, lutando contra qualquer forma de preconceito e discriminação contra as minorias sexuais;
>
> 2. Divulgar informações corretas sobre a homossexualidade e transexualidade, desconstruindo o complô do silêncio contra o "amor que não ousa dizer o nome", propondo um discurso alternativo científica e politicamentemente correto, lutando contra comportamentos, atitudes e práticas que inviabilizam o exercício da cidadania plena da população LGBT;
>
> 3. Trabalhar na prevenção do HIV\Aids e apoio aos soropositivos junto à nossa comunidade e outros grupos vulneráveis à epidemia;
>
> 4. Conscientizar o maior número de LGBT da necessidade urgente de lutar por nossos plenos direitos de cidadania, fazendo cumprir a Constituição Federal que garante tratamento igualitário a todos os brasileiros. Por defender tais bandeira o GGB é carinhosamente chamado em Salvador de "Sindicato dos Gays".

Em agosto de 1981 lançamos o primeiro número do *Boletim do GGB*,[2] simplesinho, mimeografado artesanalmente, uma vintena de páginas com tiragem de 250 a 400 exemplares gratuitamente enviados pelo correio a todos os grupos do Movimento Homossexual Brasileiro, aos meios de comunicação e órgãos governamentais: foi a publicação homossexual brasileira e latino-americana de mais longa vida, 25 anos (1981-2005), perfazendo um total de 47 edições.

Ao celebrar o primeiro aniversário da entidade, demos esse panorama do nascedouro de nosso ativismo:

> "Dia 28 de fevereiro de 1981 o GGB completou seu 1º ano de existência. Era sábado de carnaval. Em pleno coração da folia baiana, na Praça Castro Alves, coração do carnaval gay do Brasil, colocamos uma faixa com os dizeres: GRUPO GAY DA BAHIA, 1 ANO DE LUTA. E verdade seja dita: temos lutado pra caralho! Ou melhor, temos lutado pela bunda, pela rola, pela chota, pelo beijo livre, pelo tesão sem tabus, pelo carinho sem fronteiras. Por uma sociedade em que a sexualidade seja livre, gostosa, alegre. Sem repressão. Onde o único limite do prazer seja liberdade do outro.
>
> Desde que nos reunimos pela primeira vez, até hoje, mais de 400 homossexuais e travestis, homens e mulheres, participaram de uma ou mais reuniões do GGB. Atualmente nossos encontros semanais contam em média com 20 pessoas. Chegamos a ter reuniões com 54 participantes! Fixos e atuantes o GGB tem 25 membros. Além de discutirmos e trocarmos idéias sobre nossa vivência homossexual, temos desenvolvido diversos trabalhos em prol da divulgação e libertação dos homossexuais e travestis na Bahia. Iniciamos este 1º número do BOLETIM DO GGB dando aos leitores uma visão resumida de nossas principais atividades desenvolvidas no nosso primeiro ano e meio:
>
> PANFLETAGEM E LEITURA DE MOÇÕES em atos públicos: com o Movimento Negro Unificado, contra o racismo e a falsa abolição da escravatura, nos dias 13/5 de 1980 e 1981; com diversos grupos libertários e populares, contra o terrorismo às bancas de jornal que vendiam o Lampião e a imprensa livre; ao lado dos trabalhadores, no comício do dia 1º de Maio de 1981. finis
>
> CARTAS ABERTAS: a todos os Bispos do Brasil, denunciando o

---

2   *Boletim do Grupo Gay da Bahia*, Salvador, Secretaria Estadual de Justiça, Cidadania e Direitos Humanos da Bahia, Editora Grupo Gay da Bahia, 2011. https://grupogaydabahia.com.br/

preconceito contra os homossexuais, por ocasião da visita ao Brasil do Papa João Paulo II; aos Cientistas e participantes da 32ª e 33ª Reunião anual da SBPC (Sociedade Brasileira para o Progresso da Ciência) e aos Médicos participantes do VI Congresso da Associação Brasileira de Psiquiatria, pela "despatologização" da homossexualidade.

CAMPANHAS: contra a publicidade das Casas Stella, que, com um revólver, instigava a violência contra os homossexuais; campanha de assistência médico-social gratuita junto às Travestis do Pelourinho; campanha nacional pela extinção do §302.0 do Código de Saúde do INAMPS que rotula o homossexualismo como "desvio e transtorno sexual".

CARAVANAS DE ATIVISMO: em Aracaju(Se), colaborando com a fundação do grupo "Dialogay"; em Itabuna (Ba), panfletando num concurso de beleza gay.

Como notícias mais recentes, além da participação de 16 membros do GGB no *1º Encontro de Grupos Homossexuais Organizados do Nordeste* (EGHON) – Olinda, Semana Santa 1981 – estreitando os laços do ativismo e amizade entre os gays e lésbicas nordestinas, comemoramos pela primeira vez na Bahia o Dia Internacional do Orgulho Gay (28/6/1981), com as seguintes atividades: três palestras-debates (nas faculdades de Medicina e Letras da UFBA e na Associação Funcionários Públicos da Bahia), panfletagem e pichações de rua e colagem de mais de duas mil etiquetas pela cidade com o carimbo 28 DE JUNHO – DIA DO GAY!

No próprio dia 28 de junho, além de uma coletiva à imprensa com reportagem em todos os jornais baianos, fizemos um show de variedades, *"Cheguei sou gay"*, no Teatro Gregório de Matos, aplaudido por mais de 300 pessoas e pela crítica como uma das melhores apresentações artísticas dos últimos meses em Salvador.

Julho foi aquele arraso na reunião anual da Sociedade Brasileira para o Progresso da Ciência, no Campus da UFBA: rodamos de tal modo a baiana que um jornal de Salvador traduziu SBPC como sendo *Sociedade das Bichas Procurando Cartaz*! Cá estiveram representantes dos grupos Dialogay/Se, Nós Também/Pb, Gatho/Pe, Fcção Homossexual da Convergência Socialista/Sp, Grupo de Ação Lésbico-feminista/Sp (Rosely Roth), Sosmos/Rj e Auê/Rj. O Outra Coisa/Sp mandou-nos telegrama e o Somos/Sp enviou "Carta aberta à SBPC". Nossas atividades mereceram reportagem em todos os principais jornais de Norte a Sul inclusive notas e fotos (a cores!) na *Veja, Istoé* e *Visão*. Fizemos um ato público num circo/auditório, com mais de 1.000 pessoas, com a presença de Abdias Nascimento; a "barraca gay" foi o ponto mais badalado e concorrido de toda a reunião: aí furamos mais de 60 orelhas de homens que aderiram à nova moda introduzida pelos gays estimulando homem também a usar brinco como contestação da rígida divisão dos sexos; fomos alvo de ameaça de bomba terrorista; conseguimos mais de 4 mil assinaturas contra o §302.0 do INAMPS; aceitamos o desafio e saímos vitoriosos num debate de improviso com um padre católico sobre o tema "a verdade sobre o sexo"...

Depois da SBPC, muita coisa já tem rolado no GGB: palestras em diversos Colégios secundaristas, soltura de duas travestis arbitrariamente detidas, panfletagem contra o filme homofóbico "Parceiros da Noite" no shopping Iguatemi. Ah! faltou dizer: o GGB está em processo de filiação na IGA (International Gay Association) - chiquérrimo! Falando sério, ser membro do IGA nos torna "cidadãos do mundo". Tchau!"

Desde sua fundação, o GGB manteve sempre esse mesmo pique realizando ininterruptas atividades, sobretudo nas seguintes áreas: *1] Afirmação identitária LGBT, 2] Luta contra a homofobia, 3] Cidadania e saúde LGBT, 4] Pesquisa acadêmica e manifestações artísticas.*

Afirmação identitária LGBT

Nos inícios dos anos 80, o termo "gay" era usado entre nós como conceito guarda-chuva para o que hoje abriga toda a sigla LGBT+: naqueles anos pioneiros, travestis e transformistas desfilavam em concursos e bailes de "miss gay", lésbicas como a cantora Marina Silva, Martina Navratilova e a travesti Rogéria autodeclaravam-se gay. Adotamos gay como genérico já que o GGB sempre contou com presença marcante de travestis e lésbicas (não existia ainda a categoria transexual). Recusamos, por considerar provincianismo obtuso, o neologismo "guei", defendido pelo Lampião e usado pelos pioneiros João Silvério Trevisan, João Antônio Mascarenhas e alguns militantes mais nacionalistas. Argumentamos que "gai/gay" tem sua origem no catalão-provençal medieval, irmão do português, conforme ensina o Dr. John Boswell, um dos estudiosos essencialistas que serviram de alicerce epistemológico até hoje para nossas definições político-existenciais. Afirmação indentitária não apenas homossexual masculina, mas também dos demais segmentos componentes da nossa "sopa de letrinhas".

Em 1987, publiquei O *Lesbianismo no Brasil*, com o resgate da história, literatura e do movimento lésbico brasileiro, obra pioneira e mais completa sobre o tema no país; em 1993 o GGB funda o *Grupo Lésbico da Bahia*, que sob a liderança de Jane Pantel e ZoraYonara, se tornou, comprovadamente, a ONG mais ativa e longeva em toda nossa história "sapatônica". Junto à comunidade trans, a colaboração do GGB foi incessante e fundamental: além de liberarmos do xilindró muitas dezenas de travestis quando injustamente trancafiadas e levarmos atendimento médico e exames de DST aos cortiços onde uma centena delas viviam no velho Pelourinho, fundamos em 1995 a ATRAS, *Associação de Travestis e Transformistas de Salvador*, tendo como suas principais lideranças por nós capacitadas, Michele Mary, Keila Simpson, Lena Oxa e Millena Passos. Em 2007, após consulta às lideranças trans, introduzimos em todo território nacional o uso do feminino para se referir às travestis e transexuais, por influência e repetindo a mesma tendência já consagrada entre as trans argentinas; resgatamos a biografia da primeira travesti de nossa história, Xica Manicongo (1591), hoje titular de prêmio de direitos humanos do Rio de Janeiro e tema de recente peça teatral em Salvador e desfile de modas em São Paulo.

Em 1999, a Editora GGB publicou obra pioneira: *Transexualidade, o corpo em mutação*, assinado pelo Dr. Edvaldo Couto, com dicas essenciais sobre o tema e com o primeiro levantamento dos serviços públicos de transgenitalização no país. Citem-se ainda as seguintes ONGs fundadas pelo GGB, todas com significativo curriculum de ativismo e farta produção de material de divulgação e matérias jornalísticas: Quimbanda Dudu: Grupo Homossexual Afro-Brasileiro, Associação de Pais e Mães de Homossexuais, Secretariado Latino-americano de Grupos Homossexuais, Centro de Estudos da Homossexualidade, Associação Cristã Homossexual do Brasil, Grupo Ateísta Latino-Americano, Associação Postal/Filatélica Gay da Brasil, Associação de Profissionais do Sexo da Bahia, sendo Marcelo Cerqueira, atual Presidente do GGB, seu co-fundador. E para comprovar que apesar de nosso dinâmico protagonismo, sempre nos preocupamos em democraticamente dialogar e compartilhar nossas experiências com nossos pares, fundamos em 1999 o Fórum Baiano de ONGs/Aids e em 2004 o Fórum Baiano de ONGs Homossexuais, ambos em funcionamento até o presente e coordenados por outras entidades. Participamos também ativamente da fundação da ABGLT (Curitiba, 1995). O GGB foi pioneiro no Brasil (1980) em pichações de rua com grafitis com mensagens homo-afirmativas:"Cheguei, sou Gay", "É legal ser homossexual!", "Dia do Orgulho Gay", "Jesus era gay" ...

Desde 1981 celebramos anualmente o Dia do Orgulho Gay e em 1984 o GGB realizou a primeira de uma série de "mareatas", com canoas e barcos que espalhavam flores em torno do Forte de São Marcelo, no cais de Salvador, monumento construído pelo primeiro governador gay da Bahia, Diogo Botelho (1607): Regina Casé fez bela matéria na Globo sobre uma dessas mareatas.

No Brasil, a primeira parada do Orgulho Gay realizou-se em Copacabana, em 1995, com 3500 manifestantes, por ocasião da 17ª Reunião da ILGA e em 1997 São Paulo teve sua primeira parada com presença de 500 pessoas. Na Bahia, realizamos a primeira parada em 2002, com público inaugural de 15 mil participantes. Hoje em sua 17ª edição, congregamos anualmente mais de meio milhão de pessoas e uma dezena de grandes trios elétricos, tendo, entre outros, como madrinhas e padrinhos Daniela Mercury, Ivete Sangalo, Edson Cordeiro, Preta Gil, Vovô do Ylê-Ayê, a Reitora da Uneb, Jean Wyllys, etc. Nessas paradas, nossa palavras de ordem proclamadas em todos carros de som, dão o tom político desse frenético carnaval fora de época:

> "Salvador é Gay! A Bahia é gay, lésbica, travesti, transexual, bissexual, heterossexual! Salvador é de todos os santos e santas! Jesus e os Orixás amam os LGBT, senão, em vez deste sol maravilhoso, teriam mandado chuva, raios e tempestade! Se assuma o ano inteiro! Quem continuar no armário vai morrer sufocado! Quem não levanta bandeira, carrega a cruz! Mandamos nosso recado para nossas queridas cantoras baianas: Dona Betânia, Dona Gal, Dona Margareth dos Mascarados: sigam o exemplo da nossas madrinhas Preta Gil e Daniela Mercury, se assumam!!! Todo mundo ama vocês, mas deixem de ser alienadas, defendam a liberdade sexual, e desde já fica o convite para serem nossas madrinhas nas próximas paradas! É legal ser homossexual!"

Luta contra a homofobia

Logo no primeiro número do Boletim do GGB (1982) tivemos o insight de divulgar o lado mais sangrento da violência anti-homossexual em nosso país: *Pesquisa sobre Homossexuais assassinados no Brasil*

> "Não nos deixam em paz: fiu-fiu na rua, bosta na Geni, discriminação em toda parte, violência. Há milênios que nos matam: apedrejados na Judéia, nas fogueiras da Inquisição, nos campos de concentração na Alemanha nazista, no paredón no Irã e Cuba. Em nossas casas aqui

no Brasil 16 homossexuais brasileiros foram barbaramente assassinados só nos últimos dois anos. Fora os que não ficamos sabendo. O GGB dá início a seu BOLETIM divulgando os nomes de nossos irmãos homossexuais e travestis assassinados nos últimos anos. Nosso levantamento certamente deve estar incompleto. Começa no ano de 1969.

1. Padre Antonio Carneiro van der Linden (+21/9/1969, RJ), causa mortis: crânio esmagado a pauladas.

2. Fred Feldman (+9/11/1970, RJ), causa mortis: paudas

3. Juarez Viana Bezerra (+11/10/1971, RJ), causa mortis: 22 facadas

4. Manon - travesti - (+?/4/1978, RJ) causa mortis: ?

5) Décio Frota Escobar (+19/4/1979, RJ), causa Mortis: estrangulado

6) Alfonsus Manuel de Barros (+?/5/1979, RJ), causa mortis: degolado

7. Cremilda - travesti - (+?/1/1980, Ituiutaba, MG), causa Mortis: ?

8. Toni Vieira (+/3/1980, Recife), causa Mortis: duas balas no peito e uma na cabeça

9-10. Luiz Luzardo Correa, vulgo Luiza Felpuda (+30/4/1980, Porto Alegre) e seu irmão LuidoroLuzardo Correa, mortos a golpes de enxada e castrados, ambos idosos... (Nessa lista original constavam 20 nomes).

Quando nos deixarão em paz? Quando os marcos da história do MHB deixarão de ser as ocasiões em que fomos desrespeitados, violentados, assassinados? Chega de mártires! Enquanto este dia não chega, temos nós mesmos de revelar todas essas formas de violência que praticam contra nós. A verdade sobre os homossexuais quem sabe somos nós! Caso você tenha conhecimento de outras bichas, travestis e sapatas que foram assassinadas ou sofreram qualquer outra forma de violência, nos informe. Só quando todos os oprimidos nos unirmos é que conseguiremos liberdade e igualdade de direitos. Chega de tanta violência! Entre nesta luta. E não se esqueça o ditado popular: Quem cala, consente!"

Nestes 39 anos de militância, todos os anos o GGB vem atualizando esse sangrento banco de dados sobre homicídios, recentemente acrescentando suicídios de LGBT+ do Brasil, incluindo também heterossexuais confundidos ou executados por defenderem vítimas da LGBTfobia.[3] Ao todo temos documentadas 4046 mortes entre 1980-2017: um homicídio a cada 51 dias entre

---

3 "Quem a homotransfobia matou hoje".https://homofobiamata.files.wordpress. com/2012/04/causa-mortis.pdf;   https://homofobiamata.wordpress.com/livros-sobre-homofobia/publicacoes-ggb/ Eduardo Michels, RJ, é o responsável pela manutenção do site *Quem a homotransfobia matou hoje.*

1970-1979; subindo para 1 a cada 7 dias entre 1980-1989; 1 morte a cada 3 dias entre 1990-1999; 1 a cada 2,5 dias entre 2000-2009 e entre 2010-2017, 1 morte a cada 1.,1 dia. No último relatório, de 2017, essa sangrenta estatística atingiu seu ápice de crueldade: 445 mortes, uma a cada 19 horas! Atualizações diárias com foto-reportagens sobre homicídios e suicídios de LGBT+ do Brasil, assim como relatórios anuais (também em inglês), artigos e livros produzidos pelo GGB sobre o tema podem ser consultados no nosso site https://homofobiamata.wordpress.com/

Para afastar acusação de vitimismo, sempre que publicamos tais dados, divulgamos material de reforço junto à comunidade LGBT para a conscientização e evitamento de próximas vítimas: "*Gay vivo não dorme com o inimigo*" e "*Manual de defesa contra ataques homofóbicos*".[4]

Cidadania e saúde LGBT

Enquanto alguns grupos e lideranças, como o Corsa (SP) e o próprio João Antonio Mascarenhas questionaram o envolvimento do movimento LGBT com as campanhas governamentais de prevenção da AIDS, justificando que tal assunção aumentaria o estigma contra nosso segmento, o GGB teve papel precursor e proeminente no enfrentamento da epidemia do HIV-AIDS no Brasil. Através de convênios com a BENFAM, Ministério da Saúde e Secretarias de Saúde Estadual e Municipal, distribuiu nesses quase quarenta anos, mais de 5 milhões de camisinhas e lubrificantes, sobretudo em boates, saunas e paradas LGBT, cobrando sempre do poder público a implementação de serviços especiais e campanhas específicas voltadas à tribo do arco-íris; produziu centenas de cartazes, folders, cartilhas, livros, vídeos sobre prevenção e sexo-seguro; participou durante mais de uma década da Comissão Nacional de Combate à AIDS do Ministério da Saúde; viabilizou e participou de pesquisas multidisciplinares sobre a incidência de HIV e hábitos sexuais junto aos frequentadores de nossa sede social no Pelourinho; ministrou uma centena de palestras, debates e apresentou pôsteres e comunicações relativos a esse tema

---

4 "Gay vivo não dorme com o inimigo: Manual de sobrevivência homossexual - Dicas para evitar a violência anti-gay." https://homofobiamata.files.wordpress.com/2013/08/manual-de-sobrevivc3aancia-homossexual.pdf; "Manual de defesa contra ataques homofóbicos", http://terramagazine.terra.com.br/interna/0,,OI5126030-EI6594,00--Manual+de+defesa+contra+ataques+homofobicos.html;

em dezenas de congressos nacionais e internacionais sobre AIDS; visitou e consolou incontáveis vezes, por anos seguidos, doentes de AIDS internados em hospitais ou nas residências dos mais desamparados; colaborou com a institucionalização da CAASA, a primeira casa de apoio aos doentes de AIDS em Salvador; fundou o Centro Baiano Anti-Aids (CBAA) e Grupo Vida Feliz de Portadores de HIV-Aids, realizando por décadas seguidas palestras e debates em escolas, sindicatos, associações de bairro, organizando manifestações e Vigílias "Candelight" no Dia Mundial da AIDS; produziu e divulgou amplamente a primeira cartilha de prevenção em braile para cegos no Brasil (1990); desenvolveu campanha pioneira de prevenção de HIV e DST junto ao "povo de santo" da Bahia, visitando e registrando etnograficamente mais de trezentos candomblés, distribuindo material informativo específico, preservativos e capacitando suas lideranças para a prevenção e respeito à diversidade sexual.[5] Associada ao ativismo de ponta junto aos diferentes grupos em situação de risco para o HIV, mantivemos diversificada e significativa produção intelectual sobre HIV/AIDS, seja documentando diferentes aspectos etno-históricos da epidemia, desconstruindo a preconceituosa ideia do "câncer gay" e de supostos grupos de risco, seja denunciando a crueldade do preconceito contra os portadores, destacando-se as seguintes publicações: *A penetração do preservativo no Brasil pós-Aids; O esperma na subcultura gay desde os tempos da Inquisição até a epidemia da Aids; As religiões cristãs e a Aids; Aidsfobia: a violação dos direitos humanos das pessoas com Hiv/AIDS no Brasil; The risk of HIV infection among the prostitute transvestites in Salvador; Aids: Homossexualidade e exclusão; Évolution de l'ideologie et des positions des homosexuels face a la transmission du vih/sida au Brésil; A Aids e os médicos no Brasil; Interfaces da Violência: Aids e Homofobia; Sangue gay: Histórico da campanha pela revogação da exclusão dos homossexuais como doadores de sangue; HSH: Um conceito homofóbico que perpetua a conspiração do silêncio contra o amor que não ousava dizer o nome.*

Pesquisa acadêmica e manifestações artísticas

Ao longo dessas últimas quatro décadas, o GGB assinou contratos e convênios com inúmeros órgãos nacionais e internacionais, garantindo as-

---

5   MOTT, Luiz; CERQUEIRA, Marcelo. *As religiões afro-brasileiras na luta contra a AIDS*. Salvador, Editora Centro Baiano Anti-Aids, 1998

sim financiamento para produção de material educativo, para a manutenção de sua sede e pequeno auxílio material à equipe de coordenadores voluntários. Foram nossos financiadores os Ministérios da Saúde, da Justiça, da Cultura e dos Direitos Humanos, as Secretarias de Saúde do Estado da Bahia e da Prefeitura Municipal de Salvador, a Universidade Federal da Bahia, a Fundação Norueguesa e Europeia de Direitos Humanos, Misereor, Memisa, Threshold Foundation, IGLHRC, KimetaSocietey. Além de membro da ILGA, o GGB participou de diversos congressos e afiliou-se à National Association of Black and White Men Together, sendo visitado por seu fundador, Michael Smith nos anos 80. Nossa sede e atividades foram igualmente brindadas com falas de destacados militantes: João Antonio Mascarenhas, Edward MacRae, João Silvério Trevisan, Peter Fry, Rosely Roth, Robert Howes, James Green, Jean Wyllys, Frederick Whitam, James Wafer, Toni Reis, Claudio Nascimento, Jorge Belocqui, Nestor Perlongher, pelos pastores NehemiasMarien e Onaldo Pereira, entre outros.

Embora a maior parte dos coordenadores, membros e frequentadores do GGB pertençam às camadas mais humildes, negros e mestiços, jovens de escolaridade média, mantivemos sempre intenso e profícuo diálogo com a Academia. Entre 1981-1986, fizemos aprovar por diferentes respeitáveis associações científicas sete moções de apoio aos direitos humanos e cidadania da população LGBT: Sociedade Brasileira para o Progresso da Ciência, Associação Brasileira de Antropologia, Associação Brasileira de Estudos Populacionais, Associação Nacional de Pós-Graduação em Ciências Sociais, Associação Brasileira de Psiquiatria, assim se posicionando:

> "considerando que a homossexualidade em si não implica em prejuízo do raciocínio, estabilidade, confiabilidade ou aptidões sociais ou vocacionais e tendo em vista a odiosa e violenta discriminação de que são alvo os homossexuais de ambos os sexos em nossa sociedade, resolve opor-se a todas as expressões de preconceito e discriminação contra os homossexuais; apoiar a campanha contra o Código 302.0 da OMS/INAMPS; incentivar junto aos centros de Pós-Graduação maior produção acadêmica na área da sexualidade e da homossexualidade."

Nas três sedes onde funcionou o GGB, na Escada da Barroquinha, na Rua do Sodré e na atual, na Rua Frei Vicente, n° 24, Pelourinho, sempre mantivemos precioso arquivo de nossa produção gráfica e fotográfica, hemeroteca, cartas e o Museu da Sexualidade, com exposição permanente de uma centena de variegadas peças homoeróticas brasileiras e de outras culturas.[6] Além de exposições de fotos, gravuras e objetos artísticos mostradas em nossa própria sede, realizamos exposições sobre diferentes temas sexológicos em diversas faculdades de Salvador, Associações de bairro e classe, na Prefeitura Municipal, Biblioteca Pública do Estado da Bahia, etc., sempre com ampla divulgação na mídia e grande frequência popular. Eis o tema de algumas dessas exposições: *Homossexualidade na Filatelia Internacional; Inquisição e repressão aos Sodomitas; Fotos e Cartazes sobre Lesbianismo; A homossexualidade na Corte de João VI; Cartazes internacionais sobre Aids na África; Homocausto Gay; 1ª Exposição Filatélica Internacional sobre Aids; Homossexualidade nos Esportes,* etc.

Desde sua fundação o GGB sempre considerou a arte espaço fundamental de luta contra a homofobia e afirmação LGBT. Nossa primeira celebração artística assim foi noticiada:

> "O show *Cheguei, sou Gay,* comemorou o Dia Internacional do Orgulho Gay, realizado em Salvador com um espetáculo de variedades no Teatro Gregório de Matos, promoção do GGB. O show contou com vários números, incluindo apresentações de transformistas, canto, dança-afro, jazz e poesias, tendo procurado fugir aos estereótipos dos tradicionais shows gays apresentados nas boates." (1981)

Nesse mesmo ano, realizamos uma representação teatral na Praça Castro Alves, com grande público, denunciando a perseguição contra os LGBT pela família, igreja, polícia. Em 1982 lançamos o *1º Concurso Nacional de Poesia Gay,* com participação de concorrentes de diversos estados e assessoria da Fundação Cultural da Bahia, redundando na edição do livro *24 Poemas Gays,* o primeiro de uma vintena de obras publicadas pela *Editora Grupo Gay da Bahia,* através da coleção "Gaia Ciência", destacando-se: *Dicionário Biográfico dos Homossexuais da Bahia, Sec.XVI-XIX; Transexualidade: O corpo em mutação; Guia Gay da Bahia; A Cena Gay em Salvador em tempos de Aids; As travestis da Bahia e a Aids; Causa Mortis: Homofobia; Manual de Coleta de Informações, Sistematização e Mobilização Política contra Crimes Homofóbicos; Boletim do Grupo Gay da Bahia; Silicone:*

---

6   Museu da Sexualidade. http://www.ggb.org.br/museu.html; Museu da Sexualidade da Bahia. http://museus.cultura.gov.br/espaco/6899/

Redução de Riscos para Travestis; Sadomasoquismo e Prevenção do HIV; Epidemic of Hate: Violations of the Human Rights of Gay Men, Lesbians, and Transvestites in Brazil; ABC dos Gays. Tais obras, assim como os Boletins do GGB, Boletins do Quimbanda Dudu e dezenas de outras nossas publicações encontram-se nos acervos da Library of Congress de Washington e na Biblioteca Nacional do Rio de Janeiro.[7]

Desde 1997 o GGB comanda o Concurso Nacional de Fantasia Gay da Bahia, realizado sempre ao anoitecer da 2ª feira de Carnaval, na Praça Municipal, com o apoio da Prefeitura de Salvador e Bahiatursa, reunindo milhares de expectadores e dezenas de concorrentes na categoria originalidade e luxo, ocasião em que são distribuídas milhares de preservativos e folhetos, além de calorosas falas sobre direitos dos LGBT.

Em 2012 o Grupo Gay da Bahia foi agraciado com a Comenda da Ordem Cultural do Ministério da Cultura, já tendo em seu curriculum o Prêmio de Direitos Humanos Felipa de Souza outorgado pela International Lesbian& Gay Association.

O GGB orgulha-se de alguns de seus membros e coordenadores terem-se tornado destacados profissionais em diferentes áreas: Luiz Freire, Faculdade de Belas Artes da UFBA; Hédimo Santana, AustraliaUniversity; Marcelo Cerqueira, assessor parlamentar; Aroldo Assunção, Serviço Social, Berlim; Huides Cunha, SPAHAN; Milena Passos, Secretaria da Mulher, Salvador.

À guisa de conclusão: como interpretar curriculum tão impressionante e tamanho sucesso do GGB dentro do Movimento LGBT do Brasil e mesmo mundial? Consideramos que o enorme êxito e tão vigorosa militância do Grupo Gay da Bahia deve-se incontornavelmente à quatro fatores: 1] teimosia de seu fundador, um ex-frade dominicano *agent provocateur*, a um tempo intelectual e carismático, que garantiu ao grupo o usufruto sem ônus de suas três sedes, permitindo a realização de reuniões, exposições e conservação do rico arqui-

---

[7] MOTT, Luiz. *Assassinato De Homossexuais: Manual de Coleta de Informações, Sistematização & Mobilização Política Contra Crimes Homofóbicos*. Editora Grupo Gay da Bahia, Salvador, 2000. https://homofobiamata.files.wordpress.com/2012/04/manual-de-coleta-de-informac3a7c3b5es-sistematizac3a7c3a3o-mobilizac3a7c3a3o-polc3adtica-contra-crimes-homofc3b3bicos.pdf; United Nations High Commissioner for Refugees, http://www.refworld.org/cgi-bin/texis/vtx/rwmain?page=search&skip=0&query=grupo+gay+da+bahia&coi;

vo documental; 2] capacitação de uma equipe de coordenadores voluntários e abnegados que não peresistem em manter a sede do grupo aberta diariamente mesmo em época de vacas magras; 3] postura suprapartidária e independente do GGB face aos órgãos públicos; 4] ousadia de não temer o confronto, buscando sempre a verdade, justiça e a felicidade, guiado pela sabedoria de "quem sabe faz a hora, não espera acontecer..."

E tudo começou com um bofetão na cara num pôr do sol na Bahia...

A invenção do ativismo LGBT no Brasil: Intercâmbios e ressignificações

Ronaldo Trindade[1]

Numa narrativa hegemônica sobre a construção das políticas LGBT no Brasil, somos sempre remetidos à revolta estadunidense de Stonewall, que teria nos legado o modelo de ativismo político centrado na questão da identidade. Eu mesmo, em outros momentos, já me referi às profundas influências internacionais refletidas pelas experiências de ativistas brasileiros que entraram em contato com o *gay power* quando de suas viagens aos EUA, ou de ativistas norte-americanos que vieram para o Brasil e trouxeram consigo uma gama de questões que foram sendo incorporadas pelos militantes brasileiros.[2] Também já fiz referências aos variados arquétipos culturais do universo LGBT dos EUA presentes de muitas maneiras entre os homossexuais de São Paulo,[3] inclusive na constituição do maior evento político da comunidade LGBT brasileira, a Parada LGBT de São Paulo.[4] Em todo caso,

---

1 Professor adjunto do Programa de Mestrado em Bioética da Univás

2 Trindade, José Ronaldo. "Atores/Autores: Histórias de vida e produção acadêmica dos escritores da homossexualidade no Brasil". In *Cadernos de Campo: Revista dos Alunos de Pós-Graduação em Antropologia Social da USP*, São Paulo, v. 11, n. 10, p. 63-77, 2002.

3 Trindade, Ronaldo. *De Dores e de Amores (Re) Construções da homossexualidade paulistana*. São Paulo, Annablume, 2018.

4 Trindade, Ronaldo. O mito da multidão: uma breve história da parada gay de São Paulo. In *Revista Gênero*, UFF, 2011.

essas influências constituem uma versão hegemônica que tende a reafirmar a dicotomia centro-periferia e reiterar que os países centrais são produtores de ideias políticas e de teorias que servem de modelo ou de inspiração para as lutas forjadas em países do terceiro mundo. Minha proposta agora será vislumbrar influências outras.

Para construir essa narrativa, parti das reflexões de alguns autores marxistas que abordaram as viagens de ideias políticas de um continente a outro ou de um país a outro,⁵ porém, esse referencial teórico foi rapidamente descartado em detrimento das reflexões elaboradas por alguns autores pós--modernistas, pós-estruturalistas, pós-coloniais e decoloniais, que tem insistido na necessidade da produção de narrativas que escapem às epistemologias modernas e à lógica da colonialidade.⁶ Assim, parto da ideia de que a

---

5   Em 1938, C.L.R. James, trotskista e anticolonialista de Trinidad e Tobago, associou a revolução dos escravos em São Domingos, no fim do século 18, ao contexto político e econômico do mundo Atlântico e da Revolução Francesa, destacando o intercambio de ideias políticas entre a França e São Domingos (JAMES, CLR. *Os jacobinos negros: Toussaint L'Ouverture e a revolução de São Domingos*. São Paulo: Boitempo Editorial, 2001). Essa preocupação transnacional pode ser percebida também em E. P. Thompson (*A Formação da Classe Operária Inglesa*. (3vols). São Paulo, Paz e Terra. 1987), quando este autor discute sobre Jacobinismo Inglês e em Eric Hobsbawm (*A Era das Revoluções – 1789 - 1848*. Rio de Janeiro, Paz e Terra, 2009), quando este autor historicizou as Revoluções de 1848 e as correntes políticas que viajaram de um país a outro. São conhecidas também algumas sínteses interpretativas da tradição Marxista por Perry Anderson (*Considerações sobre o marxismo ocidental*. Porto: Edições Afrontamento, 1976), Sidney Mintz (*Sweetness and power: the place of sugar in modern history*. New York: Viking, 1985) e Peter Linebaugh ("Todas as Montanhas Atlânticas Estremeceram". In *Revista Brasileira de História*. Editora Marco Zero, São Paulo, SP, ANPUH, ano 3, n° 6, 1983).

6   A lógica do Poder que se difunde do centro para a periferia, resíduo do sistema colonial, foi duramente criticada por autores pós-modernistas, para os quais o poder é descentrado e não se realiza apenas sob a forma do capitalismo, da classe ou do estado. No que se refere ao pós-colonialismo, devemos remontar aos estudos Franz Fanon (*Pele negra, máscaras brancas*. Bahia: Editora Edufba, 2008; *Os condenados da Terra*. Minas Gerais: Editora UFJF, 2010), que criticavam o colonialismo e apontavam para a necessidade de unir metrópole e colônia no mesmo campo analítico. Tal postura analítica são desdobramentos das discussões de marxistas da década de 1970 sobre a situação dos estados que haviam deixado se ser colônias, posteriormente adotado e modificado por estudiosos da cultura. Assim, Edward Said (*Orientalismo: o Oriente como invenção do Ocidente*. São Paulo: Companhia das Letras, 2007) elaborou o conceito de Orientalismo, uma série de estereótipos cul-

divisão do sistema-mundo em dois blocos antagônicos – capitalismo x socialismo – produziu diversos problemas no interior de alguns países latino-americanos, quando tensões oriundas desse enfrentamento propiciaram a emergência de ditaduras militares, promovidas pelos EUA em conluio com as elites locais, para enfrentar o avanço do socialismo. Esse conflito já estava presente no continente desde a vitória de Fidel Castro com a Revolução Cubana de 1959, pois se temia o processo revolucionário que ela poderia vir a desencadear. Além de combater a disseminação do pensamento marxista, as ditaduras latino-americanas se viram diante do enfrentamento de uma juventude inflamada pelos processos de descolonização, pela revolução sexual nos EUA, pelo Maio de 68 na França e pela Revolta de Stonewall.[7]

Os grupos de ativismo LGBT na América Latina começaram a abordar questões de um cotidiano marcado pelo machismo, pelo patriarcado, pela violência às mulheres e opressão das sexualidades dissidentes. Além disso, primavam por uma política de assunção pública da homossexualidade, tornando o pessoal político. Por meio de uma mudança de sentido, já que o termo homossexual provinha de uma classificação médica, o ativismo LGBT latino-americano se iniciou em novembro de 1969, sob a ditadura do General Juan Carlos Onganía, em Gerli, subúrbio operário de Buenos Aires, com a criação do Grupo Nuestro Mundo, descrito por Nestor Perlonger como a primeira tentativa de organização homossexual na Argentina.[8]

O Nuestro Mundo foi fundado por 14 sindicalistas homossexuais, a maioria de classe média baixa, sob a liderança de Héctor Anabitarte, um empregado dos correios e ex-membro do Partido Comunista que havia sido expulso do partido por conta de sua orientação sexual. Como se pode

---

turais criados pelos europeus para se referir ao oriente e, com base nisso, afirmar o poder imperial sobre os povos subjugados das colônias. Inspirados pelas ideais de Said, historiadores da cultura elaboraram conceitos como "Zonas de Contato" (PRATT, Mary Louise. *Os Olhos do Império. Relatos de viagem e transculturação*. Bauru, EDUSC, 1999,) e "Culturas Híbridas" (Canclini, Nestor García. *Culturas Híbridas*. São Paulo, EDUSP, 3ª ed., 2000.), de grande utilidade para pensar sobre as complexas adaptações e apropriações de relações interculturais.

7   Peplo, Fernando Franco. "La militancia homosexual en la Argentina de los '70: Una elucidación feminista". *II Jornadas del Centro Interdisciplinario de Investigaciones en Género*. 28, 29 y 30 de septiembre de 2011

8   PERLONGHER, Néstor. *Prosa Plebeya. Ensayos 1980-1992*. Buenos Aires, 1997.

perceber, quando a questão era a orientação sexual, tanto os setores de direita quanto os esquerdistas revolucionários pareciam ter posições parecidas, ainda que para os conservadores, a homossexualidade representasse uma subversão da ordem patriarcal e para os esquerdistas ela fosse um vício burguês que dividiria a causa maior – a luta de classes. Ao se referir ao Nuestro Mundo, Green esclarece que nada levava a crer que a sua gênese estivesse diretamente ligada aos eventos ocorridos na cidade de Nova Iorque naquele período. Segundo ele, "(...) não havia qualquer indicação de que os ativistas argentinos tivessem informações mais exatas a respeito do surgimento do movimento de liberação gay nos Estados Unidos quando o grupo foi fundado, em novembro de 1969".[9]

Em 1971, inspirado no movimento *Gay Power* norte-americano, foi criada em Buenos Aires a Frente de Liberação Homossexual Argentina (FLHA), que congregou ativistas que lutavam pelos direitos humanos dos homossexuais e contra a discriminação dessas pessoas.[10] A reunião que daria início à FLHA contou com a presença de jovens intelectuais, ativistas e artistas homossexuais de classe média tais como Héctor Anabitarte, Juan José Sebreli, Manuel Puig, Blas Matamorro e Juan José Hernández. Mas, a despeito dessa orientação mais intelectualizada dos primeiros momentos, a FLHA foi sendo cada vez mais tomada por jovens e politizados estudantes de psicologia e sociologia da Universidade de Buenos Aires, que trouxeram para o interior da FLHA uma perspectiva combativa e de enfrentamento que não estava prevista em sua fundação.[11]

---

9 GREEN, James N. "A luta pela igualdade: desejos, homossexualidade e a esquerda na América Latina". *Cadernos AEL*, v.10, n.18/19, 2003. Trad. Ronaldo Trindade. P.25

10 VESPUCCI, Guido. "Explorando un intrincado triángulo conceptual: homosexualidad, familia y liberación en los discursos del Frente de Liberación Homosexual de Argentina (FLH , 1971-1976)" In *Revista Historia Crítica*, Bogotá, Número 43, 2010.

11 Dentre eles estava Nestor Perlongher, jovem poeta e ensaísta influenciado pelo anarquismo e pelo trotskismo, nascido em Avellaneda, província de Buenos Aires, no natal de 1949, e falecido em São Paulo no ano de 1992. (SEBRELI, Juan José. "Historia secreta de los homosexuales en Buenos A ires", In: *Escritos sobre escritos, ciudades bajo ciudades. Sudamericana*, Buenos Aires, 1997). Remetendo-se a esse período Perlongher recorda que a FLH elaborou um programa que trazia algumas reivindicações democráticas específicas como: "(...) a cessação imediata

A FLHA era uma espécie de congregação de diferentes grupos autônomos que coordenavam ações conjuntas. Entre março de 1972 e agosto de 1973, a FLHA contou com a participação de pelo menos dez grupos, dentre eles o Eros – no qual militava Nestor Perlongher,[12] Nuestro Mundo, Profesionales, Safo (ativismo lésbico), Bandera Negra (anarquistas), Emanuel (cristãos), Católicos Homosexuales Argentinos, entre outros.[13] Essa organização se manteve sempre em diálogo com as questões feministas discutidas no interior de algumas organizações como a UFA (Unión Feminista Argentina), MLF (Movimiento de Liberación Feminista), Nueva Mujer y Frente de Lucha por la Mujer. Ao afirmar que o "pessoal é político", tais grupos se organizavam em torno de demandas como a pílula anticoncepcional e aborto, mas também criticaram a heterossexualidade compulsória que tolhia o livre gozo da sexualidade.[14]

A aproximação com as questões de esquerda e com as questões feministas deixava claro que a FLHA estava comprometida com uma luta muito mais ampla. Referindo-se à atuação política de um de seus membros, Nestor Perlongher, Isabel Macías Galeas afirma que:

> Perlongher sabia que a revolta homossexual era apenas parte de uma crise social maior. A Frente de Libertação Homossexual era parte de todo o setor social das pessoas que lutavam para mudar a economia, a sociedade e as leis que o regime autoritário mantinha. A sociedade não é definida apenas como um grupo de indivíduos que compartilham costumes e estilos de vida, mas também como um sistema moral e cultural que consideramos reacionário. Bem, é uma política do desejo, uma maneira de abordar a escrita como um instrumento que parte de uma linha de fuga do cânon da cultura imposto pelo ideal nacional de identidade.[15]

---

da repressão policial anti-homossexual, a revogação de éditos anti-homossexuais e a liberdade de homossexuais aprisionados" (Perlongher, 1997. *Op. Cit.* P.78).

12 Este grupo era o responsável por distribuir panfletos, colar cartazes, além de criar slogans como: "Machismo=Fascismo" e "El Machismo es el fascismo de entrecasa".

13 Peplo, 2011. *Op. cit.*

14 Peplo, 2011. *Op. cit.*

15 GALEAS, Isabel Macías. Néstor Perlongher, su lucha entre la escritura y la acción política. 28/12/2017. https://liberoamerica.com/2017/12/28/nestor--perlongher-su-lucha-entre-la-escritura-y-la-accion-politica/. Consultada em

Em 1973, a FLH publicou o "Somos", a primeira revista voltada para homossexuais na América Latina. "Somos" seria também o nome da primeira organização política LGBT brasileira, como destacaremos mais a frente.

No México, o Movimento político LGBT nasceu das mobilizações da esquerda mexicana contra a opressão governamental, quando o Partido Comunista Mexicano incluiu em seus princípios que ninguém deve ser sujeito a discriminação, marginalização ou osubordinação por motivos de raça, sexo, religião ou orientação sexual. Um ano mais tarde, em 27 de junho de 1979, aconteceu a *Primera Marcha del Orgullo Homosexual* na Cidade do México, organizada pelos coletivos Frente Homosexual de Acción Revolucionaria (FHAR), Grupo Autónomo de Lesbianas Oikabeth e Grupo Lambda de Liberación Homosexual. Ainda que provenientes da classe média mexicana, os membros desses grupos tinham em comum a simpatia pelo Anarquismo e pelo Comunismo. Foi também na década de 1970 que León Zuleta e o estudante de filosofia e psicologia Manuel Velandia fundaram o primeiro grupo de ativismo homossexual da Colômbia, o Movimiento por la Liberación Homosexual, que organizou diversas atividades políticas dentre as quais a Primeira Marcha Gay do país.[16]

Não foi por acaso que iniciei este artigo, que pretende abordar a formação do movimento político LGBT no Brasil, contando a história do ativismo homossexual na América Latina. Se o fiz é porque vejo algumas similaridades que devem ser exploradas se quisermos definir as influências externas de nosso ativismo. Ao analisar a formação da política LGBT na América latina, Carlos Fígari salienta que os habitantes deste continente estiveram sempre submetidos a um tipo de dominação similar, calcada na subjugação dos corpos racializados e sexualizados como parte do empreendimento colonizador.[17] Teria sido por conta dessa história marcada pela

---

15/01/2018. (Tradução minha)

16   Diez, Jordi. La trayectoria política del movimiento Lésbico-Gay en México. *Estudios Sociológicos*, vol. XXIX, núm. 86, mayo-agosto, 2011, pp. 687-712. El Colegio de México, A.C. Distrito Federal, México

17   Figari, Carlos, El movimento LGBT en América Latina: institucionalizaciones oblicuas, In: Massetti, A.;Villanueva, E. y Gómez, M. (comps) *Movilizaciones, protestas e identidades colectivas en la Argentina del bicentenario*. Buenos Aires: Nueva Trilce, 2010.

exclusão e pela opressão que a questão da normalização, em termos de cidadania, tornou-se o eixo político principal dos movimentos de dissidência sexual.[18] Porém é comum se ouvir dizer no Brasil, e talvez em todo o continente latino americano, que as politicas sexuais urdidas nos EUA serviram de inspiração ou forneceram as bases para o ativismo político LGBT que se constituiria nesses países. Trata-se de uma versão hegemônica, que conserva a velha dicotomia centro-periferia e que reafirma o imperialismo político-ideológico dos países centrais sobre o terceiro mundo. Meu incômodo com isso é que ao se reiterar essa perspectiva hegemônica LGBT acabamos por suprimir nossa própria história, pois, diferentemente dos gays e lésbicas estadunidenses, que viveram aqueles conturbados anos de 1960 e 1970, o Brasil e seus vizinhos latino-americanos se viam imersos em regimes ditatoriais, exploração econômica, elevadas taxas de pobreza, baixos salários, desigualdade social, violência, além da presença sufocante das perspectivas morais cristãs conservadoras que serviram historicamente de suporte ideológico ao sistema colonial.

De acordo com James Green, se as noticias a cerca do ativismo de gays e lésbicas em outros países ecoaram no Brasil durante a década de 1970 e influenciaram na formação de grupos na Argentina, México e Porto Rico, a repressão dos militares no Brasil se mostrou um grande entrave para a formação de um movimento gay e lésbico. Segundo ele: "Embora algumas publicações alternativas produzissem matérias ocasionais referentes ao *gay power* nos Estados Unidos, a formação de um movimento político no Brasil parecia impossível".[19] Tais palavras fazem ainda mais sentido quando lem-

---

18 "Entendemos por 'normalização' um maior nível de aceitação na sociedade das diferentes especificidades da dissidência sexual, a fim de obter reconhecimento, bem como condições de igualdade jurídico-institucional com o resto da sociedade. Essas reivindicações hoje são voltadas para a aquisição de direitos de cidadania, especialmente casamento, adoção, benefícios sociais, garantias contra violência e discriminação". (Fígari, Carlos. *Op. Cit.* Tradução minha).

19 Para James Green ("Mais amor e mais tesão: a construção de um movimento de gays, lésbicas e travestis". *Cadernos Pagu*. Campinas, n. 15, 2000), o movimento internacional teve um impacto significativo no Brasil, pois alguns dirigentes viajavam para os Estados Unidos, Europa e América Latina para participar em reuniões e conferências internacionais. Porém essa aproximação com os movimentos internacionais se daria principalmente a partir da década de 1990, quando ativistas brasileiros participaram 17ª Conferência Internacional da Associação

bramos que no segundo semestre de 1976 o cineasta, ensaísta e escritor João Silvério Trevisan, recém chegado de um autoexílio na Califórnia (EUA), tentou organizar um grupo para discutir as ideias com que havia entrado em contato nos EUA, fruto de sua aproximação com os movimentos homossexual, feminista e ecológico que eclodiram por lá, mas o grupo não duraria mais do que algumas poucas semanas.

O primeiro grupo de ativismo LGBT brasileiro só seria fundado somente em 1978, quando uma dúzia de estudantes, escriturários, bancários e intelectuais passaram a se reunir semanalmente em São Paulo... "Indo de apartamento em apartamento, sentando no chão por falta de móveis suficientes, eles planejaram o futuro da primeira organização pelos direitos dos homossexuais no Brasil".[20] Os participantes eram majoritariamente homens gays, com algumas poucas lésbicas que iam e vinham. Ali, eles debatiam matérias que depreciavam os homossexuais, publicadas frequentemente pelo jornal *Notícias Populares*, bem como a resposta a ser encaminhada ao jornal pelo grupo Ação pelos Direitos Homossexuais. Nessas reuniões também eram lidos cuidadosamente os número do *Lampião da Esquina*,[21] publicação mensal voltado para os homossexuais.

No momento de escolha do nome do grupo primou-se por um que tivesse um potencial simbólico aglutinador. Foi quando surgiu a ideia do nome Somos, que homenageava a publicação da Frente de Liberação Homossexual Argentina (FLH). Pelo menos nesse primeiro momento, propostas que incluíssem o termo *gay* foram rejeitadas, pois não se pretendia fazer do movimento que se iniciava uma imitação do movimento norte-americano.

Não pretendo fechar os olhos para as influências estadunidenses na formação do movimento LGBT brasileiro, mas, na maioria dos trabalhos

---

Internacional de Gays e Lésbicas, realizada no Rio de Janeiro em 1995, e da Conferência Latino-americana, realizada em 2000 e que promoveu proveitosos intercâmbios entre delegados brasileiros e participantes de outros países.

20 GREEN, James N. et all. "Mesa-redonda. Somos: Grupo de Afirmação Homossexual: 24 anos depois. Reflexões sobre os primeiros momentos do Movimento Homossexual no Brasil". In. *Cadernos AEL*, v.10, n.18/19, 2003. P.50

21 Jornal, de tamanho tabloide, produzido por um grupo de escritores e intelectuais do Rio de Janeiro e São Paulo, que discutia, em suas páginas questões referentes à sexualidade, discriminação racial, artes, ecologia, e machismo.

que se dedicaram a pensar sobre isso, quase sempre se relaciona a fundação da política LGBT na América latina aos distúrbios de Stonewall, em 1969. Não que tais influências não devam ser salientadas, uma vez que elementos simbólicos que se produziram a partir desse conflito continuem a ecoar por meio da *rainbow flag* e do *gay pride*, mas não foi necessariamente de forma mimética que Stonewall foi acionada. Porém muito pouco se falou das muitas e importantes questões que nos ligam aos nossos vizinhos latino-americanos. A aproximação com os grupos esquerdistas e sindicalistas na década de 1970 ensejou questões e demandas absolutamente diferentes do contexto anglo saxão, marcado por uma irrisória inserção do comunismo e do socialismo. Néstor Perlongher deve ser tomado como um elo fundamental de ligação entre o nascente ativismo LGBT brasileiro com as questões debatidas na América Latina. Durante seu exílio no Brasil, em 1978, fugindo das violentas ações da ditadura argentina, Perlongher recebeu uma bolsa do governo brasileiro e também atuou como docente na Universidade de Campinas. Foi nessa época que o ensaísta, sociólogo e poeta argentino deu início à pesquisa de campo para sua etnografia clássica sobre a prostituição viril nas ruas do centro de São Paulo. Mas a sua relação com o Brasil havia começado em 1976, quando participou de um encontro organizado por João Silvério Trevisan na Universidade do Rio de Janeiro. Ali, apresentou e discutiu os escritos da revista "Somos" da FLHA, para alguns jovens esquerdistas interessados em conhecer a experiência política dos homossexuais argentinos. A aproximação com a política brasileira foi retomada em 1977, quando participou de algumas atividades da Convergência Socialista, uma organização trotskista que pertencia à mesma corrente internacional que o PST (Argentino) e que pretendia fundar um partido socialista revolucionário. Perlongher foi colaborador do Lampião da Esquina e manteve contato próximo com os primeiros ativistas LGBT brasileiros.

O movimento homossexual brasileiro que se configurava nesse momento se produziu em diálogo com uma nova esquerda, rompendo com a esquerda tradicional, representada pelo Partido Comunista Brasileiro (PCB) e pelo Partido Comunista do Brasil (PCdoB). Essas organizações haviam falhado em canalizar as novas formas políticas dos novos movimentos sociais e incorporar as manifestações artístico-culturais como elementos políticos. A juventude, a voz mais audível nas lutas pelo retorno da democracia, era quem integrava as organizações revolucionárias. Muitos desses jovens também passaram a se identificar com as demandas dos movimentos feminista, ecológicos, raciais e sexuais, além de aderirem a movimentos culturais o *desbunde* ou a *tropicália*. [22]

No Brasil, o ativismo LGBT se institucionalizou através do Grupo Somos, mas ele não brotou em terras virgens. Quando de seu surgimento, ele rapidamente se aproximou das organizações de esquerda, num contexto em que as formas de organização da política também passavam por drásticas modificações. A incorporação das questões de gênero e sexualidade por organizações políticas como a Convergência Socialista – que passaria no futuro a ser um subgrupo trotskista dentro do Partido dos Trabalhadores que então se constituía como partido de massa – deve ser entendido como um momento de grande importância para as políticas sexuais no Brasil. A inspiração nas políticas sexuais estadunidenses produzidas na década de 1970 dialogava com outro cenário, radicalmente diferente de Nova York ou das cidades da costa leste dos Estados Unidos. O primeiro grupo de ativismo LGBT do Brasil foi batizado de "Somos" em referência a uma publicação argentina voltada para o publico LGBT. Vale lembrar também das discussões em relação à utilização do termo "gay", palavra de língua inglesa, estadunidense, portanto, marca do imperialismo tão criticado pelos intelectuais e militantes de esquerda no período. Nas páginas do Lampião os autores abrasileiravam a grafia (guei), quando queriam se referir às políticas sexuais dos EUA, ainda que, na maioria das vezes, fossem os termos *bicha* e homossexual os mais utilizados em seus artigos e crônicas. Havia, portanto, uma insuspeita desconfiança dos próprios ativistas da época em relação às influências norte-americanas e uma desejada aproximação com as políticas sexuais praticadas pelos nossos vizinhos latino-americanos.

---

22 Ver DE LA DEHESA, Rafael. Sex and the Revolution: Lesbian and Gay Liberation and the Partisan Left in Brazil. *Revista estudos sociais*. 2007, n.28.

A imprensa gay do Brasil

Jorge Caê Rodrigues[1]

A imprensa gay brasileira, termo aqui utilizado com a intenção identificadora, jamais redutora, tem sua história – uma história marcada por movimentações e territorialidades, a contrapelo de todas as dificuldades e desafios de seus 40 anos de iniciativas. A intenção deste artigo é apresentar uma reduzida genealogia da imprensa, que aqui chamarei de "gay", de modo a analisar o papel desempenhado por esses periódicos na tessitura das diferentes identidades da comunidade e do movimento homossexual durante essas quatro décadas. A imprensa dirigida aos homossexuais no Brasil, como no mundo, surge da necessidade que uma parcela da sociedade teve de procurar seus semelhantes, buscar uma união com os iguais, construir um refúgio coletivo, lutar contra um sistema que os tornava invisíveis. Conforme D´Emilio, "O esforço pioneiro de publicar revistas sobre a homossexualidade trouxe ao movimento gay sua única vitória significativa nos anos 50".[2] No Brasil, a imprensa dirigida à comunidade gay só vai aparecer na segunda metade dos anos 1970 de forma mais pungente.

---

1   Doutor em Letras, UFF – Professor do IFRJ
2   D´EMILIO, John. *Sexual Politics, Sexual Communities*. 2ª ed., Chicago: University of Chicago, 1998, pg. 115.

Em todos esses anos de luta, vários jornais e revistas contribuíram para o crescimento do movimento LGBT no Brasil, do ativismo explícito do *Lampião da Esquina* à genitália ereta da *G Magazine*.

Os periódicos sempre foram bons comunicadores das histórias da vida e dos sonhos. Além disso, eles criam verdadeiros espaços de manifestação de opiniões acerca de um certo tema, com alguma coerência ideológica entre si. Também colaboram para congregar um determinado grupo de pessoas que leem a mesma história e compartilham dos valores ali expressos e que, de alguma maneira, se identificam com eles.

Vou dividir o movimento LGBT, tal como tratado na imprensa gay, em quatro grandes momentos, observando como os periódicos refletiram esses momentos. Temos a "primeira onda"[3] com o surgimento do movimento e sua procura em sair do anonimato e afirmar sua inserção política na sociedade. O segundo momento é voltado para o campo social, para as questões reais e concretas que afetavam os sujeitos envolvidos. Um terceiro momento, no qual as questões mercadológicas e o consumo ditarão as regras do jogo. E por último, o quarto momento, a explosão da internet e o aparecimento dos queer, dos trans, dos não binários, os intersex e muitas outras letras.

Primeiro Momento

Ainda sob as agruras da ditadura militar, o aparecimento do *Lampião da Esquina* foi um marco na história editorial brasileira. O jornal é considerado o primeiro veículo de ampla circulação dirigido ao público homossexual. Ainda que outras publicações tenham surgido antes dele, todas feitas de forma artesanal, foi o *Lampião* que inaugurou um novo tempo na história da mídia impressa gay no Brasil.

---

3   FACCHINI, Regina. Movimento Homossexual e construção de identidades coletivas em tempos de AIDS. In: *Construções da Sexualidade – gênero, identidade e comportamento em tempos de AIDS*. Ana Paula Uziel et al (orgs.) Rio de Janeiro: Pallas/UERJ e ABIA, 2004

Toda a imprensa anterior[4] ao *Lampião* dirigida ao público gay[5] era por e para grupos de amigos e, de certa forma, ingênua e frágil, como, por exemplo, o Jornal *Snob,* criado nos anos 1960, divulgado apenas no Rio de Janeiro. Feito de forma artesanal, o jornal era mimeografado e distribuído entre amigos, tendo sido quase exclusivamente um veículo para registrar as festas e reuniões deste grupo, além de dar dicas sobre locais de "pegação", moda e os últimos acontecimentos na cidade. Apesar de suas tiragens terem se limitado quase exclusivamente a um pequeno grupo, seu pioneirismo e originalidade são muito importantes para analisarmos questões de gênero, a visão política dos editores e leitores e questão da construção de identidades.

No fim da década de 1970 começa a chamada "distensão política", ou seja, a rigidez do controle social exercido pelos governos militares começa a arrefecer. Um grupo de intelectuais assumidamente homossexuais, valendo-se do arrefecimento da repressão política brasileira, lançam aquele que é considerado o primeiro veículo de ampla circulação dirigido ao público homossexual – o jornal *Lampião da Esquina.* A ideia do jornal surgiu a partir da visita ao Brasil do editor Winston Leyland, da Gay Sunshine Press, de São Francisco, Califórnia. Ele veio à procura de autores brasileiros para fazer uma antologia da literatura gay latino-americana. Pode-se dizer que o lançamento do jornal, em abril de 1978, fortaleceu a ação de alguns rapazes de São Paulo que organizavam um grupo que se tornaria responsável por consolidar o movimento homossexual no Brasil – o Grupo Somos.[6]

Do número um até o fim dos seus dias, o *Lampião* tentou "iluminar" boa parcela da comunidade homossexual. O jornal publicou grandes reportagens, abordando temas que falavam da situação dos homossexuais em

---

4   De acordo com o jornal *Lampião da Esquina,* no início da década de 1960 surgiram as primeiras publicações dirigidas para o público homossexual. No Rio tínhamos, de restritíssima circulação, as publicações *Snob, Le Femme, Subúrbio à Noite, Gente Gay,* entre outras; em Niterói existiam *Os Felinos, Opinião, O Mito*; em Campos havia o *Le Sophistique*; na Bahia contava com *O Gay* e *O Gay Society, O Tiraninho, Fatos e fofocas, Baby Zéfiro, Little Darling* e *Ello.*

5   Utilizo a palavra gay para generalizar os periódicos citados acima, penso que nem todos os jornais já apresentassem essa identidade. Nos anos 1960, ainda era muito comum usar homossexual, bicha e ou entendido.

6   GREEN, James. *Além do Carnaval: A homossexualidade masculina no Brasil do século XX.* São Paulo: Editora da UNESP, 2000.

Cuba, passando pela posição da Igreja em relação ao "homossexualismo" e reportagens sobre as travestis[7] cariocas. Personalidades dos meios cultural e político, não necessariamente homossexuais, também foram entrevistadas. Contos, poesias, críticas de teatro, de cinema, literárias etc. juntavam-se às cartas dos leitores, num fórum de grandes debates. Vai falar de Foucault e de Sartre, de Carmem Miranda e de Mário de Andrade, de abertura política e de repressão violenta. O homossexual brasileiro, com suas múltiplas identidades, encontra no *Lampião da Esquina* seus semelhantes. Diferentes, porém iguais em alguns aspectos.

Durante seus três anos e meio de vida, o jornal não perdoou aqueles que, de alguma forma, eram homofóbicos e as notas de desagravo eram constantes. Já no final de sua existência, o jornal começou a publicar nus masculinos, o que durante muitos números tentou evitar, como se a presença do nu tirasse a seriedade do jornal.

O jornal tentou atingir a um público muito diverso e com muitas particularidades. A identidade do seu público pode ser percebida pela diversidade de assuntos que o jornal abarcou. Tratava de bichas, gueis,[8] entendidos, viados, homossexuais, travestis, negros, mulheres, feministas, ecologistas etc.[9] A proposta de criar uma consciência homossexual, assumir-se e ser aceito, foi desenvolvida no *Lampião da Esquina* por meio de denúncias, opiniões e reportagens. Nessa perspectiva, o jornal procurava muito mais por uma identificação com aquele que o lê do que afirmar uma identidade monolítica.

A história do movimento homossexual brasileiro se confunde com a história do *Lampião da Esquina*. O Somos, o primeiro grupo homossexual organizado, foi criado meses depois de o jornal chegar às bancas de todo o Brasil. O grupo surgiu inicialmente em São Paulo e, logo depois, foi criada uma representação no Rio de Janeiro. Movida ideologicamente, uma parte do grupo era de opinião de que devia trabalhar com outros setores da esquerda nacional, enquanto outra parte do grupo era radicalmente contra.

---

7   O *Lampião* grafava "os" travestis.
8   Grafia adotada pelo jornal (Ver RODRIGUES, Jorge L. P. *Historias e Estórias da imprensa gay no Brasil*. Tese de Doutorado. Niterói, UFF, 2007).
9   No número 35 (o antepenúltimo) o jornal apresenta uma reportagem sobre transexualismo.

O grupo acabou se dividindo.[10] O jornal acompanhou bem de perto todo esse processo e se posicionou contra a facção que, na visão do *Lampião*, pretendia guiar o movimento homossexual no Brasil. Isso gerou uma situação na qual os grupos organizados e o *Lampião* começaram um debate que só enfraqueceu ambos os lados.

Além dos problemas internos e ideológicos, havia os problemas com o sistema político. O jornal foi alvo de um inquérito policial que durou 12 meses. O possível crime: atentado à moral e aos bons costumes. De acordo com Trevisan,[11] a carta que a Polícia Federal enviou ao jornal tratava os editores como "pessoas que sofriam de graves problemas comportamentais". O *Lampião* levantava uma bandeira difícil de ser aceita por grande parte da sociedade, assumir o prazer como direito fundamental do ser humano. Além disso, o *Lampião* jogava luz sobre o homossexual, naquele tempo ainda colocado, na maioria das vezes, escondido em becos escuros. Na edição número 18, o jornal estampou na capa: "Justiça arquiva inquérito contra Lampião". Com o título "Somos todos inocentes", o editorial falava dos doze meses do inquérito e das pressões sofridas. Mas, por outro lado, mostrava que, apesar de tudo, eles resistiram e confiaram na vitória do jornal.

Apesar de as questões com o governo e as diferenças ideológicas estarem cada vez mais visíveis dentro do jornal, o *Lampião da Esquina* cumpriu seu papel de comunicador e deu espaço para as diferentes vozes das facções gays da política partidária dentro do movimento homossexual. Contudo, começou-se a perceber que o jornal passava por graves problemas. O jornal, financeiramente e ideologicamente, atravessava uma enorme crise.

Durante toda sua existência, o jornal teve pouquíssimos anunciantes, que não chegaram a ocupar nem um terço de suas páginas. Apesar de comporem a estrutura do jornal, os poucos anúncios não chegaram a criar um diálogo com os outros elementos das páginas. Além disso, o que mantém um periódico viável são os anunciantes que pagam pelo seu espaço. Apesar de o jornal receber centenas de cartas mensais, isso não se traduzia em assinaturas. Em alguns

---

10   TREVISAN, João Silvério. *Devassos no paraíso*. 5ª ed. ver. e ampl. Rio de Janeiro: Editora Record, 2002 e MACRAE, Edward. *A construção da igualdade: identidade sexual e política no Brasil da abertura*. Campinas: Ed. da Unicamp, 1990

11   TREVISAN, João Silvério. *Devassos no paraíso*. 5ª ed. ver. e ampl. Rio de Janeiro: Editora Record, 2002, pg. 346.

números, Aguinaldo Silva tinha que colocar dinheiro do próprio bolso para pagar a edição, conforme Antonio Moreira & Dolores Rodrigues.[12]

Apesar das dificuldades, não há dúvidas de que eles cumpriram, conforme tinham prometido no seu número zero, "falar da atualidade e procurar esclarecer sobre a experiência homossexual em todos os campos da sociedade e da criatividade humana".

No seu curto tempo de vida, o *Lampião* iluminou o caminho de várias pessoas que viviam à sombra de sua própria experiência. Foi importante para toda essa geração que pôde ver que não estava sozinha, que não era louca nem doente e que existia um outro lado, uma outra possibilidade identitária.

Os movimentos sociais da década de 1960 começaram a luta pela afirmação das diferentes identidades, trazendo à tona, nesse processo, os conflitos latentes entre os grupos opressores e os oprimidos. Os jornais e revistas dirigidos para esse público são muito mais que apenas palavras e imagens. São representações simbólicas de desejos e sonhos que um dia pretendem tornar-se realidade.

Em junho de 1981, o *Lampião da Esquina* se apagou.

Nos difíceis anos 1980, praticamente não houve nenhuma publicação dirigida a toda a comunidade. O aparecimento da AIDS desestabilizou um movimento que ainda não tinha amadurecido. Mas, que logo será potencializado com dinheiro do Estado para as campanhas de prevenção do HIV-Aids.

Contudo, as lésbicas, que não faziam parte do corpo editorial, mas participaram ativamente da produção do jornal por meio da publicação de textos e fazendo entrevistas, logo desenvolvem suas próprias ferramentas de luta. Havia um grupo de mulheres que frequentava o grupo Somos, mas que não se sentiam contempladas com as ações do grupo. Em pouco tempo elas criaram um subgrupo chamado *Grupo Lésbico-feminista*. De acordo com Martinho,[13] no fim de 1980 o grupo Somos sofreu um racha. Aquelas que continuavam se identificando com os ideais do grupo Lésbico-feminista, criaram, em 1981, o Grupo de Ação Lésbica Feminista – GALF, que lan-

---

12 Dois jornalistas que trabalharam no jornal até o seu fechamento e que me concederam entrevista durante meu doutoramento em 2007.

13 www.umoutroolhar.com.br/2012/08/agosto-com-orgulho-os-primordios--da.html

çou o primeiro periódico dirigido especificamente às lésbicas. O *Chana com Chana* surgiu, inicialmente, como um jornal, mas, ao longo do tempo, transformou-se em um boletim.

> O GALF procurava incentivar discussões ligadas à homossexualidade, e o *Chana com Chana* era uma forma de dialogar com a comunidade lésbica. As próprias participantes do grupo encarregavam-se de difundir o fanzine em outras capitais, durante congressos, e também em bares e boates de São Paulo.[14]

E nesses 40 anos o protagonismo das lésbicas no movimento (que se diz) LGBT vai ser sempre menor, possivelmente, por conseqüência de um machismo e sexismo enraizado nos homens heterossexuais e gays. O *Chana com Chana* existiu até 1985.

Segundo momento

Uma das características da década de 1980 foi a mobilização da sociedade civil pela luta dos direitos básicos da população. Dentro desse contexto, as organizações não-governamentais (ONGs) se fortalecem no Brasil e no mundo. E, com o início da epidemia da aids, passaram a surgir ações direcionadas a uma união mais solidária entre os diferentes grupos e segmentos sociais, notadamente entre aqueles que lidavam com as vítimas do HIV.

Durante esse período, as informações sobre a aids estavam nas páginas dos grandes periódicos. Não existia, naquele momento, uma publicação especificamente direcionada para os gays que criasse um espaço de militância ou congregasse ações direcionadas ao grande problema que emergia. Contudo, essa ausência de manifestações midiáticas não significava que reações não estivessem sendo gestadas. Ou seja, na ausência de publicações específicas, discussões e reflexões inevitáveis engendravam as muitas iniciativas, algumas delas de importância capital no enfrentamento da aids e de suas decorrências, e que eclodiriam alguns anos depois.

Diferentes ONGs desenvolveram, aqui e fora do Brasil, um trabalho que nenhum governo conseguiu realizar: conscientizar e defender a dignidade daqueles que vivem com o HIV/aids. Um dos trabalhos dessas ONGs

---

14 PÉRET, Flavia. *Imprensa gay no Brasil*. São Paulo: Publifolha, 2011, pg.75.

era publicar, periodicamente, boletins com informações sobre o vírus. A maioria desses boletins trazia notícias positivas sobre as novas descobertas no campo da medicina e da farmacologia. Surgem, assim: o *Boletim da ABIA*; o *Boletim Pela Vidda/RJ*; o *Beijo da Rua*, publicado pelo ISER; o *Boletim do Grupo de Incentivo a Vida*, de São Paulo; o *Boletim Informativo Folha de Parreira*, de Curitiba; o *Boletim Epidemológico Aids*, publicado pelo Ministério da Saúde; e o *Boletim Informativo ATOBÁ*. Todos esses boletins passaram a ser publicados a partir de 1986, mas têm uma periodicidade instável.

Durante essa década, as publicações gays vão estar voltadas para a pornografia. Segundo Marcus Assis Lima,[15] dezenas de periódicos surgem explorando o nu masculino. Concentradas em São Paulo, as revistas, *Alone Gay*, *Gato*, e *Young Pornogay*, entre outras, tentavam discutir questões ligadas à homossexualidade entre fotos de homens nus. Eram questões voltadas para o sexual e o afetivo sem grande impacto jornalístico. A imprensa voltada para os homossexuais só voltará a crescer no início da década de 1990.

Os primeiros anos da década de 1990 são um período de grandes transformações na comunidade gay brasileira. Começam a surgir vários grupos organizados no Brasil. Esses grupos começam a se articular entre si, buscam parceiros e apoio em órgãos do governo, fazem articulações importantes, tais como a retirada da homossexualidade como patologia da *Classificação Internacional de Doenças* como já havia sido feito em relação à lista de doenças do INAMPS no Brasil em 1982; tentam a possibilidade de incluir, na Constituição Federal, a proibição da discriminação por orientação sexual; lançam um guia Gay Rio; e um candidato, assumidamente gay, concorre a vereador no Rio de Janeiro. Esses acontecimentos demonstram que a comunidade gay avançava na consolidação da luta pelos direitos que lhe são devidos.

Dezenas de grupos LGBT organizados surgiram naquele momento. A maioria trabalhou na conscientização dos homossexuais a fim de fortalecer as diversas identidades e buscar alguma forma de proteção contra o HIV, o que resultou em uma maior visibilidade para gays, travestis e homens que fazem sexo com homens. Durante toda a década, várias revistas surgiram

---

15 LIMA, Marcus Assis. *Breve histórico da imprensa homossexual no Brasil*. Disponível em www.bocc.ubi.pt.

e desapareceram em poucos anos, salvo algumas exceções. Porém, é nesse momento que importantes periódicos retomaram o caminho aberto pelo *Lampião da Esquina*. *Nós por Exemplo, Alone, Homens, G Magazine, Sui Generis* são alguns deles.

O surgimento do jornal *Nós por Exemplo (NPE)* preencheu várias lacunas. Primeiro, tratava-se da volta de um periódico direcionado à comunidade gay/lésbica. Segundo, era um veículo no qual a Aids pôde ser tratada de forma honesta e segura, livre do cunho moralista e preconceituoso. Terceiro, o movimento homossexual brasileiro,[16] até então sem uma mídia que lhe garantisse espaço de expressão, encontra no *NPE* o que um dia fez o *Lampião da Esquina* para o iniciante movimento de organização da "maioria LGBT": apoio e divulgação.

Se o ativismo no *Lampião da Esquina,* em alguns momentos, foi motivo de grandes celeumas, fora e dentro do jornal, no *Nós Por Exemplo*, o movimento LGBT brasileiro é motivo de orgulho. Em primeiro lugar, uma seção – *Grupos gays* – é dedicada somente para eles, na qual são divulgadas notícias acerca do movimento gay brasileiro, e é até dada orientação aos interessados sobre como fundar um grupo gay.[17] Em segundo, a partir do número 9, surgiu a seção *Movimento*. Nessas seções eram discutidos os caminhos do movimento LGBT, apresentando um novo grupo, ou tratando de questões sobre a visibilidade, etc. Existia um orgulho do jornal pelo movimento, pela própria comunidade gay/lésbica. Foi o jornal que promoveu a primeira passeata gay no Rio de Janeiro, em janeiro de 1993. A passeata aconteceu na Avenida Atlântica, em Copacabana, ainda com um número pequeno de participantes: por volta de 50 pessoas.[18]

Esse orgulho ficava evidente ao constatarmos o número de grupos que se organizaram durante a existência do *Nós Por Exemplo*. Na primeira edição do jornal, em dezembro de 1991, existiam seis grupos gays no Brasil.

---

16   Nesse momento o movimento já usa a sigla LGBT. (Ver FACCHINI, Regina. Movimento Homossexual e construção de identidades coletivas em tempos de AIDS. In: *Construções da Sexualidade – gênero, identidade e comportamento em tempos de AIDS*. Ana Paula Uziel et al (orgs.) Rio de Janeiro: Pallas/UERJ e ABIA, 2004)

17   NPE, n. 6, pg. 16.

18   NPE nº 7, pg.13.

Em março de 1995, a edição número 21 publicava a lista de nomes dos 62[19] grupos espalhados pelo Brasil.

De várias formas o jornal incentivou essa atitude. Sylvio de Oliveira,[20] um dos editores, contou que esses grupos recebiam um pacote de jornais do Núcleo de Orientação Saúde Social – NOSS, gratuitamente. Dessa forma, o jornal chegava ao "Camaleão", um grupo de Porto Velho; era lido pelos membros do "Tibira", um grupo gay de São Luís; e discutido pelos freqüentadores do "Nuances", outro grupo de Porto Alegre. Sem tomar partido político, o jornal aglutinava todos os interesses político-sociais desses grupos distribuídos pelas cidades do Brasil.

O *Nós Por Exemplo* não teve o impacto do *Lampião da Esquina* e nem terá o sucesso, como veremos a seguir, da revista *Sui Generis*, nem da *G Magazine*. Entretanto, foi pioneiro em enfrentar a aids, falando de sexo, doença e morte de uma forma cuidadosa e honesta, sem deixar de lado um cuidado estético. O *NPE* desapareceu no segundo semestre de 1995, mas, desta vez, a imprensa gay tinha crescido. Os periódicos *Grito de Alerta*, o *ENT&*, a *OK Magazine* e as citadas *G Magazine* e *Sui Generis* já ocupavam discretamente as bancas de jornais do Brasil. Cada um deles dirigia-se a segmentos distintos das múltiplas identidades que compõem o cenário LGBT.

Em novembro de 1994, o *ENT&*,[21] trazia a seguinte chamada de capa: "Tá na moda ser gay?".[22] E a matéria afirmava:"A nova onda é gay flagrante: estamos na moda sim!".

O que aconteceu é que a vida gay, em decorrência das inúmeras e urgentes discussões sobre aids, ganhou visibilidade. O que era escandaloso saía da marginalidade dos becos e ganhava o espaço nobre da sala de jantar, pois a doença poderia atingir um vizinho ou um irmão, isto é, ninguém estava isento de se contaminar. Foi um tempo em que, ao mesmo tempo, os gays tornam-se vítimas e guerreiros de uma doença que nunca foi só deles.

---

19   Apesar do jornal intitular Grupos Gay do Brasil, podemos observar que existiam grupos de lésbicas e de travestis.

20   Entrevista a mim concedida em maio 2005 durante processo de doutoramento. Para maiores informações ver RODRIGUES, Jorge C. *Impressões de Identidade – um olhar sobre a imprensa gay no Brasil*. Niterói: EdUFF, 2010.

21   O jornal teve 10 edições entre 1994 e 1995

22   Ent&, nº 4.

Assim, essa trágica doença trouxe, contrastivamente, ganhos no que tange à visibilidade e à aceitação da homossexualidade, e produziu vítimas/heróis midiatizados, como no caso da dupla importância dos cantores/compositores Cazuza e Renato Russo.

Conforme Silvia Ramos, na segunda metade dos anos 1990, vários acontecimentos e iniciativas, heterogêneas e não articuladas entre si, produziram mudanças importantes na cena homossexual brasileira. Ela aponta:

> 1° a multiplicação de iniciativas no campo legislativo, da justiça e da extensão de direitos;
>
> 2° o crescimento do número de bares, boates, revistas, livrarias, editoras, festivais de cinema associados ao mundo gay e lésbico;
>
> 3° a criação de novas entidades de defesa dos homossexuais;
>
> 4° uma política de visibilidade massiva e o surgimento das paradas do orgulho.[23]

Em busca de uma nova possibilidade dentro do mercado editorial do mundo gay, no qual encontravam-se apenas publicações com ênfase no erotismo, sobretudo pela via do nu masculino e dos contos eróticos, uma nova revista investiu numa possibilidade de afirmação gay através de temas como cultura, comportamento, moda e entrevistas com grandes nomes do meio artístico/político nacional. A revista *Sui Generis,* publicação da SG Press, apostou numa postura militante sem o ranço do ativismo dos anos 1970. Ela manteve uma atitude do "assumir-se", mas também promoveu o desejo homoerótico e a auto-estima. Tudo isso regado com textos analíticos, grandes doses de cor, fotografias muito bem produzidas e um projeto gráfico inovador, compatível com sua proposta. A revista procurou desde o início encontrar um caminho para a expressão de uma identidade gay que, de certa forma, refletisse o comportamento daquela comunidade dos anos 1990. "Cultura, entretenimento, moda, política e comportamento": esse era o slogan que acompanhava o título da revista no número experimental, lançado em dezembro de 1994.

---

23   RAMOS, Silvia. Violência e Homossexualidade no Brasil: as políticas públicas e o movimento homossexual. In: *Movimentos Sociais, Educação e Sexualidades.* Miriam Pilar Grossi et al (orgs.) Rio de Janeiro: Garamond, 2005.

A estética das *glossy magazines* – com sua visão parcial do mundo gay – chegou ao Rio de Janeiro com certo atraso; o "novo" esquema mercadológico fez com que a mídia brasileira começasse a noticiar a existência de um "mercado gay" – conceito norte-americano que chegou ao Brasil depois de ser reconhecido nos EUA, e a *Sui Generis* foi um exemplo dessas mudanças.

A revista iniciou um novo processo no mercado editorial de revistas segmentadas direcionadas para o público gay. Ela fugiu dos nus e da pornografia, que tomavam conta das outras publicações gays. A *Sui Generis* procurou falar de assuntos que fossem de interesse da comunidade gay, e sempre de forma positiva. Ela abordava temas tendo sempre como preocupação o ponto de vista do leitor gay. Com muito trabalho e muita dedicação, ela cobriu, em 55 edições, os interesses de grande parte do universo gay do qual seu principal editor fazia parte: a classe média alta. E, para isso, não mediu esforços para conseguir a colaboração de pessoas importantes, como Caio Fernando de Abreu, Martha Suplicy, João Silvério Trevisan, Luiz Mott, Sócrates Nolasco, entre outros. Apesar da qualidade dos seus textos e da sua apresentação gráfica, tanto no aspecto visual quanto técnico, a revista *SG* começou a perder o fôlego.

As ousadias visuais nos ensaios de moda, os projetos gráficos inovadores, e os artistas e intelectuais entrevistados para a *SG* não foram capazes de enfrentar os "famosos" da *G Magazine*. A falta de anunciantes e uma boa parte dos leitores preferindo a *G*, fez com que a *SG* começasse a enfraquecer. No mesmo ano, a editora SG Press lançou a revista *Homens*, cuja temática era sexo e homens nus, numa tentativa de equilibrar as finanças. A nova revista se tornou rapidamente um sucesso de vendas. E, por algum tempo, foi concorrente da *G Magazine*. Entretanto, em março de 2000, a *Sui Generis* se despediu das bancas de jornais do Brasil.[24]

Em abril de 1997, a editora Fractal, aproveitando a lacuna deixada pela *SG*, em relação ao nu masculino, lançou a revista *Bananaloca*. A revista explorava o nu masculino com ensaios fotográficos com modelos brasileiros, além de reportagens dirigidas ao público gay.[25] A seção Vortex da *SG* apre-

---

[24] Os anunciantes eram diversos, porém não eram constantes e seu custo de produção da *SG* era caro.

[25] http://www.bananasbusiness.com/2017/08/30/criadora-da-revista-g-magazine-revela-os-bastidores-e-que-tirou-o-marido-do-armario/

sentou nus em muitos números, mas a revista fazia questão de colocá-los como uma nota sendo divulgada, e não como uma produção própria da revista. Eram fotos colhidas de filmes, peças, livros, com o argumento de ter uma função mais jornalística do que de entretenimento. De qualquer forma, as pequenas fotos não eram o bastante para satisfazer os *voyeurs*. A revista *Bananaloca*, que a partir do quinto número passou a chamar-se *G Magazine*, tornou-se o maior sucesso editorial dentro da história da imprensa gay brasileira, atraindo olhares de todo o mundo quando, na sua edição de número 20, publicou fotos do jogador da seleção brasileira, Vampeta, nu e com o pênis ereto. A revista se tornou a primeira publicação gay a publicar fotos de homens famosos, atletas, músicos, atores, todos com o pênis em ereção. Conforme afirma Robert Howes,[26] "na *G Magazine*, os jogadores[27] de pau duro servem, sem dúvida, para aumentar a venda, mas funcionam também como um símbolo de contestação, subvertendo o ícone da sociedade de consumo globalizado, a celebridade, como objeto mais tradicional e transgressivo do desejo homossexual masculino".

A *Bananaloca* surgiu inicialmente como uma revista de diversão e consumo, não apresentando discussões políticas. Porém, na sua mudança de nome, ela manteve o divertimento – o nu em todo o seu esplendor, e ampliou os seus espaços para artigos direcionados ao ativismo LGBT. Ao longo da sua existência vários nomes do ativismo brasileiro escreveram nas suas páginas. João Silvério Trevisan, Glauco Matoso, Jean Wyllys, Vange Leonel, entre outros e outras, contribuíram para o sucesso da revista. A publicação chegou a vender 150.000 exemplares de uma única edição, o maior sucesso comercial dentre as mídias LGBT.

Terceiro momento

Na chegada do novo milênio apenas a *G Magazine* continuava a ser publicada. A receita "homens famosos mostrando o pau duro" tinha dado

---

26   HOWES, Robert. Impressa gay na Inglaterra e no Brasil. In: *Imagem & diversidade Sexual – Estudos da Homocultura*. Denílson Lopes et all, Organizadores. São Paulo: Nojosa Edições, 2004, pg. 292.

27   Posaram para a G, Túlio Maravilha, Roger Noronha, Dinei, Bruno Carvalho, entre outros.

certo, mas não por muito tempo. Em 2013, após 16 anos de existência, ela saiu de circulação.

Os periódicos não vão parar aí. Temos, nos anos 2000, outros exemplos de revistas que continuaram imprimindo as múltiplas identidades da vasta comunidade LGBT e todas as outras possíveis letras que couber e houver.

As *glossy gay magazines* "revistas gays brilhosas" (impressas em papel couchê) surgiram a partir dos anos 1990 e se caracterizaram por destacar gays e lésbicas economicamente bem-sucedidos, certamente uma visão parcial e glamourizada da cultura gay pós-Stonewall e pós-aids, francamente direcionada por um mercado crescente. Essas revistas apresentaram uma grande mudança no perfil do leitor, ou seja, uma linguagem editorial em sintonia com facetas culturais nascentes entre os gays mais jovens, brancos e economicamente bem-sucedidos.

Essas revistas, sem perder o ponto de vista de sua importância política, tratavam sem dúvida de um grupo numérica e economicamente expressivo que sempre transitou entre o mundo hétero e o homo; e naquele momento, no qual a luta era pela igualdade em todos os planos sociais, as "delícias" do capitalismo surgiam como novo e poderoso cenário de fulguração. Na medida em que o mercado se torna a crucial instância da legitimação e da autorização dos trânsitos sociais, o universo gay, embora representado, apenas, pelos economicamente favorecidos, consome à luz do dia. Em outros termos, usufruem como nunca a legitimidade, a visibilidade de seu acontecimento social dentro de uma ótica totalmente heteronormativa.

Seguindo o caminho deixado pela *Sui Generis*, fazer jornalismo LGBT, porém sem a presença do sexo explícito, na primeira década do novo milênio surgiram 3 novas revistas. A saber, a *Junior*, em 2007, a *Dom* e a *Aimé*, no início de 2008.[28] As duas últimas não alcançaram o sucesso da primeira e desapareceram no fim da década. Eram revistas voltadas para o público masculino, de alto poder aquisitivo, que traziam reportagens de moda, comportamento, beleza, bem estar, viagens, etc. A *Junior* teve um desempenho mais duradouro e deu mais espaço ao Movimento e suas lutas pelos direitos legais do cidadão homossexual e muito destaque às paradas LGBT. A experiência do editor André Fischer (um dos criadores da sigla GLS, do portal Mix

---

28 A *Junior* encerrou suas atividades em 2015, a *Dom* em 2009 e a *Aimé* em 2010.

Brasil e da Editora Mixbrazil) contribuiu para que a revista se tornasse uma referência no segmento de revistas de comportamento, aliando-se a isso com uns bons nomes de colaboradores. A *Dom* quis mostrar o gay por outro viés ou, segundo o editorial de lançamento *De Outro Modo,* e nesse contexto não havia o nu masculino e quase nenhuma menção a ações ativistas. A *Aimé* se propunha a ampliar a discussão em torno da homossexualidade, mas era mais uma revista a explorar o consumo de moda, viagens, beleza e também, para parecer "decente", não trazia o nu. As revistas se tornaram cada vez mais pudicas. A putaria estava agora no mundo virtual.

Em fevereiro de 2012, a empresa Mixbrasil lançou a revista *H Magazine*. No seu edital de estreia dizia: "se a *Junior* foi pensada para um leitor jovem, ... a H vem preencher a lacuna de informação existente nas bancas e tablets para o homem gay com mais de 30 anos".[29] Com ensaios fotográficos mais ousados, contudo, sem mostrar a genitália, a revista durou um ano e meio. E teve colaboradores como Gilberto Scofield Jr., Laerte e um dos maiores nomes do movimento e da imprensa gay – João Silvério Trevisan. O início e o fim se encontram novamente.[30]

Quarto momento

Como observamos no levantamento feito acima, a impressa dirigida aos homossexuais, ao que parece, sempre foi homossexual masculino ou gay, e quase nunca lésbica e muito menos trans. Porém, isso muda com as novidades da *world wide web*.

A explosão da internet e sua maior acessibilidade para a população fez com que o impresso perdesse lugar entre os mais jovens. E os periódicos dirigidos aos LGBT tornaram-se cada vez mais raros. A produção gráfica de um periódico impresso é muito cara e como quase nunca as revistas gays tinham patrocínio, era quase certo o seu fechamento em um curto prazo. As produções no mundo virtual são muito mais baratas. Consequentemente, foi natural que houvesse um deslocamento de suporte. E a indústria porno-

---

29   *H Magazine*, pag.6.
30   Periódicos pesquisados - *Lampião da Esquina* – número 1, *Nós por Exemplo* – números 1, 7 e 21, *Ent&* - números 4, *SuiGeneris* – número 52, *Junior* – números 10, 13 e 17, *H Magazine* – números 01, 05 e 06, *Dom* – números 01, *Aimé* - números 01.

gráfica vai se beneficiar disso. Você já não precisa comprar uma revista para ver um pau duro, na internet você pode ver centenas, expostos ou em ação, em poucas horas.

Como já apontava há 20 anos o portal MixBrasil, as informações, notícias dirigidas a esse público, hoje podem ser encontradas em diferentes sites na internet. O site foi criado em 1995 por André Fischer e esteve na rede até 2005. E hoje os sites são "os jornais e as revistas" para toda uma população que já não cabe nas letrinhas LGBT. Mas não foi só a pornografia que saiu ganhando, há uma ação de mobilização, de discussão e de debates de interesse dos LGBTs.

Numa rápida busca na internet encontramos o *Lado Bi – site de cultura e cidadania LGBT na real com social;* os sites lésbicos – soubetina.com.br, sapatonica.com, *lesword.com*; os blogs *Bloguerias feministas, A coisa toda.com, Me salte;* os trans – *Eu, trans, Transfeminismo* e outros.

O novo milênio é o momento que outras identidades outrora invisibilisadas socialmente começaram a ganhar espaço no dia a dia. Ocupando cada vez mais espaços públicos, claro que essa ocupação na maioria das vezes nem sempre é pacifica. Porém, hoje as travestis, os transexuais, os intersex, os não binários, os queer encontram na internet um lugar que lhes permite maior visibilidade e a possibilidade de compartilhar suas experiências com outras pessoas.

Conclusão

O movimento, no início homossexual e agora LGBT, (ou até LGBTQ+A...) cresceu, saiu das páginas dos jornais e revistas e invadiu ruas e avenidas em todo o Brasil. Em junho de 2009, a parada do orgulho LGBT de São Paulo estava citada na primeira capa das versões online dos jornais *Folha de S. Paulo, O Estado de S. Paulo, O Globo* e *JB*, os mais importantes do país, com público estimado em mais de 3,5 milhões de participantes, a despeito do preconceito ainda existente. O Brasil é um dos paises que mais mata LGBTs no mundo.

Atualmente, a incorporação dos estudos queer na vida acadêmica, a visibilização dos sujeitos trans trouxeram novos debates e embates para o agora quarentão Movimento.

A despeito do âmbito da sexualidade ter suas infinitas possibilidades, ainda é inevitável lidar com a emblemática dualidade hétero/homo. Se, para os primeiros, os canais midiáticos são disponibilizados em qualquer órbita cultural e estão sempre prontos a atender a qualquer nova possibilidade de público consumidor, para os segundos ainda encontramos certa limitação na produção de mídias específicas cujas edições se ocupem de temática associada à orientação sexual. Em outros termos, que se ocupem das culturas geradas em torno desta diferença.

Nos últimos anos as mídias impressas dirigidas ao público homossexual desapareceram das bancas de jornal. Contudo, as mídias impressas foram e são importantes, não só como memória, mas como material afirmativo dos diferentes aspectos do sujeito homossexual. Elas mantêm o questionamento das diversas possibilidades identitárias de uma parcela da população historicamente invisibilisada.

Do protesto de rua à política institucional: A causa homossexual nas eleições de 1982

Rodrigo Cruz[1]

Constituído no final dos anos 1970, em meio ao ciclo de protestos pela democratização, o movimento homossexual brasileiro experimentou um período de intensa mobilização na virada para os anos 1980, com a realização de seus primeiros encontros nacionais e protestos de rua. Tão logo o ciclo deu sinais de descenso, o movimento ingressou em um período de rupturas, rearranjos e dissolução de parte significativa dos grupos formados no final dos anos 1970. Foram vários os argumentos mobilizados pela literatura para explicar o "declínio" dessa primeira leva do ativismo homossexual no Brasil: o impacto causado pela chegada da epidemia de Aids, em meados de 1982, que teria corroído as propostas de liberação sexual defendidas

---

[1] Doutorando em Sociologia pelo Programa OpenSoc (Universidade de Lisboa, Universidade Nova de Lisboa, Universidade de Évora e Universidade do Algarve). Possui mestrado em Ciências Sociais pela Universidade Federal de São Paulo (Unifesp) e graduação em Comunicação Social pela Universidade Federal do Pará (UFPa). É membro fundador do projeto "Acervo Bajubá", que visa a constituição de um acervo voltado para preservação, salvaguarda e instigação historiográfica da arte, memória e cultura LGBT brasileiras. Realiza pesquisa nas áreas de: gênero, sexualidade, ação coletiva, movimentos sociais, instituições políticas e comportamentos políticos e eleitorais.

pelo movimento;[2] o fim do jornal *Lampião da Esquina*, espécie de referência nacional para o movimento, cuja última edição foi às bancas em junho de 1981;[3] o abrandamento da censura e da repressão, aliado a retomada gradual dos direitos individuais e a expansão de alternativas de consumo voltadas para o público homossexual, cujo efeito imediato foi uma relativa sensação de liberdade;[4] além da situação econômica instável do país, naquela altura mergulhado em uma crise econômica sem precedentes, a qual incidia diretamente sobre a capacidade dos ativistas em prover recursos para a sustentação dos grupos.[5]

Sem minimizar a importância desses argumentos, percebe-se que a literatura observou muito pouco a relação entre as dinâmicas internas ao movimento e os aspectos políticos do processo de transição em curso. As oportunidades políticas abertas pelo regime militar a partir de 1977, em especial a Reforma Partidária de 1979 e as eleições de 1982, impactaram diretamente o ambiente de contestação da abertura, desafinando os movimentos sociais que lutavam pela democratização da sociedade a canalizarem as demandas do ciclo de protestos em direção à arena eleitoral. Com essa estratégia, os militares visavam acomodar os insurgentes em uma arena eleitoral previamente regulamentada, cujas regras haviam sido estabelecidas para garantir a triunfo dos partidos do regime e seus aliados, reduzindo ao máximo as chances de novas vitórias da oposição e, consequentemente, retomando o controle do processo de transição. O centro da disputa política passou das ruas para as instituições.

---

2   PERLONGHER, Néstor. O desaparecimento da homossexualidade. In: DANIEL, Herbert et al. (Orgs.). *Saúde e Loucura 3*. São Paulo: Hucitec, 1991.

3   MACRAE, Edward. *A construção da igualdade*: identidade sexual e política no Brasil da abertura. Campinas: Editora da Unicamp, 1990; SILVA, Cláudio R. *Reinventando o sonho*: história oral de vida política e homossexualidade no Brasil contemporâneo. 1998. Dissertação (Mestrado em História Social) – Universidade de São Paulo, São Paulo, 1998; GREEN, James. *Além do Carnaval*: a homossexualidade masculina no Brasil do século XX. São Paulo: Editora da Unesp, 2000.

4   FACCHINI, Regina. *Sopa de letrinhas?* Movimento homossexual e produção de identidades coletivas nos anos 90 a partir da cidade de São Paulo. 2002. Dissertação (Mestrado em Antropologia) – Universidade Estadual de Campinas, São Paulo, 2002; Green, 2000.

5   Green, 2000.

Essa nova página do longo processo de transição foi fundamental para a consolidação de um novo perfil de ativismo homossexual no Brasil: interessado na conquista de direitos, mais pragmático e menos refratário às instituições políticas. Este capítulo reconstitui a mobilização do movimento homossexual nas eleições de 1982 em seus vários níveis, focalizando as campanhas eleitorais que defenderam a causa em quatro estados brasileiros: Minas Gerais, Rio Grande do Sul, Rio de Janeiro e São Paulo. As cinco campanhas analisadas foram impulsionadas pelo Partido dos Trabalhadores (PT), a primeira agremiação brasileira a incluir expressamente em seu programa eleitoral a defesa dos direitos dos homossexuais. O argumento é de que o período que sucede o pico de mobilizações do movimento homossexual, entre 1978 e 1980, não foi marcado por um declínio dos níveis de mobilização do movimento, mas por uma mudança de foco, em direção à política institucional. Ao final, discute-se de que modo o engajamento na arena eleitoral em 1982 favoreceu a progressiva adoção, por parte do movimento, de quadros interpretativos[6] e repertórios de ação[7] mais institucionalizados e como essa experiência permitiu, nos anos seguintes, a ampliação do arco de alianças em direção às instituições políticas.

A esquerda como "porta de entrada" para a política institucional

Disse Rafael De La Dehesa,[8] ao analisar a relação entre o movimento LGBT e o Estado no Brasil, que a esquerda funcionou aqui, tal como em outros países, como uma "porta de entrada" do movimento para a política institucional. A que pesem os inúmeros conflitos que permearam essa relação,[9] foi ainda no período da abertura que o movimento homossexual,

---

6 BENFORD, Robert; D SNOW, David A. Framing process and social movements: an overview and assessment. *Annual Review of Sociology*. n. 26, p. 611-39, 2000.

7 TARROW, Sidney. *O poder em movimento*: movimentos sociais e confronto político. Petrópolis: Vozes, 2009.

8 DE LA DEHESA, Rafael. *Queering the public sphere in Mexico and Brazil*: sexual rights movements in emerging democracies. Durham: Duke University Press, 2010.

9 Tais conflitos foram abordados com maior fôlego por TREVISAN, José Silvério. *Devassos no paraíso*. 3. ed. Rio de Janeiro; São Paulo: Record, 2000. McRae (1990) e Green (2003) também destacam em seus trabalhos as tensões entre ativistas de perfil autonomista e outros com múltipla filiação, que circulavam entre grupos de movimento, agrupamentos de esquerda e partidos políticos.

com o apoio de partidos localizados à esquerda no espectro político,[10] deu seus primeiros passos rumo à política institucional. Essas alianças foram forjadas graças a conexões construídas bem antes da retomada do pluripartidarismo, quando ativistas homossexuais e seus aliados tiveram as suas primeiras experiências políticas em organizações de esquerda que lutavam contra o regime militar.[11] Para ficar apenas no universo das campanhas eleitorais analisadas neste artigo, podemos citar nomes como José Carlos Dias de Oliveira, o Zezinho, líder da juventude do MDB do Rio Grande do Sul nos anos 1970 e um dos fundadores da Democracia Socialista, tendência interna do PT naquele estado.[12] O psiquiatra João Baptista Breda, candidato à reeleição ao cargo de deputado estadual pelo PT paulista em 1982, também veio dos setores progressistas do MDB.[13] A socióloga Caterina Koltai começou no movimento estudantil universitário, tendo sido uma das lideranças presas pela polícia durante o 30° Congresso Nacional da UNE, em Ibiúna, em 1968.[14] O jornalista, escritor e ativista Herbert Daniel, que nos anos 1960 e 1970 integrou sucessivamente as organizações armadas Colina, VAR (Palmares) e VPR, retornou ao Brasil

---

10   La Dehesa (2010, p. 97) contabilizou os apoios recebidos pelo movimento homossexual durante o ciclo eleitoral de 1982. Naquele ano, PT e PMDB foram os partidos com o maior número de declarações públicas em apoio às reivindicações do movimento (17 e 10 respectivamente), ao passo que o PDT teve o maior número de candidatos signatários de plataformas de compromisso (4).

11   CRUZ, Rodrigo. Do protesto às urnas: o movimento homossexual na transição política. 2015. Dissertação (Mestrado em Ciências Sociais) – Universidade Federal de São Paulo, São Paulo, 2015.

12   BARROSO, Fernando L. A. Jornal do Nuances - A prática midiática de uma ONG de Porto Alegre (RS) para o confronto político entre o "gay classe média" e a "bicha bafona". Tese de doutorado em Ciências da Comunicação apresentada à Universidade do Vale do Rio dos Sinos - UNISINOS, 2007; REIS, Eliana T dos. Juventude, Intelectualidade e Política: espaços de atuação e repertórios de mobilização no MDB dos anos 70. Dissertação de Mestrado apresentada ao Instituto de Filosofia e Ciências Humanas da Universidade Federal do Rio Grande do Sul (UFRGS), 2011; Ver também o artigo de Benito Schmidt sobre Zezinho nesta coletânea.

13   De La Dehesa (2010).

14   DELMANTO, Júlio. Camaradas caretas: drogas e esquerda no Brasil após 1961. 2013. Dissertação (Mestrado em História Social) – Universidade de São Paulo, São Paulo, 2013.

em 1981, depois de anos de exílio na Europa, para integrar o PT carioca. Foi um dos mentores da campanha de Liszt Vieira, outro ex-guerrilheiro e exilado político, candidato ao cargo de Deputado Estadual pelo PT do Rio de Janeiro.[15]

Com o afrouxamento da censura e da repressão em meados dos anos 1970, dois contextos de micromobilização[16] se tornaram fundamentais para estabelecer conexões entre a esquerda e o ativismo homossexual: as organizações marxistas de tendência trotskista, que voltaram a se organizar no Brasil na medida em que suas principais lideranças retornavam do exílio, e os jornais da chamada "imprensa alternativa", cujas páginas não só abriram espaço para uma abordagem política da homossexualidade como também ofereceram um modelo de produção jornalística posteriormente adotado pelo movimento. Esses contextos de micromobilização por vezes se confundiam, uma vez que as redações de alguns desses jornais, como o *Em Tempo* e o *Versus*, eram compostas principalmente por jornalistas e intelectuais ligados a organizações trotskistas como a Democracia Socialista (DS) e a Convergência Socialista (CS).

Foi nesse ambiente de circulação de ideias que ativistas homossexuais e militantes da esquerda socialista se conectaram, construíram alianças e introduziram no campo oposicionista as demandas elaboradas pelo movimento homossexual. A certa altura, o *Em Tempo* chegou a contar com uma pequena comissão formada por ativistas gays e lésbicas, que escreviam regularmente para o periódico sobre as atividades do movimento. Embora a iniciativa não tenha durado muito tempo (a comissão renunciou a suas funções depois que o conselho editorial insistiu em "amenizar" o tom de um artigo mais

---

15 CRUZ, Rodrigo. Do protesto às urnas: as campanhas em defesa da causa homossexual nas eleições de 1982. Rev. Bras. Ciênc. Polít. [online]. 2017, n.22, pp.233-284.

16 Contextos de micromobilização são os ambientes ou as situações de interação social, como instituições profissionais, grupos culturais e redes de amizade em que são constituídas interpretações comuns, laços afetivos, lealdades e sentimento de pertencimento, permitindo que indivíduos comuns se tornem ativistas e interferindo diretamente nas suas percepções, interpretações e escolhas políticas (GAMSON, Willian. The social psychology of collective action. In: MUELLER, Carol M.; MORRIS, Aldon D. (Eds.). *Frontiers in social movement theory*. New Haven; London: Yale University Press, 1992)

debochado escrito pelo Grupo Gay da Bahia), percebe-se que a relação entre o ativismo homossexual e as organizações de esquerda estava longe de se resumir à cooptação e ao conflito. Enquanto atores coletivos, ambos faziam parte do campo político que lutava pela democratização do país. Estavam, portanto, mais para aliados do que para inimigos.

No caso das organizações trotskistas, o fator que as tornava mais permeáveis ao debate da liberação homossexual eram os vínculos transnacionais que essas organizações mantinham com redes mundiais de partidos socialistas conhecidas como "IV Internacional", herdeiras da tradição socialista-internacionalista fundada na década de 1930 por Leon Trotsky. Críticos ao estalinismo representado pelos Partidos Comunistas, esses grupos viam com simpatia os movimentos libertários que surgiram na esteira do maio de 1968, os quais seriam uma resposta da juventude ao autoritarismo representado, de um lado, pelo capitalismo e, de outro, pelo regime soviético.[17] Passaram a apostar internacionalmente em alianças estratégicas com os chamados "novos movimentos sociais", abrindo as portas de suas organizações para o ativismo gay e lésbico e incluindo a luta pela liberação homossexual em seus programas políticos.[18]

Cada tendência, no entanto, tinha uma forma particular de estabelecer e encarar essas alianças. Enquanto a DS possuía uma postura mais simpática aos movimentos libertários, a Convergência Socialista era conhecida por ter uma linha política mais "obreirista", com foco no trabalho operário e, por vezes, mais crítica aos movimentos pós 1968. No caso da CS, a permeabilidade ao debate da liberação homossexual veio por meio da relação estabelecida com organizações da esquerda norte-americana, com as quais compunham o mesmo tronco do trotskismo internacional, e que haviam sido pioneiras na criação das "Gay Factions" no interior dos partidos estadunidenses. Não por acaso, o grupo de ativistas gays, lésbicas e bissexuais que compunham a CS receberam o nome de "Facção Homossexual da Convergência Socialista".

---

17 BENSAÏD, Daniel. *Trotskismos*. Fortaleza: Expressão Gráfica Editora, 2010.
18 "IV Internacional: A longa travessia do deserto". *Em Tempo*, nº 93, Dezembro de 1979, p. 11.

Havia ainda a OSI, agrupamento trotskista de vertente lambertista, que nos anos 1970 se notabilizou por organizar uma juventude estudantil conhecida como "Libelu". Esse grupo ficou conhecido tanto pela radicalidade política quanto pelas noitadas regadas a *rock and roll*, algo impensável no contexto de uma esquerda hegemonizada pelo PCdoB e suas festas dominadas quase que exclusivamente por música nacional. A ousadia atraiu a juventude de esquerda mais "descolada", que buscava alternativas à caretice de uma "velha esquerda", vista como engessada e excessivamente patriótica. Embora não tivesse propriamente uma diretriz política sobre a questão homossexual, a abertura para comportamentos menos rígidos tornou a OSI uma organização mais permeável à adesão de militantes identificados com ideais libertários, muitos dos quais gays, lésbicas e bissexuais.

As organizações trotskistas não apenas foram pioneiras em pautar a questão da discriminação sofrida pelos homossexuais no campo da esquerda e suas organizações como também tiveram um papel decisivo na introdução desses temas na agenda partidária. Isso porque tanto a Democracia Socialista quanto a Convergência participaram ativamente da campanha pela legalização do Partido dos Trabalhadores na virada dos anos 1970 para os 1980, tornando-se ambas, nos anos seguintes, tendências internas do partido. A OSI também passou a integrar o PT em 1981, sob o nome de "O Trabalho".

Os ativistas homossexuais na fundação do PT

Com a aprovação da Reforma Eleitoral em dezembro de 1979, o quadro bipartidário em vigor há mais de dez anos deu lugar a um sistema pluripartidário, inicialmente composto por seis partidos. No novo quadro partidário, o partido que melhor expressava as mudanças que ocorriam no terreno da sociedade civil era o PT. Diferente das experiências populistas em voga até 1964, que tomavam os trabalhadores como massa de aliados de um determinado setor das elites,[19] o PT não era resultado de acordos entre lideranças oriundas exclusivamente das classes médias, das oligarquias ou das burocracias sindicais. Reunia uma base majoritariamente operária,

---

19   SOUZA, Maria do Carmo Campello. *Estado e partidos políticos no Brasil* (1930 a 1964). São Paulo: Alfa-Omega, 1976; WEFFORT, Francisco Corrêa. *O populismo na política brasileira*. Rio de Janeiro: Paz e Terra, 1978.

mas aglutinava ainda setores da intelectualidade, do movimento estudantil, artistas, parlamentares da antiga oposição democrática do MDB, as Comunidades Eclesiais de Base ligadas à Igreja Católica e pequenas organizações remanescentes da luta armada, agora interessadas em fazer parte da oposição legal ao regime.[20]

Dentro desse quadro diverso, a grande novidade ficou por conta dos chamados "novos movimentos sociais" ou "movimentos identitários" (mulheres, negros, homossexuais, ambientalistas), que no Brasil, em consequência da modernização tardia e acelerada, surgiram simultaneamente a criação de um partido de base operária urbana.[21] A composição diversificada, anunciada pela direção do partido como uma "aliança entre os excluídos"[22] foi, na realidade, uma inesperada confluência de interesses mútuos. De um lado, em virtude das duras regras de obtenção do registro eleitoral, que o obrigava os partidos arregimentarem um elevado número de filiados, o PT se viu impelido a dialogar com um público mais amplo que o operariado urbano. A abertura para novos atores sociais também conferia maior legitimidade ao partido, que buscava se diferenciar de antigas experiências de esquerda como o PCB e o PTB. Do outro lado, os movimentos de perfil identitário, impulsionados por setores médios da sociedade, se dirigiram ao PT porque viram nele a proposta de uma política alternativa, que promovia a participação democrática,[23] ao mesmo tempo em que consideravam engajamento partidário uma oportunidade de ampliar o alcance de suas causas.

A capilaridade de ativistas pró-legalização do PT no movimento homossexual foi determinante para garantir conexão entre partido e grupos de movimento. Entre os anos de 1980 e 1981, ativistas com dupla ou múltipla filiação circulavam entre os dois domínios, ora engajados em agendas do movimento, ora trabalhando na campanha pela legalização do partido. As iniciativas de maior destaque nesse sentido aconteceram em Belo Horizonte e São Paulo. Na capital mineira, o Núcleo Gay do Partido dos

---

20   SECCO, Lincoln. *História do PT*. São Paulo: Ateliê Editorial, 2011.
21   KECK, Margareth E. *PT – a lógica da diferença*: o Partido dos Trabalhadores na construção da democracia brasileira. São Paulo: Editora Ática, 1991. p. 31-33.
22   Keck, 1991, p. 33
23   Keck, 1991, p. 33

Trabalhadores, fundado em 1980 pelo ativista Edson Nunes, contava com a participação de antigos integrantes do então extinto Terceiro Ato, o primeiro grupo homossexual organizado da cidade, fundado em 1979.[24] Em São Paulo, os militantes da Facção Homossexual da Convergência Socialista criaram, em 1981, o Núcleo de Gays e Lésbicas, que reunia militantes da Convergência e da OSI para a realização de debates abertos que tinham como objetivo de atrair filiados e simpatizantes para o partido. Os ativistas também participavam de mutirões que coletavam, de porta em porta, as assinaturas necessárias para a legalização da legenda.

Em setembro 1981, o líder sindical Luís Inácio Lula da Silva, até então criticado por ativistas homossexuais devido a uma entrevista publicada em 1979 no jornal *Lampião da Esquina*, na qual disparava preconceitos contra homens gays e feministas, fez um discurso em apoio à luta das minorias políticas, incluindo os homossexuais, durante a I Convenção Nacional do PT, em Brasília. A defesa da causa homossexual foi ratificada em março de 1982 com o lançamento do primeiro programa eleitoral do partido, intitulado "Terra, Trabalho e Liberdade". A escolha do nome não foi casual e correspondia à necessidade de abrigar, em um mesmo programa eleitoral, bandeiras que iam da defesa da liberdade sindical, passando pela reforma agrária, o direito à moradia e o acesso às instâncias de poder, até temas considerados espinhosos como a igualdade de oportunidades para as mulheres, o combate ao racismo e a discriminação aos homossexuais. A iniciativa tornou o PT o primeiro partido político a apoiar formalmente o movimento homossexual na história do sistema partidário brasileiro.[25]

A mobilização dos grupos homossexuais nas eleições de 1982

Embora as limitações do processo eleitoral estivessem mais ou menos evidentes para os ativistas homossexuais, a possibilidade de participação

---

24 MACHADO, Frederico Viana. *Muito além do arco-íris*: a constituição de identidades coletivas entre a sociedade civil e o Estado. 2007. Dissertação (Mestrado) – Universidade Federal de Minas Gerais, Belo Horizonte, 2007.

25 Com o apoio do PT, os partidos de centro-esquerda como o PMDB e de direita como o PSD passaram a assediar grupos homossexuais em busca de apoio eleitoral. ("Partidos Políticos". *Boletim do Grupo Gay da Bahia*, n° 3, Abril de 1982, página provável: 5).

nas eleições sob um sistema multipartidário não deixou de ser interpretada como oportunidade política. Com a proximidade das eleições, grupos de ativismo gay e lésbico em vários estados do país se engajaram em atividades voltadas para a mobilização de apoiadores na arena eleitoral. O contexto de oportunidades e restrições políticas era amplamente discutido em publicações do movimento como o *Boletim do Grupo Gay da Bahia* e o *Chanacomchana*. Especulava-se sobre repentino interesse dos partidos de centro e de direita em dialogar com ativistas homossexuais, ao mesmo tempo em que se levantava dúvidas sobre a efetividade do programa político do PT. As medidas eleitorais restritivas do governo militar também eram acompanhadas de perto pelos ativistas, que não se limitaram ao comentário político. Em dezembro de 1981, membros do Grupo Somos participaram, ao lado de diversos movimentos sociais, de um protesto contra o "Pacote de Novembro",[26] no centro de São Paulo.

Nos meses que antecederam as eleições, Luiz Mott, líder do GGB, aproveitou o período de campanha para circular entre candidatos, lideranças políticas, personalidades e intelectuais o abaixo-assinado pela revogação do artigo 302.0 do Inamps (Instituto Nacional de Assistência Médica da Previdência Social), que declarava a homossexualidade doença em âmbito nacional.[27] A iniciativa foi inspirada na campanha do movimento homossexual alemão do século XIX contra o Parágrafo 175 do Código Criminal Prussiano. O ativista gaúcho João Antônio Mascarenhas, que morava no Rio de Janeiro, também se inspirou em repertórios transnacionais para mobilizar apoiadores na arena eleitoral. Por meio de correspondências e ligações telefônicas, Mascarenhas trocava informações e incentivava grupos e lideranças homossexuais a participarem das eleições de 1982. Ao mesmo tempo, enviou aos partidos políticos um questionário para que se posicionassem sobre a respeito das demandas do movimento homossexual. O documento foi adaptado de um *survey* da International Gay Organization (IGA), que ele havia recebido das mãos de um ativista homossexual escocês.[28]

---

26 "Pelo voto livre do homo". *Boletim do Grupo Gay da Bahia*, n° 3, Abril de 1982, página 4.
27 Ver o artigo de Luiz Mott sobre a história e atuação do GGB nesta coletânea.
28 De La Dehesa (2010, p. 94)

Em agosto de 1982, a campanha eleitoral já havia começado quando o Grupo de Ação Lésbico Feminista (GALF) e o Grupo Outra Coisa - Grupo de Ação Homossexualista, ambos de São Paulo, aproveitaram a passagem do filósofo francês Félix Guattari pelo Brasil para promover um bate-papo entre o intelectual e militantes homossexuais paulistas. Muito popular entre a militância libertária da época devido ao livro *A Revolução Molecular*, no qual sintetizava as suas posições sobre o potencial revolucionário dos movimentos libertários, Guattari surpreendeu os ativistas ao declarar-se impressionado com a força do PT e ao defender a necessidade de construção de pontes entre as chamadas "lutas moleculares" e as "lutas molares" (os partidos). Para completar, o filósofo também narrou com entusiasmo as atividades desenvolvidas naquele momento por grupos homossexuais franceses, que consistiam no estudo de leis discriminatórias contra homossexuais, "trabalho de caráter reformista considerado por muitos militantes brasileiros como absolutamente sem valor".[29]

Estimulado pelas declarações de Guattari, o GALF, em parceria com o Outra Coisa, promoveu em outubro de 1982 um debate com candidatos dos cinco partidos que concorriam às eleições para discutir "as providências a serem tomadas por cada um deles em favor da luta pelos direitos dos homossexuais".[30] A realização do evento foi precedida pela elaboração de uma plataforma de reivindicações, na qual os grupos incluíram, entre outras pautas, o fim da violência policial e das prisões arbitrárias de homossexuais e a extinção do artigo 302 do Código de Saúde do Inamps. Na ocasião, os candidatos e representantes de todos os partidos políticos receberam a plataforma e foram convidados a assiná-la.

Seguindo a tática adotada pelos paulistas, os grupos Auê e Somos/RJ também elaboraram uma plataforma de reivindicações destinada aos candidatos cariocas. Nela constavam, além do fim da repressão policial e da despatologização da homossexualidade, reivindicações como o apoio à inclusão, numa possível reforma constitucional, de um dispositivo que proibisse a discriminação aos homossexuais; a denúncia de conteúdos discriminatórios

---

29   "Galf: 4 anos de atuação". *Chanacomchana*, n° 3, maio de 1984, página 5.
30   "Homossexuais procuram o apoio dos candidatos". *O Estado de S. Paulo*, 24 de outubro de 1982, página 2.

nos órgãos de imprensa e comunicação; a supressão do item "preservação da moral e dos bons costumes" da Lei de Imprensa, usado para incriminar pessoas e jornais que discutiam a homossexualidade (como ocorreu com o *Lampião da Esquina* em 1979); a luta para que o conceito de legítima defesa se restringisse à defesa da vida, e não à defesa da honra, a fim de combater a impunidade dos crimes cometidos contra homossexuais; e a inclusão da temática da homossexualidade nos Programas de Educação Sexual.[31] A estratégia de buscar aliados em todas as legendas revela que, apesar do evidente pragmatismo, os ativistas mantinham a intenção de preservar o discurso da autonomia face aos partidos políticos.

As campanhas petistas em defesa da causa homossexual

A mobilização homossexual durante o processo eleitoral de 1982 também se deu no interior dos partidos políticos, com ativistas homossexuais atuando por meio de campanhas eleitorais. Pela primeira vez na história do país, candidatos a cargos eletivos abordaram diretamente o tema da discriminação sofrida por gays, lésbicas, bissexuais e travestis. Para dialogar com o eleitorado, candidatos e seus apoiadores apostaram na estética contracultural que havia se tornado marca registrada do movimento. Quadros interpretativos emblemáticos dos movimentos libertários dos anos 1960 e 1970 foram reelaborados e rotinas eleitorais consagradas (panfletagens, comícios, debates e passeatas) foram adaptadas, conferindo às campanhas um perfil irreverente, rebelde e debochado.

a) "Viva o Amor" (Edson Nunes)

Em Minas Gerais, o jornalista, psicanalista e parapsicólogo Edson Nunes, um dos nomes pioneiros do ativismo homossexual no Brasil,[32] apresentou-se como candidato a deputado federal pelo PT. Sua campanha tinha como tema prioritário o combate aos diversos tipos de discriminação: contra negros, povos indígenas, mulheres e homossexuais. A dupla identidade

---

31   DANIEL, Herbert; MICCOLIS, Leila. *Jacarés e lobisomens*: dois ensaios sobre a homossexualidade. Rio de Janeiro: Achiamé; Socci, 1983.

32   Um retrato mais completo da trajetória ativista de Edson Nunes pode ser conferido no trabalho de Machado (2007).

candidato, militante de esquerda e ativista homossexual, era anunciada com muito bom humor em um dos materiais de campanha, que trazia como título o trocadilho "CheGUEI: O primeiro candidato das minorias absolutas". "Che" fazia referência ao líder revolucionário argentino Che Guevara - símbolo maior da masculinidade revolucionária latino-americana, e o "GUEI" tratava de aclimatar o termo anglo-saxônico "gay" para o português brasileiro, seguindo a grafia observada naquela época em publicações como o *Lampião da Esquina*.[33]

Os integrantes do comitê de campanha de Edson Nunes se reuniam sob um movimento que ficou conhecido, dentro e fora do PT mineiro, como "Viva o amor".[34] A opção por um nome que celebrava um sentimento universal evidenciava a estratégia do grupo em dialogar com amplas parcelas do eleitorado. Temas como a fome, a miséria e a violência eram abordados em panfletos e cartazes por meio de *slogans* como "Sejam contra a fome, Viva o Amor!", "Proíbam a Violência e não o amor", que remetiam aos quadros interpretativos contraculturais da juventude pacifista dos anos 1960.[35] Edson tinha como principais propostas de campanha a revogação do artigo 302.0 do Inamps, que classificava a homossexualidade como "transtorno social"[36] e a garantia das liberdades individuais já previstas pela lei, as quais, segundo o candidato, ainda estavam ameaçadas pela instabilidade da transição política.

Em Belo Horizonte, a campanha teve como foco locais de frequência homossexual, mas não foi bem recebida pelos donos de bares e boates, que se resistiam em permitir a realização de atividades políticas nos locais.[37] A recepção do eleitorado gay belo-horizontino também foi pouco animadora. Em uma boate, um frequentador de meia-idade explicou pessoalmente ao candidato por que não pretendia confiar o seu voto a um gay assumido:

33 Publicações como o *Lampião da Esquina*, que consideravam o gay com "y" muito americanizado e propunham uma escrita mais condizente com o português brasileiro (Green, 2000).
34 LIMA, Délcio M. *Os homoeróticos*. Rio de Janeiro: F. Alves, 1983.
35 Cruz, 2015.
36 "Homossexual petista lança sua campanha". *Folha de S. Paulo*. 9 de outubro de 1982, p.6.
37 Machado, 2007.

> Podem tirar o cavalo da chuva, porque nós não votaremos em vocês de jeito nenhum. Vocês fariam muita agitação, levantariam muita poeira nos parlamentos, todo mundo sairia então de cacete atrás de nós. Ninguém quer bancar o Tiradentes. Votar em gay? Nunca! Corta essa, santa![38]

Quando perceberam que o ambiente na capital era hostil, Edson e seus aliados resolveram levar a campanha para o interior. Em Juiz de Fora, uma boate gay sob ameaça de fechamento cedeu uma noite inteira para a realização de uma sabatina com o candidato. O resultado foi "casa cheia" e a formação de um núcleo de campanha na cidade, que contou com a participação de mais de 30 pessoas.[39] Em Ipatinga, Nunes foi recebido com uma faixa na entrada da cidade, com a seguinte mensagem: "Os gays de Ipatinga saúdam seu líder Edson Nunes". Uma reunião para debater a candidatura foi realizada na Câmara Municipal, com a participação de 200 pessoas. A campanha passou ainda por Divinópolis e Ponte Nova, realizando desde comícios domésticos até debates públicos em zonas de boemia.[40]

Um dos pontos altos da campanha foi aparição de Nunes no horário eleitoral gratuito. Ainda que a Lei Falcão limitasse o programa de rádio e TV a exibição de uma foto do candidato acompanhada de um breve currículo narrado em *off*, o fato do PT dispor de poucos candidatos no estado de Minas Gerais permitiu que Nunes aparecesse na televisão praticamente todos os dias durante todo o período de campanha. Como o texto do currículo entregue ao TRE mencionava a participação de Nunes nos movimentos em defesa da causa homossexual, os eleitores mais conservadores ficaram furiosos e o tribunal regional eleitoral passou a receber pedidos diários para que os juízes retirassem o programa do ar.[41]

b) *"Desobedeça!" (José Carlos Dias de Oliveira, o Zezinho)*

Em Porto Alegre, a candidatura do ativista estudantil José Carlos Dias de Oliveira, o Zezinho, para a Câmara dos Vereadores, buscou inspiração na

---

38 Lima (1983, p. 188).
39 Machado, 2007.
40 Machado, 2007.
41 Machado, 2007.

ideia de desobediência civil, à época muito em voga entre os movimentos pelos direitos civis nos Estados Unidos, nas mobilizações antiguerra e nas lutas pela descolonização na África e na Ásia.[42] Intitulada "Desobedeça!", a campanha não se restringiu às questões relacionadas à municipalidade. Por meio de *slogans* como "Terra pra quem nela trabalha", "Anistia prá Maria" e "Pedro ama João: e daí?", o candidato trouxe para a arena eleitoral um amplo "guarda-chuva" de temas libertários e democráticos: reforma agrária, legalização das drogas e o fim do preconceito contra homossexuais.

Zezinho, que havia iniciado sua militância no movimento estudantil gaúcho aos catorze anos, era filho um conhecido político do antigo MDB, tendo ele mesmo sido presidente do setor jovem daquele partido em meados da década de 1970.[43] Participou da fundação do PT, atuando como um dos principais quadros de juventude da corrente trotskista Democracia Socialista no Rio Grande do Sul. Era uma liderança conhecida pelos estudantes gaúchos e, apesar da aparência séria, típica de um filho de político emedembista, era um trotskista libertário, defensor de causas como o feminismo, o fim da repressão policial e a legalização das drogas. Sua inspiração para o debate das liberdades individuais eram os escritos de Leon Trotsky sobre as "questões relativas ao modo de vida". Embora não tivesse a temática da liberdade sexual como tema central da sua atuação política, o candidato fez história em Porto Alegre ao abordar publicamente a questão da discriminação contra homossexuais antes mesmo da constituição, em âmbito local, de um movimento homossexual propriamente dito.[44]

Os integrantes do comitê de campanha de Zezinho eram jovens estudantes oriundos de famílias de classe média, que tinham referência declarada nas bandeiras libertárias do maio de 1968 francês. Ficaram conhecidos na cidade como os "cabeludos" e "maconheiros". A postura "rebelde" do grupo desagradou os membros da direção estadual do PT, os quais temiam que a candidatura levasse a legenda à desmoralização perante o eleitorado gaúcho. Contudo, para a surpresa geral, a campanha obteve uma repercussão

---

42   CHABOT, Sean. Transnational diffusion and the african american reinvention of gandhian repertoire. *Mobilization: an International Journal*, n° 5(2), p. 201-216, 2000.
43   Reis, 2011.
44   Barroso, 2007.

positiva, não só em Porto Alegre como em outras cidades gaúchas. O candidato chegou a fazer campanha fora da capital, participando como debatedor do festival "Cio da Terra - 1º Encontro da Juventude Gaúcha", evento realizado em Caxias do Sul, em outubro de 1982, que misturava arte, cultura e política, com forte inspiração no Festival de Woodstock.

As atividades de campanha incluíam festas para a arrecadação de fundos, nas quais o comitê comercializava *souvenirs* como a camiseta "Desobedeça!", artigo que virou moda entre os jovens descolados da cidade, e uma bebida artesanal chamada "Cachaça das Diretas", numa referência prematura (e surpreendente) à campanha pelas eleições diretas para a Presidência da República, a qual só ganharia corpo nacionalmente a partir do ano seguinte. Embora grande parte das panfletagens acontecessem em locais de frequência jovem como as portas de escolas municipais e universidades, eventos esportivos, restaurantes, bares e boates, Zezinho e seu comitê também iam a locais onde nenhuma outra campanha ousava chegar: as zonas de prostituição feminina e masculina de Porto Alegre, muitas das quais dominadas por homossexuais e travestis, as quais o candidato fazia questão de visitar pessoalmente.

c) "Por uma vida alternativa" (Liszt Vieira)

No Rio de Janeiro, a campanha para deputado estadual do advogado Liszt Vieira também bebeu na fonte da contracultura. Foi durante o exílio de quase dez anos na França que Liszt, ex-guerrilheiro com passagem por organizações armadas com Colina e Var-Palmares-VPR, entrou em contato com as ideias liberacionistas do maio de 1968.[45] De volta ao Brasil em 1978, após a promulgação da Lei da Anistia, engajou-se na fundação do PT do Rio de Janeiro. Em 1982, com o apoio de um grupo de amigos também filiados ao partido, tornou-se candidato a deputado estadual. O comitê de campanha era composto, em sua maioria, por funcionários públicos de empresas estatais, que representavam grande parte da base do PT carioca.[46] En-

---

45   VIEIRA, Liszt. *A busca*: memórias da resistência. São Paulo: Hucitec, 2008.
46   Diferente do PT paulista, que possuía ampla base operária, o partido no Rio de Janeiro contava com um peso significativo da classe média empregada no serviço público, visto que empresas estatais importantes, como a Petrobrás e a Telebrás, tinham a capital fluminense como sede (Cruz, 2015).

tre os membros do comitê também figuravam também outros ex-exilados que haviam participado da luta armada, entre os quais o economista Carlos Minc e o jornalista e escritor Herbert Daniel, todos eles entusiastas de uma nova abordagem do socialismo: libertário, democrático e preocupado com o meio ambiente.[47]

O tema e o lema escolhidos para estampar os materiais do candidato foram, respectivamente, "Por uma vida alternativa" e "Um novo dia se levanta de um cotidiano triste". A ideia era fazer uma campanha alegre, que dialogasse com o clima de expectativa gerado pela abertura política, com a novidade representada pela fundação do PT e com os anseios libertários da juventude dos anos 1970 e 1980. Embora a campanha tivesse como eixo central a defesa do meio ambiente, o candidato apoiava uma série de causas como feminismo, combate ao racismo, liberdade sexual, descriminalização da maconha, direito à cidade e participação popular.

Devido à preferência da campanha pela abordagem de temas considerados "alternativos" dentro do PT, os membros do comitê de Liszt receberam dos colegas de partido o apelido de "veados verdes". A reação tinha muito de resposta à grande repercussão alcançada pela candidatura que, apesar de se concentrar basicamente nos bairros da zona sul da cidade, aos poucos foi se tornando uma das mais populares do partido na capital fluminense. A ampla difusão foi garantida por meio de panfletagens nas portas de universidades. Como os estudantes universitários residiam em diversas zonas da cidade, os materiais de campanha acabavam chegando aos bairros mais distantes, onde o PT possuía pouca capilaridade.

Para arrecadar fundos, o comitê de campanha realizou festas temáticas que homenageavam símbolos da contracultura, como os protestos de 1968, a luta feminista e o ativismo antinuclear. Às vésperas das eleições, um show de travestis, intitulado "Madame Satã pede bis", foi encenado em apoio ao candidato na Boite Casanova, na Lapa, em parceria com duas candidaturas petistas que faziam dobradinha com Liszt: a de Lélia Gonzalez para deputada federal e a de Josafá Magalhães para vereador. As atividades de rua tam-

---

47   "Herbert Daniel, um amigo inesquecível", Blog do Fernando Nogueira Costa. Disponível em: <https://fernandonogueiracosta.wordpress.com/2011/12/17/herbert-daniel-amigo-inesquecivel>. Acessado em: 12 de fevereiro de 2015.

bém tinham clima de festa, com passeatas que mais pareciam bloquinhos de carnaval. A opção por uma campanha leve, colorida e festiva tinha a ver com as renovadas concepções políticas de Liszt e seus aliados, que rejeitavam a ideia do o fazer político como uma atividade enfadonha ou sacrificante. Defendiam que a militância deveria ser uma atividade alegre, prazerosa, capaz de envolver as pessoas comuns e de atrair novos adeptos para a luta política. Chamavam isso de "Luta e Prazer".

d) "Desobedeça!" (Caterina Koltai)

Em São Paulo, a campanha para a vereança da socióloga Caterina Koltai defendeu uma série de causas libertárias como o combate ao racismo e o preconceito contra homossexuais, o direito ao aborto e a legalização da maconha. De volta ao Brasil depois de quase uma década de autoexílio na Europa, Koltai sentiu dificuldades de se readaptar ao país "porque o grosso das pessoas não tinham voltado e as que ficaram aqui durante o período Médice (sic) só falavam de dinheiro e de trabalho (...) não dava pra transar nada junto".[48] Com a fundação do PT em 1980, filiou-se no partido para garantir que a nova agremiação incluísse em seu programa causas libertárias com as quais se identificava. Tornou-se candidata ao cargo de vereadora em 1982, com um comitê de campanha formado por jovens estudantes, artistas e intelectuais, muitos dos quais gays e lésbicas. O *slogan* escolhido para dar nome a campanha também foi "Desobedeça!", mas não há evidências de qualquer relação com a campanha de Zezinho para vereador em Porto Alegre. A referência de Caterina teria sido o Partido Radical Italiano,[49] o qual ela conheceu durante o exílio na Europa, "um partido baseado na ideia da desobediência civil".[50]

Os quadros interpretativos inspirados no maio de 1968 e na ideia de desobediência civil em nada se chocavam com as convicções parlamentaristas da candidata. Koltai acreditava na possibilidade de uma mudança

---

48 "A liberalização total", *Folha de S. Paulo*. 21 de novembro de 1982. Caderno Mulher, p. 11.

49 Keck (1991: 201) nota que o slogan "Desobedeça" escolhido por Koltai também é idêntico ao dos candidatos do Partido Verde alemão.

50 Delmanto, 2013, p. 185.

social progressiva, por meio da aprovação de leis dentro de uma democracia representativa. Definia-se como "socialista, mas com uma visão do socialismo libertário",[51] gostava dos *punks*, de quem recebeu apoio durante a campanha, admirava a atitude *Flower Power* do movimento *hippie* e rechaçava a luta armada. "A batalha no Brasil é parlamentar. As revoluções acabam por substituir um sistema totalitário por outro".[52] A principal proposta de campanha de Koltai era a criação de um "SOS das liberdades individuais", no qual todos os que sofressem qualquer tipo de violência, mulheres, homossexuais, negros, teriam assessoria jurídica, com plantão funcionando 24 horas por dia.[53]

Tamanha ousadia – uma mulher defendendo publicamente temas como aborto, homossexualidade e legalização das drogas, não passou despercebida aos olhos do regime militar. Tão logo os materiais da candidata chegaram às ruas, um programa de rádio de perfil conservador acusou Koltai de incentivar o consumo de drogas. Com a polêmica, o TRE acatou, em 7 de outubro de 1982, um requerimento da Divisão de Entorpecentes que solicitava ao tribunal que recolhesse o panfleto "Desobedeça".[54] Koltai foi processada com base no inciso 3 do parágrafo 2º do artigo 12 da Lei nº 6.368 de 1976, o qual enquadrava aqueles que contribuíssem "(...) para incentivar ou difundir o uso indevido ou o tráfico ilícito de substância entorpecente ou que determine dependência física ou psíquica".[55] A campanha, no entanto, seguiu firme, com a realização de atos em defesa da candidatura, entrevistas coletivas e o lançamento de um manifesto pela liberação do "panfleto proibido".[56]

---

51 "A liberalização total", *Folha de S.Paulo*. 21 de novembro de 1982. Caderno Mulher, p. 11.
52 "A liberalização total", *Folha de S. Paulo*. 21 de novembro de 1982. Caderno Mulher, p. 11.
53 "Homossexuais procuram o apoio dos candidatos", *O Estado de S. Paulo*. 24 de Outubro de 1982, p. 2.
54 "O Panfleto Proibido". Fonte: Centro Sérgio Buarque de Holanda, Fundação Perseu Abramo.
55 "O Panfleto Desobedeça", *Folha de S. Paulo*. 8 de dezembro de 1982.
56 "Petista nega incentivo ao uso de droga", *O Estado de S. Paulo*, 16 de outubro de 1982.

e) "Prazer para todos" (João Baptista Breda)

Naquele ano, São Paulo[57] teve ainda um candidato assumidamente homossexual e defensor da causa na disputa para a Assembleia Legislativa do Estado.[58] Foi o psiquiatra João Baptista Breda, que tentava a reeleição ao cargo de Deputado Estadual, função que havia exercido na legislatura anterior sob a legenda do MDB. Breda colaborava ocasionalmente com o jornal *Lampião da Esquina*, tendo sido um importante aliado do movimento homossexual em 1980 durante a mobilização contra a "Operação Limpeza". Foi ele quem convocou o delegado Wilson Richetti para depor no Conselho Parlamentar em Defesa dos Direitos da Pessoa Humana em junho daquele ano. Com a fundação do PT, trocou de partido e passou a integrar um grupo político oriundo do MDB, que se organizava em torno do deputado estadual Eduardo Suplicy.

Em 1982, sua campanha intitulada "Prazer para todos",[59] pautava uma série de temas relacionados aos direitos humanos, como sexualidade, direitos da criança e do adolescente, encarceramento em massa, fim dos manicômios, descriminalização da maconha e preservação do meio ambiente. Os materiais de campanha se utilizavam de um tom debochado para satirizar tanto o regime militar quanto o tratamento dado à esquerda aos "pequenos dramas da modernidade" (como eram chamadas as pautas libertárias). "Não

---

[57] Outras campanhas petistas também declararam apoio à causa dos homossexuais em São Paulo naquele ano: José Genoíno, candidato à deputado federal; Irede Cardoso, candidata à vereadora; Eduardo Suplicy, candidato à reeleição para deputado estadual e Cláudio Monteiro, candidato a vereador (Cruz, 2015).

[58] A Convergência Socialista, que nos anos anteriores havia sido a tendência percursora do debate homossexual dentro do PT paulista com a Facção Homossexual, lançou como candidato a deputado federal o presidente da União Metropolitana dos Estudantes Secundaristas (UMES) Henrique Carneiro, que havia sido membro da Facção Homossexual. Entretanto, o debate sobre liberdades individuais e temas como feminismo, legalização das drogas e discriminação aos homossexuais não foram o foco da candidatura, que girava em torno de três linhas definidas pela direção da organização como prioritárias para o período: a derrubada do regime militar, a realização de uma Constituinte e as questões internacionais. Em função da estrutura centralizada da CS, cujo comitê central definia as diretrizes da atuação política dos militantes, Carneiro foi orientado a saudar apenas ocasionalmente a luta das mulheres e dos homossexuais (Delmanto, 2013).

[59] De La Dehesa, 2010.

seja brega, seja Breda!", aconselhava o candidato em um de seus panfletos. As atividades de campanha incluíam shows de música, passeatas e performances públicas. Um dos panfletos, que anunciava um ato em defesa do meio ambiente, trazia uma referência irreverente e um tanto velada ao tema da legalização da maconha: "Neste dia ainda será apurado o plebiscito da utilização ou não de Energia Nuclear. Caximbo, só da Paz!".

O aprendizado das urnas: Novos horizontes para o movimento homossexual

Embora parte da literatura tenha interpretado os anos de 1981 e 1982 como um período de descenso para o movimento homossexual, ativistas e grupos de movimento se mantiveram mobilizados na arena eleitoral. O *début* na política institucional se deu por meio das conexões com a esquerda, cujas origens remontam aos anos 1960, quando ativistas homossexuais e seus aliados tiveram suas primeiras experiências de ativismo em organizações socialistas de oposição ao regime militar. Posteriormente, no ambiente político da abertura, a maior permeabilidade das organizações trotskistas para o debate da liberação sexual, aliado a circulação de ativistas homossexuais com múltipla filiação entre movimento e partido, contribuíram para a entrada do tema na agenda partidária. Se no início essa interação provocou tensões, as oportunidades político-institucionais inauguradas pela transição não tardaram a produzir uma inesperada convergência de interesses. De um lado, o movimento homossexual viu no processo eleitoral a oportunidade de ampliar o alcance de suas reivindicações. De outro, a esquerda, em pleno processo de renovação, vislumbrou nessa aliança a oportunidade de alargar a sua base eleitoral.

A incursão na arena eleitoral impôs ao movimento o desafio de adaptar seus quadros interpretativos e repertórios de ação coletiva para o terreno da política institucional.[60] Inspirados em repertórios transnacionais, grupos de ativismo gay e lésbico como GGB, GALF, Outra Coisa, Atobá e Somos/ RJ lançaram campanhas e petições que tinham como objetivo estabelecer maior grau de interlocução com as instituições. Os resultados não foram imediatos, mas se fizeram sentir nos anos seguintes. Em 1985, a campanha

---

60   Cruz, 2017.

pela despatologização da homossexualidade encabeçada pelo GGB, obteve 16 mil assinaturas e derrubou o artigo 302.0 do Inamps, logrando uma das primeiras grandes vitórias do movimento em âmbito nacional. Inspirado nesse modelo de ativismo, surge no mesmo ano o grupo Triângulo Rosa (RJ), responsável pela campanha que tentou incluir o termo "orientação sexual" no conjunto de discriminações consideradas inconstitucionais durante a Assembleia Nacional Constituinte de 1987.

As campanhas eleitorais analisadas neste capítulo também legaram aos ativistas um sem número de aprendizados. Embora não tenham sido um sucesso absoluto em termos quantitativos (das campanhas abordadas, apenas a de Liszt Vieira, no Rio de Janeiro, conquistou uma vaga no legislativo),[61] essa experiência permitiu aos ativistas enfrentarem, pela primeira vez, os desafios impostos pela política institucional. Para tal, buscaram aliar a estética contracultural com rotinas eleitorais consagradas. Passeatas de rua viraram blocos de carnaval, festa virou ato político e comícios chegaram às boates gays e zonas de boemia. Quadros interpretativos contraculturais, azeitados pela linguagem debochada do "desbunde", foram conectados com outros de tradição socialista. Luta e prazer se tornaram uma mesma prática. Foi como se a dicotomia entre "desbunde" e "militância", que havia polarizado a juventude da década de 1970, tivesse sido diluída, ainda que temporariamente.

Com as eleições de 1982, também se multiplicaram os aliados do movimento homossexual nas casas legislativas do país. Em São Paulo, José Genoíno, eleito deputado federal pelo PT, tornou-se aliado de primeira ordem do movimento durante a Assembleia Constituinte. Eduardo Suplicy (PT-SP), eleito para a Assembleia Legislativa do Estado, manteve-se como um dos principais apoiadores do movimento no parlamento estadual. Em 1983, Suplicy foi um dos parlamentares presentes na manifestação das mulheres lésbicas no Ferro's Bar, impedindo que as manifestantes fossem agredidas pela polícia. Ao longo da década de 1980, Irede Cardoso (PT-SP), eleita vereadora da capital paulista, manteve uma relação estreita com grupos de ativismo homossexual como o GALF, além de ter denunciado, tanto na Câmara Municipal quanto na imprensa, a escalada repressiva contra travestis e homossexuais promovida pelo

---

61 Discuti com maior fôlego em minha dissertação de mestrado (Cruz, 2015) os motivos pelos quais essas campanhas teriam enfrentado resistência por parte do eleitorado.

prefeito Jânio Quadros ao longo da década de 1980. As portas da política institucional se abriram, e com ela, novos horizontes de ativismo.

Do caos re-emerge a força: AIDS e mobilização LGBT

Marcio Caetano[1]
Claudio Nascimento[2]
Alexsandro Rodrigues[3]

Esse texto foi produzido buscando intercambiar tempos e experiências comuns de seus autores em seus encontros com a temática anunciada no título do artigo. Buscamos fazer uma conversa cuidadosa com os discursos teóricos e políticos que nos fizeram assumir uma vida implicada com os movimentos sociais[4] e com a academia, no sentido de produzirmos aprendizagens solidárias com aquilo que nos tomava como alvo e causa: o HIV.

Nesse sentido, vamos sendo embalados por forças combativas frente às barbáries que, nos últimos 40 anos, se materializaram nos cotidianos de

---

1 Doutor em Educação (UFF, 2011), docente na Universidade Federal do Rio Grande (FURG) e líder do Nós do Sul - Laboratório de Estudos e Pesquisas sobre Identidades, Currículos e Culturas.

2 Filósofo e ativista no Grupo Arco-Íris de Cidadania LGBTI (Rio de Janeiro).

3 Doutor em Educação (UFES, 2009), docente na Universidade Federal do Espírito (UFES) e coordenador do Grupo de Estudo e Pesquisas em Sexualidades (GEPSs/UFES) e do Núcleo de Pesquisa em Sexualidade (NEPS/UFES).

4 Reconhecendo a multiplicidade de leituras e definições, estamos entendendo a categoria "movimento social" como sendo ações coletivas de coletivos de sujeitos organizados que objetivam alcançar alterações sociais, culturais e/ou econômicas por meio do embate político, conforme seus valores e ideologias dentro de uma determinada sociedade e de um contexto específicos, permeados por tensões sociais.

mortes e ameaças à população LGBT (Lésbica, Gay, Bissexual, Travesti e Transexual). Assim, fomos orientando a ressignificação em torno dos processos de aprendizagens com o corpo, o desejo, a identidade política e a vida ao longo da história brasileira. Entre várias possibilidades, inspirados em João Guimarães Rosa, nós estamos narrando nossa versão do conto:

> A lembrança da vida da gente se guarda em trechos diversos, cada um com seu signo e sentimento, uns com os outros acho que nem se misturam. Contar seguido, alinhavado, só mesmo sendo as coisas de rasa importância. De cada vivimento que eu real tive, de alegria forte ou pesar, cada vez daquela hoje vejo que eu era como se fosse diferente pessoa. Sucedido desgovernado. Assim eu acho, assim é que eu conto. [...] Tem horas antigas que ficaram muito mais perto da gente do que outras, de recente data. (ROSA, 2001, p.114-115).[5]

Seguindo os contos de nosso conto, iniciamos lembrando que uma das primeiras experiências com textos feministas que nos levaram a refletir a trajetória do movimento LGBT no pós-epidemia de Aids, foi o escrito "O Manifesto Ciborgue", de Donna Haraway. Dentre tantas questões que nos instigaram naquele momento, a noção da escrita enquanto instrumento de resistência e existência foi muito impactante, considerando, inclusive, as diferentes vivências e ativismos.

Desde então, esse viés político de escrita, profundamente inspirado nas feministas, passou a orientar a forma como imaginamos desenvolver nossas trajetórias político-profissionais na gestão de políticas públicas, nas fileiras do ativismo social, nos modos como nos constituímos docentes e, principalmente, em nossas produções acadêmicas. Este processo foi interessantíssimo, sobretudo quando retornamos às discussões de Haraway (2000)[6] e Bell Hooks (2013)[7] sobre a escrita para o coletivo de sujeitos que, de alguma forma, viveram/vivem sob a imposição de condições de

---

5   ROSA, João. Guimarães. *Grandes sertões veredas*.19. ed. Rio de Janeiro: Nova Fronteira, 2001.

6   HARAWAY, Donna. *Manifesto ciborgue*: ciência, tecnologia e feminismo socialista no final do século XX. In: SILVA, Tomaz (Org.). Antropologia do ciborgue: as vertigens do pós humano. Belo Horizonte: Autêntica, 2000.

7   HOOKS, Bell. *Ensinando a transgredir:* a educação como prática da liberdade. São Paulo: WMF Martins Fontes, 2013.

subalternidade que os querem inexistentes na lógica cidadã do mundo liberal e/ou que convivem com o silenciamento de suas posições sobre a história. Neste grupo, localizamos as lésbicas, os gays, as/os bissexuais, as travestis e as/os transexuais.

Neste percurso de escrita e construção de existência, acompanhados de nossas leituras de Haraway (2000), vimos que as identidades são contraditórias e as narrativas que buscam interpretá-las ficam ainda mais complexas quando consideram as intersecções de classe, identidade de gênero, raça, faixa etária e regionalidade, todas profundamente mediadas pelas dinâmicas do capitalismo colonialista e patriarcal. Diante deste cenário, este artigo, escrito a seis mãos calejadas pelo ativismo e pela vida na periferia da Baixada Fluminense – Rio de Janeiro, propõe-se a debater panoramicamente, dentre tantas outras possibilidades, nossas leituras sobre as tensões e acordos constituídos a partir da visibilidade LGBT com a institucionalidade e ampliação do movimento LGBT, o interesse midiático e as políticas de enfrentamento à epidemia de Aids, sobretudo, a partir da década de 1990.

Neste caminho, estamos tecendo cruzamentos e fios de histórias que ficaram momentaneamente esquecidos no e com o tempo de nossas memórias e documentos guardados em nossos arquivos pessoais. O que realizamos não foi somente trazer as fontes pesquisadas, mas, também, é nossa intenção possibilitar a escrita, que poderá estimular naqueles/as que delas se sintam personagem, a elaboração de outras narrativas, para que se produzam sentidos e tecidos históricos diferenciados. Ainda que o recorte espacial que orientou a análise seja as experiências vividas com o movimento social LGBT do Rio de Janeiro, cremos que os pontos aqui debatidos tenham, de alguma forma, interpelado várias das organizações LGBT no Brasil.

No Brasil, a homossexualidade deixou de se configurar como doença nos instrumentos médicos, mais precisamente como desvio mental e transtorno sexual – conforme o código 302.0 da Classificação Internacional de Doenças (CID) elaborado pela Organização Mundial de Saúde e adotado no país – em fevereiro de 1985. Esta alteração foi fruto de uma intensa campanha liderada, sobretudo, pelo antropólogo Luiz Mott e o advogado João

Antônio Mascarenhas,[8] junto ao Conselho Federal de Medicina (CFM) que, por resolução, retirou a homossexualidade da lista de doenças.

É importante dizer que o CFM seguiu a *American Psychiatric Association* que, já em 1973, afirmou que a homossexualidade não tinha nenhuma ligação com qualquer tipo de patologia e propôs a sua retirada do *Manual de Diagnóstico e Estatístico de Transtornos Mentais* (DSM-IV). O CFM antecipou a Organização Mundial de Saúde (OMS) que, somente no dia 17 de maio de 1990, reunida em Assembleia Geral, retirou a homossexualidade de sua lista de doenças mentais, declarando que ela não constituía um distúrbio, uma doença ou perversão. Ou seja, o que antes tinha sido classificado, estabelecido e difundido como desvio e anormalidade, a partir desta assembleia, passava, diante dos olhos da ciência, a ser normal e também um desejo natural da humanidade. Entretanto, somente em 1993, através de forte pressão dos movimentos sociais LGBT, a OMS retirou o termo "homossexualismo" (que reforçava uma concepção de doença, já que era assim descrita no CID) e adota o termo homossexualidade. À decisão do CFM, seguiu-se a Resolução no 001/ 99, do Conselho Federal de Psicologia (CFP, 1999),[9] que instruiu profissionais da psicologia a se posicionarem contrários/as às discriminações e não se colocarem dispostos/as a participarem de eventos e serviços que proponham o tratamento de cura à homossexualidade (CAETANO, 2016).[10]

Entretanto, mesmo após a despatologização da homossexualidade pelo CFM nos anos 1980, outros discursos buscaram novamente levar a prática homossexual aos limites impostos pelo discurso médico. A desinformação aliada à publicidade dos primeiros diagnósticos do HIV/Aids foi direciona-

---

[8] Mott e Mascarenhas, de diferente forma e intensidade, lideraram essa campanha em várias frentes e acabaram por receber apoio de entidades, como: Sociedade Brasileira para o Progresso da Ciência (SBPC), Associação Brasileira de Antropologia (ABA) e Associação Nacional de Pós-Graduação em Ciências Sociais (ANPOCS). Para saber sobre a mobilização do movimento social contra a presença da homossexualidade no CID e sua configura histórica no Código, ver: LAURENTI, Ruy. Homossexualismo e a Classificação Internacional de Doenças. *Revista de Saúde Pública*.Vol.18 no5. São Paulo, Oct 1984.

[9] CONSELHO FEDERAL DE PSICOLOGIA. RESOLUÇÃO CFP N° 001/99 DE 22 DE MARÇO DE 1999. Disponível em < https://site.cfp.org.br/wp--content/uploads/1999/03/resolucao1999_1.pdf>, acessado em 05.jun/2018.

[10] CAETANO, Marcio. *Performatividades reguladas*: heteronormatividade, narrativas biográficas e educação. Curitiba: Appris, 2016.

da, de imediato, ao público homossexual masculino. Neste contexto, assumir publicamente esta identidade era reconhecer também a tutela do "câncer gay" ou "peste gay", como ficou conhecida a doença na maior parte desta década no Brasil.[11]

É inegável que o temor da epidemia estava presente em todas as relações sociais, inclusive entre homens homossexuais. A desinformação sobre a epidemia nas décadas 1980 e 90 construiu, individualmente, sentimentos e táticas diferenciadas para negociar o desejo por parceiros do mesmo sexo. Cada sujeito, dentro do que a epidemia lhe trazia enquanto imagem e consequência para suas vidas, deslumbrou e construiu sua forma de driblar o contágio, a exemplo de sexo sem penetração e/ou ao evitar parceiros estadunidenses ou brasileiros que regressaram de viagem aos EUA, país onde foram identificados os primeiros casos.

Com a história da epidemia de Aids, sem dúvida, é possível entender a massificação da categoria "gay". A isso atribuímos dois fatores, no Brasil: o primeiro foi a emergência nos Estados Unidos (EUA) do movimento gay e sua influência cultural nos demais países ocidentais; o segundo, é a epidemia, por vezes, discursiva,[12] da AIDS, nos anos 1980.[13] No Brasil, não diferentemente dos EUA, a terminologia "gay" tem no movimento social[14] e na Aids seus principais difusores (MACRAE, 1990, 1987 e 1982).[15]

---

11 Um dos primeiros casos emblemáticos da epidemia de Aids foi a publicização da sorologia do estilista Marcus Vinícius Resende Gonçalves, popularmente conhecido como Markito. Ele foi um dos nomes mais influentes da moda brasileira nos anos de 1970.

12 Chamamos de epidemia discursiva a proliferação desencontrada de enunciados sobre a doença, ocorrida, sobretudo, nos anos 1980.

13 Se de início, a epidemia foi identificada como 4H, devido ao número expressivo de haitianos, heroinômanos, hemofílicos e homossexuais que eram portadores da síndrome, posteriormente, ela foi nomeada como "câncer gay". Essa situação ocorreu porque quando os primeiros casos de HIV apareceram nos EUA, os doentes desenvolviam manchas escuras no corpo - sintoma de um tipo raro de câncer, "sarcoma de Kaposi". Nessa época, as manchas escuras que estavam afetando/marcando os gays fizeram com que a AIDS fosse nomeada de "câncer gay".

14 O Grupo Gay da Bahia, fundado pelo antropólogo Luiz Mott, é a mais antiga associação de defesa dos direitos humanos gays no Brasil ainda em funcionamento. Fundado em 1980, registrou-se como sociedade civil sem fins lucrativos em 1983.

15 MAC RAE, Edward. *A construção da igualdade*: identidade sexual e política no Brasil da abertura. Campinas-SP: Editora da Unicamp, 1990

A energia e impulso por classificar e categorizar homens e mulheres que se relacionavam/relacionam afetivo-sexualmente com pessoas do mesmo sexo ou que rompem a fronteira do gênero heterodesignado, a exemplo da pessoa transexual, têm levado intelectuais e ativistas a afirmarem que o surgimento de distintas categorias de seres sexuais ao longo dos três últimos séculos XIX, XX e XXI é consequência de um esforço contínuo de alcançar o controle social. Desde logo, isto contém um elemento de verdade. Não obstante, assim como pensa Norma Mogrovejo (2008),[16] consideramos que é mais contundente ver o surgimento de identidades como produto da luta contra as normas prevalecentes que indiscutivelmente têm efeitos diferentes sobre homens e mulheres.

Os sexólogos, e mais amplamente a ciência, não inventaram as existências correntemente entendidas como homossexualidade, transexualidade e intersexualidade. Contudo, ao descrever essas identidades, traduziram-nas a sua própria linguagem e as patologizaram ao mesmo tempo em que deram sentidos e legitimidades aos seus campos científicos. Ainda que a sexualidade assuma configurações fluidas, instáveis, inacabadas e, sobretudo, locais, a ampla divulgação e aceitação dessas categorias inscrevem-se em um contexto de crescente impacto da globalização econômica e social em que, cada vez mais, o que se sucede em uma cultura tem grande influência sobre as demais.

No momento em que a comunicação é intensamente facilitada pelos recursos tecnológicos, em que o turismo assume grande escala, o transporte é rápido e a migração local, nacional e internacional é cada dia mais massificada, dificilmente uma cultura consegue manter-se isolada. As transformações globais da economia e as interações culturais são sentidas nos lugares mais distantes dos grandes centros urbanos. Através de inúmeros recursos pedagógicos, a exemplo da televisão, filmes e redes sociais virtuais, somos

---

_____. Os homossexuais, a AIDS e a medicina. *Temas Radis*, Rio de Janeiro, v. 5, 1987. _____. Em defesa do gueto. *Novos Estudos*. CEBRAP, São Paulo, v. 2, n. 1, p. 53-60, 1982. Nestes textos Mac Rae nos apresenta interessantes discussões sobre os debates criados no interior dos movimentos sociais sobre a terminologia (auto) designativa a ser adotada no Brasil; como também, as sequelas do HIV na população homossexual.

16 MOGROVEJO, Norma. *Un amor que se atrevo a decir su nombre*: la lucha de las lesbianas y su relación con los movimientos homosexual y feminista en América Latina. México: Plaza y Valdés, 2008.

capazes de acessar a diversos estilos de vida. Nestes entrecruzamentos, as identidades LGBT e seus modos de vida, inventadas de forma efervescentes nas grandes cidades estadunidenses, europeias e latino-americanas desafiam hoje as múltiplas maneiras de interação homossexual e heterossexual que existiam tradicionalmente nas sociedades ocidentais.

A política de emancipação das mulheres e a liberdade sexual assumiram diferentes formas em distintos países ou regiões no Brasil, mas não podemos ignorar que elas estão diretamente envolvidas com os acordos e tradições econômicas, legais e religiosas. A epidemia de AIDS pode ter apresentado impacto distinto em diversas populações, de acordo com muitos fatores, porém não cabe nenhuma dúvida de que ela foi uma ameaça em escala mundial que redimensionou os modos de vida da população, sobretudo, a LGBT.

Como se não bastassem os discursos que alimentavam a construção de um corpo doente aliada à repressão social/policial que restringia o afeto ou sociabilidade, na maior parte do século XX (GREEN, 2000),[17] a população LGBT foi tatuada com outras marcas, agora as oriundas da epidemia. A agregação da doença a discursos religiosos aprofundava a ideia de que o amor homossexual era pecado e que, portanto, a AIDS seria o castigo de Deus.

É inegável que a epidemia estava nos discursos produzidos nas mais variadas esferas sociais e eles se acentuavam com o contágio de personalidades e artistas que eram vitimados por suas sequelas. O temor de contágio com o vírus HIV, assim como as discussões sobre a doença "homossexualismo", orientou desejos, ensinou práticas, produziu outras variadas formas de relacionamentos e modelou corpos.[18] As notícias e a desinformação alastravam a violência e garantiam manchetes nos jornais (CÂMARA, 2002).[19] Entretanto, os estereótipos produzidos em torno da AIDS e alocados aos corpos homossexuais e trans (travesti e transexual) são apenas um lado deste cenário. De outro, eles também impulsionaram a necessária mobilização

---

17   GREEN, James. *Além do carnaval*: a homossexualidade masculina no Brasil do século XX. São Paulo: UNESP, 2000.

18   Sobre as consequências culturais ocorridas com o HIV nas redes de sociabilidades "gay", ver: PARKER, Richard.; PIMENTA, Cristina (Org). *Homossexualidade*: produção cultural, cidadania e saúde. Rio de Janeiro: ABIA, 2004.

19   CÂMARA, Cristina. *Cidadania e orientação sexual*: a trajetória do Grupo Triângulo Rosa. Rio de Janeiro: Academia Avançada, 2002.

para responder às demandas criadas em torno da doença e da manutenção da vida de portadores/as do vírus HIV.

Do ponto de vista simbólico, a epidemia de AIDS foi, sem dúvida, a maior "mancha" realizada na masculinidade hegemônica nos últimos 40 anos. Em quase toda a década de 1980 e 90, ela denunciava ou aproximava, no plano especulativo, os seus portadores às práticas homossexuais. Quem de nós, ao viver nestas décadas e ao saber do diagnóstico de um conhecido identificado como heterossexual, não realizou a clássica pergunta: Como ele pegou? E deduziu:"Ele é gay!".

O HIV/Aids produziu ressonâncias complexas nos comportamentos sociais, o tempo inicial da epidemia era de excessos. A fogueira da inquisição fora reacendida nos idos dos anos 1980 e se apresentava para alguns moralistas como resposta da revolução sexual e da fragilidade da família mononuclear. Jeffrey Weeks (2001, p.37)[20] nos faz lembrar que:

> Numa época na qual assistimos como nunca antes, a celebração de corpos saudáveis perfeitamente harmoniosos, uma nova síndrome emergiu e devastou o corpo. Estava estreitamente conectada com o sexo – com atos através dos quais o vírus HIV poderia ser transmitido. Muitas pessoas, e não apenas a imprensa sensacionalista, apresentava a AIDS como um efeito necessário do excesso sexual, como se os limites do corpo tivessem sido testados e não tivessem passado no teste da perversidade sexual. De acordo com os mais óbvios comentários, era a vingança da natureza contra aqueles que transgrediam seus limites. A suposição parecia ser que o corpo expressa uma verdade fundamental sobre a sexualidade. Mas que verdade poderia ser esta? Sabemos agora que o vírus HIV, responsável pelo colapso das imunidades do corpo, causando a AIDS, não é seletivo no seu efeito. Ele afeta heterossexuais e homossexuais, mulheres e homens, jovens e velhos. Além disso, ao mesmo tempo, ele não afeta todas as pessoas nessas categorias, nem mesmo necessariamente os/as parceiros/as das pessoas infectadas com HIV. Contrair o HIV é, em parte, uma questão de acaso, mesmo para aquelas pessoas que estão envolvidas no que agora chamamos de atividades de alto risco.

---

20   WEEKS, Jeffrey. O corpo e a sexualidade. In: LOURO, G. (Org). *O corpo educado*: pedagogia da sexualidade. Belo Horizonte: Autêntica. 2001.

No cotidiano da epidemia, era comum duvidar da masculinidade heterossexual de um sujeito somente porque era vivia com o HIV. Em outras palavras, na década de 1980 e grande parte da década de 1990, a sigla AIDS e a homossexualidade masculina eram cotidianamente entendidas como sinônimas. Foi assim que várias personalidades e artistas foram forçadamente obrigadas a fazer seus *out's*.[21] Um dos casos mais emblemático e que teve sua repercussão no Brasil foi a do ator americano Rock Hudson.[22] Sua trajetória artística em Hollywood foi produzida em torno dos símbolos de virilidade e masculinidade (vale destacar que estas nomeações eram exclusivas à heterossexualidade) e ele protagonizou inúmeros filmes, programas de televisão e algumas peças teatrais ao lado de atrizes, como: Yvonne De Carlo, Elizabeth Taylor e Doris Day. Encarado como símbolo de beleza e dono de um tom de voz grave, Rock Hudson foi uma das maiores personalidades que marcaram a epidemia de AIDS e, talvez, um dos maiores golpes no ideal de masculinidade.

A imprensa sensacionalista, semelhante ao Brasil, não hesitou em estampar as imagens degradantes Rock Hudson, a exemplo do tabloide estadunidense *National Enquirer*[23] fez com Rock Hudson. Através do escândalo, a epidemia da AIDS recebeu publicidade maciça e desencadeou uma primeira onda de solidariedade e de políticas de saúde. Particularmente, no Brasil, várias personalidades que viveram com o HIV ganharam muito destaque. Não diferentemente de Rock Hudson, inúmeras personalidades artísticas masculinas eram vendidas como símbolos de homens galãs, sedutores e viris. Galãs de telenovelas, como: Thales Pan Chacon, Caíque Ferreira e

---

21 Movimento de assumir publicamente uma prática homossexual ou uma identidade gay, bissexual e lésbica.

22 O ator esteve no Rio de Janeiro em 1958, no auge da popularidade, quando a imprensa nacional insistiu em fabricar um romance entre ele e a atriz Ilka Soares. Sobre a visita de Hudson ao Brasil e sua aparição ao lado da atriz brasileira. Em 2009, os cineastas alemães Andrew Davies e André Schafer produziram o documentário "Rock Hudson – dark and handsome stranger". O documentário, que no Brasil recebeu o nome de "Rock Hudson: um estranho sombrio e belo", narra a história das sequelas do HIV na vida do galã que assumiu sua identidade gay nos últimos anos de vida.

23 NATIONAL ENQUIRER. Exclusive Rock Hudson. August, 13. 1985. *Capa disponível no site* < https://www.queerty.com/reflections-of-rock-how-the-screen-legends-death-changed-public-perception-of-aids-20151130>

Lauro Corona assumiram ou tiveram seus diagnósticos de HIV divulgados na imprensa. Entretanto, os casos de maior relevo midiático foram de Renato Russo, Lauro Corona e Cazuza.

Os desdobramentos da AIDS em Cazuza e no ator Lauro Corona foram acompanhados mais de perto pela população. No caso de Lauro Corona, os boatos surgiram na imprensa, em janeiro de 1989, quando o ator pediu afastamento, alegando estafa, da telenovela *Vida Nova*, de Benedito Ruy Barbosa, na qual era protagonista.[24] Ao voltar, dois meses depois, para finalizar a telenovela, bem mais magro e com uma visível queda de cabelo, os boatos tornaram-se mais fortes. Sua aparência era o atestado de sua enfermidade e o seu HIV era a prova das especulações de sua prática homossexual. Cazuza foi o símbolo, ou melhor, a personalidade vivendo com AIDS mais explorada pela mídia no Brasil. As formas como suas apresentações eram exploradas denunciavam as sequelas daquilo que era marcado como acometimentos da doença. Esta situação foi tão fortemente utilizada pela imprensa que a Revista *Veja*, de abril de 1989, afirmava na capa de publicação semanal que o artista agonizava em praça pública.[25]

De fato, este cenário escandaloso da mídia foi apenas o segundo lado desta enfermidade, que foi uma das maiores responsáveis, ao lado da pílula anticoncepcional, das mudanças culturais em torno do sexo, no século XX. Para além de borrar as masculinidades heterossexuais e homossexuais,[26] o contágio com o HIV, a necessidade de medicamentos, a partida de pessoas amigas e familiares criaram em torno da epidemia uma rede de solidariedades que nutriu de força vários movimentos sociais. O luto acompanhou o

---

24 Sobre as telenovelas da Rede Globo de televisão, ver: *DICIONÁRIO DA TV GLOBO*. Programas de dramaturgia e entretenimentos: projeto memórias das organizações Globo. Rio de Janeiro: J. Zahar, 2003.

25 *Revista Veja*. Cazuza: uma vitima da Aids que agoniza em praça pública. São Paulo: Editora Abril. Ano 22. n°. 17, 26.abril/1989. Capa.

26 O "out" de vários símbolos masculinos do universo artístico, como: Rock Hudson, Fred Mercury, Lauro Corona, entre vários outros, não somente representou borrar a masculinidade heterossexual com a prática homossexual e a identidade gay. Mas, também, que a homossexualidade hegemônica, marcada e definida pela frustação das expectativas de gêneros, foi borrada pelos signos da heterossexualidade. Em outras palavras, um homem com todos os símbolos viris de Rock Hudson podia ser gay. Esse é outro aspecto da crise dos marcadores da masculinidade hegemônica.

imediato surgimento da AIDS, entretanto, a resposta também foi dada pelas próprias vítimas.[27]

A epidemia de AIDS obrigou as inúmeras esferas sociais a olhar para a sexualidade e, de alguma forma, discuti-la. Independentemente dos paradigmas que orientaram estas discussões, a sexualidade, o desejo e práticas sexuais passaram a estar presentes nas agendas e preocupações sociais, religiosas, estatais e familiares. Este cenário produziu outros movimentos e outras redes discursivas de controle e modulação de práticas de sociabilidade e afetivo-sexuais. Com frases imperativas, a exemplo de "Use camisinha", as sexualidades ganharam uma centralidade discursiva e profundamente pragmática e intervencionista nas políticas públicas de prevenção ao HIV.

A re-emergência e o fortalecimento do então movimento social homossexual a partir da década de 1990 foi algo que ocorreu como uma das consequências das políticas adotadas ao enfrentamento à AIDS. Contudo, é importante destacar que a aproximação entre a agenda de combate à AIDS e as organizações de direitos civis nas décadas de 1980 e 90, não foi algo automático. Mesmo com o fato de que a epidemia alcançasse a toda população LGBT, seja pelo contágio com o HIV ou a (auto)repressão social e política, organizações emblemáticas, a exemplo de Triângulo Rosa, liderada por João Antônio Mascarenhas, tinham tensões internas quando o assunto era a resposta comunitária à epidemia. Parte hegemônica do grupo entendia que a mobilização e respostas à epidemia era de responsabilidade das políticas governamentais.

Na lógica de desestigmatizar a homossexualidade, referenciada pela agenda masculina, lideranças negavam a ideia de assumir para o movimento social as ações de enfrentamento à epidemia. Não obstante ao cenário descrito, a AIDS tinha, inicialmente, fortes marcadores sociais que a aproximava da classe média viajada e bem-sucedida, o que produzia, em maior ou menor grau, rechaço em inúmeras lideranças influenciadas por suas leituras do ideário revolucionário socialista.

---

27 Sobre a mobilização comunitária e as criações dos programas brasileiros de enfrentamento ao HIV, ver: SANTOS FILHO, Ézio. *Saindo da sombra*: o movimento social brasileiro no financiamento entre o Banco Mundial e o Programa Nacional de AIDS. Rio de Janeiro, 2002. 177 p. Dissertação (Mestrado em Relações Internacionais - Instituto de Relações Internacionais).

Assumir as agendas de enfrentamento a AIDS representava, dentre outras coisas, se aproximar da cadeia de estigmas que o movimento social buscava se dissociar. Isso não significa que, no interior das organizações, não existiam tensões entre as estratégias de visibilidade, enfrentamento à epidemia de Aids e as conquistas de direitos civis. Câmara (2002),[28] Andrade (2002)[29] e Caetano (2016),[30] de diferentes formas, irão debater como as organizações, a exemplo de Triângulo Rosa (década de 1980) e Arco-Íris (década de 1990), ambas do Rio de Janeiro, foram tensionadas pelo desejo de dissociar a homossexualidade masculina dos históricos estigmas a que era atrelada e pela necessidade de incidir na epidemia, à medida que suas lideranças também eram atingidas pelo contágio ao HIV. O fato é que os movimentos homossexuais, posteriormente chamado LGBT,[31] desde suas emergências, na década de 1970, as quais foram amplamente apresentadas e discutidas no livro de Regina Facchini (2005),[32] buscam "referências positivas"[33] para configurar suas identidades políticas e sexuais.[34]

Se na década de 1980, o movimento social manteve-se hegemonicamente distante da agenda e possibilidades institucionais proporcionadas e

---

28   CÂMARA, Cristina. *Cidadania e orientação sexual*: a trajetória do Grupo Triângulo Rosa. Rio de Janeiro: Academia Avançada, 2002.

29   ANDRADE, A. *Visibilidade gay, cotidiano e mídia*: Grupo Arco-Íris-consolidação de estratégia. Um estudo de caso. 2002. Dissertação (Mestrado em Comunicação) - Universidade de Brasília, Brasília, 2002.

30   CAETANO, Marcio. *Performatividades reguladas*: heteronormatividade, narrativas biográficas e educação. Curitiba, Appris, 2016.

31   Usamos o plural, exatamente para descrever que o movimento é constituído por cinco identidades políticas e que em seu interior interagem forças e interesses divergentes e que disputam a hegemonia dos discursos adotados e priorizados no momento.

32   FACCHINI, Regina. *Sopa de letrinhas?* Movimento homossexual e produção de identidades coletivas nos anos 90. Rio de Janeiro: Garamond, 2005.

33   De modo geral, os movimentos sociais LGBT, encaram como referências positivas aquelas representações que contrariam as imagens que os associam à frustração de expectativas de gênero, à marginalidade, ao pecado e à doença.

34   Mesmo com a fluidez das identidades não devemos perder de vista que os sujeitos se reúnem e reivindicam um nome comum porque visualizam nas apresentações destas identidades ações que os unificam. Nesse texto, quando as identidades LGBT emergirem assumirão, por força das circunstâncias normativas que as regem, um caráter político, seja porque contraria a lógica heteronormativa ou porque se alia a ela, contrariando, portanto, as expectativas de transgressão.

financiadas pelas políticas públicas de Aids, vale destacar que data de 1986 a criação do então Programa Nacional de DST e Aids do Ministério da Saúde, na década de 1990, o quadro epidemiológico e a possibilidade de articular a agenda de defesa de direitos civis ao enfrentamento à epidemia, produziu uma promissora parceria entre os programas estaduais, municipais e, sobretudo, federal de HIV/AIDS com várias das organizações homossexuais, formadas, sobretudo por homens. Esse quadro possibilitou a profissionalização e dedicação de inúmeros ativistas, sobretudo gays e trans, que associaram ao enfrentamento da epidemia de AIDS às bandeiras políticas de promoção da cidadania e direitos humanos (ANDRADE, 2002).[35] Sendo assim, é importante ressaltar que a movimentação social articulada pelas entidades da sociedade civil organizada na década de 1980, contribuiu para o estabelecimento de uma corrente, que se fortaleceu à medida que as reivindicações de direitos pressionaram os atores políticos para a tomada de ações que configuraram mais tarde a nova política de saúde.

A proliferação discursiva sobre a epidemia de AIDS, a insurgência das organizações não-governamentais, as políticas de financiamento contra o HIV, o interesse mercadológico com o nicho gay iniciado nos fins dos anos de 1990 e as investidas do mercado midiático contribuiram para a "pluralidade" e a massificação da visibilidade no imaginário social e foram fundamentais porque deslocaram os discursos sobre a população LGBT de seus marcadores estigmatizados. Contudo, há de se verificar que a projeção entre as identidades não ocorreu da mesma forma e na mesma intensidade. O próprio deslocamento de "bicha", "sapatão" e "trava" ou "boneca", nomenclaturas popularmente usadas para designar LGBT, será no sentido de apagar estes marcadores referenciais de suas performatividades.

Mesmo com toda a pluralidade, a matriz de visibilidade hegemônica ao longo da história recente do emergente movimento LGBT é ancorada na projeção gay. Tal formatação auxilia as denúncias de androcentrismo feitas pelas lideranças lésbicas, mulheres bissexuais e trans ao movimento LGBT. Com base neste discurso, se originaram várias organizações e redes que bus-

---

35　ANDRADE, A. *Visibilidade gay, cotidiano e mídia*: Grupo Arco-Íris-consolidação de estratégia. Um estudo de caso. 2002. Dissertação (Mestrado em Comunicação). Universidade de Brasília, Brasília, 2002.

caram, entre outras coisas, demarcar suas especificidades nas agendas do movimento, a exemplo de Articulação Brasileira de Lésbicas, Liga Brasileira de Lésbicas e Articulação Nacional de Travestis, Transexuais e Transgêneros, todas reivindicando discutir suas especificidades frente ao denunciado controle gay do movimento (SELEM, 2007).[36] Assim, indiscutivelmente, pode se afirmar enquanto fatores que possibilitaram o fortalecimento da identidade gay: a) os recursos de combate à epidemia de AIDS que financiaram exclusivamente as ações ligadas a essa política entre as populações gays, trans e outros homens que faziam sexo com homens (HSH); b) a cultura androcêntrica e patriarcal brasileira; e c) o desinteresse inicial dos mercados pelas lésbicas, mulheres bissexuais e trans, motivados pela renda superior dos homens

Historicamente, as organizações lésbicas e de mulheres bissexuais, para acessar a política pública de financiamento de ações contra o HIV/AIDS, foram obrigadas a produzir subterfúgios agregando as suas ações de enfrentamento à epidemia, mulheres em situação de cárcere ou heterossexuais. Esse quadro, somado e retroalimentado à própria lógica patriarcal vivida no Brasil, auxilia suas sub-representações entre as lideranças que falam em nome do movimento social.

Ao interrogar as políticas públicas de enfrentamento à Aids, é possível facilmente observar a importância que as redes sociais lideradas por LGBT assumiram enquanto elementos de processos de conflito e de coalizão político-administrativa nas execuções das ações contra a epidemia. Frey (2000),[37] ao observar a realidade política das democracias ditas mais consolidadas, afirma que os membros das redes que tencionam a elaboração de políticas públicas tendem a disputar entre si. Contudo, a rivalidade não determina o fim de pactos de coalisão. A solidariedade, segundo o autor, é, sem dúvida, o que lhes possibilitam a defesa e a ação contra os elementos políticos que são determinados como concorrentes aos interesses das redes. No caso brasileiro, as lutas pelos recursos financeiros da Aids tornaram-se particularmente acirradas, quando pensamos seus desdobramentos e im-

---

36   SELEM, Maria Célia Orlato. A Liga Brasileira de Lésbicas: produção de sentidos na construção do sujeito político lésbicas. *Revista Estudos feministas*. jul/dez. 2007.
37   FREY, Klaus. (2000). Políticas Públicas: um debate conceitual e reflexões referentes à prática da análise de políticas públicas no Brasil. *Planejamento e Políticas Públicas*, n. 21.

pactos no movimento LGBT. Assim foi comprometida, por vezes, a capacidade de articulação das identidades que integravam os movimentos sociais LGBT. Por outro lado, aqueles grupos mais integrados e atuantes junto ao governo e aos programas nacionais, estaduais e municipais de HIV/Aids saíram fortalecidos.

Monteiro eVillela, (2009)[38] ao dialogarem com Frey (2000)[39] argumentam que no interior das políticas públicas estabelecidas a partir e na relação entre Estado e sociedade civil organizada, surgem processos de conflito e de consenso no interior dos espaços políticos. Tais tensionamentos podem ser distinguidos de acordo com o caráter distributivo, redistributivo, regulatório e/ou constitutivo do agente governamental que media a relação com a sociedade civil. O Programa Nacional, ao longo de sua história, fez funcionar as políticas de Aids por meio da presença de inúmeros quadros que atuaram e conheciam profundamente os movimentos sociais LGBT e suas lideranças. Essa situação auxiliou a percepção e definição de problemas, inserção de determinadas lideranças dos movimentos na agenda governamental de Aids, elaboração de programas e processos decisórios financeiros, implementação de ações e, finalmente, avaliação da política. Foi por meio da Aids que as lideranças dos movimentos sociais LGBT no Brasil, sobretudo os gays, aprenderam a transitar nos jogos de elaboração de políticas públicas nas instâncias governamentais e legislativas.

Ao pensarmos as dinâmicas que possibilitaram a visibilidade das agendas políticas LGBT, observamos que os movimentos sociais adotaram, em muito, a fórmula conhecida nos Estados Unidos. Os movimentos sociais estiveram interessados, desde o início, em provar a normalidade de suas identidades sem que para isto, no geral, questionassem o androcentrismo de suas práticas, a lógica heteronormativa das imagens públicas que projetavam e/ou o racismo de suas políticas ativistas.

---

38   MONTEIRO, Ana Lucia; VILLELA, Wilza Vieira. A criação do Programa Nacional de DST e Aids como marco para a inclusão da ideia de direitos cidadãos na agenda governamental brasileira. *Rev. psicol. polít.* vol.9 no.17 São Paulo jun. 2009.

39   FREY, Klaus. (2000). Políticas Públicas: um debate conceitual e reflexões referentes à prática da análise de políticas públicas no Brasil. *Planejamento e Políticas Públicas*, n. 21.

A aproximação dos movimentos sociais LGBT com o mercado, as paradas do orgulho são expressões dessa aliança, sem dúvida, permitiu pluralizar as imagens e desestabilizar, em intensidades diferentes, os discursos hegemônicos de quase todo o século XX sobre as identidades "homossexuais". Porém, há de se destacar, o mercado promoveu a assimilação da cultura gay, lésbica, bissexual e trans à cultura nacional mais difundida, incentivando de certa forma a diferença de identidade. Entretanto, essa aproximação deu-se apenas nos aspectos em que ela serviu para estabelecer um segmento de mercado ou assimilação de determinado modo de vida.

A visibilidade de gays, bissexuais, lésbicas e trans nos últimos anos, indiscutivelmente, sofreu alterações e, por sua vez, os direitos civis, ainda que limitados, também têm sido ampliados. Para que tenham seus direitos civis reconhecidos, as LGBT precisaram tornarem-se visíveis no espaço público. Assim, reivindicaram e se apropriaram de identidades e reconstruíram suas performatividades e desejos. Em vários aspectos, negaram e/ou desconstruíram os discursos que as remetiam aos campos da doença, desvio, pecado, submissão e crime. Estas prerrogativas, em maior ou menor grau, constituíram o corpo discursivo dos movimentos sociais e ainda embalam o LGBT, quase 40 anos após os primeiros diagnósticos do HIV no Brasil.

Considerações finais

O vírus do HIV nunca teve pátria e tampouco respeitou as fronteiras. Ele não excluiu e muito menos foi ou é seletivo, ainda que a divulgação inicial dos primeiros casos o tenha carimbado no corpo homossexual. A significação instituída em relação aos portadores foi, contudo, seletiva e excludente. Se recorrermos aos guardados de nossas memórias, podemos, ainda, nos assombrar, como nos diria Jeffrey Weeks (2001), com as imagens que foram difundidas no trato com as pessoas vivendo com Aids. Ali estava sendo posto em circulação ensinamentos extremamente preconceituosos que, durante décadas, mediaram as ações dos movimentos sociais LGBT.

Com as políticas de prevenção ao HIV/Aids, a saúde do corpo e da população vai saindo de um território fixo do campo da medicina para tornar-se algo que é também de preocupação da educação. Se a sexualidade tornou-se um negócio de Estado, como afirmou Weeks (2001), não podemos negar que o vírus HIV, também contribuiu para produzir outras realidades expansivas, necessidades e demandas de trabalho. Não podemos negar que foi por meio dessas possibilidades que se abriram aos movimentos sociais e os permitiram pensar o corpo como território de experiências, prazeres, cuidados e auto-cuidados. Existe uma longa história de resistências, lutas e de redes de solidariedades que nasceram ao redor da epidemia e que carecem de serem contadas.

O vírus HIV mostrou facetas sobre a sexualidade, mas não todas. Realidades outras no campo da pesquisa e redes de solidariedades foram sendo produzidas a favor da dignidade das pessoas que contraíram/contraem o vírus. Essas redes de solidariedades, apostando na vida e na mobilidade dessa vida, foram se constituindo em espaços políticos de lutas, de pesquisas e de debates por aqueles e aquelas que não se conformavam com a moral impressa nos discursos que apresentavam a AIDS, como símbolo de morte [como câncer gay].

Essas redes de solidariedades nascidas com o HIV/AIDS foram constituindo-se em espaços políticos contra a LGBTfobia.[40] Nesse cenário complexo em torno da saúde-doença do corpo e da população, fortifica-se a presença de grupos e subgrupos [considerados minorias] que, até então, se viam alijados dos debates públicos e políticos e dos direitos de gozar e participar da cidadania que se conecta ao estado democrático de direitos.

A partir desses cenários complexos e cambiantes de entrada do vírus HIV e da AIDS em nossas realidades mais íntimas, que assombrava/assombra nossos desejos e segredos com o outro e com nossas subjetividades, estamos avançando e ampliando as redes de solidariedades e afetos em torno dessa questão nos espaços dos movimentos sociais. Entre lutas, negociações, desconstruções e aprendizagens em torno das questões que nos prendem à sexualidade e à saúde-doença do corpo, matriz da sexualidade, ainda temos muito que avançar nas diferentes instituições que controlam e produzem a vida desejada.

---

40   Mesmo discordando, dada a disputa interna nos movimentos sociais que denunciam que o conceito "homofobia" apenas visibiliza as vivências violentas de homens gay, optamos por usar o termo LGBTfobia. Entretanto, pensamos que os conceitos "Homofobia" e "LGBTfobia" não expressam a complexidade que envolve a estrutura heteronormativa, sobretudo, quando a cruzamos com as discussões em torno das performatividades de gênero, misoginia e androcentrismo. Sobre o assunto ver: CAETANO, Marcio. *Performatividades reguladas*: heteronormatividade, narrativas biográficas e educação. Curitiba, Appris, 2016.

"João ama Pedro! Por que não?":
a trajetória de um militante socialista em tempos de redemocratização

Benito Bisso Schmidt[1]

Em 1982, quando o Brasil vivia uma lenta e ambígua abertura política, um candidato a vereador de Porto Alegre pelo recém-criado Partido dos Trabalhadores (PT) realizou uma campanha eleitoral bastante ousada para a época (e mesmo para hoje) que tinha como lema geral a desobediência civil. Sob o slogan "Desobedeça!", José Carlos de Oliveira, mais conhecido como "Zezinho", nascido em 1960, trazia três bandeiras principais: "Anistia para Maria", referindo-se à descriminalização da maconha; "João ama Pedro! Por que não?", aludindo à luta pelos direitos dos homossexuais; e "Terra para quem nela trabalha", vinculada ao tema da reforma agrária. Em um dos panfletos, ele contava a história de João e Pedro, talvez fictícia, mas emblemática das experiências de muitos homossexuais:

> João ama Pedro! Por que não?
> É, mas por isso ele já perdeu emprego, foi corrido de casa... Pedro esteve internado na clínica durante certo tempo, a família queria que ele curasse, mas não teve jeito. Um dia os dois acabaram na delegacia por atentarem contra a moral e os bons costumes, também "onde se viu, dois machos se beijando na praça! Passou o camburão

---

[1] Professor do Departamento e do PPG em História da UFRGS, e do Mestrado Profissional em Ensino de História – PROF.

e bailaram". [...] A vida é uma barra pra segurar. Mas eles enfrentam e se amam.[2]

O trecho sintetiza diversos mecanismos repressivos que, naquela e em outras épocas, se voltaram aos indivíduos que se identificaram ou foram identificados como homossexuais: a família, a medicina e a polícia. Aponta também para uma inversão do modelo tradicional brasileiro de classificação dos homens que fazem sexo com outros homens assentado na dicotomia "bicha"/"bofe", passivo/ativo, afeminado/masculino.[3] O texto fala de dois "machos" se beijando, representação confirmada pela imagem do panfleto: dois homens portadores de características consideradas viris, barba e bigode, e, na década de 1970, largamente compartilhadas por amplos setores das comunidades homossexuais, especialmente nos Estados Unidos. O próprio Zezinho, com seus cabelos encaracolados e sua barba cerrada, de certa forma encarnava essa imagem do homossexual/macho.

O panfleto também aponta para o silêncio que cercava a homossexualidade no meio político, inclusive, pode-se pensar, na própria esquerda que se reagrupava no PT: "Pois é, e as eleições tão aí. E em tempo de eleição se fala de muitos assuntos, discurso bonito não falta. Mas em determinados assuntos não se fala, são proibidos, 'pegam mal', entre os quais homossexualismo. Seria um assunto privado, de cada um?". No parágrafo seguinte, Zezinho politizava a homossexualidade, transformando o pessoal em político e evidenciando, a partir de exemplos singelos, que gênero é uma construção social e cultural:

> Na nossa sociedade a sexualidade é negada e reprimida. Quando criança já começamos a receber toda uma educação condicionadora, o menino tem seus brinquedos, as meninas têm suas bonecas e panelinhas, o macho é "forte", a mulher é "frágil". Cada um vai ser educado para desempenhar o seu papel e reproduzir um modelo de sociedade patriarcal e machista, onde os homens são divididos em classes, uns mandam e podem, outros obedecem e só podem traba-

---

[2] Panfleto da campanha de José Carlos de Oliveira. Acervo do Museu de Comunicação Social Hipólito José da Costa (MCSHJC), Porto Alegre.

[3] PARKER, Richard G. *Abaixo do Equador*: cultura do desejo, homossexualidade masculina e comunidade no Brasil. Rio de Janeiro: Record, 2002.

lhar, quando pinta trabalho... E para que tudo continue sendo assim, tem polícia, ordens a serem cumpridas, uma moral, regras, etc.

Zezinho, portanto, procurava associar o combate contra o machismo com a luta pelo socialismo, postura que se disseminava entre alguns setores da esquerda da época. Penso que sua campanha foi pioneira em trazer para o campo político-partidário o combate à homofobia.[4] Era como se ele juntasse as pontas de duas tradições que se afastaram no final da década de 1960 e início da seguinte: a da contestação ao capitalismo e à sociedade de classes, e a da crítica aos valores morais da sociedade patriarcal, muitas vezes estigmatizada como "desbunde" pela primeira.[5] Só que, no campo de possibilidades aberto pela redemocratização, essas lutas buscavam, não sem conflitos, canalizar seus esforços para uma alternativa partidária que se mostrava como algo viável e inovador na história brasileira, o PT.

A campanha de Zezinho a vereador ficou gravada na memória de muitas pessoas que o conheceram. Logo após a sua morte no ano de 1992, em consequência da Aids, Rualdo Menegat, seu amigo e companheiro de militância, publicou um necrológio no *Em Tempo* onde destacou: "Pela primeira vez na capital gaúcha uma campanha abordava temas tabus como descriminalização da maconha, homossexualismo, feminismo, ecologia e solidariedade internacional".[6] Dez anos depois, outra homenagem foi publicada, dessa vez no *Jornal do Nuances*, autointitulado "grupo pela livre expressão sexual", que teve origem no Movimento Homossexual Gaúcho (MGH), do qual José Carlos participou nos seus últimos anos de vida. Escrito por Betânia Alfonsin, que tinha 15 anos em 1982 e militava à época no movimen-

---

4   Em 1982, outras (poucas) campanhas de candidatos à vereança no Brasil levantaram a bandeira dos direitos dos homossexuais. Sobre o tema, ver: CRUZ, Rodrigo Rodrigues. *Do protesto às urnas*: o movimento homossexual brasileiro na transição política (1978-1982). São Paulo: PPG em Ciências Sociais, 2015 (dissertação de mestrado), bem como seu artigo sobre esse mesmo tema neste livro, e GREEN, James N. *Revolucionário e gay*: a vida extraordinária de Herbert Daniel. São Paulo: Civilização Brasileira, 2018.

5   Ver DUNN, Christopher. Desbunde and its discontents: counterculture and Authoritarian Modernization in Brazil, 1968–1974. *The Americas*, 70:3/Janeiro 2014/429–458.

6   MENEGAT, Rualdo. Zézinho para sempre. *Em Tempo*, 08/1991, p. 3 (NPH--UFRGS).

to estudantil secundarista, e que, posteriormente, teve um envolvimento amoroso com Zezinho, o texto destaca a inovação não só do conteúdo da campanha, mas também de sua forma:

> A campanha, além de trabalhar com temas tabus para a sociedade daquele tempo, tinha muita criatividade e atitude. As pichações não seguiam aquele padrão sem graça do spray preto na parede: nada disso!! O Zezinho tinha uns painéis lindos, coloridos, com a figura magrinha dele estampada, o número do candidato e [as] palavras de ordem [...] escritas junto. Eram colocadas em pontos estratégicos da cidade [...]. Claro que o carinha não fez nem mil votos e não se elegeu. Mas marcou presença com uma campanha corajosa, arrojada e, sobretudo, muito autêntica e comprometida com todo um "ethos"' alternativo que Zezinho, naquela época, representava como poucos.[7]

Mas quem foi Zezinho? Quais foram os seus percursos antes e depois dele se tornar um ícone deste "ethos alternativo"? E que "ethos" era esse? O presente texto tenta responder a tais questões, não para construir um discurso laudatório sobre o personagem (embora sua coragem e suas lutas sejam, para mim, motivo de admiração e respeito), mas sim, a fim de compreender, por meio de sua trajetória, nuances, ambiguidades e tensões da esquerda brasileira em relação ao tema da homossexualidade no período da redemocratização política brasileira. Meu argumento é o de que as experiências de Zezinho são reveladoras das possibilidades e limites da pauta homossexual no âmbito da nova esquerda que então se constituía no Brasil. Para dar conta do tema, dividi o texto em dois momentos: no primeiro, tratei dos percursos políticos do personagem, desde a sua participação no MDB (Movimento Democrático Brasileiro) na segunda metade da década de 1970 até a sua consolidação como um dos quadros dirigentes mais importantes do PT gaúcho; no segundo, abordei como a sua sexualidade, pensada aqui como dispositivo de disciplinamento,[8] foi dita por alguns daqueles o conheceram, de modo a compreender vivências, ambiguidades e conflitos do personagem nesse âmbito fundante do sujeito moderno. Obviamente que, na vida

---

7   ALFONSÍN, Betânia. Desobedeça! *Jornal do Nuances*: grupo pela livre expressão sexual. Porto Alegre, ano 4, n. 21, outubro de 2002, p. 11.

8   FOUCAULT, Michel. *História da sexualidade 1*: a vontade de saber. Rio de Janeiro: Graal, 1988.

de Zezinho, tais aspectos, política e sexualidade, não eram dissociados, embora, por vezes, ele tenha tentado operar tal separação, como veremos mais adiante. Para fins analíticos, contudo, realizei tal divisão de modo a facilitar a compreensão da trajetória deste indivíduo que, como poucos, conheceu a dor e a delícia de ser um militante de esquerda e identificado, pessoal e politicamente, como homossexual no período da redemocratização do Brasil.

Ele era um cara que comia e bebia política 24 horas por dia[9]

José Carlos Oliveira nasceu em São Luiz Gonzaga (RS). Seu pai era um político importante da cidade: em 1968 foi eleito para o seu primeiro mandato como vereador e, em 1978, elegeu-se prefeito pelo MDB, partido de oposição consentido pela ditadura após a implantação do bipartidarismo em 1965. Depois da volta do pluripartidarismo em 1979, foi eleito deputado estadual pelo Partido do Movimento Democrático Brasileiro (PMDB), herdeiro do MDB, e novamente prefeito de São Luiz pelo Partido Socialista Brasileiro (PSB). Atuava, pois, no campo da oposição à ditadura e de uma esquerda que podemos chamar de moderada. Zezinho, portanto, já conhecera desde muito cedo a política partidária, o que, se não determinou os seus percursos futuros, ao menos ajudou a delinear o campo de possibilidades onde se desenrolou sua trajetória. Ele veio muito jovem para Porto Alegre. Aos 15 anos ingressou no chamado Setor Jovem do MDB,[10] onde pôde conhecer tanto militantes da chamada "geração 68" que haviam combatido a ditadura e que, após a Lei da Anistia de 1979, regressaram ao Brasil, quanto ativistas de sua faixa etária que recém ingressavam na política, sobretudo pela via do movimento estudantil. Neste período, atuou como assessor dos deputados estaduais Porfírio Peixoto e Américo Copetti, ambos do MDB.

A partir de meados da década de 1970, diante do fracasso da luta armada e do enfraquecimento da ditadura, ocasionado tanto pela crise do petróleo que desmantelou o "milagre econômico" quanto pelos movimentos sociais que exigiam a redemocratização do país, sem falar do próprio

---

9   Entrevista de Raul Pont ao autor. Porto Alegre, 08/08/2017.
10 Sobre o Setor jovem do MDB do Rio Grande do Sul, ver: REIS, Eliana Tavares dos. *Juventude, intelectualidade e política*: espaços de atuação e repertórios de mobilização no MDB dos anos 70. Porto Alegre: PPG em Ciência Política da UFRGS, 2001 (dissertação de mestrado).

fortalecimento de um setor das Forças Armadas que defendia certa distensão política, parte das esquerdas se reagrupou no seio do MDB, buscando transformá-lo do "partido do sim senhor", ou seja, de uma oposição consentida, em uma agremiação genuinamente de combate ao regime. No Rio Grande do Sul, Zezinho foi um dos principais agentes deste movimento, tendo participado ativamente da criação da Tendência Socialista do MDB, que procurava aliar a luta contra a ditadura com a defesa da organização autônoma dos trabalhadores e dos setores populares. Por essa mesma época abriu uma livraria chamada "Combate", voltada à divulgação de literatura marxista, a qual, em 1977, sofreu um atentado a bomba, revelador dos impasses da nossa redemocratização.

A estratégia de "esquerdização" do MDB tinha seus limites. Com o multipartidarismo, parte da Tendência Socialista permaneceu no partido e parte migrou para o PT, como Zezinho. Ele participava da corrente Democracia Socialista (DS), de orientação trotskista. Segundo uma de suas amigas na época, Elisabete Búrigo, a Bete: "O Zé foi o primeiro trotskista que eu conheci e certamente entre nós, aqui no Rio Grande do Sul, dentro da corrente, ele era o mais convicto, o mais assumido, ele tinha lido todas as obras publicadas em português e em espanhol [...]".[11] Também foi um dos criadores e principais animadores do jornal *Em Tempo*, inicialmente ligado à DS e depois porta-voz do PT como um todo. Sobre isso, Bete recordou: "era o Zezinho que organizava as nossas rondas, porque sábado à noite a gente saía pelos bares de Porto Alegre a vender *Em Tempo*". Gerson Almeida, outro amigo e companheiro político de Zezinho, também lembrou desta movimentação: "[...] o Zé foi quem tomou iniciativa de organizar brigadas de vendas do jornal. Era um bando de guris que, toda sexta à noite, saía nos bares da cidade para vender jornal de esquerda".[12]

Em 1982, como vimos, Zezinho se candidatou a vereador levantando bandeiras consideradas tabus para a época. Sua base era constituída, sobretudo, por estudantes. A campanha esteve conectada também com um acontecimento cultural que sacudiu o Rio Grande do Sul no mesmo ano: o festival "Cio da Terra". O evento foi organizado na cidade de Caxias do Sul

---

11   Entrevista de Elisabete Búrigo ao autor. Porto Alegre, 15/01/2018.
12   Entrevista de Gerson Almeida ao autor. Porto Alegre, 15/08/2017.

por lideranças do movimento estudantil do estado, então em processo de rearticulação. O festival incluiu shows de música e mostras de dança, teatro, cinema, artesanato e alimentação natural; além de debates sobre literatura, educação, ecologia, teatro, TV, cinema, música, sexualidade, "índio, negro, mulher" e o momento político então vivido.[13] No evento, Zezinho falou sobre drogas e fez campanha pela sua candidatura.

Contudo, Zezinho não era o candidato principal do PT à Câmara de Vereadores de Porto Alegre. O partido e a DS investiram principalmente na candidatura de um trabalhador ligado ao movimento comunitário da periferia da cidade, de modo a assegurar a coerência com um slogan que se sobrepunha aos demais entre os petistas na época: "Trabalhador vota em trabalhador!". Tal fato evidencia as dificuldades que uma candidatura que apostava em temas tabus, ligados à sexualidade e aos modos de vida, encontrava para se afirmar no âmbito da nova esquerda que então se constituía no Brasil: nova, porém ainda profundamente ligada à tradição comunista que sobrepunha a luta de classes às chamadas "lutas secundárias" (relacionadas à gênero, raça, ecologia, entre outros temas). Bete, em sua entrevista, expressou bem este impasse: "[...] o PT era um partido mais aberto, ou queria ser né? Era pela base, também admitia que tinha vários setores lá dentro. Então tinha a juventude com as suas peculiaridades [...]. Claro que tinha preconceito, [...] acho que eu me lembro de alguém comentar: 'ah, esse panfleto [do Zezinho] não pode chegar lá na vila', coisa desse tipo". Ao fim, as candidaturas petistas tiveram uma votação muito aquém do esperado pela militância em todo o Brasil. Em Porto Alegre, apenas um candidato a vereador do partido, jornalista e professor universitário, foi eleito.

Depois desta experiência, Zezinho não mais se candidatou a cargos eletivos. Contudo, continuou ocupando posições importantes no interior do PT estadual. Segundo pude ouvir de vários entrevistados, era uma figura respeitada no partido e com grande capacidade de trânsito em diversos setores políticos. "Ele era um organizador, um grande articulador, um cara que costurava, que ocupava espaços", disse-me Raul Pont; "Era um estrategista", afirmou Bete; "Ele era considerado um 'capa preta', porque ele era da direção parti-

---

13 Ver documentação sobre o festival em http://ciodaterra1982.blogspot.com/ Acessado em 04/04/2018.

dária, da direção da DS, e formulava nossa estratégia, nossa tática eleitoral, era ele o grande cabeça dessa discussão, mas também era um quadro de massas", contou-me Betânia Alfonsín; "O Zé era então o nosso articulador político", ressaltou Helena Bonumá, outra companheira de militância do personagem.[14] Bete e Betânia também se referiram as suas qualidades como orador. A primeira salientou: "Ele era um excelente orador, era muito bem articulado e tinha aquele vozeirão". A última lembrou de um episódio específico: "Eu me lembro na campanha de 89 do Lula presidente, que teve uma plenária no auditório da Assembleia Legislativa. Quando o Zezinho tomou a palavra, devia ter umas duas mil pessoas no auditório, mas dava pra ouvir uma mosca!".

Talvez, com esta capacidade de análise política, Zezinho tenha percebido que seu espaço na articulação de bastidores era maior do que como candidato a cargos eletivos. Raul disse-me que ele não gostava muito dessa última função. O fato dele vocalizar temas tabus e de ser identificado como homossexual certamente fechou-lhe portas em espaços com mais visibilidade pública. Sobre isso, Helena, ela mesma militante de uma causa seguidamente considerada "menor", o feminismo, e com bastante experiência na política partidária, afirmou com tristeza:

> A candidatura do Zé era uma coisa de muita vanguarda, entendeu? O meio político é conservador até hoje. É brutal, patriarcal, machista, homofóbico e horroroso até hoje. Então, tu ter alguém com esse perfil na política... O Zé, eu acho que ele sofreu muito, eu acho não, eu tenho certeza. E ele sofreu muita pressão nesse sentido. Pela capacidade política dele, dele estar ocupando cargos e funções importantes, e estar assumindo essa questão da homossexualidade. Isso era uma pressão permanente.

Além de continuar militando no PT, Zezinho atuou como sindicalista junto à categoria dos metroviários. Tal caminho correspondeu tanto a uma estratégia do PT, em especial da DS, de inserir seus militantes nas categorias de base, o chamado "giro sindical", quanto, muito provavelmente, a uma opção pessoal de encontrar novos espaços para atuar politicamente e exercer sua liderança. Como sindicalista, Zezinho participou de diretorias do sindicato e liderou greves.

---

14 Entrevista de Betânia Alfonsín ao autor. Porto Alegre, 17/07/2017.

No final da década de 1980, Zezinho descobriu-se portador do vírus HIV. Apesar disso, continuou atuando fortemente no interior do PT: "o Zezinho fez isso, coordenou reuniões de duas, três horas, com quarenta graus de febre, ele estava já muito doente", contou-me Betânia. A Gerson, que o havia aconselhado a diminuir as suas atividades políticas para melhor cuidar da saúde, ele disse: "não, Gerson, eu não vou deixar que a minha vida civil termine antes da minha vida biológica". Pouco antes de morrer, já bastante debilitado, participou de um encontro da Quarta Internacional na Itália. Além disso, manifestou seu comprometimento com o que, na época, foi chamado de "cidadania gay", participando dos primeiros passos do MHG, um dos grupos precursores do movimento LGBTTTQI no estado.

Enfim, a trajetória política de Zezinho, brevemente resumida acima, demonstra a sua ascensão precoce e fulgurante na nova esquerda que se constituía nos anos finais da ditadura, inicialmente no interior do MDB e depois no PT. Seu convívio com a política desde o âmbito familiar, as relações que estabeleceu com indivíduos influentes, sua capacidade de articulação, de realizar análises refinadas e de traçar estratégias de ação, e seu talento como orador, aliados a um contexto político aberto a certas identidades geracionais (a juventude) e políticas (o socialismo), possibilitaram a sua projeção como uma das mais destacadas lideranças da esquerda sul-rio-grandense. Tal posição também lhe permitiu ousar em 1982, levantando, em sua campanha para vereador, temas considerados tabus, como a defesa dos direitos dos homossexuais e a legalização da maconha. Esta ousadia, contudo, embora lembrada e valorizada por muitos daqueles que o conheceram até os dias de hoje, aparentemente não teve continuidade na trajetória de Zezinho. Depois daquele momento, ele continuou sendo uma liderança importante do PT gaúcho, mas não concorreu mais a cargos eletivos, nem defendeu publicamente nem o amor de João por Pedro, nem a liberdade para Maria. Tal situação é reveladora dos impasses e ambiguidades da nova esquerda brasileira em relação à pauta das dissidências sexuais, e, de maneira mais ampla, comportamentais, no contexto da redemocratização.

Mas quando tu chegas na questão da sexualidade a esquerda patina[15]

Não pretendo aqui "revelar" a "verdadeira" sexualidade de Zezinho, dizer quem ele "realmente" era. Não creio que este seja um procedimento adequado em termos epistemológicos, éticos e políticos. A sexualidade, como afirmei no início, é um dispositivo, um conjunto de técnicas polimorfas e conjunturais que, na modernidade, buscou extrair uma verdade dos prazeres, para, a partir dela, construir sujeitos e identidades.[16] Zezinho viveu em um período no qual, simultaneamente, reafirmava-se a patologização das homossexualidades, em íntima consonância com o pensamento conservador que inspirava a ditadura civil-militar, e emergiam novas enunciações sobre práticas e desejos sexuais não convencionais, as quais colocavam em xeque os padrões de gênero tradicionais.[17] Na sua trajetória, ele encarnou as ambiguidades e tensões próprias desta situação, o que pretendo demonstrar nos parágrafos que seguem, a partir, sobretudo, de algumas entrevistas concedidas por seus amigos e companheiros de militância.

Uma das pessoas mais próximas de Zezinho nos anos de 1970, que morou com ele após a sua chegada a Porto Alegre, me contou o seguinte:

> [...] de 74 a 79 conheci bem de perto o Zé. Talvez possa te surpreender, mas o jovem "Zé" era um cara super-careta, autoritário, centralizador. [...] A turma que morou com ele em duas repúblicas, entre 1977 e 1980, também não suportava o jeito de ele impor condutas pessoais, como não beber, não namorar mulheres que não pertencessem ao leque político próximo.[18]

---

15 Entrevista de Helena Bonumá ao autor. *Op. Cit.*

16 FOUCAULT, Michel, *Op. Cit.*

17 Sobre o pensamento conservador da ditadura em relação à moral e à sexualidade, ver: COWAN, Benjamin A. *Securing sex*: morality and repression in the making of cold war Brazil. Chapel Hill: The University of North Carolina Press, 2016. Sobre enunciações que colocavam em cheque os padrões de gênero tradicionais, ver: DUNN, Christopher. *Contracultura*: alternative arts and social transformation in authoritarian Brazil. Chapel Hill: The University of North Carolina Press, 2016. Este também é o contexto da emergência do movimento gay no Brasil. Importante ressaltar que, entre 1980 e 1981, o *Em Tempo* dedicou uma seção específica ao tema.

18 Mensagem eletrônica enviada ao autor em 22/01/2018. Preferi manter o autor no anonimato já que ele não me autorizou a divulgar seu nome.

Outros entrevistados, que o conheceram no mesmo período, comentaram sobre como esta caretice do "jovem Zé" se refletia na sua aparência: "[...] quando eu o conheci, ele não era assim necessariamente engravatado, mas ele estava sempre com a camisinha abotoada [...]. Ele se vestia como um funcionário da Assembleia [Legislativa]", disse-me Bete. Raul, de forma muito semelhante, afirmou:

> [...] o Zé era uma figura assim particular, porque ele era muito novo, mas, assim, pelo jeito de vestir, ele era uma figura que parecia sempre bem mais velho. Por exemplo, naquela idade ali, se ele estivesse na universidade, o protótipo era chinelo, ou meio barbudo, ou uma sacola dependurada [risos]... Aquele troço meio hippie, né? E o Zé não. O Zé sempre, e mesmo quando começou a deixar a barba, ele tinha um cabelo muito preto e uma barba muito cerrada, ele tratava aquilo milimetricamente, era uma barba sempre caprichada. E tu imagina, o cara que com vinte e poucos anos usava chapéu, nos anos 1970, seguidamente ele estava de chapéu, um chapéu charmoso... Não usava jeans, era uma figura. Era um funcionário da Assembleia Legislativa, era o típico [...].

Ambos relacionaram a aparência comportada de Zezinho – com camisa abotoada, chapéu e barba aparada, bem distante da dos estudantes hippies – com a sua função burocrática de funcionário da Assembleia Legislativa do Rio Grande do Sul. Porém, quando associamos tal forma de se apresentar com o comportamento moralista e repressor atribuído a ele por um de seus amigos mais próximos à época, podemos pensar que, muito além de se adequar a uma função profissional, nosso personagem queria se inserir em um determinado padrão de masculinidade, então bastante valorizado no meio político, inclusive no seio da esquerda, que associava poder com virilidade, disciplina e maturidade. As roupas o ajudavam a parecer mais velho e, talvez, a mascarar desejos que não se adequavam a essa figura de homem socialmente aceita, capaz de se impor politicamente.

Em 1982, parece ter havido uma mudança em tal forma de apresentação, constatada por alguns de seus amigos. Bete ressaltou: "Depois ele foi mudando a aparência". Questionei: "Em que sentido?". Ela respondeu: "Mais leve, mais colorido". Raul, ao mostrar-me um panfleto da campanha eleitoral de Zezinho, disse: "[...] aqui nessa campanha o Zé já tinha liberado. Esse cabelo aqui ele não tinha nos anos 1970, é aqui que ele começou a deixar crescer. Aí os caras apelidaram ele lá na Assembleia, os jornalistas de direita de lá, apelidaram ele de 'Zé Guerrilha'". A mudança de aparência correspondeu a uma espécie de saída pública do armário. Não que ele se dissesse homossexual publicamente – "eu acho que ele nunca chegou num microfone pra dizer:'eu sou homossexual', eu acho que isso nunca aconteceu" –, mas, "[...] naquela altura, tu falar de homossexualidade era quase como dizer 'eu sou homossexual', era quase a mesma coisa", ressaltou Bete. Como afirmei antes, depois da derrota eleitoral, Zezinho não mais levantou publicamente a bandeira dos direitos dos homossexuais, pelo menos segundo os relatos e documentos que consultei. Betânia, que conviveu mais proximamente com Zé nesta última fase de sua vida, contou-me que ele lia muito sobre o tema da homossexualidade,[19] consumia pornografia gay – "[...] Ele tinha um catálogo de bofes maravilhosos, o que, naquela época, era uma coisa rara" – e frequentava o circuito gay de Porto Alegre: eles foram juntos, por exemplo, a um show de Rogéria na Boate Discretu's.

Ainda não consegui entrevistar homens que tiveram relações afetivas e/ou sexuais com Zezinho, o que já me parece revelador das ansiedades colocadas pelo tema. Entrevistei duas de suas ex-namoradas, de fases bem diferentes de sua vida: as citadas Bete e Betânia. Sobre o tema, a primeira me falou: "eu namorei o Zé. A gente teve uma relação que não chegou a ser muito importante porque ele já, naquela época [final dos anos 70], estava descobrindo a homossexualidade, eu acho que logo em seguida ele assumiu". Já Betânia afirmou: "Eu queria que a gente assumisse publicamente que estava tendo uma relação. Ele gostava muito também dessa fama de gay, sabe? Ele era bissexual, mas ele gostava muito de ter essa fama de gay".

---

19   Tive a oportunidade de consultar parte de sua biblioteca privada. Nela constam títulos como *A contestação homossexual*, de Guy Hocquenghem; *Poder e sexo*, organizado por Guido Mantega, com textos sobre homossexualidade; *Os homoeróticos*, de Delcio Monteiro de Lima; *La homosexualidad femenina: ¿Sometimento a la norma o emancipación?*, de Ursula Linnhoff; *Sexualidade e criação literária: as entrevistas do Gay Sunshine*, organizado por Winston Leyland; *Homossexualidade em perspectiva*, de William H. Masters e Virginia E. Johnson; *Macho, masculino, homem*: a sexualidade, o machismo e a crise de identidade do homem brasileiro, de vários autores, incluindo textos sobre a homossexualidade masculina; e *O sexo proibido*: virgens, gays e escravos nas garras da Inquisição, de Luiz Mott.

Homossexual, gay, bissexual (sem falar em careta)... palavras que tentam capturar uma identidade, uma sexualidade, torná-la inteligível e dizível. Gérson prefere ver a "indefinição" do amigo como uma reação à tentativa de enquadrá-lo como representante de uma única bandeira, como forma de não ser aprisionado em um gueto: "[...] a vida dele não era 'o Zé maconheiro', 'o Zé drogado", 'o Zé viado', 'o Zé homossexual', seja lá o que for, não, ele era 'o Zé, o dirigente político', que tratava desses temas [...]".[20] Talvez, por outro lado, fosse uma maneira de se proteger do machismo e da homofobia tão presentes no meio político e, assim, poder garantir a sua autoridade e posição de liderança. Não sabemos o quanto esta postura lhe causou sofrimento ou, no polo oposto, lhe permitiu um espaço mais amplo de autonomia e movimentação.

A epidemia da Aids, inicialmente chamada na imprensa de "peste gay" ou "câncer gay", desmobilizou as propostas de liberação sexual levantadas por Zezinho e por amplos setores do movimento homossexual no Brasil e no mundo.[21] A síndrome que levou a uma reorientação de boa parte da militância dos dissidentes sexuais para um projeto de caráter mais identitário na década de 1990 ceifou a vida de Zezinho em plena juventude.

Este texto procurou demonstrar, através da trajetória de José Carlos de Oliveira, as possibilidades e limites de uma militância em favor dos direitos dos homossexuais no período da redemocratização política brasileira. Zezinho procurou explorar os espaços abertos por este contexto, especialmente junto à esquerda que se organizava primeiro no interior do MDB e depois no PT. Tornou públicas bandeiras consideradas tabus na sociedade brasileira, fazendo de sua campanha para vereador um marco que até hoje reverbera na memória de certos segmentos sociais e geracionais. Porém, também se deparou com obstáculos morais e políticos que, de certa maneira, condicionaram a continuidade de sua trajetória. Seus percursos nos ajudam a pensar em outras formas de viver e dizer as sexualidades dissidentes, as quais podem ser sintetizadas na palavra de ordem que mobilizou corações e mentes de parte da juventude porto-alegrense em 1982: "Desobedeça!".

---

20   Entrevista de Gérson Almeida ao autor. Porto Alegre, 15/08/2017.
21   FACHINNI, Regina. *Sopa de Letrinhas?* Movimento homossexual e produção de identidades coletivas nos anos 90. Rio de Janeiro: Garamond, 2005, p. 102.

Múltiplas identidades, diferentes enquadramentos e visibilidades: um olhar para os 40 anos do movimento LGBTI

Regina Facchini[1]

Este texto procura responder à provocação trazida pelo convite das(os) organizadoras(es) deste livro para pensar sobre múltiplas identidades e diferentes visibilidades ao longo destes 40 anos de luta do movimento LGBTI brasileiro. Muita tinta e saliva já foram gastas para falar dos processos de exclusão que convivem com as lutas por inclusão. Dado o contexto atual, preferi seguir o caminho de esboçar uma análise preliminar sobre as apostas políticas e os investimentos que o movimento LGBTI procurou fazer na difícil tarefa de fazer política e construir melhores condições de vida para sujeitos marcados por fortes estigmas, e muitas vezes relegados ao não reconhecimento do status de humanidade, mas que são também colocados historicamente num lugar de enunciar a "verdade" sobre aquilo que é tido como o mais íntimo e subjetivo.

Escrevo a partir de uma série de lugares. O primeiro deles é o de alguém que fez das questões que norteiam este texto o principal foco de suas inquietações intelectuais e de luta ao longo dos mais de 20 anos nos quais me relaciono com o movimento, seja a partir da posicionalidade de

---

1   Regina Facchini é doutora em Ciências Sociais, pesquisadora e professora na Universidade Estadual de Campinas (Unicamp). É também pesquisadora do CNPq e membro da diretoria da Associação Brasileira de Antropologia (ABA). Tem pesquisado sobre movimentos sociais e questões relativas a saúde e a violência contra mulheres e LGBT.

ativista, de pesquisadora/cientista ou de parceira em atividades de formação. Há, ainda, um lugar geracional da minha chegada nisso tudo, os anos 1990, o que inegavelmente marca o modo como posso ler o vivido e elaborar a minha experiência e a de outras pessoas nessa luta. E há outro lugar, enfim, relacionado a esses primeiros, o da articulação de uma série de marcas sociais (que se coproduzem e me produzem como sujeito) como o leio hoje. Sou uma mulher cis branca que discordou de imperativos de gênero e de sexualidade (com suas articulações racistas e classistas) que tentavam lhe impor e que limitavam horizontes afetivos e perspectivas de vida. Mas também alguém que – vinda de família de trabalhadores pobres e bem pouco escolarizados, e que se tornou mãe ainda na adolescência – pôde se inserir na universidade em um momento no qual o acesso de pessoas com essa origem social ainda era pouco comum. Enfim, o lugar de alguém que, produzida a partir dessas marcas sociais, fez de sua atuação em – ou junto a – movimentos relacionados aos direitos fundamentais de mulheres e de pessoas atualmente incluídas no acrônimo LGBTI um lugar para procurar fazer algo daquilo que entendia, e segue buscando entender, que é feito de si mesma.

Minha reflexão-resposta à provocação que me foi feita é, portanto, uma entre várias outras possíveis, marcada pela consciência da parcialidade do meu olhar, que se coloca não como o oposto de "imparcialidade", mas, nos termos de Donna Haraway,[2] como reconhecimento da impossibilidade de ver para além daquilo que seu lugar de sujeito – social e político – permite-lhe. Isto se aplica tanto ao passado, que só conheci pelas narrativas orais ou escritas de outros(as) ativistas, quanto ao presente que vivi a partir desses diversos lugares sociais e do lugar físico de quem tem vivido entre São Paulo e Campinas, duas grandes metrópoles situadas na região sudeste do país, o que precisa ser considerado ao tratar da parcialidade de meu olhar.

Ajustando o foco

O texto que segue procura reler a trajetória de 40 anos do movimento que celebramos neste livro através da provocação de pensá-lo a partir das

---

[2] HARAWAY, Donna. Saberes localizados: a questão da ciência para o feminismo e o privilégio da perspectiva parcial. *Cadernos Pagu*, n. 5, 1995, p.7-41.

diferentes e múltiplas identidades e visibilidades. Ele parte de pressupostos, aprendidos no cotidiano da luta e do pensar sobre a luta, que orientam hoje meu olhar para o movimento e de perspectivas teóricas que ajudam a compreender o movimento e seus processos de mudança.

Um primeiro pressuposto que orienta este olhar é o de que se tornar ativista, ou engajar-se, é um modo de reinscrever a própria história, de construir a possibilidade de voltar a habitar um mundo devastado pela violência,[3] pelos apagamentos, exclusões, pela morte física ou simbólica, explicitada ou com iminência anunciada, que impedem de viver uma vida digna de ser vivida ou de ter sua perda chorada,[4] uma vida plena, com direito a projetos de segurança e de felicidade.

Um segundo pressuposto é o de que a luta por justiça e a luta por reconhecimento se inscrevem no que Roberto Efrem Filho[5] provocativamente chamou de "maternagem da ação política", ou seja, a ocupação pelas(os) ativistas daquele lugar que se espera que seja desempenhado pelas famílias e, sobretudo, nas metáforas sexistas de cuidado, pelas mães. É assim que o movimento LGBTI tem sido, mais do que meramente representante das múltiplas vozes e demandas que se incluem direta ou indiretamente no acrônimo pelo qual se faz social e politicamente conhecido. Tem sido também aquele que conta as mortes e agressões, que reconhece os corpos e zela pelo enterro digno daqueles(as) que não contaram com famílias de origem ou de aliança que pudessem fazê-lo, que alerta sobre os riscos e que faz com que seus mortos tenham voz e conjuguem verbos. Mais ainda, o lugar de acolhida das inquietações, dos receios e das dores e de construção da esperança e de projetos de vida possível de um conjunto muito diverso de sujeitos.

Um terceiro pressuposto é o de que há nesse fazer do movimento LGBTI uma dada articulação entre pessoal e político que se aproxima, mas também se diferencia do colocado para outros movimentos sociais que se cons-

---

3   Alusão a DAS, Veena. O ato de testemunhar: violência, gênero e subjetividade. *Cadernos Pagu*, n. 37, 2011, p. 9-41.

4   Alusão a BUTLER, Judith. *Quadros de guerra: quando a vida é passível de luto?* Rio de Janeiro: Civilização Brasileira, 2016.

5   EFREM FILHO, Roberto. *Mata-mata: reciprocidades constitutivas entre classe, gênero, sexualidade e território*. 2017. Tese (Doutorado em Ciências Sociais), Instituto de Filosofia e Ciências Humanas, Universidade Estadual de Campinas.

tituíram pela necessidade de confrontar e superar os efeitos das distinções entre público e privado, político e íntimo. Tais oposições marcam a própria emergência das modernas sociedades ocidentais e trazem consigo a produção das diferenças de gênero, sexualidade e raça tal qual as conhecemos e vivemos.

Essa posição muito específica de contestação compartilha com os feminismos a politização do pessoal, do privado e do íntimo, embora com modulações muito específicas de uma experiência marcada por acusações que historicamente foram se articulando em torno das noções de pecado, crime, sem-vergonhice e/ou doença. Tomamos as categorias pelas quais fomos historicamente apontadas(os) e tornadas(os) objetos de injúria ou medicalizadas(os) – *bicha*, *lésbica*, *sapatão*, *homossexual*, *transexual* – como categorias de luta e nos enunciamos como capazes de dizer nós mesmas(os) – e melhor que quaisquer outros, sejam médicos, psiquiatras, sexólogos, psicólogos ou religiosos – a verdade sobre nós. Isso faz com que o lugar de verdade sobre o sujeito atribuído à sexualidade (com derivações para a diversidade de gênero) nas sociedades ocidentais nos coloque num campo de possibilidades muito ambíguo/complexo e específico quando é preciso articular pessoal e político.[6]

É extensa, na antropologia brasileira, a tradição de pensar movimentos sociais a partir de uma perspectiva relacional. Ela passa pelos trabalhos de Ruth Cardoso[7] e de Carlos Nelson dos Santos[8] e pela mobilização da noção

---

6   O final deste parágrafo retoma os argumentos de Michel Foucault acerca do lugar ocupado pela sexualidade na modernidade ocidental, o modo como é concebida numa relação íntima com as noções de sujeito e de subjetividade e como forma de acesso à "verdade" sobre os sujeitos. Retoma também, consideradas as reflexões do autor sobre as relações entre saber e poder, os riscos políticos implicados em tomar, como ativistas, o lugar de enunciar a "verdade" sobre nós mesmos, sobretudo quando esses enunciados dizem respeito a um conjunto muito diverso de sujeitos. Ver: FOUCAULT, Michel. *História da Sexualidade I: a vontade de saber*. Rio de Janeiro: Graal, 1977; FOUCAULT, Michel. *Microfísica do Poder*. Rio de Janeiro: Graal, 1982.

7   CARDOSO, Ruth. Movimentos sociais na América Latina. *Revista Brasileira de Ciências Sociais*, v. 1, n. 3, p. 27-37, 1987.

8   SANTOS, Carlos Nelson F. Três movimentos sociais urbanos no Rio de Janeiro: padres, profissionais liberais, técnicos do governo e moradores em geral servindo-se de uma mesma causa. *Religião e Sociedade*, n.2, p. 29-60, 1977.

de "conexões ativas" no trabalho de Ana Maria Doimo[9] e tem influenciado meu próprio trabalho. Em minha primeira pesquisa sobre o movimento LGBT, eu argumentava que as identidades coletivas são produzidas num campo de relações entre atores diversos, marcado por identificações e conflitos.[10] Mais recentemente, Silvia Aguião articulou essa tradição a outras perspectivas teóricas para dizer que os atores mesmos, no caso da relação entre Estado e movimentos sociais, se constituem mutuamente.[11] No diálogo com essa tradição, tem se mostrado analiticamente relevante a contribuição de Sonia Alvarez, produzida a partir dos feminismos latino-americanos e de uma crítica de sua circunscrição a uma "sociedade civil" separada de uma "sociedade política".[12]

O interesse está na clareza com a qual Alvarez define os feminismos como "campos discursivos de ação", constituídos por "teias político-comunicativas", "malhas costuradas por cruzamentos entre pessoas, práticas, ideias e discursos" que vinculam indivíduos e agrupamentos com diversos graus de formalização ao Estado, instituições e redes internacionais, universidades, atores do mercado e da mídia, entre outros. Interessa também por enfatizar a "gramática política" que vincula as/os atoras/es que com o campo se identificam. Tratam-se, nas palavras de Alvarez, de "linguagens, sentidos, visões de mundo pelo menos parcialmente compartilhadas, mesmo que quase sempre disputadas, [constituindo] um universo de significados que se traduzem ou se (re)constroem ao fluir ao longo de diversas teias político-comunicativas, norteando as estratégias e identidades das atoras/es que se coligam nesse campo".[13]

---

9 DOIMO, Ana Maria. *A vez e a voz do popular: movimentos sociais e participação política no Brasil pós-70*. Rio de Janeiro: Relume Dumará; ANPOCS, 1995.

10 FACCHINI, Regina. *Sopa de letrinhas? Movimento homossexual e produção de identidades coletivas nos anos 90*. Rio de Janeiro: Garamond, 2005.

11 AGUIÃO, Silvia. *"Fazer-se no Estado": uma etnografia sobre o processo de constituição dos 'LGBT' como sujeitos de direitos no Brasil contemporâneo*. 2014. Tese (Doutorado em Ciências Sociais) – Instituto de Filosofia e Ciências Humanas, Universidade Estadual de Campinas.

12 ALVAREZ, Sonia E.. Para além da sociedade civil: reflexões sobre o campo feminista. *Cadernos Pagu*, n. 43, p. 13-56, 2014.

13 ALVAREZ, 2014, *Op. Cit*, p. 18-19.

A metáfora de um emaranhado de teias constituídas por um conjunto heterogêneo de atores e perpassadas por fluxos discursivos me parece bastante apropriada como uma lente para olhar o movimento LGBTI e suas transformações ao longo dessas décadas. Mais recentemente, Carla Gomes se dedicou a olhar para as teias dos campos feministas a partir da Marcha da Vadias do Rio de Janeiro e de suas relações com outras iniciativas dos feminismos locais, sublinhando a importância dos corpos e da gestão das emoções na produção dos enquadramentos e repertórios feministas.[14]

Sob a inspiração dessas(es) autoras(es) e perspectivas, as reflexões que seguem procuram aprofundar a compreensão em relação a esses fluxos que atravessam as teias, constituindo as "gramáticas políticas", "enquadramentos" e modos de dar-se a ver e intervir na política. Sugiro orientar a análise e traçar paralelos a partir dos momentos que Sonia Alvarez identifica ao se deparar com as trajetórias dos feminismos latino-americanos: o "centramento" que configura um feminismo no singular; o "mainstreaming" marcado por fluxos verticais, descentramento e pluralização dos feminismos; e o "sidestreaming" marcado por fluxos horizontais de feminismos plurais e multiplicação dos campos feministas.[15] Não se trata de momentos claramente delineados no tempo, nem mesmo de debates ou questões que são superadas ao fim de cada momento, que chamei aqui de ato, procurando enfatizar que são recortes analíticos que produzi para este texto e sua finalidade, passíveis de outros enquadramentos a partir de outras ênfases.

Ato I. Centramento: da disputa entre ser ou estar homossexual à orientação sexual

Por analogia ao primeiro momento de "centramento" em que se configura um feminismo no singular, há todo um processo que se desenrola no então chamado movimento homossexual brasileiro (ou MHB) que vai das tensões entre ser ou estar homossexual, presentes nos primeiros grupos de

---

14 GOMES, Carla de Castro. *Corpo, emoção e identidade no campo feminista contemporâneo brasileiro: a Marcha das Vadias do Rio de Janeiro.* Tese (Doutorado em Sociologia e Antropologia). Instituto de Filosofia e Ciências Sociais, Universidade Federal do Rio de Janeiro, 2018.

15 ALVAREZ, 2014, *Op. Cit.*

reflexão e de afirmação de fins dos anos 1970,[16] até a apropriação e o forjamento da categoria *orientação sexual* como um significante até certo ponto esvaziado da conotação essencialista que marcava sua origem,[17] o que se deu nos anos 1980.[18]

No final dos anos 1970, as organizações do movimento estiveram mais densamente concentradas no eixo Rio de Janeiro-São Paulo, com forte inflexão antiautoritária. Os primeiros grupos de reflexão e *afirmação homossexual* inauguravam a prática do *assumir-se* como ferramenta política, que era acionada ainda por poucas pessoas e olhada com desconfiança por outras tantas e construíram boa parte da pauta política em torno do qual o movimento atua até os dias de hoje. As principais tensões observadas pela literatura[19] remetiam tanto à representação de questões relacionadas a gênero e raça na prática política cotidiana dos grupos quanto a diferentes projetos de transformação social, opondo autonomistas e socialistas.

A partir de meados dos anos 1980, apesar da redução expressiva da quantidade de grupos e das dificuldades trazidas pela epidemia do HIV/aids, há mudanças significativas, com o crescimento da influência de ativistas cuja atuação

---

16   Ver: FRY, Peter; MACRAE, Edward. *O que é homossexualidade*. São Paulo: Brasiliense, 1983. ; MACRAE, Edward. *A construção da igualdade: identidade sexual e política no Brasil da abertura*. Campinas: Editora da Unicamp, 1990. ; MÍCCOLIS, Leila; DANIEL, Herbert. *Jacarés e lobisomens: dois ensaios sobre a homossexualidade*. Rio de Janeiro: Achiamé, 1983. ; CARRARA, Sérgio. A antropologia e o processo de cidadanização da homossexualidade no Brasil. *Cadernos Pagu*, n. 47, 2016.

17   O termo remete a Frederic Whitam, autor que questionou perspectivas construcionistas sociais e o uso de "papel social" para a abordagem da homossexualidade: não se tratava de um comportamento socialmente prescrito de acordo com os quais as pessoas fossem socializadas, nem se tratava de haver possibilidade de escolha como no caso de ocupações profissionais; enfatizava o caráter precoce dos desejos homossexuais e uma aparente universalidade da homossexualidade apesar da aparente ausência universal de um papel homossexual. WHITAM, F. L. The homosexual role: a reconsideration. In: NARDI, P. M.; SCHNEIDER, B. E. (Ed.). *Social perspectives in lesbian and gay studies: a reader*. New York: Routledge, 1998 [1977]. p. 77-83.

18   CÂMARA, Cristina. *Cidadania e orientação sexual: a trajetória do grupo Triângulo Rosa*. Rio de Janeiro: Academia Avançada, 2002. ; FACCHINI, 2005, *Op. Cit.*

19   MACRAE, 1990, *Op. Cit* ; GREEN, James Naylor. *Além do carnaval: a homossexualidade masculina no Brasil do século XX*. São Paulo: Ed. UNESP, 2000. ; SIMÕES, Júlio Assis; FACCHINI, Regina. *Na trilha do arco-íris: do homossexual ao movimento LGBT*. São Paulo: Editora Fundação Perseu Abramo, 2009.

é mais pragmática e a consequente alteração no foco de busca de mudanças sociais mais amplas para uma atuação dirigida para os direitos dos homossexuais. Houve, ainda, um deslocamento geográfico da atuação para o eixo Rio de Janeiro-Nordeste e um protagonismo dos grupos Triângulo Rosa e Grupo Gay da Bahia. Tais mudanças acompanham a reabertura de espaços de diálogo entre Estado e sociedade civil, que ainda não alcançavam diretamente os homossexuais, mas influenciaram os desdobramentos nos anos 1990.[20]

A demanda pela não-discriminação por orientação sexual levada à Constituinte de 1987-8 e a luta pelo direito à vida, representada pelas demandas relacionadas ao combate à epidemia do HIV/aids e à violência letal, colocaram em cena a mobilização da categoria *orientação sexual*.[21] Tal mobilização procurava apaziguar as tensões em torno de tomar a categoria homossexualidade como um substantivo.[22]

É fundamental nesse processo de "centramento", ou de produção de um sujeito político estável, a vitoriosa campanha que levou à obtenção de parecer do Conselho Federal de Medicina (CFM) e à retirada do "homossexualismo" do código de doenças utilizado no Brasil, que foi conduzida por diversos grupos sob a coordenação do Grupo Gay da Bahia na primeira metade dos anos 1980. A tomada da homossexualidade como substantivo parece selar o processo de "construção da igualdade" e da produção cotidiana da figura do(a) homossexual militante, ao qual se refere Edward Macrae ao focalizar as atividades do grupo Somos-SP.[23] A incorporação da categoria "orientação sexual" ao vocabulário ativista a partir de meados dos anos 1980, contudo, deixava em aberto as intersecções entre sexualidade, gênero e raça, que já haviam dado mostras de sua importância no cotidiano de grupos como o Somos-SP, mas também as tensões em torno da estabilidade da identidade sexual e do encapsulamento da potencial fluidez do desejo.

---

20 FACCHINI, 2005, *Op. Cit.*
21 CÂMARA, 2002, *Op. Cit.*
22 MÍCCOLIS; DANIEL, 1983, *Op. cit.* ; COSTA, Jurandir Freire. *A inocência e o vício*: estudos sobre o homoerotismo. Rio de Janeiro: Relume Dumará, 1992. ; Facchini, 2005, *Op. Cit.*
23 MACRAE, 1990, *Op. Cit.*

Ato II. Cidadanização e descentramento: do combate à homofobia ao combate à LGBTfobia

Um segundo momento é comparável ao "mainstreaming" delineado por Sonia Alvarez,[24] marcado por fluxos verticais, mas também pelo descentramento e pela pluralização dos feminismos. É o momento que faz emergir o movimento como LGBT e tem como condições de possibilidade a "redemocratização"; a visibilidade que o sensacionalismo midiático traz ao associar aids e homossexualidade; a chamada "resposta coletiva à epidemia"; a aproximação entre setores de Estado e movimento na formulação, implementação e avaliação de políticas públicas e a consequente institucionalização do movimento; além de um cenário permeável aos direitos sexuais e reprodutivos no âmbito das Nações Unidas. É acompanhado também por um processo de segmentação de mercado, que fez surgir um mercado GLS (para gays, lésbicas e simpatizantes) ou voltado ao *público LGBT*, que acaba por gerar aproximações e deslocamentos em relação à *visibilidade positiva* produzida a partir do próprio movimento, mas também por ações de mercado e de mídia.[25]

Nesse momento vemos adensar o aprendizado pelo movimento de linguagens que possibilitam o diálogo com instâncias estatais, aprofundando a estratégia conhecida como *advocacy* (ou incidência política). Intensificam-se lançamentos de candidaturas, criação de projetos de lei, incidência política dirigida principalmente ao Legislativo e ao Executivo, participação em espaços de diálogo socioestatal, como comitês e conselhos e, posteriormente, nas conferências destinadas a embasar a formulação e a avaliação de políticas públicas. O diálogo socioestatal exigia clara delimitação de sujeitos e demandas, o que levou a duas respostas diferentes.

A primeira foi uma ênfase na clara delimitação de identidades e o consequente acirramento dos processos de disputa por visibilidade no interior de um movimento no qual o sujeito político se torna mais e mais complexo. Constituem-se e multiplicam-se as redes nacionais e regionais de organizações e pela multiplicação, mas também as letras do acrônimo que nomeia

---

24 ALVAREZ, 2014, Op Cit.
25 Ver: FACCHINI, 2005, *Op. Cit.* ; FRANÇA, Isadora Lins. Identidades coletivas, consumo e política: a aproximação entre mercado GLS e movimento GLBT em São Paulo. *Horizontes Antropológicos*, Porto Alegre. n. 28, p. 289-311, 2007.

o movimento, cuja ordem se estabiliza apenas com a adoção da formulação LGBT – lésbicas, gays, bissexuais, travestis e transexuais – na I Conferência Nacional de Políticas para LGBT, em 2008. Tal complexificação do sujeito do movimento dá conta do encaminhamento, por vias políticas, das demandas de *travestis* e, depois, de *transexuais*, mas também expressa novas formas de gerir conflitos que se estendem desde os primeiros momentos do movimento, com relação à reivindicação de visibilidade das *lésbicas*,[26] mas também com relação a *bissexuais*.

A emergência da bissexualidade como uma identidade política merece mais reflexão do que posso fazer aqui, mas indica de modo evidente a inviabilidade de reivindicar atenção, nesse contexto, para a fluidez do desejo por meio da ideia de *estar* por oposição ao *ser*. A pergunta "quem são vocês?", produzida no contexto da participação socioestatal, só permite o "sou" como possibilidade de resposta. A principal demanda de bissexuais, organizadas(os) formalmente a partir de meados dos anos 2000, dirigia-se ao próprio movimento e era pelo não apagamento de sua existência. Contudo, mesmo a possibilidade de organização institucionalizada de bissexuais foi inviabilizada: o próprio Coletivo Brasileiro de Bissexuais declarou sua dissolução após vários episódios em que ativistas com atuação reconhecida em *segmentos* de gays ou de lésbicas ocuparam intencionalmente vagas de representação destinadas a bissexuais.[27]

A segunda resposta é, em parte, complementar à incidência política, dado que dava corpo, por assim dizer, à *comunidade*, mas que também a dotava de uma face mais plural, produzindo deslocamentos: a *visibilidade massiva* protagonizada pelas Paradas do Orgulho. Fundadas na crítica de uma nova geração de ativistas a enquadramentos *vitimistas* e à limitação de basear a atuação do movimento na assunção pública de algumas poucas personalidades públicas,

---

26 As duas principais redes nacionais do movimento de lésbicas surgem na primeira metade dos anos 2000, A Liga Brasileira de Lésbicas (LBL) e a Associação Brasileira de Lésbicas (ABL).Ver: ALMEIDA, Guilherme Silva de; HEILBORN, Maria Luiza. Não somos mulheres gays: identidade lésbica na visão de ativistas brasileiras. *Gênero*, v. 9, n. 1, p. 225-249, 2009.

27 SILVEIRA, Maria Leão de Aquino. *Os unicórnios no fim do arco-íris: bissexualidade feminina, identidades e política no Seminário Nacional de Lésbicas e Mulheres Bissexuais*. 2018. Dissertação (Mestrado em Saúde Coletiva). Instituto de Medicina Social. Universidade Estadual do Rio de Janeiro.

as Paradas apostaram num enquadramento mais pautado na transgressão de imagens como a de uma *minoria* (tomada em termos quantitativos, além de políticos) composta por pessoas cujo futuro é a morte ou o infortúnio.[28]

Enormes multidões coloridas compostas por LGBT, mas também por percentuais muito expressivos de pessoas autoclassificadas como heterossexuais, passam a ocupar anualmente, de modo celebrativo, as ruas de centenas de municípios em todas as regiões do país. Rapidamente, o Brasil se tornou conhecido internacionalmente pela quantidade de Paradas e pelas multidões que ocupavam as ruas em algumas capitais, como em São Paulo, que abrigou por anos "a maior Parada do mundo". O sucesso do formato, que sobrevive às críticas de despolitização e segue fazendo com que bairros, cidades, estados e o país tenham de refletir, ainda que temporariamente, sobre a existência e as demandas de LGBT, faz pensar sobre o acerto do enquadramento transgressor e da produção de uma visibilidade plural, baseada em trios elétricos – que tocavam mais música do que diziam palavras de ordem – e em corpos-bandeiras.[29]

As ações de combate à discriminação e à violência contra LGBT, entre as quais figuravam as restrições impostas pelo não reconhecimento legal das famílias de aliança, foram operacionalizadas através da categoria *homofobia*. Esta categoria vinha sendo incorporada desde os anos 1990, mas ganha centralidade a partir do trabalho de compilação de notícias sobre violência letal conduzido por Luiz Mott à frente do GGB e da articulação entre lideranças da Associação Brasileira de Gays, Lésbicas, Bissexuais, Travestis e Transexuais (ABGLT, criada em 1995) e setores governamentais que, por meio dos parâmetros criados pelas conferências internacionais da Nações Unidas,[30] dão corpo ao Programa Brasil Sem Homofobia, lançado pelo Governo Federal em 2004.

---

28 FACCHINI, 2005, *Op. Cit.*
29 A noção corpos-bandeira é uma referência e analogia com o modo como Carla de Castro Gomes (2018) trata os usos dos corpos na Marcha das Vadias do Rio de Janeiro.
30 Refiro-me à Conferência de 1994 no Cairo e à de 1995 em Beijing, nas quais se constituem as noções de "direitos sexuais", e à de 2001 em Durban, que focalizou o "combate ao racismo e intolerâncias correlatas".

O ápice desse processo se dá ao longo das gestões do Partido dos Trabalhadores no Governo Federal e tem como marco a imagem do então presidente Luiz Inácio Lula da Silva fotografado segurando a bandeira do arco-íris na abertura da I Conferência de Políticas para LGBT. A difusão de todo um vocabulário marcado por categorias como *populações*, *segmentos*, *especificidades* e *transversalidade* e as disputas por recursos sempre escassos, em encontros de redes, comitês técnicos e plenárias de conferências, faziam com que estes se constituíssem como espaços privilegiados de conflito e de pactuação, de construção da unidade. Redes ou organizações dirigiam fortes críticas ao *predomínio dos gays* e de demandas caracterizadas como *de gays* ou *de homossexuais* e/ou de dada versão *muito respeitável* das homossexualidades levadas ao espaço público; à hierarquização interna entre *segmentos* e às dificuldades relacionadas à representação não só de variadas *especificidades*, como de diferentes posicionamentos políticos.

A participação socioestatal esteve marcada por intensas "lutas classificatórias", com forte investimento em subverter sentidos de categorias, mas também a indicação de quem elas abrangem, transformando reivindicações em linguagem de Estado e demandas por políticas públicas e criando pontes entre classificações oficiais e as formas de autoatribuição encontradas nas "bases".[31] É esse o processo que faz emergir demandas pelo reconhecimento da necessidade de combater especificamente a *lesbofobia* e a *transfobia* e que, ao final desse momento, conduz ao emprego da categoria *LGBTfobia*.

Embora conquistas como o reconhecimento judicial das *uniões homoafetivas*, o acesso a mudanças corporais para pessoas trans no SUS e as portarias que reconhecem o direito ao uso do nome social tenham transformado a vida de LGBT no país, o saldo desse processo é um tanto melancólico. Por um lado, crescia no interior do próprio movimento uma inquietação com relação aos limites dos espaços de participação e ao escopo efetivamente alcançado pelas políticas direcionadas a LGBT, vistas como "fragmentárias, pontuais e periféricas".[32] Por outro, intensificavam-se os sinais de uma "po-

---

31 LOPES, José Sérgio Leite; HEREDIA, Beatriz. "Introdução". In: LOPES, José Sérgio Leite; HEREDIA, Beatriz (orgs.). *Movimentos sociais e esfera pública: burocracias, confrontos, aprendizados inesperados*. Rio de Janeiro: CBAE, 2014, p. 21-42.

32 AGUIÃO, Silvia; VIANNA, Adriana; GUTTERRES, Anelise. "Limites, espaços e estratégias de participação do movimento LGBT nas políticas governamen-

litização reativa" do campo religioso[33] e da articulação dessa reação com outros setores conservadores no campo político.[34]

Ato III. Multiplicação de campos: o combate à LGBTfobia e a ênfase na experiência

O terceiro momento é correspondente ao que Alvarez[35] elabora como "sidestreaming", ou fluxos horizontais dos feminismos plurais e multiplicação dos campos feministas. Esse momento se inicia ainda nos anos 2000, mas se torna mais visível a partir de 2010, com os primeiros sinais mais manifestos de uma ofensiva conservadora que passa a pressionar mais fortemente o Executivo contra direitos sociais e direitos sexuais e reprodutivos, mas também com os efeitos deletérios de anos de construção da imagem dos governos petistas como corruptos sobre os sentidos atribuídos à política. Seguem-se mobilizações nas redes e nas ruas, que ganham grande visibilidade na mídia, na política e nos estudos acadêmicos, e eventos políticos que colocam em risco a renovadamente jovem democracia no Brasil. Ainda que imagens como a de "fluxos horizontais dos feminismos plurais" ou "multiplicação dos campos feministas" pareçam não fazer frente às fortes colorações políticas e emocionais e aos efeitos devastadores dos processos políticos que têm se desenvolvido nos últimos anos, tal inspiração nos convida a olhar mais detidamente para processos em curso nos campos ativistas.

Não há espaço e nem é o foco deste texto tratar do processo que leva ao que tem sido qualificado como um novo rompimento democrático, que tem como marco o impeachment de Dilma Rousseff e se segue pelo violento e rápido ataque a estruturas governamentais, garantias legislativas, mas também a lideranças e formas de organização políticas, que visavam combater e corrigir desigualdades sociais no Brasil. Mas é preciso ao menos

---

tais". In: LOPES, José Sérgio Leite; HEREDIA, Beatriz (orgs.). *Movimentos sociais e esfera pública: burocracias, confrontos, aprendizados inesperados*. Rio de Janeiro: CBAE, 2014, p. 262.

33   VAGGIONE, Juan Marco. La Iglesia Católica frente a la política sexual: la configuración de una ciudadanía religiosa. *Cadernos Pagu*, n. 50, 2017.

34   ALMEIDA, Ronaldo de. A onda quebrada: evangélicos e conservadorismo. *Cadernos Pagu*, n.50, 2017.

35   ALVAREZ, 2014, *Op. Cit.*

fazer referência ao impacto desse processo sobre a descrença na política institucional, sobre a criminalização da política e sobre a mobilização do conservadorismo e de expressões fascistas na sociedade. É preciso também sublinhar que tal processo vinha se construindo por várias vias e incluindo diversos atores políticos desde a década anterior. Contudo, guardadas as devidas proporções, é preciso também reconhecer que há vários processos, atores sociais e fluxos discursivos em cena no momento e várias inflexões que ainda não somos capazes de captar adequadamente.

Desde o início da década, intensificou-se a aliança entre setores conservadores no Legislativo com proposição de projetos de lei que avançam sobre direitos sociais e, com especial intensidade e visibilidade, sobre os direitos sexuais e reprodutivos e no pós-impeachment há destruição de estruturas governamentais de combate ao racismo, à desigualdade de gênero e à LGBTfobia. Ao mesmo tempo, massificavam-se as críticas à institucionalização dos movimentos sociais e à possibilidade mesma de representação política, com desvalorização do "essencialismo estratégico" e descrédito nas possibilidades de obtenção de direitos via diálogo com instâncias estatais. Tal cenário foi marcado pelo desfinanciamento de organizações não governamentais, pela desvalorização de formas institucionais de organização e atuação e pela valorização da *horizontalidade*, da *autonomia*, da *espontaneidade* e da instantaneidade da reação das ruas e das redes, do *artivismo*.[36]

Os efeitos da popularização da internet e do acesso ao ensino superior, bem como do acesso facilitado a aportes teóricos se fazem sentir nas gerações mais jovens de ativistas, com destaque para a maior circulação e difusão dos estudos queer, de teorias interseccionais e decoloniais e de referências oriundas do feminismo negro e dos transgender studies.[37] Apesar de mais sensíveis a quem atua nas universidades ou observa a movimentação de atores que chegaram à universidade mais recentemente, tais processos não

---

36 FACCHINI, Regina; RODRIGUES, Julian. "Que onda é essa?": "guerras culturais" e movimento LGBT no cenário brasileiro contemporâneo In: MACHADO, F. V.; BARNART, F.; MATTOS, R. *A diversidade e a livre expressão sexual entre as ruas, as redes e as políticas públicas*. Porto Alegre: Rede Unida/Nuances, 2017, p. 35-60.

37 A difusão dessas teorias é gradativa e crescente desde o início da maior circulação dos estudos queer no Brasil na primeira metade dos anos 2000.

devem ser subestimados. Se há *fake news* circulando na internet, há também *memes* fazendo circular apropriações de teoria social, que se tornam objeto de discussão e recriação em grupos nas redes sociais, em coletivos, em ocupações estudantis ou nas salas de aula e eventos nas universidades.[38]

Novas categorias de identidade e processos de produção e mobilização de identidades também ganham lugar, deslocados do cenário e dos processos de produção de consensos e de unidade implicados no diálogo socioestatal.

Se, a partir dos anos 2000, a crítica já existente à institucionalização dava lugar aos coletivos e à emergência dos ENUDS (atualmente Encontro Nacional em Universidade sobre Diversidade Sexual e de Gênero – ENUDSG), nos 2010 emergem também *ciberativistas independentes* e a própria recusa a chamar o que se produz de *movimento* (trata-se de eventos de caráter horizontal e compostos a partir de um arranjo contextual daqueles/as que se propõem a participar). Em seus 15 anos de existência, o ENUDS, que se define como um espaço de vivência e de formação – e, poder-se-ia dizer, de formação via vivência –, influenciou mais de uma geração de militantes, alguns dos quais continuam a frequentá-lo e/ou estão atualmente atuando em redes de ativismo institucionalizadas, em cargos de gestão pública, em espaços de controle social de políticas públicas ou em universidades, e reúne atualmente coletivos espalhados por boa parte das universidades públicas brasileiras.[39]

No atual contexto, contudo, a ênfase na *experiência* como base de legitimidade política cresce.[40] A mobilização da noção de *lugar de fala* desloca o modo negociado como vinha se produzindo a relação entre diferenças relativas a gênero e raça e visibilidades, colocando o corpo ao centro para

---

38   CARVALHO, Mario Felipe de L.; CARRARA, Sérgio. Ciberativismo trans: considerações sobre uma nova geração militante. *Contemporanea – Comunicação e Cultura*, v. 13, n. 2, p. 382-400, 2015.

39   LIMA, Stephanie Pereira de. *As bi, as gay, as trava, as sapatão tão tudo organizada pra fazer revolução! Uma análise socioantropológica do Encontro Nacional Universitário de Diversidade Sexual (ENUDS).* Dissertação (Mestrado em Saúde Coletiva), Instituto de Medicina Social, Universidade Estadual do Rio de Janeiro, 2016.

40   A reflexão sobre a ênfase na experiência se deve ao diálogo com Stephanie Lima a partir de suas pesquisas sobre o movimento universitário por diversidade sexual e de gênero e sobre o movimento universitário negro. Ver: LIMA, Stephanie Pereira de. Os limites da "experiência" e da "liberdade" no Encontro Nacional Universitário da Diversidade Sexual (ENUDS). *Sexualidad, Salud y Sociedad*, Rio de Janeiro, n. 25, p.256-276, 2017.

autorizar ou barrar a aparição dos sujeitos.⁴¹ Emergem também processos de construção de um "outro não marcado", protagonizados por sujeitos cuja visibilidade foi insistentemente negada. É assim que *transfeministas* produzem a categoria *cisgeneridade* para nomear aqueles(as) cuja identidade de gênero está alinhada ao sexo/gênero designado no nascimento, e que um movimento revitalizado de *bi e pansexuais* passa a mobilizar a categoria *monossexual* para designar aqueles(as) cuja atração erótica se dirige a apenas um sexo ou gênero.

Ao mesmo tempo, a disputa por visibilidade de sujeitos políticos deixa de enfatizar exclusivamente identidades relacionadas a traços específicos dos sujeitos para dar lugar a clivagens baseadas em posições teórico-ideológicas, como nos longos debates e embates que contrapõem feministas autoclassificadas como *interseccionais*, *putafeministas* e *transfeministas* às que se classificam como *radicais*.⁴² A própria noção de *homossexualidade* praticamente desaparece de textos acadêmicos e do vocabulário político⁴³ e a apropriação de recursos teóricos, muitos oriundos de perspectivas feministas, coloca ao centro as *transidentidades*, as *lesbianidades* e as *bixas, sapatões e trans pretas* e/ou *periféricas*, a partir de enquadramentos e formas de se dar a ver que apostam na transgressão, que ganham corpo em "coreografias" bastante específicas de

---

41   A reflexão sobre a centralidade do corpo e seu acionamento na direção de autorizar ou barrar a fala no contexto atual se deve ao diálogo com Carla de Castro Gomes.

42   CARMO, Íris Nery do. O perigo das dobras: iconografias e corporalidades no feminismo contemporâneo. *Sociologia e Antropologia*, Rio de Janeiro, v. 8, n. 1, p. 193-222, 2018.

43   SIMOES, Júlio Assis; CARRARA, Sérgio. O campo de estudos socioantropológicos sobre diversidade sexual e de gênero no Brasil: ensaio sobre sujeitos, temas e abordagens. *Cadernos Pagu*, n. 42, p. 75-98, 2014.

disputa das visibilidades, como nas práticas de *lacração*[44] e no *afrontamento*,[45] colocado em cena por sujeitos que se transformam eles mesmos em corpos--bandeira que visibilizam a articulação de lugares sociais de *opressão* para protagonizar a luta no cotidiano.

Entre as formas de atuação mais institucionalizadas ou afeitas ao diálogo com atores estatais, emergem mais fortemente enquadramentos que enfatizam a dor e o sofrimento, a partir das figuras das *mães de LGBT*, de *LGBT periféricos(as)*, das travestis e das(os) transexuais e das pessoas intersexo. O processo de diversificação das transidentidades merece atenção especial.

Os anos 2000 já haviam assistido à construção da Associação Nacional de Travestis e Transexuais (ANTRA, criada em 2000) e um adensamento de redes ativistas a partir dos encontros nacionais, os ENTLAIDS, e das formações regionalizadas de ativistas. A primeira metade dos anos 2010 assiste à organização política dos *homens trans*, primeiro com a Associação Brasileira de Homens Trans (ABHT, criada em 2011), depois com o Instituto Brasileiro de Transmasculinidades (IBRAT, criado em 2013). O IBRAT estabeleceu uma rede nacional de núcleos presenciais não institucionalizados, articulados entre si principalmente via redes sociais e encontros da ANTRA, com foco principal no *controle social*, que chegou a organizar um encontro nacional próprio, o ENAHT, em 2015. Nesse encontro, começava a emergir publicamente a demanda das pessoas *não-binárias*. Posteriormente, emergiu a organização das pessoas intersexo, com a criação da Associação Brasileira de Intersexos (ABRAI, criada em 2018), que se organiza a partir de plata-

---

44 Sobre *lacração* e *tretas* em redes sociais, ver: FALCÃO, Thiago Henrique de O. *Memes, textões e problematizações: sociabilidade e política a partir de uma comunidade de LGBT universitários no Facebook*. 2017. Dissertação (Mestrado em Antropologia Social). Instituto de Filosofia e Ciências Humanas, Universidade Estadual de Campinas. FERREIRA, Lucas Bulgarelli. *[ALERTA TEXTÃO] Estratégias de engajamento do movimento LGBT de São Paulo em espaços de interação on-line e off-line (2015-2016)*. 2017. Dissertação (Mestrado em Antropologia Social). Faculdade de Filosofia e Ciências Humanas, Universidade de São Paulo. ; CARVALHO, Mário Felipe de Lima. Nossa esperança é ciborgue? Subalternidade, reconhecimento e "tretas" na internet. *Rev. Estud. Fem.*, v. 25, n. 1, p. 347-363, 2017.

45 Sobre *bixas e sapatões pretas* e *afrontamento*, ver FERREIRA, Bruno. *Sobre flertes e afrontes: entrecruzamentos de raça, gênero e sexualidade em duas festas na cidade de São Paulo*. Paper apresentado ao Seminário Raça Gênero e Diáspora. Universidade Estadual de Campinas, 2017. (mimeo).

formas digitais e procura financiar suas atividades a partir de financiamento coletivo divulgado em redes sociais. Se, em meados dos anos 2000, a mobilização das transidentidades levou a diferenciar *identidade de gênero* de *orientação sexual*, o recente processo de diversificação trouxe rompimentos com discursos médicos patologizantes, levando a uma diversificação das corporalidades trans e maior visibilidade da diversidade afetivo-sexual, geracional, regional e racial no interior das transidentidades.

Intensificam-se as ações de incidência política das redes ativistas - que já se dirigiam ao Judiciário desde meados dos anos 2000, tendo como principal conquista no período o reconhecimento das *uniões homoafetivas* -, com resultados importantes, como a recente decisão do Supremo Tribunal Federal (STF) sobre a alteração de registro civil de pessoas trans sem necessidade de laudos, cirurgia ou decisão judicial. Embora com menos acesso a recursos e em um cenário político muito desfavorável, as organizações e conexões construídas no período de maior ênfase no ativismo por vias institucionais seguem mobilizando e pressionando gestores públicos, pesquisadores e associações científicas e procurando incidir sobre os rumos da política sexual, produzido ações de incidência em espaços mais permeáveis. Há processos que continuam e se tornam mais importantes no atual contexto, como a articulação de redes de LGBT especialistas ou redes que articulam ativistas e especialistas, e, ainda, a mobilização de LGBT em outros movimentos sociais, como é o caso das(os) LGBT no movimento da(os) trabalhadores sem terra (MST).

★★★

Atualmente, convivem diferentes campos políticos no interior das lutas por diversidade sexual e de gênero. Contudo, com a ênfase na ação direta, o lugar mais visível ocupado por organizações e coletivos vai cedendo espaço a lideranças carismáticas,[46] muitas das quais passam a investir em diferentes carreiras políticas, seja como *influenciadores digitais* ou, de modo um tanto paradoxal, por meio do lançamento de candidaturas político-partidárias. A ênfase na unidade e no esforço de negociação que sua produção demanda dá lugar à multiplicação de fluxos discursivos e de enquadramentos que

---

46 A reflexão sobre a importância de lideranças carismáticas vem de GOMES, 2018, *Op. Cit*. A observação sobre a maior visibilidade individual e sobre o lançamento de candidaturas vem de FERREIRA, Lucas Bulgarelli, 2017, *Op. Cit*.

variam da ênfase na dor e no sofrimento a estratégias de confronto aberto e de regulação da visibilidade.⁴⁷

Trata-se de um momento político permeado por altas voltagens emocionais, no qual o terror é evocado pela acelerada retirada de direitos sociais, trabalhistas e sexuais e reprodutivos, pelo esvaziamento ou destruição de projetos de futuro, e no qual a polarização e a conflito aberto se fazem linguagem nos modos como a ação direta, a *lacração* e o *escracho* (exposição pública com a finalidade de destruir a reputação) são mobilizados nas ruas ou nas redes por aqueles(as) que por muito tempo se sentiram silenciados e agora disputam a legitimidade ou a autoridade da fala. A ênfase na *experiência* funciona a um só tempo como forma de contraste em relação às políticas de identidade baseadas no "essencialismo estratégico" e produzidas no diálogo socioestatal, mas também como forma de reencantar a política, conectando-a ao cotidiano e a estruturas de poder que incidem diretamente sobre a vida dos sujeitos e daqueles(as) que consideram como sendo os(as) seus(suas).⁴⁸

Este texto procurou ensaiar uma reflexão sobre uma trajetória de 40 anos de tentativas de reabitar um mundo devastado pelo peso da circunscrição a lugares acusatórios. Tentativas que se dão por meio da ação política. É sobre a trajetória de tentativas e apostas políticas que habitam esse lugar – que implica potência e riscos, e que me fascinou e segue fascinando – que eu procurei falar nestas páginas.

Se engajar-se politicamente e imaginar mundos possíveis é um modo de tornar a habitar o mundo apesar da dor e do sofrimento, nos termos de Veena Das, trata-se também de investimentos que não estão isentos de fazer emergir "novas normas em experimentos com a vida".⁴⁹ Que sigamos experimentando, mas atentas(os) e procurando nos cuidar e fortalecer mutuamente, enquanto a coragem necessária não for exatamente para transformar em ferramenta de luta a exposição daquilo que é dito mais íntimo e subjetivo, mas, como já diziam Leila Míccolis e Herbert Daniel nos idos de 1983, para seguir amando a vida, mesmo "com todo o seu cortejo de disparidades".⁵⁰

---

47   Esta reflexão deve-se ao diálogo com Carla de Castro Gomes.
48   Esta reflexão deve-se aos diálogos com Íris Nery do Carmo e Stephanie Pereira de Lima.
49   DAS, 2011. *Op. Cit.*, p. 16.
50   MÍCCOLIS; DANIEL, 1983. *Op. Cit.*, p. 11.

Lésbicas negras (re) existindo no movimento LGBT

Ana Cristina Conceição Santos[1]

> *Dentro da comunidade lésbica eu sou negra, e dentro da comunidade negra eu sou lésbica. Qualquer ataque contra pessoas negras é uma questão lésbica e gay porque eu e centenas de outras mulheres negras somos partes da comunidade lésbica. Qualquer ataque contra lésbicas e gays é uma questão negra, porque centenas de lésbicas e homens gays são negros. Não há hierarquias de opressão.*
> Audre Lorde

Este texto é um exercício desafiador porque assumo responsabilidade enquanto ativista lésbica negra com as ativistas que me antecederam e através de suas trajetórias de vida e militância permitiram, e permitem, meu posicionamento enquanto ativista que visibiliza e transgride o modelo normativo imposto (homem, heterossexual, branco, burguês, urbano...). Assim, gostaria de dedicar esse texto a essas mulheres, em especial a Neusa

---

1   Negra, lésbica, co fundadora da Rede Nacional de negras e negros LGBT, ativista acadêmica, pedagoga com doutorado em Educação, professora da Universidade Federal de Alagoas/Campus do Sertão. Atualmente coordena o Observatório da Diversidade Étnico-racial, Gênero e Sexualidades do Grupo de Estudos Pesquisas sobre Diversidade e Educação do Sertão (NUDES/UFAL).

das Dores² que me inspira e anima a continuar na militância e a Marielle Franco,³ assassinada por ser uma voz negra e lésbica que ecoava da periferia denunciando as várias formas de opressões vivenciadas pela população negra, inclusive a opressão por orientação sexual. Marielles renascem em nossa militância.

A minha escrita será conduzida por um viés subjetivo e coletivo, ou seja, sou uma mulher negra lésbica forjada dentro dos movimentos negro e LGBT em uma sociedade racista, machista e LGBTfóbica. Essa escrita procura tornar visível os tensionamentos e desafios enfrentados por lésbicas negras dentro do movimento LGBT que contribuíram e contribuem na luta anti LGBTfóbica intercruzando raça-sexualidade-gênero ampliando, assim, as ações e proposições do movimento LGBT e das políticas públicas.

Interseccionalizando raça-gênero-sexualidade

A formação social, econômica, política e cultural no Brasil produziu relações raciais profundamente hierarquizadas, a partir da peculiaridade da própria formação do capitalismo brasileiro, que utilizou do trabalho compulsório da população negra para acumulação primitiva do capital. A experiência da colonização brasileira é um obstáculo a ser superado dentro deste modelo de democracia no Brasil. Tal modelo (cristão, escravocrata e patriarcal) posicionou o lugar e corpos da população negra, e de modo específico condicionou os das mulheres negras como periféricos e abjetos, ou seja, deslegitimando suas humanidades e, dessa maneira, as mulheres negras até hoje confrontam em vários espaços as desigualdades ocasionadas por seus

---

2 Neusa das Dores Pereira, lésbica negra, fundadora do Coletivo de Lésbicas do Rio de Janeiro (COLERJ) e da ONG Coisa de Mulher que atua na promoção de ações que influenciam nas políticas públicas e garantem os direitos das mulheres negras, em especial, das lésbicas negras. Foi uma das organizadoras, em 1996, o I Seminário Nacional de Lésbicas.

3 Marielle Franco (1979-2018), lésbica negra, feminista, socióloga e ativista dos Direitos Humanos. Sempre destacava em suas publicações nas redes sociais sua origem racial, de gênero e origem socioeconômica. Foi eleita a quinta vereadora mais votada da cidade do Rio de Janeiro pelo PSOL, em 2016. Marielle denunciava o abuso da polícia militar nas periferias do Rio de Janeiro e a não garantia dos direitos de mulheres, LGBTs, negros e pobres. Foi assassinada em 14 de março de 2018.

marcadores identitários (raça, gênero e classe) e no caso das lésbicas negras raça e gênero intercruzando-se com a sexualidade. Deste modo, a existência de lésbicas negras foi por muito tempo invisibilizado dentro dos movimentos sociais, a exemplo do movimento negro, feminista e LGBT.

Discuto a categoria interseccionalidade a partir da seguinte definição:

> Problema que busca capturar as consequências estruturais e dinâmicas da interação entre dois ou mais eixos da subordinação. Ela trata especificamente da forma pela qual o racismo, o patriarcalismo, a opressão de classe e outros sistemas discriminatórios criam desigualdades básicas que estruturam as posições relativas de mulheres, raças, etnias, classes e outras.[4]

Deste modo, a interseccionalidade nos permite compreender como viabilidade de raça, gênero, classe e sexualidade interagem constituindo, assim, as múltiplas dimensões das experiências dos sujeitos, beneficiando quem está de acordo com os modelos normativo e, do outro lado, tornando mais vulneráveis quem está a margem como as lésbicas negras.

O que podemos perceber é que os estudos sobre as mulheres foram embasados nos aprendizados de mulheres brancas, da mesma maneira que, os referentes a raça foram ancorados nas experiências masculinas.[5] O sujeito mulher considerado a partir de uma universalidade concebida por mulheres brancas não representam as mulheres jovens, mulheres negras, mulheres lésbicas, entre outras.

Ao analisarmos sobre vivências e ativismo de lésbicas negras não podemos desconsiderar as relações de poder que são reiterados por raça-gênero--classe-sexualidade e que se fortalecem mutuamente produzindo, dessa forma, um sistema de certezas ao colocar como normativo o grupo dominante. O grupo subordinado, nesse caso as lésbicas negras, serão tidas como o "outro" o que reforça as opressões.

---

4   CRENSHAW, Kimberle. Documento para o encontro de especialistas em aspectos da discriminação racial relativos ao gênero. *Estudos Feministas*, Florianópolis, v. 10, n. 1, p. 171 - 188, 2002, p. 177.

5   ANDERSEN, Margaret L. TheNexus of Race and Gender: Parallels, Linkages, and Divergences in Race and Gender Studies. In: COLLINS, Patricia Hill; SOLOMOS, John. *The SAGE Handbook of Race and Ethnic Studies*. London: SAGE Publications Ltd., 2010, p. 166-188.

Então, nossas múltiplas identidades se estabelecem mediante relações de poder, pois na ausência de poder não há identidade; assim sendo, é o poder que anuncia a diferença e:

> Imiscuir as identidades subordinadas em três campos distintos da experiência social é um fator de exclusão e apagamento eficiente. É importante assumir que não se trata de "somar opressões", como se fosse um conjunto conhecido de experiências diferentes, coerentes e mensuráveis. As identidades se "imiscuem" porque se confundem, se chocam, falham. Os sujeitos de corpo, a unidade central de experimentação das relações sociais, assumem todas as representações de gênero, raça e sexualidade ao mesmo tempo, nas mais diferentes formas. O resultado é a potencialização dos esquemas de dominação nos sujeitos que assumem a identidade negra lésbica.[6]

Portanto, as estruturas que geram a opressão não são independentes e os que suscitam as opressões não podem ser considerados de maneira isolada, como confirma Brah: "Estruturas de classe, racismo, gênero e sexualidade não podem ser tratadas como 'variáveis independentes' porque a opressão de cada uma está inscrita dentro da outra – é constituída da outra e é constitutiva dela."[7]

Diante dessa reflexão, mostrarei como as lésbicas negras se movimentam para enfrentar as opressões.

Lésbicas negras em movimento

As lésbicas negras sempre estiveram presentes em diversos espaços se posicionando a partir de seus marcadores (mulheres, negras, lésbicas, entre outros); entretanto, em alguns momentos a busca por visibilidade/representatividade repercutia como uma possível divisão dentro dos movimentos sociais, em particular do movimento LGBT, causando, assim, tensionamentos.

---

6   LUZ, Robenilton. S.; SANTOS, Ana Cristina C. *Lésbicas mulheres negras: crise de representação a partir das suas múltiplas identidades*. 2013. Trabalho apresentado na IV Reunião equatorial de antropologia e XII Reunião de antropólogos do norte e nordeste, 2013, Fortaleza, Ceará, p. 7.

7   BRAH, Avtar. Diferença, diversidade, diferenciação. In: *Cadernos Pagu*, 26, 2006: p. 329-336, p. 351.

Um dos espaços em que houve presença e participação das lésbicas negras foi nos I e II Encontro Nacional de Mulheres Negras, ocorridos nos anos de 1988 e 1991 respectivamente, e mesmo a questão da homoafetividade/lesbianidade não ter entrado na programação do evento essas mulheres se reconheciam nesses ambientes propondo algumas atividades para tratar do amor entre mulheres.[8] A presença das lésbicas negras e os espaços para se pautarem não aparecem nos documentos desses encontros, mas estão registradas em suas memórias e falas que revelam a insatisfação de não serem tratadas em sua plenitude.

No movimento LGBT temos os registros da atuação das lésbicas negras em trabalhos acadêmicos, a exemplo de Vanilda de Oliveira,[9] Sandra Marcelino,[10] Ariana Silva,[11] em documentos produzidos nos encontros, vídeos, e-mails e narrativas. Irei percorrer alguns desses momentos, no entanto, sabendo que haverá lacunas, não propositais, que evidenciam a necessidade de maior estímulo em pesquisas sobre lésbicas negras.

Na perspectiva histórica do movimento LGBT vamos encontrar, a partir do processo de redemocratização do país, o jornal *Lampião da Esquina* (1978 a 1981), voltado para o público LGBT. SILVA (2015) em sua pesquisa sobre lésbicas negras e esse jornal, revela que a proposta do jornal era discutir os grupos oprimidos, o que significava "apresentar entrevistas sobre pessoas que reuniam categorias de discriminações diversas não necessariamente é colocar em prática exercícios de intersecção, já que não fizeram nenhuma matéria específica para problematizar a tripla opressão

---

[8] Essa informação encontra-se na minha tese intitulada *Mulheres negras, negras mulheres: ativismo na capital baiana – 1980-1991*. Tese (doutorado) – Universidade Federal do Ceará, Faculdade de Educação, Programa de Pós-Graduação em Educação Brasileira, Fortaleza, 2015

[9] OLIVEIRA, Vanilda Maria de. *Um olhar interseccional sobre feminismos, negritudes e lesbianidades em Goiás*. Dissertação (Mestrado em Sociologia). Universidade Federal de Goiás, Goiania: 2006

[10] MARCELINO, Sandra Regina de Souza. *Mulher negra lésbica: a fala rompeu o seu contrato e não cabe mais espaço para o silêncio*. Dissertação (mestrado). Pontifícia Universidade Católica do Rio de Janeiro, Departamento de Serviço Social, 2011

[11] SILVA, Ariana Mara da. *Griôs Sapatonas Brasileiras e Lampião da Esquina: o contraste das questões de gênero, raça e sexualidade na fonte oral e na fonte escrita*. Monografia (Graduação em História). Universidade Federal da Integração Latino-Americana. Foz do Iguaçu, 2015.

sofrida pelas lésbicas negras..." (p.104). A autora pontua a importância histórica do jornal e ao mesmo tempo mostra a quase invisibilidade das lésbicas, em especial as lésbicas negras que são lembradas, em algumas edições, na figura de Leci Brandão nas quais as matérias focavam no fato da mesma ser uma artista.

Em 1995, na cidade do Rio de Janeiro, aconteceu a 17ª Conferência da Associação Internacional de Gays e Lésbicas (ILGA) e a militante Neusa das Dores participou coordenando um grupo com lésbicas negras. Nesse evento Neusa concedeu entrevista para o Jornal Folha de São Paulo[12] e afirmou que:"O movimento negro é lesbofóbico e há um profundo racismo dentro do movimento homossexual". Neusa das Dores evidencia o quanto os movimentos sociais, inclusive o movimento negro e LGBT, são afetados pelo racismo e LGBTfobia.

No ano seguinte, 1996, ocorreu o I Seminário Nacional de Lésbicas com a temática "Saúde, Visibilidade e Organização". sendo planejado pelo Coletivo de Lésbicas do Rio de Janeiro (COLERJ) e o Centro de Documentação e Informação Coisa de MULHER (CEDOICOM) essas organizações tiveram como uma das fundadoras Neusa das Dores e, acredito, que a questão racial esteve presente nas discussões. Por ser o primeiro seminário que reuniu lésbicas de várias partes do Brasil, o dia 29 de agosto, primeiro dia do evento, foi escolhido como Dia Nacional da Visibilidade Lésbica e até hoje é comemorado em diversos municípios.

No XII Encontro Brasileiro de Gays, Lésbicas e Transgêneros/EBGLT (2005), realizado em Brasília, contou com bolsas específicas para LGBTs Negras e Negros. Isso só foi viável porque no XI EBGLT, ocorrido em 2003, foi reivindicado e aprovado 30% de cotas para afrodescendentes equiparando com as cotas que as lésbicas já haviam conquistado. A reivindicação era embasada pela pequena presença de negras e negros LGBT. Eu fui uma das contempladas com as cotas e é nesse processo que inicio a militância no movimento LGBT, pois já atuava no movimento negro, em Salvador, e me sentia incomodada em não ver a discussão e ações para combater a LGBTfobia. A orientação sexual só era pautada nas conversas informais.

---

12 Negra e lésbica enfrenta preconceito duplo. In: http://www1.folha.uol.com.br/fsp/1995/6/23/cotidiano/15.html.

O XII EBGLT foi organizado pela ONG Estruturação (DF) e nessa organização existia o grupo de afrodescendentes, coordenado por Milton Santos, que propôs, aos contemplados e contempladas com as cotas para afrodescendentes, chegar dois dias antes, em Brasília, para realizarmos um encontro no qual refletimos sobre nossas especificidades enquanto LGBT negras e negros e a invisibilidade e não empoderamento no movimento negro e LGBT. Foi a primeira vez que negras e negros LGBT promoviam um encontro e a importância para nós, lésbicas negras, era em nos reconhecer e discutirmos nossas singularidades.

Durante o XII EBGLT fazíamos intervenção trazendo a intersecção raça e orientação sexual.[13] Ao final anunciamos a criação da Rede Nacional de Negras e Negros LGBT (Rede Afro LGBT) que teve posicionamentos contrários de alguns ativistas alegando que queríamos "rachar" o movimento.

No ano seguinte, 2006, as lésbicas negras que integravam a rede formaram um grupo virtual, a rede nacional de lésbicas negras, para pensarmos em nossas ações dentro da rede afro LGBT e outros espaços. Duas ações da rede de lésbicas negras no VI SENALE,[14] realizado em 2006 na cidade de Recife, merecem destaques: a primeira foi reivindicávamos junto à comissão organizadora que a temática negritude e lesbianidade fosse pautado em uma das mesas do evento e não apenas nos grupos de trabalhos e oficinas, essa solicitação foi aceita e tivemos a mesa "Racismo, discriminação racial e lesbianidade", ainda tivemos a oficina "Sou negra e lésbica sim, e daí?". A outra ação foi articular junto com a Secretaria Nacional de Políticas de Promoção da Igualdade Racial (SEPPIR) 37 bolsas para que lésbicas negras e étnicas (indígenas e orientais) participassem do SENALE. A SEPPIR concedeu 20 bolsas e nos comprometemos junto à organização pagar uma quantia referente a hospedagem e a inscrição no evento.

Na plenária final, a rede nacional de lésbicas negras, entregou uma carta, para a organização do evento,[15] em que denunciava a ausência de re-

---

13   O vídeo mostra algumas intervenções de negras e negros LGBT no XII EBGLT. Link: https://www.youtube.com/watch?v=G3_2GOGouyE

14   Um resumo do VI SENALE pode ser assistido através do link https://www.youtube.com/watch?v=HyG3jBtYivY

15   A carta encontra-se na página 28 do Relatório Final - VI Seminário Nacional

servas no hotel para as lésbicas negras contempladas com bolsas e as mesmas ficaram horas esperando a resolução desse problema; não puderam assistir a primeira plenária porque não haviam ainda pago as inscrições e foi solicitado como garantia um cheque caução ou assinatura de nota promissória; o tratamento adverso as transexuais que estiveram no evento. A carta finaliza desejando que nos próximos SENALEs as demais lésbicas demonstrassem formação em torno das questões étnico-raciais.

Nesse mesmo ano, o grupo Minas de Cor (SP), realizou o I Encontro Nacional de Lésbicas Negras em parceria com COLERJ/CEDOICOM, e trouxe as seguintes temáticas que conduziram o encontro: construção de políticas identitárias; ações afirmativas; invisibilidades negra e lésbica e formas de articulação; promoção de mecanismos próprios que efetivem a conquista de novos espaços de poder junto aos movimentos sociais e órgãos governamentais; entre outros. Entretanto, o mais significativo no encontro foi nos pautarmos em um espaço só nosso, nós falando por e para nós como revela a carta de chamamento para o encontro:

> Querida participante,
>
> Antes de subir em nossa embarcação, leia as recomendações de viagem e veja se você é uma das tripulantes de um Seminário dirigido às LÉSBICAS NEGRAS. Por negras, entendemos aquelas mulheres que assim se identificam, ou seja, que no seu cotidiano, na sua história de vida, no seu jeito de ver o mundo e se posicionar nele, o fazem como negras. Este não é um seminário destinado àquelas lésbicas que reconhecem alguma pessoa negra na sua ascendência e que a estão resgatando exatamente agora, com o objetivo de participar das discussões propostas. Embora pareça pouco simpático, precisamos dar este aviso, pois, várias lésbicas não negras já procuraram a organização para se inscrever, argumentando que tem algum ancestral negro. As perguntas que fazemos a essas mulheres são: as pessoas do seu meio, dos espaços públicos nos quais você convive lhe reconhecem como uma mulher negra? O fato de ter esse ancestral negro fez com que você construísse uma identidade como lésbica negra? No mais, Akuaba - sejam bem vindas na língua fanti-ashanti... (carta com a ficha de inscrição enviada pela organização do I Encontro Nacional de Lésbicas Negras).

---

de Lésbicas (SENALE): "Movimento de Mulheres Lésbicas Como Sujeito Político: Poder e Democracia" -Grupo Curumim, 2006. 68 páginas.

No final de 2006, a rede nacional de lésbicas negras se desfez. Várias militantes fizeram uma exposição de motivos para não continuar nesse espaço e se desligaram também da Rede Afro LGBT. Analisando essa decisão, acredito que não percebemos que o fato de sermos lésbicas negras não significa que somos iguais. Temos concepções de sociedade, militância, estratégias diferenciadas e houve ausência de discussões e planejamentos em comum para afinarmos nossas pautas. Atualmente existe o coletivo de lésbicas negras CANDACES formado por algumas lésbicas que se desligaram da Rede Afro LGBT.

A minha decisão, e de outras lésbicas, em continuar na Rede Afro LGBT é porque a rede se constitui como um espaço da militância LGBT que privilegia o debate interseccional; as lésbicas negras direcionam e são visibilizadas por suas ações e a rede vem ocupando lugares estratégicos para proposição de políticas públicas a exemplo do Conselho Nacional de Igualdade Racial e o Conselho Nacional de Combate à Discriminação e Promoção dos Direitos LGBT.

Em 2008, foi realizada a I Conferência Nacional GLBT, precedida das conferências estaduais. Eu participei enquanto comissão organizadora na Bahia e na nacional representando a Rede Afro LGBT. A nossa participação foi de fundamental importância para a interseccionalizar orientação sexual, identidade de gênero e raça nas orientações para a conferência.

Durante a preparação da conferência baiana tivemos vários embates com militantes antigos questionando a participação das "novas lideranças/ simpatizantes" conduzindo o processo. Um militante gay sugeriu, no dia da abertura da conferência, a retirada do meu nome da mesa de abertura e fosse substituído por um gay da sua organização; porém, a "solicitação" não foi atendida. Após o evento esse mesmo militante enviou email para vários grupos virtuais questionando a minha presença na mesa de abertura da conferência da Bahia:

> vejam o absurdo, na mesa de abertura, 6 representantes do Estado, felizmente todos simpatizantes, apenas uma lésbica de curta história de militância dentro do MHB, representando toda a comunidade GLTB da bahia que tem mais de 28 anos de vitórias fantásticas na luta contra a homofobia. um vexame, grande constrangimento, uma vergonha... (arquivo pessoal).

Esses questionamentos sobre a presença e atuação de uma lésbica negra desvela uma hegemonia, no movimento LGBT, que não consente novos atores e atrizes protagonizando os debates.

Na conferência nacional participei da mesa de abertura representando as lésbicas.[16] Essa representação foi decidida e deliberada durante reunião da comissão organizadora composta por oito entidades da sociedade civil, sendo duas de lésbicas (ABL e LBL) que concordaram com a minha indicação. Entretanto, são muitas lembranças nada agradáveis, até chegar em Brasília, desde a não emissão das passagens, e que eu custeei, até o quase impedimento de ter o momento de fala na abertura. Essa situação foi proposta por militantes, em sua maioria homens, que não pretendiam potencializar uma lésbica negra.

Nessa conferência, as lésbicas reivindicaram modificação na ordem da sigla GLBT para LGBT denunciando, assim, que no movimento o protagonismo era sempre relacionado aos homens e garantiram, com a mudança, maior visibilidade.

A Rede Afro LGBT, desde sua criação, traçou como um dos objetivos ter assento no conselho de Igualdade Racial (CNPIR) para que as proposições de políticas públicas voltadas para a população negra contemplassem a orientação sexual e identidade de gênero. Então, desde 2005, mantivemos um diálogo constante com a SEPPIR evidenciando a importância de interseccionalizar as políticas e a necessidade de integrar o CNPIR. Pleiteamos, sem sucesso, duas vezes a vaga através dos eixos temáticos, pois não existia assento para LGBT, na terceira tentativa fizemos uma campanha virtual[17] divulgando a nossa inscrição no CNPIR e explanando sobre a importância desse espaço para negras e negros LGBT. Concorremos no eixo temático da Educação, pois seria a representante na CNPIR e na eleição do conselho ficamos na suplência. A reivindicação do assento LGBT na CNPIR foi atendido na eleição para o biênio 2014-2016, nós concorremos a vaga e atualmente ocupamos esse lugar.

---

16   Vídeo da explanação do Presidente Luiz Inácio Lula da Silva na mesa de abertura da I Conferência Nacional GLBT. Link: https://www.youtube.com/watch?v=mZY0TFJOdnI

17   Campanha da Rede Afro LGBT para o CNPIR. Link: https://www.youtube.com/watch?v=zXjVf2HBs9A

Ainda em 2012, as mulheres da Rede Afro LGBT realizaram um encontro de formação, em Porto de Sauipe/BA. Esse momento constituiu em trocas de experiências com lésbicas e bissexuais negras das novas e antigas gerações tendo como centralidade nas conversas nossas subjetividades, pois percebemos o quanto precisamos falar sobre nós como estratégia de fortalecimento.

Em 2014, a Rede Afro LGBT, representada por Janaina Oliveira, assumiu a presidência do Conselho Nacional de Combate à Discriminação LGBT tornando-se a primeira entidade negra LGBT a ocupar esse posto sendo representada por uma lésbica negra através de uma votação unânime.

O II Encontro Nacional de Lésbicas Negras e Bissexuais[18] ocorreu em 2015, em Curitiba, com o tema "Afirmando identidades para a saúde integral". Esse encontro trouxe como diferencial incorporar as bissexuais negras.

A idealização desse segundo encontro aconteceu, em 2013, durante o Seminário Nacional de Saúde LGBT que contou com a presença de várias lésbicas negras. Depois, em 2014, as lésbicas negras voltam a se encontrar no VIII SENALE, em Porto Alegre, realizaram uma plenária e deliberaram a realização do II Encontro Nacional de Lésbicas Negras. A comissão organizadora do encontro foi composta pela Rede de Mulheres Negras do Paraná, ABL, Coletivo Bil, CANDACES, COLERJ, Grupo Matizes, LBL, Rede Afro LGBT e Rede SAPATÁ.

Nesse encontro nos organizamos e elaboramos um documento sobre a nossa participação na Marcha das Mulheres Negras – contra o racismo e pelo bem viver, que aconteceu em novembro de 2015, na capital do Distrito Federal.

Atualmente, existem alguns grupos de lésbicas negras que foram e são formados a partir desses movimentos, a exemplo: grupo Felipa de Sousa (RJ), grupo Dandara (Maceió/AL), grupo Elekô (Salvador/BA), Coletivo Brejo (Salvador/BA) enunciando que a trajetória das lésbicas negras sempre foi ativa. Nos reconhecemos em diferentes lugares e procuramos nos pautar através das nossas pluriidentidades (raça/gênero/classe/orientação sexual).

---

18   Para assistir um resumo do encontro é só acessar o link https://www.youtube.com/watch?v=JyMU5XkrGhI

Políticas públicas para lésbicas negras

Ao assumir o governo federal, o Partido dos Trabalhadores, no período de 2003 a 2016, com o ex-presidente Luiz Inácio Lula da Silva e dando continuidade com a ex-presidenta Dilma Rousseff, manteve diálogo com a sociedade civil organizada e atendeu parte das reivindicações que proporcionaram possibilidades para se implementar as políticas públicas;[19] entretanto, os assassinatos e violências contra a população LGBT não cessaram, da mesma forma que violências racistas e o feminicídio ainda são notícias diárias na mídia.

Dentre os programas e planos nacionais voltados para a população LGBT, e os quais tomo para uma breve reflexão, apenas três apresentaram o recorte interseccional de forma mais consistente: o Programa Brasil sem Homofobia (2004),[20] o Plano Nacional de Promoção da Cidadania e Direitos Humanos de LGBT (2009)[21] e o eixo 9 do Plano Nacional de Políticas para as Mulheres[22] (2010).

O Programa Brasil sem Homofobia (2004-2007) foi concebido logo após a eleição do Presidente Luiz Inácio Lula da Silva e demonstrou que as lutas e reivindicações do movimento LGBT estavam repercutindo junto ao governo. Nessa construção contou com a participação dos órgãos governamentais e sociedade civil representada por duas redes nacionais (Associação Brasileira de Gays, Lésbicas e Transgêneros/ABGLT e a Articulação Nacional de Transgêneros/ANTRA); dezesseis entidades estaduais, sendo que apenas duas entidades formadas por lésbicas (Lésbicas Gaúchas – LEGAU/RS e o Movimento D`Ellas/RJ) e colaboração de diversos sujeitos, entre

---

19   Sabemos que as políticas públicas da forma que são implementadas, de modo geral, ainda não trazem mudanças significativas para a população LGBT.
20   CONSELHO Nacional de Combate à Discriminação. Brasil Sem Homofobia. *Programa de combate à violência e à discriminação contra GLTB e promoção da cidadania homossexual*. Brasília: Ministério da Saúde, 2004.
21   BRASIL. Secretaria Especial de Direitos Humanos. *Plano Nacional de Promoção da Cidadania e dos Direitos Humanos LGBT.* Brasília, 2009.
22   BRASIL. Secretaria de Políticas para Mulheres. *Pensar o Brasil para o Enfrentamento do Racismo, do Sexismo e da Lesbofobia* – Relatório final do grupo de trabalho para o fortalecimento das ações de enfrentamento do racismo, sexismo e lesbofobia no II Plano Nacional de Políticas para as Mulheres. Brasília: SPM/PR, 2010

eles Joelma Cezario (lésbica negra) e Milton Santos (gay negro)[23] integrantes da ONG Estruturação (Brasília).

Nesse programa, as ações voltadas para a política contra o racismo e a homofobia são ínfimas, apenas 5 ações em um total de 53, que versavam em: "apoiar estudos e agendas; criar e instrumentos técnicos; monitorar acordos, convenções e protocolos internacionais de forma interseccional, ou seja, pensando a orientação sexual, gênero e raça de forma inter-relacionadas". Todavia, a concretização das ações ficou comprometida devido aos parcos recursos.

A I Conferência Nacional GLBT trouxe como resultado a elaboração do Plano Nacional de Promoção da Cidadania e Direitos Humanos de LGBT o qual formulou diretrizes e ações que embasariam políticas públicas que atendessem a população LGBT. A preparação do plano, diferentemente do Programa Brasil Sem Homofobia, foi construída por um grupo técnico ligado aos diversos ministérios e secretarias sem a participação do movimento LGBT. O prazo para implementação ocorreria a curto e médio prazo, no período de 2009 a 2011. O grande problema do plano é que o mesmo não foi normatizado, portanto o cumprimento das ações não foi garantido.

A questão racial apareceu nas diretrizes e ações, contudo representaram menos de dez por cento em um total de 180 ações. A intersecção gênero-raça-orientação sexual só esteve presente em duas ações (capacitar, monitorar, avaliar e divulgar regularmente a atuação das DEAMs no que diz respeito ao atendimento das lésbicas, bissexuais, negras, travestis e transexuais; apoiar a capacitação de lideranças do movimento de mulheres e feminista na promoção de políticas afirmativas e ações de enfrentamento do racismo, sexismo e lesbofobia) o que é insignificante para uma mudança efetiva dos eixos de opressão ocasionados pelo racismo, lesbofobia e machismo vivenciados por lésbicas negras.

A atuação de LGBT negras e negros, em particular das lésbicas negras, foi significante durante a preparação e realização da I Conferência Nacional GLBT, como registrado anteriormente, mas o compromisso do Estado em tornar nossas demandas também prioritárias se mostraram insatisfatórias.

---

23 Acredito que a participação da SEPPIR e a colaboração de LGBT negros contribuíram para o recorte racial das ações.

Na II Conferência Nacional de Políticas para as Mulheres (2007), as mulheres negras, lésbicas e lésbicas negras propuseram e conseguiram a aprovação da inserção do eixo "Enfrentamento do racismo, sexismo e lesbofobia" no II Plano Nacional de Políticas para as Mulheres e esse eixo, devido a sua importância, permaneceu na III Plano Nacional de Políticas para as Mulheres (2013-2015).

A equipe de elaboração contou com ativistas negras e lésbicas com experiência na discussão interseccional. Foram formuladas 8 estratégias com ações de curto, médio e longo prazo. São investidas nas ações a interseccionalidade raça-gênero-sexualidade para se pensar as políticas tanto em editais, formações, contratações, entre outros. Mas, a falta de regulamentação do plano vários estados e municípios não o implementaram.

A visão geral do programa Brasil sem Homofobia, do Plano Nacional de Promoção da Cidadania e Direitos Humanos de LGBT e o eixo 9 do Plano Nacional de Políticas para as Mulheres mostra que os mesmos interseccionalizam raça-gênero-sexualidades e poderiam, caso tivessem sido efetivados em sua plenitude, trazer mudanças significativas na vida da população LGBT; todavia, temos um poder legislativo conservador tratando as pessoas a partir de suas concepções de quem merece ser considerado como cidadã e cidadão o que acaba excluindo a população LGBT.

(In)Conclusões

A famosa frase de Simone de Beauvoir "não se nasce mulher, torna-se mulher"[24] expõe a construção social e ideológica do que é ser mulher em nossa sociedade; no entanto, essa ponderação parte de um olhar universal desse sujeito, não correlacionando em sua pluralidade racial, sexual, de classe, geracional, entre outras. Então, parafraseando o pensamento de Beauvoir, podemos asseverar que não se nasce lésbica negra, somos constituídas lésbicas negras a partir de nossas identidades plurais e interseccionais e que sofrem opressões exercidas pelo racismo, lesbofobia, machismo, classismo.

As lésbicas negras vêm participando de diversos espaços nos quais suas articulações e ações norteiam a necessidade de interseccionalizar as catego-

---

24   BEAUVOIR, Simone de. *O Segundo Sexo*, v.I, II. Tradução Sérgio Milliet. Rio de Janeiro: Nova Fronteira, 1980.

rias gênero-raça-classe-sexualidade de maneira incisiva. Um outro modelo de sociedade é viável a partir de nossas experiências e proposições, pois se dispormos as lésbicas negras "no centro de como imaginamos o que constitui a libertação humana, terá um efeito cascata em toda práxis libertária na diáspora."[25]

Este texto não teve a pretensão de esgotar as reflexões sobre lésbicas negras. Na verdade, salienta o quanto somos plurais e aponta para a necessidade de novas escritas, a partir de nós, lésbicas negras.

---

25   SAUNDERS, L. Tanya. Epistemologia negra sapatão como vetor de uma práxis humana libertária. [online]. Disponível em: https://portalseer.ufba.br/index.php/revistaperiodicus/article/view/22275. Acesso em 28 dez. 2017, p. 107.

Travestis: visibilidade e performatividade de gênero no tempo farmacopornográfico[1]

Elias Ferreira Veras[2]

Para Dediane Souza, com admiração.

Introdução

No auge da animação do Baile do Pão de Açúcar, no último carnaval carioca, um grupo de amáveis foliões, capitaneados pelo milionário paulista Chiquinho Scarpa, decidiu conhecer a rainha da noite pessoalmente. Tratava-se de Roberta Close, que assistia à festa no camarote de velhos amigos de Chiquinho. Para surpresa geral, no entanto, os visitantes foram não apenas barrados, mas praticamente expulsos aos trancos. [...]

Um outro tipo de recorde foi conseguido pelo travesti Carlota, em 1957: atravessou a pé a rua dos Andradas, a avenida Presidente Vargas, passou pelo Largo de São Francisco e chegou ao Baile dos En-

---

1   As discussões presentes nesse texto compõem parte das reflexões realizadas na minha tese de doutorado, publicada em 2017. Cf: VERAS, Elias Ferreira. *Travestis: carne, tinta e papel*. Curitiba: Ed. Prismas, 2017.

2   Universidade Federal de Alagoas – UFAL - Departamento de História.

> xutos – tudo isso sem que sua fantasia de "Avestruz Imperial" fosse depenada pelos machões cariocas, como era de praxe naquela época.
>
> Que os tempos mudaram nesses trinta anos não resta dúvida. Mas, mudaram os travestis ou mudamos nós? [...]
>
> Esse é realmente o problema. Na época da gilete e das perucas, as pessoas sabiam com quem estavam falando. Mas, depois que a ciência se intrometeu com silicone e hormônios, tudo ficou mais complicado.[3]

O texto acima acompanhou o ensaio erótico de Roberta Close na revista *Playboy*, em 1984. Ele expõe a curiosidade, o fascínio e a celebração criada em torno da jovem transexual carioca, conhecida, à época, como "o travesti mais famoso do Brasil".[4] Roberta e sua feminilidade "quase perfeita", que aproximava a modelo do ideal de "mulher de verdade",[5] foram percebidas entre alguns de seus contemporâneos como "marco social" de uma nova época.

Essa percepção de tempo-sujeito inédito, que em diálogo com Paul B. Preciado[6] denomino farmacopornográfico, cuja visibilidade e performatividade travesti são paradigmáticas, surgia na revista em oposição a um tempo que passou, que *Playboy* chamou "época das giletes e da peruca".

Tempo farmacopornográfico

De acordo com Preciado, a era farmacopornográfica caracteriza-se por ser um regime de saber-poder-subjetivação, que emerge nos anos de 1940, intensificando-se na década de 1970, entre a as ruínas do modo de produção e consumo fordista e a ascensão das indústrias bioquímicas, eletrônicas,

---

3   Dizem que até Pelé se confundiu. *Playboy*, 1984, p. 96.

4   Embora Roberta Close tenha se autoidentificado publicamente como transexual, uma grande parte da imprensa classificou-a como travesti.

5   A mesma matriz heterossexual que produziu a "mulher de verdade", portadora de uma "feminilidade perfeita", uma vez que "desprovida" de ambiguidade, também fabricou a feminilidade travesti como "imitação" e "farsa".

6   PRECIADO, Beatriz. *Testo Yonqui*. Madri: Espasa, 2008.

de informática e de comunicação. Essa nova temporalidade-subjetividade corresponde a uma nova economia pós-sociedade disciplinar.

> A mutação do capitalismo se caracteriza não somente pela transformação do sexo em objeto de gestão política da vida (como já havia previsto Foucault, com sua descrição de "biopolítica" dos novos sistemas de controle social), mas também por sua gestão através de novas dinâmicas do tecnocapitalismo avançado.[7]

A sexualidade transformou-se no centro da atividade política e econômica no tempo farmacopornográfico. Preciado aponta que se constituíram como parte desse programa biopolítico da sexualidade: os Relatórios Kinsey sobre a sexualidade do homem e da mulher norte-americano/a; os protocolos de Robert Stoller, criador do conceito de identidade de gênero; a criação do termo gênero por John Money; o "fenômeno transexual" de Harry Benjamin,[8] assim como a comercialização da progesterona e do estrógeno e a invenção da pílula anticoncepcional. Tais arquiteturas, pesquisas e substâncias se converteram em próteses, performances, ou melhor, em *tecnosexualidades*, *tecnogêneros* e *tecnocorpos* farmacopornográficos.

Embora Preciado reflita sobre a sociedade farmacopornográfica a partir dos contextos europeus e norte-americanos, essa nova temporalidade-subjetividade se configurou no Brasil, certamente com peculiaridades tropicais.

No Brasil, a gênese do regime farmacopornográfico coincide, embora não se confunda, com o declínio do período ditatorial militar e com a redemocratização do país. Entre ruínas e promessas, os modelos tradicionais associados ao masculino e ao feminino, assim como os estereótipos de gênero e de raça, foram questionados e fissurados, seja pela emergência das

---

[7] No original: "La mutación del capitalismo a la que vamos a asistir se caracterizará no sólo por la transformación del sexo en objeto de gestión política de la vida (como ya había intuido Foucault en su descripción "biopolítica" de los nuevos sistemas de control social), sino porque esta gestión se llevará a cabo a través de las nuevas dinámicas del tecnocapitalismo avanzado". PRECIADO, 2008, p. 26-27.

[8] Para uma abordagem crítica do pensamento de Stoller, Money e Benjamin, ver: BENTO, Berenice. *A (re)invenção do corpo*: sexualidade e gênero na experiência transexual. Rio de Janeiro: Garamond/CLAM, 2006; ÁVILA, Simone. *Transmasculinidades*: a emergência de novas identidades políticas e sociais. Rio de Janeiro: Multifoco, 2014.

novas tecnologias produzidas e difundidas pela ciência e pela mídia, seja pela atuação dos movimentos brasileiros (com suas conexões internacionais), feminista, negro e homossexual. Estes últimos assumiram uma visibilidade e uma politização público-midiática sem precedentes no tempo farmacopornográfico. É importante destacar que estes questionamentos se deram *antes* do surgimento do movimento LGBT no país.

Nesse período, os meios de comunicação se expandiram, possibilitando a circulação nacional de discursos sobre sexualidade, o que contribuiu para fissurar as fronteiras nacional-local, público-privado, mas também, de gênero-sexo-corpo. O surgimento do *Lampião da Esquina*, primeiro jornal homossexual brasileiro, no final dos anos de 1970; as conversas matinais de Marta Suplicy sobre sexo no programa *TV Mulher*, da Rede Globo; a coluna semanal sobre feminismo de Rose Marie Muraro, no jornal *O Povo*, de Fortaleza, assim como o "fenômeno Roberta Close"; inserem-se nesse contexto de expansão midiática e de visibilização das mulheres, homossexuais e trans no tempo farmacopornográfico.

Com o incentivo dos meios de comunicação – apesar da censura militar –, o processo de mercantilização e de politização das experiências homossexuais e trans se transformou em rotina, estimulando a curiosidade do público.[9] O "universo" homossexual e trans havia se constituído em parte integrante da vida social e econômica do país e já não dependia exclusivamente da festa carnavalesca para ganhar visibilidade, como acontecia antes da década de 1970.

O escritor e militante homossexual João Silvério Trevisan[10] chamou esse momento, em que as homossexualidades e as experiências trans assumiram uma visibilidade inédita no país, de "boom guei" e da "bicha eletrônica". A "bicha eletrônica" marcou presença na televisão como jurada do *Cassino do Chacrinha* (Rogéria e Roberta Close); como estrela dos shows de transformistas do *Clube do Bolinha*; como protagonista de programas femininos e de entrevista (Clodovil Hernandes, no *TV Mulher*, da TV Globo; Roberta Close, no *Programa de Domingo*, da TV Manchete, e Rogéria, no

---

9   TREVISAN, João Silvério. *Devassos no paraíso*: a homossexualidade no Brasil, da colônia à atualidade: Rio de Janeiro: Record, 2011, p. 305.

10   Trevisan discute essas transformações históricas nos capítulos "... E acontece o boom guei" e "E com vocês: a bicha eletrônica". TREVISAN. *Op. Cit.*, 2011.

sofá de Hebe Camargo, na TV Bandeirantes e no SBT). Essas novas personagens ganharam destaque, ainda que de modo estereotipado, em programas humorísticos ("Capitão Gay", interpretado por Jô Soares, no *Viva o Gordo*, da TV Globo; "Painho", vivido por Chico Anísio, em *Chico City*, na mesma emissora de televisão), e em telenovelas brasileiras.

Nesse cenário, as experiências trans passarão a constituir um novo lugar de sujeito. Ao contrário das bonecas e das transformistas – personagens que assumiam uma visibilidade pública provisória (carnaval e/ou os espetáculos em teatros e boates), como mostrou o historiador James Green[11] –, esse novo sujeito deixava de apenas "fazer o travesti" para "virar travesti", fazendo uso, *além do carnaval*, de tecnologias científico-corporais, como hormônios (comprimidos e/ou ampolas injetáveis) e silicone (médico e/ou industrial), para feminilizar o corpo e construir uma aparência feminina. Não se tratava mais, somente, de "sair de travesti" para participar das festas particulares entre amigos e dos bailes/concursos carnavalescos, como era comum entre as bonecas, enxutos e "alegres rapazes" da primeira metade do século XX, mas, de "virar travesti".

Enquanto, nas publicações das décadas de 1950/60 – por exemplo, as reportagens da *Manchete* sobre os concursos de travestis realizados durante o carnaval –, a palavra travesti aparece como sinônimo de fantasia, a partir da década de 1970, o termo ganha novos significados. Os elegantes trajes, as plumas e paetês das bonecas misturaram-se aos hormônios e ao "silicone distribuído nos lugares certos"[12] das travestis. As "toneladas de maquilagem, léguas de cílios postiços, barris de esmaltes" juntaram-se aos "tonéis de hormônios, montanhas de silicones e milímetros de tecidos", como elementos indispensáveis para "cobrir uma anatomia indesejável e expor formas femininas".[13]

As coloridas imagens de travestis com o corpo hormonizado e siliconado, que circularam nas revistas e na cobertura televisiva dos bailes carnavalescos, atuaram na constituição visual do novo sujeito, revelando a estética do gênero na constituição do sujeito travesti, misturando tradições visuais

---

11 GREEN, James N. *Além do Carnaval*: a homossexualidade masculina no Brasil do século XX. São Paulo: Unesp, 2000.
12 A glória das bonecas no Baile dos Enxutos. *Manchete*, 5 mar. 1977, p. 52.
13 Enxutos – O baile que as nossas babás não contavam. *Manchete*, 1. mar. 1980, p. 71.

norte-americanas (*star*), europeias – notadamente francesas (*vedette*) – e brasileiras ("mulata").

A travesti Rogéria,[14] considerada "travesti mais talentoso do Brasil", de "gestos largos, teatrais, modulando as frases com muita habilidade; os constantes meneios de cabeça, que fazem esvoaçar os cabelos louríssimos e bem tratados; a maquilagem bem cuidada; o vestido cintilante, o salto muito alto", é paradigmática dessa nova visibilidade e performatividade.

Os espetáculos protagonizados pela travesti percorreram diversas cidades brasileiras, além de outros países latino-americanos, africanos e europeus, transformando a artista em sinônimo de glamour e de exemplo a ser imitado.

Tal visibilidade e performatividade possibilitou que Rogéria conquistasse lugar de referência como sujeito de corpo feminilizado através dos hormônios, que encontrava no mundo dos espetáculos possibilidade não só de sobrevivência, mas, sobretudo, de reconhecimento social: "Quando se tem talento o preconceito é rejeitado. Se a pessoa tem fibra, a sociedade é obrigada a reconhecer o seu trabalho",[15] acreditava Rogéria.

O corpo feminilizado de Rogéria, resultado de "seis longos anos de tratamento severo, vigilante, de controle de peso e aperfeiçoamento de formas [em Paris], para explodir toda a feminilidade que se escondia em Astolfo",[16] transformou-se em paradigma de corpo travesti na década de 1970.

O "fenômeno Roberta Close"

> Súbito, um fenômeno toma conta do Brasil. Ela está em todas as conversas, domina todos os papos. Nas capas das revistas, nas telas das tevês, nos jornais, nas mentes e nas bocas. Na boca do povo,

---

14 Ainda adolescente, Rogéria começou a trabalhar como cabeleireiro e maquiador na TV Rio. Contudo, foram os bailes de travestis, principalmente, sua participação nos espetáculos de travestis promovidos no Stop Club, Rio de Janeiro, onde estreou em 1964, que projetaram nacionalmente a artista. Para entender a importância de Rogéria no circuito travesti brasileiro, ver: GREEN. *Op. Cit.*, 2000; TREVISAN, *Op. Cit.*, 2011.

15 A Aids é mais um tipo de pressão contra o gay. *O Povo*, 14 set. 1985, p. 1.

16 BARTOLO, Júlio. Uma noite DI-VI-NA com elas & elas. *Manchete*, 18 fev. 1978, p. 83.

principalmente. De repente, o maior e mais desejado objeto libidinal nacional, o tesão verde-amarelo é nada mais, nada menos, do que um homem. Ave, Roberta Close. Mudou a cabeça do homem brasileiro ou a mulher brasileira perdeu seu tradicional charme e veneno?[17]

As fotos de uma transexual nua em uma revista masculina de circulação nacional direcionada a um público hetero-orientado causaram uma "comoção erótica" na nação, no início da década de 1980. Tratava-se de Roberta Close, então com 21 anos, desnudada nas páginas da *Playboy*. Como observou o médico e poeta de Fortaleza, Airton Monte, no *Diário do Nordeste*, um dos jornais mais importantes da capital cearense, o "fenômeno Roberta Close" estava em todas as conversas, dominava todos os papos; podia ser visto nas capas das revistas, nas telas das tevês, nos jornais, principalmente, na boca do povo.[18]

La Close abre seu ensaio na *Playboy* com um olhar enigmático. A imagem, em preto e branco, que ganha destaque de página inteira, parece sugerir mistério e romantismo. Na página seguinte, a jovem surge debruçada sobre uma cadeira, com os seios à mostra, usando apenas um sapato alto prateado e posando como *femme fatale*. Na última imagem do ensaio, que invade toda a página, ápice do *striptease* de Roberta, a modelo está em pé, de braços abertos e de pernas cruzadas.

O psicanalista Eduardo Mascarenhas escreveu na *Playboy* que Roberta era "simplesmente, um marco na história social do país".[19] Na mesma direção, Monte argumentou no *Diário do Nordeste* que a modelo podia ser alvo de muitas reações: "medo, espanto, admiração, desejo. Nunca de riso ou de nojo. Coisa inédita num país que ainda é o paraíso dos machões e a fortaleza do machismo".[20] O escritor cearense, Gilmar de Carvalho, por sua vez, escreveu no mesmo periódico:

---

17   MONTE, Airton. Quem tem medo de Roberta Close? *Diário do Nordeste*, DN Cultura, p. 4, 8 jul. 1984.
18   MONTE. *Op. Cit.*, p. 4.
19   *Ibidem*.
20   MONTE, *Op. Cit.*, p. 4.

Um traço interessante da personalidade dela é a tranquilidade, o não ter a necessidade de agredir para sobreviver. É como se o ego de Roberta estivesse protegido o suficiente para não precisar se expor aos gritos, para não precisar do arraso, do trejeito, da caricatura. Roberta Close é gente, é pessoa. Tudo o mais é pequeno demais e antigo demais.[21]

Ainda que parte da produção discursivo-imagética em torno da modelo tenha buscado aproximá-la da representação da "mulher de verdade", ao mesmo tempo em que a distanciou de certa imagem travesti[22] relacionada ao riso e ao medo, paradoxalmente, *La Close* interpelou a sociedade sobre a feminilidade "original" da "mulher de verdade" e a "imitação" travesti da feminilidade.

Ao "trucar a neca",[23] performatizando uma vagina, Roberta se apropriou, como estratégia de visibilidade e de inserção no gênero feminino que elegera para si, de códigos e gestos de produção da "identidade" da "mulher de verdade". Desse modo, mostrou o quanto o gênero é performativo, sendo efeito da repetição das normas mediante as quais o masculino e o feminino é constituído e diante das quais os sujeitos não podem descartar

---

21 CARVALHO, Gilmar. Close to Roberta. *Diário do Nordeste*, DN Cultura, p. 5, 8 jul. 1984.

22 A diferenciação entre travestis e transexuais, inclusive em *La Close* e em torno dela, também foi empregada no sentido de estabelecer uma distinção social entre os sujeitos. Para uma análise contemporânea das diferenças e barragens entre travestis e transexuais, ver, dentre outros trabalhos: BARBOSA, Bruno César. *Nomes e diferenças*: uma etnografia dos usos das categorias travesti e transexual. 2010. Dissertação (Mestrado em Antropologia Social) – Universidade de São Paulo, São Paulo; BENTO, Berenice. *A (re)invenção do corpo*: sexualidade e gênero na experiência transexual. Rio de Janeiro: Garamond; Clam, 2006; LEITE JÚNIOR, J. *Nossos corpos também mudam*: a invenção das categorias "travesti" e "transexual" no discurso científico. São Paulo: Annablume, 2011.

23 Entre as travestis, "trucar a neca" significa guardar o pênis entre as pernas. No glossário que acompanha seu trabalho sobre o Cine Jangada (Fortaleza) e as sociabilidades de travestis naquele cinema, especializado na exibição de filmes pornográficos, o antropólogo Alexandre Fleming C. Vale define trucar e trucagem como "técnica corporal realizada pelas travestis com o propósito de invisibilização do volume do pênis sob a roupa, realizada a partir do uso de emplastro Sabiá ou calcinhas e shorts de lycra apertados". VALE, Alexandre Fleming C. *No escurinho do cinema*: cenas de um público implícito. Fortaleza: Expressão Gráfica e Editora, 2012, p. 231.

por vontade própria.²⁴ Porém, se a performatividade do gênero está constituída por normas que delimitam o sujeito a partir de normas anteriores, ela também pode ser o recurso a partir do qual se produz resistência, subversão e deslocamento. Conformidade, mas, também, "confusão" do gênero.

Em artigo publicado em junho de 1984, no Caderno DN Cultura, dedicado ao fenômeno *La Close*, Gilmar de Carvalho escreveu sobre o potencial de contestação e ruptura representado pelo "fenômeno".

> É como se nosso mito tornasse obsoleta, anacrônica a questão homem/mulher, esta dualidade que nos persegue.
> [...]
> Homem e mulher, mais que atitudes são rótulos.
> Roberta Close, ao fazer o gênero discreto, aparentemente se enquadra em formas de comportamento típico. Mas a ruptura é maior, a contestação é mais forte, porque menos carnavalizada.²⁵

A análise do mito *La Close* por Carvalho, incrivelmente, próxima das reflexões *queer* elaboradas, posteriormente, por Judith Butler, colocou às claras o caráter performativo do gênero, ao revelar que homem e mulher são "rótulos": "É como se nosso mito tornasse obsoleta, anacrônica a questão homem/mulher, esta dualidade que nos persegue".²⁶ De acordo com Butler, as identidades sexuais e de gênero são conceitos estabelecidos no interior de um sistema de heterossexualidade normativa e compulsória, constituídas a partir de uma pretensa coerência entre sexo, gênero, prática sexual e desejo. *La Close* revelava a ficção desse sistema sexo-gênero.²⁷

Nessa perspectiva, um dos efeitos e sentidos mais significativos da repercussão do mito *La Close* foi o questionamento da feminilidade como natureza e biologia. Se a "naturalidade" das mulheres "de verdade" é legitimada através de uma série de dispositivos, convenções e ritos, a paródia²⁸

---

24   BUTLER, Judith. *Problemas de gênero*: feminismo e subversão da identidade. Rio de Janeiro: Civilização Brasileira, 2008.
25   CARVALHO. *Op. Cit.*, p. 5.
26   CARVALHO. *Op. Cit.*, p. 5.
27   RUBIN, Gayle. "El tráfico de mujeres: notas sobre la 'economía política' del sexo". *Nueva Antropología*, México, v. VIII, n. 30, p. 95-145, 1986.
28   *Ibidem*.

de *La Close* destrucou[29] essas mesmas tecnologias de construção do sexo e do gênero, contribuindo na produção de modos dissidentes de subjetivação.

La Close apresentou um corpo transformado segundo novas tecnologias de gênero e explicitou uma produção subjetiva que contrastava com marcos biológicos corporais. Por outro, transformou questões, comportamentos e sujeitos até então reservados aos espaços privados em público-midiatizados, sendo paradigmática da emergência de uma nova temporalidade-subjetividade. Como lembrou Carvalho: "Roberta Close era a porção mulher do Brasil que se redescobria depois de vinte anos de autoritarismo".[30]

Considerações finais

Ao longo dos anos de 1970 e, principalmente, a partir de 1980, *travesti* passou a designar um novo lugar de sujeito no Brasil. Tal processo de subjetivação é efeito e indício de um novo momento histórico marcado pelo amalgamento da ciência e da mídia e por suas produções heteronormativas acerca do sexo-gênero.

Nessa trama-tempo farmacopornográfico, a grande imprensa assumiu importância fundamental, atuando como dispositivo performativo, produtor e difusor de subjetividades. A grande imprensa não apenas descreveu certa imagem do corpo travesti e de sua presença na cidade, como contribuiu para a sua invenção, como visto na visibilidade pública conquistada por Rogéria e Roberta Close.

Nesse sentido, Rogéria e *La Close* marcam a história recente das experiências trans no Brasil. A visibilidade público-midiatizada produzida em torno dessas personagens icônicas contribuíram para o processo de reconhecimento das experiências trans como novo lugar de sujeito, antes mesmo da organização das pessoas trans em associações, movimentos e ONGs.

La Close afirmava, no início da década de 1980: "ser travesti não é somente frequentar o 'Baile dos Enxutos', ser engraçado, ai, ai, ai, ti, ti, ti. Existe, fundamentalmente, o lado sério e humano". Suas palavras continuam ecoando nas reinvidações trans contemporâneas, o que nos faz questionar se foram suficientemente escutadas.

---

29   Utilizado como sinônimo de desfazer.
30   CARVALHO. *Op. Cit.*, p. 5.

Violência e dissidências: um breve olhar às experiências de repressão e resistência das travestis durante a ditadura militar e os primeiros anos da democracia

Helena Vieira[1]
Yuri Fraccaroli[2]

A história é uma narrativa; disso não há dúvidas. Quando abrimos um livro de história, ouvimos uma aula ou estudamos para o vestibular, sabemos que aquilo que nos é contado se trata de uma narrativa, uma forma de interpretar os fatos a partir de certas perspectivas e posições relacionadas a

---

1   Estudou Gestão de Políticas Públicas na Universidade de São Paulo (2008), esteve ligada ao Núcleo de Pesquisas e Políticas de Gênero da Universidade Federal de Integração da Lusofonia Afrobrasileira até 2015. É escritora, transfeminista e palestrante, colaborou com a Revista Cult, The Huffington Post, Revista Fórum e Revista Galileu. Atualmente é Assessora Parlamentar na Assembleia Legislativa do Estado do Ceará e curadora do Projeto SSEX BBOX. Tem diversos artigos publicados sobre as temáticas de Gênero e Sexualidade e lança, neste ano, seu primeiro livro " Corpo Interrompido: Crônicas de Transição".

2   Bacharel em Gestão de Políticas Públicas pela Universidade de São Paulo (2015), onde atualmente realiza mestrado em Psicologia Social que se dedica a compreender as distintas trajetórias de homens homossexuais idosos não-militantes da cidade de São Paulo. Bolsista CAPES, realizou intercâmbio de duplo diploma por meio do Programa de Bolsas Mérito Acadêmico da Universidade de São Paulo (2013-2015), titulando-se em Dirección y Gestión Pública pela Universidade de Vigo (ESP). É integrante do Grupo de Pesquisa em Psicologia Política, Políticas Públicas e Multiculturalismo (GEPSIPOLIM) da Universidade de São Paulo, e autor e colaborador do Instituto Galego de Análise e Documentação Internacional (IGADI).

sujeitos específicos e seus contextos de enunciação. Uma forma de olhar, ou como nos diria Donna Haraway,³ uma tecnologia do olhar: um saber localizado a partir dos "corpos que importam"⁴ naquele contexto.

Com a história da resistência à ditadura militar brasileira ocorreu o mesmo. Nós aprendemos a lê-la e conhecê-la a partir de narrativas de grandes homens: Carlos Marighella, Vladimir Herzog, Herbert de Sousa, Frei Tito e tantos outros nomes que nos surgem em corajosas narrativas de luta contra os militares no poder. Entretanto, aos poucos, fruto do trabalho de pesquisadoras e pesquisadores, feministas e algumas das agentes da memória envolvidas nesse campo,⁵ começamos a saber também de nomes de mulheres com importante participação na resistência e na posterior luta pela redemocratização. Desse modo, conhecemos importantes figuras políticas da resistência, como, por exemplo, Maria Amélia de Almeida Teles, Ana Maria Aratangy, Crimeia de Almeida, Nildes Alencar e Helenira Rezende, e apreendemos outras perspectivas sob as quais podemos olhar esse mesmo período.

Ainda que o saber histórico tenda a se cristalizar em determinadas narrativas que contam com considerável estabilidade, acontecimentos mais próximos de nossa contemporaneidade se constituem como importantes temas de disputa nas chamadas batalhas da memória,⁶ em razão de gozarem de estratégico valor para a ação política no presente. Seja pelo recurso a novas fontes de arquivo, por (re)interpretações divergentes de documentos já conhecidos⁷ ou principalmente pela emergência de *memórias do subterrâneo* que rompem com um longo silêncio,⁸ passamos a contar com outras possibilidades e formas de direcionarmos nosso olhar às experiências do passado.

---

3   HARAWAY, D. Saberes localizados: a questão da ciência para o feminismo e o privilégio da perspectiva parcial. *Cadernos pagu*, v. 5, p. 7-41, 1995.

4   BUTLER, J. *Cuerpos que importan* – sobre los limites materiales y discursivos del "sexo". Buenos Aires: Anagrama, 2002.

5   LIFSCHITZ, J.A. Os agenciamentos da memória política na América Latina, *Revista Brasileira de Ciências Sociais*, v. 29, n. 85, p. 2014.

6   POLLAK, M. Memórias, esquecimento, silêncio. *Estudos Históricos*, v. 2, n. 3, p. 3-15, 1989.

7   Para uma interessante discussão sobre a natureza do arquivo e suas relações com as questões de gênero e sexualidade, consultar: MARTÍNEZ, M.E. Sex and the colonial archive: the case of 'Mariano' Aguilera. *Hispanic American Historical Review*, v. 96, n. 3, p. 421-443, 2016.

8   POLLAK, *Op. Cit.*, p. 5.

Nesse sentido, é inegável que os empreendimentos por uma memória LGBTTT[9] efetivados nos últimos anos nos trouxeram numerosos entendimentos[10] quanto aos interseccionais regimes de subjetivação e os plurais modos pelos quais os chamados *filhos do dissenso*[11] viveram durante o período da ditadura militar brasileira, elucidando diversos fatos e compreensões até então invisibilizados pela história oficial. Entretanto, mais do que saber sobre aqueles que viviam sob o medo gerado pela repressão e pelo controle das dissidências a uma heterossexualidade compulsória,[12] essas memórias, subterrâneas e transgressoras, nos permitiram também apreender novas perspectivas em relação a esse período e à própria ditadura militar, sobretudo, no que diz respeito ao conteúdo ideológico que lhe serviu como importante substrato de ação política e que, por muitas vezes, lhe garantiu apoio social.

Sobre esse último elemento, talvez seja necessário pontuar que, por mais que incentivada e fortalecida por uma doutrina de segurança nacional, as bases da homofobia, do sexismo, da misoginia e da transfobia na sociedade brasileira não podem ser restringidas ao contexto da ditadura militar.[13] Mais do que a dominação do Estado, devemos destacar a posição de marginalidade desses sujeitos em relação a um cotidiano dito normal e sua memória que, *grosso modo*, trata de englobar a sociedade como um todo, pressupondo certos sentidos da experiência humana como condição para a existência em comunidade e para a integração social. Assim, as bases de uma heterossexualidade compulsória e de seus correlatos sentimentos homofó-

---

9 Considerando que os empreendimentos por uma memória política partem sempre do presente, optamos pela sigla que atualmente representa as categorias que condensam as expressões identitárias com maior visibilidade e força política.

10 Nesse sentido, destacamos a participação de James Green e Renan Quinalha na Comissão Nacional da Verdade e a obra de difusão por eles desenvolvida. Consultar: GREEN, J.; QUINALHA, R. *Ditadura e homossexualidades*: repressão, resistência e a busca da verdade. São Carlos: EdUFSCar, 2015.

11 SILVA, A.S. *Luta, resistência e cidadania:* uma análise psicopolítica dos movimentos e paradas do orgulho LGBT. Curitiba: Juruá Editora, 2009, p. 264.

12 PERES, W.S.; TOLEDO, L.G. Dissidências existenciais de gênero: resistências e enfrentamentos ao biopoder. *Rev. Psicol. Polít.*, 2011, v. 11, n. 22, p. 261-277

13 Para um acessível relato sobre a preocupação com o tema em outros períodos da história brasileira, consultar: GREEN, J.; POLITO, R. *Frescos trópicos:* fontes sobre a homossexualidade masculina no Brasil (1870-1980). Rio de Janeiro: José Olympio Editora, 2004.

bicos remontam tempos e práticas anteriores à ditadura militar, estando cristalizadas no senso comum da época e tendo suas fronteiras constantemente vigiadas e seus valores reproduzidos.

Nesse sentido, ainda que o presente ensaio direcione seu olhar mais atentamente às ações de repressão do Estado e suas instituições e práticas policiais, não podemos minimizar ou desconsiderar o controle social exercido e regulado pela sociedade da época em relação a essas minorias.[14] É necessário reconhecer o papel ativo que exerceram familiares, professores, patrões, colegas de trabalhos e vizinhos em aplicações de violência contra esses sujeitos,[15] seja no expresso repúdio a determinadas práticas sexuais ou, mais amplamente, na recusa aos modos pelos quais esses sujeitos constituíam suas performances de gênero, embaralhando os códigos de inteligibilidade da época.[16]

Distantes da pretensão de ingressarmos em um debate propriamente identitário, esse ensaio propõe um olhar ao controle social, à repressão e à violência vivenciados por aqueles sujeitos que reivindicavam explicitamente o direito de existirem para além da linearidade sexo-gênero-prática sexual-desejo[17] e seus fundamentos biológicos, principalmente, no que se refere à obrigatoriedade da generificação do feminino em corpos fêmeas e a generificação do masculino em corpos machos.[18] Propomos essa discussão a partir de um olhar àquelas que apesar de terem composto a linha de frente na resistência aos preconceitos, às discriminações sociais e ao abuso policial, são costumeiramente invisibilizadas em grande parte das narrativas dissidentes que versam sobre o período da ditadura militar: as travestis.[19]

---

14   Sobre o conceito de minoria, é oportuno ao presente ensaio o desenvolvimento teórico da pioneira monografia desenvolvida por José Fabio Barbosa da Silva. Ver: SILVA, J.F.B. Homossexualismo em São Paulo: estudo de um grupo minoritário In: GREEN, J.; TRINDADE, R. *Homossexualismo em São Paulo e outros escritos*. São Paulo: UNESP, 2005.

15   Devemos essa reflexão tão central ao ensaio a: SIMONETTO, P. Intimidades disidentes. Intersecciones en las experiencias de homosexuales y lesbianas en Buenos Aires durante los sesenta y setenta. *Revista Americana de Historia Social*, v. 11, p. 28-50, 2018.

16   PERES, W.S.; TOLEDO, L.G. *Op. Cit.*, p. 263.

17   BUTLER, J. *Problemas de Gênero*: feminismo e subversão da identidade. Rio de Janeiro: Civilização Brasileira, 2015.

18   PERES, W.S.; TOLEDO, L.G. *Op. Cit.*, p. 264.

19   Cabe mencionar que, à época, utilizava-se o termo "travesti" no gênero mascu-

Justificamos esse recorte por entendermos que, tanto no passado como no presente, o escárnio e a humilhação social pelas quais passam os sujeitos dissidentes nos parecem de certo modo reguladas pelo nível de inscrição e exposição da ruptura em seus próprios corpos e performances, sobretudo, quando representam recusas aos elementos associados à ordem simbólica dominante: a masculinidade. Já na década de 1930, é possível percebermos as diferenças em termos de exposição à violência e das possibilidades de integração no cotidiano entre homossexuais mais efeminados, que recorrentemente se travestiam, e homens que praticavam sexo com outros homens, mas que mantinham claras performances masculinas.[20] Ilustra também essa diferença o próprio incômodo causado por Madame Satã ao conjugar simultaneamente elementos masculinos e femininos em sua performance de gênero, vivenciando problemas e obstáculos muito similares não apenas àqueles enfrentados pelos efeminados de sua época, mas também àqueles atualmente vivenciados pelos sujeitos trans, como a violência policial, as dificuldades de inserção laboral, as restrições para transitar no espaço urbano, entre tantas outras experiências atravessadas também por questões de raça e classe social.[21]

Como estrutura para discussão, esse ensaio se divide em duas seções. Primeiramente, propomos algumas notas historiográficas[22] sobre as características gerais da repressão, da violência e do controle social levadas a cabo pelo Estado e vivenciadas pelas travestis durante a ditadura militar, incluindo também alguns eventos anteriores a esse período que auxiliam a compreender as bases de seu modus operandi. A partir da contextualização desse controle em um quadro geral de preocupação social e política que o "homossexualismo" despertou no Estado, passamos a destacar algumas diferenciações que construíram certa especificidade das experiências travestis em relação a uma unicidade do desvio, sobretudo, no que se refere à construção

---

       lino. Entretanto, considerando as atuais lutas por direitos sociais empreendidas por travestis e transexuais, optamos pelo seu uso no feminino.
20   GREEN, J., *Op. Cit.*
21   SILVA, A.S.; BARBOZA, R. Diversidade sexual, Gênero e Exclusão Social na produção da Consciência Política das Travestis. *Athenea Digital*, n. 8, p. 27-49, 2005.
22   A ideia de um apartado histórico se fundamenta nas proposições de Lifschitz (*Op. Cit.*, p. 156):"A memória política é uma das formas mais importantes pensamento, mas é impotente sem um quadro referencial preestabelecido".

de uma imagem negativa que inspiraria medo e cuidado por parte do Estado e da sociedade.

Em um segundo momento, considerando a necessidade de nos atentarmos ao controle exercido micro-socialmente e também à multiciplicidade de formas pelas quais os sujeitos dissidentes construíam suas performatividades, elaboramos um apartado que tem por objetivo trazer as memórias de Jacque Chanel, mulher transexual, nascida em 1964 na cidade de Belém do Pará e que vivenciou os últimos anos da ditadura militar e a retomada democrática em sua juventude.

Ainda que reconheça que "éramos todos homossexuais" para época, não havendo um entendimento que diferenciasse gênero e orientação sexual, sua narrativa traz elementos constantes da busca por um "ser mulher", evidenciando as dificuldades em encontrar meios e representações sociais que permitissem um entendimento de si, assim como narra as restritas condições para viver como se desejava, com destaque às grandes diferenças sociais entre viver como um homem homossexual ou *gay* e adotar uma performatividade permanentemente feminina, o que no caso de Jacque, a leva a adotar por um tempo o que poderíamos denominar como uma *homossexualidade tática*.

Tentando articular as dimensões macro e microssociais, contemplando a unicidade e irrepetibilidade da experiência humana em seu sentido particular,[23] buscamos refletir sobre a pluralidade de experiências vivenciadas pelos sujeitos dissidentes e destacar o importante papel político na resistência protagonizado pelas travestis. Com o aumento de lugares de escuta e a emergência de memórias subterrâneas,[24] em oposição a um passado marcado pelo silenciamento e por uma assimetria discursiva, não podemos deixar de aproveitar esse meio de registro para eternizar as memórias e os entendimentos de sujeitos recorrentemente desprovidos dos lugares de fala e dos instrumentos e recursos que, historicamente, formulam, produzem e difundem os enunciados de saber que governam e incidem sobre suas vidas.

---

23   HELLER, A. *O Cotidiano e a História*. Rio de Janeiro: Paz & Terra, 2016.
24   POLLAK, M., *Op. Cit.*, p. 6.

Notas historiográficas: (trans)olhar as experiências dissidentes na ditadura

Ainda que saibamos que os sujeitos atualmente entendidos a partir da *sopa de letrinhas* LGBTTT[25] não tenham sido os principais alvos de perseguição da ditadura militar brasileira, diversos esforços teóricos e a consideração do tema pela Comissão Nacional da Verdade (CNV) foram suficientes em demonstrar a relativa centralidade e importância que a chamada questão do "homossexualismo" despertou nos órgãos de segurança pública nacional, sobretudo, com o fim dos embates diretos com os movimentos de guerrilha e o acirramento do pânico em torno de uma iminente revolução comunista por via cultural, entendendo a dissidência sexual como "componente de um complô mais amplo inspirado pelo comunismo internacional e baseado na dissolução moral – e calculado para destruir o Brasil do interior".[26]

Desse modo, são os indivíduos declarados como homens em seu batismo que se tornam os principais alvos de controle por parte das forças de controle e repressão, conformando uma política contra essa ameaça patológica (social e corporal) à segurança nacional,[27] perigoso fator de vulnerabilidade política,[28] baseada em ideais que remetem às próprias bases do sentimento anticomunista no país. Assim, podemos entender em parte as razões pelas quais os "invertidos sexuais" mais efeminados eram os principais alvos de controle ao exporem explicitamente em seus corpos e performances a subversão aos rígidos códigos de moralidade da época, baseados em um ideal masculino de virilidade.

Nesse sentido, o governo autoritário da ditadura militar tinha também um ideal de povo e de corpo são, cabendo destacar que essa mencionada ideia de degenerescência incluía homossexuais e travestis junto a outros indivíduos considerados subversivos, desviados e anormais, como "transviados,

---

25 FACCHINI, R. *Sopa de letrinhas? Movimento homossexual e produção de identidades coletivas nos anos 90*. Rio de Janeiro: Garamond, 2005.

26 COWAN, B. Homossexualidade, ideologia e "subversão" no regime militar. In: GREEN, J.; QUINALHA, R. *Ditadura e homossexualidades*: repressão, resistência e a busca da verdade. São Carlos: EdUFSCar, 2015.

27 COWAN, B., *Op. Cit.*, p. 35.

28 COWAN, B., *Op. Cit.*, p. 32.

cabeludos, mulheres da vida",²⁹ "bêbados", usuários de drogas, intelectuais, artistas, entre outros,³⁰ o que nos explica em muito as bases da homofobia centradas na ideias da patologia e de desordem social e, consequentemente, a importância dada à regulação do espaço público como elemento de controle social. Assim, amparados também por uma ideologia cristã de família e moral, os governos municipais e estaduais realizaram verdadeira caça a homossexuais e travestis no Brasil.

O processo de limpeza e higienização era feito principalmente através de "rondões", batidas policiais e ações de censura. Governos locais apelavam a leis e portarias para restringir atividades artísticas e fechar bares e boates de frequência subversiva.³¹ Entretanto, legalmente, buscavam-se outros indícios para incriminar os proprietários na Justiça, como a acusação da presença de menores em processos sumamente arbitrários, sendo crescentes a discricionariedade e sistematicidade da repressão a partir do decreto que instituiu o Ato Institucional Número Cinco (AI-5). No caso das rondas policiais realizadas no fim da década de 1970, cabe mencionar que as chamadas prisões para averiguações realizadas pela polícia não contavam com nenhum respaldo na legislação nacional³² e que houve certa recusa de advogados e juízes em cumprirem com a Lei de Vadiagem nesse período, contravenção penal originária do início da República (Código Penal de 1890) que se fundamentava na "implícita obrigação do trabalho regulamentado em lei como linha de divisão entre trabalhadores e vadios".³³

Apesar desse contexto geral que incidia sobre os dissidentes sexuais, podemos claramente perceber uma série de especificações no plano discursivo policial e midiático, sobretudo, a partir da década de 1980, que passam

---

29   MORANDO, L. Por baixo dos panos: repressão a gays e travestis em Belo Horizonte (1963-1969). In: GREEN, J.; QUINALHA, R. *Ditadura e homossexualidades*: repressão, resistência e a busca da verdade. São Carlos: EdUFSCar, 2015, p. 56.

30   "Entre ladrões, vadios, mulheres do *trottoir,* maconheiros, aliciadores de menores, estrupradores, viciados, homicidas, a população de gays e travestis era visada como pertencente àquela marginália" (MORANDO, L., *Op. Cit.*, p. 79).

31   MORANDO, L., *Op. Cit.*, p. 54.

32   OCANHA, R.F. As Rondas policiais de combate à homossexualidade na cidade de São Paulo (1976-1982). In: GREEN, J.; QUINALHA, R. *Ditadura e homossexualidades:* repressão, resistência e a busca da verdade. São Carlos: EdUFSCar, 2015.

33   OCANHA, R.F., *Op. Cit.*, p. 155.

a produzir e reproduzir uma certa imagem das travestis. Em certo momento em São Paulo (1976), por exemplo, era obrigatório para as travestis a posse não apenas dos documentos demandados para qualquer cidadão (identidade e carteira de trabalho), mas também o porte de cópia que deveria ficar retida com a polícia. Em trecho do Relatório da CNV, lemos:

> Em 1º de abril de 1980, O *Estado de S. Paulo* publicou matéria intitulada "Polícia já tem plano conjunto contra travestis", no qual registra a proposta das polícias civil e militar de "tirar os travestis das ruas de bairros estritamente residenciais; reforçar a Delegacia de Vadiagem do DEIC para aplicar o artigo 59 da Lei de Contravenções Penais; destinar um prédio para recolher somente homossexuais; e abrir uma parte da cidade para fixá-los são alguns pontos do plano elaborado para combater de imediato os travestis, em São Paulo". (Relatório CNV, p. 297)

É importante perceber a ênfase sobre a imagem das travestis. Ainda segundo o mesmo relatório, foram estabelecidas formas de medir o corpo das travestis, recolher suas imagens para averiguação a fim de determinar quão perigosas elas poderiam ser. O risco que ofereciam, nas palavras da Polícia, era de perverter e incentivar a juventude, além de propagar abomináveis práticas. Segundo Ocanha,[34] entre 1976 e 1977, o delegado Guido da Fonseca conduziu em São Paulo um estudo com 460 travestis, das quais 398 foram importunadas sem serem "vadias", em razão da Portaria 390/1976 que estabelecia a já mencionada obrigatoriedade de portar cópia dos documentos de porte obrigatório pela Lei de Vadiagem.

Assim, é fácil de desprendermos a influência do regime militar sobre as possibilidades desses indivíduos dissidentes em se organizarem politicamente e adquirirem a visibilidade que outros grupos alcançaram, a despeito da repressão. Luis Morando[35] relata a proibição por parte do Serviço de Censura da Polícia Federal de concursos como *Miss Brasil Travesti* e *Miss Minas Gerais das Travestis* na década de 1960 e destaca o que nos parece ser um essencial argumento para entendermos a forte repressão sob esses sujeitos: os contornos que o termo travesti passa a adquirir ao longo do

---

34 OCANHA, R.F., *Op. Cit.*, p. 157.
35 MORANDO, L., *Op. Cit.*, p. 69-78.

tempo para além de seu sentido etimológico, em razão da visibilidade que "vão ganhando pela necessidade de expressar publicamente sua identidade de gênero".[36] Nesse processo de crescente visibilidade, o autor menciona também a tentativa de organização política em Belo Horizonte já em 1966, com o desejo de criar a "Liga dos Libertados do Amor" e o anúncio de realização do I Congresso Nacional do Terceiro Sexo em 15 de Setembro do mesmo ano em Niterói-RJ. Entretanto, como o trecho do Diário de Minas referenciado pelo autor indica, a polícia já os aconselhava a "não cometer tamanha asneira".

Conforme o autor, a imagem das travestis sempre esteve relacionada no imaginário social às experiências policiais, à criminalidade e à prostituição, entretanto, como estratégia contestatória, muitas se dedicariam também ao teatro, às artes e à estética.[37] Sobre essa imagem negativa, devemos destacar o central papel da imprensa nessa produção,[38] chegando inclusive a incitar o poder público à violência: "prendam, matem e comam as travestis".[39] Obviamente de modo distinto, percebe-se essa imagem até mesmo em algumas matérias de O Lampião, que apesar de ativo na denúncia de abusos e de violência policial contra as travestis, também reproduziu preconceitos e estereótipos da época em algumas de suas matérias.[40]

Assim, é importante pontuar o peso que a censura e a repressão tiveram também sob a visibilidade desses sujeitos e as possibilidades de se entenderem, aspecto destacado pela chacrete Welluma Brown, negra e travesti, que dizia: "Eu não sabia o que era uma travesti, jamais tinha ouvido falar disso". No período da ditadura, a censura impedia que temas relacionados à sexua-

---

36 MORANDO, L., Op. Cit., p. 70.
37 Sobre as relações entre travestilidades e o mundo dos palcos, recomendamos a leitura de artigo no prelo de Emerson Meneses & Martín Jayo, no qual propõe uma periodização histórica para a trajetória das travestilidades nos palcos brasileiros. Ver: MENESES, E.; JAYO, M. Presença travesti e mediação sociocultural nos palcos brasileiros: uma periodização histórica. Revista Extraprensa, São Paulo, 2018 [no prelo].
38 SILVA, E.O.; COSTA E BRITO, A.M.M. Travestis e transexuais no jornal Lampião da Esquina durante a ditadura militar (1978-1981). Dimensões, v. 38, jan.-jun. 2017, p. 214-239
39 O Estado de São Paulo, 24 de maio de 1980.
40 SILVA, E.O.; COSTA E BRITO, A.M.M., Op. Cit., p. 230.

lidade fossem falados ou comentados na televisão e em jornais, que quando o faziam, apenas contribuíam para o aumento dos preconceitos e as bases da estigmatização social. Em síntese, para além do escárnio, não havia representação na mídia desses sujeitos, o que havia era aquilo que Hannah Arendt chama de "profundo sentimento de não-pertencer", o pensar estar sozinho: "Será que apenas eu sou assim?", triste sentimento que Barboza da Silva[41] já relata em seu pioneiro trabalho entre homossexuais da classe média-alta paulistana. O que dizer daqueles providos de piores condições financeiras e com marcas mais *ostensivas* de uma feminilidade?

Ao longo desse trabalho de escrita, nos indagamos sobre como essa sensação de solidão, de falta de conhecimento ou de experiências com indivíduos comuns, marcadas por um profundo silêncio heteronormativo, pode ter levado muitos jovens ao suicídio. Isso nos leva a refletir também sobre a importância de publicações como *O Lampião* e práticas artísticas e performáticas que buscavam conferir visibilidade à dissidência "em tempos de medo e renúncia".[42]

Trans*memórias: Jacque Chanel, uma louca de cara limpa[43].

Nascida em Belém (PA) alguns meses após o golpe de 1964, as primeiras memórias da infância de Jacque Chanel remontam um sentimento de medo por parte de seus pais, principalmente por sua mãe, e um sentimento de diferença com os meninos assim ao entrar à escola. Se até o ingresso na escola primária, por volta dos sete anos, Jacque considera que sua infância corria de forma normal como a vida de qualquer criança paraense, um maior contato com os meninos a fizeram ter noção de uma diferença.

---

41 SILVA, J.F.B., *Op. Cit.*
42 DANIEL, H. Carta redigida em 1979 e publicada em *Lampião da Esquina*, ano 2, n. 22, 1980, p. 10.
43 Este apartado se baseia em dois testemunhos realizados por Jacque Chanel, sendo o primeiro em palestra realizada no dia 17 de Maio de 2016 (Dia Internacional Contra a Homofobia) na Escola de Artes, Ciências e Humanidades da Universidade de São Paulo; e o segundo, no dia 25 de fevereiro de 2018, também em São Paulo, porém em formato de entrevista. Todos os trechos de citação direta que seguem se referem à entrevista realizada no dia 25/02/18. Por limitações de espaço, não pudemos explicitar as condições de produção da entrevista e do presente texto.

Com a aproximação da puberdade, entre os dez e treze anos, começou a sentir atração pelos meninos de sua escola e perceber-se diferente em relação aos afetos que sentiam seus colegas, o que nos relata por meio de dois episódios. Primeiro, relembra que na década de 1970 eram comuns pequenos calendários com fotos de mulheres nuas e/ou em posições eróticas, e que seus companheiros de classe gostavam de esfregar essas fotos no pênis, prática a qual não conseguia entender. Logo, se recorda também de quando um amigo de sua sala lhe apresentou a imagens de sexo heterossexual, e ao se deparar com essa prática até então desconhecida, diz ter se identificado com a posição da mulher: "eu me situei na mulher, né, eu digo meu papel é esse numa relação".

Por volta dos treze anos de idade, seus pais começaram a notar sua diferença já evidente em sua feminilidade: "com treze anos, eu já era totalmente menina que eu não me aguentava mais, não conseguia controlar mais aquilo e tava muito evidente. Não me lembro se foi nessa época que meu pai me descobriu... pronto. Aí minha mãe me levou para me internar". Ao fim, a alternativa encontrada por sua mãe, que lhe demandava uma mudança por ela não compreendida, foi a entrada à igreja evangélica. É nesse período também que Jacque começou a notar certas restrições em relação a sua irmã e seu irmão. O que entende hoje como uma legítima preocupação de seus pais, efeito do medo da repressão e do controle social do regime militar, na época lhe causava muito incômodo: sua mãe não lhe deixava andar pelas ruas desacompanhada por medo de que algo lhe acontecesse em uma cidade que, em suas palavras, havia "casos de gays e travestis sendo assassinadas todo dia, todo dia, todo dia... não era uma coisa assim que acontecia uma vez por mês ou uma vez por semana, era todo dia".

A estratégia encontrada por Jacque para poder sair desse controle que a restringia ao trânsito entre casa, escola e igreja foi mentir para seus pais dizendo que tinha compromissos na igreja, enquanto passava a transitar pela cidade em busca de descobrir aquilo que acontecia com pessoas como ela – momento no qual ainda não se entende muito bem, mas se nomeia como *homossexual efeminado*. Entretanto, o principal ponto de inflexão em termos identitários vem com o ingresso na faculdade de administração de empresas por volta de seus dezoito anos, quando entra em contato com o diretório acadêmico e o movimento estudantil e é convidada para o concurso *Miss Pará Gay*, onde tem pela primeira vez a oportunidade de maquiar-se e vestir-se como uma mulher:

> Nesse ano, nesse período, de 17 e 18 anos meus, eles me chamaram pra participar dessa festa. Era uma festa num espaço fechado com segurança, com tudo mais, para que não chamasse muito atenção, porque eles tinham medo. Era o *Miss Pará Gay*. Nesse concurso, eu fui participar e meu amigo me disse assim: "tá pago pra você: prova de maquiagem, prova de cabelo, então você vá lá e faça". No teste, o maquiador e cabelereiro me maquiou o tempo todo de costas para o espelho e disse "só vou te virar no final". Ele terminou e me virou pro espelho. Eu, que até então vivia como *gay*, me descobri na realidade, porque a maquiagem trouxe pra mim toda a questão feminina realmente do meu ser, de me identificar na realidade e... eu desabei naquele momento no choro, porque eu digo: 'gente, eu sou uma mulher'. Eu não sabia o que eu era na realidade, então naquele momento eu me encontrei, me descobri e digo: "aqui sou eu, essa pessoa sou eu"... então a partir dali eu sabia quem era eu, porque até então eu não sabia.

Esse episódio é extremamente importante para a vida de Jacque que destaca que, na época, éramos todos *gays* aos olhos da sociedade, embora afirme como convicção que houvesse travestis cujas vidas eram muito diferentes das vidas de homossexuais, e que fosse utilizado com muita frequência o termo *transformista* para designar uma pessoa que "não era nem travesti, nem transexual, que era considerada *gay* para sociedade daquela época e que se transformava numa mulher". Se o processo de nomear a si mesmo foi sempre permeado pelas dúvidas e possibilidades do contexto relatado e apesar de seu atual entendimento enquanto mulher transexual e as resultantes imprecisões entre relatar o passado desde o presente, é evidente em todo seu relato o constante desejo de viver integralmente como uma mulher e o medo da repressão social, o que a levou a adotar uma *homossexualidade tática* durante o dia por muitos anos, encarnando sua desejada identidade apenas em momentos e espaços limitados nos quais lhe fosse permitido e não lhe gerassem maiores impactos em sua vida em um período no qual "travestis eram levadas sem o menor motivo para a delegacia".

Sem conseguir precisar exatamente os anos de realização, Jacque nos conta que participou de mais dois concursos como este durante a década de 1980, sendo o de maior impacto na realidade já no início da década de 1990, quando inclusive é notícia no jornal *Folha do Norte*, em cuja manchete lemos "gays se organizam e denunciam crimes" e que logo abaixo podemos ver uma foto de Jacque em um vestido longo, com a legenda: "Vatuzzi Beckmann[44] acaba de criar o movimento homossexual". Independentemente da imprecisão temporal, Jacque se refere a esses eventos que lhe trouxeram visibilidade na imprensa local em conjunto a um triste acontecimento que presencia na Praça da República de Belém como os fatores-chave que a levaram a pensar em articular uma possibilidade de ação política em defesa da comunidade *gay*:

> Numa dessas vezes que eu saí, eu fui pra República lá de Belém, e foi lá que eu presenciei a morte de duas travestis, que foram serradas ao meio. Os caras mataram elas e serraram o corpo delas ao meio, aí penduraram cada parte atrás de cada carro e saíram arrastando como uns lixos. Como a imprensa tava em cima de mim, eu digo: eu tenho que procurar algo... aí me veio na época o Grupo Gay da Bahia, porque o GGB tava com um trabalho bem visível, aí me falaram dele. Eu não me lembro exatamente quem, não sei se foi o pessoal do diretório acadêmico da faculdade, mas me falaram dele, que enfrentava todo mundo: a polícia, a ditadura, aquilo tudo que acontecia na época

Orientada pelas recomendações do Professor Luiz Mott, então um dos principais nomes do ativismo *gay* no país,[45] Jacque redige uma carta-aberta à população belenense fundamentada nos direitos constitucionais, posicionando-se contra o que chama de "matança *gay*" e imprime 3 mil panfletos para distribuição em praça pública. Apesar das poucas cópias e da simplicidade na impressão, julga que o impacto foi elevado e relata que para além da distribuição, esse movimento inicial buscou também parceria com a Secretaria de Saúde para realização de trabalho de prevenção.

---

44 O nome seria homenagem a cantora Watusi, brasileira, principal figura do Moulin Rouge (Paris) entre 1978 e 1982. Em estudo conduzido na região do Cariri entre os anos de 2006 e 2013, o nome Watusi aparece como um dos termos utilizados como táticas de "power of self-naming". Ver: Campbell, D.G. et al. The terminological polyhedron In: LGBTQ terminology: self-naming as a power to empower in Knowledge Organization. *Knowledge Organization*, v. 44, n. 8, 2017, p. 586-591.

45 O Grupo Gay da Bahia (GGB) foi um dos principais movimentos homossexuais no país, com destaque a suas ações contra a patologização da homossexualidade, liderando campanha a favor da revogação do parágrafo 302.0 do Código de Saúde do INAMPS. Ver artigo de Luiz Mott sobre a história e atuação do GGB nesta coletânea.

O grupo passou a se reunir no Conjunto Arquitetônico de Nazaré para organizar suas ações e buscou se articular socialmente com outros movimentos como: "um grupo de prostitutas que já existia, um grupo de senhoras da alta sociedade que militava contra várias coisas, inclusive contra a matança *gay* que existia na época [...] o Movimento de Negros do Pará e também uma participação muito importante que foi a do Padre Bruno, que cuidava do movimento Emaús, muito forte e atuante em Belém". Quando atingiu número suficiente, "um grupo formado por uns dez mais ou menos", Jacque conta que foi iniciado o trabalho de prevenção nas boates e outros espaços frequentados pelo público *gay*, aproveitando essas oportunidades para articular o Movimento Homossexual de Belém (MHB). Segundo ela, a opção pelo termo homossexual se deu em razão da natureza pejorativa do termo por ela identificado: "eu achava muito pejorativo o termo gay, entendeu? Então eu preferia usar o homossexual. Poderia ter continuado na mesma linha do Luiz Mott, mas eu achava o termo chulo. Então, pra limpar um pouco, eu preferia usar o termo homossexual".

Entretanto, sua participação no ativismo se interrompeu em pouco tempo, devido ao incômodo que lhe causaram suspeitas levantadas por seus companheiros do MHB em relação a um financiamento oferecido por uma organização não-governamental estadunidense. Assim, decidiu entregar ao grupo tudo o que tinha em sua casa e se desligou da militância completamente até chegar a São Paulo no ano de 1993. A vinda para São Paulo no ano de 1993 é narrada como um marco em sua vida, sendo que nos últimos anos em Belém, havia decidido "transitar", o que lhe gerou a necessidade de se mudar de casa por pressão de seus pais.

Em ambas as cidades, Jacque chegou a "fazer avenida" durante as noites – entretanto, a diferença entre as experiências se encontra relacionada à dimensão do trabalho. Em Belém, funcionária de uma multinacional do petróleo, trabalhava com roupa social masculina durante o dia e se travestia em seu tempo livre; já em São Paulo, decidiu adotar outra atitude:

> Eu resolvi vir pra São Paulo, e aí pronto, aqui foi que a coisa aconteceu mesmo. Porque aqui eu já não era mais considerada aquele *gay* afeminado, eu já era mesmo outra pessoa, uma outra atitude, outro visual e comecei a enfrentar as coisas aqui em São Paulo. Primeira coisa que eu enfrentei, mais forte assim, foi a empresa aonde eu fiz

concurso e, mesmo com concurso, eles conseguiram me tirar. No meu primeiro dia de trabalho, eu me sentia como se estivesse num aquário e eu fosse um peixe, porque as pessoas vinham só pra me olhar: "ela é a primeira travesti que tá trabalhando na TELESP". E aí aquilo no primeiro dia já tava no ouvido do presidente. [...] Eu comecei a enfrentar essa questão toda. Eu entrava na Sete de Abril, o pessoal todo gritava: [imita vozes em tom de escárnio] "olha, chegou a travesti".

Sobre o mundo da prostituição em Belém e São Paulo, abordou o assunto a partir da importância daquele espaço para o autoconhecimento, a curiosidade e a vontade em vivenciar aqueles espaços (Avenida Almirante Barroso em Belém, "Rua do Dante" e Rêgo Freitas em São Paulo) e relatou a constante violência policial:

Eu acho que tudo isso que acontecia estava relacionado justamente a essa pressão que o poder exercia sobre as pessoas, sobre a sociedade. E isso aconteceu na minha infância na época lá em Belém. Essa pressão tava muito relacionada à sexualidade e às pessoas que se posicionavam abertamente – por isso que a minha mãe morria de medo que eu me revelasse, me assumisse, porque tinha muitos sofrendo pressão mesmo. E foi aqui, chegando em São Paulo, que eu pude perceber essa pressão na avenida, porque eu me propus a viver a prostituição aqui em São Paulo para que eu pudesse contar de fato o que acontecia, o que eu via. E aquilo me revoltava demais. Quando eu cheguei na avenida, eu pude perceber o que eles faziam com a gente. Do nada eles apareciam e diziam que a gente estava presa... Eles chegavam na avenida e jogavam um holofote na cara da gente, uma luz muito forte, e diziam assim: "entra aí, vagabunda", pra entrar no caminhão, que ficava atrás da viatura. E a gente entrava naquele caminhão sem estar fazendo absolutamente nada. Levavam pra delegacia e deixava a gente lá por uma noite. A gente assinava um termo e eles liberavam a gente no dia seguinte. Aquele monte de travesti... um caminhão cheio. Quando chegava, eu anotava a placa do carro e ele me dizia: "não adianta, vagabunda". Isso era todo dia, era uma coisa banal já.

Essa violência era também comum em Belém, onde fez avenida por três anos. Destaca um episódio no qual um policial a encontrou junto a uma amiga repentinamente e lhes disse que estavam presas por circularem pela rua naquele horário. Valendo-se da má fama atribuída às travestis de "cortar todo mundo", o agente policial implantou um estilete em sua bolsa antes de ingressarem na delegacia. Todavia relatando os contornos dessa violência policial, narra outra passagem:

> Eu me lembro que quando eles vinham me fazer revista, eu mostrava com maior orgulho o crachá da TELESP, que era na época uma empresa e tanto, e eles diziam assim mesmo: "Ah, vagabunda trabalha na TELESP? E eles lá sabem que você faz avenida à noite?". E eu dizia: "não te interessa, isso não faz parte do teu trabalho". [...] Comigo eles conseguiam até dialogar, que tinham umas ali que não conseguiam nem falar, principalmente quando a pessoa tá com droga na cabeça, imagina. Dá pra imaginar né...[...] Eu nunca me droguei. Nem fumar, nem beber. Eu sempre estava lúcida e não precisava estar fora de mim pra viver essas coisas. Eu sou o pior tipo de pessoa, eu sou a louca de cara limpa que quero ver tudo, sentir todas as sensações, não quero usar uma droga, ficar num barato pra poder viver aquilo [risos].

Essa capacidade de poder argumentar, se posicionar, "bater de frente" com os agentes policiais e até mesmo as possibilidades para optar pelo uso de drogas ou não, são entendidos por Jacque como resultado das condições de estudo e trabalho que obteve apenas a partir das condições possibilitadas por aquilo que podemos entender como uma *homossexualidade tática*, é dizer, o estabelecimento de uma performatividade como *homossexual efeminado*, que apesar dos desvios, seguia mais proximamente aos códigos de vestimenta e comportamento da época, limitando sua performance feminina e gerenciando seu desejo de ser mulher com as condições econômicas e as necessidades do presente:

> Eu consegui estudar, consegui chegar até a faculdade, consegui trabalhar... por que? Porque visualmente eu tinha o visual daquelas pessoas que eram aceitas, aquelas que estavam no armário, eu vivia pra sociedade como homossexual, como *gay*, então é por isso que eu consegui chegar lá, porque cê imagina se eu tivesse assumido o que eu era, se eu tivesse me compreendido desde cedo. Jamais. [...] não cheguei a ter amizade com pessoas assim, mas eu cheguei a saber das histórias, entendeu?

Sobre essas diferenças sociais e seus impactos, Jacque passa a operar um ir-e-vir entre passado e presente para lamentar a situação de marginalidade e exclusão social vivenciada por pessoas trans. Conta de Rosinha, amiga que veio na mesma época para São Paulo e morreu assassinada por um cliente que por ela havia sido roubado, prática ainda comum entre travestis e mulheres transexuais que fazem programa na cidade de São Paulo e entendida por Jacque como resultado de uma sucessão de eventos negativos que conduzem essas pessoas à uma situação exclusão. Dessa diferença, critica pessoas atualmente identificadas como transexuais ou travestis e que se referem a um passado como se tivessem vivenciado uma mesma identidade desde sempre, sem fazer o balanço de tais diferenças, cobrando determinadas atitudes e práticas: "Elas se formaram como *gays* e hoje falam como trans, querem ter um posicionamento como se tivessem sido trans a vida inteira, e aí querem condenar essas pessoas que tem atitudes desse tipo".

O último ponto abordado por Jacque versa sobre os espaços de sociabilidade *gay* em Belém, nos quais se divertia e aproveitava para conhecer eventuais parceiros. Se refere a um medo da polícia invadir espaços como a "bem frequentada" *Lapinha* e o "meio brega" *Orlando*, ou a *Camaleão*". A *Lapinha* foi onde participou de dois dos três concursos que ganhou e considera que era "bem frequentada, por pessoas que estavam de passagem, às vezes gringos", enquanto a *Orlando*, localizada em região mais periférica, era uma casa simples, frequentada por *gays*, travestis, prostitutas e "muita gente pobre". Apesar das diferenças, todas eram fechadas e de acesso controlado por medo de denúncias de vizinhos.

Considerações finais

Para encerrar esse texto, gostaríamos de tecer alguns comentários. Tendo como base as duas seções que desenvolvemos, nos parece claro que as experiências de dissidência durante o período analisado eram relativamente plurais e heterogêneas, o que indica a inocuidade analítica que poderíamos incorrer caso adotássemos um olhar ao passado baseado em determinados entendimentos identitários atuais que estabelecem certa homogeneidade do que viria a ser a homossexualidade. No testemunho de Jacque, questões relacionadas a sua idade, à localização geográfica, às condições sociais e econômicas e a sua família nos aparentam incidir claramente sob os contornos e possibilidades de uma desejada performatividade feminina, o que a leva a desenvolver táticas e práticas de "negociar sua representação diária com outros para evitar violências"[46] no cotidiano, sejam frente àquelas executadas pelo Estado policial ou às vivenciadas micro-socialmente.

Assim, as concessões e negociações que ela tinha que fazer para manter o emprego, transitar pelo espaço público ou poder continuar seus estudos, e até mesmo o distanciamento que busca de sua cidade natal e de sua família em dado momento para "poder acontecer", são exemplos que evidenciam a "administração da imagem pessoal" que homossexuais, lésbicas e travestis faziam para gerenciar a vida cotidiana frente às constantes representações negativas difundidas pelo Estado e pela imprensa,[47] assim como em razão da necessidade de se defenderem de claras práticas de violência policial. No testemunho, vemos claramente como essa imagem negativa é utilizada pelo policial no episódio em que esconde um estilete em sua bolsa, assim como percebemos sua influência social ao condicionar a vida de Jacque a uma série de restrições.

Mesmo que o entendimento identitário hegemônico da época não fizesse distinção entre homossexuais e travestis, compreendendo-os basicamente como graus distintos de um mesmo desvio, é possível percebermos que ser um homem *gay* era uma experiência diferente de ser travesti ou homossexual e assumir uma performatividade permanentemente feminina. Assim, nos parece ser necessário tentarmos nos aproximar às perspectivas e entendimentos dos sujeitos para além dos limites formulados pelos enunciados discursivos sobre a homossexualidade, produzidos majoritariamente pelos saberes psimédicos, sendo importante destacar a pluralidade de sentidos formulados às categorias identitárias por parte de Jacque, demonstrando-as como "próprias do campo de indagação dos sujeitos",[48] fluidas e, em muitos sentidos, ficcionais e suscetíveis a incoerências e imprecisões.

---

46 SIMONETTO, P. *Op. Cit.*, p. 47.
47 SIMONETTO, P. *Op. Cit.*, p. 32.
48 CUTULI, M.S.; INSAUSTI, S.J. Cabarets, corsos y teatros de revista: espacios de transgresión y celebración en la memoria marica. In: PERALTA, J.L.; JIMÉNEZ, R.M.M. *Memorias, identidades y experiencias trans*: (in)visibilidades entre Argentina y España. Buenos Aires: Biblios, 2015, p. 19.

Poderíamos estender nossos comentários sobre outros aspectos. Entretanto, frente aos limites de espaço, desafortunadamente passamos ao largo de importantes fatos como a articulação social de transexuais e travestis durante a grande epidemia da aids na década de 1980 e de todo um histórico de ativismo político nas edições do Encontro Nacional de Travestis e Transexuais que Atuam na Luta e Prevenção à AIDS (ENTLAIDS), espaço no qual ocorreram numerosas discussões identitárias e a articulação desses sujeitos enquanto atores políticos.[49] Por outro lado, destacamos a importância do movimento desse ensaio ao considerar – e alertar sobre – as realidades dissidentes para além do privilegiado eixo RJ-SP.

Em tempos de disputas pelo passado, em que políticos de extrema-direita bradam em louvor a tristes figuras da ditadura, entendemos que lutar pelos significados desse período é uma essencial tarefa política, uma vez que tais percepções podem exercer influências nos modos pelos quais as pessoas apreendem as suas realidades políticas atualmente.[50] Em suma, trata-se de reconhecer um passado marcado por um violento Estado que jogou papel ativo na repressão de travestis e homossexuais para demandar ações de um Estado que hoje se silencia frente às realidades da homofobia e da transfobia[51] que *restam* dos tempos da ditadura em suas próprias instituições e na sociedade como um todo. Sobre esse aspecto, caberia indagar ainda sobre as imprecisões temporais de Jacque ao relatar sua experiência durante os anos 1980-90, suscitando um questionamento quanto às efetivas percepções de mudança do quadro político no que se refere à violência à população LGBTTT, já que, mesmo com o fim da ditadura, seguiram fortemente presentes as práticas de repressão e violência policial, assim como o preconceito em seu local de trabalho e em outras instâncias de sua vida.

---

49   Sobre esses temas, vale consultar o artigo de Jaqueline Gomes de Jesus nesta coletânea.

50   ANSARA, S. *Memória Política, Repressão e Ditadura no Brasil*. Curitiba: Juruá Editora, 2009.

51   AGÊNCIA BRASIL. Com 600 mortes em seis anos, Brasil é o que mais mata travestis e transexuais. Brasília, 13 Out. 2015. Disponível em: <http://agenciabrasil.ebc.com.br/direitos-humanos/noticia/2015-11/com-600-mortes-em--seis-anos-brasil-e-o-que-mais-mata-travestis-e>. Acesso em: 12 Dez. 2017.

É nesse sentido que evocamos a coragem que travestis, lésbicas, bissexuais e homossexuais tiveram ao assumir essa linha de frente contra a "moral e os bons costumes" de um regime político tão violento e excludente que, em muitos aspectos, infelizmente, aparenta se constituir como um passado que insiste em não passar.[52]

---

52   TELES, E.; SAFATLE, V. *O que resta da ditadura*: a exceção brasileira. São Paulo: Boitempo, 2010.

Travessia: caminhos da população trans na história

Jaqueline Gomes de Jesus[1]

"Diadorim deixou de ser nome, virou sentimento meu"
Grande Sertão: Veredas, de João Guimarães Rosa

"Espero que num futuro próximo, mas bem próximo, possamos conviver com todas as diferenças. Pois, como a própria natureza mostra: sem as diferenças não haveria vida"
Cláudia Wonder

Voltar

A você que me lê: este texto foi parido. Ele tem sido gestado há anos em minha cabeça e coração, já se expressou de diversas maneiras em diferentes artigos, mas encontrou extrema dificuldade para se postar aqui ante a você, nestas páginas.

---

[1] Professora de Psicologia do Instituto Federal do Rio de Janeiro (IFRJ). Pesquisadora-líder do ODARA – Grupo Interdisciplinar de Pesquisa em Cultura (CNPq). Coordenadora do Núcleo de Diversidade NDIVAS Marielle Franco (IFRJ Campus Belford Roxo).

Ele foi parido por que seu nascimento não foi fácil. Enquanto escrevo estas palavras, lembro do falecimento do meu marido, João Zacharias Filho, em 12 de julho de 2017 – é o total oposto do fácil lidar com a perda repentina de um grande amor, mesmo considerando os sobressaltos que ocorrem numa relação conjugal ao longo dos anos; recordo da: cirurgia de vesícula à qual me submeti para recuperar minha saúde integral; das dezenas de compromissos acadêmicos, com minhas/meus companheiras/companheiros estudantes, técnicos e docentes; do meu ativismo intelectual e do engajamento político-partidário; da minha vida pessoal; dos muitos textos que devo a bastante gente querida e aos que virão, principalmente.

Você não tem ideia de quanto eu sofri para tirar estas ideias que tanto troquei comigo mesma para aqui expô-las. Mas cá chegamos. Este capítulo é um ato de resistência, sobreviveu à depressão, ao desprezo, ao ódio e ao cansaço, e eu o ofereço para que você multiplique a mensagem e quebre o silêncio: nós, população trans, temos uma história! Pois como nos ensinou Audre Lorde, "Meus silêncios não haviam me protegido. Seu silêncio não a protegerá".[2]

Eu escrevo para o presente, sim, "procê", mas sob estas linhas pulsa um futuro. Como nos ensina o Adinkra[3] Sankofa, é sábio aprendermos com o passado para construirmos o amanhã, "Se wo were fi na wo sankofa a yenkyi":

Nunca é tarde para voltar e apanhar o que ficou atrás!
Dizer quem, é quem

Os nomes surgem como algo que nos dão, que a nós atribuem, e que se tornados, com a construção que cada pessoa faz de si, a partir de quem se considera ser e da realidade que o cerca, aquilo que acatamos como nosso ou que mudamos, para o que melhor entendemos nos representar. Assim se dá com as pessoas, mas também com os povos e os grupos sociais.

---

2   LORDE, A. (1977). A transformação do silêncio em linguagem e ação. [Tradução de A. Rente, publicada em 31 de janeiro de 2017]. Disponível em: http://transformativa.wordpress.com/2017/01/31/a-transformacao-do-silencio-em--linguagem-e-acao-audre-lorde

3   Os Adinkra são um conjunto secular de símbolos escritos que foram desenvolvidos pelos povos Akan, da África Ocidental, particularmente os Ashanti, do Sul do atual Gana, que se referem a provérbios e expressões NASCIMENTO, E. L. & GÁ, L. C. (2009). *Adinkra*: sabedoria em símbolos africanos. Rio de Janeiro: Pallas.

Em geral, as crianças são nomeadas carinhosamente, rogando-lhes dons, proteções ou benefícios, porque tendem a ser vistas como parte relevante de quem lhes dá o nome. O mesmo já não costuma se dar com povos e grupos sociais, principalmente quando estes são vistos como "os outros", e pior quando existe uma relação de poder sobretudo desigual.

Um exemplo é a atribuição do genérico nome "negros", surgido no século X, às centenas de povos africanos explorados, durante o tráfico transatlântico, no período da escravidão moderna que fundou as Américas sob a dominação europeia. O termo, para além de se referir apenas a pessoas de pele escura, recebeu no século XV uma carga negativa, contraposta a uma suposta superioridade dos chamados "brancos", e foi consolidado no século XVIII dentro da lógica segregacionista do racismo científico.[4]

Também as pessoas trans – por quem chamo, enquanto grupo com diferentes características, que em comum se compõe por aqueles que não se identificam como gênero que lhes foi atribuído socialmente: travestis, transexuais e demais pessoas transgêneras – têm uma história, mais antiga do que é comum pensar.

Anterior ao termo "transexual" havia "travesti, e antes desta denominação, costumo brincar, havia o "trans", do latim "além de".

Ao juntarem o trans ao "vestire", os latinos criaram o "transvestire", referindo-se a quem exagera na roupa que usa. Os italianos do século XVI o popularizaram, dando-lhe um sentido adicional, a partir de expressões como "Lui è travestito": ele está disfarçado. A palavra "travestito", com tal significado, foi logo adotada pelos franceses, que relacionaram o "disfarce" a um comportamento, tida como ridículo ou falso, de homem que se veste como mulher. Posteriormente incluída na língua inglesa, virou "travesty".

Com os usos, esse adjetivo passou a ser utilizado, pejorativamente, para identificar uma população: a trans.

Uma brevíssima história das pessoas trans

A população transgênera, ou trans – termo que utilizamos para nos referirmos às pessoas que não se identificam com o gênero que lhes foi atribu-

---

[4] Davis, D. B. (2001). *O problema da escravidão na cultura ocidental.* Rio de Janeiro: Civilização Brasileira.

ído ao nascimento,⁵ composta por travestis, homens e mulheres transexuais e outras pessoas trans, como as que se identificam como "não-binárias" (que não se reconhecem como pertencentes a qualquer gênero, podendo, porém, adotar expressões de gênero culturalmente tidas femininas ou masculinas) –, é historicamente estigmatizada, marginalizada e perseguida, devido à crença na sua anormalidade, decorrente do estereótipo de que o "natural" é que o gênero atribuído ao nascimento seja aquele com o qual as pessoas se identificam e, portanto, espera-se que elas se comportem de acordo com o que se julga ser o "adequado" para esse ou aquele gênero.⁶

Entretanto, a variedade de experiências humanas sobre como se identificar a partir de seu corpo mostra que esse estereótipo é falacioso, especialmente com relação às pessoas trans.

Entre os povos nativos norte-americanos, pessoas que hoje identificaríamos como trans eram conhecidas como "Berdaches", atualmente mais conhecidos como *Two-Spirit* (Dois Espíritos), referindo-se à ideia de que são pessoas que vivem papéis de dois gêneros ou que são de um terceiro gênero.

O uso do termo "Berdache" é criticado por ser antiquado e ofensivo, tendo em vista que não era utilizado pelas pessoas às quais se referia: foi imposto por antropólogos que se basearam na palavra francesa para homem que se prostitui (garoto de programa, "michê"), "bardache", a qual, por sua vez, derivou-se do árabe "bardaj" (البَرْدَجُ), que significa "cativo, prisioneiro".⁷

Para os Mohave, que habitam a região do Rio Colorado, no Deserto de Mojave, pessoas que identificaríamos como mulheres transexuais eram chamadas de *Alyha*, tratadas com nomes femininos, referências de gênero femininas e precisavam assumir hábitos considerados femininos, como costurar. Já os homens tidos por nós como transexuais eram chamados de *Hwame*, tratados como homens e, quando casados, seguiam os tabus requeridos dos maridos quando as esposas menstruavam.⁸

---

5   JESUS, J. G. (2012). Orientações sobre identidade de gênero: conceitos e termos. Goiânia: Ser-Tão/UFG. JESUS, J. G. (2016). *Guia inclusivo dos muitos gêneros*. Em:, N. QUEIROZ (Org.), Você já é feminista! Abra este livro e descubra o porquê (p. 60-70). São Paulo: Pólen.

6   HERDT, G. (1996). *Third sex, third gender*: beyond sexual dimorphism in culture and history. New York: Zone Books.

7   JACOBS, S.-E., THOMAS, W. & LANG, S. (1997). *Two-spirit people*: native american gender identity, sexuality, and spirituality. Urbana: University of Illinois Press.

8   ROSCOE, W. (1996). *How to become a berdache: toward an unified analysis of gender*

Nos relacionamentos afetivos, tanto Hwame quanto Alyha eram referidos pelos companheiros, respectivamente, como "marido" ou "esposa". Inclusive, as Alyha usavam a palavra mohave para clitóris a fim de se referirem aos seus órgãos genitais, tal qual o termo "grandes lábios" para seus testículos e "vagina" para se referir ao seu ânus, o que também é uma prática comum entre mulheres transexuais e travestis brasileiras contemporâneas, que eventualmente aplicam a palavra "grelo" ou "grelho" para o seu pênis.

Memórias de um Brasil

No Brasil, ocorriam bailes de "travestis" no século XVII, quando marinheiros eram recepcionados no Rio de Janeiro, dada a falta de mulheres com as quais dançar em seus momentos de lazer, por homens vestidos de mulher.[9]

O sexólogo alemão Magnus Hirschfeld, no começo do século XX, utilizou a palavra "transvestite" para quem habitualmente se veste com roupas atribuídas a pessoas do gênero oposto, geralmente por interesse de cunho sexual.

O fascínio misturado com abjeção tem sido de praxe na relação da sociedade brasileira com as travestis e as mulheres transexuais.[10] A sociedade que sempre excluiu as travestis, que ainda não reconhece a plena humanidade de pessoas trans, reagiu com histeria quando da visita ao Rio de Janeiro, em 1962, de Coccinelle, artista e cantora francesa conhecida mundialmente como estrela da trupe oficial da casa noturna "Carrousel de Paris",[11] tendo se submetido, em 1958, a uma cirurgia de redesignação genital (antigamente chamada, inadequadamente, de "cirurgia de mudança de sexo"), e por ser a primeira mulher transexual a ter o seu casamento em 1960, com o jornalista esportivo Francis Bonnet, reconhecido pela Igreja Católica.[12]

---

diversity. Em: G. HERDT (Org.), Third sex, third gender: beyond sexual dimorphism in culture and history (pp. 329-371). New York: Zone Books.

9   WONDER, C. (2008). Olhares de Cláudia Wonder: crônicas e outras histórias. São Paulo: GLS.

10   JESUS, J. G. (2015a). Desejo e abjeção no discurso midiático: uma análise psicossocial e semiótica. Em: A. R. R. Geisler (Org.), Protagonismo trans*: política, direito e saúde na perspectiva da integralidade (pp. 55-72). Niterói: Alternativa.

11   Pode-se ver e ouvir Coccinelle em entrevista dada à televisão francesa, na qual é chamada de "Mulher do Ano 2000": http://www.youtube.com/watch?v=PvR4Mdk7J2A; e conhecer um pouco do seu trabalho por um trecho do filme "Días de Viejo Color", de 1968, dirigido por Pedro Olea: http://www.youtube.com/watch?feature=player_embedded&v=Mvd8EXfZ-YQ.

12   ROBERTS, M. (2009). Coccinelle. TransGriot [publicado em 30 de maio de 2009].

Foi preciso chamar o corpo de bombeiros para tirá-la a salvo de uma loja, na qual ela fazia compras e era assediada por uma multidão de pessoas curiosas que queria admirá-la de perto e causava tumulto.

Nesse período, artistas transformistas (termo brasileiro para os artistas performáticos atualmente conhecidos como "drag queens" e "drag kings"), igualmente referidos como praticantes do travestismo, apresentavam-se nos palcos brasileiros, como o Teatro Rival, até mesmo após 1964, tendo permissão da ditadura militar para se apresentarem, não podendo, porém, confundirem-se com as mulheres cisgêneras fora de seus espaços cênicos.

Mas sempre há frestas. A cantora e performer Divina Aloma, negra, musa do pintor Di Cavalcanti, chegou a se apresentar no Canecão e em outros espaços que dividia com mulheres cis, conforme depoimento que deu ao Seminário Transfeminismos: Novas Perspectivas dos Feminismos,[13] em 28 de março de 2018.[14]

Nomes ainda hoje lembrados, como os de Rogéria, Jane Di Castro, Brigitte de Búzios, Cláudia Celeste, Camille K entre outras divas, surgiram nesse tempo em que as travestis vislumbravam a possibilidade de encontrarem trabalho não apenas na prostituição, mas também no campo artístico.

Correntemente, testemunhamos um rico movimento de artistas trans em busca de sua representatividade e contra a prática histórica de se colocar atores cis para representar personagens trans, em detrimento da existência de atores trans, que lutam pela empregabilidade mais básica.

Radicado nos Estados Unidos, o sexólogo alemão Harry Benjamim cunhou o termo "transexual" em 1966, e criou procedimentos clínicos para identificação e atendimento a pessoas transexuais, chamados de "padrões de cuidado". Compreendia-se essas pessoas como incluídas no denominado "travestismo fetichista", entendido na época, especialmente por psicanalis-

---

Disponível em: http://transgriot.blogspot.com/2009/05/coccinelle.html

13 Esta foi a segunda edição do seminário, que foi realizado no Rio de Janeiro entre 27 e 30 de março de 2018, com curadoria nacional de Viviane Vergueiro e Helder Thiago Maia e curadoria local minha.

14 Melé Coletivo de Produção Independente (2018). Mesa: Memórias Transfeministas. Seminário Transfeminismos [Vídeo publicado em 18 de abril de 2018]. Disponível em: https://www.youtube.com/watch?v=KTBWaZwGIhI&feature=youtu.be

tas, como uma patologia, um tipo de psicose, tendo em vista a visão de que o gênero identificado pela pessoa "normal" estaria submetido ao seu sexo biológico. Essa concepção reduz a transexualidade a uma patologia, e as pessoas transexuais a pessoas para os quais procedimentos cirúrgicos trariam uma "cura".[15]

A recepção às contribuições de Benjamim no Brasil foi parcial e tardia, prevalecendo uma concepção restrita da transexualidade, qual reduz essa condição a uma categoria clínica, a uma patologia, e essas pessoas a seres abjetos, para os quais procedimentos cirúrgicos trarão a "cura", conforme critica Bento.[16]

Exemplifico como o conceito de transexual foi inicialmente recepcionado no Brasil por meio do martírio impingido ao médico Roberto Farina, primeiro cirurgião a fazer uma cirurgia de redesignação genital no Brasil, em 1971, em Waldirene Nogueira.

Em 1978, Farina foi processado pelo Conselho Federal de Medicina – CFM, sob a acusação de lesões corporais graves.[17] Foi condenado em primeira instância, e somente absolvido em uma instância superior, porque uma junta médica do Hospital das Clínicas de São Paulo, onde ocorrera o procedimento, havia dado um parecer favorável à intervenção, fazendo uso do conceito de Benjamim quanto ao procedimento como solução terapêutica.

Algumas afirmações do juiz que condenou Roberto Farina são significativas da visão do sexo biológico como destino e, surpreendentemente, até hoje são utilizados como argumentos na sociedade sexista e transfóbica para dificultar ou impedir a integração completa das pessoas transgênero, mesmo que não se justifiquem:[18]

---

15 LEITE JR, J. (2011). *Nossos corpos também mudam*: a invenção das categorias "travestis" e "transexual" no discurso científico. São Paulo: Annablume. BENTO, B. (1996). A reinvenção do corpo: sexualidade e gênero na experiência transexual. Rio de Janeiro: Garamond.

16 BENTO, B. (2008). *O que é transexualidade*. São Paulo: Editora Brasiliense.

17 FARINA, R. (1982). *Transexualismo:* do homem à mulher normal através dos estados de intersexualidade e das parafilias. São Paulo: Novalunar.

18 REYS, O. & SALOMONE, L. *A terapêutica cirúrgica do intersexual perante a justiça criminal*: um caso de transexualismo primário ou essencial. São Paulo: Edição dos Autores. 1978.

1. A "vítima" de Farina não poderia jamais ser uma mulher, porque não tinha os órgãos genitais internos femininos;

2. A cirurgia poderia criar condições para uniões matrimoniais "espúrias"; e

3. O tratamento da "transexual, uma doente mental", deveria ser psicanalítico, e não cirúrgico, pois a cirurgia impediria a sua recuperação.

Como parte desse clima de intensa discriminação, a acusação chegou a afirmar que Farina queria que "bichinhas" maiores de idade conseguissem ser operados.

Até 1997 o CFM proibiu no Brasil, as cirurgias de redesignação sexual para pessoas transexuais, mesmo com o advento, já em 1979, da nona versão da Classificação Internacional de Doenças – CID 9, manual de orientação dos profissionais de saúde em geral, na definição e tratamento de transtornos mentais, editada pela Organização Mundial de Saúde – OMS, que pela primeira vez incluiu a definição de "transexualismo" como um transtorno de identidade de gênero, e indicava o procedimento cirúrgico como uma forma de tratamento, o que, apesar de patologizar as pessoas trans, possibilitava aos médicos fazerem a intervenção sem serem acusados de cometerem lesões corporais.

Na 10ª versão da Classificação Internacional de Doenças – CID 10,[19] ainda em vigor, a transexualidade é definida como um transtorno. A sua revisão é aguardada com uma expectativa de mudança da perspectiva patologizante, porém não com o seu término, no olhar desta que vos escreve, pois já foi anunciado que as identidades trans receberão a nova terminologia de "Incongruência de gênero", e serão alocadas em um capítulo relacionado a "condições relativas à saúde sexual".[20]

A 5ª edição do Manual Diagnóstico e Estatístico de Transtornos Mentais – DSM IV,[21] ao utilizar o conceito de "disforia de gênero" para se referir

---

19   ORGANIZAÇÃO MUNDIAL DE SAÚDE (2008). Classificação estatística internacional de doenças e problemas relacionados à saúde. Disponível em: http://www.datasus.gov.br/cid10/v2008/cid10.htm.

20   LUCON, N. (2018). OMS irá retirar identidades trans e travesti do capítulo de transtornos mentais. NLucon [publicado em 2 de maio de 2018]. Disponível em: http://www.nlucon.com/2018/05/oms-retira-identidades-trans-e-travesti.html.

21   AMERICAN PSYCHIATRIC ASSOCIATION. *Manual diagnóstico e estatístico*

às identidades trans, adota a mesma posição patologizante, que tratando gêneros como configurações genéticas, senão meramente genitais, confunde-os com um conceito reducionista de sexo biológico.

Tal perspectiva se contrapõe à que trata o gênero como um conjunto de atos performativos, norma que se materializa discursivamente,[22] mosaico de identidades construído socialmente, visão esta que permite compreender as vivências trans fora de modelos patológicos.

Ao patologizar as identidades trans, parte-se de uma compreensão de gênero não como uma categoria cultural, mas, isso sim, diagnóstica.[23] Tal concepção prejudica diretamente a vida e o cotidiano das pessoas trans, que são vistas como pessoas que devem ser tuteladas e não podem falar por si mesmas. Entretanto, vale apontar para o fato de que, indiretamente, ela também afeta as pessoas cisgeneras,[24] ou cis, que a partir de uma perspectiva de privilégios, são vistas e se veem como seres humanos mais dignos e de funcionamento "normal".[25]

Há uma mobilização internacional contra a psiquiatrização das identidades trans e pelo reconhecimento social e legal do gênero com o qual se identificam, em luta pelo direito à autodeterminação.[26] Esse é um dos aspectos políticos centrais da ação coletiva relacionada às pessoas trans.

de transtornos mentais. DSM V, Porto Alegre: ArtMed, 2014.

22 BUTLER, J. *Problemas de gênero*: feminismo e subversão da identidade. Rio de Janeiro: Civilização Brasileira, 2003.

23 BENTO, B. Gênero: uma categoria cultural ou diagnóstica? Em: Arilha, M., Lapa, T. S., Pisaneschi, T. C. (Orgs.). *Transexualidade, travestilidade e direito à saúde* (p. 167-204). São Paulo: Comissão de Cidadania e Reprodução, 2010, p. 167-204.

24 "Cisgênero" é um conceito guarda-chuva que abrange as pessoas que não são trans, ou seja, as que se identificam com o gênero que lhes foi atribuído socialmente (JESUS, 2012, 2016).

25 VERGUEIRO, V. (2015). Por inflexões decoloniais de corpos e identidades de gênero inconformes: uma análise autoetnográfica da cisgeneridade como normatividade. Dissertação de Mestrado. Instituto de Humanidades, Artes e Ciências Professor Milton Santos. Universidade Federal da Bahia, Salvador.

26 JESUS, J. G. (2015b). *Ensaio não-destrutivo sobre despatologização*. Em: F. SEFFNER & M. CAETANO (Orgs.), Cenas latino-americanas da diversidade sexual e de gênero: práticas, pedagogias e políticas públicas (pp. 107-136). Rio Grande: Editora da FURG.

O espaço reservado a nossa população é o da exclusão extrema, sem acesso a direitos civis básicos, sequer ao reconhecimento da identidade. Temos de lutar muito para termos garantidos os nossos direitos fundamentais, tais como o direito à vida.[27]

Em seu cotidiano, as pessoas transgênero são alvos de preconceito, desatendimento de direitos fundamentais (diferentes organizações não lhes permitem utilizar seus nomes sociais[28] e elas não conseguem, com facilidade, adequar seus registros civis[29] na Justiça), exclusão estrutural (acesso dificultado ou impedido a educação, ao mercado de trabalho qualificado e até mesmo ao uso de banheiros) e de violências variadas, de ameaças a agressões e homicídios, o que configura a extensa série de percepções estereotipadas negativas e de atos discriminatórios contra homens e mulheres transexuais e travestis que caracterizam a institucionalidade da transfobia no Brasil.

É forçoso repetir o discurso, necessário, de que o Brasil é o pais no qual se registra o maior número de assassinatos de pessoas trans, composto principalmente por travestis e mulheres trans, o que configura um tipo de feminicídio: foram 52,3% dos assassinatos no mundo entre 2008 e 2017.[30]

O Instituto Brasileiro Trans de Educação – IBTE identificou no Brasil, desde primeiro de janeiro de 2018 até 21 de maio de 2018, 69 (sessenta e nove) assassinatos, além 20 (vinte) tentativas de homicídio.[31]

---

27   JESUS, J. G. (2017). *Feminicídio de mulheres trans e travestis: o caso de Laura Vermont*. Em: D. PRADO & M. SANEMATSU (Orgs.), Feminicídio #InvisibilidadeMata (pp. 72-82). São Paulo: Instituto Patrícia Galvão/Fundação Rosa Luxemburgo. Disponível em: http://agenciapatriciagalvao.org.br/wp-content/uploads/2017/03/LivroFeminicidio_InvisibilidadeMata.pdf

28   Aquele pelo qual a pessoa transexual ou travesti se identifica e é identificada socialmente.

29   Nome civil e sexo registrados na certidão de nascimento. Os registros civis brasileiros não adotam o conceito de gênero, ainda se restringindo ao sexo biológico.

30   TRANSGENDER EUROPE'S TRANS MURDER MONITORING (2017). Tables 2008 – Sep 2017. Disponível em: http://transrespect.org/wp-content/uploads/2017/11/TvT_TMM_TDoR2017_Tables_EN.pdf

31   Instituto Brasileiro Trans de Educação (2018). Observatório trans. Disponível em: http://observatoriotrans.org/assassinatos

Eu me lembro de uma Xica

Ela poderia ser "da Silva", nossa outra grande Xica, mas deram-lhe o sobrenome "Manicongo".

Havia na capital do país, São Salvador da Bahia de Todos os Santos, então colônia de Portugal, nos idos de 1591, uma africana do Congo escravizada e vendida a um sapateiro, a qual chamamos de Xica Manicongo.[32]

Ela foi denunciada à primeira visita da Inquisição no Brasil por não se vestir como homem, acusada do crime de sodomia, que não se restringia ao que hoje entendemos por homossexualidade ou transexualidade. Qualquer prática tida como "nefanda" era classificada na categoria sodomítica, como sexo oral ou anal entre homens e mulheres, mesmo os casados.[33]

Por séculos, quando lembrada em nota de alguma pesquisa sobre as denunciações da primeira visitação do Santo Ofício à Bahia, foi chamada de Francisco, seu nome de batismo dado pelos escravocratas portugueses, e apontada como homem, até que sua história foi resgatada e seu nome social atribuído postumamente pela militante Majorie Marchi.[34]

Este é o escrito e sabido acerca da primeira travesti registrada na História do Brasil, a quem hoje reconhecemos como uma mulher negra.

Veja os corpos e seus movimentos

Nos anos 80, a modelo e atriz Roberta Close se tornou a principal referência imagética para mulheres transexuais brasileiras. Nascida em uma família de classe média que a apoiava, em 1984 ganhou o título de vedete do Carnaval Carioca, e ficou nacionalmente conhecida quando saiu na capa da edição de maio de 1984 da Playboy.

---

32   O registro da existência de Xica Manicongo se deve à extensa pesquisa de Luiz Mott sobre a perseguição aos chamados "sodomitas" no Brasil, a partir da documentação inquisitorial encontrada no arquivo da Torre do Tombo, em Lisboa, Portugal. Para maiores informações, recomendo a leitura de MOTT, L. (1999). Homossexuais da bahia: dicionário diográfico (séculos XVI-XIX). Salvador: Editora Grupo Gay da Bahia.

33   TREVISAN, J. S. (2007). *Devassos no Paraíso*: a homossexualidade no Brasil, da Colônia à Atualidade. Rio de Janeiro: Record.

34   http://www.nlucon.com/2016/04/morre-aos-42-anos-majorie-marchi.html

A manchete da revista revelava o estranhamento da mídia, condizente com o pensamento social vigente, ante a uma mulher tão atraente: "A mulher mais bonita do Brasil é um homem". Isso apesar da retratada sempre ter se identificado como mulher, independentemente da sua anatomia genital.

Em outro trecho da matéria, evidencia-se uma visão da pessoa trans como falsa, mulher que não seria "de verdade", no linguajar coloquial: "Incrível. As fotos revelam por que Roberta Close confunde tanta gente".

As convenções sociais sobre masculinidade e feminilidade então vigentes dificultavam o entendimento de que o gênero daquela mulher independia de características genitais: muito ao contrário do afirmado, ela não queria confundir, queria se revelar.

Em termos de organização social nos padrões políticos hodiernos, em 15 de maio de 1992 foi fundada a ASTRAL – Associação das Travestis e Liberados do Rio de Janeiro. A data é comemorada, pelo movimento trans fluminense, como Dia do Orgulho de Ser Trans e Travesti. Entidades que surgem em seguida são a Associação das Travestis de Salvador (ATRAS) e o Grupo Filadélfia de Santos, em 1995; o Grupo Igualdade, em Porto Alegre, e a Associação das Travestis na Luta pela Cidadania (Unidas), de Aracaju, em 1999.[35]

O começo do século XXI testemunhou o surgimento de entidades nacionais como a Articulação Nacional de Travestis, Transexuais e Transgêneros (ANTRA), a Rede Trans e o Instituto Brasileiro de Transmasculinidades (IBRAT).

As travestis brasileiras construíram, ao longo de mais de um século, uma Cultura do Corpo única, fundamentada na linguagem falada, constituindo-se como uma "oralitura". O impedimento do acesso pleno ao ensino formal é um dos fatores envolvidos nessa realidade, que obrigou a comunidade a se proteger e transmitir seus conhecimentos fora dos métodos disponibilizados a grupos sociais mais privilegiados.

Esse conjunto de saberes e fazeres tem sido historicamente invisibilizado ou apropriado por outros grupos sociais e movimentos, devido à transfobia (preconceito contra pessoas trans) e o cissexismo (crença na superio-

---

35 Carvalho, M. & Carrara, S. (2013). *Em direito a um futuro trans?: Contribuição para a história do movimento de travestis e transexuais no Brasil.* Sexualidad, Salud y Sociedad (Rio de Janeiro), (14), 319-351. Disponível em: https://dx.doi.org/10.1590/S1984-64872013000200015

ridade das pessoas cisgêneras – que não são trans) entremeados na sociedade brasileira, identificada como a que registra o maior número de assassinatos de pessoas trans (travestis, transexuais e demais pessoas transgêneras) no mundo, destacando-se os crimes de ódio contra as travestis e mulheres trans.

Com a introdução dos conceitos de "transexualidade" e de "transgeneridade" no contexto brasileiro e a popularização das Teorias *Queer*, durante as últimas décadas do século XX, vai-se consolidando um modelo de militância focado em uma agenda de promoção de iniciativas institucionais inclusivas, representada pela política do nome social, e na ideia de visibilidade.

Hoje

Mais do que leitora das coisas, sou testemunha viva de muitos dos eventos que têm pautado nossos tempos, e protagonista de alguns deles. São 40 anos de vida e 21 de participação ativa nos movimentos sociais. O que tenho visto, vivido e feito me traz a compreensão, creio que longe de ser obnubilada pela paixão militante, de que temos mudado, temos melhorado, mesmo com obstáculos, reações fundamentalistas político-religiosas e regressões do pensamento social aqui e ali.

A emergência do Transfeminismo, na segunda década do século XXI, tem estimulado a discussão de temas como a autonomia do movimento trans frente a outros movimentos sociais; a construção de um novo vocabulário, que abranja a nossa complexa e rica diversidade enquanto população trans e expando o universo discursivo também das pessoas cis;[36] a luta internacional pela despatologização; a diversidade sexual e de gênero das identidades trans; os privilégios da cisgeneridade; o reconhecimento da infância e adolescência trans; a reparação dos déficits educacionais; a inserção no mercado de trabalho formal e a representatividade nas artes e na política partidária; questões essas que vão formatando pautas políticas amplas, no complexo cenário dos novíssimos movimentos sociais.

Uma recentíssima vitória, o reconhecimento pelo Supremo Tribunal Federal – STF, em 1º de março de 2018, por unanimidade, que as pessoas

---

36 Destaco uma palavra recentemente criada, ainda de uso localizado, "transvestigênere", termo criado pelas ativistas Érika Hilton e Indianare Alves Siqueira, em uma mesa de bar, para se referirem de forma coletiva a pessoas transexuais, travestis e demais pessoas transgêneras, segundo depoimento da atriz Renata Carvalho.

trans podem retificar seus registros civis em cartório, sem necessidade de judicialização, corresponde a um marco histórico para a cidadania trans, no que tange ao seu direito fundamental à autodeterminação de gênero.[37]

Este capítulo é uma curta nota. Esperançosa de alimentar trabalhos que se aprofundem na memória de nossa população e, com isso, fortaleçam a nossa consciência. Eis um aprendizado que recebi do movimento negro: para termos consciência de quem somos precisamos de memória, conhecimento de nossa história, de onde viemos, de que a nossa população lutou, e morreu, para que tivéssemos os mínimos direitos dos quais hoje gozamos.

Estas anotações são um começo de algum novo relato, enfim. Quando penso nelas rogo por compaixão em seu julgamento sobre elas, *queride*[38] leitor(a) e rememoro este trecho do poema "A Flor e a Náusea", de Carlos Drummond de Andrade:

> Sua cor não se percebe.
> Suas pétalas não se abrem.
> Seu nome não está nos livros.
> É feia. Mas é realmente uma flor.

A História escrita não se preocupa com as pessoas trans. A nossa História ainda está por ser escrita. Nós é que temos que escrever a nossa própria História!

---

[37] POMPEU, A. (2018). STF autoriza pessoa trans a mudar nome mesmo sem cirurgia ou decisão judicial. Revista Consultor Jurídico. Disponível em: http://www.conjur.com.br/2018-mar-01/stf-autoriza-trans-mudar-nome-cirurgia--ou-decisao-judicial. SUPREMO TRIBUNAL FEDERAL (2018). 761 - Possibilidade de alteração de gênero no assento de registro civil de transexual, mesmo sem a realização de procedimento cirúrgico de redesignação de sexo.

[38] Aqui faço uso de linguagem inclusiva, para me referir a quaisquer pessoas, evitando a utilização do plural masculino.

Transmasculinos: invisibilidade e luta

João W. Nery[1]

Numa sociedade cisgênera e heteronormativa, quando falamos sobre transidentidades, as definições de masculinidades e feminilidades são insuficientes para explicar as inúmeras possibilidades de expressões de gênero dos indivíduos, seja quanto à sua identidade de gênero ou quanto à sua orientação sexual. Essas transidentidades compreendem o "guarda-chuva" dos transgêneros que, por sua vez, são conhecidos como "diversos sexuais".

Quem somos nós, transgêneros?

Algumas pessoas preferem utilizar apenas a expressão "trans" ou a letra "T", para mais corretamente abranger pessoas transgênero. Segundo o Congresso Internacional sobre Identidade de Gênero e Direitos Humanos – CONFENID (Barcelona, 2010), o termo se refere, de modo genérico, a

---

1   Graduado em Psicologia pelo Instituto de Psicologia da Universidade Federal do Rio de Janeiro (UFRJ), professor universitário, psicoterapeuta e pesquisador em gênero, especializado em Sexologia pelo Instituto Estadual de Diabetes e Endocrinologia (IEDE), ex-mestrando em Psicologia da Educação pela Universidade Gama Filho (UGF). Depois da publicação de Viagem Solitária: memórias de um transexual trinta anos depois e depoimentos na mídia, tornou-se referência nacional como ativista pelos direitos da causa LBGTTTIQ+. dando visibilidade ao segmento das transmasculinidades

qualquer pessoa cuja identidade de gênero não coincide de modo exclusivo e permanente com o sexo designado no nascimento. No Brasil, não há políticas públicas específicas para transgêneros, daí a importância dos rótulos, mesmo sabendo que estes não definem uma pessoa. A transgeneridade é uma das múltiplas formas de se expressar a sexualidade humana (através de identificações de modelos de gênero, socialmente disponíveis), sem nenhum caráter universal, natural, biológico ou genético.

Quem somos nós, os transmasculinos?

São pessoas transgêneras, que designadas ao nascer com o sexo biológico feminino, mas têm sentimento de pertencimento total ou parcial no gênero masculino. Sua identidade de gênero não implica na sua orientação sexual ou na relação com o seu corpo, sendo estas questões de caráter íntimo e individual e que não comprometem a sua masculinidade.

Os transmasculinos podem ser denominados conforme seu desejo e auto identificação em quatro grandes grupos, a saber:

1. Homem trans sendo a denominação "trans" um adjetivo para o sujeito, ou seja, o gênero masculino tem primazia sobre o termo transexual. Este é o mais usado como referência pelo IBRAT (Instituto Brasileiro de Transmasculinidades).[2]

2. Trans homem com o "trans" antecedendo o sujeito, dando ênfase à identidade de gênero que se sobrepõe ao gênero masculino, pois alguns relatam que não querem se considerar homem cis[3] mas sim, transexuais.

3. FtM – Sigla em inglês, *Female to Male* (do feminino para o masculino), fornecendo uma visão binarista e medicalizante para o indivíduo.

4. Não-bináries (n-b)[4]: Apresentam uma grande variedade de identidades e expressões de gêneros. A Comissão de Direitos Humanos de Nova Iorque (EUA) decidiu oficializar a multiplicidade das identidades de *gênero*, e passou a reconhecer *31 diferentes tipos de gêneros.*[5] Dentre elas,

---

2 https://www.facebook.com/institutoibrat/. Acesso em 02/05/2018.
3 Pessoa que tem a identidade de gênero coerente com o sexo designado ao nascer.
4 Geralmente se usa a vogal "e", que é neutra para designar os não binários.
5 https://www.geledes.org.br/nova-york-passa-reconhecer-31-gêneros diferentes. Acesso em 29/04/2018.

podem ser bigênere (com dois gêneros, não necessariamente bináries) ou nenhum dos dois. Podem se perceberem agêneres (sem gênero). Há quem se entenda metade menino e metade agênere ou parte bigênere, parte só menino e parte alguma outra coisa. Quanto às expressões de gênero, que é a maneira como a pessoa se apresenta socialmente, através das roupas, gestos, modos de falar, etc., podem ser incongruentes ou discordantes com a identidade de gênero. Uma identidade masculina pode apresentar uma expressão masculina, andrógina, não binária ou feminina. Estão, geralmente, em um lugar identitário que não a situa como totalmente mulher ou homem.[6]

Os Intersexuais – palavra preferível ao antigo termo "hermafrodita", empregado na Mitologia. A intersexualidade contém variações de caracteres sexuais incluindo cromossomos, gônadas, órgãos genitais, o que dificulta a identificação biológica de um indivíduo como totalmente feminino ou masculino. Podem apresentar uma grande variedade de corpos diferentes. Existem intersexuais que se autodeclaram trans, por isso estão sendo citados aqui neste contexto.

Resumo do histórico de lutas e pautas do ativismo T no Brasil contemporâneo

1. Tranfemininas

É indiscutível o reconhecimento das travestis e/ou transformistas como as primeiras guerreiras, conquistadoras da visibilidade e vítimas da luta pelo direito de existir. Mesmo sem um movimento organizado, desde a década de 70, elas estavam nas ruas, se prostituindo e/ou se apresentando em teatros para sobreviver. Desafiavam um feminino pré-moldado, no qual só mulheres cisgêneras podiam exibir. Muitas ainda se viam como *gays* efeminados. Enfrentaram, na década de 1980, as DSTs e a AIDS, sem nem saberem da importância do uso dos preservativos. Muitas morreram pela doença, pela violência policial ou pelos homo/transfóbicos. A partir da década de 1990, o movimento de travestis e transexuais, por ser considerado um grupo de

---

6   NERY, J.W., MARANHÃO Fº, E.M. de A. Deslocamentos subjetivos das transmasculinidades brasileiras contemporâneas. *Periódicus*. Salvador, BA. n.7, v.1, p.280-299, 2017.

risco dentro do programa de prevenção de DSTs/AIDS, conseguiu junto ao Ministério da Saúde apoio e dinheiro para se organizar.

Em 1992, foi fundada a primeira organização política de travestis da América Latina, no Rio de Janeiro, a Associação de Travestis e Liberados (ASTRAL). Foi uma resposta decorrente da violência policial, principalmente nos locais de prostituição naquela cidade.[7]

Em 1993, as travestis e trans mulheres se auto-organizaram, e criaram o ENTLAIDS – Encontro Nacional de Travestis e Transexuais que atuam na luta contra a AIDS.[8]

Até hoje, em uma sociedade capitalista, cristã, machista e heterossexista, os trans são vistos e tratados como aberrações que são obrigados a sair de cena para higienizar a sociedade.

Ainda em 1993 inicia-se um esboço da primeira parada LGBT no Rio de Janeiro, com pouquíssimas pessoas. Todas mascaradas. A partir de 1995, estes eventos ficam mais fortalecidos, mas ainda com alguns participantes usando disfarces. Hoje, muitas cidades por todo Brasil têm suas paradas. Estas manifestações deram-nos visibilidade e empoderamento para demonstrarmos o direito à manifestação do afeto e as várias expressões de gênero. Esse novo espaço político, proporcionou protestos contra a falta de uma legislação para a população LGBT[9] (o PLC 122/2006 contra a homofobia foi arquivado), que protegeria da violência, da hipocrisia social e, da falta de direitos civis, sobretudo das pessoas trans.

2. Transmasculinos

O primeiro trans homem a aparecer publicamente, chegando a presidir a APOLGBT (Associação da Parada do Orgulho LGBT de São Paulo) e também a ser membro da "Red Latinoamericana y del Caribe de personas

---

7   CARVALHO, Mario; CARRARA, Sérgio. Em direção a um futuro trans? Contribuição para a história do movimento de travestis e transexuais no Brasil. *Revista Lationoamerica:* Sexualidad, Salud y Sociedad. Rio de Janeiro: IMS--UERJ, CLAM, n. 14, Dossier n. 2, p. 319-351, 2013.
8   https://antrabrasil.org/historia/. Acesso em 02/05/2018.
9   https://www12.senado.leg.br/noticias/materias/2017/06/28/ideia-legislativa--propoe-criminalizacao-da-homofobia-e-recebe-mais-de-50-mil-apoios. Acesso em 29/04/2018.

trans" – REDLACTRANS, foi Alexandre Peixe dos Santos, o Xande, como é mais conhecido.[10]

Somente no 18° ENTLAIDS, em outubro de 2011, em Recife (PE), é que se abriu um espaço para a participação dos transmasculinos no formato de uma roda de debates.

Conseguiram vitórias como a de 2008, quando o Ministério da Saúde instituiu o Processo Transexualizador no SUS pela Portaria n° 1.707 e as cirurgias de redesignação sexual puderam ser feitas, mas somente em trans mulheres.

O primeiro grande encontro dos transmasculinos com as transfemininas aconteceu entre 6 e 9 de maio de 2012, no 7° Encontro Regional Sudeste de Travestis e Transexuais, realizado em Belo Horizonte. Ficamos todos alojados numa espécie de monastério, administrado por padres católicos. Pudemos assim ter um contato bem de perto com as trans e sentir o seu estranhamento e desconhecimento em relação a nós. Muitas se perguntavam: "E eles têm pau"?[11] Vivendo numa sociedade falocêntrica, muitos de nós não somos considerados homens, mas lésbicas masculinizadas, por não termos um pênis. Esta falta de informação acontece mesmo com alguns LGBTs. É uma das discriminações e das incoerências que alguns deles apresentam em relação aos transmasculinos. São capturados pelas normas binárias e biológicas do gênero, dando ênfase à prioridade genital, em vez da identidade de gênero.

A primeira organização das transmasculinidades foi a "Associação Brasileira de Homens Trans" – ABHT, fundada em 30 de junho de 2012, em São Paulo. A grande maioria dos transmasculinos se organizaram através do site "FtM Brasil" (www.ftmbrasil.org.br) de autoria de Leonardo Tenório, que se tornou o principal articulador e o futuro presidente da ABHT. Coordenei a eleição, mas não me candidatei a nenhum cargo eletivo.

Os militantes eleitos foram distribuídos de modo a ficarem responsáveis por algumas regiões brasileiras. Não passávamos de uns dez trans. Dentre as muitas propostas da ABHT estava a defesa dos Princípios de Yogyakarta,[12]

---

10 Ver o artigo de Alexandre Peixe nesta coletânea.
11 CARVALHO, Mario. *"Muito Prazer, Eu Existo!":* visibilidade e reconhecimento no ativismo de pessoas trans no Brasil. Tese de Doutorado, Instituto de Medicina Social, Universidade Estadual do Rio de Janeiro, 2015.
12 http://www.clam.org.br/pdf/principios_de_yogyakarta.pdf. Acesso em 03/05/2018.

com a despatologização das transidentidades, a aprovação de uma legislação específica contra a discriminação, o uso do nome social e a retificação de prenome e gênero, independente da realização da cirurgia de readequação, hormonização ou de perícia médica com autorização judicial e informar sobre o autocuidado e a redução de danos frente a processos de hormonização, cirurgias e infecções sexualmente transmissíveis. O programa do Ministério da Saúde de DSTs/AIDS até então, nunca contemplou os transmasculinos, como se não estivéssemos expostos também aos perigos de doenças. É preciso ressaltar que há muitos menores, expulsos de casa, que moram na rua, se drogam para conseguirem se prostituir e sobreviver. Relato este feito a mim, pessoalmente, por um deles (T., 16anos, Belo Horizonte/MG).

Em junho de 2013, a ABHT promoveu em João Pessoa (PB), o "1º Encontro de Homens Trans do Norte e Nordeste". Pela primeira vez, estavam juntos 17 trans homens. O objetivo foi fomentar a militância, o protagonismo, facilitando o processo de empoderamento e sensibilizando os gestores e acadêmicos presentes. Foi considerado um marco histórico na construção da cidadania dos trans homens no Brasil.

Um dos objetivos da ABHT (extinta em 2013) foi o de promover a ampliação da rede hospitalar para atendimento ao processo transexualizador do SUS. Atualmente, conta com apenas cinco hospitais habilitados, (Rio de Janeiro, São Paulo, Goiânia, Porto Alegre e Recife) e nenhum na região Norte. Os dois primeiros se encontram com as inscrições fechadas por excesso de contingente. Cada hospital do SUS só faz uma cirurgia por mês, portanto, 60 por ano. A alegação é de que não existe uma equipe de especialistas voltada exclusivamente para atender os trans, mas sim todo o hospital.

As filas são enormes e há pessoas trans esperando a realização do procedimento com estimativa de 10 anos de espera. Os que procuram médicos particulares esbarram com a exigência do laudo psiquiátrico para atendimento e realização de cirurgias, com a falta de recursos financeiros próprios ou com o despreparo de profissionais especializados para atendê-los. São obrigados a se sujeitar a um protocolo "científico" por dois anos, ter 21 anos (quando na Constituição a maioridade é 18 anos) e ficam impedidos de concretizarem qualquer decisão sobre alterações nos seus corpos sem o laudo médico atestando transexualidade.

Em meados de 2013 foi criado o "Instituto Brasileiro de Transmasculinidades" – IBRAT.[13] Dessa vez, tiveram o cuidado de fazer um organograma horizontal, com várias coordenadorias. Visava o desenvolvimento e monitoramento de pesquisas e discussões, formação política, incentivo à militância e controle social, que se abriu também aos não binários e às pessoas cisgêneras que quisessem colaborar. Fui um dos fundadores e um dos conselheiros nacionais da instituição.

Em 2013, marcamos presença no "I Seminário Nacional de Saúde Integral LGBT", realizado pelo Departamento de Gestão Participativa do Ministério da Saúde. O lançamento da portaria passou a contemplar travestis e homens trans no processo transexualizador e o uso do cartão do SUS com o nome social. Foi o início dos diálogos do IBRAT com o Ministério da Saúde para inserir as demandas dos trans homens na Política Nacional de Saúde do Homem.

Entre os parceiros, destacamos o CFP (Conselho Federal de Psicologia) e CFESS (Conselho Federal de Serviço Social), instituições pioneiras nos diálogos com os movimentos sociais.

Em 20 de fevereiro de 2015, na USP (Universidade de São Paulo), foi realizado o "1º Encontro Nacional de Homens Trans" (ENATH), organizado pelo IBRAT. Com quase 300 participantes, durante três dias, contou com a presença de 118 trans masculinos de todas as regiões do país. O evento foi um dos maiores realizados, para levantamento de demandas e direitos trans.

Conquistas dos trans ativistas masculinos:

O IBRAT, através de seus filiados, participou de conquistas importantes para toda a população trans no Brasil. Em 2010, o Conselho Federal de Medicina (CFM) já havia publicado uma nova resolução sobre a assistência aos transexuais no Brasil (1.955/2010). A partir desta data o Conselho Federal de Medicina passou a considerar que os procedimentos de mamoplastia masculinizadora (retirada de mamas) e a pan-histerectomia (retirada dos órgãos reprodutores internos femininos) deixavam de ser experimentais. Isso significava que poderiam ser feitos em qualquer hospital público/e ou privado desde que seguissem as recomendações do CFM. Até então, a

---

13 https://www.facebook.com/institutoibrat/. Acesso em 03/05/2018.

realização de qualquer uma dessas cirurgias, mesmo na assistência privada, era considerada experimental. Participou desta conquista o companheiro Alexandre Peixe dos Santos, membro fundador e coordenador Regional Sudeste do IBRAT.

Os homens trans não estavam mencionados com suas demandas e especificidades na Portaria do Processo Transexualizador do SUS até que, após uma revisão, com a participação dos trans homens já organizados politicamente, foi lançada a Portaria 2.803 de 19 de novembro de 2013 do Ministério da Saúde. A partir desta data, passamos a ter garantido o direito à hormonioterapia, acompanhamento psicológico, mamoplastia masculinizadora (mastectomia), pan-histerectomia, a neofaloplastia e a metoidioplastia[14] pelo SUS, através de ambulatórios e serviços credenciados pelo ministério. Participaram desta conquista os companheiros Raicarlos Coelho (IBRAT - PA), Régis Vascon (IBRAT - SP), Alexandre Peixe dos Santos (IBRAT - SP) e Leonardo Tenório (ABHT - PE).

Um dos principais marcadores da visibilidade transmasculina

Primeiramente, publiquei uma autobiografia, aos 27 anos, "Erro de pessoa: Joana ou João? (1984, Ed. Record), contando minha história até a realização das cirurgias. Publico um segundo livro, "Viagem Solitária – Memórias de um transexual 30 anos depois" (2011, Ed. Leya), uma releitura do primeiro, ampliando a história até os dias atuais. Este último foi agraciado com dois prêmios: o Prêmio Astra – da Associação de Travestis e Transexuais do Rio de Janeiro (2011) e o da 10ª Parada Gay de São Paulo (2012). Em 2011, recebi o prêmio Arco Iris de Direitos Humanos na categoria "Visibilidade Trans", pela 16ª Parada de Orgulho LGBT do Rio de Janeiro. Em dezembro de 2013, a Secretaria de Cultura da Prefeitura de São Paulo e o Itaú-Cultural aprovaram o projeto para a realização do longa-metragem sobre o livro, que está em andamento.

A partir de então, surgiram convites para entrevistas na mídia,[15] eventos e palestras em congressos nacionais e internacionais por todo Brasil. Para

---

14   https://pt.wikipedia.org/wiki/Metoidioplastia. Acesso 01/05/2018.
15   https://www.youtube.com/watch?v=8hTnTk80GfE. Acesso em 03/05/2018.

suprir a falta de material acadêmico sobre as transmasculinidades, escrevi alguns artigos que foram publicados em revistas acadêmicas.[16]

Em 2017, 'Viagem Solitária" inspirou a autora da novela "A Força do Querer", Glória Perez, a inserir na trama o assunto, trazendo mais esclarecimentos, visibilidade e compreensão para o que é ser um trans masculino, ajudando a salvar muitas vidas em situação de vulnerabilidade.[17] Mantenho, no meu próprio perfil na rede social, exclusivo para os transmasculinos, 26 "grupos secretos" para fornecer profissionais de várias especialidades, por Estados brasileiros, que possam atendê-los e também a fim de aumentar sua rede de socialização com outros transmasculinos.[18]

Em 2017, publiquei novo livro, com mais três transgêneros, o livro *Vidas Trans:* a coragem de existir (Ed. Astral Cultural). O capítulo que escrevo intitula-se "Viagem Solidária". Nele, abordei parte da minha militância, fatos que aconteceram depois do "Viagem Solitária" e algumas demandas do nosso segmento.

Transfeminismo

O transfeminismo passou a incluir os transmasculinos, caracterizado este contexto por um conceito amplo de interseccionalidade e da noção de opressão. A unificação se dá também pela necessidade de combater a visão biologizante de que o sexo tem primazia sobre a noção de gênero. Nós, transmasculinos, habitamos um "entre lugar": ao reivindicarmos e ressignificarmos as masculinidades, somos entendidos como aspirantes a privilégios machistas; por outro lado, não temos nossas masculinidades reconhecidas. Nossos corpos são lidos como estupráveis e seguem marcados pela tutela e controle, que caracterizam a opressão da sociedade com os corpos das mulheres. Por termos tido uma socialização inicial enquanto mulheres, mesmo que essa não fosse nossa identidade de gênero, fomos criados para calar, não reivindicar, não questionar, para a submissão diante do gênero masculino, com toda a patrulha sobre nossos corpos e expressões de gênero.

---

16 http://ufrj.academia.edu/Jo%C3%A3oWNery. Acesso em 03/05/2018.
17 MOIRA, A; ROCHA, M.; BRANT.T; NERY, J.W. *Vidas Trans:* A coragem de existir. São Paulo: Ed. Astral Cultural, 2017, p.84.
18 https://www.facebook.com/joao.wneryii. Acesso em 03/05/2018.

Sendo assim, não é incomum que nossas personalidades reflitam impotência e insegurança. Reivindicar a masculinidade em um corpo destinado ao feminino é uma afronta à masculinidade falocêntrica hegemônica. Assim como as mulheres (trans ou cis), os transmasculinos são vítimas diretas do machismo. É imprescindível fomentar discussões sobre o transfeminismo entre trans homens. Acredito que uma das contribuições dos transmasculinos, que não foram capturados por esta visão patologicamente machista, é demonstrar uma masculinidade suave, também passiva, afetiva, emotiva, onde saibam falar de si e de suas relações. Acrescentando aos homens cisgêneros, a liberdade de serem mais doces, sem os estereótipos negativos que o "poder" lhes concede, ao preço da opressão e do sufocamento de emoções.

Um dos maiores problemas da população trans continuava sendo a falta de uma legislação de reconhecimento e protetora dos seus direitos civis. O nome social, não vigorava na maioria dos estados brasileiros e não era cumprido como deveria, na medida em que não resolviam os impasses e embaraços pelos quais passavam as pessoas trans em situações em que precisam apresentar sua documentação legal. Ademais, as diversas normas que dispunha sobre o uso do nome social eram setorizadas e restritas a estabelecimentos da esfera pública. Esses anseios necessitavam ser agenciados através de ações judiciais, para que viessem a ocorrer a adequação do nome ao gênero.

Para preencher essa lacuna, os Deputados Federais Jean Wyllys e Érika Kokay protocolaram na Câmara, em 20 de fevereiro de 2013, o projeto de lei 5002/13, com o nome de João W. Nery – a Lei de Identidade de Gênero.[19] O projeto de lei garante o direito do reconhecimento à identidade de gênero de todas as pessoas trans no Brasil, sem necessidade de autorização judicial, laudos médicos ou psicológicos, cirurgias, hormonioterapias. Preservando todo o histórico da pessoa, assegura o acesso à saúde no processo de transexualização, despatologiza as transidentidades para a assistência à saúde e preserva o direito da família frente às mudanças registrais. Propõe também, que a psicoterapia só seja feita caso o interessado assim o desejar. O projeto foi feito com base na experiência da Lei de Identidade de Gênero argentina (aprovada por unanimidade naquele país). Com o incentivo,

---

19 http://www.camara.gov.br/proposicoesWeb/fichadetramitacao?idProposicao=565315. Acesso em 29/04/2018.

trabalho e engajamento de vários ativistas brasileiros e, sobretudo, com as demandas levadas pela antiga ABHT - Associação Brasileira de Homens Trans (NERY. COELHO & SAMPAIO, 2015).[20] A Lei João W. Nery ou Lei de Identidade de Gênero foi também tema das Paradas de Orgulho LGBT de São Paulo, Salvador e Belo Horizonte.[21]

Em função do quadro político atual, conservador e religioso, sem valorizar os direitos humanos, este projeto aguarda um momento mais propício à aprovação para ser apreciado pelo Legislativo.

A alforria para a cidadania trans

Finalmente, o Supremo Tribunal Federal (STF) autorizou, no dia 1º de março de 2018, a possibilidade de pessoas trans alterarem prenome e gênero em registro civil, sem a realização de cirurgia. Os ministros também decidiram, por maioria, que não seria necessária uma decisão judicial, para autorizar o ato, ou laudos médicos e psicológicos para que a mudança seja efetivada. Basta ir a um cartório e fazer a auto declaração de prenome e gênero.

Esta decisão, sem dúvida, foi o reconhecimento da nossa cidadania e a nossa libertação. Uma pessoa que não possa ser reconhecida nem pelo seu nome, não existe. Também, a dispensa de laudos evidencia que não é uma doença. Este foi um gigantesco avanço.[22]

Interessante ressaltar que a Lei João W. Nery ainda contemplava a possibilidade de proteção psicológica aos menores junto à defensoria pública, caso os responsáveis maltratassem ou abusassem do direito da criança de ter o gênero a que se sentisse pertencer (art 5º).

Cabe ressaltar que se faz necessária a criação de leis protetoras quanto à homo/transfobia e que haja penalidades sérias para as injúrias ou crimes cometidos. A sociedade precisa levar a sério o respeito à liberdade do outro.

---

20   NERY, J. W., COELHO, M. T. A. D., & SAMPAIO, L. L. P. (2015). João W. Nery – A trajetória de um trans homem no Brasil: do escritor ao ativista. *Periódicus*, Salvador, BA.4(1), 169-178.

21   http://www.guiagaysaopaulo.com.br/noticias//conheca-10-perguntas-e-respostas-sobre-a-lei-joao-w.-nery. Acesso em 01/05/2018.

22   Sobre a construção dos direitos das pessoas trans pela via do Poder Judiciário, consultar o artigo de Paulo Iotti na presente coletânea.

Pela recente decisão do STF, ainda não são todos os cartórios que estão aceitando com facilidade a mudança.

Algumas outras medidas se farão necessárias para se resolver questões ainda complexas: hoje, as transfemininas já podem acessar as Delegacias de Atendimento à Mulher, com fundamento na Lei Maria da Penha. Mas ainda não existem alas LGBT nas delegacias e na maioria dos presídios. Os transmasculinos continuam sem proteção em determinadas situações, tanto para aqueles que ainda não se hormonizaram, quanto para os que já retificaram seu prenome e gênero. No caso de transmasculinos grávidos, como fica a assistência do SUS? Este considera a Ginecologia e a Obstetrícia como especialidades exclusivamente femininas. Eles não poderão dar seu nome social nem aquele retificado para o cadastramento, porque serão lidos pelo sistema como uma fraude. Aqui estão alguns dos problemas cotidianos que não estão previstos na decisão do Supremo, mas que vigoram dentro de uma sociedade binarista e cisnormativa.

Faz-se necessário um programa de apoio mais extenso, que abranja esclarecimentos com cursos de formação adequados e colaboração da mídia para toda a sociedade. Para as pessoas trans, ajuda financeira com incentivo à educação, acesso à saúde, moradia, empregabilidade formal e apoio social, sobretudo aos familiares, para que não rejeitem seus filhos e filhas homo e/ou trans.

Não estaríamos tirando privilégios de ninguém. Apenas dando o direito de se viver a diversidade de gênero e de orientação sexual, de uma forma digna e igualitária, como já é prevista na Constituição.

"Homens do futuro": o movimento de homens trans no Brasil sob o olhar de Xande Peixe

Alexandre Peixe dos Santos[1]
Fábio Morelli[2]

Introdução

Foi em uma tarde de outono, numa sexta-feira, 27 de abril de 2018 mais precisamente. Pós-almoço. Sentei-me e revisei o roteiro. Fui iniciar minha conta no *Skype*. O programa não abriu. O reinstalei. Esqueci a senha. Entrei com outra conta. Agora vai! Não, espera! Não tenho mais o programa que grava os áudios. Baixei-o. O sol lá fora, Xande Peixe entra. Ligamo-nos. Conectamos. O vídeo reduzia a qualidade da chamada. Abandonamos nossas faces e feições, mantendo apenas a conversa por áudio. Entre buzinas e ruídos de trens que passavam ao lado de seu quarto de pensão, uma conversa que teve duração de duas horas e meia. A motivação? A construção de um trabalho conjunto sobre o histórico do movimento de homens trans por meio da perspectiva de Alexandre Peixe dos Santos, mais conhecido como Xande Peixe.

---

[1] Coordenador do IBRAT do Estado de São Paulo e da Região Sudeste. Ex--presidente da Associação da Parada do Orgulho LGBT de São Paulo, entre 2008 e 2010. Conselheiro de Ética na ANTRA. Fundador, em 2005, do Fórum Paulista de Travestis e Transexuais. Atualmente também atua contribuindo com a formação de ativistas. E-mail: xandepeixe@gmail.com.

[2] Cientista social pela UNESP/Marília e Mestre em Psicologia pela UNESP/Assis. Pesquisador do grupo de pesquisa PsiCUqueer (Coletivos, Psicologias e Culturas *Queer*). E-mail: fabio.morelli@hotmail.com.

Do movimento de lésbicas a um dos primeiros líderes do movimento de homens trans no Brasil, coordenador da atual e atuante instituição que representa os homens trans, o IBRAT (Instituto Brasileiro de Transmasculinidades), Xande constrói uma trajetória daquelas que rompem com os limites do indivíduo e criam redes e identidades coletivas, endossando não apenas processos de construção identitárias, mas também lutas por políticas ligadas às demandas das transmasculinidades. Por meio de uma entrevista, trocas constantes de áudios via *whatsapp* e leitura partilhada do material produzido, tal texto busca remontar a história do movimento de homens trans a partir da visão de Xande que o considera como um movimento sem precedentes quanto à criação de novas formas de ser homem. Desse modo, as transmasculinidades abrem espaços para o que ele considera serem os "homens do futuro".

O surgimento do IBRAT

> O tesouro do IBRAT é ser uma instituição que quer sair da gaveta e discutir tudo, mas de um jeito que a gente não retroceda nunca!
>
> *Xande Peixe.*

Falar do movimento social de homens trans sem falar de Xande Peixe é tão impossível quanto falar de Xande sem falar da história do movimento social de homens trans. São histórias cruzadas, entrelaçadas e marcadas mutuamente, ainda que independentes e com distinções. Logo que se muda para São Paulo, em 2003, e ainda se identificando como lésbica, Xande tem contato com a militância LGBT. De um lado, inicia seu contato com o grupo "Umas&Outras" organizado por meninas lésbicas e com ações ativistas, no qual apenas participava de modo mais tímido. De outro lado, após a experiência de vivenciar a Parada do Orgulho LGBT no mesmo ano, procura pela Associação da Parada do Orgulho, na época, GLBT, responsável por sua organização a fim de compor com a promoção de ações de luta pela visibilidade e cidadania das dissidências sexuais e de gênero, associação essa que Xande atuou até o ano de 2010, inclusive como o presidente da mesma.

Sua inserção na cena da militância paulista, sobretudo na Associação da Parada, permitiu que Xande tivesse maior proximidade com travestis e transexuais também envolvidas na organização do evento. Numa de suas reuniões, Pamella Anderson, travesti ativista e já falecida, disse ao Xande no ano de 2004: "(...) você não é lésbica, nem aqui, nem na China, você é FTM [*female to male*]"[3] (trecho da entrevista). Tal anedota faz com que Xande pesquise mais sobre essa identidade que, num *site* espanhol, encontra maiores referências com as quais se sente reconhecido. Embora as descrições da expressão tenham fornecido certa inteligibilidade ao que Xande sentia ser, o fato de ela estar na língua inglesa não o agradava. Além disso, a intensa convivência com a identidade de "mulher trans" acabou fazendo com que Xande negasse a expressão de origem inglesa e começasse a se autodefinir como um "homem trans". Em agosto do mesmo ano, durante o II Encontro Paulista GLBT, na cidade de São Paulo, Xande já exige, como uma relevante pauta, que o movimento LGBT estabelecido comece a considerar a existência da identidade de homem trans dentro de sua sigla, bem como conversar e compor com suas demandas.

No ano de 2005 dois acontecimentos marcam a consolidação da emergente identidade de homem trans que Xande passa a defender por meio de sua autodefinição. Um primeiro, no mês de junho, em Florianópolis/SC, durante o XII ENTLAIDS (Encontro Nacional de Travestis e Liberados que atuam na Prevenção da AIDS), no qual Xande também busca pelo reconhecimento da existência de homens trans e de suas demandas. Segundo ele, é o primeiro evento em há a inscrição reconhecida de um homem trans, mas, como Xande era o único a assumir essa identidade, ainda dialogava sobre demandas de modo cauteloso, dado que não respondia, até então, por uma identidade amplamente coletiva.

Já o segundo acontecimento ocorreu no mês de outubro, durante um evento para transexuais e intersexos da América Latina e Caribe,[4] em Córdoba na Argentina, que por meio de um convite de Mauro Cabral (ativis-

---

3   Expressão de origem inglesa que significa, em tradução livre, do feminino para o masculino, e que destaca o processo de transição pelo qual passam os homens trans, além de ser uma maneira internacional de se referir às identidades transmasculinas, mas que não ganha muitos adeptos no movimento brasileiro.

4   O evento possuiu o título: *Instituto de Formación para Trans e Intersex* realizado pelo *International Gay and Lesbian Human Rights Comission – IGLHRC*. Mais informações acerca do evento estão reunidas no seguinte memorial: https://www.outrightinternational.org/sites/default/files/366-1.pdf. Acesso em 15 mai. 2018.

ta dos direitos humanos de pessoas transexuais e intersex da Argentina), Xande teve contato com outras temáticas relativas aos homens trans que o fortaleceu como ativista, tais como: assuntos ligados aos direitos reprodutivos, como o aborto; estratégias de visibilidade de sua identidade e de promoção de luta coletiva com as mulheres trans e travestis; até mesmo a melhor maneira de definir essa identidade em ascensão, dado que, desde seu início, houve uma preocupação de que ela pudesse fortalecer a referência já estabelecida à identidade de gênero "homem", quando ligada às assimetrias produzidas pelo machismo e pela histórica supremacia masculina.

2006 tem sabor agridoce. Ao descobrir a existência de um mioma em seu útero, Xande busca atendimento médico em um hospital referência de atendimento à mulher em São Paulo. Ao se identificar como homem trans, a médica compreende, o acolhe e sugere que ele faça a histerectomia total, algo que o deixa extremamente feliz. A felicidade dura pouco, no dia em que a cirurgia estava marcada, a médica com quem havia a agendado se encontrava de férias, e a substituta lhe diz "(...) você é uma menina muito nova, você só tem uma filha, nós vamos tirar só o mioma" (trecho da entrevista). Mesmo com Xande compartilhando seu desejo da histerectomia total, a médica se recusa e, assim, ele se nega a realizar o procedimento cirúrgico. Ao ter que conviver com os desconfortos que um mioma gera, somado ao poder da médica em negar a satisfação de sua vontade, Xande faz da sua dor, seu alimento para luta, o que endossa as exigências pelo atendimento à saúde integral de homens trans, sobretudo, o acesso às cirurgias de histerectomia, mastectomia e à hormonioterapia.

Mais fortalecido acerca das pautas que sentia serem necessárias como homem trans, Xande participa, em 2008, da I Conferência Nacional GLBT, em Brasília, promovida pela Secretaria Especial dos Direitos Humanos da Presidência da República do Brasil com a finalidade de deliberar as demandas e pautas da população LGBT discutidas ali para a produção do Programa Nacional de Direitos Humanos. Nesse encontro, Xande chega sozinho, mas se depara com outros dois homens que já havia ouvido sobre ele e que também se reconheciam como homens trans: Lam Matos e Régis Vascon. Os três, ao perceberem que nos "Grupos de Trabalho" (GTs) não havia nenhuma contemplação às suas identidades, passam a se organizar para conseguir participar dos 10 GTs propostos,[5] algo que a organização tentou barrar afirmando que só era permitido participar de um.

Mesmo com a negativa da organização, xs participantes dos GTs compreenderam a dificuldade que os três encontraram para articular a luta pelas suas identidades e, assim, os autorizam a participar em mais de um GT, rompendo com as normativas da organização. Nos anais da Conferência há a transcrição do depoimento de Xande que, além de reivindicar e descrever sua identidade, esclarecendo e reforçando a necessidade em diferenciar identidade de gênero de orientação sexual, suas demandas principais giravam em torno da Saúde e do Direito: o direito à reprodução e ao aborto, já que, mesmo se identificando como homens, possuem útero; a despatologização das identidades trans; e, sobretudo, a exigência de acesso à hormonioterapia e às cirurgias de mastectomia e histerectomia, essas últimas, até então, permaneciam em caráter experimental.

De suas demandas, algumas seguiram à plenária final a fim de serem votadas, sendo deliberada apenas a inclusão dos homens trans nas políticas de saúde integral para as mulheres e nas estratégias de divulgação de esclarecimentos sobre o processo transexualizador. A política de inclusão de homens trans nas políticas de saúde voltadas para mulheres é, de acordo com Xande, uma explícita evidência do desconhecimento e da invisibilidade pela qual passam os homens trans que carecem de profissionais e de áreas do conhecimento médico que compreendam suas existências e necessidades. Logo, para Xande, a Conferência contribuiu para a visibilidade de suas identidades, mas muito pouco avanço se obteve em relação às políticas mais comprometidas com as mesmas.

A luta organizada de travestis e de mulheres transexuais, em comparação ao movimento de homens trans, já estava em curso de modo mais estabelecido e se torna parceira das incipientes demandas dos homens trans. Devido

---

5   Foram propostos dez eixos temáticos a fim de serem discutidos pelxs participantes da Conferência, são eles: Direitos Humanos; Saúde; Educação; Justiça e Segurança Pública; Cultura; Trabalho e Emprego; Previdência Social; Turismo; Cidades; e Comunicação. Todos os GTs e deliberações realizadas em plenária estão disponíveis nos anais do evento no *link*: http://www.sdh.gov.br/sobre/participacao-social/cncd-lgbt/conferencias/anais-1a-conferencia-nacional-lgbt-2. Acesso em 17 mai. 2018.

a isso, em 2009, o Ministério da Saúde convida algumas lideranças do movimento social trans, como também algumas e alguns academicxs envolvidxs, a fim de discutir a pauta do processo transexualizador pelo Sistema Único de Saúde,[6] o SUS. Entre elxs, Xande é incluído nessa conversa a fim de levar as demandas dos homens trans. Mesmo não estando sozinho, ele diz se sentir muito solitário porque conversava sobre as demandas de homens trans sem ter, organizada e sistematizadamente, um coletivo que discutisse e demarcasse tal identidade a partir de outros olhares e vivências. Mesmo se deparando com o dilema em definir e exigir demandas que seriam coletivas, mas que partiam de uma negociação particular, Xande não deixou de lutar pelas pautas que considerava pertinentes a sua e demais existências possíveis de homens trans.

As cirurgias voltadas às mulheres trans, como a de transformação do pênis em vagina, já havia deixado de ter o caráter experimental anos antes. Entretanto, a partir da portaria de 2008 elas foram regularizadas e passaram a ser efetivamente executadas no SUS com maior legalidade – leia-se: burocracias que fortalecem a patologização das identidades trans, pois exigem laudos de especialistas para ser possível o acesso às cirurgias – por meio do processo transexualizador instituído. Já as cirurgias possíveis aos homens trans – histerectomia, mastectomia, faloplastia e metoidioplastia – eram todas consideradas experimentais. Xande, motivado pela recusa da médica em operá-lo do mioma, bem como por conta de diálogos com outros (poucos) homens trans e com pesquisadores, exigiu a retirada das cirurgias de histerectomia e mamoplastia[7] do caráter experimental, algo que não é

---

6   As diretrizes do processo transexualizador são estabelecidas e reguladas a partir da portaria do Ministério da Saúde de n° 457/2008 e redefinida, com a inclusão de homens trans, pela portaria n° 2.803/2013.

7   Xande comenta que, até os dias atuais, tanto a faloplastia quanto a metoidioplastia não são pautas emergenciais do movimento de homens trans quanto as suas retiradas do caráter experimental. Isso se dá devido ao fato de que ambas são de extrema complexidade de execução, de extremo risco. A faloplastia diz respeito à transformação da vagina em pênis – procedimento de pouco sucesso e sem a possibilidade de promover um "pênis funcional", isto é, que fique ereto somente em situações desejadas e que gere prazer. Já a metoidioplastia é um procedimento que solta o clitóris permitindo seu crescimento em alguns centímetros, bem como a implantação de bolinhas nos grandes lábios para formar o saco escrotal. Xande considera arriscado que tais cirurgias deixem de ser experimentais sem o necessário aprofundamento médico sobre tais procedimentos.

conquistado via Ministério da Saúde, mas sim, por meio do jurídico com ação movida no Ministério Público Federal, no ano de 2010. Tal processo se deu por meio de uma ação conjunta entre Xande e algumas pesquisadoras, as quais ele destaca: Tatiana Lionço, Flávia Teixeira, Márcia Arán, Daniela Murta, Berenice Bento, entre outrxs.[8]

Após esse longo processo, em 2011, Xande finalmente conquista a cirurgia de histerectomia por meio de uma parceria entre o Ambulatório da Saúde Integral, no Centro de Referência de Treinamento DST-AIDS (CRT) de São Paulo, e o Hospital Pérola Byinton, tornando-se o primeiro homem trans cirurgiado pelo SUS. Xande vira notícia.[9] Logo, sua história é assemelhada e reconhecia por muitos outros homens que, de acordo com ele, passam a "explodir" quantitativamente ao se verem a partir de sua trajetória. De uma luta que parecia ser solitária, Xande endossa um movimento que desembocará na formação da identidade de homem trans, agora, como coletiva e com uma maior possibilidade de articulações políticas a fim de atenderem às suas demandas e necessidades como cidadãos que são.

Uma das primeiras evidências da formação coletiva desta identidade se solidifica com a fundação da Associação Brasileira de Homens Trans (ABHT), no ano de 2012 que, segundo Simone Ávila[10] tem como principais objetivos:

> (...) promover encaminhamentos sobre despatologização e despsiquiatrização das transidentidades; reivindicar a participação na construção de políticas públicas afirmativas para que as pessoas trans tenham acesso a direitos fundamentais como saúde, educação, trabalho, habitação e segurança; a visibilidade e fortalecimento de cada transhomem, e sua inclusão na sociedade.

---

8   Mais detalhes desse processo podem ser consultados em texto de Márcia Arán, disponível em: http://www.clam.org.br/uploads/conteudo/Aran.pdf. Acesso em 21 mai. 2018.
9   http://g1.globo.com/sao-paulo/noticia/2011/03/transexual-fara-1-cirurgia-de--retirada-de-orgaos-femininos-pelo-sus-em-sp.html. Acesso em 18 mai. 2018.
10 ÁVILA. Simone. *Transmasculinidades*: a emergência de novas identidades políticas e sociais. Rio de Janeiro: Multifoco, 2014. p. 204.

A participação de Xande na ABHT acontece de modo tímido quanto à sua atuação em reuniões e ações da associação, ele participa, basicamente, por meio do seu grupo de e-mails que, mesmo com a atual inexistência da associação, permanece ativo. De acordo com Mário Carvalho[11] (2018, sem página) a ABHT:

> (...) teve vida curta em virtude de uma séria de conflitos políticos internos. O resultado das discordâncias internas foi a construção de outra organização nacional liderada por ativistas que faziam parte da ABHT. A articulação para a criação do Instituto Brasileiro de Transmasculinidades (IBRAT) teria se iniciado no Encontro de Homens Trans do Norte e Nordeste, em junho de 2013, em João Pessoa. E, nesse mesmo ano, o IBRAT já se apresentava publicamente em outros espaços do ativismo, fazendo seu lançamento político no XX ENTLAIDS realizado em setembro de 2013, em Curitiba. Na tentativa de não incorrer em posturas políticas criticadas na condução da ABHT, os ativistas envolvidos na construção do IBRAT buscaram uma maior aproximação de organizações já consolidadas de travestis e transexuais. Desse modo, o instituto se configurou como um "Núcleo de Homens Trans" da ANTRA.

O Instituto Brasileiro de Transmasculinidades, o IBRAT, surge no ano de 2013 e, gradualmente, vai ganhando a referência como a organização nacional de homens trans. Sua fundação conta com Xande como um de seus participantes desde o início, juntamente com outros homens trans ativistas, especialmente: Raicarlos Duran, Sillvyo Nóbrega, Lam Matos (atual coordenador nacional), Régis Vascon, Léo Moreira de Sá, Léo Barbosa, entre outros. O IBRAT surge com alguns diferenciais não só quanto à forma de se apresentar, mas também quanto à maneira com a qual estabelecem as dinâmicas de sua organização. Uma dessas dinâmicas é a descentralização do IBRAT que funciona por meio de uma rede. Eles possuem diversos núcleos espalhados pelo Brasil que ficam responsáveis por levantar as demandas de suas respectivas pautas locais para buscar ações também mais localizadas. Desse modo, esses núcleos acabam contribuindo com o delineamento de

---

11   CARVALHO, Mário. "Travesti", "mulher transexual", "homem trans" e "não--binário": interseccionalidades de classe e geração na produção de identidades políticas. *Cadernos Pagu*, Campinas, v. 52, sem número de página, 2018.

demandas e pautas nacionais, pois, em conjunto com o trabalho de outros núcleos, permitem uma visão mais global de suas demandas. Assim, as ações locais repercutem nas ações globais, bem como pode haver o seu contrário, tal dinâmica vai construindo uma topografia social do movimento de homens trans.

A atuação em rede permite a evidência de um dos marcadores sociais da diferença que é levado em consideração pelo IBRAT quando intenta pensar suas maneiras de definir a masculinidade, a saber: a localidade. Em São Paulo, por exemplo, Xande comenta haver três ou quatro ambulatórios de atendimento aos homens trans, já em outras partes do Brasil, como o Pará, que não possui nenhum ambulatório, terá pautas mais específicas que interferem na maneira por meio da qual novos homens trans, sobretudo quando possuidores de dificuldades econômicas, ficam restritos a processos que garantem a adequação de seus gêneros. Tal variação pode produzir outras vivências das masculinidades, pois inferem nas estéticas transexuais masculinas. Em constante diálogo com outras localidades, ter a experiência de uma organização em rede em todo o território nacional é uma das ferramentas que permite ao IBRAT flexibilizar noções do masculino conforme a localização.

Além da construção em rede, segundo Xande, uma das estratégias que eles mais apostam em sua organização é o diálogo. Somente por meio de um diálogo sério em que haja a escuta sem hierarquias – sobretudo entre membrxs mais velhos e xs mais novxs – será possível construir um movimento forte no qual a adesão seja uma crescente. Xande comenta sobre isso porque nota uma grande diferença geracional entre sua geração e a de novos meninxs. Um dos momentos em que isso ficou explícito foi durante o I Encontro Nacional de Homens Trans (I ENAHT), em São Paulo no ano de 2015, no qual, aproximadamente, 20 meninxs levantaram a pauta de serem não-binários, afirmando que as *performances* de gênero, tanto masculinas quanto femininas, não xs satisfaziam e, assim, buscaram dentro do IBRAT um reconhecimento de suas identidades, algo que , segundo Xande, ficou a ser melhor definido no próximo e ENAHT, encontro que, até o momento, não teve sua segunda edição. As pessoas que estavam defendendo tal pauta aparentavam ser bem mais jovens e com níveis de escolaridades mais altos, dado os vocabulários e propriedades conceituais utilizadas, o que nos permite considerar idade e escolaridade como mais alguns marcadores que pluralizam a masculinidade.

Além da localidade, escolaridade e idade, Xande percebe também mais alguns marcadores que os tem desafiado quanto a pensar as masculinidades: orientação sexual e classe social. Sobre a primeira, Xande me conta que, ao contrário do que pensava sua geração, de que homens trans se transformam para ser heterossexuais, tem percebido um número significativo de homens trans que se declaram como homossexuais e bissexuais, algo que também desafia definições homogêneas das transmasculinidades. Sobre o segundo marcador, o de classe, Xande exemplifica que já se deparou e que admira homens trans que usam saias ou outros adereços femininos junto com os masculinos, mas, quando pensa em utilizar algo assim, principalmente levando em consideração onde ele mora e transita, na periferia de São Paulo, considera muito alta a possibilidade de passar por situações de violências, destacando que a liberdade de trânsito e de respeito por suas identidades de gênero envolve, além do marcador de localidade, aspectos econômicos.

Todos esses marcadores da diferença, juntamente com a possibilidade de suas discussões dentro do IBRAT, são o que fizeram com que seus fundadores considerassem o termo "transmasculinidades", no título de sua instituição, como o melhor definidor de suas identidades e demandas. Seu próprio nome indica não apenas diversas formas de serem homem trans, trans homem, até mesmo não-binárix, mas também abre precedentes para a descoberta de outras maneiras de ser masculino. Homens que, como cavalos marinhos, engravidam; homens que podem construir genitálias que ressignificam pênis e vaginas; homens que nascem sem barba, mas as produzem; homens que, mesmo em sua infinidade de modos de ser masculino, execram aquela hegemônica estabelecida pelas relações machistas; homens que percebem as diversas formas de ser homem quando atravessadas por outros marcadores sociais; homens que modificam o ser homem, logo, segundo Xande: homens do futuro.

Xande é um cara que de sua vontade e sofrimentos encabeça o surgimento de uma identidade coletiva que não tem história sem seu nome, mas que tem futuro sem seu corpo. Xande compartilha de algo comum com outras figuras e lideranças de movimentos sociais, a saber: a presença onipresente dos assuntos políticos e ligados à militância em suas conversas de bar;

as constantes mensagens sem hora marcada para resolver alguma situação de violência ou vulnerabilidade de outros parceiros; o frequente medo não só por sua existência, mas também por ser uma referência de resistência; todas elas ganham certa pequenez quando a força de luta e de conquista é maior, mas que geram certo cansaço e desgastes que, em alguns momentos, o levam a pensar em diminuir suas ações ativistas. Ainda que Xande possua fôlego, em algum momento e independentemente da razão, chegará o momento de parar. Pensando nisso, peço a ele que diga o que espera do IBRAT quando sentir que esse momento chegou.

> Eu quero muito que o movimento, cada vez mais, se inclua em outras demandas de outras coisas, porque eu gostaria muito de ver o movimento de homens trans diferente de outros movimentos focados só na questão da nossa transmasculinidade. Eu acho que a gente, o movimento LGBT, é muito focado em demandas que são ligadas às nossas questões de identidades de gênero e de orientação sexual. E, muitas vezes, a gente esquece de que nós temos outras demandas. A gente acaba reproduzindo o que a sociedade faz com a gente: em sermos pessoas diferentes, e não somos. [...] Então, isso, eu quero que continue no IBRAT, mesmo quando eu não estiver mais: essa questão de a gente continuar discutindo direito sexual e reprodutivo; as transmasculinidades num todo, como num guarda-chuva que você falou; a questão de ser contra o machismo; a favor do aborto. Isso é muito importante, isso é muito valioso para o IBRAT. O IBRAT é o nosso tesouro. O tesouro do IBRAT é ser uma instituição que quer sair da gaveta e discutir tudo, mas de um jeito que a gente não retroceda nunca. (trecho da entrevista).

Para Xande não é somente a perda de conquistas que poderia significar um retrocesso, mas também caso o IBRAT, e qualquer outro movimento de homens trans, contribua com a permanência da construção da masculinidade hegemônica validada por meio de práticas machistas que estão expressas cotidianamente em violências das mais sutis até as mais hostis. Portanto, ser um "homem do futuro" significa lutar e abandonar as referências hegemônicas do passado, apostando na potência que há invenção e criação de si. Trata-se, assim, da possibilidade de novas estilísticas da existência.

Demandas e conquistas: políticas "a conta-gotas"

Remontar a história do movimento de homens trans do Brasil a partir de uma narrativa como a de Xande não é tarefa fácil, mas imprescindível quando se trata de um livro em comemoração aos 40 anos do movimento LGBT no Brasil. Durante a primeira parte, algumas conquistas já foram anunciadas, mas durante a conversa, percebemos o quanto as demandas são intrínsecas a elas, pois, segundo Xande, as políticas sempre vêm "a conta-gotas", o que não só torna o processo moroso, como também faz com que eles deixem de ser vistos como seres humanos em sua integralidade. Há avanços e conquistas na saúde, no registro civil, no nome social, mas não acontece o mesmo com a segurança pública ou com as políticas de reprodução, Xande vê, assim, as conquistas chegando de modo parcelado e extremamente localizado.

Segundo ele, as principais demandas giraram em torno das cirurgias (histerectomia, mastectomia, faloplastia, metoiodioplastia), hormonioterapia e do nome social. Como já mencionado, a mastectomia[12] e a histerectomia já foram retiradas do caráter experimental e estão sendo – limitadamente – executadas pelo SUS, e as duas últimas permanecem em caráter experimental devido à sua complexidade e riscos. Entretanto, essas conquistas ainda são demandas. O SUS não consegue garantir o número necessário desses procedimentos para todos os que desejam, como também exige os laudos de médicos especialistas e de psicólogos para sua realização. Essa prática gera dois problemas: 1) o surgimento de um comércio de laudos e de cirurgias que passa a ser explorado por médicos que sabem haver a demanda, mas que se esbarra nos limites dos marcadores de classe, já que nem todxs podem arcar com custos de suas exigências financeiras; e 2) a permanência da transexualidade como uma patologia que não só não faz sentido porque não se

---

[12] Permaneci, durante o texto, seguindo as referência de Xande quanto à mastectomia. Entretanto, em alguns momentos Xande a referencia como "mamoplastia masculinizadora". Ao pedir que ele me diferencie, ele explica que a mastectomia é a retirada total das glândulas mamárias e um procedimento muito comum no caso de câncer de mama, já a mamoplastia masculinizadora faz com que permaneça parte das glândulas a fim de construir um tórax mais próximo do masculino. Não se trata de uma demanda apenas pela mudança no modo como chamar a cirurgia, mas, mais que isso, no modo como fazê-la.

trata de pessoas doentes, como também conserva o poder do processo transexualizador nas mãos dos profissionais da saúde que, obviamente, não são os que, num Estado Democrático de Direito, deveriam conferir veracidade ao direito à personalidade. Logo, são conquistas que permanecem como demandas porque ignorar questões como essas contribui, segundo Xande, com a estigmatização e despotencialização de suas vidas e de suas identidades como sujeitos integrais e cidadãos plenos.

A hormonioterapia também está garantida pelo SUS – tão restrita quantitativamente quanto às cirurgias. Xande destaca a necessidade de mais pesquisas acerca do tema, porque os médicos tem se guiado por testes autônomos, já que não há pesquisas suficientes. Nesse sentido, o uso de uma única substância – Xande exemplifica com a "nebido" – para diversos homens significa ignorar a saúde individual de cada um. Um homem que possui problemas de diabetes ou de pressão arterial pode utilizar a mesma dosagem, até mesmo a mesma substância, que qualquer outro homem trans? Muitos médicos não sabem responder. Aliás, a dificuldade de acesso a hormonioterapia tem incentivado, segundo Xande, a autoaplicação hormonal entre os homens trans por meio de tutoriais na internet ou outras fontes precárias. Logo, a legalização e regulação da hormonioterapia não foram suficientes para o acesso integral e universal de todos xs meninxs, tirando-lhes garantias de saúde e, assim, de qualidade de vida.

No que se refere ao nome social, já havia a garantia do seu tratamento em algumas repartições e instituições públicas por meio de legislações federais, municipais e estaduais, mas as mudanças de nome e de sexo nos documentos eram, até março de 2018, por sentenças judiciais, normalmente, também baseadas em laudos de médicos e especialistas. A partir do primeiro trimestre deste ano e por meio de uma votação unânime no Supremo Tribunal Federal, passou a ser possível a própria pessoa trans, travesti, não-binário etc., alterar seu nome e sexo no cartório sem a necessidade dos laudos. Por ser muito recente, tem havido alguns cartórios que já estão realizando esse procedimento e alguns que não, ora por não saberem, ora por resistência. Trata-se de um período de adaptação. Xande considera essa conquista também como demanda ao questionar: em caso de um homem trans, com nome e sexo retificados, for preso por algum crime, para qual cadeia ele irá? Apesar de se identificar e ter seu gênero reconhecido nos documentos, isso o privaria de um estupro corretivo, talvez coletivo, em uma prisão masculina? Ou, em caso de o homem trans ter uma filha – que é o seu caso –, como ficaria os documentos, como PIS, por exemplo, que só possui o nome da mãe que agora é, oficialmente, pai? São questões importantes que denunciam, mais uma vez, as políticas "a conta-gotas", isto é parciais, que não os veem em sua integralidade.

Xande também destaca outro ponto que articula saúde e educação: mortes. As estatísticas levantadas pela ANTRA sobre os casos de assassinatos de pessoas trans no Brasil[13] claramente motivados pelo ódio listam, com raras exceções, uma maior parte de crimes contra mulheres trans e travestis. No que se refere aos homens trans, Xande aponta que um dos principais fatores de suas mortes é o suicídio, sobretudo, durante o processo de transição. A motivação é a mesma que a dos assassinatos de mulheres trans e travestis: a ininteligibilidade de suas identidades que, muitas vezes, se mostram incoerentes com seus corpos, ainda em processo de transição, que parecem funcionar como murais do escracho e das violências, cuja uma das possibilidades de enfrentamento consiste na informação e no respeito pelas diferenças.

Por fim, a construção, a visibilidade e o reconhecimento de suas identidades e de suas pautas são fundamentais para que a luta cresça e incorpore outros adeptos a fim de pleitear novas conquistas e levantar imprevistas demandas. Abarcando as plurais formas de ser homem ao interseccionar seus marcadores, mas negando a hegemônica forma, o IBRAT tem construído vidas que explodem os limites do corpo, da medicina, dos conhecimentos e dos saberes, apostando nas identidades e existência transmasculinas como contribuintes da composição da própria estética da existência do futuro.

Considerações finais

Inicialmente, as demandas e conquistas de suas lutas partiram de um plano individual, o que possibilitou Xande ter acesso à histerectomia, em 2011, e à mastectomia, em 2016, ambas garantidas pelo processo transexualizador do SUS. Conquistas que são, ao mesmo tempo, seu fruto e usufruto. Xande é

---

13   Informações mais precisas e detalhadas sobre esse levantamento são possíveis de serem consultadas no site da própria instituição: https://antrabrasil.org/mapa--dos-assassinatos/. Acesso em 18 mai. 2018.

daqueles nomes que se tornam coletivos, que se passa na história, mas se torna memória, memória presente não só entre aqueles e aquelas que com ele viveram, mas também entre quem nunca o conheceu e, sobretudo, entre xs que, nem sabem, mas ainda o conhecerão. De qualquer modo, Xande Peixe, não é um nome a ser esquecido, é um nome para ser, e será, pra sempre lembrado. É um homem do presente, mas também um "homem do futuro".

O surgimento das Paradas LGBT no Brasil

Moacir Lopes de Camargos[1]

Primeiras palavras

Este texto busca mostrar, ainda que seja de forma sucinta, a importância das Paradas LGBT no Brasil. Parto de minha experiência como participante/pesquisador das Paradas nas cidades de São Paulo e Campinas a partir do ano de 2001, retomo minha pesquisa[2] e comento um pouco sobre alguns fatos que antecederam a primeira Parada no Brasil.

Embora somos conhecidos como um país de samba, praia, gente cordial e ícones como Carmen Miranda que divulgou os balangandãs, remelexos, coloridos tropicais que ainda hoje inspiram muitas drags, vários golpes marcam nossa história desde a invasão dos europeus. Eles desumanizaram os autóctones e escravizaram cruelmente diversas etnias africanas, fatos que ainda hoje são feridas abertas.

Mesmo com a proclamação da república e abolição da escravidão, os sucessivos golpes (década de 30) continuaram e chegaram até o século XXI, ou seja, o Estado brasileiro tem uma tradição de violência contra a democracia. Passamos por um período morno nos anos 50 e, no momento em que subiam no salto em outros países, aqui os "anormais" tinham que escondê-lo, embora tenham surgido algumas tentativas, ao menos, de publica-

---

[1] Pós-doutorado em Humanidades pela Univ. Nacional de Córdoba, AR; Doutor em Linguística pela Unicamp. Atua na graduação e pós-graduação na área de Letras da Univ. Federal do Pampa, Campus Bagé, RS.

[2] CAMARGOS, M. L. *Sobressaltos: caminhando, cantando e dançando na f(r)esta da Parada do Orgulho Gay de São Paulo*. 2007. Tese (Doutorado em Linguística), Instituto de Estudos da Linguagem, UNICAMP.

ções como o jornal *Snob* (1963-1969), a Associação Brasileira de Imprensa Gay (1967-1968), além de alguns encontros noturnos de pequenos grupos de gays, sobretudo do Rio e São Paulo, conforme relata James Green.[3]

Em 1964 aconteceu o golpe militar e, em 1968, o AI5 significou censura, perseguições, torturas, prisões, exílios e muitos horrores deste período ainda hoje pouco conhecidos, embora tais fatos já sejam tema de vários filmes como *Cabra marcado para morrer, O que é isso companheiro, Entre dois irmãos, O ano em que meus pais saíram de férias, O dia que durou 21 anos*, dentre outros. Mas o abismo sobre muitos acontecimentos da ditadura ainda não foram esclarecidos como relata o livro recente de TELES.[4]

Diante desses acontecimentos, a década de 70 foi, para aqueles que pretendiam manifestar-se pelos seus direitos, sobretudo os gays, um período praticamente mudo. Somente em 1978 surge, na cidade de São Paulo, o primeiro grupo gay organizado e disposto a assumir uma luta política – o grupo SOMOS. Logo em seguida, os integrantes deste grupo criaram um importante jornal –[5] *O Lampião da Esquina* – que fazia uma interação entre o movimento ecológico, negro, feminista e gay.

Porém, foi somente em 13 de junho de 1980 que aconteceu o que talvez possamos de chamar de nosso Stonewall. Como explica França:

> Tratava-se do protesto contra o delegado Richetti, que promovia uma ampla operação de "limpeza social" no centro de São Paulo, concentrando-se nas ruas que compunham o "gueto" gay da cidade e prendendo arbitrariamente prostitutas, homossexuais e travestis. A manifestação convocada pelos movimentos homossexual, negro e feminista reuniu cerca de 1000 pessoas, que percorreram algumas das principais ruas do centro da cidade.[6]

---

3   GREEN, J. N. *Além do carnaval: a homossexualidade masculina no Brasil do século XX*. (Trad. Cristina Fino e Cássio Arantes Leite). São Paulo: Editora da Unesp, 2000.

4   TELES, E. *O abismo na história: ensaios sobre o Brasil em tempos de comissão de verdade*. São Paulo: Alameda, 2018.

5   MACRAE, E. *A construção da igualdade: identidade sexual e política no Brasil da abertura*. Campinas, SP: Editora da UNICAMP, 1990. Este é o primeiro livro sobre o grupo. Pedro de Souza (2002) também publica um livro sobre o grupo.

6   FRANÇA, I. L. Um breve histórico. In: COSTA NETTO, F. et al. (org.) *Parada: 10 anos de orgulho GLBT em São Paulo*. São Paulo: Editora Produtiva; Associação da Parada do Orgulho GLBT de São Paulo, 2006, p. 78.

Infelizmente, no inicio da década de oitenta, tanto o grupo Somos (que participou do protesto contra Richetti) quanto o jornal Lampião se extinguiram. No entanto, vários outros grupos surgiram pelo país como o Triângulo Rosa, e o GGB[7] na Bahia que, em 1985, realizou o II EBHO – Encontro Brasileiro de Homossexuais. Apesar da aids chegar ao Brasil nesse momento, justamente o período em que vivíamos a abertura política e tínhamos a proposta da democracia, os grupos não se enfraqueceram, pelo contrário, a luta foi maior ainda, conforme relata Facchini.[8] A autora realizou uma pesquisa sobre o movimento homossexual no Brasil e mostra como os grupos floresceram nos anos 1990 por todo o país e promoveram encontros, conferências e congressos para discussões de temas diversos.

No entanto, os grupos não tiveram apoio político. Trevisan[9] relata que, na campanha presidencial de 1989, Lula cogitou o nome de Fernando Gabeira para vice, o que gerou uma intensa polêmica, não só no PT, mas também no PSB e PC do B que ameaçaram desfazer as alianças devido ao fato de Gabeira dar apoio às chamadas minorias sexuais. Setores do PT vetaram publicamente o nome de Gabeira, acusando-o de defensor de condutas sexuais alternativas, ecologia e drogas.

Em 1995 aconteceu no Rio de Janeiro o V Congresso da ILGA – *International Lesbian and Gay Association*. Nesse encontro, Marta Suplicy lançou o seu *Projeto de Parceria Civil* para pessoas do mesmo sexo que foi severamente criticado pelo deputado petista Hélio Bicudo, na ocasião presidente da Comissão de Direitos Humanos da Câmara dos Deputados. Em 1997, o projeto foi novamente posto em votação, mas o PT liberou os seus deputados para votarem de acordo com a consciência, segundo registra o já citado Trevisan.

Em 2004, no II Congresso da ABEH – Associação Brasileira de Estudos da Homocultura – o estudante carioca Augusto Andrade,[10] que realizou uma pesquisa de mestrado sobre o grupo Triângulo Rosa, informou-me

---

7	Fundado em 1980, a partir de 1982, o GGB comemora, todos os anos, com atividades diversas o dia ou a semana do Orgulho Gay. www.ggb.org.br
8	FACCHINI, R. *Sopa de letrinhas?: movimento homossexual e produção de identidades coletivas nos anos 90*. Rio de Janeiro: Garamond, 2005.
9	TREVISAN, J. S. *Devassos no paraíso: a homossexualidade no Brasil, da colônia à atualidade*. 3 ed. Rio de Janeiro: Record, 2000, p. 160.
10	Conversa informal que tive com o pesquisador em 17/06/2004.

que, após o encontro da ILGA em 26/06/1995, houve uma marcha em Copacabana com cerca de 3500 pessoas que fizeram uma manifestação com uma longa bandeira do arco-íris.

Porém, embora haja registro dessa manifestação e de outras nos escritos sobre o movimento gay do Brasil como nos autores e autoras supracitados, o acontecimento mais próximo que antecede ao que podemos chamar de Parada, em São Paulo, foi um ato público que ocorreu no dia 28 de junho de 1996[11] na Praça Roosevelt e promovido pelo Grupo Corsa[12] que já estava investindo nas comemorações do 28 de junho.

Segundo Facchini, este ato reuniu cerca de 150 pessoas e foi importante para começar a articular a primeira Parada. Conforme informou-me (em 04/02/2006) uma das participantes deste ato, muitas pessoas ficaram sabendo pelo boca a boca e decidiram ir até a Praça Roosevelt naquela noite, mas não saíram à rua. Daí o nome ato e não Parada. Apesar de não saírem na rua, havia um microfone e várias pessoas falaram e deram o seu recado.

Além do que foi chamado "ato" realizado em 1996, um importante acontecimento foi a exibição em São Paulo, durante o Festival Mix Brasil,[13] do filme *Stonewall*,[14] recontando a história da rebelião no bar nova-iorquino em 1969. Acredita-se que isso também foi mais um incentivo aos vários grupos militantes da cidade de São Paulo (alguns militantes desses grupos viveram no exterior e tiveram contato com outros militantes e, obviamente, conheceram as *Gay Pride*) que começaram a se organizar para realizar a

---

11   Alguns autores como Nunan, por exemplo, afirmam que a primeira Parada no Brasil ocorre no ano de 1995. NUNAN, A. *Homossexualidade: do preconceito aos padrões de consumo*. Rio de Janeiro: Caravansarai, 2003.

12   Segundo FACCHINI (2005), o grupo Corsa (cidadania, orgulho, respeito, solidariedade, amor) fez sua aparição pública no segundo semestre de 1995, em São Paulo.

13   Este festival surgiu em 1993 (juntamente com o site www.mixbrasil.com.br) e a cada ano cresce mais e circula, sobretudo, em São Paulo, Rio de Janeiro, Brasília etc. Sua principal atração é a exibição de filmes nacionais e internacionais (curtas e longas metragens) com temáticas voltadas ao público LGBT. Foi inspirado no *Gay and lesbian film festival* de Nova York. Além de filmes, o festival oferece outras atrações como a feira mundo mix – roupas, bijouteiras etc. Em 1994 fui à feira Mundo Mix em São Paulo pela primeira vez.

14   Filme dirigido por Nigel Finch (1995).

Primeira Parada em 1997.¹⁵ Mas, segundo Facchini, o fato que realmente motivou a organização de uma parada foi o seguinte:

> Após uma passeata realizada no final do IX EBGLT [Encontro Brasileiro de Gays, Lésbicas e Travestis – realizado em São Paulo com a presença de 30 grupos], em 1997, alguns militantes do Corsa começaram a planejar um evento de maior porte, em comemoração ao 28 de junho daquele ano. Esses militantes articularam em torno dessa proposta alguns grupos de São Paulo e passaram a realizar as reuniões preparatórias do evento, batizado de Parada do Orgulho GLT, que acabou se realizando com cerca de dois mil participantes.¹⁶

Essa primeira Parada, que tinha como tema *Somos muitos, estamos em todas as profissões*, aconteceu na Avenida Paulista, pois o pessoal decidiu que queria ocupar um espaço, sair à rua, diferente de se reunir em um local para se manifestar. Regina, militante da cidade de São Paulo, em entrevista de 04/02/2006, informou-me que, quando o pessoal do Corsa e outros grupos militantes (Núcleo de Gays e Lésbicas do PT de São Paulo, Caheusp – Centro Acadêmico de Estudos Homoeróticos da USP, Etcétera e Tal, APTA – Associação para Prevenção e Tratamento da Aids, Anarco-punks e Núcleo GLTT do PSTU) decidiram ir para a Paulista, foram sem autorização alguma: *a gente foi para a Paulista sem saber o que ia acontecer. A gente tinha mil receios. Tínhamos apenas uma Kombi emprestada do sindicato das costureiras.*

Conforme consta na página da internet da Associação da Parada,¹⁷ a primeira Parada aconteceu em 28/06/1997:

> Começou tímida, mas a participação foi aumentando aos poucos com as pessoas que passavam pelas avenidas da cidade; todos se misturaram. Aconteceu justamente no dia 28 de junho, um sábado. Saiu da Avenida Paulista e terminou na Praça Roosevelt. (...) A bandeira do arco-íris, nosso símbolo maior também estava lá. Era o início de tudo.

---

15   Neste ano, o Conselho Federal de Medicina autoriza, no Brasil, a cirurgia de transexuais. Em 1998, em São José do Rio Preto – SP, a transexual Maria Augusta Silveira (nome que consta em seu RG) foi a primeira do país a ser operada.

16   FACCHINI, R. *Sopa de letrinhas?: movimento homossexual e produção de identidades coletivas nos anos 90*. Rio de Janeiro: Garamond, 2005, p. 196.

17   As informações sobre as Paradas estão disponíveis no *site* da associação www.paradasp.org.br

O tema desta primeira Parada deixava explícito que a proposta era buscar visibilidade, o que permanece e é enfatizado nas próximas três Paradas. O cartaz da primeira Parada fazia um convite para ir à rua com o enunciado: *venha montada, desmontada, casada, descasada, solteira, de bota ou de tamanco. Afinal, quem vai notar você no meio da multidão?* Ou seja, todos deveriam mostrar-se com orgulho, não importando o modo de ser, vestir.

A partir desta primeira parada, começou-se a espalhar por outras capitais brasileiras e também cidades do interior as Paradas, quase sempre acontecendo no mês de junho em comemoração ao 28 de junho de 1969.

Parada, desfile, passeata, protesto, festa...

> Vamos andar
> Com todas as bandeiras
> Trançadas de maneira
> Que não haja solidão...
> Vamos andar
> Para chegar à vida
> *Silvio Rodriguez*

A escolha do nome Parada é relatada por uma participante da organização do evento nos anos de 97 e 98.

> Bom... desfile? Na verdade, a nossa dúvida ficou entre parada e passeata. Mas a nossa discussão ficou entre passeata e parada. Mas a questão da parada tem uma conotação política muito forte, assim, e, apesar do evento ser político, ele não é só político. Tem um lado de festa, de alegria, de brilho, que está aí, está paralelo. E é até uma forma de mostrar para a sociedade como a gente vive bem a vida e não tem problemas assim existenciais com relação à orientação sexual. E seria, também, uma coisa que afugentaria muita gente, imagina: "vou a uma passeata gay". Parada tem muito mais uma coisa... muito mais de festa e acaba, para quem conhece a tradição americana, que tem a ideia de parada, né? E, como a gente optou pelo próprio dia 28 de junho [Stonewall] para estar fazendo a nossa parada, resgatando uma tradição deles, que existe em vários locais do mundo, então, vamos usar parada (...)[18]

---

18   Excerto de entrevista de uma militante concedida a Facchini (2005, p.229-230).

Na fala da militante está expressa a contradição dos discursos e do sujeito que circula em todos eles: rememorar com uma passeata, cartazes, faixas, protestos, dizeres o lado político do evento; ou o lado da festa, da alegria de comemorar a tomada do Stonewall. A respeito das duas primeiras Paradas, me relatou Regina:

> na primeira a gente queria dar um aspecto lúdico, não só comemorar. Tem o preconceito, mas a gente não é triste, a gente tem alegria, por isso o tema: "Somos muitos, estamos em todos os lugares e em todas as profissões". (...) Na segunda Parada teve a discussão: vai ter ala ou não vai ter ala? A ala das lésbicas e tal. A gente tinha o modelo das Gay Pride lá fora. Aí decidimos: não vai ter ala, todo mundo aí no meio, onde quiser.[19]

Vale ressaltar que no Brasil não há uma separação entre quem participa das Paradas e quem assiste. Já em diversos países há uma grade de ferro que separa os participantes do povo que olha, ou seja, a Parada torna-se um espetáculo para ser visto. Aqui a Parada acontece na rua, em um espaço aberto da cidade. As pessoas têm total liberdade de circular, de dançar, de entrar na festa se desejar ou somente olhar, fotografar, beijar, experimentar... Na tradicional e famosa *Gay Pride* de Toronto,[20] por exemplo, os participantes dançam uma coreografia e acenam para os espectadores que estão atrás de uma grade de ferro que isola a rua para aquelas/es que desfilam.

Em diversas paradas de diferentes países, assim como no 7 de setembro, a rua é fechada para o desfile, somente entra que está devidamente cadastrado para participar. Na Parada Militar, embora povo e autoridades participem, há uma separação e uniformização dos gestos que são assimétricos, as roupas e insígnias (re)afirmam as posições hierárquicas e marcam a distância social. Há literalmente uma marcha, um desfile oficial que segue um padrão convencionalizado da virtude burguesa, individualizada e ostensiva que olha o passado de modo a manter e consagrar a ordem social estabelecida.[21] Para enfatizar essa formalidade, a Parada militar acontece à luz do dia. É comum ver, no des-

---

19   Entrevista em 02/11/05.
20   Ver as fotos disponíveis no site www.pridetoronto.com
21   DAMATTA, R. *Carnavais, malandros e heróis: para uma sociologia do dilema brasileiro*. Rio de Janeiro: Rocco, 1997.

file militar, os Pracinhas que lutaram na II Guerra Mundial. Sob as insígnias de ordem e progresso eles reforçam o dever cívico, o amor à pátria. Não importa se foram à guerra para matar e aprisionar, o importante são suas ações que lhes concedem o título de soldados que lutaram, defenderam a pátria em perigo. Todos são ovacionados pelo público quando passam.

Assistindo a vídeos, participando e analisando fotos de Paradas de vários países, observei que é comum ver performances em grupo das pessoas que desfilam: fazem o mesmo malabarismo, vestem a mesma fantasia igual etc. Também é comum desfilarem em luxuosos carros conversíveis, o que as aproxima do corso, ou seja, estas Paradas se aproximam mais da ordem, embora os sujeitos sejam outros. No Brasil, o signo Parada gay adquire outra conotação, ou seja, podemos afirmar que ele subverte, sai da esfera social da ideologia dominante e carnavaliza em pleno dia, provoca o riso.

Carrara ao relatar suas experiências nas Paradas dos Estados e Unidos e Brasil afirma que

> entre o modelo do protesto (a passeata) e o da festa (o carnaval) alguns elementos importantes permanecem. Antes de mais nada, continua presente uma relativa porosidade interna entre os grupos que acompanham os diferentes carros de som ou compõem o movimento e a cena GLBT. Nada de alas bem separadas e homogêneas como em Chicago dos anos 90; aqui a massa é compacta. Além disso, permaneceu também o convite implícito para que todos participem, caminhem ou dancem juntos, ou seja, continuou presente a relativa ausência de fronteiras entre palco e plateia. Entre nós, não se trata apenas de exibir uma "comunidade" bem organizada aos que estariam supostamente fora dela ou em suas margens, mas de abrir certas "janelas" entre mundos que, seja no interior do próprio universo GLBT ou entre universo e o de homens e mulheres heterossexuais, permanecem mais ou menos separados no cotidiano.[22]

Em entrevistas com participantes das Paradas de Paris, Londres, Nova York e Toronto pude constatar que há divisões e agrupamentos por profissões: *lá é muito legal. Você tem, por exemplo, o grupo de comissários gays da Air*

---

22 CARRARA, S. As paradas de orgulho GLBT no Brasil e a construção de mundos possíveis. In: COSTA NETTO, F. et al. (org.). *Parada: 10 anos de orgulho GLBT em São Paulo*. São Paulo: Editora Produtiva; Associação da Parada do Orgulho GLBT de São Paulo, 2006, p. 69.

France, todos fazendo os gestos que fazem dentro do avião.[23] Esse fala sugere que eles são organizados, alegres, educados e, consequentemente, mais politizados que nós como muitos participantes afirmaram. Mas, afinal o que é ser político? Muitos gays relatam que as Paradas são somente um bando de gente esquisita. Talvez se os LGBT fizessem uma passeata de terno ou tailleur, esses críticos das Paradas acreditariam estar seguindo um modelo politico "correto". Mas como afirmou a militante Bárbara Graner: *A Parada por si só é um fato político. O próprio fato de estarmos com nosso corpo na Paulista já é político.*[24]

Nas Paradas brasileiras, por não haver divisão entre atores e espectadores, há uma liberdade na manipulação de uma série de signos verbais e não verbais que permitem a criação de personagens que subvertem a ordem. É necessário enfatizar que na Parada, pelo fato de acontecer em um espaço aberto da cidade e, embora tenha uma organização que coordena e planeja a festa, qualquer pessoa (independente de sua orientação sexual) pode participar das reuniões semanais, trabalhar, desenvolver um projeto,[25] ser voluntário da Associação da Parada e participar tanto dos preparativos da festa quanto se jogar e se perder nela. Diferente do carnaval no sambódromo (local fechado, de acesso restrito), a festa da Parada não tem um *script*, não segue uma ordem fixa, ela é informal, dionisíaca. A presença do mito de Dionísio na Parada aparece

> como principio social de inversão, se repete em todas as manifestações carnavalescas e carnavalizantes ao longo da história. Todas essas ocasiões se caracterizam pela presença de ritos, os quais, situados na dialética entre o cotidiano e o extraordinário, entre o consciente e o inconsciente, entre o preestabelecido e o inusitado, estão sempre representando a brecha que é o desvão entre os dois opostos.[26]

---

23 Entrevista em 10/12/2005.

24 Fala durante o Seminário Construindo políticas LGBT, realizado em 28/06/06 em São Paulo.

25 Na Associação da Parada há pessoas que desenvolvem projetos diversos seja com financiamento, com parcerias ou sem financiamento. Para conhecer os projetos ver o site www.paradasp.org.br

26 PINHEIRO, M. M. S. *A travessia do avesso: sob o signo do carnaval*. São Paulo: Annablume, 1995, p. 17.

A festa da Parada nasce justamente como o intuito de ocupar o espaço público – Stonewall 1969. Foi com porradas, pancadas e agressões que gays enfrentaram policiais e conquistaram o direito de ocupar as ruas da cidade, de frequentar os bares, de ter o direito de se montarem, de consumir bebida alcoólica etc.[27] Essa conquista que passou a ser conhecida como Parada do Orgulho LGBT pôs em evidência o corpo grotesco na rua, deixou o informal, o cotidiano e o imprevisível fluírem.

Ao contrário do que muitos afirmam, as Paradas não são mais um carnaval fora de época. O carnaval como temos hoje no Brasil (com exceções) é um espetáculo ordenado, que classifica, dá nota, avalia. Há uma organização apolínea (racional) e um *script* que os atores participantes devem seguir à risca, caso contrário, podem ser punidos, pois podem comprometer o desempenho de toda a escola. É um acontecimento oficial no mundo da cultura, tem um caráter oficial, desigual e hierárquico, diferente do carnaval antigo que

> era o triunfo de uma espécie de liberação temporária da verdade dominante e do regime vigente, da abolição provisória de todas as relações hierárquicas, privilégios, regras e tabus. Era a autêntica festa do tempo, a do futuro, das alternâncias e renovações. Opunha-se a toda perpetuação, a todo aperfeiçoamento e regulamentação, apontava para um futuro incompleto.[28]

Essa visão dinâmica e ativa do carnaval antigo está presente na linguagem da Parada, ou seja, a influência determinante daquele nesta é o que se pode chamar de carnavalização - uma forma alternativa e alegre que relativiza as verdades e o poder. Seu traço principal é o avesso, com permutações entre o alto (cabeça, face – espírito, dignidade, sagrado, puro) e o baixo (traseiro e genitais – obsceno, riso, profano). A função das imagens provocadas pelo corpo grotesco – que perde sua força após o século XIX – *é liberar o homem das formas de necessidade inumana em que se baseiam as ideias dominan-*

---

27 Ver os filmes *Stonewall, Before Stonewall, After Stonewall* e *A vida e morte de Marsha P. Johnson*.

28 BAKHTIN, M. *Para uma filosofia do ato.* (tradução inédita de Carlos Alberto Faraco e Cristóvão Tezza de Toward a Philosophy of act). Austin: University of Texas Press, 1993, pp. 8 – 9.

tes sobre o mundo.²⁹ Ou seja, há uma inversão da ordem e cada um pode representar o que desejar, ser rei, príncipe, bichos, diabo, bruxa etc. Esses personagens *não estão relacionados entre si por meio de um eixo hierárquico, mas por simpatia e por entendimento vindo da trégua que suspende as regras sociais do mundo da plausibilidade: o universo do cotidiano*, conforme explica DaMatta.³⁰ O diálogo com o outro/eu rege e quebra a monotonia da vida diária, seja através da roupa, seja através da atitude num outro, levando a uma espécie de efeito catártico para que a festa carnavalesca permita aliviar da hipocrisia social e do medo do corpo, o que poderá levar a uma derrubada simbólica das hierarquias sociais (STAM, 2000).³¹

Se observarmos o contexto da Parada, pode-se notar como o caráter ritualístico da linguagem carnavalesca proporciona um direito de gozar a liberdade, de familiarizar-se, de quebrar tabus e regras habituais da vida cotidiana em sociedade e fazer ousadias como beijar o(a) namorado(a) em plena avenida, mostrar os peitos siliconados, os pelos hormonizados, ou o traseiro, o que, na vida extra carnavalesca da ordem é considerado imoral, obsceno. Também vale mascarar-se/fantasiar-se de todas as formas possíveis e imagináveis (desde atrizes famosas, reis, rainhas, chapeuzinho vermelho que espera o lobo mau, palhaços etc), mesmo que isso seja somente por um dia, que seja utopia de um mundo carnavalesco. Essa polifonia remete a vários sub-universos simbólicos o que evidencia o caráter heterogêneo e dinâmico da Parada. Isso a diferencia de um ritual unívoco que busca manter a ordem e preservar o passado, como é a Marcha para Jesus que acontece dias antes da Parada.

O dia da Parada funciona como uma catarse para a purificação, para a renovação, o nascimento para o novo. Cada um pode se mostrar tão louco como queira, dançar eroticamente (corpos seminus) em plena rua, desfazer-se em risos, pois o denominador comum da característica carnavalesca - o tempo alegre – faz-se presente. Todos – gays, lésbicas, travestis, transgêneros, homens, mulheres, crianças – se misturam com a multidão que os acompanham na rua e seguem a celebração até o local onde termina a festa que se segue

---

29   Ibidem, p. 43.
30   DAMATTA, R. *Carnavais, malandros e heróis: para uma sociologia do dilema brasileiro*. Rio de Janeiro: Rocco, 1997, p. 63.
31   STAM, R. *Bakhtin: da teoria literária à cultura de massa*. (Trad. Heloísa Jahn). São Paulo: Editora Ática, 2000.

pela noite adentro nos bares, boates etc. Nesse momento, é comum ver uma travesti, uma drag ou um mascarado(a) tirando foto com mães, com crianças ou casais. Ou filhos caminham com as mães lésbicas, pais drags ou mesmo senhoras que assistem com a bandeira nas mãos: *Homofobia é crime*. Ou seja,

> Os costumes carnavalescos ajudam a criar um mundo de mediação, encontro e compensação moral. Engendram um campo social cosmopolita e universal, polissêmico por excelência. Há lugar para todos os seres, tipos, personagens, categorias e grupos; para todos os valores (DAMATTA, 1997, p.623).

E essa profusão de tipos que se misturam em meio à rememoração e comemoração que acontece nas ruas, mostra como o tecido social muda ou necessita mudar seus valores e concepções que se transformam e trazem à tona novas possibilidades de interação com o outro, que é parte de nós com a qual dialogamos e que nos constitui.

Ao analisar as imagens de paradas brasileiras, podemos perceber que estas se mostram ambivalentes, ou seja, o novo e o velho, o que morre e o que nasce, o princípio e fim da metamorfose, a transformação, a evolução. A linguagem dessas imagens está em avesso; elas mostram as travessuras, as diabruras típicas da carnavalização, que torna possível a criação da estrutura aberta do grande diálogo, do livre contato familiar, além de permitir transferir a interação social *entre os homens para a esfera superior do espírito e do intelecto, que sempre era predominantemente a esfera da consciência monológica una e única, do espírito uno e indivisível que se desenvolve em si mesmo.*[32]

Como afirmam KATES e BELK[33] o poder da Parada pode estar na sua capacidade de desafiar, subverter e inverter – e também extender – categorias culturais hegemônicas comumente aceitas, tais como tradições, normas e discursos. Esse fato de achar que a Parada se recusa a ser séria e política, talvez seja a sua tendência para desafiar toda a autoridade e convenção, o

---

32 BAKHTIN, M. *Problemas da poética de Dostoievski*. (Trad. Paulo Bezerra). Rio de Janeiro: Ed. Forense-Universitária, 1981, p. 154.
33 KATES, S. M. & BELK, R. W. The meanings of lesbian and gay pride day: resistance trough comsumption and resistance to consumption. In: *Journal of contemporaray Ethnography*, Vol. 30, n. 4, p. 392-429, august 2001, p. 424.

que pode garantir a sua vitalidade ritual, a sua renovação continuada e sua longevidade futura, pois ela é uma estrutura aberta.

Enfim, a f(r)esta da Parada é a ponte que se opera como intermediária entre a memória de um passado histórico que nos leva a idealizar novos projetos de vida no presente e a uma promessa do devir dos direitos humanos, sobretudo o direito de festejar o amor.[34] E para que esses projetos e promessas se concretizem, precisamos da linguagem carnavalesca, pois é por meio dela que, primeiramente escutamos o outro para, em seguida, vivermos e construirmos nossas narrativas. Também é crucial a nossa memória, uma vez que narramos o que lembramos de um determinado acontecimento passado. Contamos a história da festa.

E se a cidade letrada[35] nega a festa carnavalesca é porque ela quer um discurso (erudito) do poder político, econômico, religioso ou de um militante que integra a semântica do homem ablativo que habita essa cidade, um homem não sexuado, um ser do qual se esquece o sexo e pretende, por excelência, ser masculino, dominante.[36] Talvez negue porque a bela aparência de imagens sonhadas, com uma rememoração, não é suficiente para a suposta realização de um desejo letrado considerado superior, universal. A festa carnavalizada nos mostra humanos e

> quando o humano eclode, é preciso abrir lugar para os saberes vinculados com o corpo da terra, e festejar, como no deserto, os encontros das caravanas, das diferenças – filhas e filhos da pluralidade, do Diverso. Conviver com as diferenças não é pensar como, mas atrair forças, deixar-se contagiar por uma língua que fala todos os idiomas, encontrar a palavra que dialoga e cria espaço para que a relação entre a palavra e o pensador escape às muletas dualistas, à guerra imaginária, entre o "Bem" e o "Mal". É preciso, pois, cultivar um pouco de inocência (...)[37] [grifos do autor]

---

34   RODRIGUES DA SILVA, H. Rememoração/comemoração: as utilizações sociais da memória. In: *Revista Brasileira de História*, v.22, nº 44, p.425-438, 2002.

35   RAMA, A. *A cidade das letras*. (Trad. Emir Sader). São Paulo: Brasiliense, 1985.

36   LINS, D. O sexo do poder. In: LINS, D. A. (org.) *dominação masculina revisitada*. (Trad. Roberto Leal Ferreira). Campinas, SP : Papirus, 1998, p. 137.

37   *Ibidem*, p. 121.

Deixemos então nossos corpos sem algemas escandalizarem pelas f(r)estas das avenidas e ruas, mesmo que seja de forma inocente ou indecente. Deixemos nossas palavras saírem serem livres para dialogar com a vida, com o outro. Deixemos, enfim, o amor nos levar a um futuro, a um sonho, sem medos, sem hipocrisias e com mais poesia e sabedoria...

Palavras finais

A festa da parada não representa o fim dos preconceitos e da violência que toda a população LGBT brasileira sofre, a cura da aids ou a conquista de todos os direitos. No entanto, o fato de sairmos às ruas em pleno dia para comemorar/rememorar é uma vitória simbólica sobre o medo e a paranoia da morte: se antes nos escondíamos de tudo, inclusive para morrer, pois a aids era o grande monstro, hoje buscamos nos mostrar para viver, pois o espírito da f(r)esta nutre a vida de esperança, sobretudo em momentos de golpes.

Embora a grande mídia sempre tenta descaracterizar e banalizar as Paradas, assim como acontece com todos os movimentos que lutam (MST, MTST, dentre outros), é necessário saber ler os discursos proferidos e não apenas reproduzi-los. Infelizmente, muitos LGBT também criticam as Paradas, ora porque muitos se acreditam ser discretos (não dão pinta), isto é, estão bem próximos dos padrões heteronormativos ou por não verem as Paradas com alguma importância politica/democrática. Como muitos afirmam: aqui é só bagunça, apenas um carnaval fora de época, o que revela o desconhecimento do que seja o espírito carnavalesco e talvez um desejo recalcado de ser europeu ou norte-americano, considerado modelo de culto para muitos.

A participação social nos 40 anos de Movimento LGBT brasileiro

Cleyton Feitosa [1]

Introdução

Estudos como o de Júlio Simões e Regina Facchini[2] contribuíram significativamente para uma compreensão histórica do desenvolvimento do Movimento LGBT no Brasil. Neste artigo, pretendo me deter mais sobre a história da participação social LGBT no país do que fazer um levantamento histórico do Movimento em si, ou seja, mais do que processos internos e fatos relevantes como encontros ou eventos da militância, busco narrar determinados momentos de interlocução entre o Movimento LGBT e o Estado na tentativa de contextualizar e compreender o desenvolvimento dessa participação.

---

1 Doutorando em Ciência Política pela Universidade de Brasília (UnB). Mestre em Direitos Humanos pela Universidade Federal de Pernambuco (PPGDH/UFPE). Licenciado em Pedagogia pela Universidade Federal de Pernambuco/Centro Acadêmico do Agreste (UFPE/CAA). É autor do livro Políticas Públicas LGBT e Construção Democrática no Brasil (Editora Appris, 2017). Foi consultor da Unesco atuando na organização da 3ª Conferência Nacional LGBT (2016). Membro dos grupos de pesquisa RESOCIE – Repensando as Relações entre Sociedade e Estado (Doutorado); DIVERSIONES – Direitos Humanos, Poder e Cultura em Gênero e Sexualidade (Mestrado) e Movimentos Sociais, Educação e Diversidade na América Latina (Graduação).

2 SIMÕES, Júlio Assis; FACCHINI, Regina. *Na trilha do arco-íris: do movimento homossexual ao LGBT.* São Paulo: Fundação Perseu Abramo, 2009.

É necessário, inicialmente, explicar a compreensão adotada aqui para o uso do termo "participação social LGBT". Trata-se de uma expressão que visa representar processos participativos de pessoas lésbicas, gays, bissexuais, travestis e transexuais na esfera pública em busca da conquista ou efetivação de direitos negados ou violados. A participação social LGBT compreende, portanto, um conjunto de ações reivindicatórias e propositivas, mas é melhor empregada para as relações envolvendo o Estado e sua estrutura político-administrativa. Deve-se compreender a história da participação social LGBT como parte da própria trajetória da participação no Brasil com os seus momentos, conjunturas, contextos, fases, etapas e sentidos.

Para o desenvolvimento do trabalho, desenho esse histórico relacionando-o aos sentidos da participação social elaborados por Teixeira.[3] Também utilizo os escritos de Santos,[4] Facchini[5][6] e Simões e Facchini[7] para auxiliar a recomposição dessa trajetória.

Não se pode falar do início do ativismo homossexual no Brasil sem considerar o contexto internacional e as movimentações norteamericanas entre as décadas de 1960 e 1970: nesse período, marcado pela repressão, intolerância e pelos conflitos da Guerra Fria, ganham corpo movimentos de contracultura. Esses movimentos eram compostos majoritariamente por jovens que politizavam o corpo, o prazer (que incluía o uso de substâncias psicoativas como a maconha e o LSD) e a liberdade sexual (com rebatimen-

---

3 TEIXEIRA, Ana Cláudia Chaves. *Para além do voto: uma narrativa sobre a democracia participativa no Brasil (1975-2010).* 160 f. 2013. Tese (Doutorado em Ciência Política) – Unicamp - Universidade Estadual de Campinas, Campinas, 2013.

4 SANTOS, Gustavo Gomes da Costa. Mobilizações homossexuais e estado no Brasil: São Paulo (1978-2004). *Revista Brasileira de Ciências Sociais,* v. 22, n. 63, p. 121-135, fev. 2007.

5 FACCHINI, Regina. Movimento homossexual no Brasil: recompondo um histórico. *Cadernos Arquivo Edgard Leuenroth* (UNICAMP), v. 10, n. 18/19, p. 79-123, 2003.

6 FACCHINI, Regina. *Sopa de letrinhas?* Movimento homossexual e produção de identidades coletivas nos anos 90. Rio de Janeiro: Garamond, 2005.

7 SIMÕES, Júlio Assis; FACCHINI, Regina. *Na trilha do arco-íris: do movimento homossexual ao LGBT.* São Paulo: Fundação Perseu Abramo, 2009.

-to nas práticas homoeróticas). Sua postura subversiva contestava os valores e padrões moralistas e tradicionais da classe média norteamericana.[8]

É ainda nesse período que acontece um evento que marcaria significativamente a história do Movimento Homossexual e que ganharia repercussões internacionais: a Revolta de *Stonewall* (1969). A Revolta de *Stonewall*, mais do que um evento isolado, apontava para um contexto mais amplo de resistência, contestação e construção de novas formas de sociabilidades entre os/as homossexuais. Essas novas formas de relação compreendem a mudança paradigmática da vergonha para o orgulho, do medo para a afirmação identitária.[9]

Constroem-se também novos sentidos de solidariedade, de autoestima, de trocas e de um senso coletivo que desembocará na formação de grupos de ativismo LGBT e de lideranças históricas como Harvey Milk (1930-1978), o primeiro ativista estadunidense abertamente gay a ser eleito em cargo público, no estado da Califórnia. Nessa direção, a Revolta de Stonewall, pela sua importância histórica, é considerada marco do moderno Movimento LGBT ocidental.

Nas "ondas" da participação

Facchini nos ajuda a compreender a história do Movimento LGBT brasileiro por meio do que ela chama de "três ondas" cuja contribuição é filtrada aqui para narrar a trajetória da participação social LGBT. A "primeira onda" (1978-1983) marca o nascimento do grupo SOMOS (SP) e do Jornal *Lampião da Esquina*, no ano de 1978. Ainda no contexto da Ditadura Militar pode-se dizer que a relação com o Estado era estritamente conflituosa e o "diálogo" que se tinha era restrito à resistência às investidas autoritárias e moralistas dos órgãos repressores.

O episódio da operação policial de "limpeza" do centro de São Paulo, comandada pelo então delegado José Wilson Richetti no ano de 1980 é emblemático das relações conflitivas entre Estado e sociedade civil dessa época:

> Wilson Richetti era um delegado que já havia se tornado conhecido por ter expulsado as prostitutas de São Paulo e criado a zona de

---

8   *Ibidem*.
9   *Ibidem*.

prostituição de Santos. Transferido para a Terceira Seccional (Centro) iniciou uma ação contra os freqüentadores noturnos do centro da cidade que ficou conhecida como Operação Limpeza. A campanha e a manifestação contra Richetti estão entre as principais atividades realizadas pelos militantes da primeira onda do movimento paulistano, mobilizando forças de esquerda e os movimentos negro e feminista contra a violência repressiva do Estado.[10]

Santos[11] afirma que nesse período inicial da história do Movimento LGBT brasileiro, o Estado era visto como um inimigo, uma vez que os canais institucionais de interlocução se encontravam fechados, o que contribuiu para que os movimentos sociais assumissem um formato comunitarista e antiautoritário.

Tanto Santos[12] quanto Facchini[13] apontam a década de 1980 como um período bastante desafiador para o Movimento LGBT. Tanto que esse momento é conhecido na literatura especializada pelo "declínio" da militância através do arrefecimento dos grupos e encontros voltados para a temática da homossexualidade. A AIDS causaria pânico moral e colocava os militantes defronte a novos e duros dilemas. No entanto, apesar de várias demandas empunhadas pelo ativismo homossexual, pode-se afirmar que foi a epidemia da AIDS que levou o Movimento a interagir com o Estado em busca de respostas estatais para combater a doença.

Para além do apoio oferecido pelo Ministério da Saúde, por meio do Programa Nacional de DST/Aids – seja na forma de recursos para o desenvolvimento de projetos financiados, seja na forma de incentivos à organização do movimento e ao seu engajamento na luta contra a epidemia –, a eclosão da AIDS deu ensejo a um debate

---

10   FACCHINI, Regina. Movimento homossexual no Brasil: recompondo um histórico. *Cadernos Arquivo Edgard Leuenroth* (UNICAMP), v. 10, n. 18/19, p. 79-123, 2003. p. 91.

11   SANTOS, Gustavo Gomes da Costa. Mobilizações homossexuais e estado no Brasil: São Paulo (1978-2004). *Revista Brasileira de Ciências Sociais*, v. 22, n. 63, p. 121-135, fev. 2007.

12   *Ibidem.*

13   FACCHINI, Regina. Movimento homossexual no Brasil: recompondo um histórico. *Cadernos Arquivo Edgard Leuenroth* (UNICAMP), v. 10, n. 18/19, p. 79-123, 2003.

social sem precedentes acerca da sexualidade e da homossexualidade, em particular. Em que pesem o rastro de morte e violência que acompanhou seu avanço, a epidemia mudou dramaticamente as normas da discussão pública sobre a sexualidade ao deixar também, como legado, uma ampliação sem precedentes da visibilidade e do reconhecimento da presença socialmente disseminada dos desejos e das práticas homossexuais.[14]

Com efeito, o contexto macro político da época, marcado pela decadência da ditadura militar que resultou na abertura política do país, foi fundamental para a configuração dessa nova relação entre Estado e sociedade civil. Importante ressaltar que essa abertura política trazia consigo uma intensa força democratizante acumulada pelos grupos de esquerda ao longo dos anos de chumbo. É essa força, aliás, que formará as bases para aquilo que se chama por "arquitetura da participação social" no Brasil a partir da Constituição Federal de 88.[15]

Neste paradoxo, caracterizado pelo esfriamento de um ativismo pautado pela temática homossexual e pela redemocratização brasileira, é que se gestam as primeiras experiências de participação social LGBT que culminarão nas primeiras políticas governamentais voltadas para o combate à epidemia da AIDS.[16] Esse cenário é considerado a "segunda onda" (1984-1992) do Movimento LGBT no Brasil.

Em termos de interlocução com o Estado, destaca-se também nesse período a campanha pela inclusão da proibição de discriminações motivadas pela "opção sexual" na Assembleia Nacional Constituinte, responsável por redigir a nova Constituição Federal. Encabeçada pelo Triângulo Rosa e pelo Grupo Gay da Bahia, essa campanha não obteve êxito do ponto de vista

---

14 SIMÕES, Júlio Assis; FACCHINI, Regina. *Na trilha do arco-íris: do movimento homossexual ao LGBT.* São Paulo: Fundação Perseu Abramo, 2009. p. 134 e 135.

15 TEIXEIRA, Ana Cláudia Chaves. *Para além do voto: uma narrativa sobre a democracia participativa no Brasil (1975-2010).* 160 f. 2013. Tese (Doutorado em Ciência Política) – Unicamp - Universidade Estadual de Campinas, Campinas, 2013.

16 SANTOS, Gustavo Gomes da Costa. Mobilizações homossexuais e estado no Brasil: São Paulo (1978-2004). *Revista Brasileira de Ciências Sociais,* v. 22, n. 63, p. 121-135, fev. 2007.

legal. No entanto, conferiu visibilidade à luta contra a violência homofóbica e despertou a sensibilidade de alguns parlamentares para a questão.[17] [18]

A pujança democrática pós-ditadura que desembocaria na Constituição Federal de 88 não foi suficiente para impedir a implementação do projeto neoliberal que se consolidara nos anos seguintes sob a regência dos Ex-Presidentes Fernando Collor de Mello e Fernando Henrique Cardoso. Assim, os anos 90 seriam marcados pelo fim da Guerra Fria, pela derrocada dos governos do bloco socialista e pela implementação das políticas macroeconômicas do Consenso de Washington, reconfigurando o Estado e as relações com os movimentos sociais (e nesse contexto, com o Movimento LGBT).

A Reforma do Estado, com um pacote austero de medidas que privatizou órgãos estatais, reduziu investimentos públicos, diminuiu o tamanho do Estado e delegou responsabilidades sociais ao mercado e à sociedade civil, fomentou a transformação dos movimentos sociais em Organizações Não-Governamentais (ONG) que metamorfoseariam seu caráter crítico e reivindicatório em instituições parceiras, técnicas e complementares ao Estado.

Aliado a isso, um forte discurso criminalizatório e repressor dificultaria a vida política dos movimentos sociais no país. Nesse cenário, multiplicam-se os grupos, ou melhor, ONGs, que conformariam o Movimento LGBT da época e que perduram até os dias atuais. A entrada desses novos atores e atrizes sociais na militância é chamada por Simões e Facchini[19] de "reflorescimento" do Movimento LGBT.

"Reflorescimento" é uma expressão adequada porque mesmo surgindo através de ONGs, os/as militantes desempenhavam posturas características dos movimentos sociais como o exercício de pressão sobre o Estado e de luta por direitos com intervenções, em muitas situações, bastante radicalizadas. O Movimento LGBT, principalmente por causa de sua heteroge-

---

17 SANTOS, Gustavo Gomes da Costa. Mobilizações homossexuais e estado no Brasil: São Paulo (1978-2004). *Revista Brasileira de Ciências Sociais*, v. 22, n. 63, p. 121-135, fev. 2007.

18 SIMÕES, Júlio Assis; FACCHINI, Regina. *Na trilha do arco-íris: do movimento homossexual ao LGBT*. São Paulo: Fundação Perseu Abramo, 2009. p. 134 e 135.

19 Ibidem.

neidade, nunca adotou completamente o formato de ONG ou de coletivos informais, mas sim um misto dos dois.[20]

A transferência de recursos do Estado e de agências internacionais para as ONGs LGBT contribuíram demasiadamente para a sua maior integração e fortalecimento (mas também para as contradições, disputas e competições internas). É nesse período, por exemplo, que o Ministério da Saúde passa a financiar encontros da militância LGBT e, no futuro, diferentes órgãos contribuiriam institucionalmente para a realização das Paradas do Orgulho LGBT.

Talvez essa relação próxima entre Estado e sociedade civil (não sem tensões, diga-se de passagem) motivou algumas leituras – sobretudo aquelas mais influenciadas pelas teorias *queer* – que apontam o Movimento LGBT brasileiro como sendo majoritariamente governista. Tal "acusação", sem uma análise mais cuidadosa do contexto histórico e dos fatores macro políticos, pode acarretar em uma leitura restrita e em alguns casos até injusta na medida em que algumas acusações focam mais nas figuras dos militantes (e em suas posturas e escolhas individuais) e menos nas armadilhas impostas pelo projeto neoliberal. Além disso, a visão do Estado enquanto grande inimigo comum (ou como a "encarnação do mal" como dizem Dagnino et al)[21] é, na minha leitura, teoricamente restrita e dicotômica.

Esse conjunto de fatores dos anos 90, anotados nos parágrafos anteriores, caracterizaria o que Facchini[22] denominou de "terceira onda" do Movimento LGBT (1992-2005). Além da realização das Paradas, foi nesse período que nasceu a Associação Brasileira de Lésbicas, Gays, Bissexuais, Travestis e Transexuais (ABGLT) e que se conquistam as primeiras legislações anti-homofóbicas nas casas legislativas municipais e estaduais. Em

---

20 Para uma leitura sobre as tensões que envolvem grupos institucionalizados e não-institucionalizados da militância LGBT, ver COLLING, Leandro. *Que os outros sejam o normal: tensões entre movimento LGBT e ativismo queer.* Salvador: EDUFBA, 2015.

21 DAGNINO, Evelina; OLVERA, Alberto J; PANFICHI, Aldo. Para uma outra leitura da disputa pela construção democrática na América Latina. In: DAGNINO, Evelina; OLVERA, Alberto J.; PANFICHI, Aldo (Orgs.). *A disputa pela construção democrática na América Latina.* São Paulo: Paz e Terra, 2006.

22 FACCHINI, Regina. *Sopa de letrinhas? Movimento homossexual e produção de identidades coletivas nos anos 90.* Rio de Janeiro: Garamond, 2005.

âmbito nacional, o projeto de lei sobre a parceria civil entre pessoas do mesmo sexo se destaca, sob a condução da então Deputada Marta Suplicy (PT-SP), na Câmara dos Deputados.[23] É na "terceira onda" que se ampliam as relações entre o Movimento LGBT e o Estado.

Segundo os estudos de Teixeira[24] sobre os sentidos da participação social no Brasil, a terceira onda do Movimento LGBT converge com o período do sentido hegemônico de "deliberação", caracterizado, dentre outros elementos, pela criação de conselhos de políticas públicas e pelas primeiras experiências do Orçamento Participativo em governos municipais administrados pelo PT. Esse sentido participacionista previa a partilha de poder, a cogestão e a valorização do deliberacionaismo na esfera pública.[25]

Das "ondas" à "tsunami": a participação social LGBT na era petista

Findo o governo FHC (1995-2002) e iniciado o governo Lula (2003-2010), a relação do Movimento LGBT com setores do Estado se reconfiguraria novamente aproximando ainda mais as duas instâncias. Observa-se a partir daí um intenso trânsito e deslocamento de ativistas na estrutura do Estado como gestores/as de uma novíssima política pública LGBT.

Nasce dessa conjuntura, no ano de 2004, o Programa Brasil Sem Homofobia (BSH) que dá início à formulação de um pacote de ações afirmativas em parceria com o Movimento LGBT. Nesse Programa vale destacar, dentre outras ações previstas, o financiamento para criação de Centros de Referência LGBT realizado pelo Governo Federal para ONGs LGBT executarem nos seus territórios.

Ainda na recomposição histórica de uma participação social LGBT no Brasil, não poderia deixar de mencionar a inédita e histórica 1ª Conferência Nacional GLBT, ocorrida em junho de 2008 na capital federal, Brasília, com a destacada presença do Ex-Presidente Lula. O evento angariou importante reconhecimento e repercussão, tanto na militância quanto na

---

23   Faço referência ao Projeto de Lei 1.151/1995.
24   TEIXEIRA, Ana Cláudia Chaves. *Para além do voto: uma narrativa sobre a democracia participativa no Brasil (1975-2010)*. 160 f. 2013. Tese (Doutorado em Ciência Política) - Unicamp - Universidade Estadual de Campinas, Campinas, 2013.
25   *Ibidem*.

academia, do ponto de vista da disposição do Governo Federal em escutar a sociedade civil organizada para elaborar políticas voltadas para o segmento. A sua convocação se deu no contexto da implementação do Programa Brasil Sem Homofobia. Diz o Texto-Base da 1ª Conferência Nacional GLBT:

> Coroando importantes iniciativas anteriores, a convocação da Conferência Nacional remonta ao ano de 2004, quando foi criado, no âmbito da Secretaria Especial dos Direitos Humanos da Presidência da República, o Programa "Brasil sem Homofobia", cujas ações possibilitaram a implantação de Centros de Referência em Direitos Humanos e Combate à Homofobia em todas as unidades da Federação, além de financiar Núcleos de Pesquisa e Promoção da Cidadania GLBT e projetos de capacitação em Direitos Humanos para o combate a homofobia.[26]

Dessa 1ª Conferência resultaram importantes ganhos: o lançamento do Plano Nacional LGBT; a instalação da Coordenação-Geral de Promoção de Direitos LGBT na estrutura burocrática da Secretaria de Direitos Humanos da Presidência da República; o Conselho Nacional LGBT e a adoção pelo movimento social e pelo governo da sigla "LGBT" em substituição à "GLBT" com o intuito de fortalecer politicamente o segmento de lésbicas. Passada a euforia que aquele evento produziu nos setores progressistas do Movimento LGBT, hoje é possível encontrar avaliações mais críticas de atores e atrizes sociais em relação às dificuldades na implementação das ações naquele momento apontadas.

Outro fato relevante sobre o desenho de uma história da participação social LGBT no Brasil é a instalação, em 2010, do Conselho Nacional de Combate à Discriminação e Promoção dos Direitos de Lésbicas, Gays, Bissexuais, Travestis e Transexuais (CNCD/LGBT)[27] que se constitui hoje na

---

26 BRASIL. Texto-Base da *1ª Conferência Nacional de Políticas Públicas de Direitos Humanos de LGBT: Direitos Humanos e Políticas Públicas: o caminho para garantir a cidadania de gays, lésbicas, bissexuais, travestis e transexuais*. Brasília: Secretaria de Direitos Humanos da Presidência da República, 2008. p. 3.

27 Para maiores informações sobre o Conselho Nacional de Combate a Discriminação e Promoção dos Direitos de Lésbicas, Gays, Bissexuais, Travestis e Transexuais, consultar a página oficial do órgão através do endereço eletrônico: http://www.sdh.gov.br/sobre/participacao-social/cncd-lgbt. Acesso em: 15/01/2018.

instância nacional de representação política da pluralidade das redes e entidades do Movimento LGBT no controle e discussão sobre políticas públicas em âmbito Federal.

O CNCD/LGBT nasceu inicialmente em 2001, apenas como Conselho Nacional de Combate à Discriminação (CNCD) agregando outros segmentos vulneráveis como a população negra, índigena, entre outros. Com a conquista de outros espaços para o Movimento Negro e Indígena na estrutura do Governo Federal, em 2010 o CNCD tornou-se CNCD/LGBT com uma normativa de criação própria, assinada pela então Ministra de Direitos Humanos Maria do Rosário.[28]

Pelo seu pouco tempo de existência, encontrei poucos estudos sobre aspectos mais complexos do seu funcionamento como a relação interna entre seus membros, a correlação de forças entre governo e sociedade civil, as tensões entre os/as conselheiros/as, a incidência política e sua capacidade de influenciar e pressionar o governo na criação das políticas públicas, a dinâmica das reuniões, metodologias utilizadas, orçamento destinado para o desenvolvimento dos trabalhos, entre outros elementos importantes para uma compreensão ampliada do controle e da participação social do segmento LGBT, o que indica uma necessária e profícua agenda de pesquisa.

A 2ª Conferência Nacional LGBT ocorreu em dezembro de 2011 já no Governo Dilma (2011-2016) tendo um papel mais monitorador das políticas LGBT por meio de balanços sobre as ações apontadas na conferência anterior, quais delas haviam sido realmente implementadas e quais não foram e o porquê. Como pontua o Texto-Base desse evento:

> Desta vez, o desafio [da conferência] se situa na análise da realidade nacional, vivenciada entre avanços e retrocessos, que por sua vez forma o cotidiano e influencia as formulações das políticas públicas. A análise do Plano Nacional de Promoção da Cidadania e Direitos Humanos de LGBT, através da avaliação das ações de cada ministério e órgãos do Governo Federal, apontarão para os desafios e os vácuos na implementação do referido plano, bem como o papel de

---

28   Decreto 7.388 de 9 de dezembro de 2010. Para uma análise completa desse decreto, ler FEITOSA, Cleyton; SANTOS, Émerson. *Participação Social da População LGBT: O Conselho Nacional de Combate à Discriminação de Lésbicas, Gays, Bissexuais, Travestis e Transexuais. Perspectivas em Políticas Públicas*, Belo Horizonte, v. 9, n. 2, 2016.

estados e municípios como um importante ponto a ser discutido durante a 2ª Conferencia Nacional.[29]

Em relação à primeira conferência, a segunda conseguiu "chegar" mais fundo nas cidades do interior do país, ampliando a participação de militantes e de pessoas que se tornariam ativistas após essa experiência. É válido lembrar que as conferências produzem efeitos para além da mera consulta pública: elas trazem em si uma dimensão pedagógica da política que formam velhos e novos militantes para o exercício da cidadania e da participação. Assim, é importante pensar em múltiplas efetividades da participação social para além da efetividade exclusiva sobre a implementação de políticas públicas.[30]

Outro detalhe interessante dessa segunda conferência é que ela não contou com a presença da Presidenta Dilma Rousseff na sua abertura, diferentemente da edição anterior que contara com um pronunciamento do Presidente Lula gerando grande comoção e notoriedade ao evento. Essa ausência, fortemente sentida pelo público, aliada a uma conjuntura de aproximação de Dilma à setores religiosos do parlamento, provocou vaias e gritos em tom de reprovação por parte da grande plenária de abertura à Presidenta. Contudo, dois anos após esse episódio, em 28 de junho de 2013 (dia internacional do orgulho LGBT), logo após as jornadas de junho, a Presidenta recebeu de maneira inédita o Conselho Nacional LGBT reafirmando o compromisso do seu governo em combater variadas formas de discriminação e violência.[31]

A terceira e mais recente Conferência Nacional LGBT ocorreu em Abril de 2016 na cidade de Brasília com um tema que viria a ser senão a principal, uma das maiores reivindicações do Movimento LGBT con-

---

29 BRASIL. Texto-Base da *2ª Conferência Nacional de Políticas Públicas e Direitos Humanos de LGBT: Por um país livre da pobreza e da discriminação – promovendo a cidadania de lésbicas, gays, bissexuais, travestis e transexuais*. Brasília: Secretaria de Direitos Humanos da Presidência da República, 2011. p. 13.

30 ALMEIDA, Debora Cristina Rezende de. Os desafios da efetividade e o estatuto jurídico da participação: a política nacional de participação social. *Sociedade e Estado*, v. 32, n. 3, 2017.

31 Ver notícia em: http://www.mdh.gov.br/noticias/2013/junho/presidenta-dilma-recebe-movimento-lgbt-no-dia-internacional-do-orgulho-gay. Acesso em: 15/01/2018.

temporâneo: a criminalização da homofobia. O tema dizia "Por um Brasil que criminalize a violência contra Lésbicas, Gays, Bissexuais, Travestis e Transexuais". Além dessa reivindicação, os delegados e delegadas também aprovaram uma moção de apoio à Lei de Identidade de Gênero (Lei João W. Nery - N. 5002/2013) de autoria do Deputado Federal Jean Wyllys (PSOL - RJ) e Erika Kokay (PT - DF) que se trata de um dispositivo legal que visa ampliar direitos específicos de travestis, transexuais e homens trans tal qual uma legislação existente na Argentina.

A 3ª Conferência Nacional LGBT também aconteceu sob moldes inéditos, dentro do que se chamou de Conferências Nacionais Conjuntas de Direitos Humanos compreendendo a realização de 5 Conferências Nacionais simultaneamente: a 10ª Conferência Nacional dos Direitos da Criança e do Adolescente, a 4ª Conferência Nacional dos Direitos da Pessoa Idosa, a 4ª Conferência Nacional dos Direitos da Pessoa com Deficiência, a 3ª Conferência Nacional LGBT e a 12ª Conferência Nacional de Direitos Humanos.

A experiência das Conferências Nacionais Conjuntas de Direitos Humanos pode ser avaliada tanto positivamente pelos seus aspectos integrativos entre diferentes segmentos vulneráveis da sociedade brasileira, valorizando uma política de alianças, de diversidade e de reconhecimento e solidariedade mútuas, quanto negativamente pela falta de foco em que tudo é prioridade, pelas tensões e discriminações atravessadas entre os segmentos[32] e pela crítica da sociedade civil organizada de que a realização das Conferências Conjuntas seria uma estratégia do Governo Federal para economizar verbas públicas, precarizando os espaços participativos.

Críticas à parte, as Conferências Conjuntas de Direitos Humanos aconteceram em uma conjuntura política extremamente caótica e desfavorável, às vésperas de um processo contestado de *impeachment* que impugnaria a ex-Presidenta Dilma Rousseff do comando do Executivo. Não à toa a car-

---

32 Participei da Comissão Organizadora das Conferências Conjuntas e fui testemunha ocular da preocupação dos organizadores da Conferência da Criança quando os profissionais da infraestrutura disseram que as Conferências da Criança e da População LGBT ocorreriam no mesmo andar. Infelizmente, a homofobia sempre esteve acompanhada da sombra da pedofilia. Recordo-me também de discriminações contra travestis e transexuais na utilização de banheiros correspondentes a sua identidade de gênero por delegados e delegadas das outras Conferências no momento de realização das mesmas.

ta de apresentação do texto-base, assinada pela Ministra das Mulheres, da Igualdade Racial e dos Direitos Humanos Nilma Lino Gomes e do Secretário Especial de Direitos Humanos Rogério Sotilli, afirmava *Sem direitos humanos não há democracia e sem democracia não há direitos humanos33*. Um claro apelo à manutenção do resultado das eleições presidenciais de 2014 que elegera Dilma.

Duas conquistas dignas de nota da 3ª Conferência Nacional LGBT foram a assinatura do decreto nº 8727 que reconhece o nome social de travestis e transexuais no âmbito da administração pública federal[34] e a deliberação, pela plenária final, do termo "LGBTfobia" em substituição à clássica expressão "homofobia" para designar o conjunto de violências perpetradas contra este segmento, sinalizando uma preocupação em não ofuscar outras expressões das dissidências sexuais e de gênero.

O refluxo participacionista LGBT pós-golpe de 2016

Por fim, outro episódio importante na trajetória da participação social LGBT foi a realização do I Seminário Nacional de Controle Social e Políticas Públicas LGBT, que ocorreu na cidade de Brasília/Distrito Federal, entre os dias 21 e 22 de setembro de 2016 na sede da Secretaria Especial de Direitos Humanos do Ministério da Justiça e Cidadania (SEDH/MJC), já no Governo Temer. A organização ficou por conta do Conselho Nacional LGBT tendo por objetivo refletir sobre os obstáculos, desafios, limites e contradições da participação social. Parte expressiva do público presente era composta por conselheiros/as LGBT estaduais, culminando em uma série de debates e deliberações sobre ampliação, melhoria e aperfeiçoamento dos conselhos de políticas públicas LGBT no Brasil.[35]

---

33   BRASIL. Texto-Base da *3ª Conferência Nacional de Políticas Públicas de Direitos Humanos de LGBT: Por um Brasil que Criminalize a Violência contra Lésbicas, Gays, Bissexuais, Travestis e Transexuais*. Brasília: Secretaria de Direitos Humanos da Presidência da República, 2016.

34   Conforme pode ser conferido na notícia: http://www.sdh.gov.br/noticias/2016/abril/decreto-permite-uso-do-nome-social-em-atos-e-documentos-oficiais-da-administracao-publica-federal. Acesso em 15/01/2018.

35   Para uma análise mais detida dos resultados desse evento, ver FEITOSA, Cleyton. Mapeando demandas por participação política da população LGBT no Brasil. *Revista Bagoas, Estudos Gays: gênero e sexualidades*, v. 11, n. 17, jul-dez, 2017.

A mesa de abertura deste seminário foi marcada por falas bastante entristecidas com o impedimento ilegítimo da Presidenta Dilma e algumas entidades do Conselho Nacional LGBT se desligaram ou se afastaram daquele espaço de interlocução governamental como a Central de Movimentos Populares (CMP) e a ABGLT. Com efeito, o Governo Temer é composto por uma base aliada refratária à ampliação de direitos LGBT e à participação social a exemplo do Ministro da Educação Mendonça Filho (DEM-PE) que quando Deputado Federal atuou para impedir a aprovação da Política Nacional de Participação Social proposta pelo Governo Dilma (chamada pelos setores oposicionistas de decreto bolivariano).

No momento, o Conselho Nacional LGBT enfrenta dificuldades tanto do ponto de vista das ameaças de parlamentares que não concordam com a sua existência quanto da sustentabilidade orçamentária na medida em que o órgão depende de um aporte mínimo para o deslocamento de conselheiros/as e manutenção de suas atividades. Outras instituições participativas estão desativadas ou paradas como o Comitê Técnico de Cultura LGBT do Ministério da Cultura. E o futuro da 4ª Conferência Nacional LGBT é incerto.

A conjuntura atual, pós-golpe parlamentar, impõe novos problemas de pesquisa e novos desafios políticos no momento em que o Movimento LGBT brasileiro completa 40 anos de existência com o enfraquecimento da participação institucionalizada, o desmonte de direitos e a ascensão do fundamentalismo religioso na política institucional e do populismo de direita.

As questões sobre a participação social LGBT que ficam em aberto no momento são: serão mantidas as instituições participativas voltadas para a população LGBT como o CNCD/LGBT e as Conferências Nacionais? Em que medida as deliberações aprovadas nelas serão atendidas pelo atual governo anti--democrático? Como tem se dado a interação do Movimento LGBT com o atual governo não-eleito? De que modo o Movimento LGBT atuará para evitar retrocessos com as reformas neoliberais em pleno vigor? Qual o futuro da democracia pós-eleições presidenciais de 2018? E, por fim, a militância perceberá que as decisões macroeconômicas, mais afeitas ao paradigma redistributivo, afetará em cheio a qualidade de vida e o reconhecimento de suas vidas?[36]

---

36 FRASER, Nancy. Da redistribuição ao reconhecimento? Dilemas da justiça numa era 'pós-socialista'. *Cadernos de campo*, n. 14/15, 2006.

Mobilização judicial pelos direitos da diversidade sexual e de gênero no Brasil

Paulo Roberto Iotti Vecchiatti[1]

Introdução
Democracia substantiva e cidadania sexual e de gênero

A luta das minorias sexuais e de gênero pelo respeito à sua *cidadania sexual*[2] *e de gênero* tem obtido resultados históricos e paradigmáticos no Brasil, perante o Poder Judiciário, na última década, a segunda do Século XXI.[3]

---

[1] Doutor e Mestre em Direito Constitucional pela Instituição Toledo de Ensino. Especialista em Direito Constitucional pela PUC/SP. Especialista em Direito da Diversidade Sexual e de Gênero e em Direito Homoafetivo. Advogado e Professor Universitário. Diretor-Presidente do GADvS – Grupo de Advogados pela Diversidade Sexual e de Gênero.

[2] A expressão *cidadania sexual*, no Brasil, como critério substantivo de controle de constitucionalidade, foi usada pela primeira vez por MOREIRA, Adilson José. *Cidadania Sexual*. Estratégia para Ações Inclusivas, Belo Horizonte: Ed. Arraes, 2017. Como a obra foca na defesa de direitos de homossexuais (logo, na questão de orientação sexual), ampliei a expressão, para *cidadania sexual e de gênero*, para abarcar os direitos de toda a população LGBTI (e, portanto, também os relativos à identidade de gênero). Também usando a expressão *cidadania sexual*: LOREA, Roberto Arridada. KNAUTH, Daniela Riva. Cidadania Sexual e Laicidade. *Um estudo sobre a influência religiosa no Poder Judiciário do Rio Grande do Sul*, Porto Alegre: Ed. Livraria do Advogado, 2010.

[3] O que não significa que o *Movimento LGBTI Brasileiro* não tenha lutado (e muito) perante os poderes políticos (Legislativo e Executivo), com algumas vitórias

Parece importante esclarecer que *democracia* não significa *ditadura da maioria*. Embora a *regra da maioria* seja um aspecto importantíssimo e estabeleça a *regra geral* das decisões democráticas, não se trata de um critério absoluto, a ser usado em qualquer caso. Isso porque prevalece no mundo contemporâneo a noção de *democracia substantiva*, aquela em que as decisões da maioria devem respeitar *direitos básicos* da sociedade concreta (direitos fundamentais/constitucionais), bem como de toda a humanidade (direitos humanos/convencionais). Na espirituosa frase do Ministro Roberto Barroso, *não é porque você tem oito católicos e dois muçulmanos em uma sala que o primeiro grupo pode deliberar jogar o segundo pela janela.*[4] A maioria pode muito, mas não pode tudo.[5]

---

importantes perante a Administração Pública (federal e algumas estaduais/municipais – com a aprovação de alguns Conselhos, Coordenadorias e Centros de Cidadania, embora, em geral, com precária estrutura e orçamento ínfimo). Todavia, incontestável que efetiva garantia de *cidadania material* das minorias sexuais e de gênero têm sido imposta pelo Poder Judiciário, pela notória omissão de nosso Legislativo na aprovação de leis que garantam a plena cidadania da população LGBTI – Lésbicas, Gays, Bissexuais, Travestis, Transexuais e Intersexos. Foi isso que fez com que as minorias sexuais e de gênero tenham se voltado ao Poder Judiciário, como última (e única) esperança de garantia do direito fundamental e humano à não-discriminação. Cidadania material, aqui entendida no sentido de Hannah Arendt, como *o direito a ter direitos*, no sentido do direito de usufruir os direitos que o ordenamento jurídico confere à generalidade das pessoas, mas não a determinadas minorias ou grupos vulneráveis. A obra clássica, onde Arendt fala na cidadania como o *direito a ter direitos*: ARENDT, Hannah. *Origens do Totalitarismo*. Anti-Semitismo, Imperialismo e Totalitarismo, 8ª Reimpressão, São Paulo: Editora Companhia das Letras, 2009, p. 330-336. Recomenda-se, ainda: LAFER, Celso. *A Reconstrução dos Direitos Humanos*. Um diálogo com o pensamento de Hannah Arendt, 7ª Reimpressão, São Paulo: Ed. Companhia das Letras, 2009; MAZZUOLI, Valério de Oliveira. *Direitos Humanos, cidadania e educação*. Uma nova concepção introduzida pela Constituição Federal de 1988. Jus Navigandi, Teresina, ano 5, n. 51, out. 2001. Disponível em: http://jus2.uol.com.br/doutrina/texto.asp?id=2074. Acesso em 30/01/2009. Para ampla história da luta de grupos sociais pela cidadania, vide PINSKY, Jaime e PINSKY, Carla Bassanezi (Org.). *História da Cidadania*, São Paulo: Ed. Contexto, 2003.

4   BARROSO, Luís Roberto. Ano do STF: Judicialização, ativismo e legitimidade democrática. In: *Revista Consultor Jurídico*, 22.12.2008. Disponível em: <https://www.conjur.com.br/2008-dez-22/judicializacao_ativismo_legitimidade_democratica?pagina=7>.

5   E não pode negar direitos a minorias por sua mera desaprovação moral a elas (cf. Suprema Corte dos EUA, *Romer vs. Evans* e *Lawrence vs. Texas*). É *pré-iluminista* qualquer concepção que defenda o contrário, visto que o intuito central do racionalismo do Iluminismo foi o de impedir que a mera imoralidade justificasse

Logo, plenamente legítimas à luz da democracia substantiva que vigora entre nós as decisões judiciais que, de forma contramajoritária, têm garantido direitos às minorias sexuais e de gênero, visto que pautadas, em síntese, no direito fundamental e humano à não-discriminação, relativamente a direitos *arbitrariamente* negados às minorias sexuais e de gênero, e por aquilo indispensável ao respeito a seu *direito à diferença*. Isso dentro da célebre lógica de Boaventura de Souza Santos, que pauta a noção de *igualdade,* tanto *formal* (invalidade de *privilégios,* enquanto prerrogativas arbitrariamente garantidas só a um grupo social e não a todas as pessoas disso merecedoras) quanto *material* ("tratar desigualmente os desiguais na medida de sua desigualdade").[6] A saber: *"temos o direito à igualdade quando a diferença nos inferioriza, temos o direito à diferença quando a igualdade nos descaracteriza"*.[7] Em nenhum momento se pedem "privilégios", mas apenas por garantia dos mesmos direitos (com os mesmos nomes), relativamente àqueles negados arbitrariamente, bem como os direitos inerentes ao respeito à individualidade das minorias sexuais e de gênero.

---

a criminalização de condutas e, assim, quaisquer discriminações jurídicas, sendo necessária a violação de algum *direito subjetivo* alheio ou de algum *bem jurídico* indispensável à vida social para que se justificasse a criminalização de uma conduta e, por igualdade de razões, para justificar uma discriminação juridicamente válida. Isso porque a acepção *liberal* do direito de liberdade, em contraposição à comunitarista, significa o direito de se fazer o que se quiser, *desde que* não se prejudiquem terceiros, consoante expresso, inclusive, na célebre *Declaração dos Direitos do Homem e do Cidadão*, pós-Revolução Francesa.

6   No Brasil, obra clássica sobre o tema da *discriminação direta* é a de MELLO, Celso Antônio Bandeira de. *Conteúdo Jurídico do Princípio da Igualdade*, 3ª Ed., 11ª Tiragem, São Paulo: Malheiros Editores, 2003. Para análise de diversas outras formas de *discriminações inválidas (indireta, interseccional, multidimensional, inconsciente, organizacional, institucional, estrutural, intergeracional,* além do estudo de privilégios geradores de discriminação *social*, a questão das *microagressões* e a *estratificação*), vide MOREIRA, Adilson José. *O que é Discriminação?*, 2ª Tir., Belo Horizonte: Grupo Editorial Letramento, 2017. Outra obra brasileira importante é a de RIOS, Roger Raupp. *Direito da Antidiscriminação*, Porto Alegre: Editora Revista dos Tribunais, 2008.

7   SANTOS, Boaventura de Souza. *A gramática do Tempo*. Para uma Nova Cultura Política, 2ª Ed., São Paulo: Cortez Ed., 2006, p. 313.

A Luta Judicial das Minorias Sexuais e de Gênero pela Cidadania Material[8]

As *minorias sexuais* são aquelas que são discriminadas social e/ou juridicamente em razão de sua orientação sexual ou de práticas sexuais dissonantes daquelas aceitas pelo moralismo majoritário, *desde que* consensuais/ não opressoras a terceiros e entre pessoas maiores e capazes (ou entre adolescentes de equivalente capacidade civil).[9] As tradicionais *minorias sexuais*, em termos identitários, são formadas por homossexuais (lésbicas e gays), bissexuais, pansexuais[10] e assexuais.[11] *Heterossexuais* configuram-se como a *maioria sexual*.

As *minorias de gênero* são aquelas que são discriminadas social e/ou juridicamente em razão de sua identidade de gênero dissonante da cisgeneridade, ou em razão de hierarquias sociais que privilegiam um gênero em detrimento do(s) outro(s). *Gênero* se refere ao conjunto de características socialmente atribuídas e esperadas de uma pessoa em razão de seu genital, ao nascer. No *binarismo de gêneros* culturalmente hegemônico, refere-se à dicotomia masculinidade/feminilidade. Então, a *identidade de gênero* se refere à autopercepção de uma pessoa enquanto pertencente a um gênero. *Transgênera* é a pessoa que não se identifica com o gênero que lhe foi atribuído ao nascer (em razão de seu genital, nas culturas ocidentais). *Cisgênera* é a pessoa que se identifica com o gênero que lhe foi atribuído ao nascer (é a pessoa

---

8   Tema de minha *Dissertação de Mestrado*, defendida perante a Instituição Toledo de Ensino, em dezembro/2010.

9   É preciso reconhecer a *existência* e a necessidade de proteção das *crianças e adolescentes não-heterossexuais cisgêneras*, consoante se explica no item 2.6 deste artigo.

10   Recentemente, pessoas que se autodeclaram pansexuais têm defendido que a *bissexualidade* estaria limitada ao *binarismo de gêneros* (homens e mulheres), enquanto a *pansexualidade* se referiria à atração erótico-afetiva *independente de gêneros* (logo, por exemplo, também a travestis e pessoas transgênero em geral). Há bissexuais que isto contestam, afirmando que o prefixo "bi" se refere a "mais de um", não necessariamente a "dois". De qualquer forma, respeita-se aqui a autoidentificação das pessoas que preferem ser identificadas como *pansexuais*, sem discutir se isso é ou não uma injustiça conceitual com a *bissexualidade*.

11   Importante consignar que a pessoa *assexual* não o é, necessariamente, por conta de algum trauma psicológico. Há pessoas que, simplesmente, não sentem atração sexual por outras, embora possam manter relações afetivo-conjugais (não--sexuais) com outras.

que não é trans, para simplificar). Então, as tradicionais *minorias de gênero* são as mulheres cisgênero[12] e as pessoas transgênero – travestis, mulheres transexuais e homens trans.[13] *Cisgêneros* configuram-se como a *maioria de gênero*.

Passa-se a analisar a *luta judicial* das minorias sexuais e de gênero no Brasil. Pela sua proeminência, mas também pelos limites físicos deste trabalho, o foco será na luta perante o Supremo Tribunal Federal, no *controle objetivo de constitucionalidade*, cujas decisões, por seu efeito vinculante e eficácia *erga omnes* (CF, art. 103, §2°), têm "força de lei" no país.

A luta pela inclusão no conceito constitucional de família. *STF, ADPF 132/ADI 4277 (união estável). STJ, REsp 1.183.378/RS, e CNJ, Resolução 175/2013 (casamento civil)*

Após debates jurisprudenciais ocorridos nos anos 1990 e 2000, nos dias 04 e 05 de maio de 2011 o STF julgou procedente a ADPF 132 e a ADI 4277, por inesperada e histórica unanimidade, afirmando que

> Ante a possibilidade de interpretação em sentido preconceituoso ou discriminatório do art. 1.723 do Código Civil, não resolúvel à luz dele próprio, faz-se necessária a utilização da técnica de 'interpretação conforme à Constituição'. Isso para excluir do dispositivo em causa qualquer significado que impeça o reconhecimento da união contínua, pública e duradoura entre pessoas do mesmo sexo como família. Reconhecimento que é de ser feito segundo as mesmas regras e com as mesmas consequências da união estável heteroafetiva.[14]

---

12 Embora adote-se a dicotomia *minorias e grupos vulneráveis*, para que grupos majoritários em situação de vulnerabilidade social se enquadrem neste segundo conceito, obviamente o texto usou o *conceito sociológico de minoria*, enquanto grupo social em posição de não-dominância, logo, de vulnerabilidade social.

13 Trata-se da *tricotomia identitária* preferida no Brasil pela ANTRA – Associação Nacional de Travestis e Transexuais e pelo IBRAT – Instituto Brasileiro de Transmasculinidades. A ANTRA ainda recusa o uso do termo "transgênero", por entender que ele apaga as especificidades de travestis e homens trans. A crítica está correta no geral, pelo termo remeter, no senso comum, à mulher transexual. Mas, para o Direito, é importante termos um tal "termo guarda-chuva" para demandas de todas as identidades trans – como mudança de nome e gênero no registro civil independente de cirurgia, laudos e ação judicial, objeto da decisão do STF na ADI 4275 (cf. item 2.2).

14 O STF tratou da união "contínua, pública e duradoura" entre pessoas do mesmo gênero não por adotar um "incorporacionismo familista" ou "vinculação de direitos humanos a afeto", menosprezando um direito à sexualidade fora de uniões

Segundo a lógica geral da decisão,[15] reconheceu-se que a Constituição

---

conjugais, como alguns equivocadamente interpretam, mas porque o Judiciário fica vinculado aos pedidos formulados — as ações pediram reconhecimento da *união estável* a casais homoafetivos — que a lei define como "união pública, contínua e duradoura, com o intuito de constituir família" (CC, art. 1.723).

15   A decisão não tem nada de inconstitucional ou ilegal. Como apontei em sustentação oral no julgamento, *dizer que "é reconhecida a união estável entre o homem e a mulher"* é diferente de dizer que ela é reconhecida *apenas* entre o homem e a mulher. Como este "apenas" não está escrito (positivado), não há *limite semântico no texto normativo* que impeça a exegese constitucional inclusiva da união homoafetiva no regime jurídico da união estável. Na síntese do Ministro Gilmar Mendes, *o fato de a Constituição proteger a união estável entre o homem e a mulher não significa negativa de proteção à união civil ou estável entre pessoas do mesmo gênero — e qualquer primeiro anista de Direito tem a obrigação de saber* que o fato de um texto de lei ou Constituição regulamentar um fato sem nada dispor sobre o outro não significa "proibição implícita" por "interpretação *a contrario sensu*". Significa *lacuna normativa*, que pode ser *colmatada* (preenchida/integrada) por interpretação extensiva ou analogia. No primeiro caso, reconhecendo a identidade de situações; no segundo, sua *equivalência* (diferentes, mas "idênticas no essencial"). Assim, considerando que a união homoafetiva se enquadra no conceito de família conjugal, enquanto união pautada pela afetividade, durabilidade, continuidade e publicidade, com intuito de constituir família (e, em conceito aplicável a quaisquer ramos do Direito por analogia, a *Lei Maria da Penha* estabelece que a família se forma pela união entre pessoas que *se consideram aparentadas por ato de vontade* e isso independe de orientação sexual, cf. art. 5°, II e par. único), incontestável o cabimento de interpretação extensiva ou analogia para incluí-la no conceito de união estável (cf. STF) e do casamento civil (cf. STJ e CNJ), por serem regimes jurídicos voltados à regulamentação da *família conjugal*. Pois, superado o paradigma *hierárquico-patriarcal* que assolou a família brasileira até a Constituição Federal de 1988, substituído pelo paradigma da *família eudemonista*, que se foca na garantia de felicidade e autorrealização individual de seus integrantes, não faz nenhum sentido que um conceito igualitário de família (e casamento civil/união estável) não proteja precisamente o *amor entre iguais*, expressão cunhada para designar a união entre pessoas do mesmo gênero, na qual não se poderia aplicar a anacrônica e machista/patriarcal hierarquia que a *ideologia de gênero heterocissexista* impõe, ao exigir que um gênero (o masculino) seja hegemônico na direção da família conjugal. Desenvolvendo essas questões:VECCHIATTI, Paulo Roberto Iotti. *Manual da Homoafetividade*. Da Possibilidade Jurídica do Casamento Civil, da União Estável e da Adoção por Casais Homoafetivos, 2ª Ed., São Paulo: Ed. Método, 2013, cap. 05. Para uma resposta aos críticos logo após a decisão:VECCHIATTI, Paulo Roberto Iotti. O STF e a União Estável Homoafetiva. Resposta aos Críticos, primeiras impressões e a consagração da homoafetividade no Direito das Famílias. In: *Revista Jus Navegandi*, ISSN 1518-4862, ano 16, n. 2870, 11.05.2011. Disponível em: <https://jus.com.br/artigos/19086/o-stf-e-a-uniao--estavel-homoafetiva>. Para uma ampla análise (e defesa) da decisão por diversos juristas, vide: FERRAZ, Carolina Valença. LEITE, Glauber Salomão. OMMATTI,

não proíbe a união entre pessoas do mesmo gênero, de sorte a ser necessária uma interpretação sistemática entre o art. 226, §3° com a proibição constitucional de preconceitos e discriminações [arbitrárias] de quaisquer espécies (art. 3°, IV), de sorte a que, entre uma interpretação puramente literal (discriminatória) e uma interpretação ampliativa, esta é a que melhor se coaduna com o espírito emancipatório (a teleologia) da Constituição Federal de 1988. Inclusive pela união homoafetiva se enquadrar no conceito constitucional de família, de sorte a que a função contramajoritária da jurisdição constitucional demanda a proteção da minoria homoafetiva contra uma suposta vontade discriminatória da maioria heteroafetiva. Como disse o Ministro Celso de Mello: *ninguém, absolutamente ninguém, pode ser discriminado por sua orientação sexual (e identidade de gênero,* como disse em outro julgado, a ADI 4275).

José Emílio Medauar. VECCHIATTI, Paulo Roberto Iotti (org.). *Diferentes, mas Iguais*. Estudos sobre a Decisão do STF sobre a União Homoafetiva (ADPF 132 e ADI 4277). Rio de Janeiro: Ed. Lumen Juris, 2017.

A luta pelo respeito à identidade de gênero das pessoas trans. Corte IDH,[16] OC 24/17.[17] STF, ADI 4275, RE 670.422/RS e RE 845.779/SC. TSE, Consulta 0604054-58.2017.6.00.0000[18]

A legalidade da cirurgia de transgenitalização foi reconhecida pela primeira vez, no Brasil, por histórico julgamento dos anos 1970 que absolveu o médico Roberto Farina do crime de "lesão corporal gravíssima" ao afirmar que a conduta era lícita por não haver dolo de lesionar, mas intenção de curar.[19] Esse entendimento, de *ausência de dolo, mas intenção de cura*, justifi-

---

16   No âmbito da Corte IDH, tivemos três decisões históricas em termos de *cidadania sexual*, reconhecendo a violação de direitos humanos de homossexuais por discriminações estatais, a saber: (i) *caso Atalla Ryffo y niñas vs. Chile* (2012), que disse ser inválida a retirada da guarda de filhos(as) em razão de estereótipos sociais contra a homossexualidade; (ii) *caso Duque vs Colômbia* (2016), que disse ser inválida negativa de pensão previdenciária após a morte do(a) companheiro(a) homoafetivo(a); (iii) *caso Flor Freire vs Equador* (2016), que disse ser inválida a discriminação de homossexuais nas Forças Armadas; (iv) na citada OC 24/17 (2017), que disse ser inválida a negativa do casamento civil a casais homoafetivos. Esta última decisão, analisada neste tópico, é a primeira a garantir a *cidadania de gênero*, garantindo o respeito à identidade de gênero das pessoas transgênero. Para explicação dos fundamentos dessas decisões: VECCHIATTI, Paulo Roberto Iotti. GORISCH, Patrícia. Famílias homoafetivas e direitos LGBTI nas Américas. In: VIEIRA, Tereza Rodrigues. CARDIN, Valéria Silva Galdino. BRUNINI, Bárbara Cossetin C.B. (org.). *Famílias, Psicologia e Direito*, Brasília: Ed. Zakarewicz, pp. 289-304.

17   Íntegra: <http://www.corteidh.or.cr/docs/opiniones/seriea_24_esp.pdf>. *Press-release* (que sintetiza os fundamentos da decisão): <http://www.corteidh.or.cr/docs/comunicados/cp_01_18.pdf> (acessos em 10.01.2018).

18   Voto do Relator disponível em: <https://www.conjur.com.br/dl/voto-tarcisio-transgeneros.pdf>. Para explicação desta histórica decisão e seu contexto, juntamente à do STF na ADI 4275: VECCHIATTI, Paulo Roberto Iotti. STF e TSE fazem História ao afirmarem a Cidadania de Transexuais e Travestis. Justificando, 02.03.2018. Disponível em: <http://justificando.cartacapital.com.br/2018/03/02/stf-e-tse-fazem-historia-ao-afirmar-cidadania-de-transexuais--e-travestis/>. Para o parecer de minha autoria, que acompanhou a consulta formulada pela Senadora Fátima Bezerra ao TSE: <https://www.academia.edu/34766024/Parecer_-_Consulta_ao_TSE_sobre_expressão_cada_sexo_da_Lei_Eleitoral> (último acesso a todos em 21.05.2018).

19   Íntegra em RT 545/355 (até 372): Ementa: "Lesão corporal de natureza grave – Perda ou inutilização de membro, sentido ou função. Cirurgia realizada gratuitamente pelo acusado na vítima – Transexualismo – Ablação de órgãos genitais masculinos e abertura, no períneo, mediante incisão, de fenda, à imitação de vulva postiça. Correção cirúrgica recomendada por renomados psiquiatras, endocrinólogos, psicólogos e geneticistas e tido como viável, sob o ponto de vista

cadora da ética médica da cirurgia, foi finalmente acolhido pelo Conselho Federal de Medicina em 1997 (Res. 1.482/97), quando pela primeira vez autorizou a chamada cirurgia de transgenitalização. Feita revisão da Resolução em 2002 (Res. 1.652/02), hoje vige nova atualização, pela Resolução CFM n.º 1.955/2010. Em algum momento da primeira década dos anos 2000, consolidou-se a jurisprudência no sentido de que, realizada a cirurgia de transgenitalização, era devida a alteração tanto de prenome ("primeiro nome") quando do sexo (gênero) da pessoa no registro civil. A discussão que havia, desde então, era se, *sem a cirurgia*, era possível alterar o prenome e o gênero da pessoa transgênero no registro civil. Ainda era minoritária a jurisprudência nesse sentido, mas a partir da segunda década dos anos 2000, parecia estar em curso uma tal evolução jurisprudencial.[20]

Em 2009, a Procuradoria-Geral da República entrou com ação no STF (ADI 4275), pleiteando a mudança de nome e gênero de *transexuais* no registro civil, independente de cirurgia, mas com laudos exigidos pelo Conselho Federal de Medicina para realização da cirurgia.[21] Em 2014, chegou um

---

legal, por eminente jurista – Ausência, pois, de dolo – Absolvição decretada – Declaração de voto – Voto vencido – Inteligência do art. 129, parágrafo segundo, III, do CP". Cf. ARAUJO, Luiz Alberto David. *A Proteção Constitucional do Transexual*, São Paulo: Ed. Saraiva, 2000, p. 112. Obra clássica que defende os direitos de transexuais com base no direito fundamental à felicidade. Para grande autoridade sobre retificação de registro civil de pessoas transgênero e advogada, que inclusive representou Roberta Close para mudança de seus documentos, após derrota no STF: VIEIRA, Tereza Rodrigues. *Nome e Sexo*. 2ª Ed., São Paulo: Ed. Atlas, 2012. (sobre a derrota de Roberta Close no STF: <http://www1.folha.uol.com.br/fsp/1997/2/22/cotidiano/16.html>, notícia de 22.2.1997; adotando a mesma lógica biologizante e genitalizante da pessoa humana: STF, AI 82.517 AgR/SP, DJ de 05.06.1981). Anote-se que, excepcionalmente em processos de *jurisdição voluntária*, é possível ingressar com nova ação, mesmo após sentença de mérito, pois é pacífico que esse tipo de ação não faz *coisa julgada material*. Foi o que ocorreu neste caso, como explica a obra (*Ibidem*, p. 226-223).

20 Isto defendendo: VECCHIATTI, Paulo Roberto Iotti. Tutela Jurídica de Travestis e Transexuais que não se submeteram à cirurgia de transgenitalização. In: FERRAZ, Carolina Valença. LEITE, Glauber Salomão. *Direito à Diversidade*. São Paulo: Ed. Atlas, 2015, p. 280-306.

21 Um claro *agir estratégico*, de uma época em que quase não se falava, no Brasil, em *despatologização das identidades trans* e em mudança de nome e gênero independente de *laudos* e de ação judicial. Lembre-se que a Lei de Identidade de Gênero Argentina, marco paradigmático mundial sobre o tema, foi aprovada em 2012 (a Espanhola, em 2013). Era a tese progressista daquele momento (a da PGR). Em

recurso extraordinário ao STF sobre o mesmo tema (RE 670.422/RS). As sustentações orais se realizaram em dois dias diferentes (20.4 e 07.6.2017). Entre outros pontos, afirmei na tribuna, no dia 20.4.2017, que *não se pode genitalizar a pessoa humana – o ser humano é um animal eminentemente psicológico, social, político e afetivo e não meramente, nem predominantemente, biológico: o ser humano transcende, em muito, o seu genital*. No dia 07.06.2017, tivemos um ato histórico, com a primeira sustentação oral de uma advogada transgênero no STF, feita pela ativista Gisele Alessandra Schmidt e Silva. O julgamento se realizou nos dias 22.11.2017, 28.02 e 01.03.2018. Nesse meio tempo, a *Corte Interamericana de Direitos Humanos* proferiu histórica decisão, na qual reconheceu o direito de pessoas *transgênero* (travestis, mulheres transexuais e homens trans) a retificarem nome e gênero no registro civil independente de cirurgia, de laudos e de ação judicial (bem como reconheceu o dever dos Estados também reconhecerem o *casamento civil* entre pessoas do mesmo gênero, e não uma segregacionista união civil autônoma). Trata-se da decisão na *Opinião Consultiva n.º 24/17*. Peticionei, em nome de ABGLT e GADvS – Grupo de Advogados pela Diversidade Sexual e de Gênero, explicando os fundamentos da decisão da Corte Interamericana, tendo despachado (dialogado) com as onze assessorias do STF na semana que antecedeu o julgamento.

A estratégia foi frutífera, visto que o STF acolheu os fundamentos da Corte Interamericana. Em síntese, a Corte IDH afirmou que a *identidade de gênero não se prova*, por ser algo *autopercebido* pela pessoa, tema no qual a pessoa é soberana para autodefinir [na verdade, *autoreconhecer/identificar*, por não ser algo dependente de "escolha" ou "opção" da pessoa], de sorte que a mera declaração de vontade da pessoa transgênero deve ser suficiente para o Estado e a sociedade respeitarem sua identidade de gênero. Assim, a exigência de laudos de terceiros (profissionais da saúde etc) viola o direito de liberdade e autonomia moral da pessoa transgênero na definição de sua

---

2014, chegou ao STF recurso extraordinário de *homem trans*, contra decisão do Tribunal de Justiça do Rio Grande do Sul, que havia permitido a mudança de seu prenome, mas não de seu gênero no registro civil, ao qual foi reconhecida repercussão geral no ano de 2014 (RE 670.422/RS). A advogada do caso foi Maria Berenice Dias, autora de clássica obra sobre união homoafetiva, transexualidade e travestilidade (bem como, nas últimas edições, sobre intersexualidade), a saber: DIAS, Maria Berenice. *Homoafetividade e os Direitos LGBTI*. 7ª Ed., São paulo: Ed. Revista dos Tribunais, 2016.

identidade de gênero. Afirmou a Corte IDH que a exigência de cirurgia acaba impondo uma *esterilização compulsória* da pessoa para que tenha sua identidade de gênero respeitada, o que é, evidentemente, abusivo [violando, inclusive, o célebre direito de personalidade à integridade corporal de pessoas trans que não desejam realizar a cirurgia]. Bem como que, por se tratar de tema a ser soberanamente definido segundo a *autopercepção* da pessoa transgênero, o procedimento administrativo (independente de ação judicial) é o que melhor se adequa ao respeito aos direitos humanos da pessoa trans.[22]

Foi mais uma decisão histórica do STF,[23] que reconheceu a *igual dignidade* das pessoas transgênero relativamente às cisgênero. Precedida que foi, *no mesmo dia*, de decisão igualmente emblemática do Tribunal Superior Eleitoral, em processo de Consulta formulado pela Senadora Fátima Bezerra (PT/RN), que reconheceu o direito de *mulheres transexuais* se enquadrarem nas *cotas eleitorais* destinadas ao *sexo feminino*. O Relator bem afirmou que a *ação afirmativa* em questão visava proteger a *identidade de gênero feminina*, não determinado "sexo biológico", de sorte a mulheres transexuais se beneficiarem das referidas cotas. Como afirmei em parecer anexado à Consulta, entendimento em sentido contrário geraria a teratológica perplexidade de *homens trans*, pessoas que vivem e se apresentam enquanto homens, terem que se beneficiar de cotas criadas pela proteger as *mulheres* – o *gênero* feminino. Todavia, falta o STF terminar o julgamento do caso em que se discute o direito de mulher transexual utilizar o banheiro feminino, de acordo com

---

[22] Até porque, se identidade de gênero não se prova, dependendo a alteração da mera declaração de vontade da pessoa transgênero, que sentido há em se exigir chancela judicial? O juiz seria um mero homologador da vontade da pessoa? Algo absurdo e, inclusive, incompatível com a ideologia de desjudicialização tão notoriamente implementada Brasil e mundo afora. Em tema não analisado pelo STF, disse que é desproporcional que o Estado imponha à pessoa a pesquisa de certidões negativas de processos e protestos, cabendo a ele tal diligência, que não pode impedir a retificação do registro civil da pessoa trans.

[23] Cf. VECCHIATTI, Paulo Roberto Iotti. STF e TSE fazem História ao afirmarem a Cidadania de Transexuais e Travestis. Justificando, 02.03.2018. Disponível em: <http://justificando.cartacapital.com.br/2018/03/02/stf-e-tse-fazem-historia-ao-afirmar-cidadania-de-transexuais-e-travestis/>; VECCHIATTI, Paulo Roberto Iotti. O Arco-Íris cobriu as Américas! In: *Justificando*, 12/01/2018. Disponível em: <http://justificando.cartacapital.com.br/2018/01/12/o-arco-iris--coloriu-as-americas/>.

sua identidade de gênero (RE 845.779/SC), iniciado no final de 2015, contando com votos favoráveis dos Ministros Roberto Barroso e Edson Fachin, mas paralisado por pedido de vista do Ministro Luís Fux. Parece improvável, por incoerência, que o STF não reconheça esse direito, tendo em vista o amplo respeito à identidade de gênero autopercebida da pessoa transgênero afirmada no julgamento da ADI 4275.

Logo, em 2011 o STF reconheceu o *direito à diversidade sexual* (ADPF 132/ADI 4277), ao passo que, em 2018, reconheceu o *direito à diversidade de gênero* (ADI 4275). Julgamentos históricos para a cidadania material das minorias sexuais e de gênero.

A luta pelo direito não ser discriminado nas Forças Armadas. STF, ADPF 291

O Código Penal Militar trazia, em seu art. 235, o chamado *"crime de pederastia"*, relativo à prática de ato libidinoso, "homossexual ou não", nas dependências das Forças Armadas. Obviamente, ninguém defende um direito à realização de "sexo gay" no ambiente de trabalho militar. O voto do Ministro Roberto Barroso defendia que, à luz da teoria do Direito Penal Mínimo, a criminalização de uma conduta deve ser excepcional, somente quando outros ramos do Direito se mostrarem insuficientes para garantir o bem jurídico em questão – a saber, a *hierarquia* e a *disciplina* nas Forças Armadas. Entendeu que punições administrativas seriam suficientes para tanto [no limite, a *exoneração*, em casos graves ou de reincidência]. Especialmente, aduziu o voto, pelo *efeito discriminatório*, de punição penal mais dura aos atos libidinosos homoafetivos relativamente aos heteroafetivos pela jurisprudência do Superior Tribunal Militar. Então, defendeu a inconstitucionalidade ("não-recepção") deste crime.

Todavia, a maioria do STF entendeu que os valores castrenses da hierarquia e da disciplina justificavam a criminalização da conduta. Não explicou por qual motivo punições administrativas (não-penais) não seriam suficientes para tanto, não infirmando o voto original do Ministro Roberto Barroso. Mas, reconhecendo o efeito discriminatório citado, o STF declarou a inconstitucionalidade da expressão "homossexual ou não", bem como da expressão "crime de pederastia", pela carga discriminatória a eles inerente. Embora vencido em sua concepção original, de total inconstitucionalidade (não-recepção), o Ministro Roberto Barroso ajustou seu voto, seguindo a maioria no referido julgamento, que, portanto, ficou 9x2 para derrubada das referidas expressões. Na ADI 4275, o Ministro Gilmar Mendes lembrou desse julgamento, atestando que o STF afirmou que a lei não pode conter expressões discriminatórias.

O julgamento foi simbolicamente positivo, pois o STF como um todo reafirmou a proibição da discriminação por orientação sexual e a estendeu também às Forças Armadas, algo a se comemorar. Mas, na prática, teme-se que ele seja inócuo, pois mantendo-se o tipo penal, o Superior Tribunal Militar pode continuar mantendo sua jurisprudência discriminatória, de maior dureza na punição do crime quando praticado entre pessoas do mesmo gênero do que quando praticado por pessoas de gêneros opostos.[24]

A luta pela criminalização da homofobia e da transfobia. STF, MI 4733 e ADO 26

A criminalização das discriminações, discursos de ódio e violências (físicas e psicológicas) motivadas na orientação sexual e na identidade de gênero é uma demanda histórica do Movimento LGBTI Brasileiro. Aqui há, todavia, uma dificuldade especial. Ao contrário do que ocorre para garantia de direitos, não pode haver aumento de penas nem *criminalização por analogia (in malam partem)*. Ou seja, no Direito Penal, a interpretação deve ser sempre *estrita*, através do chamado *limite do teor literal*. Para garantia de direitos, o juiz pode ir além do texto da lei. Para restrição de direitos em geral e para criminalização de condutas ou aumento de penas em geral, o juiz fica limitado às palavras da lei – é dogma hermenêutico que restrições de direitos devem ser interpretadas de maneira *estrita* (para alguns, de maneira *restritiva*, mas filio-me à corrente da interpretação estrita).

Sou o advogado que elaborou as duas ações em trâmite no STF sobre o tema, uma pela ABGLT (MI 4733) e outra pelo PPS (ADO 26). As ações se pautam no conceito de *Constituição Dirigente*,[25] que é a Constituição que

---

24 Cf. VECCHIATTI, Paulo Roberto Iotti. Decisão do STF sobre atos sexuais nas Forças Armadas é positiva, mas insuficiente. In: *Justificando*, 10/11/2015. Disponível em: <http://justificando.cartacapital.com.br/2015/11/10/decisao-do-stf-sobre-atos-sexuais-nas-forcas-armadas-e-positiva-mas-insuficiente/>.

25 Para a obra clássica sobre o tema, não obstante algumas discordâncias que aqui

não se limita a estabelecer competências aos chamados *Três Poderes*, mas impõe a eles tarefas a serem cumpridas (uma Constituição Liberal se limita à enunciação de competências). A Constituição Federal de 1988 é dirigente, pois impõe deveres ao Legislativo e ao Executivo, cujo descumprimento gera o fenômeno da *inconstitucionalidade por omissão*. No que aqui interessa, a Constituição impõe duas ordens de criminalização que englobam a homofobia e a transfobia. A saber, a afirmação de que *a lei punirá toda discriminação atentatória a direitos e liberdades fundamentais* (art. 5°, XLI) e que a lei deve criminalizar o racismo (art. 5°, XLII). De sorte a que a não-criminalização específica da homofobia e da transfobia gera uma omissão inconstitucional do Legislativo para tanto.

Não há dúvida que homofobia e transfobia enquadram-se, no mínimo, como *discriminações atentatórias a direitos e liberdades fundamentais*[26] (o direito à livre orientação sexual e à livre identidade de gênero, sem discriminações, ofensas e agressões de quaisquer espécies), dispositivo este que se encontra no *coração penal* do art. 5° da Constituição, o que justifica seu entendimento como *mandado de criminalização*, ou seja, ordem constitucional para que o Legislativo criminalize tais condutas. Ao passo que a *proibição de proteção insuficiente*, inerente ao princípio da proporcionalidade, também isto demanda, visto que os poucos Estados e Municípios que possuem leis estaduais antidiscriminatórias, que estabelecem punições administrativas, não têm se mostrado suficientes para coibir a homofobia e a transfobia no Brasil. Com isso não quero dizer que o Direito Penal seja a panaceia de todos os males, mas que, caracterizada uma proteção estatal insuficiente a uma parcela da população pelos demais ramos do Direito, então se torna inconstitucional a omissão do Legislativo em criminalizar tal conduta, para proteção dos direitos humanos/fundamentais do grupo

---

não cabe desenvolver: CANOTILHO, José Joaquim Gomes. *Constituição Dirigente e Vinculação do Legislador*. Contributo para a Compreensão das Normas Constitucionais Programáticas, 2ª Ed., Coimbra: Coimbra Ed., 2001. Para uma visão mais contemporânea do enfrentamento da omissão inconstitucional: PIOVESAN, Flávia. *Proteção Judicial contra Omissões Legislativas*. 2ª Ed., São Paulo: Editora Revista dos Tribunais, 2003.

26 Cf. GONÇALVES, Luiz Carlos dos Santos. *Mandados Expressos de Criminalização e a Proteção de Direitos Fundamentais na Constituição Brasileira de 1988*. Belo Horizonte: Editora Forum, 2007. p. 285.

social em questão. Aliás, a doutrina do Direito Penal Mínimo justifica a criminalização específica da homotransfobia, visto que atendidos seus pressupostos – bem jurídico indispensável à vida em sociedade (o *bem jurídico-penal* da tolerância), bem como ineficácia dos demais ramos do Direito para evitar tais opressões.[27]

Sobre o racismo, em famoso julgamento (HC 82.424/RS), o STF afirmou que o antissemitismo é espécie de crime de racismo. Embora a discriminação religiosa já fosse crime segundo o art. 20 da Lei Antirracismo (Lei Federal 7.716/89), se fosse um "crime de discriminação não-racista", ele estaria prescrito. Foi a tese do *habeas corpus*, acolhida pelo voto vencido do Ministro Moreira Alves. Mas a maioria do STF entendeu que o antissemitismo é espécie de racismo (de "discriminação por raça", já que dito dispositivo legal usa "raça" e "cor" em palavras diferentes, afirmou o STF), de sorte a trazer a ele a imprescritibilidade constitucionalmente imposta ao crime de racismo. Assim, considerando que o Projeto Genoma acabou de vez com a crença de que a humanidade seria formada por *raças biologicamente distintas entre si*, para que o racismo não se tornasse "crime impossível", o STF adotou o conceito de *racismo social*, enquanto qualquer ideologia ou conduta que pregue a inferioridade de uns relativamente a outros. No mínimo, acrescente-se, no sentido desumanizante, de classificação do diferente como "o Outro" e sua inferiorização de forma estrutural, sistemática, institucional e histórica na sociedade, que é o que parece ser o cerne do racismo.[28] Em razão dessa decisão, Guilherme Nucci afirma que a discriminação "contra homossexuais" (e pobres) configura-se como crime de racismo.[29]

---

27 Cf.VECCHIATTI, Paulo Roberto Iotti. Pela lógica do Direito Penal Mínimo, Homotransfobia tem que ser criminalizada. In: *Justificando*, 10/07/2017. Disponível em: <http://justificando.cartacapital.com.br/2017/07/10/pela-logica-do-direito-penal-minimo-homotransfobia-tem-que-ser-criminalizada/>. No mesmo sentido: QUINALHA, Renan. Em defesa da criminalização da homotransfobia. In: *Justificando*, 08/07/2015. Disponível em: <http://justificando.cartacapital.com.br/2015/07/08/em-defesa-da-criminalizacao-da-homotransfobia>.

28 Para um estudo (e crítica) da construção social da ideologia racista e desumanização da pessoa negra, vide: MBEMBE, Achille. *Crítica da Razão Negra*. Tradução de Sebastião Nascimento, N-1 Edições, 2018.

29 NUCCI, Guilherme de Souza. *Leis Penais e Processuais Penais Comentadas*, 5ª Ed., São Paulo: Ed. Revista dos Tribunais, 2010, pp. 300-306.

Não se trata de analogia *in malam partem*, por se tratar de uma interpretação *literal* do crime de "discriminação por raça", embora uma interpretação evolutiva sobre o significado de "raça" (adotando a noção de "raça social").

Como costumo dizer, *se esse é o conceito de racismo* (e acredito que o seja), então a homofobia e a transfobia se enquadram no crime de *discriminação por raça* do art. 20 da Lei Antirracismo – como, defendendo a procedência das ações, afirmou a Procuradoria-Geral da República, em três pareceres, que defenderam a *interpretação conforme a Constituição* de dito dispositivo legal, para ser assim interpretado até que o Congresso Nacional efetive tal criminalização específica. Algo plenamente pertinente, por ser notório que homossexuais (e LGBTI em geral) foram também vítimas de campos de concentração nazista e que, até hoje, há neonazistas que consideram pessoas LGBTI uma "raça maldita" (sic), a ser exterminada. Anote-se que isso em nada viola o princípio da separação dos poderes, pois, em seu núcleo essencial, dito princípio visa estabelecer um sistema de freios e contrapesos, em um sistema interorgânico pelo qual um Poder pode controlar a arbitrariedade (por ação ou omissão) dos demais e vice-versa. O Legislativo não tem faculdade de legislar neste caso, ele tem *obrigação de legislar*. Logo, a supremacia da Constituição exige que o STF retire a omissão inconstitucional do mundo jurídico (essa é a função da declaração de inconstitucionalidade: retirar a situação inconstitucional do mundo), seja mediante interpretação conforme a Constituição do art. 20 da Lei Antirracismo, seja por exercício de *função legislativa atípica*, para que, *legislando*, imponha o cumprimento da Constituição mediante a criminalização específica da homofobia e da transfobia. Como tem obrigação de legislar e isso é inconteste, o Legislativo controla o Judiciário mediante a aprovação das leis nos termos que lhe convier, desde que garanta a proteção eficiente constitucionalmente imposta. Como os limites físicos deste trabalho impedem o desenvolvimento destas polêmicas teses, remeto o(a) leitor(a) a artigos que eu[30] e outros juristas[31] escrevemos sobre o tema, bem como à própria petição inicial da ADO 26, disponível no *site* do STF, e aos pareceres da PGR sobre o tema,[32] para ulteriores desenvolvimentos. Não há data prevista para o julgamento das ações.

A luta pelo direito à doação de sangue. STF, ADI 5543

Como se sabe, entre outros, homens homossexuais foram classificados como "grupos de risco" no início da epidemia do HIV/AIDS. Em razão disso, foram proibidos de doar sangue pela generalidade dos países, para proteger os(as) receptores(as) de sangue. Alguns países, como o Brasil, ainda adotam uma restrição parecida, proibindo *"homens que fizeram sexo com outros homens nos últimos doze meses e respectivas parceiras"* de doarem sangue. Em 2016, o PSB ingressou com a ADI 5543, visando a derrubada de dita proibição específica a homens que fizeram sexo com outros homens, por seu caráter discriminatório.

A questão é que, desde os anos 1990, foi superada a noção de "grupo de risco", em prol do conceito de "situação de risco acrescido". Ou seja, a notória lógica médico-científica mundial sobre o tema aduz que não se

---

30 VECCHIATTI, Paulo Roberto Iotti. O Mandado de Injunção e a Criminalização de Condutas. In: *Revista Consultor Jurídico*, 26/08/2014. Disponível em: <https://www.conjur.com.br/2014-ago-26/paulo-iotti-mandado-injuncao-criminalizacao-condutas>. Para amplo desenvolvimento do tema: VECCHIATTI, Paulo Roberto Iotti. Constitucionalidade (e Dever Constitucional) da Classificação da Homofobia e da Transfobia como Crime de Racismo. In: DIAS, Maria Berenice (org.). *Diversidade Sexual e Direito Homoafetivo*, 3ª Ed., São Paulo: Ed. Revista dos Tribunais, 2017, pp. 87-140.

31 BAHIA, Alexandre Gustavo Melo Franco. BACHA E SILVA, Diogo. Necessidade de Criminalizar a Homofobia no Brasil: Porvir Democrático e Inclusão das Minorias. *Revista da Faculdade de Direito da UFPR*, vol. 60, n. 2 (2015). Disponível em: <https://revistas.ufpr.br/direito/article/view/38641>. ROTHENBURG, Walter Claudius. GONÇALVES, Luís Carlos dos Santos. Lei que deveria proibir a discriminação é, ela própria, discriminatória. In: *Revista Consultor Jurídico*, 29/08/2014. Disponível em: <https://www.conjur.com.br/2014-ago-29/lei-deveria-proibir-discriminacao-ela-propria-discriminatoria>.

32 Para o primeiro parecer, no MI 4733, de 25.7.2014, vide: <http://www.mpf.mp.br/pgr/copy_of_pdfs/combatehomofobia.pdf>. Para o segundo, na ADO 26, expressamente rechaçando a ideia de *analogia in malam partem*, de 15.6.2015, vide: <http://www.migalhas.com.br/arquivos/2015/6/art20150624-02.pdf>.

deve proibir as pessoas de doarem sangue pelo grupo social do qual fazem parte, mas apenas por suas condutas concretas, quando passíveis de obtenção de doenças transmissíveis por doação de sangue. Isso se faz mediante um *questionário* que os hemocentros devem fazer à pessoa que se dispõe a doar sangue. A lógica do questionário é a *presunção de boa-fé* da resposta (não se pode presumir que a pessoa está mentindo, consoante este célebre princípio geral de Direito), para fins de *economia* do dinheiro público, com a não-realização de exames, quando a pessoa espontaneamente declara que praticou um ato que pode ser enquadrado como "situação de risco acrescido". Logo, o grande problema se refere aos *dois pesos e duas medidas* que o Estado Brasileiro aplica relativamente a *homens que fizeram sexo com outros homens* e *homens que fizeram sexo com mulheres*. Pois, para os primeiros, exige abstinência sexual nos últimos doze meses (logo, celibato, já que notoriamente é inverossímil alguém ficar *um ano* sem praticar atos sexuais para poder doar sangue), enquanto, para os segundos, exige (corretamente) que não tenham praticado uma "situação de risco acrescido". Antes, o Estado Brasileiro, por intermédio da ANVISA, indagava para HSM se tinham feito sexo inseguro (sem preservativo) nos últimos doze meses. Hoje, indaga se tiveram "parceiras ocasionais ou desconhecidas" (aparentemente, exigindo *monogamia sexual* para heterossexuais poderem doar sangue).

  Ora, se acredita-se na palavra de homens que fazem sexo com mulheres sobre se estiveram ou não em "situação de risco acrescido", é completamente arbitrário (logo, inconstitucional) não se acreditar na palavra de homens que fizeram sexo com outros homens no mesmo sentido. Até porque perguntar se a pessoa teve uma prática sexual de risco é uma pergunta muito menos invasiva do que perguntar a um homem se ele teve ato sexual com outro homem (algo que, incontestavelmente, revela a orientação sexual não-heteroafetiva da pessoa caso a resposta seja afirmativa). Como afirmei em *amicus curiae* pelo GADvS, hoje está proibida a doação de sangue de um homem gay, em relacionamento fechado, logo, que mantém atos sexuais somente com seu parceiro, mesmo que com preservativo. Só isso demonstra a *arbitrariedade* da proibição – e se algo é arbitrário, ele é inconstitucional, por violação dos princípios da igualdade e da razoabilidade. E, se o ato sexual é praticado com preservativo, mesmo o sexo anal não tem risco de contaminação por HIV/AIDS. Ao passo que, se o homem que fez sexo com outro homem declara que não esteve em *situação de risco acrescida*, não há que se invocar a questão da janela imunológica (que não é exclusividade do sexo entre homens) como suposto óbice. Entendimento em sentido contrário implica classificar "homens que fazem sexo com outros homens" em verdadeiro "grupo de risco", indo contra o entendimento mundial contrário a este conceito, bem como à própria noção de HSH, que foi um conceito precisamente para não se discutir a orientação sexual da pessoa, mas analisar sua prática sexual concreta, independente de como se autoidentifique.

Em suma, na antológica afirmação do Relator, Ministro Edson Fachin, *"A orientação sexual não contamina ninguém. O preconceito, sim"*. O julgamento se iniciou no STF no dia 19/10/2017, havendo quatro votos favoráveis à derrubada da discriminação (Ministros Edson Fachin, Roberto Barroso, Rosa Weber e Luís Fux) e um contrário (Ministro Alexandre de Moraes). O julgamento foi interrompido por pedido de vista do Ministro Gilmar Mendes.

A luta por uma educação inclusiva (não-discriminatória) nas escolas. STF, ADI 5668

O *Plano Nacional de Educação*, em sua redação original (enquanto projeto de lei), proibia todas as formas de discriminação, "especialmente por raça, orientação sexual e gênero". Em razão dessa parte final, começou, no Brasil, no final de 2014, a *histeria fundamentalista e reacionária* contra o que chamam de "ideologia de gênero" (que continuou, nos âmbitos estaduais e municipais, pelo mesmo motivo). Defendem a tese (ideológica) de que as pessoas nasceriam heterossexuais e cisgêneras, de sorte a que o Movimento LGBTI estaria querendo "confundir as crianças", possivelmente para "transformá-las em gays". Embora não digam essas exatas palavras, essa é a difamação mundial que fundamentalistas e reacionários em geral proferem contra o Movimento LGBTI, potencializada nesse debate da "ideologia de gênero". Em razão de sua eficiente pressão a partir do medo e da *tática do espantalho* (inventar um monstro, inexistente no mundo real, e dizer que se está a combatê-lo, na oposição a determinado tema), conseguiram tirar as menções a gênero, identidade de gênero e orientação sexual dos planos de educação país afora (e até de *raça*, do Plano Nacional). Juristas reacionários elaboraram *modelo de notificação extrajudicial* aos pais, para que notifiquem as escolas de que, se elas "ensinarem ideologia de gênero" (sic), estarão violando o direito humano dos pais a darem a "educação moral" a seus filhos e serão, por isso, processadas por danos morais. É fato notório que as escolas em geral encontram-se amedrontadas e, muitas vezes, entendem que haveria uma "proibição legal" a tratarem de gênero e sexualidade nas escolas. Em razão disso, movi a ADI 5668, em nome do PSOL, pleiteando que o STF afirme que o Plano Nacional de Educação proíbe as discriminações por gênero, identidade de gênero e orientação sexual nas escolas públicas e privadas. Nos casos em que municípios aprovaram leis proibindo expressamente o ensino de "ideologia de gênero", "diversidade sexual", "homofobia" etc nas escolas, a PGR tem ingressado com ações no STF para derrubar tais proibições expressas.

Como se vê, a ação se limita a defender que as escolas devem coibir a prática do *bullying* homofóbico, transfóbico e machista. Tudo que o Movimento LGBTI Brasileiro demanda é o reconhecimento da existência de crianças e adolescentes LGBTI e sua proteção nas escolas. Os opositores usam "ideologia" na acepção pejorativa do termo, enquanto ao contrário à realidade objetiva/empírica (curiosamente, o sentido marxista do termo),[33] mas, como ironizo nas ações, quem age de forma *ideológica, no sentido de contrariamente ao que mostra a realidade objetiva*, é quem nega a existência de crianças LGBTI. As crianças obviamente não têm essa terminologia em mente, mas é fato notório e já bem constatado por matérias jornalísticas e estudos a existência de meninos que querem namorar com meninos e meninas com meninas, dentro do *afeto lúdico* que se acha natural entre crianças e adolescentes de gêneros opostos (crianças LGB), e de crianças que identificamos como de um gênero mas que querem se vestir e se portar como pessoas do outro gênero (crianças trans), além das crianças intersexos.[34] Consoante defende o Movimento *Mães pela Diversidade*, é preciso

---

33   Uma noção problemática nas ciências humanas, enquanto *ciências da compreensão*, que se pautam em valorações subjetivas (nas quais pessoas racionais e de boa-fé podem, legitimamente, discordar), ao contrário das ciências exatas, que são *ciências da constatação*, pautadas pelo critério da constatação empírica de ocorrência ou não de um fato.

34   A questão é que instituições religiosas fundamentalistas e pessoas reacionárias em geral defendem, *ideologicamente*, a tese da "opção sexual", como se as pessoas "nascessem" heterossexuais cisgêneras e, na fase adulta, "escolhessem" uma orientação sexual não-heteroafetiva ou identidade de gênero transgênera. Trata-se de algo completamente contrário ao mundo empírico, já que pessoas LGBTI sempre declararam perceber sua orientação sexual ou identidade de gênero minoritária desde a tenra infância. Estudos e matérias jornalísticas tam-

reconhecer a existência da criança LGBTI e a necessidade de sua proteção.³⁵ Combatendo o *bullying* homofóbico, transfóbico e machista que assola as minorias sexuais e de gênero na infância e adolescência. Pois o que existe atualmente é uma *ideologia de gênero heterocissexista*, que prega a hetercisnormatividade, ou seja, a heterossexualidade e a cisgeneridade compulsórias. Quem oprime é a maioria heterossexual cisgênera quando não aceita que minorias sexuais e de gênero tenham sua orientação sexual e identidade de gênero não-hegemônicas respeitadas. É apenas isso que se pleiteia quando se requer que se trate de gênero e sexualidade nas escolas: que se reconheça o dever de não-discriminar o diferente ("o Outro"). Lembrando-se que a Lei de Diretrizes e Bases, no Brasil, impõe às escolas que promovam a liberdade e a tolerância (art. 3°, IV). Sobre o direito humano dos pais a conferir educação moral aos(às) filhos(as), é preciso compatibilizá-lo com o direito humano a não ser discriminado (o dever constitucional e convencional de não-discriminar), de sorte a que a concordância prática destes dois direitos significa que, *em casa*, os pais conferem a educação moral que bem entenderem aos(às) filhos(as), enquanto *as escolas* ensinam a respeitar ou, no mínimo, tolerar as pessoas diferentes de si, *no mínimo* não agredindo/discriminando/ofendendo. Algo basilar e necessário à vida em sociedade. Não há previsão para julgamento da ação.

Conclusão

As recentes vitórias históricas e paradigmáticas das minorias sexuais e de gênero no Brasil têm se verificado perante o Poder Judiciário, ante a insensibilidade e/ou o totalitarismo fundamentalista/moral do Congresso Nacional, enquanto instituição.³⁶ Embora democracia não se limite à regra

---

    bém atestam a existência de crianças e adolescentes que não se enquadram na heterossexualidade cisgênera.

35   VECCHIATTI, Paulo Roberto Iotti. Escolas devem abordar gênero e sexualidade para proteger alunos(as) LGBT. In: *Justificando*, 26/06/2015. Disponível em: <http://justificando.cartacapital.com.br/2015/06/26/escolas-devem-abordar-genero-e-sexualidade-para-proteger-alunosas-lgbt/>.

36   Pois, embora não se possa dizer que a *maioria* dos(as) parlamentares no Brasil seja homotransfóbica, a omissão institucional do Congresso sobre o tema faz com que o Poder Legislativo, no Brasil, ao sequer apreciar e muito menos aprovar leis que efetivamente garantam a *cidadania sexual e de gênero* das *minorias sexuais*

da maioria e sejam, assim, constitucionalmente e convencionalmente legítimas as decisões do Supremo Tribunal Federal e do Judiciário em geral na garantia dos direitos da diversidade sexual e de gênero, evidentemente uma *democracia genuína* é aquela cuja lei e Constituição expressamente garantem direitos a todos seus grupos sociais. Ou seja, embora *não seja necessária* lei e emenda constitucional para que o Judiciário possa garantir os direitos das minorias sexuais e de gênero, é muito importante à democracia que o Legislativo se mostre comprometido com a universalidade dos direitos humanos e garanta expressamente os direitos historicamente negados a minorias e grupos vulneráveis em geral, como as minorias sexuais e de gênero. Pois *não há democracia de verdade* se, para ter seu direito à não-discriminação reconhecido pelo Estado, a pessoa precisa contratar advogado(a) e aguardar decisão judicial para que isso seja efetivado pelo Estado (especialmente quando isso demora *anos* para acontecer). Nossa *democracia substantiva* permite a garantia de direitos via decisão judicial contramajoritária, mas a *democracia genuína* demanda que isso não seja necessário.

Até o momento, o STF reconheceu o direito à formação de uma família entre pessoas do mesmo gênero, o direito ao respeito à identidade de gênero das pessoas transgênero (travestis, mulheres transexuais e homens trans) e o direito de homossexuais não serem discriminados nas Forças Armadas. Analisando-se as *ratione decidendi* do Tribunal, resta vedada qualquer forma de discriminação por orientação sexual e identidade de gênero. Pendem de julgamento os temas da criminalização da homotransfobia e da educação escolar inclusiva (não-discriminatória) às minorias sexuais e de gênero nas escolas (a proteção a crianças e adolescentes LGBTI+).

---

e de gênero, tenha que ser, objetivamente e institucionalmente, classificado como contrário aos direitos fundamentais e humanos dessa parcela da população.

Negociações, disputas e tensões na arena LGBT brasileira entre os anos de 2010 e 2014[1]

Bruna Andrade Irineu[2]

Este texto analisa a relação entre Estado-sociedade civil, Estado-Estado, e sociedade civil-sociedade civil na arena LGBT (lésbicas, gays, bissexuais, travestis e transexuais). Inevitavelmente, exponho as redes de diálogo entre

---

1   Este texto é extrato da pesquisa de doutoramento intitulada *"A política pública LGBT no Brasil (2003-2014): homofobia cordial e homonacionalismo nas tramas da participação social"* defendida no Programa de Pós-Graduação em Serviço Social da Universidade Federal do Rio de Janeiro (UFRJ). O estudo apontou como os atores políticos LGBT têm atuado na luta por reconhecimento de direitos e na formulação de políticas públicas específicas. Como recorte temporal, estabeleceu-se o período que vai de 2003 a 2014 e engloba as três primeiras gestões do Partido dos Trabalhadores (PT) no governo federal. O percurso metodológico envolveu: a) observação participante nas reuniões do Conselho Nacional LGBT – CNCD-LGBT (2011-2013) e em eventos da agenda do movimento; b) análise documental das atas, moções, resoluções e notas públicas produzidas pelo Conselho, bem como documentos produzidos pela Coordenação LGBT e relatos de conselheiros/as do CNCD-LGBT nas redes sociais; c) entrevistas com ativistas não vinculados a redes de militância representadas no Conselho; d) entrevistas com gestoras/es que atuaram nas políticas públicas durante o período recortado na pesquisa; e) dados secundários de outras pesquisas que dedicaram-se a mapear o perfil de conselheiras/os do CNCD-LGBT.

2   Professora Adjunta do Curso de Serviço Social da Universidade Federal de Mato Grosso (UFMT) e Líder do Grupo de Pesquisa "Sexualidade, Corporalidades e Direitos". Email: brunairineu@gmail.com

as entidades nacionais de ativismo e o governo. A análise não pretendeu eleger "vilões e mocinhos", mas demonstrar como o governo atuou e como os coletivos LGBT articulam seus modos de representação coletiva. Haraway (1995, p.27)[3] afirma que a posição dos subjugados não é isenta de "reavaliação crítica, de decodificação, desconstrução e interpretação", não existe inocência nas posições.

Deste modo, cabe relembrar que o fortalecimento dos movimentos de direitos humanos e a reconquista da participação na vida política do país influenciaram a Constituição de 1988. A criação de três poderes com vistas à democratização, fizeram com que a sociedade civil passasse a intervir no processo legislativo através do Superior Tribunal Federal (STF). Esse novo lugar na esfera pública mobilizou formas e mecanismos de representação e questionamento da constitucionalidade da lei ou norma administrativa.

A crescente participação política e a atuação dos setores religiosos nas instâncias decisórias do país, especialmente dos grupos pentecostais e neopentecostais, demonstram interações entre religião e Estado. O aumento das candidaturas eleitorais de distintas confissões religiosas se relaciona com o que estas instituições têm nomeado de "direito de defender sua verdade" e atuar na esfera pública em oposição as ações que ameaçam os valores cultivados no religioso. Observa-se que a defesa destes valores religiosos na esfera pública se conecta a sofisticados mecanismos de produção de "pânicos morais", refletidos em estratégias para evitar a ampliação dos direitos sexuais e reprodutivos.

Não operamos aqui, com compreensões de que estes sujeitos não possam atuar na esfera pública, pelo contrário, "assumimos que os pertencimentos religiosos dos indivíduos são questões da esfera pública, e não do domínio privado simplesmente" (SEFFNER, 2009, p.03).[4] A laicidade é hoje, uma categoria em disputa, tanto pelos setores religiosos quanto pelos

---

3 HARAWAY, Donna. Saberes localizados: a questão da ciência para o feminismo e o privilégio da perspectiva parcial. *Cadernos Pagu*, Campinas, SP, n. 5, p. 7-41, jan. 2009. ISSN 1809-4449. Disponível em: <https://periodicos.sbu.unicamp.br/ojs/index.php/cadpagu/article/view/1773>. Acesso em: 04 jul. 2015.

4 SEFFNER, Fernando. Para pensar as relações entre religiões, sexualidade e políticas públicas: proposições e experiências. Disponível em http://www.sxpolitics.org/ptbr/wp-content/uploads/2009/10/religiao-sexualidade-e-politicas-publicas-fernando-seffner.pdf Acesso em 7/09/2012

movimentos sociais. A rigor, aquelas/es que defendem ou são contrários a manutenção de símbolos religiosos em espaços pública, disputam o argumento da verdadeira laicidade. Estas disputas se relacionam com o desafio de convívio mútuo e preservação do espaço público em um país marcado pelo pluralismo religioso, onde o respeito e o alargamento do espaço público deveriam prevalecer.

A história do movimento LGBT brasileiro é marcada por tensões no reconhecimento de suas demandas advindas do embate com atores de segmentos religiosos conservadores, desde a tentativa de inclusão do termo "opção sexual" no artigo 5° da CF. O "pânico moral" explicitado em discursos de "fim da família" e defesa dos "bons costumes", tem sido acionado constantemente nesse processo de recrudescimento. As respostas do movimento LGBT a isso tem transitado entre a compreensão da religião como "outro" ou o "atraso", o que pode incorrer em um equívoco para construção de diálogos com setores religiosos progressistas e ampliação do debate sobre laicidade.

A exemplo disso, a I Marcha Nacional contra Homofobia, organizada pela Associação Brasileira de Gays, Lésbicas, Travestis e Transexuais (ABGLT), realizada em maio do ano de 2010, trazia em seu cartaz e convocação a preocupação com o avanço do "fundamentalismo religioso" em relação a aprovação do PLC 122/2006 e com a implementação da política nacional via Plano LGBT. A II Marcha, realizada em maio de 2011, atrelou a sua programação uma vigília ecumênica, em frente a Biblioteca Nacional. O evento ocorreu antes do veto ao Kit Escola sem Homofobia, e até aquele momento a militância tinha conhecimento de que a distribuição estava atrasada. Leite[5] avaliou, a despeito das posições e avaliações que dividiram o ativismo sobre o material elaborado, que após o veto de Dilma ao Kit, ele tornou-se uma espécie de "totem do movimento". E, portanto, analisar as movimentações que envolveram esse processo possibilita observar as perspectivas de laicidade apresentadas pelo movimento e seus antagonistas.

---

5   LEITE, Vanessa J. *Impróprio para menores?* Adolescentes e diversidade sexual e de gênero nas políticas públicas brasileiras contemporâneas". Tese de Doutorado, Programa de Pós-Graduação em Saúde Coletiva. Universidade do Estado do Rio de Janeiro, 2014. p. 230.

Dois "vetos" governamentais, o retorno a "cura gay" e o #ForaFeliciano na CDH

O Projeto Escola sem Homofobia, do qual o Kit Escola sem Homofobia é fruto, vinculava-se as ações do Programa Brasil sem Homofobia (BSH) no MEC, visando à promoção de um ambiente de respeito à diversidade sexual e de gênero. O recurso do projeto foi articulado no Congresso Nacional pela ABGLT, através de emendas parlamentares da Deputada Fátima Bezerra (PT) no ano de 2007. O projeto envolveu pesquisa em 11 capitais, encontros com educadoras/es e elaboração de materiais educativos (caderno, boletins e vídeos). A suspensão determinada por Dilma, devido a pressões, foi feita na fase final de aprovação do material pelo MEC. O argumento de Fernando Haddad (Ministro da Educação na época) foi de que o material seria "inadequado".

Leite[6] recupera, a partir de um *clipping* de matérias jornalísticas, o percurso dos tensionamentos e pressões que levaram à suspensão do Kit, que ganhou projeção nacional sob título de "Kit Gay". O deputado federal Jair Bolsonaro (PP/RJ) foi peça chave nesse contexto, tornando-se o primeiro "inimigo público" do projeto, reiterando em diversas manifestações públicas e à mídia que o material estimulava a "promiscuidade" e ao "homossexualismo". Enquanto o deputado movimentava-se na Comissão de Direitos Humanos posicionando-se contrário ao material, o MEC respondia as suas acusações informando que o material seria para Ensino Médio. Bolsonaro elaborou um material para ampla distribuição onde cita o Plano LGBT e o Escola sem Homofobia como ações do governo para incitar a homossexualidade a crianças de 7 anos de idade. Na busca por legitimidade ao projeto, as organizações executoras do mesmo solicitaram parecer do CFP, UNAIDS e da UNESCO. Os pareceres favoráveis apontaram o projeto como necessário ao combate ao preconceito e indicaram que o material é apropriado as faixas etárias indicadas.

O senador Magno Malta (PR-ES) e João Campos (PSDB-GO) entraram posteriormente em cena. Com o relançamento da Frente Parlamentar

---

6   LEITE, Vanessa J. Impróprio para menores? Adolescentes e diversidade sexual e de gênero nas políticas públicas brasileiras contemporâneas". Tese de Doutorado, Programa de Pós-Graduação em Saúde Coletiva. Universidade do Estado do Rio de Janeiro, 2014. p

Mista pela Cidadania LGBT, a partir de iniciativas do Deputado Jean Wyllys (PSOL-RJ) e da Senadora Marta Suplicy (PT-SP), as disputas com a Frente Parlamentar Evangélica se evidenciam. É nesse período que o CNCD-LGBT lança sua primeira moção, com apoio ao material. A moção foi articulada pela ABGLT, informando que o ministério estaria "segurando" a distribuição do Kit por pressão de alguns segmentos religiosos. Leite[7] afirma que a linha final para o veto se inicia quando Deputado Garotinho (PR/RJ) comunica que a Frente Evangélica, composta por 74 deputados, não votaria nenhum projeto na Câmara até o governo recolher vídeos anti-homofobia. O MEC se reúne com os organizadores do Kit e no dia posterior com a Bancada Evangélica, após isso, em matéria do jornal O Globo, sugere-se que Haddad teria afirmado que o MEC não alteraria o conteúdo do material. Na sequência, matéria do jornal A Folha, aponta que Bancada Evangélica estaria mirando o chefe da Casa Civil Antônio Palocci, "envolvido em escândalo de enriquecimento suspeito". É nesta sequência, que Dilma entra em cena afirmando que não concordava com o material, cujos trechos havia visto na televisão, e que seu governo não fazia "defesa de A, B e C".

Fernandes (2011)[8] relembra que o mês de maio de 2011 foi paradigmático para as lutas LGBT. O mês se iniciou com o reconhecimento no STF da união estável entre pessoas do mesmo sexo, ao passo que a presidenta Dilma vetou o Kit Escola sem Homofobia, sob argumento de que o governo não faria "propaganda de opção sexual" e "e desqualificou a política editorial do MEC ao dizer que tudo que tenha a ver com "costumes" terá que passar pelo crivo da Presidência da República" (p.37). O pesquisador, que desenvolveu suas análises com enfoque no governo Lula apontava, em meados de 2011, para "uma nova configuração das forças políticas que tem na agenda anti--homofobia um de seus eixos de irreflexão e alianças políticas conservadoras" (*Op. Cit.*). No CNCD, o veto foi recebido com indignação nos bastidores do CNCD-LGBT. Porém, o pleno do conselho optou em se posicionar através da moção de apoio ao Kit, com uma redação branda e em uma tônica de re-

---

7   Idem
8   FERNANDES, Felipe Bruno M. *A agenda anti-homofobia na educação brasileira (2003-2010).* Tese de Doutorado Interdisciplinar em Ciências Humanas. Florianópolis: UFSC, 2011.

consideração do veto, seguindo a mesma linha da moção de n° 1 apresentada antes mesmo de veto. A postura branda em relação ao veto causou incômodo e acusações entre ativistas da base das entidades da sociedade civil no Conselho.

> Em uma lista de e-mails, onde circulava uma Carta do presidente da ABGLT a Dilma, um ativista acusa-o dizendo: "O presidente da ABGLT manda uma carta pessoal a presidente, chamando-a de querida? [...] Dilma tornou-se *persona non grata* para parte do movimento". O presidente da ABGLT responde: "Temos quatro anos pela frente. Eu vou dialogar com governo Dilma. Ela errou no tom e também quando falou "opção sexual". Em seguida, falou que é contra violência homofóbica e contra Homofobia". (*Diário de Campo*, 21/6/2011).

O material foi criticado nas redes sociais por especialistas, que apontavam ser "inofensivos" na medida em que se constituíam "pouco aprofundados" e "simples". Mas a despeito disso, tornou-se símbolo do recuo e da homofobia institucional para as/os ativistas. Algumas entidades presentes no conselho, como a Rede Afro e Associação Brasileira de Estudos da Homocultura (ABEH), publicaram notas "duras" repudiando o veto ao Kit. Enquanto outras como a Liga Brasileira de Lésbicas (LBL), silenciaram-se completamente sobre a situação. Observa-se forte oposição entre a LBL e ABGLT, pois foram poucos os momentos em que as duas entidades concordaram no CNCD--LGBT. A conselheira da LBL em um processo de encaminhamento, ao concordar com conselheiro da ABGLT, comenta em tom sarcástico "registrem esse momento, pois é raro a LBL concordando com a ABGLT". Retomando a linha histórica, é somente em setembro de 2011, que a ABGLT, organizadora do Escola sem Homofobia, lançará uma Carta de Reivindicações mais incisiva exigindo o investimento em políticas públicas LGBT.

Estes constantes fluxos de avanços "simbólicos" (como a convocação da conferência) e recuos "emblemáticos" (como a suspensão do Kit), podem demonstrar aspectos da homofobia cordial. Enquanto algumas formas de discriminação segregam àqueles nomeados de inferiores e diferentes, "a homofobia cordial aproxima-os daqueles que exercem posição de superioridade moral, em uma relação de assujeitamento. Esta relação assimétrica pode implicar engajamento emocional dos sujeitos envolvidos", (FERNANDES,

2007, *apud* NATIVIDADE e OLIVEIRA, 2009, p. 129)[9] facilitando modos sutis de sujeição e violência.

A elaboração de um material que adentraria à cultura brasileira, pelas portas da frente das escolas, lócus de formação dos filhos da nação, abre possibilidade para o questionamento do regime erótico nacional (independentemente de ser um material de excelência teórica). A vigilância e controle das sexualidades marcam o Brasil desde a formulação de seu projeto de nação brasileiro. O desejo da nação se tornou uma educação do desejo caracterizada numa cultura baseada em pressupostos masculinos, heterossexuais, racistas e elitistas, característico da biopolítica brasileira.

Enquanto ativismo da bancada evangélica pelo veto ao Kit Escola sem Homofobia ocupou o cenário de 2011, o ano de 2012 foi marcado por três respostas à agenda anti-homofobia: o veto à campanha de prevenção à Aids, a eleição do deputado Marco Feliciano (PSC/SP) à Comissão de Direitos Humanos (CDH) e o avanço do projeto que ficou conhecido como "Cura Gay". Discorro a seguir sobre esses três pontos examinando a atuação do CNCD-LGBT frente a esse contexto.

No dia primeiro de dezembro de 2011, após anunciar a decisão de fazer uma campanha de prevenção para os jovens homossexuais devido a dados epidemiológicos, "o governo apresentou peças consideradas pouco eficientes, confusas e superficiais. E que não falavam nem de HIV, nem de jovens, nem de homossexuais".[10] A campanha foi lançada em 2 de fevereiro, em uma quadra de escola de samba carioca, exibindo-se quatro vídeos que seriam veiculadas nas redes de TV nacionais. No dia posterior, foram disponibilizados no website do Ministério da Saúde (MS), "inclusive aquele que apresentava dois rapazes conversando numa boate. Este vídeo ficou disponível por apenas quatro ou cinco dias, quando foi retirado do ar por determinação do ministro da Saúde, Alexandre Padilha" (IDEM).

9   NATIVIDADE, Marcelo; OLIVEIRA, Leandro. "Sexualidades Ameaçadoras: religião e homofobia(s) em discursos evangélicos conservadores. Sexualidad, Salud y Sociedad". In: *Revista Latinoamericana* n° 2, 2009, p.121-161. Disponível em: <http://www.e-publicacoes.uerj.br/index.php/SexualidadSaludySociedad/article/view/32/154>. Acesso em: 28 Dez. 2009.

10 BELOQUI, Jorge, JUNIOR, Veriano Terto. *A prevenção à AIDS no governo Dilma e a censura dos vídeos da campanha do Carnaval de 2012*. Disponível em: http://www.clam.org.br/publique/media/artigoveriano.pdf. Acesso em: 13/1/2013.

Tendo em vista, o recente histórico de veto a Kit, o ativismo avaliou esta ação como mais um recuo do governo, ainda que o ministro Padilha não tivesse assumido a censura ao vídeo, alegando que o mesmo teria sido produzido para divulgação em clubes noturnos.

> Enquanto isto, no exterior o a diplomacia brasileira projeta o Programa Nacional de AIDS como um exemplo para o mundo, se coloca como paladino dos Direitos Humanos e vende o Rio de Janeiro como destino turístico gay. Contrastando com a realidade nacional o que vemos é hipocrisia, censura e homofobia. Os resultados são e serão cada vez mais evidentes: aumento dos casos de HIV, exploração sexual e violências de todas as formas contra uma parcela significativa da juventude brasileira. (BELOQUI e TERTO JR., 2012).

O CNCD-LGBT só iria se reunir ao final do mês da censura, logo entidades como ABGLT, ANTRA, ABL e E-Jovem, com mais agilidade e menos cautela do que em relação ao Kit vetado em 2011, manifestaram[11] repúdio ao recuo do MS.

Durante a 7ª reunião ordinária, este debate entrou em discussão. A conselheira do MS foi questionada sobre a censura e reiterou as explicações do ministro. Uma conselheira da sociedade civil filiada ao PT propõe que os ministérios que estiverem desenvolvendo ações, e quem tenha "problemas" com estas ações, que apresentem ao conselho para que se tente resolver internamente.

> Eu sei que quem está aqui do ministério tem muitos compromissos e tem muita disposição e trabalha... e ajuda, mas assim, é com isso que os fundamentalistas trabalham... com que a posição da presidenta a cada veto de material isso reforça mais ainda, então a gente precisa de fato ver como é que resolve isso. Senão, não tem solução e não tem companheirismo e carinho que se mantenha diante desses fatos. (7ª Reunião Ordinária CNCD, 28/2/2012, transcrição do áudio oficial disponibilizado pela SDH).

A conselheira tensiona o poder público a partir do discurso da "parceria" e do "trabalho conjunto" entre sociedade civil e poder público, estra-

---

11 Matéria do website Viamundo publicada em 15/02/2012. Link: http://www.viomundo.com.br/politica/algbt-e-257-entidades-aliadas-tambem-repudiam-veto-a-filme-para-jovens-gays.html.

tégia que retoma as características do "discurso do participacionismo".[12] A relação "parceira" entre sociedade civil e poder público é demonstrada na formulação da Nota Pública n°7, que por maioria de votos enfocou a crítica às "ações que atentam contra a cidadania e os direitos humanos de LGBT", ao invés de colocar o governo Dilma no centro do repúdio.

> REPUDIA todas as ações que atentam contra a cidadania e os direitos humanos de LGBT e que visam retroceder em direitos já conquistados.
>
> [...]
>
> O repúdio se estende aos sistemáticos ataques de setores conservadores direcionados ao Conselho Federal de Psicologia, que tem se posicionado favoravelmente aos direitos humanos e à cidadania da população LGBT, bem como às ações do Governo Federal dirigidas à essa população, tais como as pressões pela suspensão do material educativo do projeto "Escola sem Homofobia", tema das moções n° 1 e n° 3 do CNCD/LGBT; a pressão pela suspensão da veiculação do vídeo produzido pelo Ministério da Saúde para a campanha de prevenção à AIDS, dirigido à população de jovens gays; e aos ataques misóginos, machistas e sexistas dirigidos à Ministra da Secretaria de Políticas para as Mulheres da Presidência da República, Eleonora Menicucci. (CNCD, NOTA N°7, 28/02/2012).[13]

Na mesma Nota Pública, o CNCD-LGBT repudia ações que atentam contra a cidadania advindas dos setores conservadores. Embora, as campanhas sejam de formulação do Executivo, a Nota modula o repúdio aos setores que estão no Legislativo, sem sequer mencionar o Ministério da Saúde. A votação desta Nota foi bastante tensa, pois um segmento menor da sociedade civil alegava que o repúdio teria que ser direto ao governo que negocia com os "setores conservadores", enquanto outro setor se aliou ao

---

12 MACHADO, Frederico Viana. *Do estatal à política: uma análise psicopolítica das relações entre o Estado e os movimentos de juventude e LGBT no Brasil (2003-2010)*. Tese de Doutorado em Psicologia. Belo Horizonte: UFMG, 2013.

13 CONSELHO NACIONAL DE COMBATE A DISCRIMINAÇÃO PROMOÇÃO DOS DIREITOS DE LÉSBICAS, GAYS, BISSEXUAIS, TRAVESTIS E TRANSEXUAIS – CNCD/LGBT. Brasília Maceió. *Nota Pública n°7 de 29 de Fevereiro de 2012*. Disponível em: http://www.sdh.gov.br/sobre/participacao-social/cncd-lgbt/notas-publicas/nota-publica-007 Acesso em: 20/8/2014.

poder público apontando a necessidade de uma Nota com foco nos setores conservadores. As discussões foram longas e intensas e, como havia sido deixada para o final, algumas e alguns conselheiras/os saíram antes da votação. Um conselheiro do poder público argumentou sobre a importância de uma nota mais incisiva, mas deixando claro que enquanto poder público teria que votar contra sua própria sugestão.

Se a relação "parceira" nos momentos de recuo por pressão conservadora é produto da homofobia cordial, é possível afirmar que, para os discursos conservadores fortalecidos através da ascensão de grupos religiosos na esfera pública, a homossexualidade é ameaçadora. Um dos "estereótipos empregados nesses discursos para qualificar formas da diversidade sexual recorre à metáfora da *doença* para se referir às suas manifestações".[14]

Essa ameaça sofreu respostas que atentam inclusive contra os campos acadêmico-científicos que desenvolveram forte aliança com os movimentos homossexuais no processo de despatologização da homossexualidade, como a Psicologia. O projeto de decreto legislativo citado na Nota do CNCD supracitada, também conhecido como projeto da "cura gay" é uma das respostas a essa potência ameaçadora das sexualidades diversas. Nele, é proposto alteração da resolução 001/99 do CFP, que preconiza que a/o profissional que oferecer terapias e tratamento de "cura" das homossexualidades será penalizado. Deputado João Campos afirmou que as pessoas têm que ter o "direito a se curar" e com amplo apoio de Marisa Lobo, autonomeada "psicóloga cristã", e o Deputado Marco Feliciano, presidente da CDH. Esse projeto esteve em debate até julho de 2013, quando por pressão sofrida por Campos pelo seu próprio partido, o PSDB, foi retirado de tramitação.[15]

---

14   NATIVIDADE, Marcelo; OLIVEIRA, Leandro. "Sexualidades Ameaçadoras: religião e homofobia(s) em discursos evangélicos conservadores. Sexualidad, Salud y Sociedad". In: *Revista Latinoamericana* n° 2, 2009, p.121-161. Disponível em: <http://www.e-publicacoes.uerj.br/index.php/SexualidadSaludySociedad/article/view/32/154>. Acesso em: 28 Dez. 2009.

15   Marco Feliciano organizou em 2015 um evento no Congresso Nacional no qual reuniu "ex-gays" como estratégia de rearticular o debate sobre as terapias de cura. Enquanto esteve presidindo a CDH, sob intensas manifestações contrárias em diversas regiões do país, o deputado rivalizou com o deputado Jean Wyllys em todas as sessões desta comissão. A *hashtag* #ForaFeliciano esteve entre os *trending topics* do *twitter* durante meses.

A construção das homossexualidades como anormalidade que precisa ser corrigida, controlada, punida e exterminada para a manutenção da ordem social, ainda está latente em nossa sociedade. A ausência de liberdades laicas articuladas à participação democrática na esfera pública tem constituído a compreensão gelatinosa de laicidade em um dispositivo da biopolítica. E como sinalizou Butler (2009),[16] os modos de cuidado e manutenção da vida se dão de distintas maneiras, pois há vidas altamente protegidas e outras que não gozam de qualquer apoio ou proteção, não se qualificaram como "vidas que valem a pena" ou vidas que importam, são vidas precárias. No caso dos vetos e censuras, é vida dos jovens homossexuais impedidos de ter acesso a uma educação sexual e a vida das adolescentes que escapam a heterossexualidade, que o Estado brasileiro não qualifica como vidas que importam.

As marchas nacionais contra a homofobia e a estratégia de tensionamento ao Legislativo

Legislar para evitar a discriminação foi o objetivo das estratégias que iniciaram as primeiras propostas de punição à homofobia. A criminalização da LGBTfobia vem sendo construída enquanto reinvindicação prioritária do movimento LGBT desde o final dos anos de 1990 (SIMÕES e FACCHINI, 2008).[17] As legislações estaduais e municipais referentes a discriminação por orientação sexual e identidade de gênero aprovadas no Distrito Federal (2000), estados de São Paulo (2001) e Rio de Janeiro (2001) influenciaram resoluções posteriores. Entretanto, sua aplicabilidade é questionada pelos movimentos sociais locais, que denunciam e muitas vezes carregam uma versão impressa da mesma na carteira para mostrar nos estabelecimentos que tentam interpelar as trocas de afetos entre LGBT's.

A origem do PLC 122/2006 se deu com a propositura da ex-Deputada Iara Bernardi (PT/SP) em 07 de agosto de 2001, intitulado PL nº5003/2001, que propunha "sanções às práticas discriminatórias em razão da orientação sexual". Em abril de 2006, houve tentativa de discussão do

---

16 BUTLER, Judith. *Vida Precaria:* el poder del duelo y la violência. Buenos Aires; Paidós, 2009.

17 FACCHINI, Regina; SIMÕES, Júlio A. *Na trilha do arco-íris – do movimento homossexual ao LGBT.* São Paulo: Perseu Abramo, 2008.

mesmo no plenário da Câmara dos Deputados, mas a sessão terminou sem que isso ocorresse. Com o impasse, deputados do DEM, PMDB, PT, PDT e PSDB apresentaram requerimento solicitando que o projeto tramitasse em regime de urgência. Após a aprovação da solicitação em 22 de novembro, o PL foi votado no dia posterior, sendo aprovado, não sem acusações da Bancada Evangélica de que o processo teria sido um "golpe".

Após aprovado o PL passou ao Senado Federal, sob número de PLC 122/2006, que foi levado a discussão entre 2006 e 2008 na Comissão de Direitos Humanos (CDH), e posteriormente, também na Comissão de Assuntos Sociais (CAS), o que protelou sua análise. Na CAS, ele recebeu voto contrário de Magno Malta (PR/ES) e dez emendas de Marcelo Crivella. A ex-senadora Fátima Cleide (PT/RO) se tornou relatora do mesmo na CAS, e tentou colocá-lo em votação em 2008 e no início de 2009, não havendo condições de votação, ela propôs ao final deste ano um substitutivo, que tentava conciliar as demandas LGBT e religiosas, ampliando os beneficiários da Lei em questão para "punir a discriminação ou preconceito de origem, condição de pessoa idosa ou com deficiência, gênero, sexo, orientação sexual ou identidade de gênero". Em novembro de 2009 o PL é votado e aprovado na CAS, voltando então a CDH, onde a mesma senadora conseguiu ser relatora do projeto e reapresentou o parecer, que recebeu requerimentos diversos de Crivella e Malta solicitando audiências públicas. Os requerimentos foram aprovados em 2010, mas as audiências não ocorreram e, posteriormente, na Legislatura 2011-2014 o PLC 122 foi arquivado definitivamente.

O PL 5003/2001 colocou em debate no espaço público os posicionamentos da militância contra a homofobia e "as posições religiosas em defesa da família brasileira", cujo argumento se referia ao "desrespeito à lei de Deus e à Bíblia" (p. 27). As estratégias e argumentos religiosos sinalizam foco no combate ao avanço do movimento homossexual na esfera pública e o "resgate da moral" e do "casamento cristão". E evidenciam esforços para "patologização e criminalização da homossexualidade, por meio de sua associação à pedofilia", demonstrando as barreiras encontrados no âmbito do Legislativo.[18]

---

18 FACCHINI, Regina; SIMÕES, Júlio A. *Na trilha do arco-íris – do movimento homossexual ao LGBT.* São Paulo: Perseu Abramo, 2008.

Uma das estratégias adotadas pelo movimento LGBT, especificamente pela ABGLT, foi a organização das marchas nacionais contra homofobia,[19] realizadas em 2010, 2011, 2012 e 2013. Como pode ser observado na Figura 01, que reúne os cartazes das quatro edições, a homofobia e o Congresso Nacional são os enfoques principais do evento, que foi realizado na semana do dia 17 de maio, data em que foi decretado em 2010, no governo Lula, o Dia Nacional de Combate a Homofobia. É notório que nas edições de 2010 e 2011, que antecedem o veto ao Kit Escola sem Homofobia, a referência é mais direta pela aprovação do PLC 122. Enquanto em 2012 e 2013, o debate versa em oposição aos projetos da "cura gay" e da educação, e no último em torno da laicidade e da democracia.

Cartazes das edições da Marcha Nacional contra a Homofobia

---

19   Matéria da *Folha de S. Paulo* publicada em 19/05/2010. Link: <http://www1.folha.uol.com.br/cotidiano/917472-marcha-contra-a-homofobia-reune-5000--em-brasilia.shtm>.

IV Marcha Nacional Contra a Homofobia
15 de Maio - às 10h - em Brasília/DF

Fonte: Acervo da pesquisa

As marchas reuniram entre 2.000 e 5.000 pessoas durante os quatro anos, entretanto o número de participantes no último ano teve uma redução expressiva, sendo possível estar relacionado à aprovação pelo CNJ do direito à conversão da união estável em casamento em maio de 2013 ou com o descontentamento acerca do cenário nacional. Ainda assim, a mobilização em torno deste evento e a perspectiva distinta das atuais paradas do orgulho o caracterizam como importante resposta aos embates com grupos conservadores. A caminhada silenciosa, sem uso de trios elétricos com *gogo-boys* ao som de "bate-cabelo[20]", iniciada com concentração e falas das lideranças políticas no carro de som em frente à Catedral de Brasília e com pausas em frente aos ministérios para continuidade das falas reivindicatórias, a fazem distinta das paradas. Cabe destacar que o CNCD-LGBT esteve presente nas edições de 2011, 2012 e 2013, tendo a SDH e ABGLT articulado para que as reuniões ordinárias de maio fossem realizadas na mesma semana do evento para oportunizar a participação das/os conselheiras/os.

---

20   Bate-cabelo é o codinome no *bajubá* (yorubá das bichas, ou seja, dialeto LGBT cultivado especialmente entre as travestis) para as músicas do *pop dance* em versão mixada, caracterizada por batidas intensas e contínuas. O nome é inspirado no movimento agitado com os cabelos feito pelas *drag queens* em seus shows.

Deste modo, embora tendo havido alteração no *script* desta manifestação em relação às Paradas, observa-se que as dinâmicas identitárias permaneceram. Ainda nesse sentido, optei em elucidar as estratégias das marchas a partir de duas situações, a primeira relacionada a III Marcha Nacional em 2012 e a outra a IV Marcha em 2013, que exponho e discuto abaixo.

No dia da realização da III Marcha Nacional Contra a Homofobia, o website do STF publicou duas matérias intituladas "Prédio do STF recebe abraço por decisão em união homoafetiva[21]" e "STF recebe abraço da ABGLT.[22]" O fato veiculado relacionava-se a uma das estratégias utilizadas para o final do percurso da edição da marcha que ocorreu 13 dias após a aprovação da união estável naquele tribunal.

> Fiquei para trás do grupo que estava acompanhando na Marcha para fazer alguns registros fotográficos. E vou ao encontro deles em frente ao STF onde se daria o encerramento da marcha. No caminho encontro dois ativistas, uma mulher bissexual e um gay, e ao vê-los parados enquanto um grupo se movimentava para fazer algo que imaginei ser uma grande roda. Perguntei: "E aí monas? O que vocês estão fazendo fora da roda?". Escuto como resposta: "Tá louca minha irmã, tu tá achando que fui xingado de veado na escola e na rua, pra abraçar o STF?". Nesse momento, compreendo que a movimentação era para fazer uma grande roda no entorno do STF, para simular um abraço. Na sequência encontro um conselheiro do CNCD, que passa por mim como se estivesse com pressa e organizando as pessoas que faziam a roda, e grita: "Bora sapa! Entra na roda, gata... precisa de mais gente para alcançar esse lado de cá" (*Diário de Campo*, 16/5/2012).

A segunda situação que destaco relaciona-se a IV Marcha Nacional, a qual evidencio a partir da imagem que ilustra a matéria publicada[23] pelo *Brasil de Fato* no mesmo dia do evento. Ao final da marcha, os grupos LGBT participantes da mesma se encontram com as manifestações do MST e de Quilombolas, e fazem uma representação dos inúmeros assassinatos contra os segmentos. Em entrevista

---

21 Matéria publicada no website do STF no dia 18/05/2012. Link: <http://stf.jusbrasil.com.br/noticias/2691233/predio-do-stf-recebe-abraco-por-decisao-em-uniao-homoafetiva>.

22 Matéria publicada no website do STF no dia 18/05/2012. Link: <http://bahia-noticias.jusbrasil.com.br/noticias/2692303/sede-do-stf-recebe-abraco-da-abglt>.

23 Matéria publicada no website Brasil de Fato no dia 15/05/2013. Link: <http://www.brasildefato.com.br/node/12937>.

ao website supracitado, um militante gay da recém empossada diretoria executiva da ABGLT apontou que o evento ao se unir com os outros dois acabou se tornando "uma grande marcha contra a violência no campo e a violência homofóbica", tendo criado um "contraponto necessário ao avanço das forças conservadoras, como os fundamentalistas e os ruralistas".

Do abraço a um órgão regulador do Estado à representação dos assassinatos contra população atingida pelos setores conservadores no Legislativo (Bancadas Ruralista e Evangélica), há uma explícita alteração na estratégia de politizar o debate sobre a homofobia. Se o "abraço" referenda o homonacionalismo nas estratégias do movimento, é possível considerar que o encontro com o MST e quilombolas aponta para um diálogo que pode ser central na formulação de uma estratégia ampla de defesa dos direitos humanos. A representação dos assassinatos no campo e na cidade na Esplanada se diferencia contundentemente do "abraço" no anterior. Em certa medida, é possível inferir que as críticas à postura patrimonialista presentes na estratégia de 2012 guinaram a estratégia do ano posterior, priorizando-se assim uma ação politizadora enfocada nos assassinatos ao invés do personalismo de um "abraço".

A relação que as Marchas expressaram durante o período de gestão federal do PT demonstram os sentidos do que podemos nomear de limites da política conciliatória, baseada na coalizão de setores historicamente antagônicos. A mesma prevaleceu nos oitos anos de gestão Lula, tendo um esgotamento no governo de Dilma, evidenciado por exemplo na conciliação entre setores conservadores religiosos e setores dos movimentos LGBT. Naquele momento histórico, quando delimitei o objeto do meu estudo sabia dos "riscos" que poderia incorrer se adotasse uma postura crítica à gestão do PT, como, por exemplo, uma indisposição com o próprio campo. Hoje, após o impeachment de Dilma, e com o final da gestão Temer, que fora marcada por baixa aprovação da população, aumento da inflação e agravamento do desmonte das políticas sociais, afirmo que às vésperas das eleições presidenciais de 2018, deve-se observar as ambivalências e contradições que envolveram a gestão PT e o movimento LGBT como uma história que traz a "oportunidade para um recomeço com o que sobrar das ruínas que ficarem de pé"[24]

---

24   VIANNA, Luiz Werneck. Alexandre, Napoleão e os nossos nós, Disponível em: < http://opiniao.estadao.com.br/noticias/geral,alexandre--napoleao-e-os-nossos-nos,10000019757>. Acesso em: 01/04/2016.

Um *impeachment*, algumas *tretas* e muitos *textões*: notas sobre o movimento LGBT brasileiro pós-2010

Lucas Bulgarelli[1]

Este artigo contribui de maneira preliminar[2] para a formulação de um panorama mais amplo sobre algumas estratégias políticas adotadas pelo movimento LGBT nos anos 2010. Em particular, chamo a atenção para a emergência de novos formatos ativistas, em especial o ciberativismo. Esse fenômeno parece, em um primeiro momento, remeter apenas a um formato de atuação política. Porém, também nomeia um conjunto de práticas, valores e repertórios que indica certa economia dos posicionamentos característicos das redes sociais.

Com isso, esboço uma discussão sobre as estratégias políticas que passam a figurar de modo mais predominante no movimento LGBT nos últimos anos. O investimento de diferentes militantes em uma inserção mais institucional retoma um estilo de atuação política predominante no movimento desde ao

---

1   Bacharel em Direito pela FD-USP, mestre em Antropologia pela FFLCH-USP e doutorando em Antropologia pela FFLCH-USP. Atua em pesquisas sobre movimento LGBT, mobilização e organização, redes sociais e engajamentos políticos.

2   A discussão proposta deriva de reflexões que apresento na minha dissertação de mestrado. BULGARELLI, Lucas. *[ALERTA TEXTÃO] – Estratégias de engajamento do movimento LGBT de São Paulo em espaços de interação online e offline (2015-2016)*. Dissertação de Mestrado. Faculdade de Filosofia, Letras e Ciências Humanas. Universidade de São Paulo, São Paulo/SP, 2018.

menos os anos 1990. Esse formato se desdobra em ONGs, redes e associações e em um complexo aparato institucional nos anos 2000. Ao mesmo tempo, a inserção focalizada nas redes e nos *textões,* como buscarei demonstrar, não está dissociada da conjuntura político-institucional dos anos 2010.

Dessa forma, pretendo questionar uma polarização ainda recorrente que se estabelece entre estes formatos de fazer política. Para isso, lanço mão de alguns eventos, como o *impeachment* da presidenta Dilma Rousseff, e de estratégias políticas adotadas por diferentes militantes e ativistas, que dificultam uma categorização rígida e definitiva entre uma militância institucional, de um lado, e um ciberativismo, do outro.

Pelegos, cooptados e ativistas de sofá

Expressões como "sem gênero", "diversidade", "queer", "LGBT" têm sido forjadas nas últimas décadas em contextos de intensa formulação teórica e política de movimentos sociais como o feminista e o LGBT. Esses conceitos e categorias passaram a transitar entre diferentes atores sociais como historiadores, antropólogos, psicólogos, sociólogos, educadores, filósofos, gestores públicos, advogados e a(r)tivistas. Nos últimos anos, no entanto, não é raro encontrar essas mesmas expressões no vocabulário de pastores evangélicos, deputados conservadores e militantes jovens liberais. Esses caminhos remetem particularmente à trajetória do movimento LGBT no Brasil. Mas também dizem respeito às alternativas que viabilizaram a consolidação de uma agenda política reivindicativa de direitos e de um repertório de categorias e denominações capazes de delimitar estrategicamente as diferenciações e a diversidade no interior do movimento.

Alguns fatores auxiliam a entender o percurso dessa agenda: a proposição de projetos de lei e a homologação de decisões judiciais com efeito vinculante favoráveis a LGBTs; a criação da primeira política pública de combate à discriminação por orientação sexual, o Brasil sem Homofobia, em 2004; a consolidação de Conselhos, Coordenadorias e Conferências LGBTs em grande parte dos entes federativos e a proliferação de ONGs e associações. As formulações sobre gênero e sexualidade propostas pelo movimento LGBT, mas não apenas, foram aos poucos traduzidas em uma linguagem dos direitos de modo a serem barganhadas, negociadas e colocadas em disputa com o poder público.

É possível afirmar que a liderança do Partido dos Trabalhadores no Governo Federal conquistada com a vitória de Luiz Inácio Lula da Silva em 2002 possibilitou o acesso a uma estrutura democrática de participação popular na formulação de políticas públicas. Tanto o lançamento do Brasil sem Homofobia em 2004 e do Plano Nacional de Promoção da Cidadania e Direitos Humanos de LGBTs em 2009, como a organização da I Conferência Nacional GLBT em 2008 e a criação da Coordenação Nacional LGBT vinculada à Secretaria de Direitos Humanos da Presidência em 2009 foram utilizados pelo movimento como ferramentas de atuação e mobilização política.

No entanto, as gestões de Dilma Rousseff (2010-2014 e 2015-2016) acabaram por aprofundar as alianças com setores religiosos, em especial com lideranças católicas evangélicas. Essa avaliação passou a ser adotada por parte expressiva do movimento LGBT para criticar[3] o que consideravam ser o sucateamento e o esvaziamento da estrutura de participação consolidada nas gestões anteriores, além da falta de investimento e priorização política.

A compreensão sobre as limitações da participação política pela via institucional também passou a conviver com um contexto mais amplo marcado pelas lutas anti-globalização no início dos anos 2000, que desencadearam em eventos como a Primavera Árabe, o Occupy Wall Street e as Manifestações de Junho de 2013. É também a partir dos anos 2010 que assistimos com mais intensidade a inserção de discussões envolvendo diferentes posicionamentos sobre gênero, raça e sexualidade em coletivos universitários,[4] no movimento secundarista, em encontros de juventude[5] e mesmo nas dinâmicas de organização interna de outros movimentos sociais. Havia uma ênfase na ideia de que

---

3   Uma das passagens mais relembradas por militantes LGBTs remete a uma declaração de Dilma Rousseff em 2011 de que seu governo "não faria propaganda de opção sexual", quando questionada pela imprensa sobre o cancelamento de um "kit anti-homofobia" que vinha sido formulado pelo Ministério da Educação para ser distribuído nas escolas do ensino público.

4   Cf. FALCÃO, Thiago. *Memes, textões e problematizações : sociabilidade e política a partir de uma comunidade de LGBT universitários no Facebook*. 2017. Dissertação (mestrado), Universidade Estadual de Campinas, Campinas/SP.

5   Cf. LIMA, Stephanie Pereira de. *As bi, as gay, as trava, as sapatão tão tudo organizada pra fazer revolução! Uma análise sócio-antropológica do Encontro Nacional Universitário de Diversidade Sexual (ENUDS)*. 2016. Dissertação (Mestrado em Saúde Coletiva), Instituto de Medicina Social, Universidade Estadual do Rio de Janeiro, Rio de Janeiro/RJ.

a democracia participativa dependente de governos conciliatórios estaria chegando a seu teto. Mas também essa crítica passou a ser embutida, em muitas situações, de uma reflexão mais ampla sobre a mudança de comportamentos e sobre os modos de pensar e nomear o outro e a si próprio a partir de categorias que diziam respeito ao gênero e à sexualidade.

Vale notar que não é propriamente recente nos espaços do movimento a crítica à institucionalização das demandas LGBTs. E também não se pode falar que a institucionalização do movimento foi a única perspectiva política de que se valeram militantes e coletivos, mesmo durante os anos 1990 e 2000.

Ao lado dessa inserção mais institucional, chamo atenção para uma atuação mais direcionada aos blogs e redes sociais, especialmente o *Facebook*, o *Twitter* e o *Youtube* que passou a emergir gradativamente nos anos 2010. Pesquisadores como Mario Carvalho e Sergio Carrara[6] têm investido na proposta que aqui adoto de identificar essa atuação como um "ciberativismo", com características distintas do modo como o movimento até então viabilizava suas lutas.

Esse formato, modo ou estilo de atuação foi aos poucos ganhando espaço sobretudo na esfera discursiva da internet, propondo um repertório sensivelmente distinto daquele utilizado em reuniões e conferências. Não custa lembrar que a utilização da internet por diferentes militantes é anterior ao que hoje pode ser considerado como ciberativismo. Os fóruns de discussão em lista de e-mails já eram utilizados por militantes nos anos 1990, em uma arquitetura comunicacional com dinâmicas de interação ainda bastante distintas das redes sociais, como lembram Julio Simões e Regina Facchini.[7]

Enquanto isso, os espaços direcionados à participação sócio-estatal entre o movimento LGBT e o poder público também vinham sendo alvo de crítica pelos seus participantes. Se a primeira Conferência Nacional GLBT (2008) foi marcada por um certo otimismo do movimento com a efetividade daqueles mecanismos, na segunda Conferência Nacional LGBT (2011) o

---

6   CARVALHO, Mario Felipe de L.; CARRARA, Sérgio. Ciberativismo trans: considerações sobre uma nova geração militante. Contemporânea – *Comunicação e Cultura*, Salvador: PosCom, v. 13, n. 2, p. 382-400, 2015.

7   SIMÕES, Júlio Assis; FACCHINI, Regina. *Na trilha do arco-íris: do homossexual ao movimento LGBT*. São Paulo: Editora Fundação Perseu Abramo, 2009.

clima geral era de descontentamento, como indica Silvia Aguião.[8] Esse clima se intensificou especialmente na 3ª Conferência Nacional LGBT (2016).[9] Afinal, o evento ocorreu às vésperas da saída da presidenta Dilma Rousseff do comando do governo federal, durante um processo de *impeachment* e em um contexto de aguda instabilidade política.

É interessante notar que as disputas e negociações desempenhadas por movimentos como o LGBT em direção ao Estado são alvo de constante disputa dentro e fora do movimento. Isto acaba por afetar não apenas os mecanismos de oposição e enfrentamento inerentes a este modo mais institucional de fazer política, mas incide também no conjunto das relações no interior do próprio movimento. Isto porque a convivência dos militantes com um repertório da participação política e com os modos de se utilizá-lo de maneira eficaz passam a produzir novas diferenciações no movimento.

Na esteira do que têm argumentado Regina Facchini e Julian Rodrigues,[10] é possível entender essa tensão a partir de dois modos de atuação política predominantes, mas não exclusivos, no movimento LGBT a partir de 2010. O primeiro modo está bastante vinculado a militantes e ativistas com trajetórias mais longas de militância e frequentemente com um perfil de baixa escolaridade. Pessoas que se mobilizam a partir de uma atuação política concentrada em fóruns, associações, comissões, conselhos e conferências, considerados espaços centrais de inserção do movimento. Deste lado, predomina uma compreensão de que o bom desempenho da luta política depende de mecanismos de incidência e de verificação das políticas implementadas.

---

8   AGUIÃO, Silvia. *"Fazer-se no Estado": uma etnografia sobre o processo de constituição dos 'LGBT' como sujeitos de direitos no Brasil contemporâneo.* 2014. Tese de Doutorado. Instituto de Filosofia e Ciências Humanas, Universidade Estadual de Campinas, Campinas/SP.

9   Nesse mesmo contexto a presidenta Dilma assinou o decreto presidencial que regularizava a utilização do nome social para pessoas trans na administração pública federal. Esse gesto teve repercussão dentro do movimento e também foi submetido a diferentes interpretações entre os militantes.

10 FACCHINI, Regina; RODRIGUES, Julian. "Que onda é essa?": "guerras culturais" e movimento LGBT no cenário brasileiro contemporâneo In: *A diversidade e a livre expressão sexual entre as ruas, as redes e as políticas públicas.* 1ª ed. Porto Alegre : Rede Unida/Nuances, 2017, p. 35-60.

Um segundo modo diz respeito a ativistas mais jovens com forte inserção e reconhecimento nas mídias sociais. Há, entre eles, uma postura crítica em relação aos mecanismos de associação e negociação que marcaram a atuação política de gerações anteriores.

Aqueles militantes que migraram para as gestões, conselhos e coordenadorias em algumas circunstâncias passaram a ser classificados como "cooptados" e "pelegos" por militantes ou aliados tanto dentro como fora do movimento. Estas acusações indicam a posição ambivalente que esses militantes ocupavam em contextos em que o movimento e o poder público se revestiam de papéis quase sempre antagonistas. Ao mesmo tempo, esse formato de atuação mais direcionado às redes sociais também passou a ser identificado pelos seus críticos como "confortável", um "ativismo de sofá" que supostamente não renderia frutos para as demandas concretas do movimento LGBT.

Acredito ser importante compreender estas diferenças de atuação política levando também em conta as implicações geracionais envolvidas nestes processos. Isto remete a um cenário marcado por: 1) a visibilidade de ativistas mais jovens, sobretudo travestis, homens e mulheres trans e pessoas intersexo, cada vez mais próximos/as de discussões e espaços acadêmicos; 2) a adesão a uma percepção crítica sobre a efetividade dos mecanismos de negociação socioestatais e 3) o investimento político em práticas que se pretendem mais comunitárias e horizontais, direcionadas a uma mudança profunda de mentalidades a partir da esfera discursiva das redes sociais.

A emergência destes novos ativismos não surge sem conflitos. Ainda mais quando levadas em consideração as diferenças de atuação de militantes de gerações e trajetórias variadas em um movimento que se pluraliza a todo momento.

Ciberativismo, tretas e textões

O exercício de reconstituir um histórico recente de algumas escolhas adotadas por ativistas e militantes nas redes sociais requer um detalhamento meticuloso de situações e contextos. O que é possível adiantar nos limites deste texto diz respeito a dois aspectos. O primeiro tem a ver com as características das redes, com uma arquitetura de comunicação que participa da modulação dos posicionamentos e das divergências. O segundo aspecto diz respeito aos comportamentos que emergem nestas discussões. Destaco aqueles que manipulam o conflito como ferramenta, como as famosas *tretas*. Em outras palavras, um tipo particular de conflito que não se destina necessariamente ao consenso, embora demarque posicionamentos no cotidiano do ciberativismo.

Sobre o primeiro aspecto, é importante dizer que as capacidades técnicas trazidas por plataformas como o *Facebook* otimizam não apenas a seleção de uma série de características pessoais de cada usuário, como viabiliza também a própria transformação do corpo e da imagem. Não é incomum nos dias de hoje encontrar ativistas cujas trajetórias se iniciaram com o reconhecimento como mulher trans, homem trans ou travesti a partir das redes sociais. Em muitas situações, a alteração do nome no perfil do *Facebook*, notadamente entre pessoas mais jovens, tem funcionado como uma forma acessível de reivindicação por um respeito ao reconhecimento de sua identidade de gênero que frequentemente é violado na vida fora das redes sociais.

Pode-se dizer que a modulação de discursos e posicionamentos políticos na esfera da internet, em diversas situações, viabiliza processos intensos de aprendizado político. Isso remete também a uma produção intelectual crescente realizada por e para pessoas LGBTs, do qual destaco sobretudo o protagonismo de travestis, homens e mulheres trans e pessoas intersexo inseridos[11] cada vez mais nos circuitos de produção de conhecimento, como vêm apontando os trabalhos de Viviane Vergueiro,[12] Jaqueline Gomes de Jesus[13] e Beatriz Pagliari Bagagli.[14]

---

11   É importante ressaltar que o trânsito entre pesquisadores e militantes LGBTs ocorre, em alguma medida, desde o início do movimento. O que chamo a atenção é para o aumento de pesquisas acadêmicas realizadas por travestis, homens e mulheres trans e pessoas intersexo que almejam acesso ou cursam graduação e/ou pós-graduação e que têm articulado uma produção de conhecimento bastante atravessada pelas formulações políticas a nível dos movimentos LGBT e, sobretudo, trans, mas também dos feminismos e do movimento negro.

12   VERGUEIRO, Viviane. *Por inflexões decoloniais de corpos e identidades de gênero inconformes: uma análise autoetnográfica da cisgeneridade como normatividade*. 2015. Dissertação de Mestrado – Instituto de Humanidades, Artes e Ciências, Universidade Federal da Bahia, Salvador/BA.

13   DE JESUS, Jaqueline Gomes. Prolegômenos para o futuro pensamento transfeminista. In: Minella, L. S., Assis, G. O. & Funck, S. B. (Orgs.). *Políticas e fronteiras: desafios feministas*. Tubarão: Copyart, 2014. p. 97 – 111.

14   BAGAGLI, Beatriz Pagliarini. Máquinas Discursivas, Ciborgues e Transfeminis-

Nos comentários às publicações de ativistas e militantes LGBT reconhecidos pela sua atuação na internet, é frequente encontrar depoimentos emocionados de pessoas agradecendo pelo conteúdo de um *textão*, ou mesmo relatos sobre o impacto positivo que dado posicionamento havia causado para aquela pessoa. Há uma lógica embutida nessas interações que passa pela figura do seguido/a (quem tem seu *textão* comentado e/ou compartilhado) e dos seguidores/as (quem comenta e/ou compartilha). Isso colabora para que estes comentários operem para além do aprendizado político que se extrai do conteúdo do *textão*. Comentar e compartilhar é, também, parte deste aprendizado.

A difusão de informação e de relatos de experiência viabilizada em maiores escalas pelas mídias sociais é um dos componentes fundamentais para o sucesso do ciberativismo. É por meio destas configurações que se torna possível a visibilidade de pessoas LGBTs cada vez mais jovens, reivindicando para si um lugar de existência muitas vezes ainda não alcançado fora das redes.

De saída, isso requer admitir que o ritmo dos acontecimentos e das discussões nas redes sociais é de ordem distinta do tempo empenhado para a pressão, a proposição, a implementação e a avaliação de uma política pública. No ambiente digital, os debates – e, portanto, a própria atuação política – ganham corpo, se desenvolvem e se desdobram em *tretas* em questão de horas.

Em relação ao segundo aspecto, os ativismos de internet determinam alguns comportamentos que são reconhecidos como próprios da vida *online*. Essas situações geralmente são entendidas apenas por quem participa ou acompanha as discussões e as *tretas*. Além disso, as especificidades das interações por meio de diferentes plataformas propiciam um ambiente cuja formatação frequentemente dificulta o convencimento político. Isto propicia um cenário em que, muitas vezes, pessoas com posições discordantes acabem por sair de uma *treta* mais convictas de suas posições, e não mais próximas de um ponto médio de opinião.

A quantidade de tempo necessária para participar destas discussões frequentemente demanda dias e noites inteiras de militantes. Isso colabora para reforçar, ainda, uma sensação de *bolha* percebida pelos usuários. Essa sensação corresponde a uma constatação de que as opiniões acessíveis nas

mo. *Revista Gênero*, v. 14, p. 11-27, 2013.

redes costumam ser razoavelmente homogêneas, circunscritas a grupos de amigos e conhecidos, situação que dificulta o acesso a opiniões divergentes.

Para compreender – e portanto, estar sujeito – aos efeitos de uma *treta*, é necessário acompanhar com alguma dedicação os desdobramentos de *textões* e *memes*, comentários, compartilhamentos e *prints*.

Os *textões* podem funcionar como um relato em primeira pessoas sobre alguma experiência, em geral discriminatória. Também operam como uma reflexão que pode ou não se utilizar de teorias sociais. Servem, ainda, em geral, como forma de interpretar um acontecimento público, um debate político ou as atividades do movimento. A utilização tanto quanto a eficácia de *textões* e de *memes*[15] como ferramentas para a atuação política depende de usuários que reconheçam o vocabulário e os posicionamentos em jogo.

Participar do ciberativismo requer, portanto, um aprendizado contínuo por parte de quem segue e também por quem é seguido. Isso implica, ao mesmo tempo, em uma atualização e adaptação de posicionamentos a todo momento. A demarcação destes posicionamentos frequentemente passa a depender, a partir de um certo ponto, de um intenso investimento na disputa acerca do lugar em que cada um coloca a si e aos demais dentro de um espectro de radicalização ou moderação acerca de uma divergência.

O uso, a recusa, ou mesmo a falta de habilidade para manejo e o emprego de um conjunto de expressões distinguem os usuários nas *bolhas*. A proximidade com outras experiências de ativismos, como os feminismos negros e de-coloniais, também são mobilizados nas redes sociais, amplificando ainda mais as possibilidades de atuação. Assim, por exemplo, quando um/a militante anuncia "ser interssecional", deixa implicado não "ser radical", o que remonta a uma política multiposicionada de alianças e discordâncias gestadas, em grande medida, na esfera discursiva do *Facebook*.

Ao tratar dos sentidos geracionais imbuídos nestes formatos de atuação, portanto, refiro-me não apenas à existência de militantes de diferentes idades ou com trajetórias mais ou menos longas no movimento LGBT. Destaco também o lugar que os "mais velhos" ocupam na militância dos "mais novos" e vice e versa. Seria então o caso de admitir que, se o movimento LGBT pudesse ser observado por meio de diferentes frentes de

---

15   Os *memes* operam, em linhas gerais, como fotomontagens de cunho humorístico bastante populares nas redes sociais.

atuação, valeria antes questionar de que maneira estas frentes estão disponíveis a cada militante.

Tudo isso ocorre, vale lembrar, em um contexto político marcado pela descrença nos mecanismos de negociação e participação sócio-estatais, por um lado, e, por outro, pela consolidação de maiorias políticas conservadoras que se expressam por meio do Congresso Nacional. Acredito que o ritmo de transformação dos posicionamentos nas redes sociais e a instabilidade política que se intensifica com o *impeachment* são fatores que influenciam mudanças significativas nas estratégias adotadas. Na primeira metade dos anos 2010, talvez fosse possível localizar uma ênfase maior na crítica às limitações dos espaços institucionais. Já em 2015 e, em especial, a partir de 2016, um conjunto de estratégias de disputa desses espaços passa a ser adotado por diversos militantes reconhecidos por sua atuação na internet.

Impeachment *e campanhas políticas*

Para parte expressiva do movimento, o rearranjo dos acordos políticos nacionais que culminaram no processo de *impeachment* instabilizaram a garantia das conquistas políticas e institucionais já asseguradas. O descontentamento que predominou na 3ª Conferência Nacional LGBT e a substituição de um governo pouco receptivo às demandas do movimento por outro cuja própria legitimidade era questionada são alguns dos elementos que ajudam a compreender como a crise política permeia, desde antes do *impeachment*, as escolhas adotadas pelo movimento LGBT.

A meu ver, a intensificação da crise política exigiu algumas mudanças de postura por parte do movimento LGBT. A chance de implementar reivindicações gestadas na internet e nas redes sociais e a necessidade de lutar pela preservação dos poucos direitos conquistados ensejou a diversas militantes travestis e mulheres trans a oportunidade de reivindicar uma participação incisiva nas tomadas de decisão politico-institucionais. É possível afirmar que, em grande medida, a representatividade política de travestis e pessoas trans funcionou também como uma resposta coletiva a um cenário marcado por escândalos de corrupção. Em diferentes partidos (especialmente, mas não apenas, no PSOL - Partido Socialismo e Liberdade), diversas militantes travestis e mulheres trans lançaram candidaturas a vereadoras nas eleições de outubro de 2016, muitas delas em suas cidades de origem. Nessas campanhas, havia embutida a necessidade de avançar rumo a uma política mais próxima dos interesses das populações mais vulneráveis.

Essas campanhas podem, em alguma medida, ser entendidas como um desses fenômenos que atualizam dicotomias como institucional e virtual, abrindo margem para a reavaliação das posturas adotadas e oferecendo novas possibilidades de aliança e engajamento.

Além disso, era perceptível nestas candidaturas um repertório razoavelmente influenciado pelos feminismos, particularmente o transfeminismo e o putafeminismo. Também traziam uma noção mais crítica, mas não necessariamente contrária, sobre a atuação de um ciberativismo preocupado com uma mudança de posturas e mentalidades. Isso reforça ainda mais a particularidade destas candidaturas em relação a outras campanhas LGBTs que já vinham sendo realizadas desde o início dos anos 1990, como registrou Facchini.[16]

Acredito que os sentidos geracionais implicados neste processo de migração de ativistas *de internet* para o pleito legislativo não dissolvem necessariamente estas diferenças, mas, pelo contrário, podem intensificá-las. A possibilidade de começar "tudo do zero" deu a chance a muitos candidatos de avaliar o desempenho da sua atuação política dentro e fora das redes. Há ainda de se considerar que, pelo menos em algumas capitais, a quantidade de candidatos vinculados aos mesmos movimentos acabaram disputando bases de apoios semelhantes. Isso gerou um efeito de difusão dos votos, de modo que muitos candidatos tiveram votação expressiva, mas não suficiente para a eleição. Sobre esse aspect,

Os desdobramentos mais recentes destes processos apontam para uma crescente visibilidade de militantes no movimento LGBT com atuação intensa nas redes sociais. Mas que também passam a encarar os partidos políticos e as campanhas eleitorais como espaços legítimos, também porque ameaçados, para a representatividade de suas demandas.

Deve-se levar em conta que sempre haverá especificidades a respeito das inserções partidárias, dos repertórios e dos mecanismos de atuação de-

---

16   FACCHINI, Regina. *Sopa de letrinhas?* Movimento homossexual e produção de identidades coletivas nos anos 90. Rio de Janeiro: Garamond, 2005.

sempenhados por cada militante. Ainda assim, vale dizer que a ampliação da visibilidade e a reinvidicação por representatividade de LGBTs, sobretudo a de travestis e pessoas trans, por meio das campanhas eleitorais, inevitavelmente produz efeitos para o movimento e, em alguma medida, para toda a sociedade.

Considerações Finais

Tanto o ciberativismo como a atuação concentrada nos espaços de negociação socioestatais por militantes e gestores têm funcionado como frentes de atuação política por vezes distintas, mas não exatamente distantes.

A utilização de novas tecnologias tem sido bastante difundida entre diferentes militantes LGBT e, por si só, não pode ser tributada exclusivamente a um formato específico de atuação política. O que tem acontecido é uma utilização mais articulada destes dispositivos e tecnologias, que permitem com que a política seja feita por meio de aparelhos eletrônicos enquanto se caminha na rua. Como avalia Jaqueline Gomes de Jesus,[17] o ritmo do mundo virtual cria possibilidades para que mais autores tornem seus textos públicos. Esse mecanismo, para ela, funciona como um recurso estratégico para a consolidação de uma democracia efetiva em que sejam reconhecidas as diferentes vozes e imagens sobre as mulheres.

Ao mesmo tempo, o repertório e os conceitos gestados nesse trânsito entre as redes sociais e a universidade passam a ser apropriados por diferentes grupos políticos. Expressões como "queer" e "gênero" têm sido reinterpretadas por movimentos conservadores e religiosos, de modo que as militâncias já não podem tratar a disputa sobre o significado desses conceitos e categorias apenas como uma questão interna ao movimento.

O processo de crise política no qual se insere o *impeachment* sem dúvidas contribuiu para tomadas de decisões como a de ciberativistas trans que se lançaram em pleitos legislativos. Ao mesmo tempo, vale dizer que essas mudanças de postura já são perceptíveis mesmo antes de 2016. Isso retoma, em parte, uma rarefação do diálogo cada vez mais intensa entre o movimento e o poder público nestes últimos anos, em especial nos dois mandatos Dilma Rousseff, e que se acentua no governo de Michel Temer.

---

17   DE JESUS, Jaqueline Gomes. Feminismos Contemporâneos e Intersecionalidade 2.0. *Rebeh: Revista Brasileira de Estudos da Homocultura*, [S.l.], v. 1, n. 01. 2018.

Há que se ponderar que se trata de fenômenos que estão em curso e, portanto, ainda em constante disputa de interpretações. Caberia de forma incipiente admitir que a dicotomização entre uma militância "mais institucional" e um ativismo "mais virtual" na ordem de atuação do movimento LGBT pode ser mais aparente do que propriamente inerente ao modo como os militantes se aliam e se reconhecem. O que estão em jogo são categorizações nem sempre facilmente delineáveis em todas as situações, sobretudo se levado em consideração que há tendências a se institucionalizar e a não se institucionalizar que podem se tornar mais ou menos difusas em diferentes experiências militantes.

ABEH: uma história de resitência e produção de conhecimento

Luma Nogueira de Andrade [1]

Este ensaio, que foi produzido com o objetivo de registrar o histórico da ABEH, surgiu a partir de uma leitura atenta aos documentos da mesma. Esse arquivo institucional é composto pelas atas das assembleias realizadas, estatuto, projetos, relatos das antigas gestões e minha análise na condição atual de presidenta da referida associação. A intensão foi de reunir em poucas páginas o máximo de informações sobre os 17 anos de existência da ABEH para que as leitoras e os leitores desse livro possam compreender a relevância desta entidade na produção e divulgação de conhecimentos sobre gênero e diversidade sexual na sociedade brasileira e internacional.

A Associação Brasileira de Estudos da Homocultura – ABEH, foi criada no dia treze de junho de 2001 através de uma ação deliberada no Instituto de Letras (Sala 218, Bloco C) da Universidade Federal Fluminense – UFF, através da assembleia do II Encontro de Pesquisadores Universitários ocorrida na cidade de Niteroi (RJ). Na versão anterior, em 2000, já haviam cogitado a criação de uma associação da homocultura, mas sua concretização ocorreu

---

[1] Professora Adjunta da Universidade da Integração Internacional da Lusofonia Afro-Brasileira – UNILAB, onde atua no Mestrado (MASTS) e graduação (IHL). Possui Graduação em Licenciatura em Ciências pela Universidade Estadual do Ceará – UECE.

apenas posteriormente, quando a assembleia estava sendo presidida pelo Prof. Mário César Lugarinho da UFF e composta por outros participantes, como o Prof. Deneval Azevedo da Universidade Federal do Espírito Santo – UFES, o Prof. Wilton Garcia (na época doutorando da Universidade de São Paulo- USP), o Prof. José Luiz Foureaux da UFOP, a Profa. Maria Bernardette Lyra da USP, a Profa. Eliane Borges Berutti da Universidade Estadual do Rio de Janeiro – UERJ, o Prof. Antônio Eduardo de Oliveira da Universidade Federal do Rio Grande do Norte – UFRN, o Prof. João Luiz Vieira da UFF, o Prof. José Carlos Barcellos da UFF, o Prof. Emerson da Cruz Inácio (na época doutorando da UFRJ) e o Prof. Robério de Oliveira Silva, da UFF.

Um dos fortes embasamentos para a criação da associação foi a existência de eventos como: Olhares entendidos – UCAM; Colóquio: Poéticas do Corpo Contemporâneo – GEITES (Grupo de Estudos Interdisciplinares de Transgressão na UFES); Encontro da UFOP e Corpo e Cultura – USP. Estas atividades demarcavam a existência de espaços, no campo acadêmico, voltados para as discussões e produções de conhecimentos sobre à homocultura. Foi consenso entre os participantes a relevância da fundação da associação que de imediato contou com a iniciativa voluntária do Prof. Deneval Siqueira de Azevedo Filho em sediar na UFES o primeiro encontro. Sua indicação, como primeiro presidente da ABEH, foi aprovada por unanimidade, considerando inclusive sua experiência na coordenação do GEITES.

A Associação Brasileira de Estudos da Homocultura surgiu da necessidade, dos pesquisadores e das pesquisadoras, de ampliar os espaços de diálogo e produção de saberes sobre gênero e diversidade sexual, temas que ainda eram tabus dentro de espaços acadêmicos que eram ao mesmo tempo libertadores, conservadores e tradicionais. Se ainda hoje temos nossos trabalhos questionados por fazer ensino, pesquisa e extensão a partir de estudos sobre as sexualidades não hegemônicas, é possível imaginar o quanto deve ter sido difícil para os fundadores e as fundadoras da ABEH consolidar sua existência.

No ano seguinte, no dia primeiro de agosto de dois mil e dois, ocorreu a assembleia geral do II congresso da ABEH, que aconteceu na UFES. Na ocasião foi deliberado dois pontos: 1- sobre o estatuto para implantação jurídica e legal da ABEH; e 2, sobre a eleição de uma gestão provisória, composta por diretoria e conselho fiscal. Ao final da plenária o estatuto foi aprovado e a gestão provisória foi eleita. Desde o início a Associação teve dificuldade para colocar em prática o discurso da equidade e da diversidade, deixando de fora da presidência, em várias gestões, a presença feminina. Dentre as poucas exceções, e de forma provisória, temos a Profa. Bernadette Lyra da UNIP, que foi a única pessoa do gênero feminino presente na gestão. Mas, pouco tempo depois aconteceu uma modificação, que não teve o motivo registrado nos documentos oficiais da instituição. Ela foi substituída pelo Prof. Denilson Lopes que estava como primeiro secretário. Assim a diretoria ficou composta por pessoas exclusivamente do gênero masculino. Outra mudança relevante foi o local de realização do próximo congresso. O evento que estava previsto para UNIP em São Paulo (instituição de vinculo da citada professora), aconteceu na UNB em Brasília (instituição de vinculo do novo presidente).

A gestão de 2003-2004 deu continuidade ao processo de institucionalização da ABEH tentando captar recursos para realização dos congressos, sendo inclusive algo discutido em assembleia: "torna necessário a ABEH ter o seu CNPJ para garantir maior arrecadação de instituições públicas. É um gasto, mas em longo prazo garante benefícios para a Associação" (fala do Presidente). A ABEH, por necessidade financeira, passa a seguir os passos impostos pelo estado para criação de Pessoas Jurídicas, sendo esta também uma forma de controle que o mesmo dispõe para vigilância das ações desenvolvidas por um aglomerado de pessoas que resolvem constituir uma Organização da Sociedade Civil. A criação do estatuto passa a ser uma necessidade imposta pelo estado para que ela possa buscar recursos para o desenvolvimento de suas ações.

Os/As integrantes da ABEH, como da maioria das associações, foram "capturados" e enquadrados na categoria de pesquisadores de uma população específica, que precisa ser identificada e controlada. Mas, ao mesmo tempo, produziram linhas de fuga e resistência, mesmo quando os projetos enviados aos órgãos de fomentos foram mal avaliados com justificativas "técnicas" ou foram bem avaliados, mas sem liberação de recursos. Sabiam que o real motivo da desaprovação ou da liberação de recursos insuficientes era motivado pela sua res(ex)istência e objetivos conflitantes, que iam contra o discurso tradicional da moral e dos bons costumes.

Na assembleia do II Congresso da ABEH, por exemplo, a Profa. Berenice Bento falou sobre a "escassez de recursos, a solidariedade necessária e a demanda de espaços para reflexão, estudo e pesquisa sobre a homocultura". Desde o início a ABEH buscava recursos para realização de suas ações. Mas, logo perceberam que parte das dificuldades surgiam pelo simples fato de apresentarem um projeto de evento sobre a diversidade sexual e de gênero, que contrariava o discurso essencialista da heteronormatividade.

A gestão de 2005 a 2006, apesar de compreender os limites do estado e da legislação, consolidou a institucionalização da mesma, criando no dia 07 de dezembro de 2006 o CNPJ N° 08.568.661/0001-20. Apesar de ter sido criada em 2001 a ABEH só se tornou pessoa jurídica (de fato e de direito) cinco anos depois, passando a ser identificada no CNPJ como uma associação "científica e sem fins econômico, com duração por tempo indeterminado". Segundo o registro oficial ela tem duas categorias de associados/as: Sócios/as fundadores/as; e Sócios/as contribuintes, sendo os/as primeiros/as os que participaram da Assembleia de criação da associação, realizada em Niterói, na Universidade Federal Fluminense, em 13 de junho de 2001. Os/As segundos/as contribuem com anuidade podendo ser pesquisadores/as, professores/as, profissionais de diferentes áreas/ instituições, alunos/as de graduação e pós-graduação. Na prática o segundo grupo contribui com a anuidade no período de inscrição do congresso, isto implica que cada gestão só recebe o recurso da anuidade referente aos dois anos de mandato apenas no final da gestão. Esta prática dificulta o desenvolvimento das atividades da associação e maior atuação política da mesma para além do Congresso que tradicionalmente realiza. Limitar a atuação de uma instituição como a ABEH a um Congresso que ocorre a cada dois anos, mesmo reconhecendo sua potência na produção de conhecimento, é minimizar sua atuação diante dos objetivos que se propõe a contemplar:

> a) Contribuir para o desenvolvimento e manutenção dos estudos científicos interessados nas políticas educacionais e sociais, em favor da inclusão das minorias sexuais no Brasil; b) promover a organização de um pensamento crítico oriundo dessa diversidade cultural, mediante a troca de experiências, diferenças e seus multiculturalismos; c) criar fórum permanente de debate pra discussão e intercâmbio, nacional e internacional, de experiências sobre visibilidade de diferentes expressões e discursos da homocultura: homoeróticos, homossexuais, gays, lésbicas e transgêneros, crescente no Brasil e no mundo; d) estimular pesquisadores universitários de diferentes áreas

e instituições acadêmicas, no intuito de construir saberes interdisciplinares, incorporando várias áreas do conhecimento nas discussões sobre homocultura; e) congregar e fomentar pesquisadores provenientes de universidades brasileiras que trabalham a temática da homocultura; f) publicar os resultados de trabalhos relevantes que surjam nos encontros.[2]

Para atender a tais objetivos sem recursos financeiros e com os/as integrantes residindo em estados diferentes as gestões precisaram usar da criatividade e das parcerias. As gestões da ABEH contribuíram para a consolidação do trabalho e reconhecimento do que temos até o momento. Eles/as usaram a inventividade e estabeleceram táticas de sobrevivência mesmo quando alguns integrantes abandonaram a luta. Apesar dos conflitos e das divergências teóricas e metodológicas, as gestões atuaram em simbiose, contribuindo para que o trabalho fosse avaliado e melhorado nesses dezessete anos. O que não significa dizer que não possamos fazer uma auto-avaliação e uma auto-crítica, começando pelo nome da própria instituição, como veremos na última parte deste ensaio.

As gestões da ABEH e a produção de novos conhecimentos

De modo a situar a produção de conhecimento e atuação científica, social e política no decorrer dos 17 anos de existência da ABEH apresentarei dados produzidos a partir dos documentos oficiais. A intenção não é fazer uma análise comparativa da atuação das gestões da associação, pois todas, dentro de suas possibilidades, dedicaram tempo e até dinheiro para concretização do compromisso assumido em meio a tantas dificuldades. Por isso é necessário reconhecer que todas as gestões contribuíram, de alguma maneira, para (re)existência da ABEH.

As pessoas que assumiram as gestão da associação eram professores(as) de universidades publicas. O fato de ser docente universitário(a) possibilitou algumas aberturas como suporte institucional, estrutura física, equipamentos e recursos humanos. O apoio das universidades ajudaram a conquistar parcerias com outras instituições, que atuaram antes, durante e depois dos

---

2   SANTOS, R.; GARCIA, W. (Orgs.). *A escrita de Adé: perspectivas teóricas dos estudos gays e lésbicos no Brasil*. São Paulo: Xamã, 2002, p. 11.

eventos, com ou sem apoio financeiro. Esta estratégia, de construir redes externas, contribuiu para legitimar o trabalho e potencializar o apoio dos/as colegas de trabalho, grupos/núcleos de pesquisas, instituições privadas e/ou públicas. Essas conexões, internas e externas, aumentaram as chances de conquistar recursos por instituições de fomento como a CAPES, o CNPQ e as Fundações Estaduais de Amparo à Pesquisa.

Desde a fundação, em 2001, as gestões da ABEH, eleitas para conduzirem os trabalhos no decorrer de dois anos, vem organizando congressos nacionais e internacionais, com duração máxima de três ou quatro dias. As Assembleias Gerais, que escolhem a próxima gestão e decidem sobre pontos importantes da Associação, geralmente acontecem no penúltimo dia de cada congresso. Evitando que aconteça evasão de participantes por causa do voo de retorno às cidades de origem.

De 2001 a 2002, a primeira gestão da associação foi presidida pelo do Prof. Dr. Deneval Siqueira de Azevedo Filho (UFES), sendo realizado o I Congresso da ABEH que teve como tema: "Homocultura e Cidadania", que aconteceu na UFES, em 2002, sob a, da Área de Literatura Brasileira e Teoria Literária. No último ano da gestão ocorreu a publicação do livro "A Escrita de Adé: Perspectivas Teóricas dos Estudos Gays e Lésbic@s no Brasil" (com 358 páginas e 27 capítulos), além da publicação dos anais.

De 2003 a 2004, na segunda gestão, o tema do II Congresso da ABEH foi: "Imagem e Diversidade Sexual", que aconteceu na UnB (Universidade de Brasília), em 2004, sob a presidência do Prof. Dr. Denílson Lopes, da área de Comunicação Social/Cinema. O evento teve a presença de Thomas Waugh, da Concordia University, de Montreal, no Canadá, e James Green, dos EUA. Essa edição também marca a grande abertura temática da ABEH, até então ainda significativamente marcada com os estudos sobre a literatura. Cerca de 300 pessoas participaram desse congresso, sendo 163 deles(as) apresentando os seus trabalhos. Posteriormente foi lançado o livro: "Imagem e diversidade sexual, estudos da homocultura", além da publicação dos anais do evento.

De 2005 a 2006, na terceira gestão, o tema do III Congresso da ABEH foi "Discursos da diversidade sexual: lugares, saberes, linguagens" realizado na UFMG (Universidade Federal de Minas Gerais), em 2006, sob a presidência do Prof. Dr. Bruno Souza Leal, da Área de Comunicação Social/Jornalismo. Essa edição deu continuidade ao trabalho anterior, com convidados do exterior, a exemplo de Albert K. Boekhorst, da Universidade de Amsterdam, e conferências amplas, como a que foi realizada pelo professor Luiz Mott. Nessa ocasião houve a apresentação de 138 trabalhos, das mais diversas áreas do conhecimento (http://www.fafich.ufmg.br/~abeh/).

De 2007 a 2008, na quarta gestão, o tema do IV Congresso da ABEH foi: "Retratos do Brasil Homossexual: fronteiras, subjetividades e desejos" realizado na USP, em 2008, sob a presidência do Prof. Dr. Horácio Costa, da Área de Literatura Portuguesa. Essa edição foi precedida por um Encontro Hispano-brasileiro de Militantes Homossexuais, no Museu de Arte Contemporânea de São Paulo. Pesquisadores e militantes da Espanha (tais como Beatriz Briones e Juan Vicente Aliaga), e Brasil (João Silvério Trevisan, Cláudia Wonder e Toni Reis), discutiram as trajetórias e conquistas dos movimentos LGBT nos dois países. 181 pesquisadores apresentaram os seus trabalhos em dezenas de mesas e comunicações. Posteriormente aconteceu a publicação do livro: "Retratos do Brasil Homossexual: Fronteiras, Subjetividades e Desejo".

De 2009 a 2010, na quinta gestão, o tema do V Congresso da ABEH foi: "Desejos, Controles e Identidades", realizado na UFRN (Universidade Federal do Rio Grande do Norte), em Natal, de 25 a 26 de novembro de 2010, sob a presidência do Prof. Dr. Antônio Eduardo de Oliveira. A especificidade desse encontro foi a quebra de mais uma contradição entre o discurso da diversidade e a prática. Pela primeira vez, depois de nove anos, o congresso aconteceu no Nordeste. Na ocasião houve a apresentação de 72 trabalhos (http://www.cchla.ufrn.br/abeh). As mesas trataram de temas como "Desejos, Controles e Identidades", com Luiz Melo da UFG e Alexandre Vale da UFC, "Homofobia e Direitos LGBT no Brasil hoje", com Miriam Grossi da UFSC, Luiz Mott e Leandro Colling (ambos da UFBA). Mas, também foi a oportunidade de discutir "Os Novos Rumos da ABEH", com Horácio Costa, Emerson Inácio e Mario Lugarinho, da USP, Berenice Bento na época na UFRN, e Wilton Garcia (Universidade Braz Cubas).

De 2011 a 2012, na sexta gestão, foi realizado o VI Congresso Internacional da ABEH com o tema "Memórias, rumos e perspectivas". Foi presidido pelo Prof. Leandro Colling e foi realizado em agosto de 2012 nas dependências da UFBA, em Salvador. Neste mandato o evento passou a adotar um novo título ao incluir o termo internacional, sendo esta uma reinvindicação apresentada pelo Prof. William Siqueira Peres na segunda assembleia geral da ABEH em 2014 e pela Profª. Eliane Borges Berutti da UERJ na quarta assembleia. O evento contou com grande número de pesquisadores estrangeiro (Jack Halberstam, da University of Southern California - Estados Unidos; Ana Cristina Santos, da Universidade de Coimbra – Portugal; Elisabeth Vasquez, do Proyecto Transgenero – Cuerpos Distintos Derechos Iguales, do Equador; Rafael de la Dehasa, da Universidade de Nova York – Estados Unidos). Foi nesta gestão que a ABEH conseguiu assento no Conselho Nacional de Combate à Discriminação LGBTT do atual Ministério dos Direitos Humanos, passando a participar de reuniões em Brasília-DF para discutir políticas públicas e organizar a primeira conferência nacional LGBT.

De 2013 a 2014, na sétima edição, presidida pelo Prof. Fernando Seffner (UFRGS), o tema do VII Congresso Internacional da ABEH foi "Estudos Sobre a Diversidade Sexual e de Gênero: Práticas, pedagogias e políticas públicas". Este Congresso obteve o maior número de inscritos da história da associação com 1.245 inscritos/as com 36 Simpósios Temáticos. Os trabalhos foram publicados também no E-BOOK "Discursos e contra-discursos Latino Americanos Sobre a Diversidade Sexual e Gênero". Esta gestão criou um grupo do facebook que no final do mandato contava com 6.451 membros.

De 2015 a 2016, na oitava edição, o tema do VIII Congresso Internacional da ABEH foi: "ABEH e a construção de um campo de Pesquisa e Conhecimento: desafios e potencialidades de nos (re)inventarmos", evento que ocorreu na cidade de Juiz de Fora-MG, tendo como presidente o Prof. Anderson Ferrari (UFJF). Como resultado desse evento foi publicado um ebook com ISBN Nº 978-85-61702-44-1 (http://editorarealize.com.br/revistas/ebook_abeh/trabalhos/ebook_abeh.pdf) contendo 1648 páginas e um livro impresso "Diversidades Sexuais e de Gêneros: Desafios e Potencialidades de um Campo de Pesquisa e Conhecimento" (ISBN Nº 978-85-7113-860-5) com 206 páginas, contendo os artigos dos trabalhos apresentados pelos(as) convidados(as) das mesas. Nesse mandato ABEH permaneceu com assento no Conselho Nacional de Combate a Discriminação LGBT e participando das reuniões em Brasília.

A atual gestão, que iniciou em 2017 e atuará até dezembro de 2018, está sendo presidida por mim: Luma Nogueira de Andrade (UNILAB). A nossa diretoria, juntamente com os(as) demais colaboradores(as) está organizando o IX Congresso Internacional da ABEH quer foi programado para os dias 28, 29 e 30 de novembro de 2018, nas dependências do Campus do PICI da UFC em Fortaleza (CE). O evento foi pensado inicialmente para que acontecesse na Universidade da Integração Internacional da Lusofonia Afro-brasileira (UNILAB) em Redenção-CE e foi transferido por conta da falta de estrutura para um congresso dessa magnitude.

Por causa dessa ligação com os(as) estudantes africanos(as) e asiáticos(as) que fazem parte dos Países de Língua Oficial Portuguesa (PALOP) o tema escolhido foi: "Diversidade Sexual, Gênero e Raça: Diálogos Brasil-África". Os/As palestrantes terão seus trabalhos publicados em livros impressos e os anais em E-BOOK. O evento está acolhendo trabalhos dos mais variados campos de conhecimento, seguindo as diferentes formas de participação: Simpósios Temáticos, Comunicações Orais, Pôsteres, Relatos de Experiências e Ouvintes. Na ocasião, acontecerão exposições artísticas e CUIRturais (fotos, pinturas e moda), teatro, dança, música e cinema relacionados ao tema central do congresso.

A previsão para o IX CINABEH é reunir cerca de 2.000 estudantes e/ou professores/as da educação básica e ensino superior, pesquisadores/as, ativistas dos movimentos sociais e gestores/as de políticas públicas em três dias de evento. Na primeira etapa da organização foram aprovados 52 Simpósios Temáticos (ST) que receberão as inscrições das comunicações orais (http://www.congressoabeh.com.br/simposio-tematico.php.)

Para além do congresso a atual gestão lançou no dia 29 de janeiro de 2018 (dia da visibilidade travestis/trans) o primeiro número da *Revista Brasileira de Estudos da Homocultura* – REBEH (ISSN 2595-3206), contendo artigos escritos por pessoas travestis/trans e trabalhos sobre estes/as (http://www.revistas.unilab.edu.br/index.php/rebeh/index). A revista é quadrimestral e o segundo número será lançado no dia 30 de maio de 2018 em alusão ao dia 15 de maio (Dia do Orgulho de Travesti/trans) e 17 de maio (dia do combate a LGBTFOBIA). Esta reinvindicação já tinha sido enunciada pela Profa. Berenice Bento na segunda assembleia em 2004. Outra ação importante foi a realização de uma campanha de filiação à ABEH e estabelecimento de anuidade incluída no valor da inscrição para o congresso como forma de realizar um cadastro dos/as filiados/as com disponibilização de carteirinhas de identificação para os/as associados/as. Nesta gestão a

ABEH manteve a vaga no Conselho nacional de Combate a Discriminação LGBTT do Ministério dos Direitos Humanos participando das reuniões em Brasília e publicando da REBEH as ações desenvolvidas no mesmo.

Uma inovação para IX Congresso foi a inclusão do Prêmio ABEH de dissertação e tese (http://www.congressoabeh.com.br/page.php?a=5ab5281b431f3), conforme edital 01/2018 da ABEH. Outro destaque importante foi a elevação do número de participantes do grupo do facebook que estava com 12.205 integrantes em 27 de maio de 2018.

A importância e os limites do nome da ABEH

Como falei anteriormente, sou a primeira travesti a ser eleita presidenta da ABEH (2017-2018). Mas antes de assumir esta responsabilidade eu já questionava o nome da associação, por causa da expressão estudos da homocultura. Este termo me incomodava (e ainda incomoda) pelo fato de saber que os trabalhos que foram apresentados nos congressos da ABEH estavam para além da homocultura.

Na tentativa de compreender a fundamentação da escolha do termo para designar uma associação de estudos sobre diversidade sexual e de gênero encontrei o livro *A escrita de Adé*: perspectivas teóricas dos estudos gays e lésbic@s no Brasil", organizado pelos pesquisadores Rick Santos e Wilton Garcia. Na orelha deste encontramos a seguinte citação: "Este livro descreve em sua ação, epistemológica, o nascimento e a institucionalização dos estudos gays e lésbicos como uma disciplina na universidade brasileira." Apesar de já existir a militância e os estudos sobre travestis e transexuais, que na academia aparecem escondidos dentro dos guarda-chuvas conceituais que chamamos de transgêneros ou queer, este livro se manteve fiel a influência internacional do movimento dos estudos gays e lésbicos, mesmo tendo surgido como resultado do encontro realizado em Niterói-RJ na UFF em 2001.

> A noção de homocultura emerge de uma dinâmica discursiva ao imbricar homoerotismo e cultura como uma rede de conversações que comporta a maleabilidade dos argumentos acerca das minorias sexuais. Neste meio, consideramos o território dos estudos homoeróticos, homossexuais, *gays*, lésbicos, bissexuais, transgêneros, *queers* e suas subjacências. A noção de homocultura apareceu, historicamen-

te, no *I Worldwide Conference about Homoculture* promovido pela International Lesbian Gay Association (Ilga), na cidade de Estocolmo, em 1998. Uma série de pesquisadores de centros de estudos *gay*-lésbicos, universidades e comunidades militantes participaram ativamente na cooperação de noções conceituais e premissas teóricas que compõem o princípio da diferença manifestada nas minorias sexuais. O objetivo desse encontro era inscrever a diversidade da cultura homoerótica das comunidades *gays* e lésbicas no mundo, permitindo observar a flexibilidade enunciativa do termo homocultura.[3]

Assim como aconteceu com o Grupo CORSA, de São Paulo, que aparece na pesquisa de Regine Facchini como sinônimo viado, há uma tentativa de criar uma diversidade a partir de um conceito que convencionalmente se refere a um grupo específico que apresenta-se como a representação do todo, transformando o homo em uma categoria universal para pensar a diversidade sexual, fazendo quase a mesma coisa que os pesquisadores dos séculos passados fizeram com a categoria homem.[4] Os organizadores desse livro não pensaram na figura de *adé por acaso,* "na tradução da língua *yoruba*" essa palavra "significa homossexual masculino" (A escrita de adé, pag. 11). Apesar de falar que o conceito é amplo, que abrange a todos e todas, o foco da obra teria como centro os homossexuais, pois as produções em sua maioria eram conduzidas por eles. A intensão não é desqualificar a obra ou os artigos publicados, pois estes são marcos iniciais na produção de saberes relevantes sobre os estudos de gays e lésbicas no Brasil. Mas, é importante perceber que a fabricação de conceitos pode estabelecer uma hierarquização de saberes. Assim como não podemos esquecer de destacar que a presença de Adé configura uma tentativa de aproximação entre conceitos diversos como gênero, sexualidade, raça, etnia e religiosidade.

Entretanto, não posso deixar de chamar atenção para a dificuldade de aproximar a teoria da prática. Como a associação era composta, em sua maioria, por pessoas do gênero masculino, sendo poucas as mulheres integrantes do grupo, passei a entender que este campo se constituía como um

---

3   SANTOS, R.; GARCIA, W. (Orgs.). *A escrita de Adé:* perspectivas teóricas dos estudos gays e lésbicos no Brasil. São Paulo: Xamã, 2002, p. 7.

4   FACCHINI, Regina. *Sopa de Letrinhas?* Movimento Homossexual e Produção de Identidades Coletivas. São Paulo: Garamond, 2008.

espaço de disputas onde mais uma vez a maioria estaria definindo sobre estas questões pelo simples fato de estarem em maior quantidade, sendo amparados pelo discurso democrático chancelado pelo quantitativo que norteia a dinâmica das tomadas de decisões nas primeiras assembleias da ABEH. Essas observações são apenas parciais e precisam ser analisadas como uma das possibilidades do que aconteceu, pois demandaria um estudo mais aprofundado com outras metodologias específicas.

Dentre os rastros encontrados, a partir da análise desses documentos, me chamou a atenção o processo de eleição da diretoria da gestão que iniciaria em 2007, na qual a Profa. Berenice Bento era a única pessoa do gênero feminino, sendo cogitada para ser a segunda secretária executiva. Nesse caso, percebemos o inverso, "o Prof. Luis Mello propôs a inversão nos cargos de secretários executivos a fim de uma mulher ocupar posição de maior destaque na diretoria". A professora assumiu a primeira secretaria executiva da entidade, sendo ato similar à política afirmativa para inclusão da mulher no espaço de tomada de decisão.

Após ter o acesso a documentação da ABEH percebi que não era apenas a mim que o termo homocultura incomodava. Na terceira assembleia geral da associação em 2006, cinco anos após sua existência o Prof. James Green levantou o questionamento do nome da associação, assim como Berenice Bento manifestou seu desconforto com o termo. Apesar das indagações a discussão foi interrompida e adiada para o próximo encontro, como se essa pauta não fosse importante. A discussão foi encerrada e o debate foi transferido para a assembleia posterior, onde foi acatada a sugestão da Profa. Berenice Bento de criação de um fórum de debate na internet sobre o referido termo. Outra proposta, nessa mesma linha, foi feita pelo Prof. Luis Mello, que sugeriu a formação de uma mesa de discussão sobre o conceito de homocultura no IV Congresso da ABEH.

Na quarta Assembleia Geral, dois anos depois, a profa. Berenice Bento fez, mais uma vez, a defesa da mudança do nome da associação, pois, segundo a mesma homocultura não representa a diversidade temática que tem caracterizado o congresso da instituição. Mas, após ampla discursão, a proposta vencedora foi outra:

1. Manutenção do nome da associação (permanecendo ABEH);

2. Alteração do nome do Congresso que passa a ser o mesmo para as edições vindouras ("Congresso de Estudos da Diversidade Sexual e de Gênero:" com o tema vindo em seguida, sendo este definido pela gestão em exercício);

3. A diretoria da associação fica com o encargo de decidir o tema do congresso.

Ao contrário do que aconteceu com Berenice Bento, que na segunda assembleia havia defendido o desenvolvimento dos estudos da homocultura como uma linha de pesquisa para a universidade brasileira e mudou de opinião na terceira e na quarta assembleia geral da ABEH, defendendo a mudança do nome da associação, a maioria dos participantes da assembleia aprovaram a permanência do nome e tentaram solucionar o descompasso modificando o nome do congresso. Aqui me parece que o diferencial está no tempo, momento histórico em que os fatos ocorrem, antes o termo homocultura pretendia dar conta de tudo que divergia da heteronormatividade ou heterocultura, assim era o termo que dava conta no período. Mas, com o passar dos anos, esse conceito já não dar conta da complexidade das diferenças sexuais e de gênero. Nenhum termo dará conta dessa diversidade, sendo apenas um esboço da potência da vida. Mas temos que compreender as mudanças.

Na sexta assembleia novos associados(as) questionaram o termo homocultura e o Prof. Luis Melo propôs a revisão dessa palavra. Mas o presidente sugeriu que esta questão fosse tratada apenas no próximo mandato. As gestões passaram e a pauta não foi discutida, o tema continua sendo questionado dentro e fora da ABEH. Quando assumi a presidência participei de várias entrevistas e atividades acadêmicas e percebi que outras pessoas estranhavam o termo homocultura, questionando a permanência do prefixo homo ou imaginando a criação, também absurda, de outros semelhantes, como estudos da travocultura ou da transcultura. Alguns vão além, tentam ministrar uma aula para explicar que homocultura não dá conta, pedindo para mudar o termo.

Quando esses questionamentos acontecem eu sempre respondo que se trata de uma Associação, que não é uma questão de decisão individual, que as questões são deliberadas em assembleia e não de forma autoritária. Para alguns fundadores(as) o termo homocultura é mais abrangente e não se resume apenas a homossexualidade, servindo para todos os estudos sobre diversidade sexual e de gênero. Mas, o principal argumento é o da tradição, de que é preciso considerar o momento histórico de criação da ABEH, lembrando a dificuldade burocrática para modificar os documentos oficiais, requerendo recursos para despesas em cartório e deslocamentos até a sede da instituição que funciona na Avenida Antônio Carlos n. 6.627, sala 4.246, prédio da FAFICH, bairro Pampulha em Belo Horizonte – MG.

Uma parte dos(as) filiados(as) argumentam que para além do termo usado o importante é que a instituição atinja a cada gestão os objetivos estabelecidos sem esquecer que existe a necessidade de incluir cada vez mais em seu corpo as diversas identidades de gênero com poder de decisão nos rumos da entidade. Mas não deixa de ser curioso que os argumentos utilizados para não mudar sejam baseados na manutenção da tradição, do direito e da linguagem, alimentando o paradigma da continuidade e da semelhança, negando a possibilidade de devir outra coisa totalmente diferente. Algumas vezes acontece o contrário, o discurso da inclusão entra em contradição com a composição das diretorias e das mesas dos eventos, basta ver a ausência de lésbicas, bissexuais, travestis e transexuais na presidência das gestões da ABEH. A minha presença na liderança desta entidade representa outro paradigma, mais horizontal, que não começou agora, que já existia antes de mim, nas gestões anteriores, como um horizonte a ser alcançado.

Impactos e/ou sintonias dos estudos queer no movimento LGBT do Brasil

Leandro Colling[1]

Quais os impactos dos estudos queer no movimento LGBT do Brasil? Essa é a questão que motivou a escrita deste texto. Mas, antes de enfrentá-la, é importante ressaltar a dificuldade de comprovar efeitos de qualquer área do saber em movimentos sociais. Isso porque quase sempre esses dois campos sequer estão totalmente separados. Via de regra, em especial em temas que tratam de lutas pelos direitos humanos, as próprias pessoas pesquisadoras também estão no ativismo político e/ou se abastecem do que está ocorrendo no movimento social para pensar e impulsionar a produção do conhecimento em determinada área. O contrário igualmente acontece, ou seja, o movimento social também produz conhecimentos que depois interferem ou serão incorporados nos estudos acadêmicos.[2] Mesmo com

---

1   Bolsista de Produtividade em Pesquisa 2 do CNPQ, professor associado I do Instituto de Humanidades, Artes e Ciências Professor Milton Santos, professor permanente do Programa Multidisciplinar de Pós-graduação em Cultura e Sociedade e professor colaborador do Programa de Pós-Graduação em Estudos Interdisciplinares sobre Mulheres, Gênero e Feminismo, da Universidade Federal da Bahia. É criador e coordenador do Núcleo de Pesquisa e Extensão em Culturas, Gêneros e Sexualidades (NuCuS) e um dos criadores e editores da revista acadêmica Periódicus. É autor do livro Que os outros sejam o normal: tensões entre movimento LGBT e ativismo queer (EDUFBA, 2015).

2   Foi o que aconteceu, em alguma medida, nos estudos queer que, inicialmente, se

essas ressalvas e dificuldades, que não se esgotam nas citadas acima, apontarei algumas mudanças, influências ou pelo menos sintonias que o movimento LGBT brasileiro passou a ter, em especial na última década, em relação a temas que são caros aos estudos e ativismos queer.

Ainda antes de enfrentar a questão, destaco que a história sobre o surgimento dos estudos queer no Brasil é controversa. Richard Miskolci[3] defende que um dos primeiros textos em língua portuguesa sobre o queer foi publicado em 2001 no Brasil, de autoria da pesquisadora Guacira Lopes Louro, uma das principais difusoras do pensamento de Judith Butler em nosso país, em especial no campo da educação. O texto, intitulado *Teoria queer: uma política pós-identitária para e educação*, foi publicado na Revista Estudos Feministas.

Fábio Feltrin de Souza e Fernando José Benetti,[4] no entanto, apresentam uma versão um pouco diferente. Segundo eles, antes do texto de Louro, pesquisadoras como Karla Bessa, em 1995, e Tânia Navarro Swain, em 1999, e os pesquisadores Mário César Lugarinho, em 1999, e Denilson Lopes, em 1997, já haviam publicado textos sobre teoria queer no Brasil.

A história dos estudos queer no Brasil pode ser ainda mais problematizada se pensarmos em textos acadêmicos ou políticas de gênero e sexualidade que já possuíam sintonias com o queer antes de existir isso que Teresa de Lauretis definiu, em 1991, como teoria queer.[5] Os estudos queer são bastante

---

abasteceram dos ativismos queer dos Estados Unidos (a exemplo do ACT UP e Queer Nation) para produzir conhecimentos que depois receberam o nome de teoria queer. Ou seja, os estudos queer, ao contrário do que muitas pessoas do Brasil pensam, não nasceram exclusivamente da academia. Sobre o assunto, ler SÁEZ, Javier. El contexto sociopolítico de surgimento de la teoria teoría queer: de la crisis del Sida a Foucault. In: CÓRDOBA, David; SÁEZ, Javier; VIDARTE, Paco. (Org.). *Teoria queer:* políticas bolleras, maricas, trans, mestizas. Madrid: Editorial Egales, 2007, p. 67-76.

3   MISKOLCI, Richard. *Teoria queer:* uma aprendizado pelas diferenças. Belo Horizonte: Autêntica, 2012, p. 35.

4   SOUZA, Fábio Feltrin e BENETTI, Fernando José. Os estudos queer no Brasil: um balanço. In: ALVES, Douglas Santos (org.) *Gênero e diversidade sexual:* teoria, política e educação em perspectiva. Tubarão: Copiart; Chapecó: UFFS, 2016, p. 115-136.

5   Tenho preferido a expressão estudos queer e não teoria queer porque essa última dá a ideia de que existe uma teoria fechada em torno de determinados temas, o que não ocorre com o queer. A expressão estudos queer, no plural, pelo contrário, deixa o campo mais aberto para evidenciar e pensar as grandes diferenças existentes entre as pessoas estudiosas.

diversos entre si, mas penso que alguns aspectos os unem: as críticas às normas de gênero e sexualidade e explicações sobre como elas foram construídas e naturalizadas ao longo do tempo; as evidências de como as múltiplas identidades de gênero e orientações sexuais existem, resistem e se proliferam, por não serem entidades estáveis e autênticas; as críticas às perspectivas despatologizantes em relação a essas identificações e às compreensões e saberes que tentam explicar as sexualidades e os gêneros a partir de pespectivas genéticas, biologizantes e morais; a rejeição a qualquer ideia de normalização e a problematização das categorias que estão em zona de conforto, como a heterossexualidade, por exemplo, que se constitui não apenas como uma expressão da sexualidade, mas a norma política que todos deveriam seguir dentro de um modelo bastante rígido; e as críticas em relação à clássica separação entre os estudos da sexualidade e os estudos de gênero.[6]

Se pelo menos essas características dos estudos queer parecem corretas, por que não podemos pensar que já tínhamos uma produção de conhecimento e também um ativismo político sintonizado com essas questões muito antes daquilo que se convencionou chamar de estudos queer? Assim como outras pessoas, também me interessei por essa pergunta e defendi[7] que podemos encontrar várias dessas características nos livros de pessoas como Nestor Perlonguer,[8] Suely Rolnik[9] e Edward MacRae.[10] Esse último, estudioso do emergente movimento homossexual do Brasil, já apontava como alguns militantes se digladiavam entre a proposta de construir uma imagem

---

6   Sobre os impactos dos estudos queer nos estudos de sexualidade e gênero do Brasil, ler COLLING, Leandro. Impactos e tretas dos estudos queer. In: FERRARI, Anderson; CASTRO, Roney Polato de. (org.). *Diversidades sexuais e de gêneros:* desafios e potencialidades de um campo de pesquisa e conhecimento. Campinas: Pontes Editores, 2017, p. 33-50.

7   COLLING, Leandro. Quatro dicas preliminares para transar a genealogia do queer no Brasil. In: BENTO, Berenice; FÉLIX-SILVA, Antônio Vladimir (Org.). *Desfazendo Gênero*: subjetividade, cidadania, transfeminismo. 1ed.Natal: EDUFRN, 2015a, p. 233-242.

8   PERLONGHER, Néstor Osvaldo. *O negócio do michê*: prostituição viril em São Paulo. São Paulo: Editora Brasiliense, 1987.

9   ROLNIK, Suely. *Cartografia sentimental:* transformações contemporâneas do desejo. São Paulo: Editora Estação Liberdade, 1989.

10   MACRAE, Edward. *A construção da igualdade:* a identidade sexual e a política no Brasil da abertura. Campinas: Ed. Unicamp, 1990

respeitável do homossexual perante a sociedade ou a de questionar padrões e valorizar as bichas loucas.[11]

Mas partindo do pressuposto de que os estudos queer, nomeados enquanto tal, ingressaram no Brasil entre meados da década de 1990 ao início dos anos 2000 e rapidamente se desenvolveram no país com muitas características próprias, o que inferir sobre os impactos dessas produções no movimento LGBT?

Ainda antes de enfrentar a questão, destaco que, em um texto anterior,[12] elenquei alguns aspectos que evidenciam motivos e circunstâncias em que os conhecimentos produzidos nos estudos de gênero e sexualidade parecem pouco impactar no movimento LGBT do Brasil. Isso apesar da grande produção acadêmica desses estudos em nosso país, fomentada, nos últimos anos, em grande medida, pelos estudos queer. Naquele texto apontei quatro aspectos para explicar essa pouca influência:

1) a constatação de que centenas de pessoas, que lidam diretamente com questões de sexualidade e gênero, ainda compreendem e explicam as nossas sexualidades e gêneros através de uma perspectiva biologizante, naturalizante, médica e/ou genética;[13]

2) a verificação de como ainda é absolutamente hegemônica, e por vezes até perversa, a forma como ativistas utilizam o binarismo de gênero e também de orientação sexual, a hierarquia dentro das identidades LGBT, a total invisibilidade e até desconhecimento sobre a intersexualidade, a pers-

---

11   MACRAE, Edward. Os respeitáveis militantes e as bichas loucas. In: EULÁLIO, Alexandre. (Org.). *Caminhos cruzados:* linguagem, antropologia, ciências naturais. São Paulo: Brasiliense, 1982, p. 99-111.

12   COLLING, Leandro. Muita produção e pouca influência: o conhecimento sobre diversidade sexual e de gênero e seus impactos no Brasil. In: SEFFNER, Fernando; CAETANO, Marcio (org.). *Cenas latino-americanas da diversidade sexual e de gênero:* práticas, pedagogias e políticas públicas. Rio Grande: Ed. da FURG, 2015b, p. 123-136.

13   Na época citei como exemplo a grande aderência do movimento social LGBT e até de muitos acadêmicos, alguns inclusive da antropologia!, às explicações genéticas para a homossexualidade, defendidas pelo geneticista Eli Vieira, em vídeo postado no Youtube em 2013. Sobre minha leitura do conteúdo do vídeo, ler COLLING, Leandro. Nem pastor, nem geneticista: é a cultura caralho! In: COLLING, Leandro e NOGUEIRA, Gilmaro (org.). *Crônicas do CUS*: cultura, sexo e gênero. Salvador: Devires, 2017b, p. 183-189.

pectiva patologizante sobre as identidades trans, a divisão entre quem tem gênero e quem tem identidade de gênero, a ideia de que as pessoas LGBT são iguais aos heterossexuais, a política falocêntrica de combate a Aids, o rechaço a qualquer tentativa de desconstrução da heterossexualidade compulsória, enfim, a predominância quase total de uma perspectiva heteronormativa sobre como se pensa e age em relação às sexualidades e os gêneros;

3) o modo como nós temos trabalhado nas universidades. Em boa medida, ainda produzimos apenas dentro dos muros da universidade e utilizamos uma linguagem que por vezes sequer muitos de nós próprios entendemos. Soma-se a isso o uso da expressão "objetos de pesquisa" (que não se reduz numa expressão mas em uma compreensão de como se produz conhecimento). E a partir daí fiz algumas perguntas:

> (...) como vamos repercutir a nossa produção de conhecimento se entendemos que as pessoas com quem aprendemos são tratadas como "objetos"? Como iremos interferir na realidade se ficamos eternamente nessa pose de que nós sabemos das coisas e os "objetos" não sabem nada? Até quando ficaremos hierarquizando as nossas fontes, colocando determinadxs autorxs como detentores absolutos de nosso saber e nossxs interlocutorxs do campo de pesquisa como meras pessoas que irão comprovar ou não o que o nosso referencial teórico e as nossas "categorias de análise" (outra expressão horrorosa), previamente definido, dizem? Isso é produzir novos conhecimentos ou repetir o mais do mesmo? E mais: quantas vezes damos o retorno sobre as nossas pesquisas para aquelas pessoas diretamente envolvidas com ela, que nos ensinaram sobre os temas e que depois são solenemente ignoradas?[14]

4) a inexistência de coletivos de dissidência sexual e de gênero em nosso país, a exemplo dos coletivos que estudei em Portugal, Chile e Espanha, que integraram a pesquisa que gerou o livro *Que os outros sejam o normal – tensões entre o movimento LGBT e o ativismo queer.*[15]

Em um movimento tão diverso como o LGBT, obviamente nem todos os coletivos possuem características elencadas anteriormente. Por isso, agora

---

14 COLLING, 2015b, p. 137.
15 COLLING, Leandro. *Que os outros sejam o normal*: tensões entre o movimento LGBT e o ativismo queer. Salvador: EDUFBA, 2015c.

pergunto em que aspectos é possível encontrar influências, ou pelo menos sintonias, entre os estudos queer e o movimento LGBT do Brasil? Apontarei a seguir pelo menos três desses aspectos. Eles não são os únicos e também não são encontrados em todos os coletivos e grupos.

1) Determinadas teses e conceitos centrais dos estudos queer foram, pouco a pouco, sendo incorporados por militantes LGBT, a exemplo do conceito de heteronormatividade. Mesmo que às vezes usada de forma equivocada como sinônimo de homofobia, heteronormatividade e heterossexualidade compulsória[16] são conceitos caros aos estudos queer que estão presentes na boca de muitos militantes e até na dos mais agressivos opositores às pautas LGBT, como é o caso dos discursos de certos fundamentalistas religiosos.[17] Longe de se tratar de apenas uma nomenclatura, essa influência colaborou para colocar no debate a desestabilização da heterossexualidade como algo inato e natural. E mais: as reflexões também serviram para apontar como determinados setores do movimento, em especial os ligados às identidades gays, guiaram e ainda guiam as suas políticas e compreensões dentro de uma perspectiva heteronormativa, que toma os padrões de comportamento heterossexual como modelo, a exemplo da masculinidade/virilidade, entre outros.

2) Talvez a maior influência de perspectivas queer no movimento social LGBT esteja na aderência à campanha pela despatologização das identidades trans e à lei de identidade de gênero e na emergência de novos coletivos e ativistas trans. Lembro com nitidez que, na primeira composição do Conselho Nacional LGBT, do qual fiz parte, de 2011 a 2013, praticamente ninguém defendia publicamente a despatologização das identidades trans.[18] As

---

16 Para saber as diferenças entre os conceitos, ler COLLING, Leandro; NOGUEIRA, Gilmaro. Relacionados mas diferentes: sobre os conceitos de homofobia, heterossexualidade compulsória e heteronormatividade: In: RODRIGUES, Alexsandro; DALLAPICULA, Catarina; FERREIRA, Sérgio Rodrigo da S. *Transposições:* lugares e fronteiras em sexualidade e educação. Vitória: EDUFES, 2014, p. 171-184.

17 Ver, por exemplo, https://noticias.gospelmais.com.br/marisa-lobo-ideologia--de-genero-desconstruir-humano-79765.html

18 Isso não quer dizer que ninguém no movimento LGBT se manifestava a favor da despatologização, mas as adesões eram tímidas e não continuadas. Enquanto isso, os congressos acadêmicos sobre sexualidades, em especial aqueles fortemente influenciados pelas perspectivas queer, se pronunciavam efusivamente

próprias pessoas transexuais e travestis temiam que, com essa campanha, o Sis-

---

a favor da campanha pela despatologização. A Campanha Internacional Stop Trans Pathologization (STP) foi criada em 2007, na Espanha, e começou a ter mais aderência de outros países a partir de 2009. Ver BENTO, Berenice. A campanha internacional de ação pela despatologização das identidades trans: entrevista com o ativista Amets Suess. *Rev. Estud. Fem.*, Florianópolis , v. 20, n. 2, p. 481-484, Agosto de 2012. Disponível em http://www.scielo.br/scielo. php?script=sci_arttext&pid=S0104-026X2012000200008&lng=en&nrm=iso Acesso em 26 fevereiro de 2018.
Na I Conferência Nacional LGBT, realizada de 5 a 8 de junho de 2008, duas pessoas trans palestraram em defesa da despatologização e uma delas, Carla Machado, chegou a citar um trabalho da professora Berenice Bento para construir os seus argumentos. Ao final, foi aprovada, nas propostas da área da saúde: "contribuir para retirar o transexualismo e travestismo do CID (Código Internacional de Doenças) e DSM-IV (Manual de Diagnóstico e Estatística das Perturbações Mentais)" Ver - http://www.sdh.gov.br/sobre/participacao-social/cncd-lgbt/conferencias/anais-1a-conferencia-nacional-lgbt-2
Em 2009, participantes do Diálogo Latino-Americano sobre Sexualidade e Geopolítica, entre eles Berenice Bento, em reunião realizada entre os dias 24 e 26 de agosto de 2009, no Rio de Janeiro (Brasil), elaboraram um manifesto para se somar à campanha internacional *Stop Pathologization* 2012. O manifesto pode ser lido em https://periodicos.ufrn.br/bagoas/article/view/2323/1756
Em 2010, organizado por Simone Áliva, o NIGS promoveu o Trans Day NIGS 2010, primeiro evento da campanha no Brasil, na Universidade Federal de Santa Catarina.
Na II Conferência Nacional LGBT, realizada 15 a 18 de dezembro de 2011, em Brasília, o tema da despatologização só apareceu nas propostas encaminhadas pelos grupos de trabalho e que não foram apreciadas pela plenária final. O texto não aprovado diz: "2) Ampliação do processo transexualizador, no SUS, garantindo a qualificação e integralidade da atenção na rede, incluindo a hormonioterapia, saúde mental, cirurgias plásticas e de adequação sexual, com equipe multiprofissional, contribuindo para a despatologização das identidades Trans." Ver http://www.mdh.gov.br/sobre/participacao-social/cncd-lgbt/conferencias/anais-2a-conferencia-nacional-lgbt-1
Durante a realização do VI Congresso da ABEH, em Salvador, ocorrido de 1º a 3 de agosto de 2012, os participantes aprovaram e lançaram uma carta de apoio à campanha.
No dia 15 agosto de 2013, participantes do I Seminário Internacional Desfazendo Gênero, realizado em Natal, também se posicionaram a favor da campanha. O tema da primeira edição do Desfazendo Gênero foi: Subjetividades, cidadania e transfeminismos. Os documentos aprovados no evento pediam a aprovação imediata do projeto de lei João W. Nery, uma moção de reformulação da Portaria do Processo Transexualizador no SUS e a despatologização das identidades trans e uma carta, dirigida ao Ministério da Educação, que defendia a autodeterminação da identidade de gênero nas instituições de ensino.
Em novembro de 2014, o Conselho Federal de Psicologia (CFP) iniciou campa-

tema Único de Saúde poderia deixar viabilizar a política de assistência a elas, em especial em relação aos ambulatórios transexualizadores.[19] Como disse a ativista travesti Keila Simpson, em entrevista para a realização deste artigo, a Antra (Associação Nacional de Travestis e Transexuais) sempre entendeu que as pessoas travestis e transexuais não são doentes, mas algumas pessoas temiam aderir à campanha e perder o direito de serem atendidas através do SUS.

> Eu acho que hoje de cada 10 pessoas trans 8 devem ser a favor da campanha pela despatologização. Essa discussão está hoje bem fluída no movimento, a campanha do Conselho Federal de Psicologia foi muito bem aceita. A propagação de diversos estudos e pesquisas e os argumentos de quem coordena essas campanhas no Brasil e no exterior têm aumentado consideravelmente o número de pessoas que são a favor da despatologização. (SIMPSON, Keila, entrevistada em 19 de fevereiro de 2018)

A preocupação inicial fazia sentido, mas aos poucos as pessoas LGBT em geral foram percebendo que a tese central da defesa da despatologização das identidades trans tinha e tem a ver com uma outra questão maior que, em alguma medida, foi potencializada por algumas pessoas travestis e transexuais e por alguns estudos realizados no Brasil a partir de uma perspectiva queer.[20] Esses estudos, junto com várias pessoas trans interlocutoras dos trabalhos, perguntam: por que determinadas identidades de gênero são patologizadas e outras não?

---

nha em apoio à luta pela despatologização das identidades transexuais e travestis. Na III Conferência Nacional LGBT, realizada de 24 a 27 de abril de 2016, em Brasília, foi aprovada a seguinte proposta: "Fomentar junto a sindicatos e conselhos das diferentes categorias de profissionais que atuam na área da saúde a ampliação das discussões sobre a despatologização das identidades trans." Ver em http://www.sdh.gov.br/sobre/participacao-social/cncd-lgbt/relatorio-final-3a-conferencia-nacional-lgbt-1/

19 Os discursos de homens trans brasileiros sobre a despatologização das identidades transexuais foram analisados em OLIVEIRA, André Lucas Guerreiro. *"Somos quem podemos ser"*: os homens (trans) brasileiros e o discurso pela (des)patologização da transexualidade. Dissertação (mestrado) - Universidade Federal do Rio Grande do Norte, Programa de Pós-graduação em Ciências Sociais, Natal, 2015.

20 Ver, por exemplo, BENTO, Berenice. *A reinvenção do corpo* – sexualidade e gênero na experiência transexual. Rio de Janeiro: Garamond, 2006, e PELÚCIO, Larissa. *Abjeção e desejo:* uma etnografia travesti sobre o modelo preventivo de aids. São Paulo: Annablume, Fapesp, 2009.

Para chegar nessas reflexões, os estudos queer colaboraram muito para refletir sobre as diferenças e pontos de contato entre orientação sexual e identidade de gênero e para destacar que a travestilidade e a transexualidade não são orientações sexuais, mas identidades de gênero. Nesse sentido, foi importante evidenciar que todas as pessoas possuem identidades de gênero, pois até então parecia que determinadas pessoas possuíam gênero (as pessoas não trans) e outras possuíam identidades de gênero (as pessoas trans).

Um pouco mais tarde, os estudos e ativismos transfeministas, que se diferenciam mas também se abastecem de certas reflexões dos estudos queer, colaboraram nesse sentido ao criar o conceito de cisgeneridade para nomear e pensar sobre a identidade de gênero de quem se identifica com o gênero que lhe foi atribuído no nascimento. Ou seja, as pessoas trans fizeram o mesmo esforço dos estudos queer em relação à heteronorma: nomearam o centro (no caso a cisgeneridade) para evidenciar o seu caráter compulsório, construído e perverso.[21]

Talvez o próprio surgimento de um movimento transfeminista no país tenha alguma relação com os estudos queer no Brasil, não no sentido de uma relação causa-efeito, mas no sentido de alguma colaboração e sintonia no modo como pensar a produção das sexualidades e dos gêneros. E por que digo isso? Antes dos estudos queer, no Brasil, o então movimento trans era, na verdade, um movimento hegemonicamente travesti que não se auto--denominava feminista. Em boa medida, era um movimento que inclusive pensava a identidade travesti como uma variação da homossexualidade e não da identidade de gênero. Isso também era um reflexo de como as pessoas travestis se identificavam, como atestam diversos estudos.

Aquela que é tida como a primeira monografia produzida no Brasil sobre homossexualidade na cidade de São Paulo, no final dos anos 50, definiu assim, em seu glossário, o que seria uma pessoa travesti: "Indivíduo que

---

21 VERGUEIRO, Viviane. *Por inflexões decoloniais de corpos e identidades de gênero inconformes:* uma análise autoetnográfica da cisgeneridade como normatividade. 2015. Dissertação (Mestrado) - Instituto de Humanidades, Artes e Ciências Professor Milton Santos, Universidade Federal da Bahia, Salvador, 2015. Disponível em: https://repositorio.ufba.br/ri/bitstream/ri/19685/1/VERGUEIRO%20Viviane%20-%20Por%20inflexoes%20decoloniais%20de%20corpos%20e%20identidades%20de%20genero%20inconformes.pdf - Acesso em: 20/02/2018.

usa roupas femininas para exibição da orientação valorativa do grupo homossexual; também utilizado no sentido depreciativo por um homossexual dissimulado em relação a um ostensivo".[22]

A conhecida etnografia de Don Kulick com as travestis de Salvador, realizada em 1996 e 1997, também é reveladora nesse sentido.

> A despeito de todas essas transformações, muitas das quais irreversíveis, as travestis não se definem como mulheres. Isto é, apesar de viverem o tempo todo vestidas como mulher, referindo-se umas às outras por nomes femininos, e sofrendo dores atrozes para adquirir formas femininas, as travestis não desejam extrair o pênis e não pensam em 'ser' mulher. Elas não são transexuais. Ao contrário, afirmam elas, são homossexuais – homens que desejam outros homens ardentemente e que se modelam e se completam como objetio de desejo desses homens.[23]

Isso não quer dizer que em 1997 já não existiam travestis, no movimento social, que reivindicassem a categoria mulher. Facchini aponta que no IX EBGLT e II EBGLT-AIDS, realizado de 20 a 26 de fevereiro de 1997, em São Paulo, aconteceu uma discussão entre lésbicas e travestis:

> (...) durante o encontro houve momentos em que, por exemplo, lésbicas se posicionaram como mulheres e questionaram a legitimidade da reivindicação de atendimento de travestis em enfermarias femininas, argumentando que travestis, em última instância, são homens, gerando uma discussão bastante acalorada.[24]

Na Conferência LGBT da Bahia, em 2012, tensionamentos semelhantes ainda aconteciam. Iniciei um texto sobre o tema[25] com a seguinte frase que

---

22   SILVA, José Fábio Barbosa da. Homossexualismo em São Paulo: estudo de um grupo minoritário. In: GREEN, James N. e TRINDADE, Ronaldo (Org.). *Homossexualismo em São Paulo e outros escritos*. São Paulo: Editora Unesp, 2005, p. 191.

23   KULICK, Don. *Travesti:* prostituição, sexo, gênero e cultura no Brasil. Rio de Janeiro: Editora Fiocruz, 2008, p. 21-22.

24   FACCHINI, Regina. *Sopa de letrinhas?* Movimento homossexual e produção de identidades coletivas nos anos 90. Rio de Janeiro: Garamond, 2005, p.133.

25   COLLING, Leandro. A igualdade não faz o meu gênero. Em defesa das políticas das diferenças para o respeito à diversidade sexual e de gênero no Brasil. *Contemporânea* - Revista de Sociologia da UFSCar, v. 3, 2013, p. 405-428.

ouvi de um gay, direcionada para uma mulher trans: "Como ela pode dizer que é mulher se continua com um negócio desse tamanho no meio das pernas?".[26] Ou seja, não estou a defender que atualmente ainda não existam travestis que não se identifiquem como homossexuais ou até como homens homossexuais, ou que todas as pessoas do movimento LGBT entendem as mulheres trans como mulheres. Destaco apenas que, em minha percepção, que precisaria ser melhor pesquisada e analisada, parece ser cada vez mais comum que as pessoas, sejam trans ou não, expliquem as identidades trans como identidades de gênero (femininas ou masculinas) e não como orientações sexuais. Por isso, é crescente a visibilidade de pessoas trans que se identificam como heterossexuais,[27] para o horror de alguns antigos militantes gays.

Do ponto de vista de quem estuda esse universo, é distinto pensar as travestilidades e transexualidades como identidades de gênero e não como orientações sexuais homossexuais. Ainda que algumas de suas informantes travestis se identificassem como homossexuais em sua etnografia, realizada de 2003 a 2007, em São Paulo, Larissa Pelúcio (2009), bastante influenciada pelos estudos queer, pensou as travestilidades enquanto identidades de gênero também junto com outras das suas interlocutoras que se identificavam enquanto mulheres.

---

26   Não apenas gays tinham ou têm dificuldade de entender as múltiplas identidades de gênero, em especial aquelas menos conhecidas. Em uma reunião do Conselho Nacional LGBT, realizada em Maceió, no dia 28 de fevereiro de 2012, a pioneira do movimento travesti do Brasil, Joanna Cardoso da Silva (Jovanna Baby), disse que Laerte atrapalhava o movimento trans ao reivindicar o uso do banheiro feminino. Na época, Jovanna dizia que Laerte era "um homem que se vestia de mulher". Laerte, conhecido cartunista, inicialmente dizia ser crossdressing e depois passou se identificar como uma mulher trans. Hoje, em 2018, penso que é bem mais raro encontrarmos ativistas que se posicionariam contra o direito de pessoas como Laerte usarem o banheiro feminino. A própria abertura do rígido fluxo identitário, algo caro aos ativismos e estudos queer, passou a ser mais aceita e até festejada no movimento LGBT em geral.

27   Para ter uma noção das mudanças sobre as quais estou tratando, sugiro que as pessoas façam um exercício de pensar como a travestilidade foi pensada hegemonicamente até então e as histórias de vida de pessoas trans que se identificam como heterossexuais em um programa de grande audiência da televisão brasileira – ver http://www.nlucon.com/2017/04/fantastico-mostra-que-relacionamento-de.html – Acessado em 19 de fevereiro de 2018.

> Na visão das travestis, o sexo masculino, anunciado primordialmente pelo pênis, não se coadunaria com o gênero, definido, sobretudo, por "se sentirem mulher"; somado ao desejo sexual por outro homem. A suposta coerência dessa cadeia conforma o que Butler chamou de "matriz de inteligibilidade" (Butler, 2003, p.39). Os espectros de descontinuidade e incoerência procuram ser corrigidos pela desconstrução do corpo masculino, que passará a ser proteticamente reconstruído a partir de símbolos do feminino, tornando o gênero "inteligível".[28]

Já sobre as sobre as identidades transexuais, outro estudo que colaborou para pensar essas vivências enquanto identidades de gênero foi a tese de Berenice Bento, realizada de 1999 a 2003. Também fortemente influenciada pelos estudos queer, e com muita sensibilidade para escutar e aprender com as pessoas trans, Bento dinamitou, através de sua etnografia, a ideia de que existe apenas um modo de ser transexual, o tido como "verdadeiro" por certos discursos médicos.

> O que tentei apresentar foram histórias de transexuais que: 1) não se relacionam igualmente entre si com suas genitálias, 2) não têm aversão total aos seus corpos; ao contrário, a autoimagem corporal é frequentemente positivada, 3) não fazem a cirurgia motivados fundamentalmente pela sexualidade, 4) a homossexualidade está presente entre mulheres e homens transexuais e 5) a eleição das díades amorosas não ocorre de forma retilínea: homens/mulheres transexuais desejam homens/mulheres não transexuais (ou seja, "normais", segundo Benjamin). Muitos casais são formados por pessoas que se definem como transexuais, seja em relações heterossexuais, seja em relações homossexuais.[29]

Sugiro que esses e outros estudos sobre travestilidades e transexualidades não apenas descrevem e analisam as variações dessas categorias ao longo do tempo. Isso, evidentemente, é uma parte do que fazem esses estudos. Uma outra parte, ainda que de difícil comprovação, é o impacto que esses e outros estudos (cito aqui apenas dois), juntamente com o trabalho da militância, também provocam na compreensão sobre a construção das

---

28   PELÚCIO, 2009, p. 90.
29   BENTO, Berenice. *A reinvenção do corpo:* sexualidade e gênero na experiência transexual. Salvador: Devires, 2017, p.228-229.

identidades das pessoas em geral e das LGBT em particular.[30] E temos alguns indícios para pensar nessa relação de influência e/ou sintonia. Um dos principais ativistas transexuais do Brasil, João W. Nery,[31] a quem é atribuído o fato de que muitos homens trans tenham passado a se identificar como tal, ou como transhomens, definiu assim a sua colaboração ao movimento:

> Dentre os demais tabus que colaborou para romper, na comunidade trans, encontra-se: a defesa do direito de um projeto de inseminação artificial (antes da pan histerectomia), para uma possível gravidez dos trans homens, sem que, com isso, sua identidade masculina fique comprometida; a defesa das várias orientações sexuais que um trans homem pode assumir, em função do seu desejo; o posicionamento contrário à patologização da transexualidade, questionando os "científicos" saberes biomédicos e jurídicos em relação às trans identidades, confiando, assim, no princípio da integralidade do SUS. João considera a transexualidade apenas como uma das múltiplas formas de se expressar a sexualidade humana (através de identificações de modelos de gênero, socialmente disponíveis), sem nenhum caráter universal, natural, biológico ou genético.[32]

João W. Nery, no livro que o tornou conhecido no Brasil, lançado em 2011,[33] explicitamente se vincula a alguns pensamentos caros aos estudos

---

30 Simone Ávila, ao estudar como emergem as identidades dos transhomens (essa é a categoria que ela prefere usar em seu estudo) no Brasil, elenca uma série de questões: a ampla divulgação da resolução que passou a autorizar os procedimentos médicos do processo transexualizador, a exibição de personagens e séries de televisão com personagens transhomens, entrevistas, filmes, documentários e textos biográficos de transhomens em vários suportes, a exemplo do livro *Viagem solitária*, de João W. Nery, e o ativismo político das pessoas e organizações. O que eu sugiro aqui é que tudo isso não está desconectado de uma produção de conhecimento, que não se relaciona, obviamente, apenas aos estudos queer, que questiona as normas de gênero e sexualidade e abre os processos de identificação. Para ler o trabalho de Simone, ÁVILA, Simone. *Transmasculinidades:* a emergência de novas identidades políticas e sociais. Rio de Janeiro: Multifoco, 2014.

31 Ver o artigo de João W. Nery na presente coletânea.

32 NERY, João Walter; COELHO, Maria Thereza Ávila Dantas e SAMPAIO, Liliana Lopes Pedral. João W. Nery - a trajetória de um trans homem no Brasil: do escritor ao ativista. *Periódicus*, número 4, 2015, p. 172-173)

33 Em 30 de junho de 2012 foi fundada a primeira Associação Brasileira de Homens Trans (ABHT). No segundo semestre de 2013 foi criado o IBRAT – Instituto Brasileiro de Transmasculinidades, uma dissidência da ABHT.

queer. Além de citar pessoas pesquisadoras e ativistas trans como Paul B. Preciado e Miguel Missé, do "ótimo livro *El género desordenado*",[34] o autor revela que conheceu a teoria queer através da psicanalista brasileira trans Letícia Lanz:

> Fiquei fascinado com a sua total desconstrução de valores, inclusive na minha cabeça. Foi por ela que tomei conhecimento de algumas teorias, como a queer, que surgiu nos anos 1980, no Estados Unidos. Essa nova postura questiona as diferenças de gênero baseadas no sexo biológico, heterossexual, ou mesmo nas práticas homo e transexuais. Acredita na multiplicidade de corpos sexopolíticos que se sobrepõe aos rótulos de normal e anormal. São transidentidades: homens sem pênis, gays lésbicos, cross-dresser, drags (queen e king), trans-gays, etc. A orientação sexual seria uma criação da sociedade, e não algo natural, inclusive a heterossexual. Quando nos referimos ao papel do homem ou da mulher, estamos falando de "gênero" ou papéis de gênero, e não de sexo. Há inúmeras formas de transversalidades de gênero. (...) Minha cabeça, a princípio, deu um nó, mas farejei também que era mais uma alternativa na desconstrução do império normativo sexual.[35]

Mas a influência e/ou sintonia entre João Nery e os estudos queer não se resumem algumas citações em seu livro. O conjunto da obra apresenta uma sólida e encarnada reflexão sobre construção e desconstrução de gênero, sobre como as normas de gênero incidem sobre a sua vida e a de qualquer pessoa que ousa desrepeitá-las. Ou melhor, é um livro que, fundamentalmente, trata de problemas de gênero. E arrisco ainda mais: *Viagem solitária* é o nosso *Problemas de gênero*, em função das reflexões e principalmente do impacto causado tanto no movimento social quanto na academia brasileira. Não é por acaso que João Nery, logo após o lançamento de seu livro, passou a ser convidado para palestrar em dezenas ou até centenas de universidades e faculdades do Brasil, em especial em eventos que possuem diálogos mais próximos com os estudos queer, como é o caso dos congressos da Associa-

---

34 NERY, João W. *Viagem solitária:* memórias de um transexual trinta anos depois. São Paulo: Leya, 2011, p. 290. Miguel Missé é um dos fundadores da Campanha Internacional Stop Trans Pathologization (STP) – ver http://stp2012.info/old/pt/quem-somos - Acesso em 26 de fevereiro de 2018.

35 NERY, 2011, p. 320-321.

ção Brasileira de Estudos da Homocultura (ABEH) e do Seminário Internacional Desfazendo Gênero.

Concordo integralmente com a leitura que Berenice Bento faz da obra e ativismo de João Nery. Ela o considera como um feminista que "arriscou a própria vida para nos ensinar que a ficção perversa de que somos estruturas biológicas produz exclusão e dor. Embora "somos" esteja nesse nome complicado, cromossomos, o nosso destino não é a biologia". E ela finaliza assim o seu texto sobre João:

> Um conjunto de palavras, atos, gestos que fazem a norma enlouquecer e se perguntar: o que é isso? É o João Nery. Aquele homem doce que escreve, vai à imprensa, corre o Brasil de ponta a ponta, dá entrevista, fica horas sentado diante de uma telinha do computador, conversando, escutando jovens que querem algum tipo de conselho. João é um homem? Não. É um exército inteiro.[36]

Uma das grandes colaborações das perspectivas queer na produção de conhecimento foi o de problematizar a dicotomia, até então hegemônica, entre estudos da sexualidade e estudos de gênero. Isso produziu uma aproximação, nem sempre amistosa, entre os estudos da sexualidade com os estudos feministas. Da mesma forma, detecto que o movimento LGBT brasileiro, pelo menos o mais conhecido, parecia mais afastado das discussões feministas e seu debates em torno do gênero. Por outro lado, hoje temos grupos de homens gays que se sentem interpelados a tratar sobre questões de gênero e homens e mulheres trans que se identificam como transfeministas ou pelo menos dialogam muito com as pautas feministas em uma perspectiva interseccional.

3) Para finalizar, aponto brevemente o terceiro aspecto em que identifico uma sintonia entre os estudos queer e certos setores do movimento LGBT. Diferente do que parece acontecer em Portugal, Espanha e Chile, onde identifiquei uma maior cisão entre movimento LGBT e coletivos que se auto-denominam queer e/ou de dissidência sexual, no Brasil talvez

---

36 BENTO, Berenice. O avesso da tristeza: luta e resistência em João Nery. In: JESUS, Dánie Marcelo de; CARBONIERI, Divanize e NIGRO, Cláudia Maria Ceneviva (org). *Estudos sobre gênero:* identidades, discurso e educação – homenagem a João W. Nery. Campinas: Pontes Editores, 2017, p. 28.

estejamos mais próximos do que percebi na Argentina, ou seja, uma certa queerização do movimento LGBT sem a presença ou criação de coletivos específicos ou que se auto-identifiquem dentro de uma perspectiva queer. E essa característica argentina, segundo Paula Aguilar e Laura Cordero, contribuiu de alguma forma para a aprovação da lei de identidade de gênero naquele país, lei que é considerada uma das mais avançadas do mundo.

> A sanção da Lei de Identidade de Gênero nº 26.743 tem antecedentes sociais, culturais, políticos e jurídicos diversos e dinâmicos. Tem, ademais, antecedentes teóricos. Ou melhor, múltiplas leituras de autores e autoras que ao sair da academia passaram a formar parte de um abc militante dos movimentos sócio-sexuais, como Michel Foucault e Judith Butler. Apesar de que nem seus nomes nem suas obras se mencionam explicitamente nos fundamentos do projeto de lei apresentado, são interlocutores inegáveis das autoras e autores citados. E o que é mais importante, seus textos têm uma presença central nos debates das últimas décadas em torno do gênero e da sexualidade.[37]

No Brasil, provavelmente encontraremos essas misturas e influências em coletivos LGBT mais novos, como é o caso do Lutas e Cores, fundado em outubro de 2014 na cidade de Caruaru, Pernambuco. Em uma análise sobre concepções políticas e a perspectiva de atuação do grupo a partir das diferenças entre políticas do movimento LGBT e do ativismo queer, elencadas no meu livro,[38] os autores concluíram que "é possível perceber no coletivo Lutas e Cores que as duas concepções políticas, ativismo LGBT e Queer, se expressam mutuamente e simultaneamente, o que indica que nem toda militância pela democracia de gênero e de sexualidade é rigidamente composta por modelos dicotômicos e excludentes entre si."[39] [40]

---

[37] AGUILAR, Paula Lucía; CORDERO, Laura Fernández. Cuando la identidad es ley. Ecos de Michael Foucault y Judith Butler. In: TORRES, Mónica et al. *Transformaciones: ley, diversidad, sexuación*. Olivos: Grama Ediciones, 2013, p. 45.

[38] COLLING, 2015c.

[39] SANTOS, Émerson; FEITOSA, Cleyton e VIEIRA, Rafael. Concepções políticas do coletivo Lutas e Cores: movimento LGBT ou ativismo queer? Anais do *3º Seminário Internacional Desfazendo Gênero*, realizado de 10 a 13 de outubro de 2017, Campina Grande, Paraíba, p. 10. Disponível em desfazendogenero.com/wp.../Artigo-Desfazendo_LC_Emerson.Cleyton.Rafael.pdf - Acesso em 3 fevereiro de 2018.

[40] Os autores fazem uma crítica ao meu livro e escreveram o seguinte: "A classi-

Para chegar nessa conclusão, os autores detectaram que o coletivo Lutas e Cores é formado por pessoas com variadas orientações sexuais e identidades de gênero, que a forma organizacional é horizontal, que as ações incluem as consideradas mais institucionais e também "algumas com caráter bastante desobediente e disruptivos: realizamos beijaços, panfletaços, intervenções culturais, apresentações artísticas, quadrilhas juninas, presença em protestos da esquerda política local, diferentes intervenções de rua, além de investir em formação política e diálogos com a imprensa".[41] Faltaria saber mais sobre o conteúdo dessas ações para ter alguma noção sobre o seu caráter desobediente e disruptivo mas, ainda assim, penso que coletivos com essas características nos permitem pensar se o futuro do movimento LGBT brasileiro seguirá rumos parecidos com o Lutas e Cores ou trabalhará para reforçar aspectos que identifiquei naquele texto de 2005? A resposta, talvez, poderá ser dada daqui a 40 anos.

---

ficação elaborada por Colling (2015), com vistas a subsidiar as análises sobre o Movimento LGBT e o Ativismo Queer na Argentina, Chile, Portugal e Espanha, pareceu não levar em conta essa possibilidade de existência simultânea das duas concepções políticas nas organizações que atuam no vasto campo do MovimentoLGBT/Ativismo Queer. Experiências como a do Coletivo Lutas e Cores demonstram que é possível uma existência simultânea das duas concepções políticas, bem como evidenciam que essas classificações podem ser perigosas, na medida em que também instituem binarismos - Ativismo LGBT x Ativismo Queer - e podem criar hierarquias que não contribuem para a superação de práticas discriminatórias" (SANTOS, FEITOSA e VIEIRA, 2017, p.11). Discordo completamente dessa leitura que os autores fizeram do meu livro. Após apontar diferenças entre o movimento LGBT mainstream e o ativismo queer de determinados países, destaco que essas diferenças não foram encontradas de forma tão intensa na Argentina. Além disso, aponto aspectos que unem os movimentos LGBT e queer e friso as diferenças internas existentes entre entre eles (ver, por exemplo, COLLING, 2015c, p. 246-247), o que invalida a crítica de que eu tenha trabalhado dentro de uma perspectiva dicotômica e binária.

41   SANTOS, FEITOSA e VIEIRA, 2017, p.9.

Agradecimentos especiais

A edição desta obra só foi possível graças ao generoso apoio das seguintes pessoas:

Adriano S. Freitas, Alberto Lins, Alessandro Ezabella, Alex Oliveira, Ana Carolina Eiras Coelho Soares, Ana Cecília Pereira, Ana Maria Santiago, Andre Kviatkovski, André Luiz Araujo, André Régis Fernandes da Silva, Andre Ricardo Maia da Costa de Faro, Andrea Belém Costa, Andreh Santos, Antonio Henriques, Ariadne Barroso, Ariobar Pontes, Arthur Avila, Artur Kon, Augusto Lepre de Souza, Ayrton Senna Seraphim do Amaral, Barbara Rocha, Bianca Tavolari, Billy Graeff, Brendo Firmino da Silva, Breno Nicodemos, Bruno Magalhães de Souza, Bruno Puccinelli Bruno, Bruno Romi, Cadu Bezerra, Caio Pedra, Camilo Vannuchi, Carlos Kosloff, Caroline Casali, Christian Sachetto Krulikowski, Claudio R. Vicente, Cristiana de Assis Serra, Cristiano de Oliveira Sousa, Cristina Naumovs, Daniel Kveller, Daniela Arrais, Daniele Motta, Danilo Cymrot, Danilo Guiral Bassi, Dario Ferreira Duarte, David Nemer, Décio Hernandez Di Giorgi, Diego Cervino Lopez, Douglas Romano, Edna Novaes, Edson Defendi, Eduardo Baeta Ippolito Pacheco Fernandes, Eduardo Faria Santos, Elis Regina Souza Peito Urtubia Cornejo, Emerson Meneses, Emerson Rossi, Eric Kimura, Fabio Días Nababesco, Fabio Tavares, Felipe Aguinaga, Felipe Arroyo Lemo, Felipe de Baére, Felipe Laurêncio, Felipe Lima Matthes, Felipe Magalhaes Lins, Felipe Neves, Felipe Roberto Martins, Fernando Silva Teixeira Filho, Fernando Victor Aguiar Ribeiro, Frederico Antonelli, Frederico José de Santana Pontes, Gabriela Junqueira Calazans, Gabrielle Gomes Ferreira, Germano Manoel Pestana, Guilherme Nunho Giandoni Costa, Gustavo Calazans, Gustavo Shintate, Gut Simon, Hanilton Medeiros, Henrique Rabello de Carvalho, Hygor Ubirajara da Silva, Iana Gonçalves Soares, Iara M. I. F. Carvalho, Isabela Gaia de Freitas Gonçalves, Iuri Tôrres, Ivan Pedroso, Ivan Vitorio, James Rogado, Janderson Gomes Araujo, Jean Marcel Alencar, Jefferson Maciel, Jonathan Mendonça, José Rodrigo Rodriguez, Juliana Diniz de Oliveira, Juliana Farias, Juliana Furini de Vasconcellos, Juliano Bosa, Julio Simões, Kássio Rosa, Kátia Menezes de Sousa, Kelly Cristina Galbieri, Laila Maria

Domith Vicente, Laurício Diniz Vaz, Leandro Noronha da Fonseca, Leandro Ramos, Leila de Souza Teixeira, Leo Moz, Leonardo Dantas do Carmo, Leonardo Francisco Soares, Leonardo Martins Costa, Leticia de Santis Mendes de Mello, Liane Rossi, Ligia Dalchiavon, Lucas Alonso, Ludmilla Camilloto, Luis Carlos de Alencar, Luiz Gonzaga Morando Queiroz, Manoel Santos, Marcel Jeronymo, Marcel Nadale Guimarães de Souza, Marcelo de Andrade Mota, Marcelo Paschoa, Marcelo Scarpis, Marcelo Valadares, Marco Antonio Fraccaroli, Marco Antonio Torres, Marco Aurélio Nascimento Junior, Marcos Sergio Silva, Marcos Targino, Marcus Aloisio, Maria Carolina Bissoto, Maria Viviane Vidal Meneses, Mariana Leal Costa, Marilia Maia Lincoln Barreira, Marina Reidel, Mario Augusto Medeiros da Silva, Martin Jayo, Mateus Fagundes, Matheus Felix, Matheus Henrique Junqueira de Moraes, Matheus Vinícius Lage Sales, Max Christian Frauendorf, Michel Justamand, Monaliza Lima, Nádia Gebara, Nádia Gebara, Nelma Aparecida Fraccaroli, Nilson Carlos Vieira Junior, Patricia Gorisch, Patricia M. Melo, Paula Sirelli, Paulo Tavares Mariante, Pedro Jose Alves de Lima, Plínio de Almeida Maciel Junior, Rafael Nogueira, Rafael Ricieri, Ramayana Lira de Sousa, Ramon Limeira Cavalcanti de Arruda, Redson Dos Santos Silva, Renato Cymbalista, Ricardo Sales, Roberto Marques, Rodolfo Vianna, Rodrigo Guimarães Nunes, Rondinelli Matos Pereira, Salo Carvalho, Samuel Rubens Barbosa de Oliveira, Saulo Ceolin, Sergio Funari, Silas Cardoso de Souza, Silvania Lins do Monte, Silvia Aguião, Silvio Góis, Thiago Carneiro, Thomas Beltrame, Ulysses Moreira Formiga, Vinícius Ludwig Strack, Vinicius Saez, Vitor Grunvald, Wadson Damasceno, Wesley Calazans, Wildson

Alameda nas redes sociais:

Site: www.alamedaeditorial.com.br
Facebook.com/alamedaeditorial/
Twitter.com/editoraalameda
Instagram.com/editora_alameda/

Esta obra foi impressa em São Paulo na primavera de 2018. No texto foi utilizada a fonte Bembo em corpo 11 e entrelinha de 15 pontos.